U0815346

中国试飞

（上）

韦克家 姜丽丽 著

陕西新华出版传媒集团
陕 西 人 民 出 版 社

图书在版编目（CIP）数据

中国试飞 / 韦克家，姜丽丽著 .—西安：陕西人民出版社，2021.6

ISBN 978-7-224-14150-4

Ⅰ . ①中… Ⅱ . ①韦…②姜… Ⅲ . ①纪实文学—中国—当代Ⅳ . ① 125

中国版本图书馆 CIP数据核字（2021）第 089789号

策划编辑 韦禾毅
责任编辑 屈 奇
王 辉
特约编辑 付青娟

中国试飞

作 者 韦克家 姜丽丽
出版发行 陕西新华出版传媒集团 陕西人民出版社
（西安北大街 147号 邮编：710003）
印 刷 西安建明工贸有限责任公司
开 本 787mm×1092mm 1/16
印 张 42.5
字 数 700千字
版 次 2021年 6月第 1版
印 次 2021年 8月第 2次印刷
书 号 ISBN 978-7-224-14150-4
定 价 152.00 元

如有印装质量问题，请与本社联系调换。电话：029-87205094

谨以此书献给
为中国飞行试验研究事业
默默奉献的人们

震撼，在心灵深处

1978年金秋，航空工业部（当时称三机部）决定，调在上海负责“运10”飞机研制工程的熊焰重回陕西，再次主政由他亲手创建的飞行试验研究院（当时名为630所）。那时候我在院办公室当秘书。史书文主任派我去上海，帮助老院长熊焰办理迁转组织关系、粮食供应及户口等各种手续，接他们一家回来。

这是我第一次去上海，心中免不了有点儿小激动。穿过繁华的淮海路、南京路，来到位于黄浦江外滩的“708工程”设计院。向熊院长做了自我介绍后，他十分热情地握住我的手，让座，让茶。我接过茶杯，还没喝一口就向他发问：“您在这里主持国家的重点项目，又是生活在繁华的大上海，为啥愿意回阎良那个小镇子？”

他脱口而出：“To invent an airplane is nothing. To build one is something. But to fly is everything.”

虽然我的英语听说水平不行，但很庆幸这个简单的句子还是听明白了，即刻反问道：“设计一架飞机算不了什么，把它制造出来也就是那么回事，而飞行却意味着一切。这是您的观点？”

他摇摇头说：“不是我的。这是人类飞行先驱、著名的科学家德国人奥托·李林塔尔的观点，一直受到世界航空领域的认可。”

说阎良是个小镇子，那是因为早期确实是临潼县辖下的一个乡镇。除了试飞院的机场和西飞公司（当时叫红安公司）厂区外，周边全是田野。小小的阎良镇并没有多少居民。1966年3月邓小平、李富春等中央领导前来视察，亲眼看到航空科研和军工企业的成就，十分高兴，要求随行的西北局和陕西省委领导要大力支持国防建设，积极解决实际困难，并且当场指示，就关键问题给中央打专题报告，当年8月1日国务院下发了文件，批准将阎良作为一个行政区，划归西安市管辖。由于中间隔着临潼县、高陵县、三原县的地盘，所以人们当时称阎良为“飞区”。这几年有些媒体评述说，这是邓小平在关中平原画了一个圈，设立了中国的第一个“特区”。

其实，阎良是一个风水宝地。轩辕黄帝铸鼎的中华原，为大秦帝国奠定基础的商鞅变法地，汉王朝鼎盛时代的都城栎阳，都在这附近。由于国家唯一的飞行试验研究机构和大中型飞机设计、制造单位同在此地，自然而然被称为“中国的西雅图”（西雅图，闻名世界的美国航空城）。

陪同熊院长回到试飞院，在他离休前，他的秘书一直由我担任。他离休后院长由王昂接任，我仍然负责院领导的秘书工作。

老院长离休后，仍力所能及地参加各类学术交流活动。1982年夏天，我陪他和王昂、陈启顺、马祝林等领导去广州出席《飞行力学》年会期间，带着他撰写的回忆录，与他一起拜访了广州军区空军司令员王海。他俩是老同事、老战友，从延安到东北，共同为创建祖国的航空事业奉献了青春。王海在东北老航校学会了飞行，驾驶着熊焰他们组装的苏式战斗机，在抗美援朝战争中大显身手，成为赫赫有名的战斗英雄。两位“老航空”谈笑风生，为“航空救国”到“航空报国”之成就而兴奋不已。王海后来进京担任中国人民解放军空军司令员，给熊焰的题词是：“一生为事业，万世留美名。”

王昂是中央军委授予“科研试飞英雄”荣誉称号的专家型领导，在履行试飞院全面工作一把手职责的同时，还亲自承担着一定的科研试飞任务。他统筹兼顾，知人善任，表现出卓越的才能。在他身边工作，受其熏陶教诲，我确实学会了很多东西，终生受益匪浅。

我从发动机研究室调入院办担任秘书和副主任及《中国试飞报》总编前后十多年，后来被特招入伍到海军某工程办任副总军代表。很多朋友听说我调往海军部队，以为远在天涯海角，其实并没有离开阎良，仍然常驻在这里，从事海军专用飞机的研制管理，主要还是负责试飞阶段的工作，直到最后在部队退休。就是说，我从西北工业大学毕业以后，一辈子都是生活在航空试飞这个圈子里。

在这里，我经历了很多很多事，认识了很多很多人。经过岁月的洗礼，有些事渐渐淡忘了，有些人变得陌生了，但是还有不少人和事始终令人眷恋，令人震撼，甚至随着时间的推移印象反而更加深刻。每每谈及，或感慨不已，或泣不成声，无比强烈的情绪禁不住油然而生，久久不能自抑。我发现不论任何时候，在自己脑海的词库里置顶的始终是一个词——试飞！

试飞，是飞行试验的简称。

飞行试验是一项科学性、实践性、探索性和风险性极强的系统工程。其技术范围几乎涵盖了所有的航空专业，外加特有的试飞技术。

飞机诞生百年来，航空技术、航空产品的发展日新月异，从活塞式到喷气式，从电子仪表到机载计算机，从机械式操纵到电传操纵系统的应用……飞机的速度越来越快，高度越来越高，机动性越来越好，功能越来越强大。飞机越发展，需要解决的关键技术就越多。飞机能否达到设计指标，最终的途径就是进行飞行试验。

飞行试验就是在真实大气条件下，对飞机、发动机及机载设备进行探索研究、验证和鉴定的系统工程。它是航空科技发展的有力手段，是飞机研制的重要环节，是对航空产品技术质量把关的关键程序，是为新机的使用摸索经验的必经之路。

飞行试验之所以是航空技术发展和国防应用研究中极为重要的环节，是因为任何一种新型飞机和机载设备，如果不通过飞行试验，即使它的理论计算再精确，地面试验再充分，都不能把研制的飞机和设备推向产品和应用阶段。同时，飞行试验还是发现和解决新机在设计、生产和制造中的各种问题，使之得到改进和提高的重要环节。正如“飞豹”飞机总设计师陈一坚院士所说：“新机研制的最终成功，在于试飞的验证。”原航空工业总公司总经理朱育理则认为：“试飞是航空科研的生命线，是灵魂。与其说飞机是设计、制造出来的，不如说飞机是试飞出来的。”

●研究性飞行试验

运用飞行平台，对新领域、新理论或新技术进行探索、研究和验证的飞行试验。

●军机飞行试验

按照国防采购政策对新研航空产品进行的飞行试验与鉴定活动，简称型号试飞。包括：性能飞行试验、作战飞行试验、在役考核试验。

●演示验证飞行试验

对某项预先研究的成果，或某项新研产品的原理性样机通过飞行试验进行综合性验证和展示。

从事飞行试验研究的试飞机构，是一个庞大的、门类齐全的、斥资巨大的综合机构。1959年4月15日试飞院的正式成立，结束了中国没有飞行试验研究机构的历史，开创了新中国的试飞事业。我国也成为继美国、俄罗斯、英国、法国之后第五个拥有独立飞行试验研究机构的国家。

试飞院成立以来，先后完成了近100型飞机、40多种发动机、近50型导弹系列、3000余项机载设备的国家级鉴定试飞和适航审定试飞任务；完成了1300余项专题研究，获得科技成果1000多项，其中国家科技进步奖60余项；自主研制出变稳飞机、高速弹射试验机、雷达电子试验机、发动机空中试验台和缩比模型等一批飞行试验机，成功研发出几代试飞测试、实时监控、目标特性测量、颤振激励、反尾旋、重量和重心调节等新型试验系统，突破了现代战斗机、舰载机、无人机、直升机和各类民机适航试飞的关键技术，建立了完整的飞行试验技术体系和管理体系。

历史不会忘记，纪念中国人民抗日战争暨世界反法西斯战争胜利70周年大会，17型183架飞机组成10个空中梯队，创造了新中国历次阅兵飞机数量和机型种类之最；庆祝中国人民解放军建军90周年阅兵，129架战机组成的空中梯队飞临检阅台上空，展示了我国国防和军队现代化建设的最新成就；庆祝中华人民共和国成立70周年的盛大阅兵，空中梯队则比以往更加雄伟壮观，气势磅礴……

历史不会忘记，在历次珠海航展上，首次惊现给世人的歼轰7“飞豹冲天”、歼10“龙腾东方”、歼20“霸气通场”、歼10B“过失速机动”以及ARJ21“凤舞蓝天”等等，都是从阎良试飞起航，终于亮相在珠海上空。

这些令国人自豪、令世界震惊的每一型飞机，无不凝结着中国试飞人的心血。

人们常说“试飞铺就通天路”，然而，试飞之路本身却并不平坦，而且布满荆棘。

1896年8月，奥托·李林塔尔在一次试飞中因机翼折断而不幸牺牲，临终前他用微弱的声音留下遗言：“如果没有牺牲，任何事都不会成功！”

1912年8月25日，“中国航空之父”冯如在飞行中因飞机坠毁伤重不治，英年早逝。据史料记载，临终前，病床上浑身是血的冯如留下遗言，声音断续却字字清晰：“吾死之后，尔等勿因此而失其进取之心，须知此为必有之阶段。”

随着航空事业的日益发展，飞机性能的快速提高，试飞环节则变得更加复杂。我国航空工业内唯一的中国科学院、中国工程院两院院士，著名飞机设计师顾诵芬认为：“新设计飞机的特性不是事先能完全预测到的，虽有计算、风洞试验和地面试验台模拟试验，但有些问题是在飞行过程中才会显现出来的，如抖振、惯性耦合等现象，这些都是会造成灾难性、致命性事故的，因此试飞员是风险性极高的职业。”要想把飞机这样系统庞大复杂的航空器，最终锻造成守卫领空的出鞘利剑或承担空运的交通工具，必须经过一次次试飞实践，才能取得生命，获得灵魂。从某种意义上说，试飞水平的高度，决定着一个国家航空工业的高度，甚至影响到国家在世界上的地位。

据统计，典型新机试飞架次和飞行小时数都是数以千计，试验测试点数以万计，试飞周期长达3~6年，甚至更长时间，占整个飞机研制总周期的30%~50%。伴随出现的各类故障数以千计。即使是世界航空强国，一种新型战机试飞成功，摔飞机甚至机毁人亡也是不能完全避免的。

唯其艰险，方显勇毅。

在抗美援朝战场的枪林弹雨中出生入死的滑俊，有幸被选作飞行员，再进入试飞员的队伍，无论有多大风险的试飞科目，他都毫不犹豫，请缨首飞。他说："热血男儿，理应为国献身！"这就是精神，就是信仰。他以一次次与死神搏斗的业绩，赢得了中央军委授予的"科研试飞英雄"荣誉称号。

和滑俊同时被授予"科研试飞英雄"称号的第一位大学生试飞员王昂，在27年的试飞生涯中，参加完成了11种新型号飞机、4种发动机、2种新型导弹的定型试飞和100多项科研课题试飞。他以英雄的气概、非凡的智慧正确处置与化解了加力燃油管断裂、后机身失火、双发停车等罕见的重大险情。担任试飞院和航空工业部领导等重要职务后，仍领导和参与试飞任务。

"即使有那么一天，化作流星陨落天际，也要在天空留下一道闪射光芒的轨迹。"这是"试飞英雄"黄炳新的诺言。他无数次地搏击长空，战胜了不可思议的多险齐发而化险为夷。他曾操纵在空中已飞掉方向舵的残损飞机平安落地，用超乎寻常的壮举，践行着自己的诺言。

"国之重器，以命铸之"不只是他们的口号，更是日复一日年复一年的具体行动。

2005年5月20日，险些成为中国航空工业史上黑暗的一天。

这一天，"英雄试飞员"李中华和战友驾驶着我国自行研制的具有世界先进水平的首架新型K-8V变稳飞机。该机也叫空中模拟飞行试验机，任何飞机的模型和参数只要输入它的机载电脑中，它就可以模拟出该飞机的空中动态特性，因而被誉为"空中魔术师"。当时空中模拟研究的科目是"驾驶诱发振荡"。这个课题研究非常重要，因为国内外许多重大飞行事故都是源于这一科目。

他们精心地做着每一个动作，在机场远距导航台附近三转弯过程中，驾驶舱内机载变稳系统突然报警，霎时飞机向右侧剧烈偏转，同时机头向右上方仰起，并向左滚转，瞬间由大侧滑进入"倒扣"状态，并且机头还出现了大范围的摆动现象。

此时，飞机高度仅500米左右，飞行速度270千米/小时，

●试飞员

执行飞行试验任务的飞机驾驶员。
试飞员不同于一般的飞行员，它不仅是一名飞机驾驶员，还是飞机研制的参与者，更是飞行试验任务的直接执行者。

在这样的高度、速度和“倒扣”状态下，飞机副翼锁死，无法控制，在空中像一只四脚朝天的螃蟹挣扎着急速摔向地面。

数秒钟后，飞机高度降至200多米。座舱内，两位试飞员身体倒挂着，地面的麦田、庄稼等景物向他们迎头扑来。此刻，由于飞机处于“倒扣”状态并离地面很近，已无迫降和跳伞的可能，一场灾难即将发生，情况万分危急！

在急速坠向地面的飞机座舱里，悬在空中的李中华忍着剧烈的眩晕，努力挽救着这架凝聚了我国航空科研人员十几年心血，而且是唯一的空中模拟研究和试飞员培训的试验机……

灵感，在生死须臾的瞬间产生，这是他脑海的记忆库里知识与经验的迸发。他清醒意识到出现问题的原因，迅速关闭右手边的变稳系统总电源开关，飞机好像是一下子被“点穴”一般，立即从“神经错乱”状态中平静下来，终于恢复了原飞机的机械操纵，他毫不迟疑，迅速将“倒扣”的飞机翻转过来。

感觉特别漫长而实际只有7秒钟的瞬间，“休克”的飞机恢复了生机，飞机保住了，宝贵的试验数据保住了。

试飞人，一次又一次在中国航空科技发展史上谱写出闪光的篇章。

填补我国歼击轰炸机空白的“飞豹”从这里起飞；

全新理念的数字电传飞机歼10、具有隐身功能的歼20、大型军用运输机运20、为陆军插上翅膀的直20都在这里定型；

预警机、舰载机、反潜巡逻机等特种飞机都从这里起航；

支线机、干线大客机在这里进行适航取证；

水陆两用飞机陆地、湖面和海上起降由试飞人承担；

国土资源及地下矿产由试飞人参与探测普查；

“奥运圣火耀珠峰”央视直播由试飞人驾机保障；

建设穿越秦岭的高速公路由试飞人航拍选线；

原子弹爆炸试验冲击波及辐射参数测量有试飞人的参与；

培训宇航员的失重飞行研究在这里开始起步；

这里有和国际接轨的中国试飞员学院，在航母上驾机起降的首批飞行员全在这里培养；

舰载机起降程序及飞行测控、评价系统由试飞人创建；

自主研制的测试系统可在一架飞机上同时测取数万个数据，居世界先进水平；

轰动珠海航展的“眼镜蛇”“落叶飘”等过失速机动飞行表演技术在这里练就；

军机、民机驾驶技术和维护保障条例以及所有试飞科目的国家级标准、规范在这里撰写；

大迎角特性试飞、飞机极曲线测量、飞行与风洞试验相关性、进气道与发动机匹配性等等对飞机设计至关重要的预先研究在这里完成……

这些惊人的业绩，是中国试飞人数十载精神传承、技术积累与现代高科技相结合的硕果，其底蕴是深藏在骨子里的爱国情怀。

“既然我们将自己交给了中国试飞，便注定了我们的一生与航空科研的尖端项目有了难分难舍的情缘，注定了我们的荣辱与祖国的兴衰连为一体。这使命高于一切，这责任重于泰山。”这是中国试飞人最常说的一段话。

张景亭是舰载机地面斜板滑跃起飞第一人，他说：“当我第一次跨进飞机驾驶舱时，看着机头正前方和航母甲板完全一样的斜板，就像耸立着的一堵墙。”此时，张景亭的心电图监测显示：心跳骤增至140次/分钟。但坐上座椅的那一瞬间，他就冷静下来了，心跳已恢复正常，只见他义无反顾，操纵飞机迎面向滑板冲过去，一跃而起，开中国舰载机试飞之先河。

周自全研究员取得了多项国家级重大科技成果，4次登上人民大会堂国家科技进步奖的领奖台，他从最基层一步步走到试飞院副院长的位置，却从不居功自傲。他曾经两次入围中国工程院院士评选名单，最终却未能当选。这是他的遗憾，也是中国试飞的遗憾。但他却淡然视之，无怨无悔，义无反顾地专心工作，并将自己20万港币的奖金捐献出来，设立了试飞院青年科技人才奖励基金。面对中央电视台记者的采访，他轻描淡写地说：“我做出的贡献不多，但国家给我的荣誉很多，我已经很幸运了。在中国试飞史上，先后有30多名试飞员和十几位科研及各类保障人员牺牲在自己的岗位上，其中有些人虽然没有被追认为烈士，却始终活在我们心中。还有些同事在工作中身负重伤却依然无怨无悔坚守岗位，无私奉献。他们都是试飞人的骄傲。”

1989年9月17日上午，高级工程师管佩芳女士、助理工程师冯萍女士，在实验室进行颤振试飞工作准备时，因小火箭意外爆炸而终身残疾；年仅28岁的助理工程师王广森则因伤势严重，抢救无效，不幸身亡；30岁的技工郭东云则在爆炸中当场殉职，为试飞事业献出了宝贵的生命。已经50多岁的管佩芳，在医院治疗期间，一直坚持阅览科技书籍，每有同事探望，她总是询问课题进展；当年29岁的冯萍，出院后一直忍受着身体和精神上的极大痛苦，坚守岗位，直至退休。

1987年1月5日上午，在机场停机坪的机务工作现场，突然响起猛烈的爆炸声，一架歼6飞机的座椅意外弹射升空，刺眼的火舌向下呼啸喷射。由于座椅火箭包走火造成的这次意外事故中，机务分队长范玉友、军械师曾晓剑被抛向空中后摔回地面，当场牺牲；副大队长康六九和特设师刘荣在被爆炸冲击波推倒的同时被严重烧伤。

干了几十年飞机维护工作的康六九，退休后要回老家时，久久不忍离去，这位出名的“铁汉子”深情地抚摸着飞机仰天长啸，然后跪在机翼下，双手扶地，叩着头号啕大哭……他离不开渭北平原这片沃土，舍不得这条连接天地的跑道。

新机试飞是科学的研究，是对极限的探索，意外、事故和牺牲虽然是难免的，是我们不愿看到的，但从某种程度上说，不幸受伤或牺牲的一个个试飞人，更加夯实了新机的通天之路。

在荆山原上，有一座试飞院建立的烈士公墓。公墓里有十几块英烈们用血肉铸就的不朽丰碑。这里，最叫人悲痛欲绝的，是在一次试飞中同时因飞机坠毁而牺牲的三名试飞员和六名科研人员。

其中，有忙于工作将婚期一推再推的工程师于海峰。父母为他装修好了新房，亲友从东北已经来到阎良，就等着他从外地完成试飞任务回来举办婚礼。但是，等到的却是令人撕心裂肺的噩耗……

还有年龄最长的资深试飞员申长生。头一年，他一直在外地执行任务，大年三十那天才赶回来。在家待了不到一个星期，他就赶往试飞现场了。临走时，他对爱人说：“等完成了这次试飞任务，我再好好陪陪你。”谁知，这一走，他再也没有回来。

让爱人和同事们至今心痛的是，申长生牺牲的那次飞行，原本应该是这名55岁的老试飞员飞行生涯中的最后一个起落。飞完这一次，他就到达最高飞行年限，光荣停飞了。

申长生没有长生，但他在祖国的蓝天永生！

“九位英烈九颗心，一样的信仰一样的魂。洒热血献青春，万里长空铸精神。铺天路傲苍穹，赤胆忠心为人民……”这是我当初写的一首名为《试飞魂》的歌词。我们应当永远为他们祈祷：永垂不朽，浩气长存！

“纸素银花伴君灵，蜡灯红，香火浓。瀚墨缎带，落地有惊声。

翘首北望似谋面，鼻辛酸，涕泪零。一世荣辱君独清。功与过，后人评。九霄漫游，何惧风营营。自古人生谁无死，毫发重，泰山轻。”这是时任试飞院第一研究所党委书记陈子弼为悼念老院长熊焰而写的一首词。老院长与世长辞，不仅在试飞院，甚至在整个航空界，有很多人都怀着悲痛的心情，写了大量的纪念文章。

我至今清楚地记得熊院长在北京住院治病期间我去看望他的情景。那是一个星期天，他的夫人、延安时期的老战友陈然和长子熊东放、次子陈和平都在病房陪着。我们聊了一会儿，最后看到老院长精神还不错，我就弯腰俯身握住他的手提了一个问题：“您一辈子致力于航空事业，尽管在延安时期和‘文革’时期曾经受到过委屈，却始终痴心不改，究竟是一种什么力量在支撑着您？”他张开口，微弱却清晰地说了三个相同的字——“爱，爱，爱。”我稍稍用力握紧他的手说：“我懂你，就是爱党、爱国、爱事业。”他轻轻点着头，脸上露出幸福的笑容……

2019年4月15日，是试飞院成立60周年纪念日。中央电视台、新华社等十多家新闻媒体在阎良举行了一系列宣传活动。《中国试飞报》还编发了一种大开本的纪念特刊，扉页上是现任院长陈怦、党委书记葛和平的联名致辞——

60年前，中国航空试飞事业从一穷二白起步。从此，一个个梦想被点亮。

走过筚路蓝缕之路，60年后的今天，中国飞行试验研究院一朝破壁惊天下，跃然于航空试飞“国家队”，成为国家的航空科技创新平台。这是几代试飞人撸起袖子干出来的，是几代奋斗者挥洒汗水拼出来的。

我们勇敢去试，勇敢去闯，将个人的发展与国家、民族的发展统一在一起，“忠诚于党，忠诚于国家，忠诚于事业”成为立在无数航空试飞人面前的精神觇标。

这个“三忠诚”和熊焰老院长的“三爱”竟然是如此的一致。

这是巧合吗?

不。这是一代代试飞人“不忘初心，牢记使命”“向国家负责”的精神传承。这种“试飞精神”，就是国家精神、民族精神的具体体现。

为了弘扬这种可歌可泣的试飞精神，陕西人民出版社于2018年5月选题立项——创作纪实文学《中国试飞》，并约我和试飞院姜丽丽共同承担创作任务。

我们随即愉快应约，因为这恰好也是我们多年来的夙愿。

长期以来，由于保密等原因，试飞这个行业一直披着神秘的面纱。又由于试飞人同时具备“国之重器，以命铸之”的精神和“只讲奉献，不求名利”的品德，总是只顾埋头苦干，不善对外宣传，致使这个事业鲜为人知。难怪新华社前任社长穆青在陪同我国数十位驻外大使来阎良参观时曾说，他几乎走遍了全国，却不知道还有这么了不起的试飞院。众多大使们则高兴地说：“看了试飞院，今后在外国人面前，我们的腰杆就会挺得更直了！”虽然这几年稍有一些报道，但实事求是地说，只是星星点点而已。也许是这份事业已深深地融入骨髓，融入灵魂，我们感到不将“中国试飞”介绍给大众，就对不起这份事业，也对不起自己的人生。

值得欣慰的是，这部书被陕西省委宣传部列为全省重大文化精品项目，给予大力支持；试飞院各届院领导和老中青几代试飞人也都很支持这项工作；而另一名作者姜丽丽也是在试飞院工作了40多年的老试飞人，其间，曾任《中国试飞报》总编20多年，对试飞院情况非常熟悉；还有特约编辑付青娟的积极配合，这些，都成为完成《中国试飞》创作的基础和关键因素。

时至今日，这部近70万字的纪实文学终于完稿。

中国试飞，架起了中国人从大地到天空的桥梁，也架起了中国人从梦想到现实的桥梁。

《中国试飞》，力求以科学的角度、严谨的笔调、写实的形式，多方位、全景式地展示中国飞行试验研究事业艰巨而辉煌的历程。

让我们拉开《试飞的一天》这个序幕，一起去感受试飞，走进试飞，展望试飞——

怀揣《逐梦向蓝天》的理想，以《铺就通天路》的勇气，中国人开启了航空试飞的新纪元。他们立下报国强军志，敢叫《“飞豹”啸海空》。以《亲吻在云端》的超密集编队试飞，完成了令世界瞩目的空中加油工程。以《放飞中国龙》的杰出智慧，助推国产战机跨越式发展。他们《情系预警机》，《建功辽宁舰》，在《迎“20时代”》的征程中，勇担使命，追赶超越。他们《竭诚为民机》，立足试飞，效力国民经济建设。他们激情澎湃《让“心”飞起来》，为促进航空动力先行，以科学求实的态度、坚韧不拔的毅力《保驾“太行”行》，给发动机颁发“上岗证”。他们敢于为人先，自行研制了各种型号的试验机，为航空科研探索禁区而《飞在最前面》。他们在航空测试领域稳步而快速发展，创造了《试飞之灵魂》登顶珠穆朗玛——测试水平居世界先进地位的惊人成就。在航空报国的道路上，他们不图名和利，《甘献骨为梯》，干惊天动地事，做默默奉献人。

有人说：第一代试飞员是勇气型，第二代试飞员是技术型，第三代试飞员则是专家型。还有更多的人说：飞行员是英雄，试飞员是英雄中的英雄，而试飞院则是英雄的摇篮。的确，这里走出了一个个著名的试飞英雄和科技劳模。在这里，还创建了与国际接轨的中国试飞员学院，培养了一批又一批探索前沿科技的专家型试飞员和试飞工程师，成为名副其实的《造星梦工厂》。

60多年来，中国试飞人承载国家战略，报国强军，举旗塑魂，为航空工业的发展创造了一项又一项世界奇迹。同时，还在原子弹试验和航天、航海、航测等领域创造了许许多多《神奇的故事》。他们呕心沥血，殚精竭虑，为国防科研填补了一项项空白，用精神和智慧树起了《永恒的丰碑》。他们是共和国的追梦人、新时代的奋斗者。他们秉承《初心是恒心》，锐意进取，永不懈怠，传承发展砥砺前行，高歌猛进再创辉煌！

飞行试验，是集综合国力之标志、利益竞争之焦点、现代国防之基础、国家利益之体现于一体的科学研究。当中国试飞成为国家重大战略中坚，中国，正在走向世界舞台的中央。

飞行试验，是科学研究。但其高投入、高科技，尤其是高风险的特殊性质，决定了这个领域就是战场。试飞，就是和平时期的战斗。

一部书，怎么也写不尽中国试飞人投身于这种战斗的使命担当，写不尽他们将“爱国之心”化为“报国之行”的动人事迹。文字总是有限的，但他们“敢战、能战、善战、胜战”的精神是神圣的，令人震撼的。

震撼，在心灵深处……

韦克家

2020年8月1日

目录 上

序 章
试飞的一天

3月的一天，随着指挥塔台上一颗绿色信号弹的打响和蓝色飞行旗的升起，预定计划的混合场次科研试飞立即开始。跑道上，新型战机喷射着长长的火舌，在震天动地的轰鸣声中加力起飞，直插蓝天……

试飞战线新的一天开始了……

阳春三月。

清晨。

朝霞映衬着一轮旭日，喷薄欲出，光芒万丈。

大喇叭播放着嘹亮的军号声。

小轿车流、电动车流、自行车流井然有序地从几个大门进入中国飞行试验研究院（简称“试飞院”）。

试飞战线新的一天开始了。

机场停机坪上，一眼望不到尽头的各型歼击机、轰炸机、教练机、舰载机、电子侦察机、海上巡逻机和不同种类的运输机、直升机、预警机、变稳机及其他专用试验机、大型无人机，英姿矫健，威武雄壮，风采无限。

起飞线旁，指挥车、加油车、电源车、氧气车、空调车、消防车、医护车等各种保障车辆一应俱全，一字排开。

随着指挥塔台上一颗绿色信号弹的打响和蓝色飞行旗的升起，预定计划的混合场次科研试飞立即开始。

跑道上，一架新型战机喷射着长长的火舌，在震天动地的轰鸣声中加力起飞，直插蓝天……

紧接着，一架又一架不同型号的歼击机相继滑出，飞向不同的空域……

位于机场旁边的现代化飞行监控大厅里，8号指挥员和十几位不同专业的科研课题主管人员面对着大屏幕或一台台电脑，注视着从九天云霄实时传递下来的成千上万组测试数据，还有视频传输的试飞员座舱内的各种细节……

在试飞现场塔台上值班的院领导葛和平，获悉刚才某新机又一项关键科目试飞成功，电话报告给院长刘选民。正在接待外宾洽谈国际合作开展中外飞行员培训的刘院长，吩咐年轻的副院长陈怦立即向航空工业主管部门报告，并嘱咐给远在北京的试飞院老领导、航空工业部前任副部长王昂报喜。王昂是被中央军委授予“科研试飞英雄”荣誉称号的资深试飞专家，和滑俊、黄炳新、李中华等试飞英雄分别曾在歼8、歼轰7等不同飞机上亲自进行过这项课题，深知其意义重大。他在电话中首先表示了祝贺，继而又语重心长地说：“这是世界试飞领域的关键重要科目，肩负航空报国神圣使命的老一代试飞人，为此做出了开创性的奠基，付出了心血和生命的代价。祖国和人民不会忘记他们的无私奉献！”

一个小时前，东线试飞团队在航母辽宁舰上的着舰与复飞训练已经开始，包括着舰指挥官（LSO）和舰面引导员及放飞助理等各专业保障人员在内的数十位试飞人，为实现迈向深蓝

●电子战飞行试验

在真实对抗场景下对电子支援、电子攻击及电子防护设备的功能、性能/效能进行测试、验证和评估的活动。

的百年梦想而坚守在各自的岗位上……

两个小时后，西线试飞团队在大漠戈壁的试验基地，多机合成演练的重大任务正在紧张准备，信息网络化中的各新型武器实弹发射试验，必将振奋人心。

西南边陲的青藏高原，执行最新研制国产航空发动机高海拔地区起动试验的团队完成了最后一个架次，即将转场去海南岛再到海拉尔，进行高温、高寒科目试飞。同时在这里的，还有为国土资源普查而开展地下矿产遥感探测的小分队，今天执行任务的飞行员叫郝立功，他已经在连续十多年里飞遍了祖国东南西北人迹罕至的辽阔疆域。尽管之前他的两名同事在此执行该类任务时不幸发生空难，飞机坠毁失踪于雪山深谷，但他依然勇敢面对，始终激情满怀，为了国家的富强誓将遗愿化宏图！

中午过后，在阎良主战场，计划中的歼击机试飞任务全部顺利完成；轰炸机、运输机及穿插进行的直升机项目陆续开展；监控大厅的屏幕显示与计算机的遥测数据处理正在实时进行……

中飞国际会议中心报告厅，航空金奖获得者周自全研究员等试飞科技权威专家正在给来自清华、哈工大、西工大、北航、南航等著名院校的航空专业硕士、博士研究生做学术讲座。围绕变稳机的原理、功能、研制发展概况及风洞与飞行试验相关性、振动环境工程、测试技术研究等专题，结合工作实践将十分深奥的理论深入浅出讲得生动有趣。

《中国试飞报》编采人员兵分两路，一路陪同中央新闻媒体记者找老一代试飞人采访当年承担绝密任务的动人事迹——他们有的曾在原子弹和氢弹爆炸试验现场，发挥试飞院的测试技术特长；有的曾为通信卫星研制和载人航天工程早期宇航员培训而成功地进行了失重飞行试验。另一路陪同省电视台记者，登机飞越三秦，进行《大美陕西》的航拍摄像。

繁忙的白天即将过去，而今晚的夜航试飞又在积极准备。

此刻，拟将销往国外的两型飞机正在非洲中部某机场进行精彩的飞行表演，不时赢得多国政要和专业人士的热烈欢呼与鼓掌。

午夜时分，阎良航空城的人们已在习惯了的飞机轰鸣声中进入甜蜜的梦乡，试飞院的大喇叭却又一次响起，呼叫去南线的试飞团队人员紧急集合，有几十节车皮的专列火车到了机场航材库，请大家立即动身前去搬装科研器材设备，赶天亮之前随车出发。

远在大洋彼岸，位于北美洲的加拿大温莎地区的天空上，一架崭新的喷气式客机正在按国际适航条例进行自然结冰飞行试验。这架ARJ21-700飞机的主驾驶员是该机首席试飞员、试飞院副院长赵鹏。完成这个起落后，他又将飞洋跨洲，途经十几个国家回到祖国，向党和国家领导人汇报自主研发客机环球飞行的喜讯，汇报对C919大型客机试飞的设想，汇报中国试飞事业艰巨而辉煌的发展历程……

第一章
逐梦向蓝天

1954年7月3日下午5时15分，新中国制造的第一架初教5飞机由洪都公司段祥禄、刁家平驾驶第一次升空，顺利、安全完成了首飞。

这是新中国第一架自制型号飞机的试飞。毛主席非常高兴，欣然签署了嘉勉信表示祝贺，并指出这在建立我国的飞机制造业和增强国防力量上都是一个良好的开端。

按照中央决定，建立试飞研究机构，完善航空工业体系，为航空报国、强军富民描绘出宏伟蓝图。

熊熊火焰燃胸间

“独立寒秋，湘江北去，橘子洲头。看万山红遍，层林尽染；漫江碧透，百舸争流。鹰击长空，鱼翔浅底，万类霜天竞自由。怅寥廓，问苍茫大地，谁主沉浮？”青年毛泽东这首题为《沁园春·长沙》的词被竞相传抄，12年后的1937年，江西南昌航空机械学校一位18岁的学员读到这首词，他如获至宝，悄声诵读几遍后即可倒背如流。

他就是新中国航空试飞事业的奠基人熊焰，原名熊传溥。

熊焰1919年出生在安徽芜湖，祖籍湖北大冶。他4岁开始在父亲的教诲下学习写字，7岁进私塾读书。

1926年，北伐战争爆发了，芜湖的军阀陈调元临逃时，对百姓大肆抢劫，熊家也难以幸免。之后北伐军进城，老百姓夹道欢迎。熊焰挤在人群中看热闹，看到了北伐军的司令蒋介石。在当时的革命形势感召下，他父亲参加了国民党，在芜湖县党部工作，其好友李克农和程元量在芜湖凤凰山中学工作，熊焰常随父亲去他们那里。

1927年，“四一二”反革命政变后，白色恐怖笼罩了芜湖，街上到处杀人放火，家里人不敢让他上街。一天深夜，李克农敲门进来，与父亲密谈许久，又将许多书信焚烧处理。后来，因工作需要安排他们一家人去了汉口。

熊焰从小爱好文学，小学时最喜欢冰心的散文、小说，喜欢她的文字风格，因此加入了汉口的少年文艺队伍，并与报馆的儿童报刊建立了联系。中学时，文学运动逐渐引导他接触新的思想。这时，冰心的“太阳”“月亮”“星星”等已经引不起他的兴趣，而巴金和茅盾的作品强烈地吸引了他。鲁迅的《阿Q正传》、臧克家的诗歌、高尔基的《母亲》等作品，开阔了他的视野，引导他开始思考社会、人生等重大问题，并经常在报纸的副刊上发表一些诗歌、散文和小说。

1934年冬到1935年，熊焰的好友拿来了一些报刊，他第一次看到了共产党的宣传，共产党人对日本侵略中国以及蒋介石的不抵抗政策，都给予深刻的揭露和激烈的抨击。这些对他产生了深刻的影响。从此，他对国家的前途及民族的危亡开始关注。

1935年，“一二·九”运动爆发了。运动波及汉口，汉口也开展了支援北京学生的运动。熊焰满怀激愤，参加了这一反帝爱国运动，他走在游行队伍中，前往绥靖公署请愿。

1936年夏天，他快要初中毕业的时候，国民党航空机械学

○熊焰

致熊焰

熊熊火焰，燃烧在你的胸间。信马列，舍生忘死，投奔延安。愿将知识献给党，“抗大”举办航空班。赴东北接管沈飞厂，谱新篇。

强国防，挑重担；飞行院，宏图展。助新机研制，攻坚克难。试飞铺就通天路，求实创新为人先。擎航空报国之旌旗，树典范！

（作者 韦克家）

校到汉口招生，说是不收学费，一年半就毕业。可以挣钱养家，对他来说很有吸引力。当然，更重要的原因还是对飞机的好奇。但是他只有初中程度，高中的课程还一点没有学过，为了应考，暑假里在父亲的亲自辅导下，他不顾天气炎热，废寝忘食，自学了高中数学、物理等课程。他从小聪明过人，又知道生活的艰难，读起书来特别用功。有志者事竟成，功夫不负有心人。他以优异的成绩被录取，尤其是数学，竟然考了100分。全家人都很高兴，父亲不惜变卖了部分家产，又向朋友借了一些钱才凑够了路费。

1936年9月，熊焰到江西南昌航空机械学校报到。从此，他的一生就与航空事业结下了不解之缘。

1937年7月7日，震惊中外的卢沟桥事变爆发了。有血性的中国人，无不义愤填膺。正在航空学校勤奋学习刻苦钻研的熊焰，感到他将要从事的不只是个人的职业，而是将自己与国家的命运、民族的存亡结合在一起的事业。

在与日寇的血肉搏斗中，航空是中国柔弱的腹部。日本侵略者用他的九五式轰炸机、九六式战斗机拳打脚踢这个部位，引起了国人的阵阵哀鸣，也引发了爱国志士的拼死反抗。

阎海文、沈崇诲、陈锡纯等抗日烈士舍身歼敌，血洒长空，在中国的蓝天上谱写了惊天地、泣鬼神的战歌。但是国民党上层抗日软弱、管理无能、腐败糜烂、专横独裁。南昌作为空军基地，曾经派机出击江阴要塞，而日本人竟然猖獗到敢派飞机降落在南昌机场，用机枪水平扫射，把机场上的飞机打得起火燃烧后，拔走军旗，扬长升空而去……熊焰目睹这一切，气愤至极。但国民党的报纸却“辟谣”否认，真是令人寒心。

当苏联空军援华志愿队来到南昌时，航校的同学们欢欣鼓舞。看到这些人英姿焕发，每次作战回来，大家相互拥抱，又共同做完机务工作，然后围坐在飞机机翼下唱歌、吃饭、看书，展现出一种令人振奋的团结战斗之景象，给熊焰那颗年轻的心以极大的冲击和激励。他与这些战友们结下了深厚的感情，同他们一起工作，庆祝胜利，还参与收殓作战牺牲者的遗体。

在这期间，他参加了大众书店组织的大众歌咏队和秘密阅读进步书籍的读书会。和他一同读书的欧阳奎同学失踪后不久，熊焰接到了他从陕北辗转寄来的信，得知他已经投奔延安的抗日军政大学。从他的来信中，熊焰才知道另有一个团结抗日的新天地。通过对欧阳奎同学寄来的一些书籍资料的了解和在与“读书会”同学的深入交流中，他开始懂得了处于半殖民地半封建社会的中国，为何被帝国主义列强欺侮，还懂得了关于列宁主义、哲学、统一战线等问题。

这是一个星期天。喜爱中国文学而又向往革命新天地的熊焰，来到赣江边的名楼滕王阁，他一边登楼一边思索，上到第五层的纵览厅，这是滕王阁最美的视角点。登阁感兴亡，凭栏怀忧乐。望着落霞映衬下的赣江秋水，他又情不自禁地吟诵起毛泽东的那首《沁园春·长沙》，“恰同学少年，风华正茂；书生意气，挥斥方遒。指点江山，激扬文字，粪土当年万户侯……”

他的亲身经历，耳闻目睹，此刻在自己的脑海里画出了一个大大的问号。

“问苍茫大地，谁主沉浮？”思索良久，终于凝结为一种明确的态度：鄙视蒋介石、国民党，崇拜毛泽东、共产党。

也许他当时根本就没有料到，在经过数十年后，新中国的领导人毛泽东亲笔书写了《滕王阁序》中被人们认为最经典的诗句“落霞与孤鹜齐飞，秋水共长天一色”，作为楹联镶挂在纵览厅的门柱上，引导中外游客尽情领略华夏神州美好风光。

正如俄国著名文艺评论家车尔尼雪夫斯基所说，一件事物较之与它相比的一切事物要巨大得多，那便是崇高。

置身纵览厅，面对赣江水，他纵览历史，他正视现实，思想向着崇高而升华。一团炽烈的火焰，在胸中熊熊燃烧。他当机立断，将自己的名字熊传溥改为熊焰。他热血沸腾，好像脱胎换骨似的身心俱爽。离开滕王阁，他直奔大众书店，找到地下党的负责人，坚决要求北上延安。他表示愿舍生忘死，投奔共产党，用自己所学到的航空知识报效国家。

怀揣地下党组织的介绍信，熊焰回到汉口，悄悄地告诉了父亲。没有料想到的是父亲不但没有反对阻止，而是很支持他的选择，并向李克农做了汇报。终于，熊焰辗转来到了西安，由地下党组织精心安排，与分别从各地汇聚来的数十位热血青年一起，徒步经三原、富平、洛川、甘泉等地，十几天后抵达心中向往的圣地延安。

延安“抗大”的航空启蒙课

“天宇苍穹，广阔无垠，远古迄今，人类神往。旷世奇才

○延安城北的安塞县西杏子河畔的侯沟门村。经毛主席和中央常委会批准成立的军委航校即“延安航空学校”就诞生在此地。

○ 2019 年，熊焰 100 周年诞辰前夕，其子女、亲属寻踪延安航校旧址。
因建校时间短及多次改编等原因，延安航校的历史及校址具体位置，几十年来几乎无人知晓。直到 2011 年，熊焰的女儿熊晓虹在父亲的一篇文章中发现踪迹，并赶往延安进行确认。

达·芬奇有句名言：‘人应该有翅膀，假如我们这一代不能达到这个愿望，下一代也会实现。人是万物之灵，必定会像天神一样在天空飞翔。’”熊焰站在一个土窑洞教室里，向年轻的“抗大”学员们讲授着航空概论课。

这里是紧邻延安城北的安塞县西杏子河畔的侯沟门村。经毛主席和中央常委会批准成立的军委航校即“延安航空学校”就诞生在此地。后来与“抗大”三分校合并。王弼任航校校长，丁秋生任政委，常乾坤任教育长，熊焰担任教员。

熊焰伸开双臂模仿着雄鹰展翅，形象地来了个开场白，一位学员就举手站起来满脸疑惑地说：“向往飞翔，只能是个梦。因为我们人类长的是双手而没有翅膀呀！”

“是智慧和勇气给人类插上了飞翔的翅膀。”熊焰话音刚落，又一位同学就站起来问道：“听说人类早先想飞行、敢飞行的都是外国人，对吧？”

“也对，也不对。”于是，熊焰向同学们讲述了人类飞行航空史——

大家都知道夸父逐日、嫦娥奔月、孙悟空腾云驾雾和哪吒脚踩风火轮等神话故事吧，这些都展现着我们龙的子孙对飞翔的无限遐想与期盼。大约在3600多年前，中国商朝的开国君王成汤就亲自督造了一辆飞车。战国时期的墨子用木材制成了一只飞鸟。公输般则用竹子做飞鸟，竟然在空中飞了3天。南北朝时，有一位和尚用木材做了一只鸟，在空中飞了几天之后，又返回了原地。

人类在不断发展进步。富于智慧的人们总是富于探索精神。他们由感性认识逐步提高到理性认识。希腊哲学家亚里士多德第一次提出“空气是什么东西”的疑问，进而第一次提出了“空气有质量”的概念，使人们逐步认识到空气是一种物质。接着阿基米德发现了浮体定律。这就为体积大而重量小于空气的飞行物升空提供了理论基础。

到了公元13世纪，科学家伽利略、培根等通过实验研究证明，空气是一种有弹性的气体。高度越高，空气的压力越小。高度越低，空气的压力越大。同时发现，冷空气会下降，热空气会上升。从此，地球外围大气层的奥秘逐渐被揭开了。

看到同学们听得很认真，熊焰也就讲得更来劲——

我刚才讲的那位达·芬奇，很多人只知道他是天才大画家，其实他对航空科学的发展同样有巨大的贡献。1490年，他最早发明了空气螺旋桨。作为一名模仿鸟类飞行的学者，他进行了大量的试验，提出“空气流过鸟的翅膀才产生升力，气流的速度越大升力也就越大”的科学论断。他把自己的研究成果写成《论鸟的飞行》一书。遗憾的是当时未能发表，直到20世纪20年代，也就是说过了漫长的400多年，人们才发现他的著作和他对航空科学的巨大贡献。要是及早地按他的路走下去，航空科学的发展将会提前几百年。

同学们，大家说是不是？

“是！”

“就是！”

课堂气氛很活跃。

稍等片刻静下来后，熊焰接着讲道：

怎样才能使飞机像鸟一样在空中持续飞行？怎样才能像鸟一样在空中自由自在地控制自己？人们逐渐把注意力转向动力装置和飞行控制系统。

历史的发展需要动力，工业的发展需要动力，飞机的上天也离不开动力。

1765年，英国人瓦特发明了蒸汽机，成为火车的动力装置，也为飞行器研究者带来了希望。于是诞生了以蒸汽机为动力装置的飞艇。1876年，法国人奥托发明了柴油内燃机，实用性比蒸汽机更好些。但对飞机来说，仍然具有很大的局限性。过了几年后，法国人戴姆勒把内燃机改为汽油燃料，才使其成为飞机可以应用的发动机。

德国的机械工程师奥托·李林塔尔是一个用科学的方法解决人类飞行问题的人。他研究了升力、阻力和原始翼型的稳定性，从1891年到1896年，他和他的兄弟进行了2000多次滑翔飞行。最后他飞行了350多米的距离。后来他将法国人的一种轻型汽油内燃机装在了滑翔机上，动力是用像鸟一样上下扇动翅膀来提供。可惜的是他为这个试验付出了生命。他是人类飞行的先驱，用生命谱写了人类的第一首试飞之歌！

李林塔尔的工作直接影响了美国的威尔帕·莱特和奥维尔·莱特，他们在1903年12月17日进行了人类的第一次动力飞行。

莱特兄弟首次驾驶飞行的飞机称为“飞行者一号”。自此以后，美、德、英、俄、法等国的航空竞相发展，国际上出现了一阵竞赛风。其中最引人瞩目的是一位中国人！

听说是位中国人，同学们一下子欢呼起来。熊焰摆了一下手示意大家静下来继续听讲。

这个人应该称作中国的航空之父，他名叫冯如。

冯如天资聪敏，从小爱动脑筋，经常独出心裁。还在七八岁时，就幻想人的双臂变成翅膀，像鸟儿一样在天空自由飞翔，他把风筝做成宽大翼面，挂上两只小桶，让风筝承重高飞。年仅12岁的他还是个依恋父母的孩子，却拉着表舅的衣衫不放，远走异国他乡，把改变面对黄土背朝天的命运投向了蓝色的海洋，投向了大洋彼岸先进的工业文明国度。漂洋过海，要经历生命的考验，40多天的海上航行，如同过鬼门关，邮轮最底层的统舱，人挨着人挤在一起，像猪崽一样。茫茫大海，无风三尺浪，蹲坐在里面，把五脏六腑颠得翻江倒海，他呕吐得死去活来。经历了渡海的艰辛，他体验到人间冷暖，于是更加珍惜时光，要改变命运，必须学本事，掌握技术。

12岁的孩子，做的是童工啊，他踏踏实实，认真学习，在造船厂、发电厂、机器厂，学习机械加工，学习电工电机。1912年9月号的广州《时事画报》报道：冯如目睹美国工艺之精，心向往之。尝谓国家富强，由于工艺发达，必有赖乎机器，今中国贫弱极矣，非学习机器不足以助工艺之发达。于是东至纽约埠，专学机器。教师见其年少颖悟，免收学费，冯如益加勉励，苦心孤诣者十年，于三十六种机器，无不通晓。

冯如得知美国莱特兄弟成功发明了飞机的消息，深受触动，费尽周折，到莱特兄弟制造飞机的工场参观，眼见为实，明白了人类可以通过发动机产生动力，使机器飞上天。他的飞机梦从而产生，于1908年在美国奥克兰唐人街的一间工场中，开始了他制造飞机的事业，在那里制造了大量飞机模型，并以一架自制飞机进行试飞。

1909年9月21日，是中国航空史上开天辟地的日子，是永远值得中国人引以为傲的日子。冯如驾驶自制的“冯如一号”鸭式结构双翼飞机（每片机翼长7.2米，宽1.9米，发动机为一台6马力的汽油内燃机），冒着强风做了为时20分钟的空中飞行，高度达4~5米，飞行距离800米。试飞显示飞机性能良好，在中国航空史上谱写了光辉的一页。试飞成功的消息不翼而飞，迅速在美国华人圈传播开来，冯如成了人们追捧的英雄。

1910年，冯如根据冠蒂斯“金箭”和莱特兄弟“飞行者一号”，对设计进行了较大的改动，制造了第二架飞机，去奥克兰进行飞行表演，大获成功，孙中山先生亲临现场，给予很高评价，赞道：中国大有人才！美国国际航空学会向他颁发了甲等飞行员证书。当地媒体《旧金山纪事报》在头版以标题《中国飞行家的成功飞行》发表消息，《旧金山星期日呼声报》以通栏标题《他为中国龙插上了翅膀》整版发表长篇通讯，冯如一时声名鹊起。之后，经过6次改进设计，1911年1月18日，冯如驾驶性能更加卓越的飞机在旧金山奥克兰上空试飞成功，这又是一次载入中国航空史册的飞行。飞机内燃发动机增大到75马力，飞机在地面滑行30.5米后，腾空而起，高度达12米，飞行1600米，历时4分钟。

1911年2月，冯如谢绝美国人的重金聘请，毅然率领志同道合的兄弟，将两架“冯如号”飞机及制造设备打包装船，回到祖国。正因为有了冯如，孙中山才发出了“航空报国”的伟大号召。

令人痛惜的是，1912年8月25日，冯如在广州燕塘的飞行表演中，因飞机失速，不幸遇难，英年早逝。

讲到此刻，熊焰哽咽得泣不成声。他轻轻在课堂上静默片刻后，高举双臂，大声吼叫：“呜呼！痛哉！他走得突然，走得悲壮啊！”

待情绪稳定一会儿后，他又接着讲道：

冯如为家为国，精进不已，令世人惊叹。身后被追认为陆军少将，遗体安放于广州黄花岗，并立碑塔，被尊为“中国始创飞行大家”。冯如弥留之际，嘱咐同志：“吾死之后，尔等勿因此而失其进取之心，须知此为必有之阶段。”

值得骄傲的是，中国共产党是一个有远见卓识的政党，早在1924年1月，即我们党刚成立的第四年，就与孙中山领导的国民党建立了革命统一战线，实现了第一次国共合作。当年9月，当广州革命政府创办航空学校时，我党就派出了刘云、王翱、冯涧、唐铎等共产党员参与学习，学习一段时间后又派往苏联深造。1926年，再次选派了三位同志参与学习并赴苏联进一步深造。这其中就有我们学校的教育长常乾坤。

听说有常乾坤教育长，同学们又高兴得欢呼起来。

最后，熊焰话锋一转：

但是，要实现航空报国的美好愿望，必须有一定的环境和条件。多灾多难的旧中国，连年军阀混战，民不聊生，哪有可能发展航空事业呢？而在第一次世界大战期间，军事强国共造了20万架飞机，仅德国就有将近5万架，数以万计呀，同学们！

我在上一节的战争形势课上，刚刚给大家讲过外敌列强的野蛮与凶残。同学们，还记得1937年8月吗？日本侵略者100多架飞机轰炸上海，成千上万的无辜民众不幸遇难，具有历史价值的建筑物受到粉碎性破坏，而在那些残垣断壁中，幸存的孩子在血肉模糊的亲人身边，抬起头死死盯着掠过天空的野蛮飞机，心里默默起誓：长大后一定要开着我们中国人造的飞机，打败侵略者，建设新中国！

熊焰举起手臂，领着大家齐声高呼：

“航空救国，保家卫国！”

“发展航空，强我中华！”

课堂上群情激奋，口号声传遍整个山沟。

航空救国，我们的初心

延安航空学校开办不久，国民党发动了第二次反共高潮。熊焰和妻子陈然请求奔赴前线，不得不将刚出生三个月的大女儿托付给了别人。前线归来，航校改为军事学院，熊焰仍然担任教员。

1945年抗日战争胜利，当时国共谈判三人小组中共代表的专机需要机务人员，熊焰被派往张家口组建航空站。他和同志们领着十几个日本战俘，好不容易才把一架日本“九九”高级教练机修复，却被国民党前来空袭的P-51飞机击中起火……内战继续升级，张家口航空站被迫疏散，大部分人转道到东北开展工作。

1946年8月，熊焰和陈然带着刚出生的二女儿，从张家口登上大卡车向东北进发。绕道辽宁、吉林到黑龙江，途经张北、多伦、林西、林东、开鲁、鲁北、突泉、洮安到白城子，再经齐齐哈尔，走了一个多月，路上还经常遇到国民党军队及土匪的骚扰袭击，最后到达哈尔滨。

东北有缴获的日本旧飞机。解放军在牡丹江成立了航校，开始培养自己的飞行员。战争局势变化迅速，国民党军队有进攻哈尔滨的动向，熊焰又转入牡丹江航校，讲授发动机课程。

○熊焰（后右三）、徐昌裕（前右一）在张家口航空站周恩来乘坐的飞机前。

一天，领导找熊焰谈话，指出航校训练急需飞机，决定将一个日本人原来的汽车修理厂改为飞机修理厂，任命熊焰为副厂长。

从这一天开始，他从航空教学转向了航空工业，并且从这一天开始，新中国航空工业迈上了从修理起步的发展道路，促成了20世纪后半个世纪航空工业史上的骤兴。他们从各地弄来日本战败丢弃的飞机和航空器材，经过翻修终于拼凑起--架架飞机。经过地面认真的试机和检查，最后试飞成功。上级组织把从延安来的以及后来从各地来的曾飞行过的近十名干部组成了教官训练班。

但是，这些人仍然无法担负起全部工作，不得不使用一些懂技术的日本人和少数伪满人员。当时曾在中国参与航空工作的日本人，有的几十年后再次访问中国，成为中日友好的使者。

物质上的困难，则主要是航空器材没有来源。当时的飞机修理者们走街串巷，逛小市场，四处寻找，做梦也在想找到由于战乱而散落在民间的航空器材。外出时在大道上看到大车压出的轮胎印子，若判断可能是飞机轮胎，但又无法判断这车是朝哪个方向走，便派人往两头追踪。追到老乡家，如果发现真是飞机轮胎，就苦苦说服对方将其卖给他们。

他们在修理厂每天天不亮就起身，直干到日落西山。没有铝板，便用白铁皮代替。第一年就修出36架飞机，平均每月3架。最终修复了近百架20多种型号的飞机。这些修好的飞机，有的机身上像贴膏药一样打上了补丁，日本飞行员都不敢飞。在熊焰和魏坚等人的组织下，新生的人民空军飞行员驾驶着打着补丁烧着酒精的飞机腾空飞起，欲与天公试比高。

心中有信念，不怕有困难。为了保证飞行，用酒精代替汽油就是熊焰想出的办法。当时有了飞机，却没有汽油，无奈之下他试验用酒精代替。但是由于酒精爆发力小，飞机起飞时马力不足，造成发动机停车。后来，在熊焰的帮助下，研究改进了发动机，终于把用酒精代替汽油的试验搞成功了，保证了训练工作的进行，使一批批的飞行员飞向战场。在抗美援朝期间涌现出许多英雄飞行员，如王海、张积慧等，都是当年老航校培养出来的。

经熊焰亲手建立起的这个飞机修理厂，便是后来成立的东北航校的老家底。东北航校的建立，使中国人民解放军有了自己的航空学校。

1948年，辽沈战役结束。熊焰进驻沈阳，按东北民主联军沈阳卫戍司令陈云的命令去接收位于沈阳东塔的日本满洲飞机

○经熊焰亲手建立起的飞机修理厂，便是后来成立的东北航校的老家底。东北航校的建立，使中国人民解放军有了自己的航空学校。

制造厂和飞机场。接着又被调往沈阳北陵接收伪满洲民航机场。在这里建立了东北人民解放军航空学校机务处第五厂，熊焰担任厂长。以后，这里成为中国最重要的飞机制造厂之一——112厂（沈飞公司）。

建厂后拟定的第一个任务是修复一架美式P-51野马式战斗机。这对一直从事修理日本飞机的队伍是一个考验。经过一些挫折，这架飞机终于在1948年年底修理完毕，迎来了形势大发展的1949年元旦。在新的一年里，这里共赶修出30多架P-51飞机。

1949年10月1日，开国大典上飞经北京上空的飞机，全部都是从国民党那里缴获或起义过来的，其中许多经过熊焰之手予以修理。凡目睹过这一历史性场面的人也许会记得，飞机队形本是两两编队，但最后竟少了一架，有一架单机无伴独飞。这是因为尽管当时集中了达到飞行状态的飞机参加开国大典，但仍凑不满双数而只有让最后一架单飞。

而几年以后，国庆庆典中呼啸而过的就已经是庞大的喷气式机群了，中国空军成长为仅次于美苏的世界第三大空军。

为了战争的胜利

1950年10月，抗美援朝开始。美国飞机时常越过鸭绿江，侵犯我国东北上空进行轰炸。

熊焰把孩子送到农村，自己在工厂坚持一项重大的工作——把从苏联购买的100架米格-15喷气式战斗机部件装配成完整飞机。苏联开来一列战时的飞机修理列车，配有专家指导装配工作。熊焰带领中国工人们日夜苦战，3个月内将100架飞机装好出厂，飞向了战争前线。这是中国空军拥有的第一批喷气式飞机。

随着战争形势的发展，战斗中受损的飞机，几乎全在这里修理，北陵成了飞机的一个前线“医院”。米格-15携带的副油箱消耗量很大，为了解决这个问题，空军司令员刘亚楼来到沈阳，召见熊焰：“这个任务，你能完成吗？”

“能！”熊焰腾地一下站起来，急切地望着刘亚楼。他掂出了刘司令员话的分量，更清楚这100架飞机若是不带副油箱参战将产生的后果。

喷气战斗机速度快，耗油多，仅靠飞机体内油箱中的燃油续航时间有限，所以必须在机翼下挂两个副油箱。战斗机在飞赴空战领域过程中，首先燃用副油箱中的油，一旦进入战区，则立即将副油箱抛掉，以减轻飞机的重量和阻力。所以，在频繁的空战中，副油箱的损耗是相当惊人的。

“我再强调一遍，”刘亚楼的脸上浮现出一丝笑容，但随之就收敛了，代之以严峻、刚毅的神色，“造这批副油箱困难不小哩，苏联没给我们副油箱的图纸，也没有给我们造副油箱用的铝板。所以，我只能给你搞一对苏联飞机上正在使用的副油箱，你要想尽一切办法给我照葫芦画瓢把它搞出来！不要那些框框，不管它是拿什么东西做出来的，只要它能装油就行。你知道不？彭老总太需要咱们空军给他助威了。前线的同志在流血，时间不等人哪。美国人把战火都烧到家门口了，我这个当空军司令的总不能拿刺刀跟人家比画去啊！”

“请司令员放心，保证完成任务！”

“熊焰，军中无戏言！到明年3月底，你务必给我造出3000对副油箱来，否则，飞机不能入朝作战，造成地面部队伤亡惨重，彭老总骂娘，毛主席和中央怪罪下来，我拿你是问。”刘亚楼全神贯注地盯着熊焰，仿佛眼前的熊焰就是空军急需的副油箱。

“造副油箱外壳用的那种银白色铝板没有货源怎么办？”

“那不管，反正你熊焰要想办法，当年你们不是曾给飞机喝过酒精吗？”刘亚楼霸道吗？有点儿！

但熊焰却笑了，因刘亚楼的话勾起了他的回忆：当年东北航校生产高纯度酒精代替航空燃油解决燃眉之急等困难历历在目。他一定能解决制造副油箱的问题。

回到厂里，熊焰立即召开紧急会议，进行动员：“同志们，这项紧急任务非同一般，我们必须发动群众献计献策，按期完成。”当时在会上大家七嘴八舌，出主意，提方案。

宋协隆是技术股长兼飞机股长，理所当然要承担这项任务

○经试飞检验，土法上马生产的副油箱完全合格，解决了抗美援朝我军作战的急需。

的重担。他和部分同志搬进厂房里住，以便在现场组织和指导研制副油箱。首先，他们采用糊油篓的方案来试制。油箱的加强隔板是用黑铁皮制造的，表面用东北乡下用的糊窗纸，这种纸强度比较大，韧性也比较好，再用猪血和桐油做黏合剂，经多次试验，用0.3千克大气压做压力试验成功了，飞机吊挂试验也合格了。但由于米格–15飞机速度快，在短时间内适用，长时间这种副油箱就不行了。特别是它的加强隔板不是铝合金，而是用黑铁皮代替，在短时间内就产生锈蚀，这样不能保证飞行的安全。在此紧急情况下，熊焰当机立断地指示：采用白铁皮方案。大家又日夜不停地赶制，除加强隔板用白铁皮外，表面蒙皮也用白铁皮，再用铆钉铆接而成。没想到在做压力试验时每个铆接处都有漏油现象，为此只好再用焊接来解决，直至不漏油为止。

经试飞检验，生产的副油箱完全合格，终于在指定的时间内完成了3027对6054个米格–15飞机副油箱的紧急任务，解决了抗美援朝我军作战的急需。

在多年后的一次国庆宴会上，刘亚楼举着酒杯走到熊焰面前，兴高采烈地说：“来吧，熊焰，为咱们的副油箱干杯！”

为了国家的起飞

中国航空工业的正式起步是在抗美援朝之后，毛泽东主席指出，我们打了几十年的仗，建立了很强大的陆军，但是我们没有空军对付头上的敌人，我们有了建立海军、空军的条件，应当着手建立一支强大的海军和一支强大的空军。尤其是空军，对国防极其重要，应当赶快建立！

根据毛泽东的指示，总理周恩来、副总理陈云、开国元勋聂荣臻以及重工业部部长李富春随即着手筹划创建中国航空工业局事宜。

周恩来指出，中国航空工业的建设道路，要从中国实际出发，我们是先有空军和军机修理，原则上是依靠苏联，请他们帮助我们建成配套的航空工业，道路是由修理走向制造。

1951年，航空工业管理局成立。原属空军的北陵飞机修理厂即后来的沈阳飞机公司划归航空工业局，熊焰任厂长，后来还兼任总工程师。从这里，开始了新中国制造飞机的历史。

根据中苏签订的苏联援助中国建设航空工业的协议，苏联派来了航空工业专家组，在他们的帮助下，沈飞公司、哈尔滨飞机公司和位于江西南昌的洪都公司，不但完成了大量的飞机修理任务，而且积极筹备飞机制造。

1954年7月3日下午5时15分，新中国制造的第一架初教5飞机由洪都公司段祥禄、刁家平驾驶第一次升空，顺利、安全完成了首飞。首飞成功后，按照试飞大纲继续试飞。一周时间共飞行14架次/13小时16分，完成了试飞大纲规定的全部试飞科目。试飞表明，飞机性能完全符合设计技术指标。1954年7月20日，国家鉴定委员会做出审查结论，确认初教5飞机性能符合技术要求，可以进行批量生产。

这是新中国第一架自制型号飞机的试飞。毛主席非常高兴，欣然签署了嘉勉信表示祝贺，并指出这在建立我国的飞机制造业和增强国防力量上都是一个良好的开端。希望继续努力，在苏联专家的帮助下，进一步掌握技术和提高质量。

对多年从事飞机修理领导组织工作的熊焰来说，管理现代化的大工厂是一个新的课题。1955年，苏联提供了米格-17飞机的图纸资料，当年7月，熊焰以总工程师兼总工艺师的身份，和其他六人被派往苏联共青城的苏联飞机制造厂考察学习。

熊焰这时36岁，长得清秀儒雅，他那颗一直燃着熊熊火焰的心，经过世纪风雨的冲刷，经过战火的锻炼，充满了大江东去的豪情。他满怀激情地告诉苏联专家，我们要向“老大哥”学习，从仿造飞机走向研制飞机。

这时，一位专家郑重其事地说：“德国著名科学家、航空先驱奥托·李林塔尔告诉我们，发明一架飞机算不了什么，把它制造出来也没什么了不起，而飞行才意味着一切。就是说，要发展航空事业，只有设计能力和制造手段是不行的，还必须有专业的试飞队伍。”

而就在几个月前，中国政府派出的航空工业代表团访问苏联时，苏方曾明确提出建立飞行研究院的重要性。

此后的又一次外事活动，对熊焰产生了更大的刺激。

那是他率中国代表团参加国际航空技术交流会议。会址在柏林，这是李林塔尔的故乡，大家自然都很兴奋。然而，令人扫兴的是，会议组织方明确“中方人员只能作为列席代表旁听会议”，理由是他们认为中国航空工业没有配套的科研部门，尤其是尚无专业的飞行试验研究机构，不能鉴定新飞机，形成不了完整的航空工业体系。

扫兴归扫兴，在会场大家倒是看到了挂在墙上的奥托·李林塔尔的肖像，下边用德、俄、英三种文字写着那句名言。熊焰一下子就记住了其中的英文：

To invent an airplane is nothing. To build one is something. But to fly is everything.

从国外参会、学习、考察归来，熊焰的眼界更加开阔，他铆足了劲，一定要把中国的航空工业、航空科研发展起来！

1956年7月19日，试飞员吴克明驾驶着一架崭新的战斗机在沈阳腾空而起，试飞场面十分热烈。人们看着新中国制造的第一架歼击机首飞上天，满场欢呼，将熊焰和总设计师团团围住，抬起来抛向空中。中共中央、国务院专门发了贺电表示祝贺。这是仿米格-17的56式歼5型战斗机，最大速度接近1.0马赫数，使用升限为16600米，最大航程为2020千米。

这种全金属的喷气式高速歼击机装有三门威力强大的火炮，歼5飞机的制造成功使中国航空技术发展上了一个新台阶。聂荣臻元帅来到沈阳出席工厂的庆功大会，他和赵尔陆、史良等领导一起共同为飞机剪彩，许多著名的剧团来到工厂慰问，梅兰芳、严凤英等著名艺术家都来演出祝贺。

紧接着，歼5飞机投入了批量生产，源源不断地装备了中国人民解放军空海军部队。第一个五年计划结束时，周恩来总理在全国人大的报告中向全世界庄严宣告：过去中国不能造汽车、造飞机，这个历史结束了！

毕竟，歼5是一架在中国生产的苏式飞机。中国航空工业要走上独立自主的发展道路，必须有自己的飞机设计。在新机

○从国外参会、学习、考察归来，熊焰（左三）的眼界更加开阔，他铆足了劲，一定要把中国的航空工业、航空科研发展起来。

首次试飞后不到一个月，熊焰就在沈阳飞机厂成立了第一飞机设计室，为新中国的飞机设计事业鸣响了起跑的信号枪。

9月底，熊焰陪同几位苏联专家赴北京参加国庆七周年庆祝大会，在天安门观礼台上亲眼看见了自己负责制造的飞机飞过首都上空。

在高兴和激动的同时，他的思绪回到了年初，党中央发出“向科学进军”的号召，毛主席在最高国务会议上指出：我国人民应该有一个远大的规划，要在几十年内，努力改变我国在经济上和科学文化上的落后状况，迅速达到世界上的先进水平。周总理也指出：我国的科学文化力量目前是比苏联和其他世界大国小得多，同时在质量上也要低得多，这是同我们六亿人口的社会主义大国的需要很不相称的，我们必须急起直追，力求尽可能迅速地扩大和提高我国的科学文化力量，要在不太远的时间里赶上世界先进水平，这是我们党和全国知识界、全国人民的一个伟大战斗任务。

离开北京，熊焰马不停蹄回到沈阳，鼓励设计师徐舜寿和技术骨干加快歼教1飞机的研制步伐。

歼教1飞机1958年3月完成设计，4月开始试制，7月26日实现首飞，整个研制只用了不到两年时间。由我国自行设计和制造的第一型喷气式飞机的试飞员叫于振武，他后来一直很重视试飞事业，还亲自参与组织了螺旋试飞等科研项目，多年后担任了空军司令员职务，晋升上将军衔。

筹建飞行研究院

在中苏两国共同签署的《关于中华人民共和国航空科学研究院问题的备忘录》中，苏方认为：“中国航空工业建设必须从三条战线同时展开：第一航空科学研究工作，第二航空工业生产，第三航空人才培养。”并认为：“中国航空工业的第二、第三条战线上，现已具备了一点基础，但在第一条战线上，则迄今未见提起，这一落后现象应该迅速消除。否则，中国航空工业势必不能充分利用和适应本国的资源和条件，结果必将大大限制中国航空工业的迅速、独立与健全地发展。”“关于培养研究人才问题，建议从国内现有学科中抽调一部分作为基础；从国内大学毕业生中分配补充；选部分理工科学生送苏联培养，送部分大学毕业生到苏联深造。”

飞行试验研究在航空工业发展中的地位是十分突出的。自行设计飞机，没有飞行试验研究，就不可能提供大量设计所需的数据。在仿制成功各种飞机和发动机并转入设计制造阶段，仅仅靠空军驻厂试飞员已经不能满足新机研制的需要了，开展飞行试验研究需求显得更为突出。因此，在酝酿建立综合性航空科学研究机构时，就必然地提出了建立飞行研究院的问题。

1956年9月15日，根据中苏两国政府签订的援助我国建设项目协议，苏联正式提供了关于中华人民共和国建设飞行研究院的初步资料。

苏联的飞行试验研究机构是将空军和航空工业部门分开，各自建有独立的试飞基地。但当时，中华人民共和国成立不久，正处于经济恢复时期，国家的财力、人力还有很多困难，而建立各自的飞行研究院需要很大的投资。据此，苏联专家建议我们先统一建立一个飞行研究院。经工业部门和空军领导协商同意共同建立一个飞行研究院，由工业部门具体负责筹建工作。

第一机械工业部（当时的航空工业局隶属于一机部）决定调北京航空学院党委书记周天行为飞行研究院院长，和苏联专家尼·尼·多尔马佐夫、尼·巴·尼古拉也夫等人共同研究筹建相关事宜。尔后，根据国家建设委员会及一机部的指示，组成选址委员会，开展选择院址工作。

苏联专家对院址选择提出了很高的要求，首先是每年的可能飞行天数最多、冬季不甚寒冷、气象稳定，无过于猛烈的风暴、雷雨及大风沙，绝对海拔标高较低等。

此外，还要具有：符合现代化生产的自然、地理、经济条件，如当地的水文、地质情况，交通运输，动力供应等；协作方便，具有发展前途；搬迁与施工工作量小，有利于最大限度地节省人、财、物力。

按照苏联专家强调的条件，选址小组曾组织在北京选址。后来，因在北京有困难，所以提出在北京搞一条小跑道，在内蒙古搞一个大的试验场地，故选址小组从1957年1月13日开始，分别在呼和浩特市西南的北什轴地区、集宁市东南的全玉林河地区、陕西阎良地区及甘肃张掖沙井子地区、吉林郑家屯大土山地区进行了具体的踏勘工作。为了选择航空武器发射试验场地，在内蒙古境内滂江以东的锡林郭勒盟、河套以西的巴彦淖尔盟进行了空中飞行察看。在内蒙古呼和浩特地区选址时，还有苏联专家、地质科科长乌·乌·也尔马科维奇参加。

选址小组通过上述活动，掌握了大量的第一手资料，对各方面的情况进行反复分析比较并经过选址委员会讨论研究，否定了选在集宁、张掖、郑家屯、呼和浩特等地的方案，建议将飞行研究院建在陕西阎良。

阎良，东至海岸线约800千米，西南距西安市50千米，地处关中平原。东南两侧环有秦岭山脉，北面有黄土高原，东北有吕梁山、火焰山、中条山相环绕，形成一条东西长250千米，南北宽约70千米的狭长地带。海拔标高387米，境内有石川河及清河合流汇入渭河。地势平坦，物产殷富，空域条件良好。以原有跑道方向而论，两侧净空良好。

从气象条件讲，晴天日数89天，半晴天日数108天，年飞行日数接近300天。气象稳定，冬季平均气温1℃，接近文化中心及科研机构，便于协作，交通方便，而且还有一个重要因素是，空军十一航校早已在此，有现成的机场可用。按照我国自行设计飞机机种的部署，飞行研究院在建设的第一期，利用这个现有机场就可满足，既能加快建设速度，又可节省投资经费。综合上述情况，阎良地区是符合建立飞行研究院要求的。

飞行研究院位置确定后，又将正在张掖筹建的飞机制造厂迁到阎良，命名为172厂（红安公司，现为西飞公司）。十几年以后，原先建在青岛的特种飞机研究所也搬至阎良，名为603所，就是现在的航空工业第一飞机设计研究院。

根据选址委员会的报告，中央军委决定：将空军在陕西阎良的十一航校作为建院基地，立即交由苏方进行技术设计。1957年12月，中苏两国政府正式签订关于建设848号项目的决定，以此作为苏联政府援助建设中国飞行研究院的依据。

按照苏方预计，飞行研究院的全部设计需要4年时间，至1960年方能全部完成。当时，院长周天行认为外行领导有困难，当院长的要懂航空知识，因此，提出利用苏联为我方进行设计的空隙去学习深造，经上级同意于1957年上半年带职到北京航空学院干部特别班学习。

1958年，全国面临“大跃进”的形势，上级领导对建设飞行研究院更为关切，采取了一系列措施加速飞行研究院的筹建工作。

首先，根据筹建工作需要，熊焰于1958年8月走马上任，负责筹备飞行研究院的全面工作。

1958年冬，空军召开与一机部共同组建飞行研究院的会议，由空军副司令员兼参谋长王秉璋主持，一机部四局副局长徐昌裕及熊焰等人参加了会议。会上正式宣布了空军与一机部共建飞行研究院的决定；将空军驻阎良的第十一航空学校校址移交给飞行研究院，并确定空军调配1/3的人员即1000名、一机部调配2/3的人员即2000名，院长由空军派出（曾确定由广州空军司令员吴富善担任），党委书记由一机部派出（确定由周天

○阎良最早的航空单位“大营房”北门

1957年12月，中苏两国政府正式签订关于建设848号项目的决定，以此作为苏联政府援助建设中国飞行研究院的依据。

行担任），副院长由空军和一机部各派一人（空军拟派科研部部长魏坚，一机部拟派熊焰）等有关问题，均做了明确的规定。实际上正式到任肩负工作的只有熊焰，他才是真正的“一把手”。

飞行研究院临时机构建立起来后，陆续从部属机关、单位抽调张克勤、姜汉章、杜洁、王川、王作忱、邢俊杰等人参加筹备工作。这些人员大多经历过战火的考验或有一定的工业工作经历。

成立飞行研究院，在我国是首创性工作。筹备处工作期间，是新班子、新人员、新环境、新任务，困难和矛盾很多。但由于全体同志对能够参与开创我国的飞行试验研究工作有一种自豪感和光荣感，因而在实际行动中满怀信心，解决矛盾，战胜困难，在不到一年的时间内，研究、制订了建院的初步设想、规划和接收空军十一航校的方案：拟订从空军和兄弟单位选调所需专业干部、科技人员及工人的计划；接收58届大中专院校毕业生，培养成试飞科技专业人员，并从中选拔合格学员到部队学飞行，以培养未来的试飞员；对需用的设备、仪器、器材进行摸底，开辟专用设备、仪器和通用设备、仪器、器材订货的渠道；搜集有关科学技术资料、图书；购置办公桌椅、家具用品等。

○ 1959年6月，第八研究院接收空军十一航校原址工作组警卫班合影，20多年后，李印平（前排中）担任了试飞院的副院长。

1959年春，熊焰和杜洁第一次正式来到阎良十一航校，与航校政委于春山等领导接洽接收事宜，得到十一航校领导的大力支持。

1959年4月15日，第一机械工业部批准：将飞行研究院及飞行设备研究院定名为“第八研究院”。

6月初，接收组全体成员到达阎良。6月25日，完成了全部移交、接收工作。从此，中国结束了没有航空试飞研究机构的历史，八百里秦川中部渭北平原上的这个飞机场，开始谱写新的篇章。

热血青年，汇聚阎良

建院初期的创业是十分艰难的。当时十一航校的设备已绝大部分随军搬迁，导航台、信标台只留下了几栋房屋，要飞行，没有飞机；要来了飞机，没有保证飞行的设备，甚至连对空电台都没有。运输车辆只有一辆吉普车，一辆大轿车，两辆解放牌卡车，一辆道奇小卧车；而试验设备，更是一点都没有。

当时，驻地周围大部分是农田，西边是172厂，还处于新建阶段，飞行研究院接收空军十一航校基地之后，也要进行改建，整个阎良地区，除了麦田就是基建工地，只有规模很小的两个商店和零星的服务设施；交通十分不便，只有通往机场的土路和去火车站的沙石公路及往返石川河、康桥的两条小道，晴天浮土寸把深，车辆过后尘土飞扬，雨天则成泥浆，行走十分困难；生活上，由临潼县供应，物资非常贫乏，买粮经常要半夜起来排队。所以当时流传着这样一首打油诗："阎良阎良，一片荒凉，吃不到米饭，闻不到鱼香，找不到对象，见不到爹娘。"虽然有些夸大其词，但也描述了当时的艰苦情况。

逐梦蓝天献青春，航空报国无怨言。尽管条件艰苦，创业艰难，但一批批热血青年，陆续从北京、南京、沈阳、哈尔滨等地和异国他乡向祖国西北的阎良小镇汇聚而来。

1959年7月的一天，刚从莫斯科航空学院留学归来的戈平，与苏联专家尼·康·马尔高林等人一起从北京登上了西行的列车。火车开了20多个小时，窗外越来越荒凉，空气越来越干燥。

一行人从火车上下来："妈呀，阎良怎么这么土气？""别急，这儿是西安，还没到阎良呢。"晚上，他们住进了站前旅社。床上热得睡不成，几个人都躺在地板上。戈平翻来覆去怎么也不能入睡，从13岁参军入伍在八路军一二〇师卫生部当护士，到新中国成立考入哈尔滨工业大学，再到参加国家统考赴苏联留学的经历，在脑子里像放电影一样，背景一会儿是繁华的莫斯科、北京，一会儿是古老简陋的西安。阎良会是什么样儿的呢？自己即将担负的事业怎么样开展呢？

整整一夜，他几乎没有合眼，自己于1957年11月17日在苏联聆听毛主席教诲的情景不停地在眼前显现：那天，毛泽东主席在莫斯科接见中国留学生时做了重要讲话："世界是你们的，也是我们的，但是归根结底是你们的。你们青年人朝气蓬勃，正是兴旺时期，好像早晨八、九点钟的太阳，中国的前途是属于你们的，希望寄托在你们身上。世界是属于你们的。中国的前途是属于你们的。"没想到一年多后的今天，当时聆听毛主席讲话的莫斯科航空学院飞机设计专业的五个毕业生中，就有三个人被国家分配到了阎良工作，还有莫斯科大学的刘嘉桓等人随后也来到试飞院。他更没有料想到，当时身着军装坐在会场第一排、于苏联国防部红旗科学研究院留学的单凤桐不久后也来到试飞院工作，并且两人分别从飞机研究室和发动机研究室主任一直晋升到科技处和院领导的职务。

第二天，戈平一行坐上了开往阎良的闷罐子火车，哐当哐当，走走停停，向西绕过咸阳再折向东北方向，折腾了四个多小时才到阎良。一个破旧的小棚子、一盏昏暗的马灯，便是车站的全部内容。他们走在坑坑洼洼的沙石路上，看着身边的农田和基建工地，过度的荒凉反而使他们下定了决心：一定要让中国的试飞事业从这里起飞！

在此前后，分别从北京航空学院、南京航空学院、西北工业大学、哈军工、西军电以及沈阳航校、哈尔滨航校和北京航校毕业的张克荣、陈启亮、齐连普、王富安、李印平、陈子弼、李树有、许佩珍、翟淑贤等一大批学生陆续进入飞行试验研究事业的主战场。前几个月来的人们开始是在三原县火车站南边的粮食大仓库里报到，地面铺一层玉米秆，被褥一放就是床铺，上百人席地而卧。条件虽然艰苦，但大家情绪很高。

在苏联专家马尔高林协助试飞院拟定组织管理、机构设置等工作任务后，1959年11月，苏联又派国家飞行研究院技术专家尼·格·希达也夫来到阎良，为大家讲授飞机试飞的基本知识。

熊焰十分重视人才的培养，集中了近百名大中专毕业生，分为试飞方法与试飞测试两个专业教学班。历时三个多月，大家较系统地学习了试飞技术与测试方法最基本的知识。

唐海初、戈平、许佩珍、李树有等人还将希达也夫的讲课内容和大家的听课笔记整理成专家讲义，分为上下两册，共计442页35万字，并有许多插图。主要内容有：对试飞主管工程师的要求，飞行试验的种类及准备，飞行试验的原则及试飞大纲、飞行任务单、试飞总结等文本的编写方法和原则；飞机飞

○尽管条件艰苦，创业艰难，但一批批热血青年，陆续从北京、南京、沈阳、哈尔滨等地和异国他乡向祖国西北的阎良小镇汇聚而来。

○希达也夫来试飞院授课，离开时他恋恋不舍（左图）。
2009年试飞院成立50周年之际，希达也夫（右二）携夫人（右四）与俄罗斯飞行研究院领导（左一）专程前来祝贺（右图）。左三为院长戈平，左二为副院长严京林，右一为研究员李树有。

行的限制数据和重心极限、起飞着陆重量等限制原则；飞机高度、速度、外界温度的测量方法及数据换算；飞机飞行性能测定，如过载、重心确定、飞机操纵性能、起飞着陆、高度、速度的测取和评定方法；飞机各种参数的测量记录以及数据换算整理，各种自记器的构造、工作原理、校准和使用方法及在飞机上的安装技术等。

专家讲义是飞行试验的依据，是一部很有价值的指导性资料。经过培训，中国试飞人初步掌握了喷气式歼击机的试飞方法。从接收飞机、改装设计、进行改装，编写试飞大纲和飞行任务单、组织试飞，直到试飞后的记录整理，研究与处理有关技术问题。很多人都有一定的俄语基础，学习培训收到了很好的效果。李印平笔译的《飞机起飞着陆性能换算》等资料，都在试飞实践中发挥了作用。

无疑，苏联的援助对飞行研究院的建设起了很大的作用。以后，由于中苏关系破裂，给飞行研究院的建设造成了一定的困难，但是，新中国试飞战线的创业者们白手起家，靠激情、智慧和汗水将梦想变为行动，勇敢走上了“停援撤助何所惧，发奋拼搏不唯洋，群策群力创条件，誓将新机飞上天”的征程。

首次飞行，从“脸盆加油”开始

经过半年多的建设，1960年年初，空军同意调给试飞院一架米格-17和一架米格-19飞机。喜讯传来，大家都异常兴奋，为了确保第一架飞机转场安全，熊焰决定组织一次没有飞机的特殊“模拟飞行日”。

《中国试飞报》记者赵丹芳曾经采访过当年参加这次飞行的老同志，她写道：

虽说是“模拟飞行日”，但准备工作却一丝不苟。当天，西塔台人影幢幢，消防车、救护车、通信车排成一行，大家神情庄严地期盼着“开飞”的一刻。塔台，是一个铺着木板的铁架子，顶部铺着油毡，一面蓝色的飞行标志旗迎风舒展，侧面是飘摆的风向袋。

飞行指挥员做简短飞行动员后走上塔台。一颗绿色的信号弹腾空而起，紧接着，机场西头传来隐隐约约的发动机声，一架“飞机”不是在蓝天上，而是从模模糊糊的地平线上由远而近“疾驰”而来。当人们看清它的时候才发现，“飞机”竟是一辆破旧的美国造十轮卡车，“飞行员”是当时我院的一位汽车司机。尽管如此，人们依旧庄严地目送“飞机”停到指定地点。

这次模拟飞行为飞机安全转场到试飞院奠定了基础。1960年1月20日，第一架米格-17飞机（0953号）由空一师大队长崔桓福同志帮助转来。几天后，另一架米格-19飞机（0855号）由赵洪禄同志驾驶转场到试飞院。有了真正的飞机，人们“求飞”心切，情绪空前高涨，为了凝聚人心、鼓舞士气，院领导决定组织一次真正的飞行。

1960年1月26日，阎良的气温格外的低。凌晨5点，天还未亮，机场上已是人头攒动。这天，经过科研人员精心改装后的0855号飞机将首次升空。

要保证飞行，必须首先给飞机加油。因为没有加油车，给飞机加油就成了难题。经过讨论，大家决定用脸盆来解决。加油的工具是几个200公升的油桶、白瓷脸盆和白绸布。加油时先用双层白绸布把大桶里的燃油过滤到小油桶里，再把小油桶里的燃油过滤到脸盆里，然后把脸盆传递给站在机翼上的人，最后通过大漏斗将油倒进飞机油箱。

当清晨的阳光洒在机场跑道上时，从辽宁航空兵某师调来的年轻飞行员王金生穿着擦得锃亮的皮质飞行服来到飞机旁，眼前的场景使他惊呆了：身着各式工作服的机务人员和科研人员端着脸盆，排成两列，相互传递着为飞机加油。王金生的眼睛湿润了，他摘下飞行帽，也加入了脸盆加油的行列。

上午10时35分，随着指挥员罗荣凯的号令，一发绿色信号弹划破湛蓝的天空，王金生驾驶着飞机滑向跑道。伴着巨大的轰鸣声，飞机腾空而起，冲上蓝天。10多分钟后，飞机安全着陆，建院后的首次飞行圆满完成。

这是一个值得纪念的日子。从这一天开始，中

○王金生是试飞院首个飞上蓝天的试飞员。1960 年 1 月 26 日，王金生驾驶改装后的 0855 号飞机升空。从这一天开始，中国试飞人踏上了航空试飞的漫漫征程。

国试飞人踏上了航空试飞的漫漫征程。

鉴定“红专502”

“红专502”（初教6）飞机定型试飞任务是试飞院承担的第一个新机全机（含无线电、特设等机载设备）定型试飞任务，“红专502”也因此成为我国第一架进行全面国家鉴定的新机。

熊焰亲自挂帅，组织实施，确定由戈平、许佩珍和陈启亮负责，成立了以张克荣、李景薰、陈增江、贺元章、徐素君、许俊、李印平、张元秋、赵登洲、张世忠等为主要成员的科研、机务队伍。

1960年5月，试飞院第一研究室许佩珍、李印平、欧阳裕等人被派往南昌飞机公司接收并改装飞机。在南昌的日子，是中国第一代试飞人真正走向理论联系实际的阶段，当他们将近乎原始的测试设备安装在“红专502”飞机上的时候，才第一次真正懂得了机械系统、空气系统、电器系统的布线与参数测试……

1960年8月23日，“红专502”飞机从南昌转场至阎良，熊焰在机场召开了简短的庆祝会，他说：“新型飞机的全面试飞鉴定在我国是第一次，苏联专家帮助指了路但还没有走完全过程就撤走了，现在只能靠咱们自己了。自力更生，艰苦奋斗，一定要创建新中国航空试飞之伟业。当务之急，是尽快完成这架‘红专502’的鉴定试飞，她虽是初级教练机，但并不是水平低，而是飞行员展翅飞行的最初起步，就像婴儿最早的学步车一样至关重要。用她将为部队培养大批的飞行员，也许将来还要军民两用，前程无限量。”

9月初，第一阶段试飞拉开序幕。

执行“红专502”飞机试飞任务时，试飞院刚成立一年多，人员、设备、经验都很欠缺，而且正值国家三年困难时期，其艰辛程度可想而知。那时，我国的飞机设计和制造工艺还不过关，每次飞行结束，不是机械系统出问题，就是特设系统有故障。为了保障第二天的飞行，机务人员经常加班到半夜两三点，甚至忙到天亮，机场成了他们的家。

尽管如此，当年的机务人员回忆起那段岁月时还是异常激动。夏天的夜晚，他们躺在停机坪上，望着深蓝色的星空，和衣而睡，比起烈日当头的中午，这已是一种超级享受。当时的机场光秃秃的，没有树，更没有工作房和休息室，中午烈日炎炎，他们就躲在机翼下休息一会儿；到了冬天，就转移到机库里，把飞机蒙布裹在身上御寒，天一亮，又投入新的飞行任务中。那时，机务工作没有上班下班之分，也没有分内分外之说。在机场，你分不出谁是机械员谁是特设员，有活大家干，有事大家做。机场西头的临时工房是大家自己动手盖的，打土坯、捡砖瓦，就连冬季取暖的炉子也是用报废的火箭筒改装的，自己动手，自力更生，却坚决做到故障不过夜……老一辈科研机务工作者的工作作风和精神品格传承至今，仍令人叹服。

对“红专502”的定型试飞，国防部和空军都很重视，派来代表常驻阎良跟飞。在前期的试飞中，几乎每个飞行任务结束，熊焰都亲自主持讲评，以确保下次试飞的顺利进行。

“红专502”飞机先后进行了飞行性能、操纵性和稳定性、“失速/尾旋”等科目试飞。共完成了1300个起落的飞行。由于试飞中暴露了飞机发动机“气缸头温度偏低、滑油系统散热器性能差、飞机右偏及油箱耗油不均”四大故障，在第一次定型会议上未能通过。因此，南昌飞机公司进行了改进设计，另行制造了三架飞机在阎良重新试飞，至1961年10月完成全部定型试飞任务。此后不久在北京召开了第二次定型会议，熊焰院长带领许佩珍等人参加了会议，向大会做了详细的试飞报告。

1962年1月5日，国务院军工产品定型委员会正式批准初教6飞机定型投入批量生产。

“红专502”的试飞成功，为新中国航空工业的发展架起了一座桥梁，签发了中国新机研制的第一本通行证，也开启了中国教练机研制的新纪元。同时，对于探索和规范我国其他型号飞机试飞程序、试飞方法和试飞技术具有重要的奠基作用。初教6飞机的定型过程还证明，试飞对发现和消除飞机设计缺陷、提高飞机性能起着至关重要的作用。

半个多世纪的历史事实，证明了熊焰当初的预见：“初教6具有不可估量的前景。”初教6被称为“空中保险箱”，共生产了3000多架，广泛应用于空、海军和民航院校等单位的飞行员培养，并出口众多国家，在国内外均享有盛名。

2019年国家民航局颁发通知，这款“六旬高龄”的国产教

○“红专502”课题组与试飞员在飞机前合影。“红专502”飞机定型试飞任务是试飞院承担的我国第一个新机全机（含无线电、特设等机载设备）定型试飞任务。

练机进入民用市场，国内外飞行爱好者都可以购买、使用，令广大飞行爱好者欣喜若狂。

冲破“失速/尾旋”的神秘禁区

特别值得一提的是，“红专502”飞机虽是我国第一次国家级新机鉴定试飞，却也进行了人类航空飞行中最具危险性的三大科目之一——“失速/尾旋”试飞。

熊焰院长将空军科研部部长陈熙签发的红头文件直接批给临时组建的课题小组负责人李树有，由此开启了我国试飞史上首次“失速/尾旋”试飞测定。

失速和尾旋是飞机固有的一种气动力现象，从飞机诞生开始，这种现象就伴随着飞机的飞行，航空初期人们还没有掌握其理论和改出失速尾旋的方法，一旦操纵拉杆过猛迎角太大进入尾旋,就会造成难以挽回的灾难,因而被诅咒为“死螺旋”“魔鬼螺旋”。

正因为如此，“失速/尾旋”也是一个备受世界航空界关注的问题，各国一直在进行探索和研究。当今，除专门用于科学试验外，都要求飞机在临界迎角以下一定范围内飞行，不允许靠近，更不允许超过，以免发生失速或尾旋等事故。

很显然，“失速/尾旋”是试飞的重点，关系到飞机的命运。尽管“红专502”与苏制雅克-18M在气动外形上和重量上相似，但因没有进行垂直风洞尾旋性能试验，对能否改出尾旋没有把握。

当时中国航空院校空气动力学专业的学生，没有接受过试飞方面的教学，更谈不上对“失速/尾旋”的了解。苏联专家希达也夫讲课时，也只讲了失速，而没有讲尾旋，所以大家心里难免有些不踏实。

在课题主管李树有组织的开题动员会上，熊焰首先讲了一个故事：在抗美援朝战场上，一天，朝鲜临津江上空炮声隆隆，中国人民志愿军空军与美国空军激战正酣。我空军一架米格-15战机咬住了敌人的F-84飞机，我军飞行员锁定目标后，一串炮弹射向敌机，敌机冒着黑烟栽进了滔滔江水中。然而这时，我军飞机也因迎角太大突然失速进入尾旋状态。千钧一发之际，我军飞行员按下弹射钮弃机逃生。本是一次漂亮的空中战役，可惜由于当时我们不懂尾旋，也不知道如何改出尾旋而白白丢了一架飞机。可以说，“失速/尾旋”长期以来被人们视为禁区，困扰着我军航空兵部队训练水平的提高和飞机性能的发挥，影响着飞行安全，不少部队飞行员由于没有处置“失速/尾旋”的经验，从而导致严重的飞行事故。

讲到这里，熊院长站了起来，语重心长地嘱托大家说：“正因为这个原因，我们这些人才要知难而进，迎难而上，掌握大迎角试飞的本领。当然，我们不能盲目蛮干。既然飞行试验是一门科学，那我们就要探索这门科学的规律，不仅要研究‘失速/尾旋’，还要陆续开展对空中停车和颤振试飞的研究。冲破神秘禁区，攻克各种复杂科目和风险科目，是我们试飞人义不容辞的责任，是国家赋予我们的使命！”

李树有还给大家介绍了最早从北大西洋公约组织以及苏联的《试飞指南》等资料里了解到的有关“失速/尾旋”试飞概况，大家一致表示要下定决心，边干边学，夺取胜利。

在深入研究的基础上，首先制订了试飞大纲和试飞任务单，李树有又和320厂的设计人员提出了反尾旋伞的技术要求，委托513厂加工出来，将伞包安装在飞机尾部，作为改出尾旋的应急装置。

当时伞厂也是第一次制造这种反尾旋伞，造好以后，没有试验验证条件，能否发挥作用也没有充分把握。

首席试飞员黄肇廉与科研人员一起，反复琢磨，对具体的试验程序、试飞方法与改出尾旋措施充分了解后，坚定了飞好这一科目的信心，毅然地承担了艰巨任务。

1966年11月16日上午9时，他沉着冷静地驾机试飞，首先从失速开始，逐步向尾旋探索：半圈，一圈，一圈半，两圈……改出后返航回来，与科研人员一起分析记录数据，交谈评述飞机动态，确定下次飞行计划。就这样一次次试探前进，终于飞到三圈、四圈及左、右尾旋。不仅进行了正尾旋，还进行了倒飞尾旋试验，圆满地完成了预定试飞任务。

“红专502”飞机冲破“失速/尾旋”的神秘禁区，在李树有眼里仅仅是万里长征走出了第一步，以后的路更长、更艰苦，风险更高。

李树有和王启、张培田、方自力等年轻的伙伴们肩负着中国试飞人的使命和老院长的嘱托，坚持不懈，砥砺前行。在军机方面先后攻克了后掠翼飞机、三角翼飞机直到电传飞控系统的三代机以及大型军/民用运输机和各类特种飞机的“失速/尾旋”试飞理论和试飞技术，并且成功掌握了保证“失速/尾旋”试飞安全的反尾旋伞系统研制与试验技术。在2018年珠海航展上，他们设计的“眼镜蛇”“落叶飘”等过失速机动飞行表演观众令观众惊艳。

参军授衔，勇挑国防重担

1960年12月27日，中央军委发出关于组建航空研究院的通知，通知指出："为集中有关方面科学研究力量，加速发展我国国防科学技术研究工作，增加我国武装力量的威力，中央已于1960年12月20日批准，将航空系统相关研究机构与海军、空军、通信兵部有关机构组成航空研究院。"飞行研究院划归航空研究院建制领导。次年6月，划归国防部六院建制，番号为"国防部第六研究院第八研究所"，代号为"中国人民解放军4366部队"，第二年又改为"总字929部队"。这是飞行研究院建立后的第一次体制改变。相应调入政委李清晨、副所长苏国华等领导，与熊焰一起主持院里工作，并从部队、院校和六院有关研究所陆续调入单凤桐、于济民、包育良等一批领导干部。

这一次体改，受到广泛的欢迎和拥护。体制改变后，技术干部参军授衔，供给按军队标准，科研人员生活上的困难得到了一定程度的解决。但是，由于当时全国性自然灾害的影响，试飞院整体上还须依靠自己的力量渡过难关。好在机场周围空地面积较大，为办农场提供了条件。严京林等40多名当年毕业进院的大学生，一律先去农场劳动锻炼，院里还从西北农校招来了5名农技人员，指导大家种粮、种菜，养猪、养鸡、养羊。

当时军委总部一位领导到院视察，对试飞人自力更生、克服困难的精神给予了肯定。看到有的同志由于营养不良得了浮肿病，仍然坚持加班加点搞科研，他给总后勤部打电话，要求给试飞院调拨两头奶牛，以改善体弱患病人员的生活。院领导很重视，派出两名共产党员去武汉运牛，其中有在苏联留学归来的刘嘉桓，理由是"他虽然没养过牛，但起码喝过牛奶呀"。而另一个，则是从小到大连一口牛奶都没喝过。他俩把两头牛牵上火车的闷罐子车厢，路途中他俩挤了奶，高兴得不得了，既不懂也没办法加热，就大口大口地直接喝了下去，结果在车上拉了几天肚子。整整五天五夜，人和牛吃喝拉撒全在车厢里。长途旅程的辛苦程度可想而知。

这些年轻的大学生当了一年多时间的农民，收获了10万多斤粮食和蔬菜，除了按规定给国家上交公粮外，给全院职工也有一些补贴，而且在思想上、精神上得到了很大锻炼。他们后来都成为试飞战线各个专业的骨干。

严京林从技术员到担任室主任直至走上了试飞院一把手的岗位，刘嘉桓从技术员到担任技术副总师。他们说在农场养成的艰苦奋斗精神非常有利于在人生道路上的成长。

参军后的科技人员，普遍感到无上光荣，认为这是党和国家对科研人员的最高信赖，决心把毕生精力献给祖国的航空事业。同时，又感到肩上担子的沉重，必须尽快拿出科研试飞的成果来。

为了贯彻军委当时提出的将现有装备“用烂用完”的方针，空军的杜-2和民航的伊尔-14飞机都将继续使用，但发动机的寿命已到期，所以急需解决发动机的来源问题。国营120厂改型设计了651型发动机，用以代替原来的动力装置。为检查和确定改型后的发动机是否适应飞机的战术技术要求，并提出解决措施，作为发动机是否满足使用要求的全面结论。因此，试飞院承担了该发动机在这两种飞机上的试飞任务。

1963年3月，由徐素君、欧阳裕、侯玉燕等9人组成的试飞技术组前往哈尔滨120厂、122厂熟悉试验对象，制订试飞大纲。7月12日，杜-2飞机在哈尔滨平房机场首次试飞，至8月5日飞完试飞大纲的全部内容。通过试飞给出了结论，上级批准了发动机的配装生产。

在完成杜-2试飞之后，试飞院紧接着进行用651型发动机配装伊尔-14飞机的试飞工作。熊焰亲自带队，组织强有力的科研、测试技术人员，前往北京西郊机场，在空军和民航的配合下，从1963年9月25日开飞到10月22日飞完最后一个起落，仅用了不到一个月的时间，结束了全部飞行项目，解决了空军和民航的燃眉之急。

轰5弹射试验机是试飞院改装的首架弹射试验机，也是新中国成立后航空工业改装的第一架弹射试验机。当时的背景是，在苏联专家撤走的情况下，我国决定独立研制一种新型歼击机。

○ 1960 年 12 月 27 日，中央军委发出关于组建航空研究院的通知。通知称，中央已于 1960 年 12 月 20 日批准，将三机部有关研究机构与海军、空军、通信兵部有关机构组成航空研究院。体制改变后，技术干部参军授衔，供给按军队标准，科研人员生活上的困难得到了一定程度的解决。

在方案论证会上，各方代表达成共识：要研制新型歼击机，弹射救生系统是必须进行的试验和试飞重点项目。因此，也被列为工程重点，并且一致同意试飞院提出的将轰5飞机改装成弹射试验机的方案。

改装重任落在试飞院肩上，试飞院立即成立了39人的庞大改装队伍投入工作。同时，由严京林担任主管的课题组也开始了试飞准备工作。他们远赴黑龙江，在哈尔滨军事工程学院对轰5原型机模型和改装后的飞机模型进行风洞对比吹风试验。终于，他们做完了一系列艰苦的准备工作，拿到了通往蓝天的“通行证”。1968年10月，轰5弹射试验机首飞成功。有了弹射救生试验机，无疑给后来自主研制新型战机的试飞吃了一颗定心丸。

强5飞机是我国自行设计、制造的第一架喷气式强击机。它的试飞是我国航空发展史上的又一件大事。为了很好地承担喷气动力的后掠翼机试飞，科研人员将英美国家和苏联的现行试飞方法进行对比试飞，按专业分类，总结出自己的经验和试飞方法，从而把苏联专家讲课时学到的知识整体提升了一个层次，为强5试飞奠定了技术基础。

1964年12月19日，三机部、空军司令部电示320厂、试飞院和福州空军樟树基地，共同成立强5试飞领导小组，由试飞院负责试飞指挥。1965年4月，副所长苏国华带领飞行部刘大鑫、易飞鹏、周启良及试飞员王金生、商宗尧、拓凤鸣与科研人员许佩珍、刘美珊、吴国梁等16人组成的试飞队伍和空军十八师的地勤机务组到达福州，紧张而有序地开展工作。从6月4日第一个起落的成功试飞，到当年12月中旬，两架飞机顺利完成了第一阶段飞行任务。随后，两架飞机一架由北京空转阎良，一架用火车运到阎良，转入第二阶段试飞。其目的是为设计、使用提供可靠数据。

院里决定，葛学君任该型号主管，严京林、成怀钧等6人分别担任飞机性能各题目主管，葛学君、李树有负责操纵性、安定性，章伯定负责操纵系统试飞。由于有了“红专502”飞机的试飞经历和前两年在米格-17飞机上较全面的试飞方法大练兵，所以这次的任务进行得很顺利。

章伯定用独创的负过载外推截距法，在国内首次测定了平尾在给定高度上的有关数据，首次给出了飞行包线的范围。

动力装置性能试飞完全按苏联指南进行。工厂虽有不同意见，但课题主管左汉中坚持必须进行进气道流场测试、推力测量和空中起动科目试飞。他们在发动机入口进气整流支板上改装测头，每个支板5点，共20点。试验结果，每一支板流场与风洞试验结果基本相符。这是我国第一次在原型机上进行流场测试。在空中起动及推力测量也取得了较好的结果后，给出强5型飞机动力装置鉴定试飞报告。强5飞机完成定型试飞，批量生产，装备部队，填补了我军没有强击机的空白。

多变的是体制，不变的是初心

1965年，按照中央“厂、所合并，部、院挂钩”的决定，试飞院进行第二次体改，建制划归三机部，全体军人于同年6月1日集体转业。

试飞人从军队转业，但承担国家试飞任务的重大责任没有转变。熊焰提出：要创立一套中国式的试飞方法。他再次明确要求在掌握了苏联《试飞指南》之后，要老老实实地研究欧美的方法，认真比较各国试飞方法的优缺点，结合我们的经验，摸索出一套符合中国实际的试飞方法，并且要从型号的鉴定试飞向更深层次的预先研究试飞迈进，以促进航空工业的快速发展。

理论联系实际的学习之风，求实创新的科研精神，为国奉献的可贵品德，一直是试飞人的不懈追求。常常能看到科研人员在紧张的工作下班后，骑着自行车到农场带一捆麦草赶回家生火，烧烟煤做饭，一边拉风箱一边念着外语。即使“文革”时期，很多科研人员都一举两得地捧读着外文版的“红宝书”。

在消化苏联《试飞指南》和比较欧美试飞资料、总结自己试飞实践的基础上，张克荣、严京林、侯玉燕等人编写了具有中国特色的《飞机飞行试验手册》和《军用飞机飞行性能规范》；邱永生、史庭谟、贺元章、张显同等人编写了发动机试飞的各类标准和手册。

1967年9月，聂荣臻副总理在前期就国防科研单位交给工业部门后的状况，向周恩来总理做了汇报后，又专门向毛泽东主席、政治局常委、国务院、中央军委报送了专题报告，提出：“为了发展国防科学技术，要根据集中统一、分工协作、以军为主、军民配合的原则，从我军武器装备发展的需要出发，进行全面规划，统筹安排，拟将中央批准接管的国防科研单位调整为18个研究院……”专题报告于1967年12月25日得到了毛泽东主席的批准，国务院、中央军委做出决定：将国防科研单位转归军队系统，由国防科委领导。因此，试飞院名称改为“中国人民解放军兰字806部队”。

1970年3月，中央军委又做出决定，将试飞院划归空军领导，名称为“中国人民解放军空军试飞基地”，番号为“中国人民解放军5474部队”，并且确定试飞基地的任务为：1.对新研制的飞机、发动机、航空武器和机载设备进行性能试飞，领先使用，给部队提供飞行员手册、使用维护说明书及其他必需的技术文件。2.为设计新飞机（及其他飞行器）、发动机、航空武器、机上设备提供资料和规范数据进行试飞；3.为改进现有飞机、发动机、航空武器、机上设备进行试飞；4.为172厂批量生产飞机进行出厂试飞；5.对航空燃料、特种液体进行飞行试验；6.培养试飞员，研究试飞方法，研制试飞使用的测试仪器；7.对进口和缴获的飞机进行性能试飞。

1973年1月至2月，中央军委在北京召开航空汇报会，这次会议专门讨论了航空科研体制问题。军委副主席叶剑英亲自主持了这次会议，李先念、余秋里等中央领导同志参加会议并讲话。军委办公会议成员以及各总部、军兵种、国防科委、国防工办等部门和中央有关部门领导人参加会议。会议对体制问题逐步取得了共同认识，暂定部、院结合，厂、所挂钩，实行党的一元化领导的新体制。部、院、厂、所都是航空工业的实体。

不久，国务院、中央军委即做出决定：将由空军领导的第六研究院及下属各科研单位划归三机部（即航空工业部）领导，试飞院改称630所。

不管体制怎么变化，肩负航空试飞神圣职责的这一特殊群体的爱国情怀、国防意识始终坚定不移。广大科研人员一如既往集中精力钻研技术，逐步掌握了从亚音速到超音速飞机性能试飞的科学规律，掌握了动力装置的基本试飞方法，同时具备了飞机航电、武器系统的鉴定试飞能力；尤其是在尾旋试飞、歼7气动导数和副翼试飞、颤振试飞等高难、高风险项目上亦取得重大突破。

同期，试飞人抓紧试飞测试设备研制和实验设施建设，筹建了大型立式弹射台、校准风洞露天车台、弹射试验机等十多项重大设施，相继研制成功光学示波器、各种传感器和信号调节器近千台，为各专业试飞技术发展打下了坚实基础。

随后，试飞人系统化、科学化地建成了100多个专业和相应科研设施，提高了试飞技术水平，形成了一支专业齐全的科研骨干队伍。相继完成了歼教5、歼6系列、强5加大航程型、水轰5、直6、轰6、歼8、歼教6、歼7Ⅰ、运8等型号飞机的试飞；完成了涡喷6甲、涡喷7甲、涡喷7乙、涡桨5甲、涡桨5乙、涡桨6、涡喷5等型号发动机的试飞；完成了运7成品、“霹雳” 5

○ 20 世纪 70 年代的试飞院机场停机坪停放着各种飞机。试飞人系统化、科学化地建成了 100 多个专业和相应科研设施，提高了试飞水平，形成了一支专业齐全的科研骨干队伍。机上的试飞员是后来成为科研试飞英雄的王昂。

乙空空导弹等试飞；进行了飞机尾旋、武器发射、弹射救生等许多科研试飞项目攻关；成功研制出我国第一代用于试飞的调频磁带机和第二代通用型数字式机载磁记录系统，装备电子计算机进行试飞数据处理，试飞测试的参数量、精度、抗干扰能力、数据处理速度等都得到较大提高。

在这一阶段的前期，他们还承担了一些特殊的试飞任务。

1967年，中央军委将一项绝密任务下达试飞院，林海、张家榕、刘长华奉命赶往西线，完成“原子弹爆炸冲击波对飞机表面压力分布影响”课题的研究任务，成功解决了未知核爆炸波冲压的数量级，解决了实测超压与飞机压力分布如何分开，以及试验机安全飞离爆炸中心等难题。之后，林海又参与战术核弹试验机改装方案的技术研究工作，为我国核爆炸飞机的设计、强度规范积累了难得的资料。

1969年，又一个神秘的“红5号”任务下达给试飞院，这就是当时具有国际水平的失重试飞。其目的是利用飞机创造失重环境，解决宇航员飞行时在失重状态下的生理反应等问题。这项任务的完成填补了我国失重飞行的技术空白，为航天工程提供了大量有价值的资料，为火箭运载器提供了各种设计依据，试验结果在我国发射多弹头运载火箭及通信卫星上获得了应用。

面对新中国航空工业与世界航空工业的巨大差距，第一代试飞人饱尝了难以想象的艰辛。面对国内自然灾害和国外的技术封锁，他们自力更生，奋发图强，边建设、边研究，在一张白纸上突破了“望尘莫及”的枷锁，描绘着祖国的航空大业。

三机定型，吹响加速发展的号角

1978年，党的十一届三中全会吹响了中国改革开放的号角，给国家经济社会发展带来重大转折。沐浴着改革的春风，包括航空工业在内，我国国防现代化建设迎来新一轮发展高潮，试飞事业结出累累硕果。

1980年1月3日，中央军委以1号文件发布命令，授予滑俊、王昂“科研试飞英雄”荣誉称号。1月15日的《人民日报》头版头条报道了这一消息。1月16日，试飞院召开隆重的庆祝大会，号召全体职工以英雄为荣，向英雄学习，为航空试飞事业的快速发展和实现四个现代化而奋斗。

这一时期，为了加强国防建设，试飞院率先完成“两7”（歼7、运7）、“两8”（歼8、运8）、一机（歼8全天候）、一发（涡喷6甲发动机）、一弹（“霹雳”5导弹）的定型试飞任务，走过了其他国家需要两三倍时间才能走完的发展历程。与此同时，积极加强国际科技交流与合作，引进达明Ⅲ、骊山、秦川测试系统和3架电子特设试验机，为试飞数据处理电子化和自动化奠定了基础。

提到这个时期，很多人都会想起我国航空史上著名的“淮海战役”。20世纪80年代，歼7Ⅲ、歼8Ⅱ和歼教7三种新机同时进行设计定型试飞，这在中国是首次，在国际上也是少有的。1988年初，《人民日报》（海外版）在显著位置刊登新华社消息：3种新型号10架飞机在3年时间内同时完成“设计定型”，这表明我国试飞技术达到了世界先进水平。

歼8Ⅱ型飞机为歼8的改型机，是具有拦射能力的全天候歼击机，能在昼间、夜间和复杂气象条件下拦截敌轰炸机、歼击轰炸机，能与敌歼击机空战，夺取制空权，兼有一定的对地攻击能力。

歼7Ⅲ型飞机是以米格-21Mф为样机，结合空军使用要求和当时我国科研水平研制的中高空、高速全天候歼击机。能在昼间、夜间及复杂气象条件下作战，主要用于截击敌轰炸机、歼击轰炸机和侦察机，也可与敌歼击机空战，并兼有对地攻击能力。

歼教7型飞机是以歼7Ⅱ型飞机为基础，进行改型设计的歼击型高速教练机。主要特点：飞机采用双座串列式座舱，右折返舱盖，为了改善飞机起飞、着陆时后舱的视界，后舱盖上装有前视潜望镜。前、后座舱均配装歼7Ⅱ型飞机的Ⅱ型火箭弹射座椅、采用程序弹射救生系统，程序系统失灵后，前、后舱驾驶员可各自手动抛盖和弹射。飞机选用226雷达测距器和瞄准具，为使飞机具有一定的空战和对地攻击能力，机翼下有两个外挂架，可悬挂导弹、空空火箭或航空炸弹。飞机后座舱装有故障模拟系统，以训练学员在非正常状态下的处置能力，能完成歼7Ⅰ、歼7Ⅱ飞机的全部训练科目，也能用于歼7Ⅲ、歼8飞机的大部分训练科目，同时兼有一定的空战和对地攻击能力。

○歼 7 Ⅲ

经过1984年的准备，至1985年三型新机全面投入定型试飞。三型新机在同一时间里进行定型试飞，给试飞院带来多方面的压力和困难——从技术力量到测试设备的使用，从数据处理到测试改装的进行，从院内计划到院外协作，牵涉到方方面面的问题。但“三机”试飞寄托着军队的重托和50万航空职工的厚望，既困难亦光荣。面对艰巨任务，院领导采取一系列措施，精心组织，精心指挥；全体职工齐心协力，拼搏奋战。

○歼 8Ⅱ

○歼教 7

1986年6月14日至18日，航空工业部在阎良现场召开三型新机定型工作会议。会议由副部长王昂主持，空军副司令员林虎、副参谋长张执元，国防科工委科技部副部长陈丹淮，总参装备部处长罗宇及有关厂所、部队共55个单位227名代表参加了会议，研究解决“三机”试飞中出现的问题，研究制订有关措施并开展立功活动。几天后，航定委在阎良召开了第40次现场办公会，全面落实既定措施。

1987年3月，兼任国家航定委主任的林虎副司令员再次来到试飞院，他语重心长地说：“2000年前改善空军装备就靠这几个型号了，矛盾现在都集中到这里，希望你们为改善空军装备做出贡献。”并说，“空军党委常委表示要全力支援，全力协助，把航空工业搞上去。航空工业的困难就是我们的困难，航空工业的发展就是我们的发展，我们心心相印。”

在广大科研人员、试飞员和机务、场务等各类

○“三机定型”试飞期间，型号总师们在机场塔台上协调工作计划。左起为侯玉燕、杨泰来、吴国梁、陈启亮、马祝林、谷文福。

20 世纪 80 年代，歼 7 Ⅲ、歼 8 Ⅱ和歼教 7 三种新机同时进行设计定型试飞，这在中国是首次，在国际上也是少有的。

保障人员的共同努力下，先后排除故障数百次，终于在1987年金秋全面完成“三机定型”的艰巨任务，而且时间都比原计划有所提前。

歼8Ⅱ型飞机从第一架于1984年11月27日转场至试飞院起，到1987年10月14日3架飞机同日结束定型试飞内容止，历时2年11个月，共飞行500架次。此外，还动用歼7、歼7Ⅱ、歼教7、歼6、歼教6、运5和“呼唤”等7种飞机，共同完成整个歼8Ⅱ飞机设计定型试飞任务。该机获部级科技进步一等奖。

歼7Ⅲ飞机共投入5架试验机，历时3年零1个月，共试飞900多架次，完成定型试飞。该机获国家科技进步二等奖。

歼教7飞机共投入3架试验机，历时1年零9个月，共试飞近500架次。该机获国家科技进步一等奖。

一个国家在同一时期完成3种新型飞机设计定型试飞，这种效率是令人称赞的，据试飞院原院长助理、规划发展部部长张世杰研究员介绍——

国外飞行试验及其研究充分考虑了飞行试验本身的特点，都投入了大量的验证平台和充足的时间，如美国的F-16投入试验机9架，历时3年，完成定型试飞1725架次；F/A-18投入试验机11架，历时4年半，完成定型试飞3400架次；F-22投入试验机9架，历时4年，完成定型试飞3600架次；瑞典的JAS-39“鹰狮”投入试验机5架，历时7年，完成定型试飞2300架次；欧洲的EF-2000投入试验机7架，历时9年，完成定型试验4700小时；法国的“阵风”投入试验机5架，历时11年多，完成定型试验5000多小时。而且这些型号的定型试飞是基于大量的研究机、验证机的试验结果而进行的，又有地面仿真设施的试验支持，其技术成熟度是可想而知的。尽管如此，试飞也并非万无一失。美国在完成F-111定型试飞中就损失了4架试验机。

这一时期，中国台湾地区在美国帮助下研制和试飞的“经国号”IDF战斗机，由于试飞技术准备不足，IDF原型机02架因跨声速气动伺服弹性不稳定而发生一等事故，试飞员丧生。而在此前美国诺斯罗普公司用F-5为中国台湾地区改装的F-20战机，因为4架原型机中的2架相继坠毁，首席试飞员不幸身亡等一系列变故，F-20最终没能获得一份订单而于1986年无果而终，该公司为此投入的10亿美元巨资也一并付之东流。

“三机定型”之战标志着我国试飞水平达到一个全新的历史高度，试飞院也相继在各领域取得了一系列突破。从1989年起，该院又接连承担了技术新、性能好、难度大的航空装备鉴定试飞和民机适航审定试飞任务，先后完成了空中加油工程、

“飞豹”设计定型试飞、运8C、运7-100、运7H-500、运7-200B、运7-200A、多型直升机等重大军民用飞机的鉴定试飞和适航审定试飞。其中空中加油工程的试飞成功填补了我国空中加油飞行试验技术的空白；“飞豹”定型试飞中，试飞员凭借过人的胆识和高超的技艺，正确处置空中大量漏油、座舱盖飞掉、无方向舵着陆等重大险情，创造了一个又一个蓝天奇迹。

在此期间，综合试飞能力得到了快速提高，具备了长航线跨区域试飞的组织能力，在型号试飞技术上取得十多项突破，填补了国家科技空白。试飞院研制出分获国家科技进步一、二等奖的单轴变稳机和三轴变稳机，以及填补我国航空技术能力空白的高速弹射试验机，研制成功第三代磁记录系统和“华山”测试系统，建成了“航空仿真重点实验室”和“火控重点实验室”；其中预先研究水平迅速提高，特别是变稳技术研究，已逐步接近世界先进水平。风洞与飞行试验相关性研究成果用于新机设计，大迎角飞行特性研究成果已经应用于多种飞机的“失速/尾旋”预测。飞行模拟仿真技术研究在飞行工程试验、性能品质试飞模拟、新机试飞员培训上发挥了重大作用。红外目标特性研究初见成效。单机测试参数可达千余个。

从改革开放初期到20世纪90年代末的这段历程中，广大试飞人用心血和生命铸就了“八三精神”“飞豹精神”“改装精神”，中国试飞事业排除万难，平稳发展，实现了从二代机到三代机的技术储备和升级发展。这一阶段，飞行试验技术得到了进一步发展，到20世纪末，飞行试验专业配套、技术成熟，内容基本完整，程序基本规范，逐步形成了自己的试飞模式，中国飞行试验进入了成熟发展期。

飞行试验的创新和跨越

1987年下半年，张克荣、邱永生、陈启亮、陈启顺、孙振宇等13位专家联名写信给国防科工委、空军等上级领导机关，反映试飞院的归属及体制不顺给科研试飞带来的影响。新华社记者苏民生、《中国试飞报》总编韦克家还通过新华社供中央领导阅读的内参《清样》反映此事，引起了中央领导层的高度重视。

此后，由所长严京林、党委书记丁元杰带队前往北京，正式向国家经济体制改革委员会、中共中央体改办、中央军委办公厅体改领导小组做了汇报和反映。

国务院成立航空航天工业部的决定为试飞院的改制创造了

○ 1989年7月8日，航空航天工业部下发文件，在原630所基础上组建由部直接领导的科研事业单位，对外称“中国飞行试验研究院”，简称“试飞院”。这次恢复院制不单纯是院制的重复和回归，主要是解决了国家级鉴定和授权问题，更为今后的发展铺平了道路，注入了活力。

条件。1988年4月29日，李鹏总理主持召开办公会，批准了《航空航天工业部三定方案》，方案中对试飞机构做了进一步的确认。

1989年7月8日，航空航天工业部下发文件，在原630所基础上组建由部直接领导的科研事业单位，对外称“中国飞行试验研究院”，简称“试飞院”，英文名称Chinese Flight Test Establishment（缩写为CFTE）。

文件确立了试飞院的主要任务：承担军用飞机、民用飞机、航空发动机、机载设备等航空产品的国家鉴定试飞工作。根据航空产品定型委员会批准的试飞大纲，承担军用飞机型号（含发动机、机载设备）试飞工作，并将试飞结论报告提交给航空产品定型委员会审批；根据民用飞机适航管理机构委托，对民用飞机，按批准的适航试飞大纲，在民用飞机适航管理机构的检查和监督下，承担民用飞机型号（含发动机、机载设备）的适航试飞工作，并将试飞结论报告提交民用飞机适航管理机构审批。负责组织和主管航空航天领域的飞行试验科学技术研究的探索性、方案性和基础技术课题的飞行试验，并提供试验结果。承担飞行技术及试飞方法研究；负责编制各种飞行试验条例、条令、标准、规范和手册，承担飞行测试技术研究，制定航空领域飞行试验测试体制和设备标准，开展测试设备的研制与生产；开展各种试验机、研究机的研究和模拟试验技术，人机工程的研究，为探索航空新技术和有关型号研制提供技术支援；开展并承担航天飞机、卫星、导弹等系统有关的飞行试验研究，为航天飞行提供技术服务；负责培训国内外试飞员（飞行员）、试飞工程师、机务人员及技术考核；负责部内飞机厂、所试飞技术业务归口和指导；发挥飞行、测试技术优势，进行技术开发，以各种可能方式为国民经济建设和出口创汇服务；开展飞行试验领域内的国际合作和学术交流。

“中国试飞国家队”的授权为飞行试验事业树起了新的里程碑，标志着试飞工作将进入一个新阶段。这次恢复院制不单纯是院制的重复和回归，主要是解决了国家级鉴定和授权问题，更为今后的发展铺平了道路，注入了活力。

20世纪90年代，由于中东战争和科索沃战争的启示，中国航空工业有了突飞猛进的发展，国家对飞行试验的支持力度也大大加强。歼10系列、歼11系列、歼轰7系列和“枭龙”战机等，加上一大批现代战争的航空装备，诸如空警2000系列等飞机试飞以及舰载机、新支线飞机、四代歼击机和大型运输机等试飞技术准备，将中国飞行试验水平提高到一个崭新阶段。

此阶段试飞对象的典型特征是种类齐全，技术先进。其中典型代表是一批三代飞机，它们具备先进的气动布局和电传操纵系统，安装大功率涡扇发动机，具有高度综合化的航空电子系统和其他先进机载系统。

通过歼10和预警机等型号试飞和研究性试飞，攻克了大量试飞关键技术，包括包线扩展试飞技术、电传操纵试飞技术、人机闭环飞行品质试飞技术、飞控稳定裕度试飞技术、颤振和气动伺服弹性试飞激励技术、大迎角控制律试飞技术、进气道/发动机匹配试飞技术、发动机数字电传控制技术试飞验证、航空总线采集和数据处理分析技术、电子战试飞技术等；为了适应预警机试飞需要，必须动用各种类型和批次的目标机和配试飞机，试飞中应用了数据链、体系试飞和网络试飞的概念；发动机的研发和试飞受到空前重视，在飞行试验中，航电系统试飞的分量越来越重；民机试飞中更加强调适航条例验证的严格管理；无人机试飞呈现了很好的势头，许多单位都建立了自己的无人机试飞队伍，特别是试飞院应用有人驾驶的变稳飞机进行高端无人机试飞技术研究取得了重要进展。

这些都是21世纪以来的先进试飞技术、理念和发展趋势。

在此阶段，联合试飞的组织和管理得以加强，型号试飞管理的“两师”系统,即行政总指挥系统和试飞总师系统更加规范，这是新形势下较为有效的试飞管理模式。

试飞测试系统通常由机载测试和地面遥测监控两大部分组成。地面遥测监控作为确保试飞安全和提高试飞效率的重要措施则需要更加强调和认同，并应用于各个试飞场站、试飞项目和试飞专业。机载试飞测试和地面监控能力较以往有数量级的提高，磁、遥、视结合和空地一体化试飞测试模式已经形成。此外，各类外部参数测量、视频测量、伴飞摄影等手段也逐渐完善和配套，一种现代试飞的测试体系构架已经或正在全行业形成。

在飞机维护保障方面，无论从理念到设施都有很大的改进，飞机维护以可靠性为中心，逐渐从经验型向科学研究型发展，各试飞场站都配置了微波着陆和塔康系统，各种导航、通信指挥和气象预报设施也大大改善。

试飞员的素质要求和专业培训机制正在与国际接轨，一批具有系统理论基础、熟悉工程对象、掌握先进驾驶技术和评定技术的新一代试飞员正在成长。

由于现代飞机注重可靠性和维修性设计，飞机研制质量大幅提高，试飞技术和管理模式的进步，试飞测试和地面监控系统的完善，维护保障能力和水平的提高，使试飞效率大大提高。

进入21世纪第二个10年，面对改革创新型国家建设的需要，面对航空装备井喷式发展的新形势，中国试飞事业迎来了前所未有的发展机遇和挑战。2010年年底，航空工业总部做出了《关于加强试飞行业建设的决定》，为试飞板块的发展壮大确定了新方向，提出了新要求。

作为中国试飞"国家队"的试飞院，制定了《关于加快科技发展的决定》，全力拓展试飞科技领域，支撑试飞业务的前伸和后延，打造能力供给与科研任务相匹配的新局面。突出型号任务带动技术发展的主题，持续开展型号试飞支持技术项目研究，完成了多批型号试飞支持技术的研究，型号项目不断扩展；以跨代型号任务为牵引，突破了多项发动机专项维修技术、试验机设计改装技术等；以标准规范建设促试飞技术沉淀，完成新增、修订标准和规范百余项，完善了民机适航试飞管理体系，并在特殊飞行器飞行试验指南的编写上取得重要成果。

鲲鹏展翅天风壮，翔凤环球海浪春。以"鲲鹏"命名的大型军用运输机运20投入试飞，并尽快列装服役，威震四海；以"翔凤"命名的ARJ21涡扇客机完成适航取证试飞，投入航线运营。

人们欣喜地看到，在无数中国试飞人的倾力托举中，舰载机"飞鲨"在航母上成功起降，为辽宁舰形成战斗力建功立业，成就了中国海军迈向深蓝的百年梦想；被誉为"兵力倍增器"和"空中指挥所"的空警系列飞机从无到有，从国产化到量产化；大型灭火/水上救援水陆两栖飞机AG600劈波斩浪，直上云霄；国产大型客机C919承载着航空报国到航空强国的雄心壮志，振翼高飞，矫健身姿当空舞……

问碧海苍穹谁主浮沉，看试飞精英大显身手。在毛泽东主席、周恩来总理等老一辈革命家的亲切关怀下，在历届中央领导人的直接决策下，新中国航空工业的创建、试飞事业的发展，是具有"国之重器，以命铸之"气概的一代代航空人、试飞人不懈奋斗的结果，更是国家意志、民族精神的体现。

第二章

铺就通天路

“歼8首飞成功了！”“三机定型提前完成了！”随后，歼8ⅡM、歼8C、歼8H、歼8F等系列战机陆续研制出来。

回望历史，最早的飞机设计师同时也就是试飞员。随着航空事业循序渐进以至飞速发展，飞机设计、制造和试飞逐步专业化，试飞的重要性日渐显露。人们一致认为：飞机是设计出来的，是制造出来的，也是试飞出来的。通过试飞，才给予飞机以生命，赋予飞机以灵魂。

国家重点型号定型会议

1980年3月2日上午，首都北京南苑机场，国家重点型号歼8白天型飞机定型会议隆重召开。

会议的第一项议程是由航定委主任、空军副司令员曹里怀向参加会议的首长介绍歼8飞机情况，然后放映专题片《歼8飞机》，并到机场参观了歼8飞机。在飞机前，兼任国防部长的徐向前副总理，王震副总理，耿飚副总理，总参谋部杨得志总长、杨勇副总长，总政治部韦国清主任，北京军区李德生司令员等军委首长接见了歼8飞机的试飞员鹿鸣东、滑俊、王昂，总设计师顾诵芬，飞行指挥员、630所副所长苏国华等代表，并和大家合影留念。徐向前副总理对大家说："祝贺你们研制成功！"

接下来，军委首长观看了由王昂驾驶歼8飞机所做的飞行表演。

尽管当时天气不好，但王昂信心十足，从容不迫地按既定程序驾驶飞机直冲云天。在500米到3500米高度，他熟练地做了左右盘旋、上升转弯、横滚上升、半筋斗等各种特技飞行，赢得了首长们的阵阵掌声。

飞行表演圆满结束后，国家军工产品定型委员会全体委员回到候机大楼，审议歼8白天型飞机设计定型相关事项。最后张爱萍副总长做了结论性讲话，刘华清副总长宣读了审批文件。国家一级定委全体委员一致同意，批准该型飞机设计定型，命名为歼击8型飞机。

20世纪60年代初，我国正处于国民经济调整时期，美苏两个超级大国加紧推行侵略和霸权主义政策，根据加强战备和对抗美国F–104、F–105及U–2飞机的需要，1964年，国防部第六研究院提出自行研制新机的要求：突出高空、高速性能，增大航程，提高爬升率，加强火力，最大使用马赫数为2.2，最高升限为20千米。具体方针是在引进、摸透苏制米格–21飞机后，自行研制一型比米格–21飞机作战能力更强的全天候歼击机。

在引进、摸透过程中，承担设计任务的601所按照自研新机的战术技术指标，并参考原型机及苏方说明书中的气动参数，进行了初步设计和模型吹风试验。在完成一系列程序后，于1968年6、7月份总装出两架新机。

马上就要进入试飞环节了，设计人员却发现苏制米格–21飞机有大垂尾和小垂尾两种外形。毫无疑问，不同外形其气动导数是不同的。而气动导数直接关系着飞机的稳定性和飞行安

●飞行性能飞行试验

运用规定的方法，通过实际飞行，采集实测飞行参数，确定飞行器真实飞行性能的试验活动。

全。我们是按照大垂尾设计的，但我们参考的这本说明书中的气动参数是哪种垂尾的并不清楚。尽管用缩比模型做了吹风试验，可是和真飞机实际飞行还是有很大的差别，甚至存在颠覆性的问题。由于我国还没有开展飞行与风洞试验相关性研究的经验，所以绝不敢贸然试飞。所有参研人员急得像热锅上的蚂蚁。

这一难题，很快被陈增江等试飞人解决了。

陈增江1959年从哈尔滨航校毕业到了阎良，参加了试飞院初期的基本建设，聆听了苏联专家的讲课，一直从事飞机性能和操纵性、稳定性试飞研究。

陈增江一行三人带着测试仪器来到沈阳，采用国外的时间矢量法进行了歼7飞机的气动导数试飞。在同试飞员葛文墉的共同努力下，将该机纵向、横向和航向气动导数全部测取，并做了精确的计算，结论证明，此次歼8设计参考米格-21大垂尾思路是可行的，作为参考的说明书也是米格-21大垂尾的。可靠的测试数据和理论分析是对研制工作的有力支持。总设计师顾诵芬十分高兴地对陈增江说："你们能飞出气动导数，真是世界水平啊！"

难题得以解决，一块石头落地。上上下下各级领导和方方面面的参研人员心悦诚服地认为：试飞为歼8上天扫除了障碍！

在飞机气动导数试飞与参数识别领域，1966年毕业于哈军工的全昌业同他作为硕士生导师带出的郭文等年轻人合作开发出了我国的专题试飞数据处理方法，被广泛推广使用，为各型新机的设计定型试飞做出了不可估量的贡献。

歼8，艰难的首飞

早在1968年3月5日，国防科委就批准成立歼8飞机试飞领导小组，文件指出：经报告周恩来总理、李富春副总理、军委

○歼 8 原型机
1969 年 7 月 5 日，这是个永载新机研制史册、令人终生难忘的日子，歼 8 在众人久久的期盼中首飞成功了。

副主席聂荣臻审查同意，试飞领导小组由空军常乾坤、黄炜华，三机部刘增敏，六院曹丹辉，试飞院苏国华等同志组成。

据曾任630所党政一把手的刘鸿志介绍，他当时在沈阳601所担任领导，经历了歼8飞机最早期的全部研制工作。是630所领导苏国华、张克勤带领科研人员和机组自始至终参加了歼8在沈飞公司的试飞准备和试飞工作，为歼8首飞上天攻关排故和安全转场做出了突出的贡献。试飞院科技人员过硬的技术支持使主机厂所参研人员增强了信心，攻克了一道道技术难关和人为的刁难。

1968年12月19日14时，歼8型01架机首次进行地面滑行，由歼8试飞领导小组的常乾坤、刘增敏、苏国华等指挥。歼8联合指挥部成员及厂所领导和有关同志观看了这次滑行。滑行分别由尹玉焕和鹿鸣东执行。首次滑行结束后，尹玉焕报告，歼8滑行方向性、安定性较好，发动机加速性能比较好，飞机转弯性能好。但存在前轮摆振、左发排气温度低、油门比较紧、刹车冷气耗量大等缺陷。次日的滑行，由试飞员鹿鸣东驾机。在滑行现场，空军科研部一位处长提出把歼8"摔打摔打"，要来个蛇行滑跑，来回滑、滑"S"形，硬要歼8飞机从跑道南端扭到跑道北端，再由跑道北头扭到跑道南头。这个方案既未征求设计人员的意见，也未采取应急措施，更未经上级批准，是一场超实际使用常规的"恶作剧"。当进行中速滑跑时，鹿鸣东发现前轮摆振严重，遂采取紧急刹车等措施。当飞机停稳后，飞机左侧主轮胎已爆破，于是停止滑行，这次试验未能成功。

《刘鸿志回忆录》对此事记载道：

事后，一个晚上，112厂军管会主任丁萍主持在办公楼召开会议，用广播通知要601所总设计师王南寿去参加。王南寿事前对此事一无所知，正处在隔离审查之中，感觉肯定不是好事。

王到会时，丁萍、叶正大、顾诵芬已到场。丁萍指明要王南寿发言，这时王南寿同志完全意识到这是又一次给他栽赃的安排。但是，他仍以一个科技工作者求实的品德，理直气壮地说："歼8的起落架落震试验是完全合格的，前、主起落架的连接强度也是合乎设计规范的，分别达到105%和115%。起飞着陆可以保证安全，可以放心地使用。"

王南寿深知作为一名技术人员，必须如实地说明情况，他们硬要栽赃也只有以后再说了。果然不出所料，这次会议就是逼王南寿发言，以获取整人的资本。王南寿发言结束，丁萍马上就说："王南寿你过去曾破坏歼8，现在还要继续破坏。"结论下了，会议也就散了，这种笨拙的手段，真令人可恨又可笑。

●首飞

新型试验飞机的首次飞行，尤指新型号飞机或重大改型飞机研制过程中的首次飞行。首飞是新型飞机研制过程中十分重要的里程碑，是从设计、制造、各种实验室/地面试验过渡到飞行试验阶段的首次升空飞行。

首飞出现蛇形滑跑的插曲之后，广大设计人员心中产生了巨大的政治压力，个个谨小慎微，飞行工作每走一步都十分困难。

1968年12月22日，常副司令再次召开试飞领导小组会议，要求对歼8设计、工艺资料进行全面复查，按系统做出可靠结论，并抓紧完成各项试验。面对存在的问题，厂所面临巨大的技术风险，更主要的是政治压力，外界的舆论压力也很大，一时冷风四起，有的认为："歼8设计失败了。""歼8飞机太重，平尾太低，效率不高，因而飞不起来。"有的还说："还是老老实实搞仿制吧。"如此等等，不一而足，真有黑云压城之势。

但这些冷风没有使奋战在歼8研制第一线的广大科技人员、工人和干部退却，因为他们是实践者，心中有数。这些压力反而使他们更加憋足了劲，不把歼8飞机安全送上天，誓不罢休。1969年6月30日，在一个个问题逐项采取措施解决之后，曹里怀副司令又召集歼8联合指挥部、歼8试飞办公室和厂所有关技术人员开会研究，与会者一致认为歼8试飞条件已具备，可以上天试飞。曹副司令斩钉截铁地说："歼8放飞，出了问题，我负责。办公室回去给毛主席写一个报告电文，飞机上天后就发出去。"7月4日，试飞指挥员苏国华主持召开了放飞工作会议，并具体确定了飞行高度、速度、操纵要领等。

1969年7月5日，这个永载新机研制史册、令人终生难忘的日子，终于在众人久久的期盼中来临了。

晨曦中的歼8飞机，矫健而苗条，显得格外威武雄壮。试飞的各种专用车辆和参试人员已各就各位，设计人员、生产工人、机务人员及试飞办全体同志共数百人都在静静地等待这一激动人心的时刻。

空军副司令员曹里怀，沈阳军区司令员陈锡联、政委曾绍

○指挥员苏国华（左二）与试飞员认真讨论试飞方案。在歼8的定型试飞过程中，总共飞行了1025架次/663小时，试飞人克服了故障率高、出勤率低、后机身温度高、发动机空中意外停车高达22台次等问题，终于完成了歼8定型试飞的任务。

山、副司令员肖全夫，沈空司令员王毓淮、副司令员邹炎，三机部军管会主任周洪波以及辽宁省、沈阳市革委会的领导已坐在跑道旁边草坪的椅子上。飞行指挥员苏国华、胡树和，试飞员鹿鸣东都站在飞行指挥台上。

上午9时03分，试飞员尹玉焕进入座舱，关好舱盖，首先进行了一次高速抬前轮滑行，情况正常。曹副司令员非常高兴，遂当机立断，命令放飞。苏国华下达起飞命令，两颗绿色信号弹凌空而起。上午9时38分，歼8飞机01架在跑道上疾速滑行，拉杆爬升，直冲蓝天，飞至3000米上空，做平稳欢快的盘旋，动作矫健轻盈，机身苗条细长，真是漂亮极了。飞机两次通场后进入四转弯，人们目不转睛地盯着愈来愈近、愈来愈大的飞机直至平稳着陆、滑行、放减速伞，稳稳地停在停机线。

“歼8首飞成功了！”人群中顿时爆发出雷鸣般的掌声和欢呼声。奋战在第一线的广大科技人员、工人和干部更是激动不已。有的振臂高呼，有的相互拥抱，欢呼雀跃，更多的则是泪眼相望，呜咽无语，激动之情，难以言表。

7月9日上午，歼8进行第二次飞行，仍由试飞员尹玉焕执行。沈空司令员王毓淮主持试飞，沈阳军区副司令员唐子安，海军航空兵副司令李景，省、市领导以及沈阳地区参加歼8研制的工人、解放军指战员、科技人员、干部共2万多人观看了这次飞行。

飞行结束后，在现场举行“热烈庆祝歼8机首次试飞成功大会”，会上宣读了给毛主席的“报喜书”。北京来电，毛主席看了歼8首飞的电报很高兴，并要看歼8模型。工厂连夜赶制有机玻璃盒子，把3个歼8模型送到了北京。

首飞不易，定型更难

歼8飞机在初期的试飞中，总是存在严重的空中振动。一位试飞员下来说，似乎有种坐在钓鱼竿尖上的感觉，晃晃悠悠的，使人难以接受。另一位试飞员认为主要是后机身在猛烈振动，如果改善了，歼8就是一架好飞机。

“只有飞行才意味着一切。”大家想起了航空先驱奥托·李林塔尔的名言。回顾我国第一次进行的新机“红专502”设计定型过程，正是在早期的试飞中发现了四大问题，致使该机达不到设计要求。后来针对试飞人员的建议，采取措施，改进设计，重新制造了3架新机，经过1300多架次的试飞，证明原有的缺陷已经排除，各项性能均达指标，国务院军工产品定型委员会才正式批准定型投入批量生产。

历史是最好的教员。歼8设计单位成立了专门的技术攻关队伍，并请试飞院派相关专业技术人员予以帮助。熊焰院长明确表示，参与新机研制是我们义不容辞的职责。立即选派擅长振动环境工程专业的张克荣、航空测控专业的齐连普等人，带着试飞院自行研制的调频磁带记录器，来到沈阳试飞现场。这是我国第一次使用能够同时实测14个参数的记录器。经过空中实际飞行，在飞机有关部位测取了大量的振动参数，为设计单位找出振源提供了科学依据。

振动问题解决后，经上级决定，歼8飞机01架转场至阎良试飞院进行定型试飞。1970年5月12日，该机从沈阳先飞抵北京南苑机场。随后向时任中央军委负责人林彪、总政治部主任李德生和国务院领导李先念、邓颖超等同志进行了飞行表演。一直在沈阳参加试飞的齐连普、孙淑荣等20多人，作为我国最先进的双发高空高超音速战斗机参研功臣，荣幸地于5月21日列队走进天安门广场，登上观礼台，庆祝毛主席发表《全世界人民团结起来，打败美国侵略者及其一切走狗》的“5·20”声明。

歼8飞机01架6月24日从北京转场到阎良，并设立了试飞指挥部，苏国华、陈启亮担任领导。

歼8飞机转场阎良后第一个飞行架次就发现后机身烧伤变色，发动机室主任单凤桐组织机务和技术人员研究，采取在机身尾部加装“猫耳朵”（冷却气流进气口）的办法，以降低后机身的温度。经过试飞证实确有一定降温效果。随后，他们找出了超温是因为飞机发动机增加推力的途径是靠提高涡轮前的温度，所以发动机壳温度也随之升高，而机身与发动机之间的冷却空气流量不足造成后机身超温。这种增加推力的措施不但容易影响试飞安全，还将导致发动机的寿命明显缩短。

由于飞机故障频发，而且成品附件极缺，三年多时间里只飞了134个起落，其中属于鉴定试飞的只有35架次。直到1974年，还停留在调整试飞阶段，效率极低。

1975年2月21日，国防工办召开歼8和歼12飞机定型工作座谈会。空军、海军、航定委办公室、三机部及有关厂所参加了会议。试飞院单凤桐、张克荣、谷文福等人参加了会议。

会议就试飞安排要不要按航定委批准的试飞大纲执行，要不要重视试验数据等展开了激烈的争论。

国防工办叶正大副主任提出：“海军的舰船三个月就定型了，为什么歼8飞机飞了这么长时间还不定型？”单凤桐把歼8试飞中出现问题的情况做了汇报。某部军管会主任指着单凤桐大叫：“把他抓起来！”参会人员都很吃惊。航定办主任毕型

●机动性飞行试验

对飞机的机动能力进行飞行验证和评估的试验活动。

机动性是指飞机改变飞行速度、高度及飞行方向的能力。飞行速度、高度和飞行方向改变越快，飞机的机动性就越好。在飞机作战过程中，飞机优良的机动性有利于获取空战优势，因此机动性是衡量飞机作战能力的重要战术技术指标。

增立即站起来，就试飞问题表明立场："我们今天这个会议无权确定歼8定型问题。新机是否定型，只有航定委会议才有权决定。"

为配合大会，三机部机关还专门为试飞院代表组织了夜间小规模的"辩论会"。

会议确定：应本着"保证安全、提高质量、突出重点、争取时间"的原则开展歼8飞机的定型试飞。

1976年9月以后，歼8参试飞机增加到4架，陆续参加试飞的飞行员有尹玉焕、鹿鸣东、陈文宇、滑俊、王昂、周永成、李少飞。试飞课题主管为张克荣、齐连普、左汉中、蔡元久、霍培锋等。

经过整整十年时间，共计飞行1025架次/663小时，试飞人克服了故障率高、出勤率低、后机身温度高、发动机空中意外停车高达22台次等问题，终于完成了歼8定型试飞的艰巨任务。

1979年12月31日，陈启亮代表鉴定单位试飞院向航定委会议做了试飞技术报告。试飞结果表明，歼8飞机气动布局基本合理，主要技术要求基本达标，个别还有所突破；飞机具有爬升快、升限高、速度大、飞得远、作战时间长等优点。

歼8试飞的历程告诉我们：一架飞机是设计出来的，是制造出来的，更是通过试飞来不断发现问题、改进完善，最后设计定型的。

歼8白天型和其后续的全天候飞机，均获得了国家科技进步特等奖。

在人们欢欣鼓舞、庆祝胜利的时候，参试人员一直无法忘记歼8那漫长的十年试飞定型路，无法忘记那一次又一次惊心动魄的时刻……

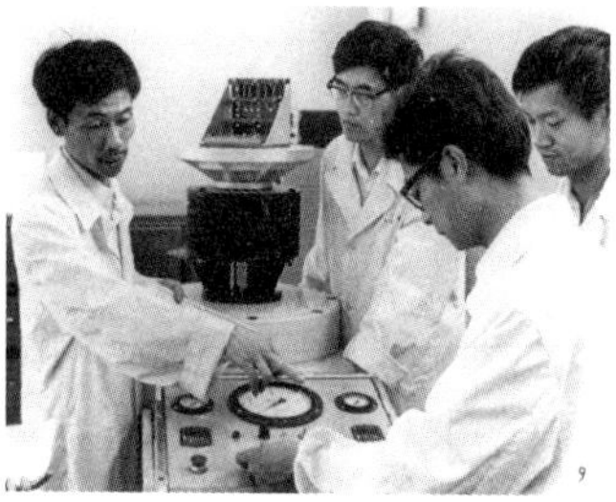

○科研测试人员在试飞现场

歼8试飞的历程告诉我们：一架飞机是设计出来的，是制造出来的，更是通过试飞来不断发现问题、改进完善，最后设计定型的。

飞行中，后机身失火

1976年3月19日，王昂驾机进行测温试飞，在高空高速飞行中，突然发现座舱仪表严重异常，伞舱失火，在紧急返航着陆时，飞机减速伞却放不出来，他迅速采用应急刹车，飞机安全着陆。后经检查，阻力伞被烧坏，铝合金导风罩局部氧化疏松，机身有三处框腹板局部失稳，导线焊接接头脱落。

据在场人员反映，飞行员当时报告了情况，塔台指挥员苏国华立即下令跳伞，但王昂没有跳。在飞机回来的时候，塔台工作人员都看得很清楚，机尾后面冒着团团浓烟。其实，飞机在空中就已经冒烟，落到跑道上后，飞机起火，后机身被烧坏了。

几十年后，试飞课题组的谷文福对这一次事故还是记得很清楚。他回忆，当时是为了对飞机的后机身测温，飞机多个截面安装了温度片、热电偶。按照任务书要求，要飞高空大马赫数，但飞机着陆时，阻力伞没放出来，正常刹车没起到作用，在飞机已经快冲到跑道尽头时，王昂及时采取了应急刹车。应急刹车如果使用不得当，机轮的轮胎肯定会爆，确实很危险。但如果不刹车那可能就冲出跑道了，势必造成重大事故。

后机身温度过高是歼8飞机的一个老问题，设计部门的《歼8飞机研制史》也有记载，但只是从设计、制造、配套等问题论述的，没有涉及试飞时这一事故可能带来的灾难性风险和试飞员在空中处置时的大智大勇。

对于这次惊险的着陆，有人问过王昂，当时为什么没有选择跳伞？王昂的回答很明确：

当时在空中我根本就没想跳伞。

我在心里说，这得赶快回去。这架飞机是独生子，就这么一架，跳了以后这个型号很可能就结束了。而且跳伞以后很多问题会说不清的。假如我真的跳伞，人回来了，怎么交代？

如果跳伞，飞机只有残骸，对故障的分析，那就可能没有办法了。也就是说，对故障很难确认。只有飞机在、人在，才可能对问题、故障原因得出最准确的结论，这也正体现出新机科研试飞的意义所在。

●飞行品质飞行试验

对飞行器的飞行品质进行飞行验证和评估的试验活动。

飞行器的飞行品质是指与飞行器完成预定任务能力、安全性、驾驶员工作负荷等有关的飞行特性，飞行器的稳定性和操纵性是飞行品质的重要内容。飞行品质还与飞行任务、座舱条件、飞行环境和驾驶员特性等有关。

高空，加力燃油管断裂

1976年5月28日，试飞员王昂按预定计划完成了12500米高度上的动作后，准备在8000米上进行马赫数1.5的检飞动作。但当他打开加力，马赫数增到1.24时，整个仪表出现了抖动。

他当即报告地面，并继续增速。可是当马赫数超过1.35后，抖动并未消失。转眼两三秒过去了，当马赫数增到1.41时，抖动加剧，仪表也看不清了，随即听到“嘣、嘣、嘣”三声巨响，好像有重物打击飞机尾部一样。他果断地采取了应急措施，才使抖动停止。

曾任试飞团领航参谋的宋清波介绍，那天自己正在机场指挥塔台值班，很清楚发生的情况：

当时，王昂一面继续观察飞机工作情况，一面收油门，下降高度。当下降到4000米时，听到进气道声音粗糙、发动机振动，他意识到飞机出现的这一系列异常现象绝不是一般问题，必须争取尽快落地。可是，当飞机在顺风2米的条件下接地时，又放不出减速伞，他立即关闭左右发动机，并使用刹车。飞机滑行时速仍然很高。突然间他发现一辆自行车载着两个人在右机翼前方出现。在这千钧一发之际，他一下把应急刹车拉到底，左轮胎当即爆破，飞机从骑车人身边擦过，冲出跑道30多米后才停住。

事后检查，这次故障是左发加力燃油导管断裂引起，飞机后部在空中已严重烧伤。减速伞被烧坏，尾根部被击穿三个大洞。如果处置不当，必然导致严重后果。

对于试飞院机场跑道上出现骑着自行车的老乡，许多人感到不可思议。

其实这是有历史原因的。1959年试飞院接收了空军十一航校占地约4500亩的机场，有一条2500米长、70米宽的水泥跑道。从1984年起，国家又投资3000多万元，修建了长3400米、宽60米的第二条跑道，可供当今世界各类型飞机起降。

在阎良祖祖辈辈休养生息的土地上，村舍与田地之间横亘着这样一个机场，人们开始看到飞机起飞、着陆，可能还有一点儿新鲜感，但久而久之，已见惯不惊了，而“两点间直线距离最短，也最便捷”的基本认知大过了最初对飞机轰鸣而过的畏惧感，所以建好的铁丝网会被扒开，只要看不到飞机，老乡们就会穿越跑道，甚至在跑道边上晒麦子，赶驴车。

1984年2月至4月，为接待美国总统里根来访专机，机场增建辅助设施，实施了三项大工程：增设夜航灯系统；用铁丝网封闭机场；修建机场外围交通道路和农民生产道路。但仍然遭到一些群众的阻拦与破坏。无奈之下，院办秘书韦克家向新华社写稿反映情况，得到国务院总理和党中央领导的批示，才引起省市领导的重视。直到后来由于歼10飞机即将进场，试飞院才彻底完成了阎良机场的封闭工作。同时，经陕西省军区批准，将试飞院机场及试飞团营房正式划为军事管理区，才杜绝了周边老乡穿行机场跑道的危险行为。

●操稳特性飞行试验

通过实际飞行验证和评估飞行器的操纵性和稳定性的试验活动。

突然，双发空中停车

2016年年底，美国传记电影《萨利机长》使飞行再次成为人们热议的话题。影片讲述的是2009年全美航空公司1549号航班迫降的真实事件，航班机长切斯利·萨利·萨伦伯格在两台发动机失效的情况下成功迫降，拯救了155名乘客和机组人员。

多家媒体报道观影评论时，都引用了飞行员群体流传的一句话：“飞行员有两个口袋，一个口袋装着运气，一个口袋装着技术和经验。你要趁着一个口袋的运气用光之前，尽快把另一个口袋装满。”

对战斗机试飞员来说，这里还应该增加一个口袋——意志和胆魄。

1976年，滑俊驾驶歼8执行高空大表速试飞时，飞机突然剧烈振动，发动机空中停车。他沉着冷静地进行空中应急起动，但连续数次都没有成功，空中无动力飞行长达6分钟，飞机急速下坠……凭借着丰富的试飞经验和高超的技艺，他终于将战机安全带回地面。同年10月，他在试飞中又一次遇到了两台发动机同时空中停车，飞机从2万米高空急剧下降，先后5次起动均未成功，直至高度6000米时，在第6次、第7次才将左右发动机起动成功，安全着陆。

王昂也曾经历过一次飞行中的“双发”停车。

1977年6月13日上午，已经坐进歼8飞机座舱的王昂在等待塔台指挥员下达起飞的命令，他抬头仰望，蔚蓝的天空飘着几朵淡淡的白云，这是一个飞行的好天气。

按照试飞任务书的内容，当天的科目是确定歼8飞机高空加力边界的试验。

飞机的速度取决于发动机的推力，为了在空战中抢占先机，飞机必须具有非常好的机动性，要做到这一点，瞬间的速度变

○滑俊（右）与王昂交流试飞体会，在歼8试飞过程中，两人运用娴熟的技术、意志和胆魄圆满地完成了承担的试飞任务。

化是关键。就像拳击运动员一样，爆发力好，出拳速度快，击中对方的机会就多。飞机的爆发力来自发动机，为产生更大的加速度，现代战斗机的发动机均有加力装置——加力燃烧室。加力燃烧室位于发动机涡轮后，其温度可达2000K左右，飞行员在必要的时刻打开加力，可以使发动机推力在极短时间内提高1.5倍。一位美国海军试飞员曾经形容，在驾驶F-16全加力起飞时，“你能感觉到像屁股被狠狠踢了一脚，力度仅次于从航母弹射起飞”。

对于王昂来说，这种感觉已经不算什么。在此之前，他已经多次驾驶过歼8飞机，开加力那一刻带来的过载冲击，他已经习以为常。

接到起飞命令，王昂驾飞机在跑道上滑跑、加速、拉起、跃升……

几分钟过去，银白色的歼8飞机升至17000米的高空，离开机场已经有140千米左右。试飞任务书规定，他应该在这个高度打开加力。

对于飞行员来说，打开加力的动作并不复杂，当油门杆推到最大时，再向前推，就是起动加力燃烧室点火装置的位置。王昂的动作很柔和，随着油门杆位置的前移，他感觉到发动机的推力在一点点加大，他已经做好了加力打开时被“踢一脚”的准备。而就在那一刻，本应来自后面的突发推力突然改变了方向，飞机猛地后挫，随着“砰”的一声，发动机的轰鸣声陡然减弱，紧接着，又是“砰”的一声，他立刻判断出是发动机熄火，而且是“双发”喘振停车。

王昂看了一眼高度表，发动机熄火的高度为17000米。

歼8飞机的升限为23000米，加力边界试验的目的是确定歼8飞机开加力的最高限度。发动机熄火，是否意味着开加力的最高限度在17000米之下？如果是，那就应该在高度降低以后再试一次。他在做试飞前准备时，已经与负责该项试验的工程技术人员讨论过，应对开加力失败也有预案。只是他不明白，刚才只是开左发的加力，为什么双发停车？

歼8飞机不是滑翔机，不可能在无动力情况下，利用重力分量和特别的翼型维持在空中的滑翔。失去动力的飞机，只是凭借惯性力在前行，由于空气阻力的作用，仅靠惯性力，飞机的升力会不断降低，一架飞机最终会像运动员投掷出手的铁饼一样，在空气阻力和地球引力作用下坠落地面。

塔台指挥员命令：在12000米高度，起动发动机！

不成功！……

王昂尽最大努力控制着飞机的姿态。由于没有动力，保持平飞已经不可能，但俯角一定不能太大，同时还要缓缓地掉头，转回机场方向，利用残余速度形成的愈来愈小的升力，最大可能地延长滞空时间，尽最大可能飞回机场。

飞机高度在急速下降。

王昂在冷静地思考，在确认自己的动作无误后，他第二次起动发动机，左发，没有反应，右发，还是没有反应，第三次、第四次……发动机依然没有任何反应。此时，高度表的指示值已接近3000米。

3000米，这是最后的逃生机会。

在那一刻，他的思维聚焦在一点——即便起动失败，也要返回机场实施迫降，要保全飞机，还要保全这次故障的全部信息。他决心已定，绝不放弃。从12000米降到3000米，他已经驾驶着没有动力的飞机成功地从离机场140千米处接近了机场。

最后一次机会！王昂深知，这已经是超越极限的努力。他又一次按动了按钮，“轰”的一声，右发起动成功……

王昂回忆：

当时规定12000米以下就可以起动发动机，我就一发一发地起动，先起动左发，但是没有任何响应，起动不起来。然后起动右发，还是不行。这么来回反复着起动了近20次，高度就掉到了快3000米，那时，我已经看到机场了，离机场比较近了。

我当时想，实在不行，我就想办法迫降到机场里面。就在高度到了2500米时，起动一发成功了。只要一发成功了，我心里就有底了，我有动力了，尽管是一发。相隔15秒，那一发也成功了，就这样安全落地了。

安全落地后，问我是怎么回事，我就把空中情况说了。但是在地面不论怎么试，点火系统都是好的。这就有点说不清了，关系到我的信誉问题了，说是我人为制造的事故。

我斩钉截铁地跟地勤人员和发动机所跟飞人员说，飞机点火系统肯定有问题。我说你们把点火线圈、补油系统都加上传感器，我愿意再试一次，来证实这个问题客观存在。

我这么一说以后，他们就连夜加班弄，地勤人员最后发现，这架飞机出厂的时候把补氧系统装反了。

什么意思呢？因为在高高度飞行时，发动机需要补氧。补氧系统装反，就是你起动左发时是右发补氧，起动右发时，左发补氧，所以在高高度的时候怎么也起动不起来。高度3000米以下，有效氧的成分足够，不需要补氧了，所以就起动起来了。

如果不是这次空中停车，补氧系统可能会一直反装下去，因为没有出现过问题。

在多种因素同时存在的情况下，要准确定位问题的症结是很不容易的。通过故障的重现，排除非相关因素，最后找到出现问题的根本原因，这是科学试验最常使用的方法。但对于试飞，一旦飞机发生故障，后果往往需要试飞员付出鲜血和生命的代价。

低空大表速飞行

低空大表速，实际就是测试在飞机不发生颤振解体的前提下，飞出飞机速度所能达到的最大值，被定为Ⅰ类风险科目，也是定型试飞中最难啃的“骨头”之一。“低空大表速”试飞危险性极大，一旦达到颤振速度，会使飞机在空中瞬间解体，这是任何措施都无法挽救的。

该试飞科目要求飞机从高空高速俯冲至低空，以获取最大纵向加速度，因此在改平飞减速时，很容易拉出特别大的纵向负过载，国外就曾有过试飞员飞低空大表速时眼球被挤出眼眶的惨痛教训。

现代游乐场中最动人心魄的莫过于乘坐翻滚过山车，而这个项目最刺激的环节是从高点（50米左右）以接近垂直的角度下行，之所以令人心惊肉跳，就是因为在整个过程中，游客始终处于正负过载交替之中。过山车是完全靠自身重力完成全套动作的，与在强劲动力驱动下完成的试飞科目相比，其行程、高度、速度和过载的大小，只能算是一个小游戏。

之所以要选择在空军沧州机场试飞，主要原因是飞机速度在接近声速时，空气阻力会使飞机产生强烈的振荡，速度衰减。这一现象被称为声障。飞机突破声障时，由于本身对空气的压缩而形成激波面，强压力激波的能量发散到地面时，会让人感受到雷鸣般短暂而强烈的爆炸声，称为音爆。

音爆的能量巨大，一架低空超声速飞行的战斗机产生的音爆足以震碎门窗玻璃。试飞院的人都记得，“在阎良经常听到音爆，几乎要吓死人”。

1958年，飞行研究院接收了阎良基地后，空军十一航校即迁往河北沧县，那里接近渤海湾，可以在海滩进行超声速飞行试验。

那次王昂驾机转场到沧州机场，遇到的第一个大问题就是有14米/秒的风速，而且侧风在80°以上。这对歼8飞机也是第一次考验。

●飞机的速度

有空速和地速两种，空速是指飞机相对于空气的速度，地速是相对于地面的速度。标准大气条件下相对于空气运动的真实速度，即真空速，亦称真速（True AirSpeed，TAS），是利用空速管测量空气压力并经过换算得到。实际上在空中获得的只是表速，所谓表速，亦称指示空速（Indicated AirSpeed，IAS），是通过测量空速管处的总压与静压的压差，将其转换为标准海平面状态下的速度单位并通过仪表指示出的速度值。
在低空标准大气条件下，真速与表速相同，随着飞行高度的增加，空气密度减小，两者差值会变大。高度越高，动压越小，表速相对真速的数值就越小。

侧风，也就是与飞行方向有一定角度的风。美国F-16飞机的飞行手册规定，起飞、着陆的最大正侧风限定在12米/秒。然而，在强烈侧风下进场降落只是此次试飞任务的序曲，更大的考验是完成试飞大纲和任务书中规定的飞行要求。

海上飞行与在陆地上空飞行有很大的不同。俄罗斯《21世纪化学与生活》杂志报道，2002年，俄罗斯军事医学试验研究所的专家梅利尼克等人，对300多名俄罗斯飞行员进行了相关的研究。他们发现其中约2/3的飞行员曾在海上飞行期间失去方位感，他们曾感觉自己好像在一个无边无际的“口袋”中飞行，飞机的飞行姿态似乎是倾斜或颠倒的。当飞机在海上的雾中或积云上方飞行时，飞行员的目测飞行高度比实际高度低；当海面强烈反射阳光时，飞行员的目测高度又会高于实际高度。一些飞行员在执行夜间飞行任务时，偶尔把星光和灯塔上的航标灯当作飞机上的灯光，进而感到有飞机在跟踪自己。

在这一过程中，飞行员应保持稳定的心态，始终高度集中注意力，充分运用临时记忆能力，在同一时间内完成多项操作。为使飞行员具备上述技能，有关机构应针对飞行员的感觉、判断能力进行特殊训练。

王昂没有经过海上飞行训练，他觉得像飞进一个“大油桶”，海面与天空同为蓝色，而海面上会倒映出天空的云团，这一切都会使飞行员在浩渺的空间中产生空海倒置的错觉，甚至怀疑地平表显示的飞机姿态。但他凭借坚强的意志和信心，成功地完成了全部试验飞行科目要求，为歼8飞机的最后定型奠定了坚实的基础。

王昂告诉我们：

你要飞到接近临界，就是接近颤振的边缘，但绝不能真正飞到颤振区去，要真到了颤振区，飞机几秒钟在空中就解体了。但要把亚临界飞出来，你需要逐步地逼近它。每次飞下来以后看记录曲线，就是看离亚临界的边界还有多少余地。

颤振让它怎么产生呢？就是在空中飞的时候，用改装小火箭产生人为的振动，然后检查那个振动波。

这是风险极大的一个试飞科目。

第二次世界大战期间，空军已经成为决定战争胜负的重要军事力量，歼击机、轰炸机等机种得到快速发展。然而在高亚声速飞行时，有多种机型多次发生空中解体事故。仅在20世纪50年代美国进行该项试飞时，就曾先后摔坏56架飞机，死亡几十名飞行员。专家们对这些事故发生的原因进行深入研究，发现机翼、水平尾翼颤振是导致事故的直接原因。

进一步的研究证明，由于飞行器的结构不可能是刚性的，飞行中必然会发生弹性变形，这种弹性变形又会反过来影响到飞机的气动特性，使空气动力随之改变，从而导致进一步的弹性变形，形成结构变形与空气动力交互作用的所谓气动弹性现象。随着飞机飞行速度的提高，在空气动力作用下，已有结构抵抗变形的能力下降，严重时甚至会使飞行器结构破坏，造成等级飞行事故。

航空科技界、工程界对气动弹性给予高度关注，因此颤振验证也成为研制飞机必须考察的项目而载入强度规范。

曾任航空工业集团公司质量安全部部长的王勇对这一次试飞有进一步的解释：

飞机一个很重要的作战指标就是低空大表速，这个指标对飞机结构考核是最严厉的。

飞颤振的时候就是飞机最大的速压要飞出来，一个速度要最大，1200千米/时的表速，到5000米高度飞就没事，高空的空气稀薄，密度小。在低空、接近海平面高度的时候，速压到最大，那时机翼承受的结构载荷也是最大的，所以低空大表速也是考验飞机机体结构的载荷，那是极限指标。

北航毕业的王昂十分清楚这一切。但他也提到，能够为祖国自行设计、制造的第一型高空高速歼击机承担最具风险性的试飞科目，是最大的梦想。他凭借着扎实的航空理论基础和熟练的驾驶技术，还有对课题组专家们的信任，只用了较短的时间就完成了任务，并为科研人员校核风洞试验和理论设计结果采集了大量实测数据，为颤振试飞的深入研究提供了依据。

人们常说，试飞铺就通天路。然而，试飞研究的道路本身却并不平坦。通天之路是试飞人用忠诚、勇敢、智慧和血汗，

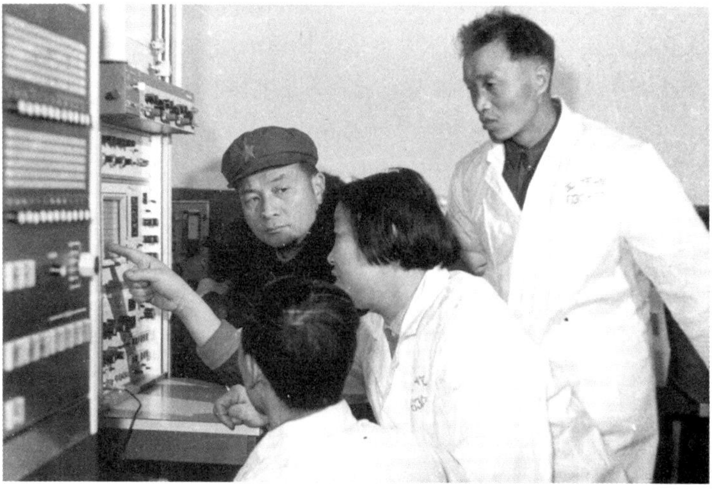

○王昂（后排左）和管佩芳（中）等科研人员分析试飞数据。

甚至用生命而铺就的。

为了让试飞员在空中探索出颤振的极限边界，张克荣、管佩芳、钟德均等人研究，采取在飞机前后机身、机翼、平尾、垂尾等十几个部位安装小型火箭，在空中由飞行员操纵火箭点燃喷火，人为地产生激振，以测取有用数据。这种方法在歼8及各种新机试飞中，都发挥了作用。

开创我国颤振试飞专业的奠基人高级工程师管佩芳女士、年轻漂亮的助理工程师冯萍女士，却在后来的一次小火箭实验室偶发性意外爆炸事故中，全身大面积烧伤、面部毁容、呼吸道灼伤，造成终身残疾。与她俩一起操作的助理工程师王广森因伤势严重，医治无效，不幸身亡，年仅28岁。刚刚30岁的技工郭东云在爆炸中当场牺牲，为试飞事业献出了宝贵的生命。

1992年，经中央军委同意，北京军事博物馆决定将“科研试飞英雄”滑俊、王昂试飞的歼8原型机永久收藏，作为历史的见证。至今，这架飞机一直在军博展出，见证着中国人从航空救国到航空报国的一段历程，见证着航空人、试飞人不忘初心、励精图治的民族精神。

助推歼8系列战机的研制

20世纪80年代以后，经过中东和越南两场地区性战争，空、海军和航空界在歼击机的战术思想方面发生很大转变，从原来重点发展高空高速的截击机，转变为突出中低空机动性和超声速作战能力，并兼顾对地攻击的战术歼击机。战争实践使制空权战略、战术原则发生了实质性改变，随之而来的是世界军用飞机科学技术水平进入快速发展的时期。随着航空电子技术的发展，歼击机具有超视距作战能力，远距离火控雷达和相应的中距拦射导弹成为新型歼击机的必备装备，同时还要有完善的电子对抗设备，即全向雷达警告器、杂波干扰机及消极干扰投放器等，以保护自己。

歼8白天型飞机虽经过了15年艰难曲折的历程，但它的研制成功，标志着我国有能力自行研制超声速歼击机，使航空工业进入了一个新时代。以后根据作战需要，空军提出了研制歼8全天候飞机的要求，即在歼8白天型飞机的基础上加、改装11项电子设备。歼8全天候即歼8Ⅰ型飞机于1984年完成设计定型并投入批量生产，交付空、海军使用。

随后，歼8Ⅱ、歼8ⅡM、歼8C即歼8Ⅲ、歼8H、歼8F、歼8G、歼8FR等一系列各具特色、基本能对付米格–23的战机陆续研制出来，并且都有不同的经历和结局。

经中国人民解放军总参谋部和国务院国防工办联合批准，战技指标更为先进的歼8Ⅱ型飞机，只用了短短3年走完了从立项设计到试制生产出来的艰巨历程。1984年6月9日，经过精心组织安排，歼8Ⅱ首飞前的准备工作一切就绪。管德、顾诵芬、王昂共同签署了《同意歼8Ⅱ型飞机01架首飞》的报告。型号总指挥、航空工业部副部长何文治批准同意放飞。

6月12日7时整，气象台报告能见度只有2千米，飞机无法起飞，只好等待天气。大约9时30分，气象台报告本场能见度4千米，试飞指挥员王昂下令歼教6升空看天气。10时左右，试飞员刘刚、彭迪宇驾驶歼教6起飞；10时20分，两名试飞员报告空中天气情况后，试飞领导小组决定：10时30分所有人员进场，11时起飞。

11时，首席试飞员曲学仁进入座舱，开车检查，在得到试飞员报告飞机一切正常后，王昂下令起飞。

11时14分，歼8Ⅱ型01架飞机腾空而起，机场顿时欢声雷动。飞机升至高度1500米、速度500千米/时，试飞员报告飞机、发动机及其他系统工作正常，飞行感觉良好。

11时28分，身姿矫健的飞机安全着陆，机场一片欢腾。

综合试飞，前伸后延

当试飞院刚接受歼8Ⅱ型飞机的试飞任务，飞机研制还处在绘制模线和零件生产阶段起，就主动深入飞机研制现场，以新机试飞、试验和作战使用出发，提出研制中存在的问题及解决方法，参与决策，为完善设计和推进研制做出特殊的贡献。

据试飞总师张克荣、副总师吴国梁介绍试飞院当初就向厂、所提出了“水平加速时间”战技指标制定不合理、各架试验机的装机技术状态不理想等问题，并建议更换大气数据计算机型号、补充增订机载雷达等。对一系列的缺陷和故障提请总师单位修改设计，予以排除。

歼8Ⅱ共试制四架试验用飞机，除一架留沈阳承担部分项目试飞外，其余三架全部转场阎良投入国家级定型试飞，与同期进行的歼7Ⅲ、歼教7展开了中国航空史上跨时代的“三大战役”。

在这场“战役”中，最出彩的当数歼8Ⅱ，该型新机创造了我国试飞史上的众多奇迹。除试飞院本身承担的大量科目以外，还补加了原先由沈飞公司承担而进展有困难的三项任务。

为同类飞机中考核最全面、最严格、试飞质量和效率最高的试飞型号。受到国防科工委和国家航定委的一致好评。1988年10月15日，国务院、中央军委军工产品定型委员会批准了歼8Ⅱ飞机设计定型。

荣获试飞一等功并获得航空金奖的张克荣，为歼8Ⅱ的设计定型立下了汗马功劳。

张克荣，1958年以优异成绩毕业于南京航空学院，当时，试飞院正在筹建，正值起步的航空试飞事业急需各类人才。他骨子里的性格，决定了他心甘情愿献身这项具有开创性、风险性的职业。扎实雄厚的理论基础与刻苦勤奋的敬业精神，支撑着他从技术员、专业组长、研究室主任向国家重大型号试飞总师的岗位一路走来。即使在批判“白专”道路的“文革”时期，他也从未放松对技术的钻研与突破。当他成功地解决了歼8白天型飞机振动严重的难题后，更加倾心于对振动环境工程的深入研究。

那是1971年12月31日，“文革”的寒风把一间没有暖气的宿舍吹得更加冰冷。

张克荣与屈见忠关着门——

“学术权威不能有，学技术是走‘白专’道路，那要我们这些人还有什么用？！”

“都70年代了，用的还是50年代的外国老掉牙的《试飞指南》，自己捆自己的手脚。”

“我们是搞飞机振动试飞研究的，我国却没有这方面的专著，真叫人脸红。”

两个人越说越激动。张克荣一拍桌子站了起来：“我就不相信中华民族不需要技术，不需要人才。试飞，我搞定了；书，我编定了！”

两天后，张克荣的小儿子来到了这个世界上。兴奋的父亲为儿子取名“念志”——念念不忘著书立说报效祖国之志。

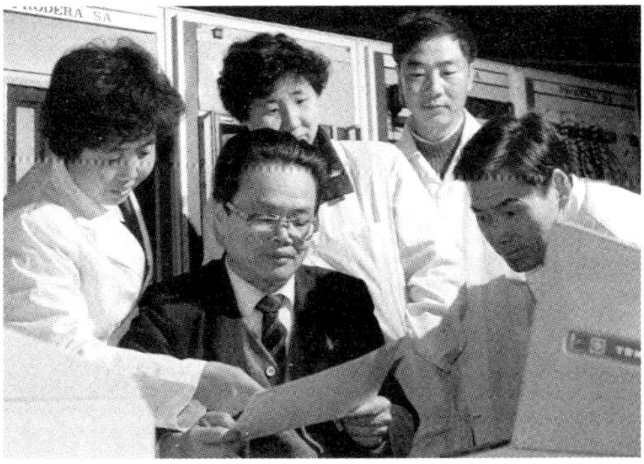

○张克荣（中）查看测振数据。荣获试飞一等功并获得航空金奖的张克荣，为歼8Ⅱ的设计定型立下了汗马功劳。

很快，一部长达64万字的学术专著《振动环境工程》由航空工业出版社出版发行，在中国的科技领域发挥着应有的作用。

炎热的夏季恰好是气象条件最适合飞行的黄金季节，尽管机场气温40多摄氏度，水泥跑道上50多摄氏度，飞机座舱60多摄氏度，但在张克荣的身体力行下，所有参试人员日复一日，甚至夜以继日地坚守岗位，一丝不苟从事科研试飞。正在最繁忙的时候，张总的老伴生病连续住院200多天，而他只是在动手术时陪了3天，就回到机场塔台指挥岗位上了。

“拼命三郎”张克荣这种超乎寻常的精神，为歼8Ⅱ的试飞打下了良好的基础。他晋升为副院长后，协助严京林，挑起了整个“三机定型”的重担。

歼8Ⅱ试飞型号主管吴国梁接任了试飞总师的职务，他清醒地认识到新机试飞是新机研制总系统工程中的一项十分重要的子系统工程。根据二者相互制约的关系，他进一步研究了试飞在新机研制中的内因和外联的各种因素，综合统筹，按照系统工程的管理办法，各单位分别负责的课题人员、测试人员、试飞员及机务保障人员合理分工、密切配合、协调一致，紧张有序、科学有效地开展工作，保证了定型试飞任务安全、优质和提前完成。

在飞机推力不足、平飞达不到设计的大表速、缺少符合要求的超音速飞行区域的条件下，他采用让试飞员用大下降率俯冲改平的方法，进行了低空大表速的高风险科目颤振试飞，实时测定了地面音爆数据；用未定型的抛放弹，在具有危险性的边界飞行状态投放副油箱和其他外挂物；冒着空中停车的风险，在迫降场地不理想的条件下，进行了航炮地靶精度考核试飞和火控系统的拦射精度定性考核；开展了夜航试飞。

在试飞过程中，他带领课题组人员，研究排除了诸如进气道内蒙皮裂纹、滑油压力指示摆动、机身局部框板和腹鳍失稳变形、方向舵蜂窝结构撕掉、平尾蜂窝局部开胶、打炮停车、阻力伞假上锁、发动机超温等飞机重大的缺陷和故障,建议设计单位进行了修改，从而使新机日趋完善。

吴国梁认为，歼8Ⅱ是当时我国自行设计研制的最新型高性能歼击机，无论飞机的使命、外形、结构、刚度、强度、功能系统和装机成品等各方面都比原型机增加了许多新要求和新变化，这就使定型试飞具有更大的难度，如沿用以往传统的试飞方法显然是不行的。

困难重重，创新是唯一出路。张克荣提请所领导严京林、丁元杰批准，大胆尝试，开展综合试飞。

●飞行器振动飞行试验

飞行器结构飞行试验的主要内容之一。通过飞行试验验证飞行器是否存在可能促使结构振动疲劳、设备失灵和降低空勤人员工效性或乘员舒适性的振动，为开展结构强度校核和设计改进、制定机载设备振动环境实验条件、考核人机工效和乘坐品质是否达标提供依据。

吴国梁介绍，综合试飞就是多课题、多专业试飞时，将相同的飞机构型、发动机工作状态、飞行状态、飞行动作的试飞科目或者可前后衔接的试飞课题组合在一个起落里试飞。飞行后统一或各自处理试飞数据,取得各自所需的试飞结果。很显然，这种办法相对过去那种一个科目一个科目分别进行，肯定是提高试飞效率、缩短试飞周期、降低试飞经费的有效措施。不过，综合试飞必须以综合测试为基础。

歼8Ⅱ是我国第一次采用这种综合试飞方法试飞的型号，而且范围广，步子大。相比传统的做法，减少了100多个飞行架次，节约经费达300多万元。试飞结果证明是非常成功的。

改变观念，向管理要效益。

吴国梁组织试飞办公室人员，研究美、英、法等航空发达国家新机试飞技术与管理模式，统计出各种新机试飞的“里程碑”概念和“月平均试飞起落数”等指标，结合我国具体情况加以修正，用来制订试飞计划。试飞实践说明该项管理措施是符合实际的，为我国新机试飞提供了新鲜经验。

前伸后延，向设计单位和使用部队负责。

当时，我国飞机研制刚从仿制进入自行设计不久，还存在着“设计、生产、试飞”结合上协调不够的通病。在设计和生产阶段缺乏考虑试飞问题，自觉或不自觉地隐没、掩盖和后移矛盾，结果在试飞阶段一一暴露，措手不及，造成被动局面，既影响试飞进行，又影响新机研制的周期和质量，当然也就拖延了航空武器尽快装备部队形成战斗能力的进程。试飞院从张克荣刚一接受任务开始，就积极采取主动措施，改变被动局面，以技术协调会、试飞工作会、总师碰头会等各种形式，协调处置设计、生产、试飞事宜，与上级领导机关与兄弟厂、所一起参与决策，解决难题。先后组织三批共八名试飞员理论学习和改装飞行，特别是接待葛文墉、鹿鸣东、蒋泽秋等五名空军顾问组人员来现场改装飞行，开展联合试飞，帮助使用部队对新机尽早地深入了解，并将部队的战术飞行结合起来，既有利于飞机设计定型，又加快了新机服役后的投入使用。

吴国梁去参加中美合作的“八二工程”项目后，左汉中接任了试飞总师职务。鉴于这一阶段打下了良好的基础，到歼8Ⅱ02批飞机投入定型试飞就显得比较顺利。

首先是由年轻的工程师李胜超任课题主管，优质高效地完成了最大马赫数、水平加速性、爬升性能和静升限、盘旋过载、耗油特性、起飞着陆性能及最大航程等基本性能试飞。宋忠毛主管完成操稳特性，钟德均、沙长安分别负责完成了挂导弹振动检查和颤振特性试飞。李树人主管完成了燃油系统的有关科目试飞以及武器发射对飞机分离姿态的影响。王玉良、蒋耀良分别完成了导弹投放和垂直极化雷达的试飞。

尤其是袁慧馨、魏荫璋承担的平显火控系统与导弹电子对接试飞、技术攻关验证试飞，确定了误差圆晃动不稳定的原因和改进措施，协调对导弹的装订参数，查找靶试过程导弹未受控的原因。

“A”导弹靶试是在无成功经验可借鉴的条件下进行的，但它却成功地解决了我国拦射武器火控系统试飞的综合技术问题，制订了采用机载测试、地面光测、雷测和导弹遥测相结合的完整机—弹—靶大闭环的试飞测试方案；利用实物、信号激励器及人工干预相结合的方法，解决地面机上系统联试、精度测试及发控系统逻辑控制关系等技术难题；研究开发了一套拦射火控系统综合评估数学模型软件及射频接口鉴定技术，首次完成空中双机、三机联试；通过对试飞数据的分析研究，发现了系统存在的技术问题，并提出了改进建议和具体措施。

“和平珍珠”的破灭

还在歼8Ⅱ进行试飞期间，巴西空军参谋长来阎良访问试飞研究院。他登上歼8Ⅱ驾驶舱，饶有兴趣地坐了很久很久，对着座舱旁陪同他的吴国梁总师说，这是一架好飞机，视野很好，很想飞这架飞机。他说自己飞过美国的F-16，只可惜你们这架飞机像轿车但却装了吉普车仪表。

这位外国客人的生动比喻，点出了歼8Ⅱ飞机电子火控系统的落伍。

尽管如此，中国要上第三代歼击机，也只有歼8Ⅱ能拿得出手。于是就有了中美合作的“八二工程”，美国人对外称“和平珍珠”。

1978年中美建交后，国际关系发生了微妙的变化。随着中美关系正常化，在世界格局上逐渐确立了中美苏三国相互制衡的“三角关系”。因此，无论是美国还是苏联，都把改善对华关系作为自己重要的对外政策。尤其是美国，出于对自身整体战略的考虑，试图通过加强美中关系而对苏联形成制衡的战略优势。因此，美国逐步开始解除长期对华的经济和技术封锁。对于中国来说，无疑可以充分利用这一特定历史条件下的“三角关系”，打破西方长期以来对华的各项封锁。因此，我国决定利用这一有利的政治气候，抓住机遇并探索性地开放军事技术合作，以加速提高我国装备的技术水平。

歼8Ⅱ飞机在首飞成功后很快就进入了试飞定型阶段。由于前期工作比较扎实，包括配套发动机等方面的进展与飞机基本同步，所以在飞行性能试飞上的进度很快。然而，随着后续阶段的试飞，一直困扰新机研制的装机成品落后于飞机研制的问题又出现在歼8Ⅱ上，主要是为歼8Ⅱ项目配套研制的雷达和电子系统的进度没有赶上飞机研制的速度，同时以“霹雳”4为代表的武器系统性能也已经落后。

1984年，美国国防部长温伯格正式访华，他代表美国政府与我国国防部长张爱萍商谈了中美军事技术合作的问题。其中关于空军的项目是改进我们歼8Ⅱ型战斗机的火控系统。初步意向达成后，1984年5月，由总参、国防科工委、航空工业部和空军联合组成代表团赴美国考察，代表团团长是空军副参谋长葛文墉，这次访美重点是调研美国有关单位对合作项目的研制、试验、保障能力及相关的情况。

由于这是中美关系改善后，中国派往美国的第一个关于空军合作项目的军事技术代表团，因而美国政府很重视。雷诺兹将军时任美国驻华使馆的空军武官，由他来全程陪同中国军事技术代表团赴美访问。

中国军事技术代表团到达美国后，受到美国有关方面的友好接待。考察中，美方专门安排中方代表团访问美国空军凯里训练基地，以展示他们对飞行员训练的能力，并让代表团团长葛文墉驾机感受T-38Ⅱ教练机。葛文墉成为新中国第一个在美国领空驾驶美国飞机的中国人民解放军空军飞行员。

试飞是由美国驻华大使空军武官雷诺兹和葛文墉各驾一架T-38Ⅱ飞机，并分别由一名凯里训练基地的飞行员同乘做双机编队飞行。双机同时开车，相继滑出，摆好双机队形后同时起飞。到达空域后，双机变换成疏开梯队便开始做盘旋、俯冲、上升转弯、跃升等一系列特技动作。这些双机编队特技动作对葛文墉来说自然是轻车熟路，可是接下来的超密集编队对他来说却是一次严峻的考验。

进入超密集编队飞行时，先由与葛文墉同乘的美国飞行员驾驶。他技术娴熟，与长机跟进后就保持着超密集队形编队，两机间隔距离仅1~2米，他的操纵动作量小、及时而柔和，队形保持得非常稳定。当他把飞机交给葛文墉继续保持超密集队形编队时，无疑也是交给了葛文墉一个难题，因为当时我国空军还没有进行过这样近的超密集队形编队训练，这时突然要进行技术要求这样高的密集编队，其难度和压力是可想而知的。

然而，葛文墉心里清楚，这次飞行不仅仅是对美国飞机装备和飞行技术的考察，也是美方对我们中国空军飞行技术水平的一次检验，所以他没有任何退路，为了祖国的尊严和中国空军的荣誉，他只能迎难而上。

尽管葛文墉从未飞过这么密集的编队，但是他对自己的编队技术还是很自信的，因为在部队飞行时他一直是飞编队的样板。但为了稳妥起见并保证绝对安全，他还是先有意扩大一点编队间隔，经过短暂的适应再逐渐保持超密集队形编队，如果没有高超的飞行技术和超强的应变能力及适应能力，是很难做到这一点的。最后，葛文墉凭借过硬的技术和出色表演，赢得了美国同行的钦佩和赞许。

雷诺兹对中国比较友好，他一直陪同代表团活动，并协助代表团解决了许多在考察中遇到的问题。后来，在中国军事技术代表团回国后，他受中国空军的邀请来到石家庄空军部队，经过地面培训以后，驾驶歼教5（米格-17）升空，亲自感受这种当年给他在越南战场带来梦魇的飞机的魅力，他也由此而成为西方在新中国的领空第一个驾驶中国飞机的美国空军飞行员。

在雷诺兹的精心安排下，中国军事技术代表团考察、了解了美国的一些可能承担合作项目的飞机、火控系统、电子设备承包商，以及美国空军的科研、训练、后勤保障、飞机维修等与合作项目有关的情况。通过系统考察，为军委和总部领导机关决策提供了必要的依据。经中美双方多次协商，确定这种合作项目按FMS即“对外军事销售”方式进行。

这一合作项目当时对外称为“和平珍珠”，对内称为“八二工程”项目。主要内容是：使用基于美国F-16A/B的AN/APG66改进的雷达和机载电子设备，但保留国产的敌我识别装置和塔康导航系统；加装新的惯性导航系统、HUD（即平视显示器）、任务大气资料计算机；修改飞机的机体结构，加装翼前缘襟翼以提高转弯角速度，使用结构化油箱以增大飞机航程，改进后的飞机能挂载意大利阿斯派德空空导弹。双方还就采用F404涡扇发动机装备歼8Ⅱ展开谈判。美方声称，经过美国先进技术整合后的歼8Ⅱ，其基本性能与F-16相当，从而可以全面提高歼8Ⅱ飞机的作战能力。整个项目包括五套备用设备，共需投资5.5亿美元。签约仪式后，“八二工程”合作项目正式启动。

起初，根据协议规定，各合作项目按计划正常进行。1986年，我国又派出联络组赴美，试飞院吴国梁总师为代表团成员。他们的主要任务是加强与美国空军和承包商的联系、协调，安排改装项目的有关事宜。美国空军还派9名飞行试验管理官员来试飞院进行考察、交流。

讲诚信是中国人最基本的品质。

按美方要求，在歼8Ⅱ飞机转至美国之前，还必须再进行一些相关科目的补充试飞。几个月内提供数据，延期一个月，赔款200万美元。而当时在试飞院的几架飞机上，新成品182项546件，使用寿命大都到期或超期，这是不能再承担试飞任务了。

怎么办？

按照惯例，应由飞机制造厂负责。但时间根本来不及，只能由试飞院将这些新成品拆下来，分别送到全国24个地方30多个单位，予以检修，重新给出使用保险期。

当时正值春节前夕，飞行部赵万库、程敦滨等领导组织机务人员，仅用4天时间就将500多件机载成品全部拆下来，按履历本对号，一件件包装起来，并派出54人从新年头一天开始出发，携带产品乘火车昼夜兼程。

在此期间，航空部发来通知：将歼8Ⅱ飞机58号机上的两台发动机拆下来，请贵州011基地派人改装防喘装置后，由试飞院油封装箱，空军派飞机送到沈阳，然后再空运国外，如延期我国将赔偿经济损失。

贵州技术人员抵达阎良，立即与试飞院人员一起连夜工作。48小时后才将两台发动机从飞机上拆卸下来推至地下试车台，吊装好后即刻点火开车。按一年油封期的严格要求，给正在运转的发动机的管路、叶片等里里外外喷上机油……强烈的轰鸣驱除了冬夜的寂寒，同志们紧张而有秩序地工作着，到次日凌晨4点，终于圆满完成了任务，将油封好的发动机分为主机、辅机，分别装进四个箱子。

空军专机到阎良后，在短短的一个多小时内，就完成了装机工作，保证飞机当日飞往沈阳。

更令人惊叹的是歼8Ⅱ带A弹飞行颤振试验的圆满完成。按合同要求，技术总结报告要译成英文按期交给美方。然而遗憾的是，就在试飞紧张进行之中，不幸发生了小火箭实验室的偶发爆炸造成两死两伤的重大事故，课题组陷入瘫痪。如不按期完成，仍然要承受巨额罚款。试飞人以国家利益为重，尽快从爆炸事故的阴影中挣脱出来。张克荣副院长亲自挂帅，副所长屈见忠新任课题主管，沙长安、王军两名猛将配合主攻，几天之内将西工大新研制的200发小火箭押运阎良，安装在被试飞机上，投入了高风险性的颤振试飞。

他们心目中唯一的念头就是说话算数，不给中国人丢脸。

随着研制工作的进展，按照协议我方又把两架歼8Ⅱ飞机的样机运到美国进行改装。后来，由于国际国内政治气候发生变化，再加上我国与苏联恢复关系正常化，美国出于对全球战略的调整，单方面撕毁协议，突然终止了被美国军方标榜为“和平珍珠”的合作项目，使本来进展顺利的合作项目顿时夭折，直到1992年美国总统老布什离任前下令“简单了结”中美原有的防务合作计划，两架飞机和一些备件才交还中国。尽管责任完全在背信弃义的美国政府，但由此耽误的时间和造成的损失是相当巨大的。

耗资数亿美元，将多年研制的成果，在美国人面前暴露无遗，结果一无所获。实际上是赔钱送科技情报。据说，美国人竟将吴国梁总师提供的有关技术资料偷偷送给了台湾当局。正像有关领导所说的那样：“决策者对美国不愿中国强大，不可能把真正的新技术给予中国这一本质问题认识不清楚，对美国寄予不切实际的期望，结果吃了大亏。”

“八二工程”的夭折，让我们再次领略了对外军事技术合作的高风险性，同时也更加坚定了我们在国防建设上必须要坚持自力更生的决心和信心。因此，为了国家的安全，我们必须要依靠自己的力量，千方百计地提高自主研制水平和生产能力。我们不论是研制未来的新型装备还是改进现有装备，主机及与之配套的发动机、机载设备、火控系统等有关主要设备，必须尽可能地立足于自己研制。即使我们的辅机、设备等与发达国家还有差距，也要尽可能使用国产设备。因为，这样安排我们可以解除后顾之忧。如果依靠从国外引进，一旦有个风吹草动，就可能受制于人，大量装备就可能难以发挥作用。1980年的英阿马岛之战，就说明了这一点，当时正是由于法国中止了对阿根廷的导弹供应，才使得战局急转直下。这一沉痛教训，发展中国家都应该记取。

“争气机”与“八三精神”

中美两国以5.5亿美金签订合同的“八二工程”，在我方将两架飞机分解拆装用货机空运抵美，并已正式付款2亿多美元后，变脸比翻书还要快的美国，蛮横无理地单方面撕毁了合同，夭折了项目。当初美其名曰“和平珍珠”，如今变成了公然耍无赖的霸凌典范。

面临国家受辱受难，部队急需装备的紧迫形势，1989年9月，601所和沈飞公司请缨上报航空航天工业部，要求自行研制“八二工程”水平的新型战机。以林宗棠为首的部领导鼎力支持，并亲自向空军、国防科工委甚至直接向中央领导同志报告，争取支持立项。

1990年4月，中央专门委员会将这种新飞机列为国家重点型号研制，并决定将某型发动机首装于该型新飞机使用。

1990年10月31日，江泽民总书记到沈阳视察，从专机上刚一下来，就对林宗棠部长说：记住，我们要报这个仇，我们一定要争这口气！在不久后召开的军委会议上，江总书记十分果断地讲：我们要干争气工程，坚决要干！

此后不久，航空航天工业部党组召开会议，传达了江泽民总书记的指示精神。林宗棠部长强调：航空工业战线的干部职工要全面动员，全力以赴，全线开绿灯，拿下“争气机”！

1990年11月23日，总参谋部批复了新机的主要作战使用性能，将其命名为歼8C，即歼8Ⅲ型飞机，并将飞机研制称作“八三工程”。

1991年3月21日，李鹏总理听取关于歼8Ⅲ飞机的汇报，决定从总理预备费中拨款10亿元作为研制经费。

1991年4月8日，总参、国防科工委正式批复歼8Ⅲ飞机战技指标。5月4日，国家计委、国防科工委、财政部联名下文，开展歼8Ⅲ飞机研制工作。

轰轰烈烈的“争气工程”开始了。

面对新的国际形势，参研人员发扬“延安精神”，保持热烈而镇定的情绪，紧张而有秩序地开展研制工作。

急事急办，特事特办。

在歼8Ⅲ工程基础文件报批期间，研制工作就同步开展起来，试飞准备也尽早介入，争分夺秒，保证进度。

其实，既然是“争气工程”，就不仅仅是原歼8Ⅱ飞机的

○在歼8Ⅲ工程基础文件报批期间，研制工作就同步开展起来，它机试飞准备也尽早介入，争分夺秒，保证进度。

简单改型，而是要尽可能的创新和先进，况且将一个新研制型号的发动机与新型飞机直接配装同步试飞，这在航空发达国家也是不多见的。换装某型发动机，改善了飞机爬升和加速性能；改装国产的综合火控系统，使飞机具备下视下射能力。同时对飞机的环控、电源、燃油、液压、进排气和座舱仪表系统都进行了相应改进，功能普遍有所提高。

歼8Ⅲ飞机装机成品共770项，其中新成品113项，包括新研制70项，改进43项。一、二类新研制未定型的装机成品有14项，其中13项需设计定型或设计定型补充鉴定试飞。另有92项航空三、四类产品需随机鉴定和适应性试飞。该型号新研、改进的产品比率为19.4%，相当于国外控制范围15%~20%的上限，其试飞难度可想而知。

1993年10月28日，新研发动机从东北运到阎良后，航空工业总公司下了死命令：必须在12月初拿下空台试飞任务，保证“八三工程”首飞上天。在这种形势下，试飞人只有一种选择，就是拼命也要保住节点！在那段日子里，面对紧急的任务、多发的故障，全体参试人员千方百计攻难关，硬着头皮往上冲。当几天几夜马不停蹄的试验准备刚刚做完，总公司领导王昂打来电话说：“八三工程”即将首飞，若发动机在空台飞不完，首飞就要告吹，影响总公司总体计划的顺利进行。孙振宇副院长接完电话，立即到试飞员宿舍大楼找到申长生大队长，又将发动机课题组负责人紧急招来，面对面编写了最后的试飞任务单后，火速向各有关部门、单位下达了在86号轰6空中试车台试飞某型发动机余下的试飞计划，第二天一大早，发动机试飞总师与机长申长生及空台试车员、各类保障人员全部到达停机坪，紧张有序地做完飞行前准备，顺利起飞升空。按课题组要求，在不同飞行高度、速度状态下测取被试发动机各项性能参数，并在空中进行了几次停车、起动试验，顺利完成了原定计划。连夜处理完全部试飞数据后，即刻密电传到沈阳歼8Ⅲ研制现场。

试飞人拼命工作，完成了空台试飞，抢回了时间，保住了节点，为“八三工程”首飞立了大功。

尽管一路坎坷，在研制各条战线全体人员的努力与拼搏下，1993年12月12日，歼8Ⅲ飞机在沈阳成功实现首飞。

1994年1月中旬，航空工业总公司转发了总参给“八三工程”首飞成功的贺信。并希望各有关厂所以贺信为动力，出色完成飞机的调整、定型试飞。试飞院时任院长陈启顺下了“背水一战，奋力攻坚”的死命令，并要求：该机作为军品线上的头号任务，要一路绿灯放行，畅通无阻！

●飞行试验风险科目

是指风险危害概率大、危害后果严重的试飞科目。
所谓风险危害主要指由于不安全事件所造成的人员伤亡和财产损失，包括空中及延伸的地面人员伤亡和财产损失。
风险科目通常具有如下特征：①探索性强；②被试对象技术成熟度不高；③相应的安全措施未经实践考验；④承试者缺乏认知和经验。

其实，早在该工程正式立项后不久，为争取定型时间，试飞总师吴国梁请示院领导，尽最大可能先后安排了六项它机预研试飞，弥补了此前预研工作的不足，有效地支持了新机的设计研制。

首先在试飞院的飞行试验台上，开展某型发动机试飞，为飞机防喘系统做了预先试验；接着在运7飞机和电子试验机上，分别对新研的惯导系统、航电系统和“神鹰”雷达进行鉴定试飞；还选用歼8Ⅱ型02批飞机，对以前未飞过歼8系列飞机的试飞员进行训练飞行，为歼8Ⅲ新机培训了试飞员。

尽管采取了很多措施，但由于三架新机转场到阎良后，分别发生了空中停车、加力熄火、漏燃油以及火控系统、环控系统许多故障，仍然花费了比在工厂调整试飞更多的时间，才将飞机、发动机、综合火控系统调整到能够投入设计定型试飞的状态。

歼8Ⅲ飞机转到试飞院后，自1995年11月14日至1998年9月5日，继续进行某发动机调整试飞，共投入7台试验发动机，进行了上百架次的飞行试验。试飞表明该型发动机的低空大表速工作范围不能覆盖歼8Ⅲ的飞行包线，试飞查明了一些故障的原因并验证了相应改进技术措施的有效性。但是，继续调整试飞只完成了部分项目，因为试飞中新的故障和设计缺陷又不断暴露出来，特别是空中停车的多次发生，使发动机设计定型状态迟迟不能冻结，处在进行较大修改中的状态。设计定型试飞直到1998年9月8日才得以开始。

定型试飞开始后，某型发动机仍处于边试飞、边发现问题、边改进的状态。为了提高攻关的效率和有效性，试飞院决定相应固定试飞员进行重点突破：保持试飞的连续性，使试飞员能深化对课题的认识，从深层次上认识发动机故障原因，增强风险预测能力。试飞员邹建国和徐勇凌承担了大部分的发动机试飞任务。

1997年8月21日，邹建国驾驶01架飞机进行发动机规定科目的试飞。战机上升至8000米高度，突然嘭的一声，飞机右发动机停止了轰鸣。与此同时，飞行员在机舱内感到身体像被谁猛地推了一把，他发现飞机发动机的两个红色警告同时发出报警信号，且发动机转速表在快速下降。邹建国意识到发动机可能在空中意外停车了。他稳定情绪，在瞬间检查过飞机的各种仪表后，把油门放到停车位，以进一步观察飞机的状态。多年的试飞经验和对该型发动机的了解，他分析出右侧发动机双转子没有被卡住，可以进行空中起动。

在调整好飞机状态的同时打开空中点火电门，将油门放至慢车位，进行空中起动。然而起动失败了。接着第二次起动和第三次起动也都失败了。他没有选择，必须进行单发着陆。

在指挥员的正确指挥下，邹建国一连串准确到位的操纵，让飞机平稳地停了下来，单发着陆成功。发动机专业的乔文道、刘志斌等科研人员一起终于查明了在高空小表速切断加力情况下，发动机稳定性差的问题，为改进发动机提供了重要的依据。

在1997年8月11日至1999年5月18日期间，该型发动机在试飞院共发生空中停车17次，仅邹建国一人竟遇到14次之多，被称为“空中开车大王”。

更为不幸的是，在歼8Ⅲ工程研制过程中，先后发生了两起二等飞行事故。

1997年1月24日12时14分，空军第一试飞大队试飞员黎廷光驾驶歼8Ⅲ型04架飞机，执行从沈阳北陵机场至阎良的转场任务。飞机起飞后，航迹一直正常。13点20分左右，阎良机场的气象条件突然变坏，能见度只有2.7~3千米，远远低于能见度不小于5千米的要求。当时实况为，指挥员黄炳新当即向西安基地报告，建议飞机去备降场降落。13点24分西安基地回复，阎良机场继续做好接飞机准备。因为飞行员得到返回备降场的指令时，已飞过临汾，剩油1800升，不可能再返回备降场，只能继续飞向阎良。飞机到达阎良机场跑道上空准备下降高度。指挥员通报，着陆方向由西向东，能见度比较差，仅2.7千米后，但飞行员表示有信心完成着陆。飞机高度下降至600米至700米左右通场，然后加入航线，做小航线着陆。飞行员正常放下起落架、襟翼，四转弯过来后，模糊看到部分跑道，方向校正。飞行员判断“下滑线有点高”。指挥员看到了飞机，指挥其“油门收了，下降，注意方向，柔和操纵”。但飞机却在距跑道端头约21米处，两主轮接地后横穿过一条宽0.6米、深0.57米的电缆土沟，致使右主起落架安装结构断裂，起落架脱落，飞机进入跑道滑跑约500米后，向右与跑道成30°夹角偏出跑道，滑过备降道一段距离冲过护场沟，撞断5根护场铁丝网水泥柱和9根直径150毫米以上的树木，停在一农家果园内。飞机在冲出护场沟时，左起落架、前起落架和全部外挂物均断落，机头折断，左机翼折断，右机翼和水平尾翼严重损坏，机身下部陷入泥土中，严重变形，所幸试飞员无恙。

阎良机场气象条件突然变坏，油量不够，超条件降落，距机场跑道端头约18米处又有一条开挖的微波着陆系统电缆沟等诸多因素导致了这起严重事故。

1998年年底，“八三工程”进入小批量投产前的关键阶段。12月3日，航空工业总公司在试飞院召开试飞现场动员大会，向全体参试人员发出号召：争分夺秒，确保投产目标实现。12月11日，试飞员包德军驾驶歼8Ⅲ飞机01架机发射“霹雳”8导弹取得成功，标志着该型号投产决策两目标中难度最大的项目被攻克。

新型飞机配装新型发动机，试飞道路注定不会是一帆风顺，甚至会险象环生。对于发动机频发空中停车的严重问题，上级领导决定对原试飞计划进行调整，从1999年5月18日开始进入空中停车攻关阶段。

令人遗憾的是，仅仅两天之后即5月20日，试飞员徐勇凌驾驶513号飞机，挂带满油的副油箱执行试飞任务时，刚刚加力起飞1分多钟，飞行高度500米，速度600千米/时关掉加力，突然发现左右两台发动机火警信号灯亮了起来，地面指挥员令其返回机场。他将飞机改平保持45° 左坡度做水平转弯，准备返场着陆又发现左发电机故障信号灯亮起，2~3秒后右发电机故障信号灯也亮起，座舱内平显画面全部消失。试飞员感到故障严重，准备投掉副油箱紧急着陆，但接着发现主副液压系统报警信号灯亮起，机头明显下俯，他拉动操纵杆，飞机无任何响应。在飞机完全无法操纵的情况下，试飞员只能向塔台报告“保持不住了，跳了”，同时拉动弹射把手，成功跳伞。飞机坠毁在富平县留古镇境内，位于机场东北方向，大约10千米距离。

据专家们事后分析，这次事故的原因是飞机后机身53框到65框上部，发动机加力筒体与后机体隔热屏之间着火，导致左右交流电源系统和主副液压系统失效，造成飞机失控，试飞员被迫跳伞，飞机坠毁。着火的最大可能是燃油系统管路严重泄漏，

○为加快“八三工程”进度，试飞院事先就安排了6项它机预研试飞，弥补了此前预研工作的不足，有效地支持了新机的设计研制。

但也不排除液压系统管路泄漏的可能。

对于飞行事故，专家们分析评论的文字往往是冰冷的。但是对于事故发生之中的当事人，尤其是对空中的试飞员来说，片刻间的思维活动却是异常激烈的。

关于跳伞逃生问题，徐勇凌曾在他的著作《鹤舞凌霄——中国试飞员笔记》中发表了自己的见解，这是我们普通人不可能有的体会。他认为弃机跳伞，是一个真正经过职业训练的飞行员，在飞机可控尚有挽救飞机机会的时候，不会轻易做出的抉择：

飞行中的风险模式是一种多重变量交织的复杂状态，其中可供处理的安全时间区间是相当有限的。如果说在时间坐标上，故障的扩展是一条下降曲线，它的终止点就是安全门限，可供你成功处置的机会总是随着时间的推移越来越小。在这有限的时间区间，飞行员唯有在安全门限的临界点前排除险情，才能获得降低损失、保证安全的最佳结果。在这个过程中，你在与不断扩展的故障搏斗，在与自己渐渐脆弱的心理搏斗，在与时间搏斗，最终是在与死神搏斗。在这个极端艰难的过程中，任何哪怕一丝丝的杂念，都会使你的决策和处置出现偏差，使风险处置功亏一篑……

当一切条件都已经失去，你必须做出弃机跳伞的艰难抉择时，恰恰是最困难的时刻，相对于处置险情，跳伞所面临的险境或许更为险峻，由于各种因素对跳伞者生命的威胁，使得弹射救生的难度出乎人们的想象。

徐勇凌在其试飞员生涯中曾多次面临过这种艰难的抉择。

他驾驶歼10原型机04架飞机执行强度试飞任务时，在高度18550米、马赫数0.95、飞机过载由−1增至+6.4时，代偿系统出现重大故障，连续增压近4分钟，徐勇凌被紧压至皮下出血、头痛脑涨、呼吸困难、体力下降，后来他竭尽全力断开代偿服管路接头，释放压力，才得以让飞机安全着陆。

试飞员，这是一个每天都游走在生死之间的职业。正如科研试飞英雄王昂所说的“生和死就是一刹那的事情”，生者为英雄，逝者为烈士。跳伞与不跳伞，是在空中出现险情时几乎完全由飞行员个人做出的一个综合判断与决策，这个决策的后果是飞行员的生命是否得以延续以及飞机是否能够保全，其决策的高风险与艰难的程度绝非两脚踏在地面上的人可以想象得到的。

难能可贵的是，中国试飞人具有百折不挠锲而不舍的拼搏精神。面对重大挫折，他们绝没有半点退却。“国之重器，以命铸之”，这不只是他们的口号，更是日复一日年复一年的具体行动。

当徐勇凌跳伞受伤住进医院的第二天，他就在日记中写道——

我们最清楚什么是风险，我要告诉大家的是，我们过去所遇到的所有风险，是中国的航空事业必须承担而又无法回避的。我们不要为我们曾经付出的代价而哭泣，我们应该为我们的坚强，为我们曾经战胜所有难以逾越的困难而欢呼。

飞行是一种特殊职业，充满风险和挑战，因此飞行员必须具备身体、智力、心理等多方面的良好素质。飞行安全是飞行永远的主题，然而一旦危险来临，飞行员必须用勇气、智慧和坚强的体魄去战胜困难。飞行员最应具备的素质是什么？是血性！大无畏的铁血精神，是军人之魂，是飞行员之魂。

经过一段时间的身体治疗休养，当又一架同型号的新飞机组装出来后，徐勇凌几乎没有常人预测的心理障碍，而是怀着比战友们更加特殊的深情，驾驶这架飞机重返蓝天，执行后续的科研试飞任务。

试飞总师吴国梁长期工作在生理极限上，终于力不从心住进了医院，医生的检查报告一出来，使许多在场的知情人忍不住落泪，因为吴国梁怕影响试飞进度，一直隐瞒着病情，以致延误了最佳治疗期，眼下必须立即进行手术，不然后果难以预料。手术很快安排下来，为了确保生命，不得已将病灶及周围很大部分脏器切除了。然而，在他心里，“八三工程”比自己的生命更重要。他不听医生劝阻，短短一个星期后就匆匆返回工作岗位。尽管体重一下子掉了近10千克，但仍和大家一起加班加点，废寝忘食。他将桌面大的图纸铺在地上，双膝跪在坚硬的地面，左手压住图纸，右手指着给大家讲解。看到他的手抖得很厉害，脸上流着汗珠，旁边有人摸了一下他的头，好烫呀，赶紧送往医院……

承担歼8Ⅲ试飞艰巨任务的所有成员，不论是试飞员、科研技术人员、机务维修工程人员还是各级管理人员，在长时间的辛勤工作中，都与这一“争气工程”结下了深厚的感情。航空工业部机关的“八三工程”办公室主任王勇，长期深入试飞现场，呕心沥血，忘我工作。年迈的父母远在沈阳，重病缠身，而他却舍不得离开紧张试飞的第一线。1999年5月20日摔了飞机的二等事故发生时，他收到了母亲去世的消息，因为第三天就要出殡，他无论如何必须回去送葬。但他实在不忍心将亡母的不幸告诉别人，怕影响试飞院同事的情绪，影响对飞行事故的处理，当晚他请旁边的飞机设计所派车送他到咸阳机场，试飞院党委书记于以贵得知这一消息，立即驱车赶往机场，在候机大厅紧紧抱住王勇，半天说不出话来。王勇在沈阳处理完母亲的丧事又尽快回到了工作岗位。没想到，仅仅过了半个月，父亲又与世长辞。他只能忍受着悲痛，并将悲痛化作献身航空事业的力量。

歼8Ⅲ研制的历程是十分艰难的，但是参研人员对国家重点任务的使命感、报国情、事业心却凝结出“自强创新、锲而不舍、同舟共济、敬业奉献”的“八三团队精神”，从而创造出了非凡的业绩。

先后完成了6项一、二类定型产品的设计定型。其中某型发动机成为我国首次走完自行研制全过程、获得自主知识产权的发动机。完成了综合火控航电系统及7个分系统、电子飞行指示器的设计鉴定。完成了149项三、四类成品的设计鉴定、定型。完成了14项二级检测设备试飞使用鉴定。这些成果大都在我国后续的多种新型飞机上予以采用。

歼8Ⅲ飞机研制工程总共耗资12.1亿人民币，远远低于与美国合作“八二工程”5.5亿美元的数额，使我国战斗机的设计试制水平大幅度提高，初步具备自行研制第三代歼击机的能力，为探索自行研制跨代上台阶新型号飞机积累了许多宝贵经验。以歼8Ⅲ为基础技术和技术支持而改进改型的歼8F、歼8H型飞机，批量投产装备部队，战斗力更有大幅度提升。

航空工业科技委专职委员师元光在《科研试飞英雄　王昂》一书中，对这段历史发出了赞叹而又遗憾的感慨——

歼8系列飞机的研制成功，为我国新机研制积累了宝贵的经验，开拓了一条符合我国国情、掌握新机研制全过程的发展路子，这是十分可喜可贺的。

○以歼8Ⅲ为基础技术和技术支持而改进改型的歼8F、歼8H型飞机，批量投产装备部队，战斗力更有大幅度提升。

回想从1964年歼8开始研制，在当时的有利形势下，仅用了两年多的时间，1966年底即将全部生产图纸发至生产车间，其后两年时间生产出两架飞机，于1969年首飞成功。

此后则“路漫漫其修远兮”，历经10年，才于1979年12月31日设计定型，又过了7年，于1986年2月20日才生产定型，前后历经22年，时间着实太过长久，其坎坷历程存留了不少的遗憾和无奈。

至今已过去40多年了，当年聂老总说的型号研制的三部曲“吃着一个，拿着一个，想着一个”，至今我们还没能很好做到，每念及此，总觉得有一丝遗憾。如果我们的航空科研、航空工业的关系理得顺一点，按照聂老总的三部曲，一个型号一个型号地搞下去，就应该能发展得更快一些，更好一些，就能更快地缩短与国际先进水平的差距，就能真正赶超世界先进水平。

第三章
“飞豹”啸海空

1995年10月上旬，连续两天，在西太平洋游弋的美国航空母舰拉响了预警警报，舰载战机进入应急作战的准备状态……

原来，是美军的情报部门发现从分别陕西关中与辽宁兴城起飞的两架同一型号新型战机转场至濒临大海的青岛方向。

引起美军如此警觉的新型战机，正是填补中国军事装备空白的歼击轰炸机——歼轰7，即“中国飞豹”。

壮国威，就得有国之重器

“飞豹”飞机是我国首次研制的超声速歼击轰炸机，它可携带多种武器，可攻击敌二线目标，包括兵力集结点、指挥中心、防空阵地、通信中心、海空军基地、交通枢纽、水面舰船等等。歼敌机于地面，而取得制空权，阻拦孤立敌纵深有生力量，是“积极防御”中的主要打击力量，也能起到威慑作用。

谈到该机的研制背景，“飞豹”总设计师陈一坚院士告诉我们——

第二次世界大战之后，整个世界、整个地球都很不安宁，局部战争从来没有停止过。整个世界的军事科学前沿有了非常大的进展。特别是在越南与美国的战争中，形成了一种新的战略思想，即陆军部队基本上是机械化部队，像一股“钢铁洪流”。它们在田野上推进的速度是非常快的，一天几十千米、上百千米。这些“钢铁洪流”自己携带的补给不能太多，带太多跑不动，一般只带七天的。在“钢铁洪流”向前推进的过程中，如果后勤保障跟不上，或被切断的话，“钢铁洪流”就变成了一堆废铁。因此，战争的关键在于空军如何切断、摧毁敌人的补给线。

越南的胡志明小道就是当时一条重要的后勤补给线，有很多的树林保护着这条道路。美国人找不到它，就洒下一种化学药品使树叶全部脱落，小道暴露出来了，越南的后勤补给受到严重打击。

美国人很快发现了这么一个重要的战争手段。后勤补给线要经过很多桥梁，美国人就集中力量把大桥炸毁，切断补给线。由于当时的飞机主要是用来空中格斗的，机动性很好，载弹量却很小，所以炸毁一座大桥往往需要出动一二十架飞机，投掷几十枚炸弹。这就带来一个非常大的问题：第一，飞机出动量很大，损失率肯定很高；第二，炸弹本身精度不高，航空制式炸弹没制导，因而命中率很低。如果出动轰炸机当然可以，但出动一次的成本非常高，另外目标也很大，像美国的B-52，如果到了对方战区，它自己也是对方攻击的目标，又没有空中战斗能力，只有挨打的份儿。如果有一种飞机既具有歼击机的功能，也具有轰炸机的功能，那不是一举两得吗？

歼击轰炸机在越南战场上的出色表现，让人们看到了它的巨大威力和光明前景。为了适应现代战争的新特点，世界其他国家也开始了歼击轰炸机的研制工作。苏联的苏-24“击剑手”和欧洲的“狂风”很快投入了设计和生产。几乎是在同一时期，中国海军在西沙海战中暴露出来的一系列问题，也让军方对新型飞机的设计研发提出了迫切需求。

1974年1月初，南越当局单方面宣布在西沙群岛附近海域勘探石油。南越海军向该区域派遣了一支小舰队，形成一条封锁线，有消息报道，在此作业的数名中国渔民被杀害。1月20日，中国海军采取行动，赶走了南越舰队，并迅速占领南越当局在西沙群岛构筑的阵地。从那以后，西沙群岛一直置于中国的管辖之下，再没发生过军事争端。

这场冲突主要是两国海军之间的交战。尽管中国海军在自卫反击战中击沉击伤敌四艘巡逻艇，取得了海战的胜利，但也暴露出缺乏海军航空兵空中支援的严重缺陷。当时海航装备的歼击机基本没有对海攻击能力，因此，适合海军航空兵使用的新型攻击机成为急需的机种。

1982年，英阿马岛海战，阿根廷空军的两架法制超级军旗式攻击机在距离英国舰队20千米的地方发射了两枚空射型AM39“飞鱼”导弹，使英国耗费近2亿美元巨资建成的最新式军舰，被誉为“皇家海军骄傲”的“谢菲尔德”号驱逐舰葬身海底。这给中国军方留下了深刻的印象。马岛战争后，中国海军开始探讨轰炸机、水面舰艇、潜艇三位一体的联合作战模式。

考虑未来局部战争的需要，具有作战半径大、全天候低空大速度突防能力、综合电子战能力并具有较强打击力量，自身又有一定机动作战能力的歼击轰炸机就成了不可缺少的机种。综观各国飞机种类的组成，歼击轰炸机一般占40%~60%，这大概也是不以人的主观意志为转移的客观规律。第二次世界大战之后的若干著名战役，显示威力的多是歼击轰炸机。因此，20世纪80年代前后，提出设计研制我国自己的“飞豹”飞机就成了合乎斗争形势的需要，顺乎航空工业发展规律的必然选择。

海军当时的要求大概有这么几条：第一，飞机必须是超声速的，其航程应该能够覆盖南沙群岛；第二，载弹量要大；第三，飞机把弹投掉以后，具有与歼击机相当的自卫能力。还有一个就是低空为主。那时候还没有隐身设计这种办法和概念，有一种低空突防的办法，就是远距离飞行时躲进敌方雷达的盲区，地球是圆的，而电磁波是直线传播，所以，飞机只要在盲区里飞行，雷达就发现不了。到了发现飞机的时候，飞机已经在它上空了。

要满足军方的上述要求，唯一的办法就是设计一种同时具有对地、对海精确打击能力和自我保护能力，攻防兼备、规模更大的飞机。

大是什么意思呢？陈一坚院士说：

就是在超声速和巡航不变的情况下，飞机容量增大，携带的外载、武器就多了，再一个是油多了，武器带多了，“积极”的因素就体现出来了；而油带多了，覆盖南沙才成为可能。为此，我们确定了“飞豹”设计的“三突出”原则，即突出低空性能、亚声速性能和攻击特性。

作为中国第一个没有原准机、无外援、完全独立设计的现代化机型，“飞豹”的设计综合了国内航空工业发展的诸多成果和国外多种飞机的合理设计，整体设计比较协调。利用当时不算先进的航空制造技术和材料技术，设计出在空气动力和机体结构上达到国际20世纪70年代中期先进水平的歼击轰炸机。

正如海军司令员刘华清考察试飞院所讲的：

海军在航空、潜艇、快艇等装备中，将航空列为第一位。海军很需要飞机，歼轰7带两枚导弹可达1700千米，可到达南沙群岛，第一步越过琉球群岛和海参崴。如果做一些改进，力量更大。

“科研试飞英雄”王昂评价说：

“飞豹”飞机研制成功并装备部队，填补了我国歼击轰炸机的空白，增强了我军机动、灵活、纵深、精确的空中突击力量，大大提高了我国空中打击力量的活动半径，对贯彻军委新时期军事战略方针具有实际意义，对捍卫东海和南海诸岛主权、保卫海疆、巩固国防都有十分重要的现实意义。

十年铸剑，一飞冲天

1979年，改革开放迈开了步伐，当时中国航空工业技术水平至少落后于西方20年。

在此之前，中国的飞机设计一直走的是仿效苏联的道路，

○“飞豹”飞机是我国首次研制的超声速歼击轰炸机，它可携带多种武器，是“积极防御”中的主要打击力量，也能起到威慑作用。

而“飞豹”研制初期面临的最大难题，就是没有任何原准机可以模仿借鉴，更何况在改革开放初期，人才和设备缺乏也是不容忽视的问题。为此，国家有关部委领导一度考虑“飞豹”飞机这一难度很大的项目能否和国外联合研制。

好在国门已经敞开，为研制团队提供了放眼世界的机会。他们到了西欧MBB公司，也就是空中客车的前身、欧洲“狂风”战斗机研制的总部去考察，尽管当时中德双方都有良好的合作意愿，但共同研制歼击轰炸机的谈判却并没有成功。原因在于对方提出的合作条件十分苛刻，在不提供核心技术的条件下，要价21亿元人民币。在当时，21亿元人民币就是一个天文数字。同年，全国财政收入刚逾千亿元，所拨全部国防科研经费不过几十亿元，一个机型投入这么多钱根本无法承受。

可那时候世界的设计水平就得这个数。美国才研发出第三代战斗机，我们这个是F-15的雏形，也就是基本型水平。“飞豹”飞机和美国的F-15比起来，F-15是72亿美元，我们最后研制成功是10亿元人民币，大约是它的1/72。

丢掉幻想，自力更生，是中华民族特有的精神。尤其是奋战在国防军工战线的航空人，硬是凭着坚韧不拔、艰苦创业的顽强意志，攻坚克难，确立了“飞豹”的研制目标，并决心拼搏到底，创造奇迹！

此外，客观上也有一个有利于“飞豹”成功的因素，就是430厂即西安航空发动机公司引进了英国的“斯贝”发动机生产专利，当时还购买了几十台成品发动机。经过三四年时间，430厂举全国之力，根据罗·罗公司提供的材料和工艺方法，生产出10台“斯贝”发动机。发动机试车成功了，却遇到了经济困难，没钱了，工作也基本停了。

“斯贝”国产化的工作搁浅了，购买的这几十台发动机也没有飞机配装使用。当时人们说陕西有两个“兵马俑”，一个

○作为中国第一个没有原准机、无外援、完全独立设计的现代化机型，“飞豹”的设计综合了国内航空工业发展的诸多成果和国外多种飞机的合理设计，整体设计比较协调。

是秦始皇兵马俑，一个就是这几十台发动机。发动机不用，每年还得进行必要的维护，对方方面面的压力都很大。

就在这个时候，有一股风要将“飞豹”砍掉，但看到发动机这种情况，不行，它还得上。因为没有“飞豹”，“斯贝”发动机就派不上用场了。所以，这一次是娶回来的“洋媳妇”把“女婿”救了。

“斯贝”毕竟是久经考验的技术成熟可靠顶用的发动机，从一定意义上说，它保证了“飞豹”飞机定型试飞的最终完成。

十年铸剑，大器晚成。历经坎坷的“飞豹”飞机，终于在1988年迎来了放飞蓝天和验证试飞的一刻。

刘宇辉执笔的《我和“飞豹”——陈一坚口述》一书，对这些曾做过介绍。

飞机首飞前先要进行低、中、高速试滑，前后共试滑了24次。高速试滑时飞机前轮就抬了起来，已经有飞的感觉了。总设计师陈一坚回忆说——

最后一次高速滑行要离地，我们跟飞行员讲好，在什么地方抬前轮，我们几个人到那个地方去看，飞机一到那儿就起来了，而且非常平稳，这时候我心里一块大石头落地了，至少可以飞起来了。因为很多人早在七八年前就问我：飞机这个重量能不能平衡？我说所有状态都经过计算，应该没问题，而且留有3%的余度。但这句话没经过考验，只有试飞以后才能确认我这个问题回答得对不对。

副总设计师吴克明则对首飞充满了信心，其中主要原因之一是试飞员黄炳新底气十足：“只要座舱里还有驾驶杆和油门杆这两根杆儿，我就能把飞机飞回来！”

12月14日，16位将军从北京乘坐专机来到试飞现场，见证中国第一架歼击轰炸机展翅升空。飞机城数千名参研者汇集在跑道两旁，大家伫立在寒风中兴奋地等待。

13点30分，一颗绿色信号弹拉着弧形烟雾，迎着瑟瑟寒风，打破了天空的沉寂。

陈一坚总师亲自将首席试飞员黄炳新、领航员邢彦才送上飞机，虽然一句话都没说，但眼睛里充满了期望。黄炳新紧握着陈总的手坚定地说：“您放心，这架飞机哪怕是仪表不指示，但只要有一台发动机在工作，我就能把它飞回来！”

先是伴飞的歼教6飞机在卢军的驾驶下呼啸升空，为“飞豹”飞机探路，并进行空中摄影。

15点整，三颗绿色信号弹再度冉冉升起。15点04分，“飞豹”飞机开始地面开车，在人们期待的注视中，滑出停机坪，

○“飞豹”首飞试飞员黄炳新

“飞豹”的装载率比欧洲的“狂风”还强，而我国第一次设计这样的飞机，其困难有多大，可想而知。而定型试飞任务的艰巨，更是不言而喻。

○试飞员小组手持鲜花列队（左起：黄炳新，邢彦才，彭迪宇，谭守才，卢军，胡朝德），庆祝歼轰7首飞成功。

进入起飞线，15点09分，试飞员加大油门，“飞豹”在发动机的巨大轰鸣中，英姿勃发，越滑越快，转眼间腾空而起，直插浩瀚的苍穹。

陈一坚说：

飞机离地后，我非常激动，直到这时才感觉到成功就在眼前。十年来一直干着连自己都没有绝对把握的事情，今天，它总算迈出了成功的第一步。然而整整18分钟的首次飞行，也让我的心和飞机一起悬到半空。在场边观看的时候，那种感觉真的是度秒如年：飞机拉起来后，它能不能转弯？能不能在200米、300米高度通场？着陆后减速伞能不能放下来？着陆以后还会遇到什么问题？一大堆问号在我脑海里盘旋。别人不知道，我跟我女儿讲，你给我拿着救心丸，看我不行就给我塞一丸。我就怕自己太紧张了，心脏一时受不了。

后来飞机平安降落了，我这才松了口气。

起飞成功后，按预定计划，升至1000米左转平飞，绕机场一周后落地。然而不久，黄炳新就发现飞机在剧烈颤抖，速度表出现故障。随即仪表板下方火警故障警告灯一闪一闪地发出可怕的红光。“不好，发动机出问题了！”黄炳新万万没想到刚起飞就遭遇致命的故障。

驾驶歼教6伴飞的卢军迅速将自己的飞机进行高度、速度调整，在“飞豹”飞机上下左右都仔细观察，报告说没有发现什么问题。黄炳新判定这是火警灯的误报，他沉着冷静继续飞行。这时，他又发现前后的速度表相差70千米/时。他心里清楚，新机首飞出现各种异常现象都是不足为奇而是应该战胜的。这就是首席试飞员的责任！

看到“飞豹”徐徐降落，冲进跑道，机场塔台周围，人们尽情鼓掌欢呼：成功了！成功了！

空中的试飞是成功了。按原定计划，飞机从西塔台前降落滑到跑道东头应该掉头再滑回西头，接受少先队员们的献花，然后向首长报告首飞成功的喜讯。但是，飞机停在机场东头不动了。曾亲历几十种飞机定型试飞的资深试飞总师张克荣意识到出事了，急忙乘吉普车赶过去，看着跑道上飞机轮胎画出的“S”形橡胶印痕和严重损伤的前轮，他将黄炳新从飞机座舱扶下来询问情况。

黄炳新介绍说：“飞机对准跑道准备降落时，刚放下减速板，突然飞机一震，仪表板上一个圆圆的东西被震脱落，顺手接住一看是无线电高度表。振动还在继续，我不停地向机舱外观察飞机高度和状态，因为仪表板震得已无法看清仪表指针。我双眼紧紧盯着跑道，随着飞机机轮接地，只听座舱里‘哗啦’一声，仪表板上很多仪表连着五颜六色的导线震落下来……”

张克荣和黄炳新、邢彦才坐上吉普车向西塔台驶去。他指着跑道上的“S”形印痕说，初步判定应该是起落架前轮产生了严重摆振。

黄炳新走到陈一坚面前表示祝贺后，又告诉他说：“够呛！别的都没事，飞机、操纵系统都没事，但我下来之后振得都看不清仪表板，这不行，接受不了。”听他这么一说，陈一坚的心像被人使劲捏了一把，暗想，坏了。

首飞成功的莫大喜悦霎时间被冲淡了。

陈一坚想，导致试飞员无法看清仪表板的原因是飞机发生了强烈的振动。他知道前起落架摆振的机理，原理都清楚，很多飞机也都出现过这种情况，这个飞机没有原准机，应该说出现这个问题可以理解，但作为总设计师，他压力非常大，在新机研制阶段，尽管对起落架系统进行过成千上万次落震试验，但还是在试飞中发生了严重的问题。什么原因造成的呢？要么是起落架的减摆器出了问题，要么是机身设计不合理引起了共振。他回去后立即组织队伍排查故障。

张克荣则安排有关人员，在外场进行测试加改装，使用振动传感器测振，并让机务人员对控制前轮减摆器的液压系统检查、测量，结果发现本应高达210千克的液压系统只有120千克，再一量回油压力竟达90千克。这样当然失去了减摆器的作用，前轮立柱产生侧向过载，造成机轮摆振。最后分解检查，找出了液压系统回油活门的故障，让承制厂家进行了排故。飞机研制单位还给该系统增设了回油压力补偿器，彻底解决了首飞中出现的这一重大问题。

●航空器结构飞行试验

在真实飞行环境条件下，验证与评估航空器结构完整性的试验活动。航空器结构飞行试验又称结构完整性飞行试验，其主要内容包括航空器载荷飞行试验、航空器动响应飞行试验、航空器颤振飞行试验、航空器振动飞行试验和航空声飞行试验等。

首飞成功后的第三天即1988年12月17日，省、市领导听取了歼轰7飞机首飞的情况汇报。陕西省委书记张勃兴即席讲话：“很高兴，咱们自己的飞机，锦绣前程，前途无量。航空工业近40年，成绩是伟大的。陕西的航空、航天、兵器等行业，航空做得最好。下一步还得加强，有什么困难地方上能办的，一定尽微薄之力。”侯宗宾省长强调：“经过12年，歼轰7现在首飞成功，是中国航空史上的一件大事。对陕西来说，设计、制造、

○刘华清（前排左二）、王昂（前排左一）等军地双方领导常来歼轰7研制现场视察工作。这是总设计师陈一坚（右一）在报告试飞前的有关情况。

试飞是配套的，是陕西的光荣！"

1989年1月23日，"飞豹"飞机又在试飞院机场举行了隆重的汇报飞行表演。刘华清上将，国家科委主任宋健，副总参谋长何其宗，国防科工委科技委副主任叶正大中将，国防科工委副主任谢光少将，海军司令员张连忠和副司令员李景中将，空军副司令员林虎中将，国家科协副主席兼党组书记高镇宁，总参装备部副部长贺鹏飞少将，陕西省省长侯宗宾，陕西省人大常委会主任李溪溥以及航空部副部长何文治、王昂等，连同部机关及各界代表观看了汇报飞行。

传为美谈的"三驾马车"

作为涉及国家十个部委和几百个直接配套厂、所，由数万人参与研制的庞大复杂的系统工程，"飞豹"飞机在研制中自觉发展和形成了系统工程的组织管理体系和工作机制。

顶层由国防科工委副主任谢光、海军副司令员李景以及航空航天工业部总工程师王昂等组成的领导集体，主持每年的现场办公会，决策每年的目标和重大问题解决方案，协调解决技术、质量、进度、经费各方面的突出问题和矛盾。

第二层由三方机关主管该项目的领导张国治、马承麟、徐甘泉组成指挥中心，被研制全线亲切地称为"三驾马车"，他们深入基层与现场，掌握着项目的大节点、大关键、大难点。他们对项目提出要求，形成年度计划目标，供办公会决策，同时到现场督查，帮助推进执行。

第三层是航空工业行政指挥系统，包括下属的总设计师系统、总工程师系统、总质量师系统、总会计师系统、现场总指

○主管歼轰7研制工程的海军副司令员李景（右三）坚持定期来阎良召开现场办公会，研究解决设计定型试飞中遇到的实际问题。右一、右二分别为海军歼轰7工程型号办公室主任谢圣良、副主任张界海。

挥系统、试飞现场指挥部等全系统、全方位的实施层次。这些系统各自独立发挥其职能，团结协调全系统各单位参研人员，组成协同的工作队伍具体实施研制工作。

第四层是各厂所与军代表、海军型号办，以及阎良各厂所组成的前方执行层。研制方和使用方互相制约，互相协同，把握质量与指标，使项目的每个环节都落到实处。使用方即军方，既是研制的监督者，又是研制的参与者，从而保证了整个项目的研制质量。

值得一提的是，歼轰7研制工程是我国实行国防科技体制改革，从原来的计划经济到市场经济转变的第一个大型项目。作为甲方的海军装备部，特意在研制试飞现场设立了"歼轰7工程办公室"，派海装航科部副部长谢圣良、海军西安局总工程师林殿君担任领导，常驻现场。又从飞机设计、试飞单位特招专业人员入伍负责技术管理工作。试飞院以大局为重，急部队之所急，答应军方要求，同意将该项目试飞总师刘金生和院办副主任韦克家、科技部副部长董庚寿分别特招调入海军工程办和特种飞机研究所，发挥技术特长，效力国防建设。与此同时，海军航空兵部还选派了丁毅、李建山、贾跃能等三位飞行员到阎良现场，共同参与歼轰7的试飞任务。既增加了科研试飞的力量，又尽早熟悉了飞机性能，提高了技术素质，加快了新型装备服役的速度。这三位飞行员回到部队后，都担负起更重要的职责。其中，丁毅已晋升为海军副司令员。

新机的最终成功，在于试飞的验证

陈一坚院士认为：飞机飞起来并不意味着成功。新型飞机在试飞中必然会暴露出各种各样的问题，有设计的、制造的、成品的、材料的。试飞验证正是为了发现和解决这些问题，这些不足和缺陷只有在试飞中才能彻底暴露出来，越早发现对飞机越好，飞机的真正成功是它被广泛接受，用户评价出勤率高，好维护，用起来很顺手，这时候才能得出最终的评价。

因为“飞豹”是集对海/对地攻击两种属性于一身的飞机，它起飞的时候，可以携带空空导弹、空舰导弹、航爆炸弹等很多种弹，把这些攻击武器全部投放出去以后，它又成了一架歼击机，有较强的对空作战能力。“飞豹”的装载率比欧洲的“狂风”还强，我国第一次设计这样的飞机就取得这么先进的指标，其困难有多大，可想而知。而定型试飞任务的艰巨，更是不言而喻。

为了保障试飞任务顺利进行，航空航天工业部在阎良成立了新机试飞现场指挥部，由试飞院院长戈平任总指挥，副院长张克荣和部试飞办主任陈启顺担任副总指挥。

首先，是抓好定型试飞之前的调整试飞。

所谓调整试飞，就是新机首飞后投入设计定型试飞前，将飞机及其各功能系统调整到安全状态，使其能够开展正式的设计定型试飞。

飞机设计所的副总师浦传彬告诉我们：

歼轰7首飞之后就开始调整试飞了，时间也比较长。我当时心里很矛盾，希望飞机飞，但每次飞了以后都会出现问题，平均故障间隔时间只有18分钟。1991年以前，飞机的故障有570条，一个起落平均出现3个故障。这些故障还有个特点，一共5架飞机，故障是共性的；另外，这些故障比较危险，试飞员要是掌握得不好，就可能导致机毁人亡。

调整试飞有一个专业术语叫“包线扩展”，就是飞机的飞行速度开始是在中间状态，中间比较安全，然后再去飞边界——速度越来越大或者越来越小。高度一定是从低处慢慢往上攀升。“飞豹”在扩大包络线到一定高度和马赫数的时候，就发现一个问题，即跨声速振动。

振动的结果跟摆振一样，导致飞行员看不清仪表。由于振动频率非常大，飞行员感觉腿都在发麻，到了难以忍受的程度。

这个问题，直接关系到歼轰7飞机的命运。

排除垂尾振动迫在眉睫。

试飞院成立了排振试飞攻关课题组。由钟德均和沙长安负责。他们在机上有关部位加装了振动、颤振测试系统，以最科学的办法找出产生剧烈振动的根源。

既然存在着飞行员难以承受的剧烈振动，肯定就意味着有发生灾难性事故的隐患。

办公室里，张克荣与黄炳新对坐着默不作声，只是一根接一根地抽烟。

抽了许久，张克荣开口了："再飞一次吧。"

"那还用说，咱就是干这个事的！"黄炳新痛快地答应了。

1992年8月25日，黄炳新、杨步进驾驶着装有测振仪器的83号飞机起飞了。

他要搏击长空，驯服这只"烈豹"！

和平年代，科研战线上，这种行为无异于长征途中面对敌人的机枪封锁，爬上铁索链飞夺泸定桥的壮举。

英雄不与凡人同。

黄炳新不愧是试飞英雄。他置个人安危于不顾，忍受着常人不能忍受的剧烈振动，一直在跨声速的状态坚持飞行，力求记录更多的测试数据。飞着飞着，突然听到嘭的一声巨响，飞机振动反而消失了。因为飞机这次挂着两枚导弹进行超音速试飞，他就问后舱的领航员杨步进："是不是将导弹飞掉了？"杨说没有。他感到奇怪，用脚蹬了蹬舵，糟糕，方向舵失灵了，没有任何反应。

只要伸手按下身旁的弹射救生按钮，黄炳新他们就会离开飞机，化险为夷。但他意识到，上万人十多年的心血、汗水和技术积累全都凝结在这架飞机上……危急关头，经验丰富、胆大心细的黄炳新没有选择弃机跳伞，而是想方设法凭借高超的驾驶技术，用改变左右两台发动机推力和压杆操纵两侧副翼的办法控制飞机着陆。

负责测振课题的沙长安此时正站在机场塔台上，他用望远镜最先看到了急速落地的飞机，惊讶地喊道："方向舵没了！"

"胡说！"张克荣也急忙走出来。

当黄炳新走下飞机，来到挤满工程技术人员的飞机尾部，只见高耸的垂直尾翼后方早已飞掉的方向舵处露着偌大的空缺。在场的人无不被这一史无前例的壮举震惊。驾驶飞掉方向舵的飞机安全返航，黄炳新创造了世界航空史上的奇迹！

科研人员通过对测试数据的处理，从振动机制上分析，找到了垂尾跨声速振动的原因，主要是由方向舵嗡鸣引起，同时伴有垂尾翼尖局部强迫振动所致。

1992年9月初，航空航天工业部主持召开了由国内振动专家参加的歼轰7飞机排振专家会，经过认真讨论，试飞院给出的试飞结论得到了与会专家的一致认同。在取得共识的基础上，会议讨论研究了相应的排振措施，主要有：提高方向舵抗扭刚度和支撑刚度，垂尾翼尖修型、增加边条等。经设计制造等单位的共同努力，于1992年10月17日进行了两个架次的验证试飞，根据试飞数据处理结果和试飞员的反映，垂尾振动已经排除，除掉了困扰该机多年、多次发生垂尾振动的“拦路虎”。至此，扫清了“飞豹”跨、超音速试飞的一大障碍，保证了定型试飞得以顺利进行。

搏击长空，驯服“烈豹”

歼轰7飞机首飞不顺，预示着该机设计定型试飞道路漫长而艰辛。有人曾形象地将该机比喻为“脱缰的野马”，还有人称其为野性十足的“烈豹”。因此大家将试飞员称为“空中驯马人”“刀尖上的舞者”“与死神搏斗的猛士”。

飞机的燃油系统好比人体的动脉血管维持着生命一样，源源不断地向发动机供油，以保证正常运行。如果直径近20厘米粗的主输油管在空中突然断裂，会是什么结果？即使不懂航空专业的人，也一定知道其严重后果。

正当歼轰7进入紧张的试飞阶段，有一天，试飞员卢军、彭连启驾驶81号飞机起飞不久，机场跟飞人员就看见飞机在上空急速地盘旋下降，快到落地时，机身后就像巨型喷雾器一样，喷射着大团大团的灰白色烟雾带。

怎么回事？科研人员急切地询问着。

试飞员下来报告说，就在刚刚起飞没几分钟，突然发现油量表急速下降，眨眼间就没剩下多少，只能大坡度压杆蹬舵盘旋急降下来。机务人员登梯爬进驾驶舱发现余油仅剩400立升，只能再飞两分钟。

就在此前3个月，还是卢军和彭连启，试飞歼轰7飞机84号机，那天计划飞起落航线科目，飞到中途，因对方机场气象条

○承担“飞豹”试飞的英雄团队
当人们在一次次尽情欢呼，庆祝胜利的时候，一定不会忘记“飞豹”研制战线默默奉献的无名英雄，尤其是在长达8年的飞行试验中，试飞1908架次、排除1976次故障的试飞人。

件变差，他们按地面指挥员要求返航。座舱里，试飞员看着油量表感到很奇怪，只飞了计划航线的一半，怎么燃油不多了？他们立即调整飞行状态，选择最佳的高度、速度飞向阎良。飞机落地后，一看仪表，吓了一跳：数据显示机内余油只能再飞3分钟。在场的所有人都嘘了一口气，庆幸当时因天气变化返航了。否则，后果不堪设想。

连续发生如此严重的故障，必须将几架新机全部返厂。经分解检查，原来是主燃油管路中的金属柔性接头断裂了。经专家们分析，由于管路很长且固定在机身内的支架又太少，因而输油管路在飞行中产生水锤效应。设计人员却认为，这种接头是参考波音飞机上的结构设计的，应该没有什么问题。

应该归应该，但事实上，确实发生了问题。这就是现实！

为了不影响定型试飞进度，无奈之下，将这种所谓的先进设计暂时全部拆除，改换成最原始的橡胶管接头。当然，原始的传统办法肯定是不如那种金属柔性接头便于安装调整，但毕竟是安全可靠的。

故障一个接着一个。有一次试飞员在空中忽然感觉座舱内温度越来越高，热得实在受不了。降落下来后经机务人员检查，环控系统涡轮冷却器抱轴，即空调系统失效。

1991年9月19日，卢军、唐纯文驾驶83号飞机试飞中，在高度700米时，襟翼自动掉下超过20°，飞机突然出现向左反扣，高度急降200多米，且连续发生了3次。试飞员镇定自若，妥善处置，安全着陆。

1991年10月9日，黄炳新、周绍良驾驶83号飞机开车后因应急刹车故障，关车时油门收不到底，发动机转速降不下来，飞机迅速抖动，发动机轰鸣，伴有喘振前兆，随即尾部蹿出火苗，再次用力收油门才停车。发动机油门操纵系统状态不正常，这种故障先后发生过8起，经机务人员紧急处置才关了车。

1992年5月26日，谭守才、彭连启驾驶84号机执行平显火控系统试飞，起飞时抬前轮后，人们突然听到爆破声，随即看见有东西在跑道上滚动。因飞机滑跑速度已经很大，指挥员只能命令“正常”起飞，不收起落架，在低空耗油。待飞机通场时，机务人员在地面抬头观察，发现飞机右主起落架外侧轮胎脱落了，急告飞行员采取落地放减速伞不刹车的特殊措施，才成功着陆。

1992年11月8日，丁毅和杨步进驾驶83号飞机进行科研训练飞行时，液压系统压力表突然指向“0”，就是说液压油全漏完了。只见飞机坡度逐渐增大，操纵十分困难，着陆时只能用应急系统放下起落架和襟翼，并应急抛放减速伞，应急踩刹车，致使飞机左侧主轮爆破，险些造成事故。

1993年8月，杨晓彬、耿廷全在500米高度飞行时，控制系统突然故障，飞机像脱缰的野马，骤然跃起，两名试飞员两眼黑视（瞬间失明），飞机失去操纵。当飞行员视力恢复时，发现飞机正处在翻扣倒飞状态。两人沉着应战，默契配合，奋力操纵飞机改平，此时距离地面高度仅有46米。

更不可思议的是，试飞员谭守才有一次飞行在1540米高空时，竟然发生了驾驶舱座舱盖掉落的意外事故。在与地面失去联系的紧急情况下，他临危不惧，忍受着强大的气流冲击，冒着生命危险将飞机安全驾驶回来。

愈挫愈勇，砥砺前行

谈到"飞豹"试飞的艰难，一向严肃寡言的戈平院长，却在一次誓师动员大会上慷慨激昂道：河出潼关，因有太华抵抗而水力益增其奔猛；风回三峡，因有巫山为隔而风力益增其怒号。只要我们发扬试飞人的传统，咬紧牙关，我们就会愈挫愈勇，在困难和曲折中砥砺前行！

在回忆这段历史时，陈一坚总设计师认为：

当时的有利条件，首先是飞行试验鉴定单位试飞院有决心、有试飞手段。他们为确保"飞豹"试飞真是全力以赴了。也正因为试飞中问题暴露得充分，排除得彻底，交付部队服役后，歼轰7是新机各型号中出勤率最高的。

在定型试飞紧张进行的同时，积极开展"可靠性补课"与"疲劳定寿"。在"飞豹"设计初期，由于历史条件和技术水平的限制，战术技术指标中没有可靠性这项要求，维修性的要求也比较粗略。飞机研制从注重性能转向重视可靠性、维修性、

○坚守在新机研制第一线的海军代表严格质量把关，注重工程进展的每一个环节。这是副总军事代表韦克家（右一）、朱伯荣（右三）、张鲁滨（右四）查看试飞数据。后排左一、右二分别为试飞院院长沙长安和党委书记于以贵。

后勤保障效率等多元化的思想，是认识上的一个飞跃。这项工作搞不好将直接影响“飞豹”的信誉。设计部门及时组织各专业落实了可靠性等“补课”措施。海军工程办滕春诚、韦克家与歼轰7总质量师罗延生、副总师郭博智、可靠性室主任王维红、景玉国，跑遍了全国所有为该机研制关键、重要系统及成品的厂所，进行可靠性增长试验和定寿延寿试验，有效地保证和促进了试飞工作的顺利进行，也为“飞豹”定型投产后的安全飞行和较高的出勤率打下了基础。

1993年9月26日，喜讯传来，试飞院各单位保障歼轰7飞机设计定型试飞400架次，100%完成全年总任务。

这100%完成任务的背后离不开试飞人的智慧和汗水。在那段日子里，飞行部机务三大队营造了一切以任务为重的氛围。由于人员少且分布多个外场，又当主任又当师、员，一人兼数职的情况屡见不鲜；职工家中有急事、生病，不请假、不休息的事举不胜举；中午、晚上加班排故等特殊情况他们习以为常。最终创下当年仅“飞豹”飞机飞行798架次、月试飞92架次、日试飞12架次、单机月飞行42架次等8项历史纪录，被誉为“矗立于试飞前沿战地上的一面旗帜”。一年排故341条，平均每天一条；加班2000多人次，平均每飞一个起落就需要加班两小时。他们说：“其实，我们干得把啥都忘了。”

1995年5月31日，试飞人再创纪录，歼轰7飞机81号和82号飞机承担的全部定型任务、85号机在本场的定型试飞任务及运7为其承担的雷达多目标搜索跟踪性能试飞和神鹰工程样机试飞宣告完成，创造了在一个场次里同时完成四大项科研试飞任务的最高纪录。

由于试飞技术的不断探索与提高，对歼轰7飞机的设计性能得出了准确的结论。沙长安、屈见忠等用小火箭激振，采用等高度、等马赫数方法进行颤振特性试飞，结果表明在飞行包线范围内气动弹性是稳定的，接通“622飞控系统”后未出现气动伺服弹性不稳定现象。

空速系统位置误差修正是飞机飞行试验研究的一个永久话题，准确的空速系统指示是各项试飞工作的依据。随着航空机载设备的不断更新，原来的雷达法、经纬仪、照相截时法的应用受到限制，且测试精度也难以满足要求。在歼轰7飞机补偿空速系统试飞中，陈怦、王忠继对跨/超音速GPS测量空速系统修正量及高采样率、高可靠性GPS再行完善和补充，使该方法的试飞研究趋于成熟和可靠，并基本满足了高精度试飞的要求，使空速系统位置误差测定试飞迈上了一个新台阶。

1995年秋，一项紧急任务下达，歼轰7要参加名为“神威95海空大演练”的海军新装备展示和演习，并接受中央军委及解放军各总部、国防科工委等部门的检阅。

任务重大，使命光荣。应海军新装备集训领导小组之邀，时任中国航空工业总公司副总经理王昂、试飞院副院长张克荣、海军歼轰7工程副总军代表韦克家、试飞团政委杨秦组织带领参展队，于10月9日陆续启程赶赴集训地青岛海航某部机场。

10月15日，江泽民主席等中央军委领导乘指挥舰出海视察海上演习。两架歼轰7飞机是整个演习的压轴戏，承担飞行表演任务的是黄炳新、唐纯文。他们高超的驾驶技术和战机的英姿雄风受到了各位首长和参观者的高度称赞。海军装备部的感谢信中写道：“你们以出色的表现，展示了飞机的良好性能和威武雄姿，给党和国家领导人，军委、总部等有关首长以及部队的同志们留下了深刻印象。”试飞人不辱使命，再立新功！

1998年9月28日，航空航天部在西安人民大厦召开歼轰7飞机设计定型总结表彰大会，总装备部姜来根少将、航空工业总公司副总经理刘高倬、陕西省委副书记范肖梅和副省长巩德顺、海军装备部副部长王小闯少将、海军航空兵副参谋长姚普明少将、国防科工委司长叶金福等出席会议并为立功单位和个人颁奖。试飞院和驻院试飞团队荣立集体功；黄炳新、谭守才、彭连启、冯北前、沙长安、金世民、杜春林、陈启顺、张克荣、马祝林、章金福、宋士安、卢军等13人荣立一等功，周绍良等73人荣立二等功，温波等220人荣立三等功。“飞豹”飞机获得了国家科技进步特等奖。

托举“飞豹”，横空出世

1998年11月，来自国内及英、德、法、美、俄、南非等70多个国家和地区的参展商云集第二届珠海航展，交流高科技信息，展示航空航天领域的成果，宣传并推销自己的产品。中国以庞大的阵容参展，仅实物飞机就有18架。

中国第一代超声速歼击轰炸机以FBC-1、代号“中国飞豹”这个响亮的名称首次揭开神秘的面纱，成为航展上万众瞩目的焦点。

FBC-1是“飞豹”的出口编号，其中字母F代表战斗机，B代表该机具备轰炸功能,而C则是英语“China”的首字母。“飞豹”则是第一个正式由航空系统赋予的可公开的国产战斗机名称。

●飞机作战适用性飞行试验

在装备的全寿命周期内对其作战适用性进行试验验证和考核，为装备的采购、改进和使用提供依据。它是装备从试验考核走向服役使用的必经途径。

11月15日上午11时10分，“中国飞豹”发出巨大的轰鸣声，以雄伟的气势、优美的身姿直插蓝天，现场10万多名中外观众为之欢呼雀跃。“飞豹”的跃升、俯冲、横滚、侧飞等精彩表演，让观众大开眼界，为中国人能研制出如此先进的飞机而赞叹不已。“飞豹”飞机的参展成为此次航展的最大亮点。

航展期间，中央电视台、《人民日报》、《科技日报》、《光明日报》、《中国青年报》、《中国航空报》、香港《文汇报》，以及一些海外报刊、电视台、广播电台等新闻媒体对“飞豹”飞机做了大量报道。

参加航展的英国《简氏防务周刊》记者说：

FBC-1“飞豹”的最大载弹量超过轰5轰炸机一倍，最大航程比轰5多50%，飞行速度和突防能力大幅度超过了轰5。

“飞豹”设计合理，航程远，载重系数高，在综合性能方面远远超过了空军装备的轰5和强5，接近国外同类飞机性能水平。“飞豹”飞机的机体内部有效空间大，可以安装较多的燃料和设备，大量的空间还有利于在后续改进中增加设备。从外表上来看，该机的工艺明显好过以前的中国战斗机，甚至优于前来参展的苏-27和苏-30K。这说明过去十年来中国在制造工艺领域取得了巨大的进步。尤其是该机采用的整体油箱和用于机翼的金属超塑成形技术，这是中国在军用飞机制造领域达到西方20世纪80年代中后期水平的又一例证。这也表明中国军队在海湾战争的影响下，其作战理念已经有了飞跃式进步。作为当时中国国产战斗机中唯一可以覆盖南中国海地区的机型，FBC-1“飞豹”将成为中国空中力量的掌上明珠。

1999年10月1日，中华人民共和国五十华诞。世界的目光聚焦在天安门广场的这次世纪国庆大阅兵，聚焦在飞越天安门广场上空的飞机方队，尤其是“飞豹”的精彩表演上。美联社评论中国国庆阅兵展示的新武器时说，国庆看阅兵，阅兵看飞行，飞行看“飞豹”。

“飞豹”为什么会如此引人注目？因为“飞豹”是我国完全依靠自己的力量自行研制的多用途、全天候、超声速歼击轰炸机，荟萃了我国航空工业近50年所取得的技术成果，展示了当代航空技术最新发展，是我国自行研制作战飞机达到一个新水平的标志，是中华民族工业的结晶，跨世纪的“华夏民族之鹰”。

那天，“飞豹”不辱使命，以箭形编队飞越天安门广场。也是在这一天，“飞豹”创造了好几个第一：第一次完成升机型跨机种改装；第一次以整建制完成陌生空域长途转场；第一

●航空器载荷飞行试验

在航空器实际飞行使用条件下，测量航空器结构部件承受的外载荷。通过飞行试验，验证航空器结构强度特性是否满足战术技术指标和使用要求；验证航空器实际使用限制与设计使用限制是否一致，确保航空器使用的安全性并挖掘结构潜力；验证载荷分析及风洞试验数据等的正确性和有效性，为其改进提供资料；修正静力试验数据，确保静力试验结果正确有效。航空器载荷飞行试验是航空器结构飞行试验的一项重要内容。

次完成箭形编队的空中阅兵。同时，创下了参阅飞机机型最新、改装时间最短、飞行密度最大、编队难度最大、阅兵航程最远五项新纪录。

当人们在一次次尽情欢呼庆祝胜利，甚至有代表作为功臣登上天安门观礼台，接受采访、分享喜悦的时候，一定不会忘记“飞豹”研制各条战线默默奉献的无名英雄，尤其是在长达8年之久的飞行试验中，试飞1908架次、排除1976次故障的试飞人，其中18名试飞员，都有空中历险的经历。更不会忘记那个令人心痛的日子——1996年8月12日，在辽宁兴城执行海上试飞任务飞机返场着陆时，不幸发生了一等事故，两名试飞员当场牺牲，连具完整的遗体都没有。让我们记住烈士的名字：前舱驾驶员杨晓彬，后舱领航员唐纯文。

为“新飞豹”铸就臂膀

时间流逝，型号更迭，拼搏奉献的精神却永远地延续着。

世纪之交，国际局势风云变幻，按照中央军委的要求，“新飞豹”，即歼轰7A飞机研制立项。

歼轰7A型飞机是在歼轰7飞机基础上改进研制的歼击轰炸机，是海、空军2000年后急需装备的进攻型主战机种。该型机在保持原歼轰7飞机气动外形、总体结构和飞机性能基本不变、动力装置不变的情况下，前、后座舱实现综合显示与控制，重点改进航空电子火控系统，增加了飞机外挂点和挂载能力，较大幅度提高了飞机的精确打击能力和综合攻击作战效能。

以冯北前研究员为总师的歼轰7A试飞团队，以追求第一的精神、勇于创新的气概和宽阔无私的胸怀，为“新飞豹”铸就了坚挺的臂膀。

○歼轰7A型飞机是在歼轰7飞机基础上改进研制的歼击轰炸机，是海、空军2000年后急需装备的进攻型主战机种。2007年4月，“新飞豹”顺利通过了设计定型审查。

○“新飞豹”歼轰7A研制及设计定型试飞进展比较顺利。这是试飞总师冯北前（右）与时任副院长刘选民（中）、飞行部机务大队长李金星（左）在现场及时讨论调整工作计划，落实加快任务进度的措施。

○回顾研制历程，颂扬“飞豹精神”。总设计师唐长红院士（右）和大校高工韦克家（左）等海、空军战友携手并肩致力于航空装备建设事业，同时又是爱好诗词、书法的文友，一起交流艺术，激发工作热情。

歼轰7A型4架飞机定型试飞均采用高新机载测试系统，用于测试各种数据和视频信号，机载记录和遥测实时传输。每架飞机测试参数都在2500个以上。

经过4年时间1300多架次试飞，累计排除故障2300多条，完成试飞项目40多项。定型试飞投射各类武器近500枚，其中5型制导武器靶试共投射制导弹33枚，全部取得成功。

2007年4月，“新飞豹”顺利通过了设计定型审查。2008年11月，“新飞豹”以崭新姿态亮相珠海航展，再次在珠海上空震惊世人。

回顾同样艰辛不易的歼轰7A研制历程，总设计师唐长红院士深有感触地告诉大家——

从“飞豹”到“新飞豹”，在漫长的型号研制过程中凝结而成的“飞豹精神”，即献身航空的报国精神、百折不挠的拼搏精神、科学严谨的求实精神、敢为人先的创新精神、激情和谐的团队精神，将永远激励着航空人，不断书写强国威、壮军威的蓝天传奇！

第四章
亲吻在云端

空中加油过程被形象地称为飞机的“空中接吻”。面对国外的技术封锁，我国空中加油工程1988年立项，1993年完成了“空中加油工程”全部内容的试飞，使我国成为世界上第五个掌握空中加油技术的国家。

空中加油工程的成功填补了我军航空装备的空白，标志着中国空军远程作战能力有了突破性进展。

“长翅膀的加油站”

空中加油机被形象地称为“长翅膀的加油站”。

被航空史认可和记载的第一次空中加油试验发生在1923年8月27日的美国，虽然加油全程由人力操作，而且是靠两机高度差重力加油，但其过程，已经有了空中加油的雏形。

那天，两架飞机在加利福尼亚州的圣地亚哥湾上空一上一下一前一后地编队飞行。只见前上方那架飞机垂下一根10多米长的软管，后下方那架飞机上站在座舱里的一个人伸手捉住这根飘摇不定的软管，把它插进自己飞机的油箱“加油口”，实现了加油。这个今天看起来不起眼甚至很幼稚的、犹如空中特技表演的举动，标志着人们梦想已久的“长翅膀的加油站”诞生了。前上方那架代号为DH-4B的飞机，因为创造了航空史上的伟大创举而作为世界上第一架加油机被载入航空史册。

这种由人力操作、靠高度差加油的方式很难实际应用，但其思路却为空中加油提供了发展空间。

10年后的1933年，苏联一架TB-1式轰炸机采用A.H.扎帕诺万内研制的加油设备，成功地给一架P-5侦察机进行了空中加油。

1934年，美国也研制出了空中加油设备。在第二次世界大战期间，空中加油技术开始用于实战。战争中，美、英两国的许多轰炸机在大西洋上空进行空中加油，然后再对德国本土进行远程奔袭。

随后的20世纪40年代中期，英国首先研制出“绞盘软管”式空中加油设备，安装在早期的空中加油机上。20世纪40年代末，美国研制出硬管式空中加油设备。不久，苏联也研制出类似的加油设备。

世界上第一架专门设计的空中加油机由B-29轰炸机改装，源自“马特霍恩计划”。

1943年11月，“马特霍恩计划”在魁北克和开罗会议上得到同盟国的批准而执行。该计划的指挥者之一海伍德·汉塞尔少将评价该计划：从军事行动的角度看它并不成功，你不能通过驼峰航线向B-29提供足够的物资来完成一次成功的轰炸战役，但从战略效果的观点看，它获得了巨大的成功。

“马特霍恩计划”可以得出一个结论：“靠地面补给进行的大规模远程轰炸代价巨大，收效甚微。”这也是二战后美国战略家在总结东京大轰炸时得出的结论。

如何解决远程攻击的补给问题？人们想到了20多年前发明的空中加油技术。

在这种思路下，直接参与“马特霍恩计划”的B-29轰炸机被改装设计成为世界上第一架空中加油机。

空中加油技术被积极应用于战争，从根本上延长了飞机的留空时间。

1982年4月30日，作战半径3700千米的英国“火神”式轰炸机从大西洋的基地起飞，途中进行空中加油后，袭击了距起飞基地约5000千米的马岛斯坦利机场；阿军的“超级军旗”飞机经空中加油后，击沉了英“谢菲尔德”号导弹驱逐舰和“大西洋运输者”集装箱船。

马岛战争中，英军编制内的15架加油机和临时由轰炸机改装的加油机共实施了600多次空中加油，对马岛战争的结局产生了决定性的影响。

1986年，美国空袭利比亚时，F-111战斗轰炸机从位于英伦三岛的基地起飞，由29架加油机对其编队进行8次空中加油，绕道7000多千米，突袭了利比亚。

1990年，美军提出了“全球到达—全球攻击”战略，为此，美国改变了以本土为主的加油机部署方案，开始在全球多个基地部署空中加油机。

1991年，第一次海湾战争爆发。1月17日，B-52从路易斯安那州起飞，通过空中加油直飞伊拉克，将巡航导弹投放到巴格达。

在第一次海湾战争期间，美国空军平均每天出动240架加油机，为1000多架飞机提供空中加油。整个战争期间，仅美军就投入加油机308架，完成5.1万次空中加油任务，共输送了7.1亿升燃油。

海湾战争结束后，各种新闻媒介对F-117、F-14、F-15、F-16等战斗机和精确制导武器进行了连篇累牍的报道，视其为战争中的“英雄”。但在制订作战计划的美军专职人员心目中，却一直把空中加油机群作为这场战争的领衔主角。美国空军在总结海湾战争经验时指出：如果没有空中加油，“沙漠风暴”将是另外一种完全不同的战争，正是有了空中加油的支持，才能保持高强度、高密度的攻击，从某种意义上讲，是加油机而不是攻击机决定了空战的规模。

随着空中加油技术的不断完善，加油机为飞机“加长腿”的作用越来越引起人们的极大关注，许多航空专家把它称作是航空史上的里程碑。因此，这种“长翅膀的加油站”在飞机家族中迅速庞大起来。

1995年6月2日，美国空军的三架B-1B战略轰炸机从其本土得克萨斯州的戴耶斯空军基地起飞，在赤道与北纬35°之间做曲线飞行，穿过大西洋、地中海、印度洋、中国南海、西太平洋、北太平洋，途中在三个靶场进行了轰炸训练，飞行30多个小时，总航程约4万千米，于3日夜间返回起飞基地。创造这一奇迹的幕后英雄是空中加油机：美军先后出动29架次加油机实施了6次空中加油，共加注油料241万磅（1094吨），每架B-1B全程受油约365吨。

美国是目前世界上拥有加油机最多的国家，俄罗斯仅次于美国，英国居世界第三。

20世纪80年代末，我国开始了空中加油技术的攻关。西方国家不但对我们严密封锁，而且还联合起来卡压我们，使我国的加油技术研制进展缓慢。面对国外的技术封锁，中国航空人奋起直追，自力更生地研究空中加油技术，造出了我们自己的加油机，填补了我国在这方面的空白。而后，航空人用了不到三年时间，攻克数百项技术难关，成功实现了加/受油机在中空、低空、高空的“战略对接”，使我国成为世界上第五个掌握该技术的国家。

由我国自行改装研制成功的第一代空中加油飞机为轰油6。轰油6飞机左、右翼下分别悬挂着加油吊舱，采用软管—锥管式空中加油系统，可在昼、夜间多种气象条件下，由地面或自身导航设备引导，与受油机对接并实施空中加油，能在较短时间内完成四架歼击机的空中加油，还能抗多种干扰和振动冲击。

现在，我国已有多种型号歼击机实现了空中加油，中国加油技术也已走向世界航空技术前沿。但回首当年空中加/受油机

○中国空中加油工程进行双机加油

现在，我国已有多种型号歼击机实现了空中加油。

研制，尤其是试飞的艰难历程，试飞人依旧感觉恍如昨日。

1988年8月，立项襄樊（襄阳）

2018年12月的一天，一架大型加油机在试飞院机场首飞。

雨夹雪中，年近80岁的侯玉燕远远地站在首长席的正后方。她没有与任何人交谈，只是将急切的目光投向机场东边的天空。她没有打伞，双手放在自己滚烫的脸颊上。

首长席上的领导和前来迎接加油机的人们已经在机场站了一个多小时了。

飞机在通场，因为空中有雾，能见度不是很好，所以飞机在空中呈现为灰色。

飞机降落在机场西边跑道后缓缓向东滑行，然后在机场中央往北拐了个弯后向首长席滑行而来。因为地面有水，起落架上平时只是一个点的红灯，今天在地面呈现出一条红线。倒影中，庞大的绿色机身在细密的红色光柱映衬下特别漂亮。

当加油机在首长席前停下时，机场沸腾了，人们使劲挥动着国旗，欢呼着涌向凯旋的机组，争着与试飞员握手、合影留念。

在合影的队伍里，8号指挥员王军、试飞总师霍建武以及在地面站监控的科研人员缺席了。在众人的欢呼声中，标志着又一代中国加油机拉开了鉴定定型试飞的序幕，这些幕后英雄们又开始忙碌了。

没人看到眼含热泪微笑的侯玉燕。此时，她站在原地看着雨雪中的加油机和欢腾的人们，思绪却回到了30年前，回到了1989年她接任空中加油工程副总设计师、试飞总师那一刻。

科研试飞是一项特殊的事业，当某型飞机成为焦点引起人们在网络和各种媒体上热议的时候，与之相关的航空科研试飞，往往已经过去一二十年或者更多年了。那些尘封的往事，甚至已被人们渐渐淡忘。

空中加油工程是为适应现代战争和保卫祖国辽阔边疆的需要，中央军委批准研制的重要装备，研制内容包括轰6加油机和歼8Ⅱ受油机。

异常紧张的南海局势，使研制加油机和掌握空中加油技术成为燃眉之急。

在20世纪80年代初期，我国空、海军装备的飞机都有“腿短”的问题，尽管歼8Ⅱ型飞机增大了作战半径，但飞机飞行半径小，好不容易长途奔袭到了南海，油就剩下不多了，形成不了真正的战斗力。航空兵去不了南沙地区，没有空军掩护和配合的海军舰艇作战力量就小，对我国的海岸线和海面不能进行有效的保卫。而越南离南沙群岛近，有40多架苏–22飞机在其作战半径范围之内，方便其长期霸占我国的领土，掠夺我国的资源。

南海海域辽阔，地处沟通太平洋与印度洋，连接亚洲及大洋洲的十字路口，自古以来是东方各国海上交通的要道，素有“海上丝绸之路”的美誉，近代已发展成具有世界经济、军事意义的重要战略海域。无论从地缘政治利益还是从地缘经济利益的角度来看，南海地区都注定要成为东南亚各国和某些西方国家争夺的焦点和重点。无疑，保卫南沙群岛已成为空、海军神圣的职责和紧迫的任务。

制止东南亚一些国家对中国领土主权的严重侵犯行为，不仅要靠中国政府一再的严正声明，更要在军事力量上压倒对方。

1987年4月1日，联合国授权我国在南沙群岛选址建设全球联测海洋观测站。这是机不可失的国际授权，驻防南沙，经略南海，是我国海军战略的重大使命与核心命题之一。

5月6日，时任中央军委副秘书长刘华清一声令下，一支由10艘导弹驱逐舰、导弹护卫舰和补给保障船组成的多舰种编队从湛江启航。这是新中国成立38年来，人民海军首次组织大型战斗舰艇编队巡逻南沙。

1988年3月13日，中国舰艇编队登上赤瓜礁。次日，南沙海域响起了枪炮声。

“南沙打起来了！”正在总参开会的刘华清得到急报。

“打就打！”刘华清拍案而起，“坚决打，凡是能占的岛礁都上去！”

赤瓜礁海战告捷，令刘华清“内心有说不出的痛快，多少年来堵在心头的一口气也顺了”。至此，中国海军在南沙群岛南部、中部和北部的六座岛礁上实现常备驻守，结束了新中国成立以来无军队驻防的历史。

中央军委领导对南海紧张的局势高度重视，为了使我国的领土、资源不受侵犯，研究对策，提出了一定要维护我国的领土主权，不能软、不能丢脸、不能吃亏的要求。刘华清清醒地认识到，制海必制空，加强空、海军的装备建设是当务之急。刘华清主持召开会议，研究决定要开展两个具有重大意义的工程：研发空中加油；在西沙建机场。

当时，世界上只有四个国家掌握空中加油技术。

1988年3月，刘华清主持召开了研制加油技术的专题汇报会。国防科工委副主任谢光、空军副司令员林虎、海军副司令员李景、航空工业部副部长王昂及有关机关负责人听取了航空工业部有关单位的汇报。经过会议讨论研究决定，立即将海军已装备的歼8白天型飞机进行副油箱等方面的改装，增加载油量，加大作战半径（后经海军试用达不到作战要求而停止）；同时研究空中加油技术，造出我们自己的加油机和受油机。

当时军委曾想过到国外去买或者租空中加油机，也想过要“找外援”。时任国家军委副主席杨尚昆批示：外国人是靠不住的，要发挥自力更生、艰苦奋斗、勇攀高峰的精神。

王昂表态说：“这项工程只能靠我们自己去摸索着搞。”“我是航空系统主管这个项目的，现在我一天到晚就在琢磨这个事儿，准备要脱身皮。我一定组织好。”

1988年8月26日，一架专机从北京飞往襄樊（现襄阳）。601所李凤文、潘广江和沈飞公司王树棕（601所派驻沈飞公司代表）也在飞机上，三人感觉有些忐忑不安，因为派他们出差的单位没有接到开会通知，只是根据电话记录要求派他们参加一个会议，会议是什么级别，有哪些人参加，主要内容是什么，三人一概不知。当他们看到飞机上这些高级将领，知道这一定是一个不同寻常的会议。

飞机徐徐降落在襄樊老河口机场，与会人员被直接接到了襄樊宾馆，这时他们才知道，这是一个由总参科工委组织的、命名为“研制空中加油机和受油机工作”的会议。

刚到宾馆还没休息，林虎副司令员就分别通知相关单位，按照不久前一次会议的安排，听取该单位空中加油工程进展情况的汇报。

会议开始后，代表们先听取了601所、609所、西飞公司等单位有关加油技术和工程进展情况的汇报，然后参观了609所预研的加油吊舱。会上，领导、将军们分别讲话，重点讲了研制加/受油机的目的、意义和急迫性。

会议成立了加油工程五人领导小组，这是一个级别极高的小组，由总参副参谋长何其宗、科工委副主任谢光、空军副司令员林虎、海军副司令员李景、航空航天工业部部长林宗棠组成。会议宣布了《自行研制中国的空中加油机和受油机的决定》，确定：用轰6甲改为加油机，称为轰油6，歼8Ⅱ作为受油机；由西飞公司和沈飞公司分别负责加油机和受油机的研制。考虑到空军在试训基地飞过轰6和歼8的配合，所以由空军试训中心进行领先试飞。

会议听取了609所、西飞公司、601所、沈飞公司的论证报告。

会议决定：力争三年、确保四年研制出具有一定水平的空中加油机和受油机（简称“加油工程”），以适应现代战争和保卫祖国边疆的需要。

林宗棠得知“由空军试训中心进行领先试飞”的信息后认为，试飞院是国家试飞单位，空中加油任务怎么能不让试飞院参加？于是，他把王昂和部军机系统工程司副司长马承麟叫到办公室商议，统一认识后给空军副司令员林虎打电话表达意见。当时林虎已经要下班了，接到电话后说：那你们来谈一谈。王昂和马承麟立即过去，向林虎介绍了试飞院的性质、任务和实力以及部里的态度。林虎听后非常支持，当时就定下来：由试飞院负责加油工程的试飞。

王昂立即给630所（试飞院）所长严京林打电话说：“严所长，国家现在要搞加油工程了，这是个大事啊，现在是空军试训中心在进行工程的‘领先试飞’，我觉得630所应该，也有能力负责加油工程的鉴定定型试飞，现在你们该介入这项工作了。”严京林当即表态：“代表国家对新机进行鉴定定型试飞是我们义不容辞的工作。我们一定要主动争取、积极介入，为国争光。”

“空军试训中心正在进行空中加油领先试飞”的消息让严京林有些坐卧不宁：“加/受油机设计定型试飞任务非我莫属。”他站起来，拿起电话，安排气动力及燃油系统专业的专家侯玉燕、贺元章前往沧县，参观了解空军试训中心的“领先试飞”情况。

正在做“风洞与飞行相关性”开题论证报告的侯玉燕马上放下手中课题，立即与贺元章动身前往沧县了解情况并抓紧技术准备。9月，侯玉燕起草了《空中加油试飞方案》，预测了试飞科目、架次数以及所需条件和经费。

1989年1月9日，航空航天工业部发出《关于加强空中加油工程组织领导的通知》，成立了空中加油工程领导小组和办公室，由总工程师王昂任总指挥，工程领导小组由军机系统工程司毛德华、马承麟，综合计划司杜金陵，财务司池耀宗，生产调度司陈宝珍，试飞办蒋德秋，机载设备总公司杨燕生和中国航空技术进出口公司汤小平组成。办公室设在军机系统工程司，由马承麟兼主任，潘倜、郭丽华、郑重刚为副主任。同时，“空中加油工程方案论证会”在北京召开，侯玉燕、贺元章在会上表示：试飞院有责任也有能力完成空中加油工程的试飞任务。

1989年2月4日，除夕前一天，试飞院接到林宗棠部长的密码电报：“空中加油系统设计定型试飞任务交由试飞院负责，请尽快拿出试飞方案。”

此时，侯玉燕早已起草的两个《空中加油试飞方案》派上了大用场。

一个小时后，试飞院研究空中加油工程试飞方案等问题的紧急会议在严京林办公室召开。副所长张克荣、总工程师周思礼以及计划处处长孙振宇、财务处处长陈贵品、五室主任朱朝栋等参加了会议。侯玉燕报告了两个试飞方案供领导决策。

严京林严肃地说：“空中加油工程研制是根据我国边境海防斗争形势、加强武器装备发展、填补航空武器空白和打破帝国主义封锁的需要所决定的，试飞院是中国试飞的主战场，试飞人是中国试飞的主力军，所以，完成这个型号是我们义不容辞的义务。”

会议决定：掌握空中加油技术是燃眉之急，就算经费严重不足，我们也要把任务拿下并且完成好。

会议结束后，严京林没有回家，他从上级决策“由谁承担加油工程试飞任务”这件事上，想到了试飞机构一直存在的体制不顺和由此带来的发展问题，思绪万千——

试飞院成立于1959年4月，当时名称为“飞行研究院”，任务为飞行试验和试飞方法与技术的研究，曾经隶属于国防部、国防科工委、空军、航空工业部、航空航天工业部领导，但直到如今也没有完成1959年苏联援建时的计划规模，加之体制多变，很难完成试飞院成立时国家给予的中国试飞重任。上任630研究所所长时，他就看到了越来越严峻的发展形势。一方面，空军有意成立自己的试飞鉴定单位；另一方面，有些工厂试飞站期望扩展试飞权限和内容。如果这种局面任其发展，必然会出现两种结果：一是重复试飞，重复建设，浪费人力、物力、财力，降低航空装备考核鉴定质量，拉长研制周期，致使航空装备发展少、慢、差、费；二是630所的试飞主业受到严重影响，缺任务、缺经费，技术人员流失，最终削弱整个国家的飞行试验和航空发展水平。

“从体制和授权两方面解决630所的定位问题势在必行。”然而，虽然他多方呼吁、反映、汇报，但直到现在还是没有最后解决。

“唉！”他长叹一声，将自己窝在椅子里，陷入了沉思。

试飞院的体制在成立30年间隶属关系几度变化，阻碍了航空飞行研究事业的发展步伐……如何缩小中国试飞与国际试飞先进水平的差距，使之适应我国军、民机发展的需要？如何加快中国试飞的发展步伐，使其发挥对航空技术提升、航空工业发展的引领和推进作用？他深知，在当时飞行试验发展现状不容乐观的情况下，除了要加快人才培养和研究性试飞步伐外，尽快解决研究院归属问题、体制不顺问题和管理不到位的问题迫在眉睫。

皱了皱眉，他陷入了这一年来为此所做工作的回忆之中。

1988年年初，他除了积极向上级相关部门反映外，还组织相关人员深入研究这个问题，起草了《关于我国航空飞行试验研究管理体制改革的建议》，并以《张克荣等13名专家建议将试飞中心（630所）划归国防科工委》为标题，通过新华社陕西分社的内参《清样》向中央反映。

5月初他带队赴京，就此问题正式向国家相关部、办领导做了汇报，得到了他们的理解和支持。

5月19日，他与所党委书记丁元杰一起，又向林宗棠做了当面汇报。林部长非常重视："你们来得正是时候，关于这个问题，我们正要着手解决。你们来了正好，我们开个会研究研究。"他随即叫来张秘书："马上安排一下，于近期召开部长办公会，专门研究这个问题。"5月20日，他按照林部长的指示，又向王昂做了汇报，王昂于第二天主持召开了由部各主要司局领导参加的会议，专门研究这个问题。

6月1日，航空航天工业部召开部长办公会，专题研究试飞体制问题，姜燮生、刘纪原、何文治、王昂及部有关司局领导出席了会议。严京林与丁元杰一起参加。

会议听取了关于试飞体制等问题的汇报后，研究确定了五个问题：第一，630所改建试飞院，在军、民用飞机鉴定试飞方面，接受国家级的军用飞机定型管理机构和民用飞机适航管理部门的业务领导。第二，航空航天工业部成立部试飞办公室，李安屏任试飞办主任；试飞办由总工程师王昂直接领导，负责监督检查军、民机鉴定试飞的质量和结论的公正性。第三，向中央军委写专题报告，明确授权试飞院为军、民机国家级鉴定试飞机构；第四，试飞经费根据不同类别分别解决。第五，试飞员学院尽快办起来，由试飞办公室提出具体方案，专门研究后实施。

会后，《关于明确试飞研究院承担飞机的国家鉴定试飞的请示》上报国务院、中央军委。

"问题解决有望。"欣慰中，他想起前不久有个朋友曾劝他："院体制是个敏感问题，你却多方呼吁，搞不好会对你有影响的。"他对朋友说，在试飞事业面前，我个人是很渺小的，事业顺了，让我做什么我都高兴啊。

想到这里，他笑了，这是他的心里话。他从沙发上站起来，长长出了一口气，走到桌前，看着刚才侯玉燕留下的两个《加油工程试飞方案》，左手翻开，右手拿起了一支笔。

春节过后，虽然加油工程总设计师单位尚未确定，但空中加油试飞定型的准备工作，已在试飞院铺开。

一个没有“总设计师单位”的型号

戈平上任院长当天就召开会议，对干部职工提出明确要求：“空中加油工程是一项具有战略意义的政治任务，别说是经费不足，就算是赔本，我们也要干好。”

空中加油工程是个“通天”任务。

1989年9月15日至16日，“空中加油工程全面研制工作动员大会”在北京召开。中央军委副秘书长刘华清，总参副总参谋长何其宗和装备部副部长赫续昌，国防科工委副主任谢光，空军副司令员林虎和副参谋长葛文墉，海军装备部技术部部长郑明、航科部部长徐甘泉等首长参加会议。与会的还有总参谋部、国防科工委、空军、海军、国家计委、机械电子部、化工部、轻工部、湖北省国防科工办和工程总指挥系统、总设计师系统、总质量师系统、总会计师系统以及46个厂、所的有关领导和专家。

会议由王昂主持，林宗棠做了动员报告。刘华清和何其宗、谢光、林虎、郑明都做了指示。会议讨论了健全工程总指挥系统、总设计师系统、总质量师系统和总会计师系统的机构和人选，讨论修改了空中加油工程0级网络图。

会议宣布，空中加油工程总指挥系统和试飞总设计师系统正式成立。总指挥：航空航天工业部总工程师王昂。现场总指挥小组由三人组成：西飞公司副总经理富宝馨，负责加油机生产；沈飞公司总经理唐乾三，负责受油机生产；609所所长王复

○空中加油试飞员机组部分成员
空中加油工程的试飞准备工作是从1988年8月开始的，至加油机到位用了两年多时间。在这两年多时间内，试飞人将准备工作做到了“万事俱备，只待加油机”的地步，为军委“力争三年、确保四年”计划赢得了宝贵时间。

华，负责吊舱研制。试飞现场总指挥为试飞院院长戈平，负责定型试飞。总设计师系统由俞昌年、杨凤田、赵承绶、吕怀斌、侯玉燕组成。

会上，空军与航空航天工业部签订了《空中加油系统工程研制合同书》。航空航天工业部又分别与西飞、沈飞、601所、609所、试飞院五个单位签订了分合同。

试飞院副院长张克荣、副总设计师侯玉燕参加了会议。张克荣在代表试飞院签订分合同时表示："空中加油工程的飞行试验任务非试飞院莫属，我们早就盼着这一天了。"

很快，上级批准成立了以侯玉燕为型号副总设计师、贺元章和徐素君为型号主任设计师的型号办公室。主管工程师由陈增江、李勤红、余勋正、钟德均、霍培锋、文新武、于兴远、孙顺昌、简政、张传文担任。

随后，组建了加/受油机操稳、性能、燃油系统和吊舱系统及测试仪器、外部参数测量等课题组。空勤组由两个加油机机组、受油机试飞员共6人加上指挥和伴飞飞机成员等20人组成。

至此，空中加油工程设计定型试飞的准备工作全面铺开。

加油工程任务的特殊性决定了鉴定试飞的准备工作比正式试飞还要难。

在当时，这是中国试飞史上非常罕见的一个型号任务——没有"总设计师单位"。

以往新机定型任务的"总设计师单位"是由新机的设计单位担任，但对于空中加油工程来说，上级有要求："受油机首飞和加油机首飞都不能代表空中加油系统的首飞。真正能称得上空中加油系统工程首飞的飞行，是实现空中对接加油。"而加油机和受油机的设计分属两个单位，所以，加油工程的技术指挥线上没有总设计单位，设计师系统成为工程实施中的主要技术单位，航空航天工业部空中加油系统办公室成为直接参与和指导总设计师系统组织工作的行政单位。在第一次总师系统会议讨论分工谈到"双机之间的配合、协调问题谁负责"时，侯玉燕主动请缨："我负责。"会后有人问："我们是管试飞的，怎么能管双机之间的问题呢？"侯玉燕肯定地回答："因为我们要飞，所以必须管。哪家的问题就找哪家解决嘛。"一个棘手的问题，就这样被侯玉燕云淡风轻地解决了。

侯玉燕，1962年毕业于西北工业大学空气动力专业，试飞院高级工程师，飞机性能试飞专家。曾主管和参与过初教6、强5、歼教5、歼7Ⅰ、歼8Ⅱ等飞机的试飞，有一定的经验，但从

1988年第一次接触加油工程开始，她就感觉到了肩上这副担子的分量。被总部任命为加油工程副总设计师后，更感到责任重大。

面对这项全新的技术，面对试飞准备以及预研试飞、调整试飞、鉴定试飞同时进行，面对超密集编队飞行、新加油系统、新电子设备等同时定型试飞这种“一锅煮”式的任务，有人摇头，有人咂舌，有人断言“不可能”。但侯玉燕不仅没有退缩，反而挺直了胸膛。因为时间紧急，任务艰巨，她没有时间犹豫，也没有理由彷徨。在试飞任务还没有下达的时候，她就加班拟订了两套《空中加油试飞方案》。在组建课题组后，她立刻带领课题组成员投入了紧张的准备工作中，开始了电话不断线、睡觉没时间的模式。她的丈夫李树有此时承担着民机失速特性试飞任务，也正在关键节点上，两人忙得几乎都不着家。

直到人们在1992年1月6日《中国试飞报》的“试飞院1991年十件大事”中看到“8911工程初步试飞成功；民机失速速度和失速特性试飞任务圆满完成，使我院在技术上取得两项重大突破”时，仿佛从字里行间看见了侯玉燕、李树有夫妻俩忙碌的身影。

加油工程主任设计师贺元章始终认为：“试飞工程师必须坚持不断地学习，才能走在世界航空技术前沿。”

贺元章在大学时学的是飞机燃油专业，工作后在飞机应急放油试验方面有很深入的研究，是这方面的专家。南京航空学院在做风洞试验和上海飞机制造厂设计运10飞机时，都就这方面的技术问题与他进行过探讨。早在1979年，他就预言“中国早晚要搞自己的空中加油机”，并默默地开始做技术论证和准备。

每年，贺元章给分配到组里的大学生介绍专业组情况时，

○贺元章（左二）与试飞工程师们在讨论问题
贺元章在大学时学的是飞机燃油专业，工作后在飞机应急放油试验方面有很深入的研究。

总会郑重其事地告诉他们："空中加油系统是燃油系统中的一个分系统，现在我国虽然还没有正式进行此专业的研究，但这是早晚的事。"贺元章总是嘱咐他们："从搞燃油专业这天起，你们就必须开始做这项工作的准备。我不知道能不能赶上我国研制加油机，但你们一定能赶上。所以你们现在就要做好准备。做好准备了，到国家需要的时候你们就是专业骨干。"1984年，他在学习研究的基础上，做出了空中加油系统专题报告，呼吁院里对空中加油技术给予重视，提前做好预先研究等工作。

10年后的1989年，贺元章的预言终于变成了现实，他自己成为加油工程型号办的主任工程师；他培养出的两个年轻人——程存虎和席鸿国，一个当了受油机燃油系统主管，一个当了加油机燃油系统主管。为了让他们尽快成长，在准备阶段，贺元章和他们一起学习相关知识，带领他们查阅、翻译了十多篇相关资料和文章；进入试飞阶段后，他总是让他们先写原始文件，然后为他们指点、修改，直至符合要求。

试飞型号办的主任工程师一职，需要既动脑又动手，非常辛苦。进入型号办后，他参加了工程行政指挥系统和总师系统组织的各类技术活动和有关会议；参加了加/受油机地面联试；参加了工程设计定型中各类技术准备、技术协调、质量控制；参加了工程首飞阶段的空中加油程序、特殊情况处置的编号、首飞阶段试飞方案制订、首次对接加油方案编写、试飞现场情况处理等各项工作。由于提前多年就开始研究加油机技术，许多人都说"贺元章这个主任工程师做得得心应手"，而贺元章则说自己是幸福的，因为他不但实现了自己"研制中国自己的加油机"的梦想，而且还为中国试飞培养了一批年轻的飞机燃油专业的专家。

新型飞机燃油系统的发展对飞行试验和鉴定技术提出的挑战，是依靠预先研究来解决的。试飞院燃油系统专业是在不断的飞行研究中前进的，曾开展了包括防静电起火、失重飞行、空中加油等一系列课题的研究。

1969年，试飞院承担了我国航天"红5号"失重任务。由于一般飞机各油路系统进入失重状态后产生油液漂浮、油气混杂，会导致油路气塞，以致造成发动机停车，为了解决失重状态下安全供油的难题，专业人员提供了可靠供油的补偿系统。这项任务的完成填补了我国失重飞行的技术空白，也为此后大型失重试验机建设积累了经验。

为模拟燃油系统飞行中的工作特性，专业人员在安-2飞机上进行了机动飞行与液面测量课题研究，取得了理论分析与飞行测试一致的结果；为解决多年来歼6、歼7、歼8飞机存在的超压问题，进行了歼7燃油通气增压系统性能试飞，不但彻底解决了问题，同时为新机设计提供了依据；1985~1989年完成了运7飞机的燃油系统低温特性燃油系统静电试飞。我国空中加油飞机的研制对燃油系统的飞行试验提出了崭新的挑战，贺元章等试飞工程师们依靠独立自主的研究和试验，终于掌握了现代空中加/受油系统飞行试验的全套技术，并成功地用于空中加油系统的鉴定试飞。

空中加油是一项被西方国家严密封锁的技术，是向高技术、高风险的挑战，未知领域很多，所以必须与时间赛跑。加油工程立项之初，在连加油机的图纸还没有的情况下，加油工程五人小组就确立了“争三保四”的目标，说明工程从立项那天起，就没有打算“小步快跑”，而是“全程冲刺”：飞机的设计制造时间紧、任务重；试飞技术准备迫在眉睫；试飞员的技术培训和飞行训练需要只争朝夕……这些准备工作必须赶在首飞前完成，为试飞鉴定留足时间。

在加油机、受油机、吊舱生产期间，试飞工程师们没有等待，他们从搜集、翻译、编印国内外技术资料和用其他飞机进行试飞员训练等方面开始做准备工作。

而后的一年中，国内许多航空厂所院校的图书馆、资料室里遍布着试飞人的脚印。很快，课题组成员王启、李勤红、李胜超、王凤亭、赵杰等十人将几十本国外资料翻译并汇编成《空中加油译文集》《空中加油设计资料汇编》等，供科研人员学习参考。

然而，由于国外对中国严密封锁加油技术，很多资料中只有一张图片而没有文字，致使几十本的翻译资料中没有空中加油的核心技术。

随着研究的深入，空中加油技术的难点逐渐清晰。除了空中加油的程序我们从来没有接触过外，空中加油试飞技术也相当复杂，更不要说还有那些全新的试飞产品和全新的试飞系统。当时我国既没有这方面的技术积累，也没有现成的经验可循，难度很大，风险也极高。而且，研制时间很紧。

全新，意味着前进路上的每一步都是摸索，都要创新。时间紧，更是考验着参加加油工程的全体人员。

再难再紧也要有条不紊

困难重重，难不倒中国试飞人。

定计划、做方案、技术研究、地面试验、飞行试验，一样都不能少，每样都要做到最好。于是，加班成为常态。

在搜集、翻译资料的基础上，他们消化设计资料，学习空中指挥学院教授编写的《尾涡的影响》等；为了了解受油机在空中对接加油环境，他们请加油机研制单位做了“加油机机翼后流场的理论计算”，还去北大低速风洞以及水洞中测量了加油软管—锥管的动态响应；他们先后制定了自己的《空中加油程序》《实现首次空中加油飞行步骤》《空中对接实施方案》《空中对接加油试飞任务单》和《空中加油工程设计定型试飞大纲》等一系列重要技术文件，对相关的测试技术、测试设备等，都做了充分的准备。

1990年4月开始至1991年9月，试飞工程师们进行了空中加油试飞方法研究：加油机和受油机测试空速系统准备，同步标定；加油机、受油机测试设备与外测设备时间同步；外测设备（三台高速摄影机）在地面的焦点、标定和确定测量比例尺；研究确定了空中加油吊舱关键指标的测量方案，以及作为惯导系统鉴定标准全球定位仪GPS的应用等；对在“编队中飞机尾涡流场加油软管的影响”问题，科研人员除了从理论上研究演示外，还请参加过“领先试飞”的空军飞行员给试飞员讲课，进行交流……这些研究从各个角度为“空中对接加油”的成功奠定了技术理论基础。

此外，他们还进行了轰6甲型机翼尖涡流态试飞，采用拉烟方式对该机飞行时产生的尾涡情况进行了测试研究；对超密集编队飞行方法、双机或三机飞行时多套测试系统时间协调、空中加油吊舱关键测量方案等试飞方法进行了研究。

通过研究和试验、摸底试飞，为加油工程密集编队飞行时产生翼尖涡情况进行了定性试验，从而确定受油机进入预对接位置的飞行方案。

试飞准备工作在紧锣密鼓地进行，负责受油机研制的沈飞也传来好消息。

《“凤”舞蓝天——记中国工程院院士杨凤田》一书记录了歼8Ⅱ飞机04架研制中首次领先试飞成功和受油机0305号的首飞情景：

1989年12月16日，歼8Ⅱ飞机04架飞机首次领先试飞成功。首飞试飞员是试飞大队一级飞行员李均田上校，首席指挥员是沈飞公司特级飞行员鹿鸣东副经理。

在首飞时，由歼教6飞机伴飞，观察受油机探管情况和对飞机的影响，用摄像机拍摄记录。另外，04架飞机座舱中也改装有摄像机监视探头飞行情况。

飞机从起飞到着陆一切正常，未出现异常情况。只是在低表速上升飞行时，试飞员目视探管有轻微抖动现象，但没有引起飞机振动，飞行员无感觉，仪表观察正常。另外，在马赫数达某一数值时，飞行员感觉座舱右下方有轻微响声。

受油探头装置的领先试飞经历了大表速、大马赫数、升限、复杂特技等科目的飞行，得出了设计方案可行的基本结论。

1990年10月，经过沈飞公司的努力，第一架歼8Ⅱ型受油机0305号完成总装，11月21日进行首飞。

上午10时许，太阳露出了笑脸，小北风将烟雾吹散，远远的村庄、树木清晰可见。这时，0305号飞机随着一颗绿色信号弹的升起，箭一般地冲入蓝天。试飞员李均田上校驾驶着战鹰，在指挥员鹿鸣东的指挥下，在机场上空盘旋。机场观看的人群中有总参谋部、国防科工委、空军、海军、沈阳空军及航空航天工业部机关的有关领导、专家评审组成员及有关机载设备厂所代表，大家屏着气，鸦雀无声，所有的目光都投向了那矫健的雏鹰。18分钟过去了，飞机平稳安全着陆了。机场上响起了雷鸣般的掌声。

1991年4月26日，第一架受油机0305号转入试飞院，完成改装后，首席试飞员常庆贤于5月8日完成了在试飞院的首飞。

此时，西飞也传来了好消息：加油机研制成功，已在总装厂下架，可以试滑了。

由于加油机研制是西飞负责，而西飞也在阎良，所以首次试滑在试飞院机场进行。

5月29日，机场上空乌云密布，气象预报的“小到中雨”正忽紧忽慢地下着，跑道上积满了水，能见度只有2千米。素有“空中美男子”雅号的轰6飞机，此刻静静地立在雨中，健硕、优雅。

雨，没有一丝要停的意思，雨滴如无数个问号挂在人们心中：“试滑能按计划进行吗？”

新机在积水很深的跑道上首次滑行抬前轮试验，别说在中国，就是在世界上也是罕见的，决心难下啊。

总指挥王昂不时地向气象值班员询问着天气状况；在场的领导和科研、地勤人员的心里都打上了一个问号。就在指挥员举棋不定的时候，加油机首席试飞员申长生站起身，坚定地对指挥员说：“我有信心，机组也没有问题，请领导下令！”

王昂走过去握住申长生的手说：“好，我们相信你！”

试滑的命令下达后，申长生驾驶着加油机呼啸出行，从布满雨水的停机坪穿破雨雾冲向跑道。豆大的雨滴落在座舱玻璃

○加油工程成功完成三机长航线空中会合试飞，机组人员归来后接受鲜花和掌声。左二为试飞员申长生。

上，啪、啪、啪，一下一下敲击着……

小速度、大速度、抬前轮，一连串的动作过后，跑道上的积水被飞转的机轮甩成雨帘。加油机像一艘劈波斩浪的战舰，尾后拖出两条巨大的“飘带”。冒雨观摩的人们随着马达的轰鸣和在雨中不时隐现的飞机，心都提到了嗓子眼儿。

随着两朵莲花般的减速伞在雨中张开，加油机在人们揪心的注视下取得了试滑任务的成功。

试滑一举成功，迎来了四天后的首飞。

6月2日上午10时，加油工程首席试飞员机组机长申长生、试飞员何德荣、第一领航员张元德、第二领航员李发祥、通信员喻先霞、加油员彭兴无在一片欢呼声中驾机升空，在阎良机场实现了加油机的首飞。当飞机通过观阅台上空时，红、黄、绿、白12颗彩色信号弹齐射，在蔚蓝的天空生成一幅美丽壮观的立体织锦：“飞机操稳性能良好，空中加油吊舱工作正常。”申长生兴奋地向地面指挥员报告。

10时30分，飞机理想着陆。

1991年6月2日，这一天对申长生来说太不同寻常了，当天是他的40岁生日。这一天，他以中国第一代加油机试飞员的身份，驾驶着中国第一代加油机，在中国航空城阎良实现了加油机的首飞。这一天，他的名字与中国加油机一起，被载入中国航空史册。

15年后，申长生于他55岁生日的第二天，在一次试飞中献出了自己宝贵的生命。这一天，他的名字再一次被载入中国航空史册。

由于“加油工程”时间非常紧，试飞人在很多环节上都采用了非常规手段，并创造了许多试验新方法。

他们专门为轰6加油机研制、生产了通信天线和塔康天线，加油机在首飞前，必须对机上的无线电通信设备、雷达、告警、塔康等设备进行整机的辐射性能测试，还必须与机上天线配合才能保证各设备的正常使用。西飞公司在对飞机进行改装时，曾经联系过多个单位，都表示无法承担此任务。最后，西飞公司找到试飞院，希望试飞院“一定设法完成”。

测试加油机机载设备，尤其是新装设备各天线的方向图和数据时遇到了问题：如果按照往常做整机的缩比模拟试验，就需要加工缩比飞机模型和各种天线的缩比模型，工作量大、周期长，不能保证加油机研制的急需。试飞院天线专家王广学和刘永茹提出：“做整机试验占地面积太大，在机场无法完成，而单天线试验又没有意义，所以，必须设法利用机场做整机方向图试验。”

由于轰6飞机很大，测量场地有限，对大型飞机整机方向图测试，不易连续转动360°，所以，整机方向图试验的测试要求无法满足。天线专业工程师们经反复试验，采用“对飞机分块定位测试和系统数据对接的试验技术”，创造了“相对旋转固定天线法”。将以往测试设备在地面固定不动、被测天线装在飞行中飞机上的办法改为飞机不动测试设备动的方式。即，将飞机方位面按照360°分割成四块，每块90°，测试时飞机固定放在机场不动，被测天线固定在飞机的某一方位，测试设备及天线架设在汽车上，让汽车相对飞机某一固定方位按照100米半径的圆弧线平稳移动测试。

○天线专业工程师们经反复试验，采用“对飞机分块定位测试和系统数据对接的试验技术”，创造了“相对旋转固定天线法”。

在设备的准备、联试、测试设备和天线架设、机场的选位、画线、试验、摸底等工作完成后，专业人员于1991年五一期间及前后几天的试飞空隙，在机场进行了10多天的试验。为了抓紧时间，他们每天工作13个小时，终于取得了预想效果。这是试飞院首次在100MHz到12000MHz的宽频段范围内完成的大型飞机整机天线方向图试验，共测试了加油机上6种10个天线的30个天线方位图并提供了可靠的数据，解决了加油机首飞前的一大难题。该方法缩小了试验场地，提高了测试精度，不但为加油机设计定型提供了依据，而且为大型飞机整机天线方向图地面测试提供了一种新技术途径，首次在国内解决了大飞机整机天线方向图的实测问题，而后，这一方法还被航空、航天的相关企事业单位以及空军、海军相关部门借鉴使用。

试飞院的天线专业是在1959年按照苏联红旗试飞院的建制设立的，具有天线研制能力，可以为全航空产业部门服务，拥有专业的天线试验场和相关实验设施，配置了专门的天线测试设备，承担着国内各种飞机的天线研制、试验、试飞任务；并一直承担着试飞院为完成飞行试验测试所需的机载遥测天线、遥控天线和数据传输天线的研制和试验任务。

在王广学、梁福生等天线专业专家的带领下，试飞院飞机天线专业不断发展，实验设施不断完善，从我国制造的第一型飞机——初教6开始，几乎所有类型的国产飞机，包括歼击机、轰炸机、运输机、直升机、教练机、加油机上，都有他们研制的天线。1995年，民航总局向试飞院颁发了机载天线（506–2）民机适航证书。此外，他们还编著了《飞机天线工程手册》，由民航出版社出版，而且我国所有机载天线的航标和国军标几乎都出自这里的专家之手。

1991年2月2日和3日，第二次空中加油工程现场办公会召开。空军副司令员林虎宣布和强调了领导小组对“空中加油”系统工程首飞的界定：“受油机首飞和加油机首飞不能代表空中加油系统工程的首飞；真正具有特色、能称得上空中加油系统工程首飞的飞行，唯有实现空中对接加油。”

为了让加油机转场试飞院后能够马上首飞，试飞院在3月23日召开中层领导干部会议，要求所有准备工作必须在加油机到院前全部完成，并提出了“不放过一个可飞天气，不放过一个可飞小时”的工作要求，做到“人等飞机、飞机等天气，绝不能由于人的原因影响全局”。院长戈平在会上严肃地问大家：“完不成任务，国家要我们做什么？”

在没有任何经验可以借鉴的情况下，中国试飞人潜心研究，一项项新技术得以在加油工程中应用——

为了使试飞员清楚地知道自己驾驶操纵技能达到的程度，负责摄影测量的科研人员制订了三套测试技术方案，成功获取了每一次飞行时两机位置和姿态的实际数据；

为了使试飞员更直观、清楚地了解进入、保持、退出的正确方式，他们在国内首次采用了拉烟方式，用飞行试验的方法将轰6飞机尾迹流场重现出来，使对接质量大大提高；

原有模拟器不适合加油工程的需要，他们大胆改造，终于实现了近距离编队、向加油吊舱靠拢并对准加油伞套的模拟，创造了一个奇迹；

在受油探头多次断裂的时候，他们用强有力的数据，对受油探头载荷设计和加油探头的设计与配重，以及吊舱软管的响应及受力分析问题，提出了大胆的设想与改进建议；

他们设计了三套高速摄影系统，成功获得了空中加油软管、稳定伞和受油机受油头的位置数据。伴飞飞机上，空中摄影师用录像机拍摄的双机相对位置，使科研人员即时看到空中飞行的定性影像；

他们发现了加油软管长度的问题，报告设计单位，更改了系统工程战术技术指标；

他们将大学教授“飞机尾流对飞行安全影响”的假设圆锥体换成了平板体，进行了编程计算，使其更接近工程应用及试飞实际；

他们搞出了燃油动态压力的测试研究，使之应用到加/受油机空中加油系统中……

在紧锣密鼓的准备期间，受油机的噪声干扰问题如一道屏障，阻碍着工程前行的脚步。

受油机歼8Ⅱ飞机0305号在沈飞调整试飞中曾发现过两大问题，第一个是受油装置导致右发进气道流场畸变，飞机在高空大过载盘旋时两次空中停车，经采取对受油管与机身连接处整流措施后此故障排除。第二个是受油装置引起座舱噪声增大，由于一直找不到噪声源而未能解决，故留待试飞院攻关。

1991年4月26日，受油机0305号由沈阳转到试飞院，在随后的调整试飞中，因座舱噪声太大，使试飞员产生疲劳和烦躁，难以进行编队和试飞，常庆贤反映，噪声大到听不清塔台指挥员的呼叫。

1991年5月，加油工程总指挥部召开会议专题研究噪声问题，成立由试飞院副院长张克荣任组长的噪声攻关组，进行降噪研究和试飞。

降噪攻关一共经历了三个阶段，直至整个加油工程结束后的1994年9月才彻底解决。

1991年5月到1992年12月是第一个阶段，目标是找到“噪声是什么原因引起的”。

在没有任何资料和测试条件的情况下，科研人员采取让飞行员在空中录音，回来后回放、分析、判断和有节奏（固定频率）敲击金属物然后对声音进行气流分离等办法测量座舱内噪声。

测噪去噪进展缓慢，为了不影响工程进度，必须让降噪工作和正常的试飞工作同时进行。其间，采取了“对飞行员头盔进行隔声改装”“为受油管直立段增加整流包皮”和“在受油装置与机身连接处粘贴阻尼材料”等三种降噪措施。这三种措施共进行了29架次近30个小时的试飞验证，证明第一种效果最好，第二、第三种措施效果不明显。

在今天看来，“对飞行员头盔进行隔声改装”这个“既不复杂又不费钱，既科学又实用”的措施似乎很简单，但在当时，这个办法并不是一下子就找到的。

专门从事噪声研究的研究生赵江楠领命攻关后，首先对这一问题的现象和根源进行了全面的摸底调查，认真分析了跨音速段之后座舱内噪声测量的结果，分析了噪声的类型、特点和可能的噪声源，最后将“嫌疑”目标锁定在带整流罩的受油探头上：在高音速和跨音速阶段，受油头不可避免地产生激波，而噪声则是伴随激波的副产品。

受油探头是受油机的主要部件之一。“在不能取消受油头的情况下，如何彻底排除噪声呢？”赵江楠苦思冥想。

一位老试飞专家提醒赵江楠：既然激波在跨音速段是不可避免的，在现在急于解决问题的情况下，为什么老是想着怎样排除而不是先把这个问题绕过去，待将来再彻底解决呢？

一语惊醒梦中人。赵江楠找到了试飞院个体防护与生命保障专业组组长赵志峰讨教。赵志峰认为：不管噪声来自何处，先通过对头盔的隔声改装，来解决“试飞员听不清塔台指挥员呼叫”的问题。他说，现在的飞行员头盔具有抗过载的作用，但却不具备防噪、隔噪功能，而飞行员与塔台和空中飞机之间的联系是通过头盔的耳机与喉头送话器连在一起的无线电来进行的。也就是说，飞行员送话受噪声的干扰小，而收听受噪声的干扰大。所以，改造头盔应该会有效果。

“但是，飞行员的头盔是保护飞行员的重要装备，受国家军用标准制约，我们院是不能随意改动的，怎么办？”赵江楠问。

赵志峰笑而不答，却在专业组为赵江楠开了一个研讨会，专题研讨“能否改进飞行员头盔，使其具有隔离噪声功能”。

由于研讨会主题明确，大家发言很热烈，而且都集中在“能否改”上。

为什么有“能否改”的问题？这是飞行员头盔的特殊性所决定的。其一，头盔的主要功能是在飞机产生法向加速度时保护飞行员的头部免受冲击，加隔离层有可能会影响其主要功能。其二，飞行员头盔外形尺寸不能改动，而头盔内部基本上是“量体裁衣”，可利用的空间很小。其三，加隔音层可能会影响飞行员喉头送话器和耳机的正常使用。

赵江楠引导说，就目前来看，在头盔里加隔离层是对飞行员隔噪最直接的办法，因为加油工程的研制周期不允许我们等到彻底解决座舱噪音后再进行鉴定定型试飞。

于是，研讨重点从“能否改”变成了“怎么改”上，从“用什么材料能同时解决这三个问题”渐渐集中到了“在头盔内部狭小的空间做文章”，而后，“什么材料能够同时满足隔音效果好又富于弹性”成为焦点。最后，大家一致认为，“远水解不了近渴”“洋办法太慢，土办法上马”，决定使用丝绵这个不能叫“航空材料”的材料来解决问题。

说上就上。情急中找不到丝绵，工程师黄翠琴拆了家里新做的丝绵棉袄。拆出来的丝绵经反复调整后垫在了飞行员头盔耳罩里，但头盔这种密封隔声处理是否有效，还必须通过飞行试验来验证。

当赵江楠从试飞员嘴里听到“听觉噪声大幅度减小，电台联络畅通，自听效果也很满意”的反映时，非常高兴。

1991年8月，在对头盔隔音效果进行了大量测量和定量分析后，试飞院攻关课题组提出了改进头盔的方案，航宇公司采用此方案改进了头盔,新改进的头盔于9月2日进行了飞行验证。

常庆贤在《试飞任务单》中“试飞员评述意见栏”里写道：“改进后的头盔在跨音速段飞行时感觉良好，接收语音通话清楚。经试飞验证，这种改进的头盔能够适应带受油头的战斗机飞行的需要。”

降噪攻关的第二个阶段是从1993年2月到11月，这一阶段的主要工作是对受油机做噪声机制研究。

为了彻底解决噪声问题，1993年2月28日，攻关组在西安召开“受油机噪声问题讨论会”，会议决定选用GJB 1357–92《飞机内的噪声级》作为受油机座舱噪声的评定依据，在试飞院成立降噪课题组，按该标准的要求测量飞行员耳部附近的噪声，评定舱内噪声对乘员听力损伤的影响。

为了检查飞机外部噪声对座舱结构疲劳寿命的影响，课题组进行了飞机外蒙皮表面的声载荷测量，在头盔上安装了一个测量点，在受油管的蒙皮上打了三个洞，分别装上传感器，然后在座舱上面的前、中、后进行测量，得到了座舱外部声源情况和外部声源对头盔影响的数据。

飞行试验从3月16日开始，11月20日结束。通过试飞，发现飞行员头盔不符合国军标要求，遂提出了改进建议。采取措施后,头盔达到了要求。新头盔在隔噪上取得了比较理想的效果，保证了空地、空空间无线电的正常联络。此头盔后来被命名为TK–2A，成为首批交付部队的受油机飞行员专用头盔。

降噪攻关的第三阶段是1993年11月到1994年9月。这一阶段解决了噪声源问题。至此，“加油工程”中受油机座舱噪声问题得到圆满解决。

赵江楠说，整个降噪攻关过程很长，工作很烦琐，测试量也很大，但对飞行试验技术能力来说，积累了经验，同时，对我国后续加/受油机型号的研制也起到了借鉴作用，所以很值得。

亲吻，在万里云端

按照“加油工程”领导小组的要求，空中加油系统工程首飞的标志，是完成空中对接加油，所以，加油机完成研制转到试飞院这天，就标志着空中加油系统的定型试飞正式拉开帷幕。

要完成加/受油机的空中对接加油，前提条件是双机（三机）超密集编队飞行的距离要求做到“近在咫尺”；飞行技术操纵做到“随心所欲”。

1991年11月5日，当加油机转到试飞院时，试飞人已提前完成了200架次的超密集编队摸底训练飞行。为了尽快实现加/受油机的真正编队，按照“精心组织，精心指挥，绝不放过一个可飞天气，绝不放过一个可飞小时”的要求，全院都动起来了。仅用五天时间，改装调试全部到位。

说起试飞院第一次进行的超密集编队飞行，试飞人真是又爱又恨。

如同恋爱要经过“相爱”“相知”“相许”三个时期一样，超密集编队训练也经过了“胆战心惊”“度秒如年”“得心应手”三个时期。

超密集编队难在哪儿？难在软管式空中加油的特点。

软管式空中加油的加油过程为：在空中加油时，加油机内的操作人员将软管放出机外，软管下的黄褐色信号灯闪亮；受油机的飞行员收到准备妥当的信号后，调整自己飞机的位置，将10多米长的受油管插入加油吊舱拖曳的锥套中。这个过程的难度就好像在运动中将棉线穿入针孔一样。两架飞机都在空中飞行，受油头插入锥套后，两机要始终保持同航向、同速度，以避免相撞，待自锁机构锁紧完成衔接后，燃油便自动输送至受油机。若加油过程一切正常，黄褐色信号灯就会自动熄灭，若遇到紧急情形时红色警告灯就会闪亮，告诉受油机飞行员进行位置调整；加油作业结束后受油机减速，当加油机与受油机的速度差达到一定数值时，输油软管和受油管就会自动脱离，燃油输送自动切断，然后受油机和加油机的距离和高度差逐渐拉大，受油机到达安全距离后再向另一侧滚转，与加油作业编队脱离。

在整个过程中，由于受油机与加油机的速度差及高度差都有严格规定，因此，要求试飞员的操纵动作必须十分稳定、准

●空中对接

早期的空中加油由于没有先进的对接装置，空中对接难度很大。1945年英国人发明了锥套、探头对接装置，解决了空中加油对接的难题。后来美国、苏联等国的软式空中加油系统都采用这种对接装置。软式加油相比硬式加油最大的优点在于可以实现同时多机加油，但空中对接完全靠受油机飞行员操纵飞机完成，对接的技术难度大、风险高。国外的加油机大都由大型运输机改装而来，载油量大，加油软管较长，对接时加/受油机的编队距离相对较远。

确，尤其是受油机试飞员；第二，由于受油机的设备是在机头装一根可伸缩的受油管，加油机的加油设备是由绞盘、一条10多米长的软管和一个锥套组成。锥套呈漏斗状，且重量轻，上面装有机械自锁机构，当受油管伸进锥套后，锥套上的机构自动锁紧受油管口使之与输油软管相衔接，软管则由绞盘控制放出和回收，所以，对试飞员动作的准确性要求甚高，稍有差错，受油管接头就会折断。折断时，这根长长的加油软管会在空中舞动并打向加油机机身，非常危险。第三，由于加油机与受油机存在相对运动，具有柔性的软管对大气紊流相当敏感，衔接时比较困难，对试飞员的操纵技术要求很高。

这三个特点决定了空中加油技术对飞行技术要求之高是罕见的，打破了试飞员对双机编队中“间隔”和“距离”的正常概念。

“间隔”是指加/受油机两机机翼之间的宽窄，“距离”是指前机尾后与后机机头之间的远近。在作战部队训练中，最小间隔、距离为15米×5米。而空中加油的编队训练要求双机必须稳定保持在5米×5米的位置。这无疑是对试飞员心理素质和飞行驾驶技能的全面考验。

而飞机在完成空中加油时的间隔、距离更小。

我国空中加油采取的是机翼下吊舱式，这种方式因受加油软管长度的限制，决定了空中加油编队飞行加/受油机间的距离必须很小，空中两架飞机投影距离前后最少时只有0.6米，左右2.1~2.6米，上下（高度差）1.5~2米，而且，这种队形要保持6分钟以上。为了保证正式加油时能够安全加油、安全脱离，在训练时，总部加油办李辉要求“保持队形10分钟”。试飞员说：那个难受啊，简直是“度秒如年”。

对这个编队，受油机首席试飞员常庆贤感受颇深。

常庆贤是一名经验丰富的试飞员，他头脑冷静，技术过硬，善于思考。接受任务后，他认真阅读了长机机种的驾驶员手册和空军的要求，将相关问题列了个提纲，然后到资料室查阅资料，到科研室与科研人员探讨，与机组其他试飞员切磋技术……将提纲中的问题一一落实。

超密集编队最难的是双机（三机）的协同试飞。长机是轰炸机，僚机是高速战斗机，按照技术指标要求，双机协同的投影距离小于1米，左右间隔投影距离小于3米，高度差也小于1米，而机翼翼尖涡流的影响需要横向修正0.5米左右，这样，右边僚机的左右投影距离只有很小的一点。

在训练中，常庆贤画了一张图，内容是空中加油时加/受油机之间关系位置的数据。其中清晰可见受油机与加油机机翼之间距离只有0.6米，看到的人都说这“几乎是不可能完成的任务”，但是，加油工程就是这样要求的。

0.6米的距离是压在试飞人心中最大的石头，这样小的距离不要说是在空中，就是在地面的汽车行驶中也是不可想象的。

0.6米的距离，说明加/受油机加油编队时彼此之间是互相“咬合”的，从严格意义上说，距离是负值。

这个距离小于国外加油编队的距离。

我国的加油机由于受平台的限制，加油吊舱较小、软管长度较短，对接时加/受油机的距离非常近。也就是说，在加油试飞中，中国试飞员遇到了比外国试飞员更大的困难。

国外在对接技术领域对我国实行严密封锁，我们要攻克这一难关，只有进行充满风险的探索。

超密集编队训练能否达到空中加油位置，是加/受油机实现空中对接加油的前提条件。

1990年9月，在没有任何经验可以借鉴的情况下，中国试飞人开始进行加油编队的训练，试飞英雄黄炳新挂帅，成立了以常庆贤、汤连刚、申长生等试飞员组成的空中加油试飞员团队。

试飞员小组成立后，按照“稳妥可靠、万无一失”的训练方案开展了密集队形编队训练。科研人员和试飞员们一起展开了技术攻关，他们反复计算、摆位、测量，在舱内一次次实习。当时加油机还在生产线上，为了抢时间，他们分别用歼6、歼7、歼8飞机练习，先练同机种、不同机种的两机编队，再练三机编队；先练密集编队，再练超密集编队。

超密集编队飞行要求长机保持高度、速度，僚机始终保持与长机前后距离、左右间隔与上下的高度差。因此，作为三机编队长机（加油机）的轰炸机处于主动位置，而左右两架僚机（受油机）则处于被动位置，这个以长机机头为顶点、以双机僚机机头为侧后点的等腰三角形如何画，主要取决于两个僚机试飞员，所以，受油机试飞员的操纵难度更大。

常庆贤、汤连刚、申长生都是第一次进行这种飞行训练，除了难度外，压力也极大。其压力除了要严格按照要求的编队距离保持队形外，还有一个出现险情后如何处理的问题。编队飞行不同于单机飞行，单机飞行出现故障或险情时，试飞员可以自主采取应急措施，而在超密集编队时，稍有不慎就会造成相互影响。

在歼6、歼7飞机上，两个受油机试飞员一起进行密集编队训练，队形从10米×10米到5米×5米最后飞到两架飞机几乎飞在了一起。他们说，编队的时候，对方飞机上的每一颗铆钉都可以看得清清楚楚，甚至“加油机试飞员今天有没有刮胡子都能看出来”。

那是一种从未有过的体验，刚开始时，这种超密集编队给试飞员带来了巨大的心理压力，甚至有一丝恐惧。通过不断的训练，试飞员总结出了密集编队的技术特点，摸索出了密集编队的操纵要领。随着训练的深入，恐惧慢慢变为兴奋，最后，试飞员终于熟练掌握了有效进入规定编队位置的方法，得心应手地掌握了超密集编队的驾驶技术。

1991年6月2号，加油机在试飞院完成首飞后返回西飞公司进行调整试飞，暂时无法参加定型试飞，于是，上级于7月初从西飞公司调了一架轰6飞机由试飞院组织密集编队训练。

进行了9个多月的歼击机编队训练后，终于可以进入与轰6飞机的实际编队飞行了。

与轰6飞机编队和歼击机同型机编队最大的不同就是长机的个头变大了，轰6飞机巨大的机体给编队试飞员很大的压力，尤其是进入模拟对接位置（调来的轰6飞机没有加油管）飞行时，受油机试飞员真正体验到了被夹在大飞机“胳肢窝底下”飞行的感受。

8月，第一架受油机完成了测试改装，试飞院一边对受油机进行调整性试飞，一边继续进行加油编队的训练。

9月3日，在轰6与歼8Ⅱ编队飞行中，常庆贤首先达到空中加油位置，掌握了典型飞行状态进入空中加油位置的驾驶技术。

随后，又组织完成了近20批次超密集编队飞行，受油机进入空中加油位置50次，试飞员终于熟练掌握了空中加油位置的

○常庆贤（右）试飞归来，总部加油工程办主任祁玉祥（左）兴奋地迎上去。左一为西飞公司总经理王秦平，左三为加油机总设计师俞昌年。常庆贤是一名经验丰富的试飞员，他头脑冷静，技术过硬，善于思考。在优化了试飞技术后30多架次的空中对接加油中，做到了100%的成功率。

编队飞行技术；加油试飞员彭兴无经过空中加油吊舱实验台上操作培训和26架次的飞行，也掌握了空中加油系统操纵技术。

超密集编队训练使试飞员突破了心理障碍，为空中加油打下了坚实的技术基础，更重要的是在加油机到试飞现场前，所有参试试飞员都达到了空中加油的技术水平，为按时定型争取到了宝贵时间。

万事俱备，只等加油机到来了。

各种准备顺利进行，终于达到加/受油机空中对接试飞的条件了，对接时间定为1991年11月24日。

加/受油机空中对接试飞，业内俗称“干对接”，也就是说只对接不加油。试飞的目的是熟悉对接加油技术，考核加油对接系统的工作可靠性和效能。

“干对接”的成败对加油工程意义重大，尽管有了近一年的编队和模拟加油训练，真正的对接还是给试飞团队以巨大的压力。

航空兵指战员翘首以盼几十年，航空工业战线奋战两年多的加油工程已经看到了曙光。此刻从总部、空军首长到试飞现场，所有的人感受到的并不是兴奋，而是谨慎，甚至有一丝焦虑：对接只能成功不能失败。尽管已经考虑到了各种风险，然而，真正的对接才是最大的风险，一丝一毫的闪失，后果都不堪设想。

由于软管对接的性质，受油机首席试飞员常庆贤的压力最大。但此时，他这个有着几十年飞行经验、2000多飞行小时经历的老试飞员异常冷静，脑子里只有对接要领和防范风险的各项技术措施。

11月24日，万里无云。

为了赶在气流平稳的时段起飞，所有参试人员早早来到了机场。

啪、啪、啪……随着信号弹的发出，加油机、受油机和指挥兼伴飞摄影等三架飞机直冲蓝天。

起飞、会合、编队，一切顺利。常庆贤很快进入预对接位置，他轻轻推了点儿油门，受油机缓缓地向加油机靠近——5米、4米……1米。

申长生稳住了加油机，常庆贤继续向加油机逼近。所有的动作都成竹在胸，这个动作他们已经无数次地练习过。常庆贤心里默念着对接要领：“看好吊舱，控制速度差。”但他的眼睛还是不由自主地扫视着加油伞套。随着两机距离的缩小，平日里稳定的伞套此刻却不听话地飘动起来。

第一次对接不成功，常庆贤没有焦急，第二次、第三次……

连续五次对接不成功，两机出现了速度差，受油机直向加油机机翼下的吊舱冲去，飘移不定的加油软管直接威胁着飞机，两机相撞就在瞬间。只见在加油机下飞行的常庆贤没有丝毫犹豫，以超人的胆识快速拉杆，受油机从加油机的腋下急速窜起，又从机翼上面迅速冲过……赢得了宝贵的1秒钟，避免了两机相撞的重大事故。

走下飞机的常庆贤低着头提着飞行帽，目光没有和任何人交错，直接走进了试飞员休息室，脑海中飞速回放着刚才空中的每一个飞行动态。

看着常庆贤、申长生等飞行员阴沉的面孔，戈平院长、张克荣副院长一再说："没关系，对不上是正常的，再对不上也是正常的。这是试验嘛。"

常庆贤说："让我好好想一想。"他和申长生交流了一下空中的情况后，来到休息室的一角独自坐下。战友和技术人员都离开了休息室，大家知道，此刻他最需要的是安静。

半个小时后，常庆贤走出了休息室，眼中露出的，是平静和自信。

两名首席试飞员没有气馁，没有埋怨，相互商讨了一阵后主动请战："再上蓝天，再次对接。"

戈平紧紧握着两人的手使劲摇了摇，常庆贤轻轻地说："请领导相信我，下一个起落一定能对接成功。"

在人们热切殷殷的注视下，两位首席试飞员又一次登上了飞机的舷梯。

再次来到距离伞套1米的位置，常庆贤控制速度差、看好吊舱、稳住驾驶杆，只见受油探头缓缓地、稳稳地插进了加油伞套上的加油口，加油员彭兴无激动地喊："对接成功了！"

常庆贤暗暗告诫自己："不要激动，还有两个架次。"

当天，他们共成功对接了3个架次，最长的一次对接后稳定保持达6分钟之久。

此刻，是1991年11月24日16时37分30秒，"加油工程"首次实现加/受油机空中对接，对接和脱开过程全部正常。

胜利让人们欣喜若狂，然而，紧随其后的是谁也没有想到的"四连断"。

11月24日的对接成功，使加油工程的进度前进了一大步。这对试飞现场所有人都是一种巨大的鼓舞，人们看到了年内实现首次空中加油的希望。

空中加油指挥部决定：再经过一个飞行日的成功对接，12月初开始空中加油试飞。

然而，意想不到的情况发生了，11月25日，对接后受油头的弱连接处三个铆钉被切断；12月2日、7日，加油试飞中又连续两次出现弱连接处折断的故障，加油软管犹如一条巨鞭，在机头周边飞舞，严重威胁着飞行安全。

每次飞行后，试飞总师侯玉燕都组织试飞员、总部领导一起到机务现场，与研制厂所的同志共同分析探头折断的原因，一帧一帧看录像，现场会一开就到深夜。

从11月4日到12月9日的一个多月时间里，参加“加油工程”的人们没有休息过一天，晚上也几乎天天在加班。

眼看着年内按时完成任务的希望越来越渺茫，上级领导急，科研人员急，跟飞单位也急。

12月10日受油头弱连接处第四次折断后，总部机关已经不敢提出“再飞”的要求了。

戈平、张克荣看完飞行录像后，又组织相关人员过来看。

会议室里烟雾弥漫，气氛非常紧张。两个决策人物相约走出会议室来到楼下。摸出烟，一人一支。

沉默。

两个人心里都明白，四次对接接连失败，停下来找原因来年再干无可非议。宣布停飞，轻轻松松；背水一战，风险极大。然而，高度的责任心、神圣的使命感使戈院长、张副院长这两位决策者没有丝毫杂念，也不允许考虑小集体的荣辱，深思过后，他们决定：“再干！”

张克荣从会议室里叫出了总部加油办主任祁玉祥，戈平说：“我们决定了，找出原因，再干。”祁玉祥高兴地一下子握住他俩的手：“好，好，好，我马上向部里汇报。”

1991年12月13日到15日，祁玉祥邀请南航、西工大专家，会同试飞人员、跟飞人员，一起在试飞院对受油插头折断原因进行了攻关分析。

连续四次受油插头折断，让所有的参试人员承受了巨大压力。各级领导亲临现场指挥，参试人员紧锣密鼓分析查找原因，找寻任何可能的改进建议。

整整两天，会议透彻地分解实物，研究有关资料，寻找原因。

在分析国产加/受油系统与国外同类系统的差别时，发现了软管刚度、弹性和探头强度的差别，认为导致探头折断的主要原因应该与探头强度相关；另外，加油时软管内有油使软管刚度发生变化也是导致折断的原因之一。

专家们昼夜攻关，反复试验。12月17日提出：改进探头设计后再次对接。

609所所长王复华在现场立下军令状：“一定在12月20日前将改进后的新探头送达阎良。”

根据新的设计载荷，609所连续奋战了48个小时，完成了探头的改制。如何用最快的速度将新探头送到阎良？

“连夜用汽车送！”

12月19日晚，王复华所长亲自押车翻越秦岭时，汽车在山间不争气地抛锚了，一行人在寒冷的秦岭冻了整整7个小时。经过连夜抢修，汽车终于又上路了，第二天，也就是12月20日的早晨7时15分，新探头终于如期送达阎良试飞现场。

时任受油机飞行性能课题主管的李胜超正在从另一个角度思考：受油插头弱连接的设计是为了应对对接过程意外时保护飞机安全的，太坚固了可能起不到“保护”作用，所以，其折断会不会还有其他方面的原因？或者，有没有其他解决办法？

他来到办公室，开始仔细比对分析四次受油插头折断过程中的飞机轨迹参数，试着寻找其中的共性问题。他从对接过程中受油机速度的微小变化，对应到试飞员操控过程中其他参数的变化时，终于发现，有可能是“操控增量偏大造成受油机相对加油机的速度增量偏大”，即：试飞员插入速度过大而导致受油插头弱连接处折断。实际飞行数据比对和原理推想似乎可以相互印证，但由于没有成功的经验数据可参考，李胜超连夜建立数学模型，将计算工程上可能的正确数据与实际飞行数据进行对比。

几个对接加油包线内的典型状态计算结果证实了他的分析是正确的。李胜超非常兴奋，通宵加班，计算出更多包线内的典型状态数据，供试飞员对接操控参考。考虑到表格比较简洁明了直观，他又将数据做成了数据表格。

早晨一上班，李胜超带着整夜工作的收获，直接找到侯玉燕总师，将自己从发现问题现象到计算过程、结果比对等情况详细地做了汇报。同时，他也提出了自己对这一问题的顾虑：当时试飞现场领导的注意力多关注在“设计方面会不会存在缺陷”上，如果把“试飞员操控过程可能存在不足”公开化，把领导们的目光引过来，势必会对试飞员造成更大的心理压力。他认为，试飞员没有成熟的经验可借鉴，每一步探索实属不易，而且试飞员比其他人更希望早些完成空中加油，压力已经很大。所以，解决这个问题必须慎重，建议采取非常规方式，尽量不给试飞员增加压力。

侯玉燕总师认为李胜超对问题的分析思路清晰，计算原理和过程正确，结果可以供试飞员参考，同时对可能会增加试飞员压力的想法也很赞同。依据计算结果与实际试飞数据的对比，她判断，计算结果降低了飞行风险，在帮助试飞员单机飞行时模拟对接操纵也不会增加飞行风险，于是顶着压力果断决策："不经过正式的审批报批程序，尽量减少知道此事的人员，由你利用与试飞员探讨交流试飞数据的方式，尽可能自然地与试飞员分析、复盘空中对接过程，待试飞员也认同'操控增量偏大造成受油机相对加油机的速度增量偏大'的结论后，再提供计算结果。"

连续的试飞挫折，在常庆贤的试飞生涯中是第一次，由首次对接成功的喜悦到连续四次探头折断，对他而言是一个不小的打击。他把自己关在办公室内不停地走来走去，将探头折断前后的每一个环节细细回想。常庆贤的性格是执着与倔强的，他不相信自己攻克不了技术难关，可一时又找不到解决问题的方法，因此陷入了深深的苦恼之中。

这时，李胜超以课题主管的身份来找他见面交流。由于这种"见面交流"是试飞工作过程中常有的技术交流方式，所以，并没有引起常庆贤过多考虑。

见面后，李胜超按照平常习惯的方式，从飞机参数情况说起，客观分析对接过程的参数变化，渐渐在"操控增量可能偏大"上取得了共识，常庆贤认同了李胜超的分析结果。他表示，在对接过程中，由于自己将注意力过多集中在受油插头对接上，所以对其他一些方面的感觉可能不完全准确，增速有可能会大一些而自己未知觉。这时，李胜超拿出了自己计算的结果，让常庆贤非常感动。他们共同协商，在接下来的单机飞行时模拟对接操作，熟悉操控变量，固化操控控制方法，保证对接时飞机速度增量在合理要求范围内。

随后，李胜超又把这个问题与另一架受油机试飞员汤连刚讨论，得到了汤连刚的赞同。汤连刚说，我也在考虑这个问题，由于我们的加油机软管较国外的要短，而且刚度较大，所以，对接速度差应该相应减小。

汤连刚曾经是空军某试飞团团长，是歼10飞机的首席试飞员小组组长，再后来成为试飞员学院院长。在加油工程中，他甘当绿叶，让常庆贤担当加油工程的首席试飞员。虽然他那架受油机当时还没有出厂，但他每天坚持跟在试飞现场。常庆贤每个起落飞下来，他都坚持与大家一起看录像，分析问题。

对于解决受油插头连续多次折断的问题，侯玉燕记忆犹新，她说：

从技术角度看，弱连接处折断是需要的。第一，空中加油需要三四分钟时间，如果这个时候遭遇特殊情况，加/受油机必须紧急脱离。此时，因为受油机上有弱连接部位，所以，只要受油机一低头即可与加油机切断，便于加/受油机迅速脱离。第二，弱连接处可以作为新手练习空中对接飞行时的一项安全措施。关于我们试飞中连续多次折断的问题，一个是与强度有关，一个是与“对接时加速度”有关。有一次在加/受油机完成空中干对接，地勤在做地面“飞行后”检查时，机械师发现受油头弱连接处有三个铆钉断裂，而此次干对接时加油机飞得很稳。在技术分析的总师系统会上，我提出了弱连接处强度是否不够的问题，受油机设计所分管强度的设计师进行了强度核标，认为受油机弱连接的强度可以再增加，于是把连接铆钉从3毫米改为4毫米；我分析了加/受油机空中对接飞行的原理，发现当受油机以0.1米/秒的加速度飞行时，受油机所具有的撞击力大于加油接头活门锁紧的弹簧力；从空中加油吊舱加油软管的收放特性着眼，受油机在空中对接飞行中的加速度不能过大；我认为“对接速度”是用词不当，这是受油机在对接点时的飞行加速度，应该叫“对接加速度”；在弱连接断裂的飞行中，我观察到在对接点受油机的“对接加速度”大部分接近3米/平方秒，数值过大。同时，受油机设计所的工程师也找到了国外飞行规范中对对接速度要求的资料。

意见统一后，经总师系统扩大会讨论决定，将《空中加油系统工程战术技术研制任务书》中“对接速度3米/秒”的要求更改为“0.3~1.5米/秒”。

验证了受油插头上弱连接的必要性；增加了铆钉强度；更改了战术技术指标；掌握了加油吊舱软管—锥管稳定伞与受油机受油头的空中对接技术……试飞员真正走向了“自由王国”，自此，常庆贤在30多架次的空中对接加油中，做到了100％的成功率。第二架受油机到院后，受油机试飞员汤连刚直接做到了在对接加油飞行中达到100％成功率的好成绩。

10多年后的2003年7月，徐勇凌在飞歼10飞机的空中加油科目时，遇到了因为伞套摆动剧烈，加油管无法塞入伞套中的情况。徐勇凌回忆说：

在歼10试飞中最难过的坎儿是空中加油。两架高速飞行的飞机要在极近的距离中完成加油，难度极大。据统计，美国在1953年到1998年间，因空中加油而“摔掉了”的飞机就有90多架。我是歼10受油机试飞员，飞的时候，我每次都能顺利与加油机会合，但每当受油管向加油机接近时，加油机上的伞套就会突然大幅度振荡摆动，距离越近摆动越剧烈，甚至打到受油机机头上，对飞行安全造成严重威胁。

这个问题甚至动摇了人们对歼10空中加油试飞的信心。试飞现场指挥部一边安排技术攻关，包括降低加/受油机的飞行速度；一边召开研讨会，邀请参加过加油工程试飞并赴俄罗斯参加苏-27加/受油训练的试飞员汤连刚、常庆贤和李勇以及有关专家侯玉燕和高俊等共同探讨。当时“非典”正肆虐，为了赶时间，汤连刚亲自开车，带着侯玉燕和常庆贤两位专家，马不停蹄长驱1000多千米，连夜赶到鼎新。他们与徐勇凌一起看录像、谈体会、寻原因、找特点。侯玉燕从飞机气动、性能和空气动力的角度分析了气流对加油的影响；汤连刚、常庆贤、李勇则从飞机操纵的角度谈了以往经验，令徐勇凌在接下来的飞行中受益匪浅，最后找到了歼10飞机受油探头与前机翼距离较短而引起气流增大造成飞机摆动量增大的特殊性。随后，徐勇凌根据这一特点改进了试飞方法，由调整飞机姿态跟踪伞套改为调整油门杆追踪伞套，快追快退，避免了伞套在机头附近停留时间过长造成大幅摆动，终于取得了歼10空中加油的成功。

受油头折断的原因找到后，受油头剪切铆钉直径加大了，空中加油对接速度被限制在小于1.5米/秒。采取这两项措施后，常庆贤对年前完成对接加油信心满满：“只要改进后的探头装上飞机，我有信心直接进入加油试飞。”

科研人员和地勤人员都做好了准备，试飞团队提前做好了周密的计划，试飞院也将冬季下午进场的飞行计划改在了上午。

12月20日，新的受油头安装完毕，然而，恶劣的天气却将飞机牢牢地锁在停机坪。

根据中期气象预报，从12月22日开始，阎良周边开始降雪，一直要下到月底。

“果真没有一会儿好天气吗？哪怕是一个小时。”戈平院长问气象台。

1991年仅剩下8天了，我们等不起啊。由于是年底，对于加油工程这个多单位大会战的任务来说，一旦于年底停下来，就不是一两天而可能是一两个月。这会影响明年的定型，我们拖不起。

“不放过一个可飞小时”是一个近乎荒唐的要求，但试飞人没有让人失望过，这一年关键的几个飞行日都是跟老天抢来的。在气象预报上，试飞院气象台功不可没。

这会儿气象台的预报员们正在忙碌，他们绞尽脑汁、用尽手段。常规图、云图、数值预报图铺满了桌面，挂满了墙壁；从惯用的演绎到复杂的计算，一遍又一遍；一个个站点、一个

○轰油6为歼10飞机加油

空中加油工程是中国航空工业的争气机，在没有外国技术支持的情况下，中国人完全靠着自己的力量实现空中加油，创造了试飞史上的奇迹。

个要素、一个个例证加上多年的历史数据，全都做出来了；讨论、会商、争执、分析……整整一个上午又加上半个下午，预报终于拿出来了："23日上午短时转好，前后都有雪。"

"23日"，"上午"，"短时"，发出如此具体的预报，该是多大的智慧和勇气啊。

12月23日。

清晨，阴云笼罩着的机场从睡梦中醒来，惊诧地看着繁忙的起飞线：指挥员、飞行员、气象员、科研人员、地勤人员、医护人员……全部各就各位；指挥车、牵引车、加油车、消防车、救护车、通勤车……个个整装待发。总部加油办祈玉祥主任、西飞的王秦平总经理、609所的王复华所长、试飞院的戈平院长都来到现场。开飞的准备工作在有条不紊地进行。

8时，9时，10时，10时30分，仍然是低云。

塔台上所有的人都眼巴巴地看着气象外场预报员。她紧张极了，低着头，回避着询问的目光，往飞行本上签字的手微微颤抖着，手心满是汗。

10时40分，天际露出一片云洞，空域的云层在抬高，在流散。

"好机会。"安静的机场顿时热闹起来。

10时57分，一颗绿色信号弹腾空而起，常庆贤驾驶着歼8Ⅱ受油机、申长生驾驶着轰6加油机、黄炳新驾驶着空中指挥兼伴飞摄影机分别从两条跑道相继呼啸着直插云天……

当飞机到达预定的高度改平后，常庆贤迅速调整受油机的位置和高度，准备进入加油位置时，一股流云却抢先占据了这

○ 1991 年 12 月 23 日 11 时 24 分，历时三年的空中加油工程在阎良试飞院机场首飞成功。首次对接后，祁玉祥、李辉与机组人员合影。

个高度，他们不得不将飞机改出。在高度4200米重新改平后，加/受油机的编队仍是在云层夹缝中穿行着，强烈的颠簸气流使队形无法保持稳定。再上升到4500米高度，谁料贴紧了云层，只好又下降到4300米高度，强烈的气流仍无法使飞机稳定。

找不到合适的云层，回避不了气流的强干扰。怎么办？为了保证在最短时间内完成对接加油，申长生果断下令：放出加油软管，等待有利天气。长长的加油软管放出来了，在空中拖曳着，拖曳着……气流依旧很强，颠簸依旧很大，他们焦急地向上望去，只见头顶除了云还是云，一片望不到边的云海。

突然，加油员彭兴无发现加油吊舱系统允许对接的信号指示灯不亮。报告后，彭兴无检查发现是灯的故障，于是，依仗平时的严格训练和熟练程度，靠正确操作保证了接下来的加油运行。

10分钟过去了，20分钟过去了……云和强扰动气流仍然在用大自然给予它们的强大力量逼迫试飞员向它让步、认输。常庆贤和申长生与云层搏斗着，做好了对接、加油的准备，只等气象条件具备。

此刻，离飞机跑道上空只有不到25千米了，到转弯点的时间再延长一点也不过3分钟，搞了3年的空中加油能否在1991年首飞成功，只有靠这有限的几分钟了……

突然，他们眼前一亮：天赐良机！不知是顽强的试飞人感动了老天，还是顽强的战鹰把云层驱散，在这个节骨眼儿上，一片净空竟然出现在眼前。

"'01''17''30'上升高度。"

"'01'明白。"

“‘17’明白。”

“‘30’明白。”

常庆贤、申长生急拉操纵杆，两架战鹰一下子蹿到了4800米高空，然后改平飞并稳定在4600米。

“‘17’可以对接加油。”

“‘17’明白。‘17’现在油量2050千克。”

申长生知道，加油机飞行得越平稳，受油机的对接条件就越充分。根据规定，加油飞行不能使用自动驾驶仪，整个加油航线足有12分钟，申长生稳稳地操纵飞机，保持着整个航线的稳定飞行。

常庆贤驾驶着受油机，编队、加入加油队形、预对接编队、对接……受油机来到了距离伞套1米的关键位置。他稳定一下情绪，默念着操纵要领：“看好吊舱，控制速度差，稳住驾驶杆。”

加油机上长长的加油软管在空中延伸着、寻找着……此刻，时间仿佛凝固，呼吸仿佛停止——

11时24分，只听得“喀嚓”一声响，常庆贤利落地完成了一系列动作，准确无误地将受油插头锁定在加油锥套内，加油软管轻轻晃动一下后稳稳地将两机连接在一起，开始加油：

1秒，2秒，3秒……33秒。

“‘17’加油400千克可以脱离。”

“‘17’明白。‘17’现在油量2450千克。”

常庆贤、申长生果断地完成了一系列动作，准确无误地完成了加油。

完成加油的指示灯亮了……

“‘1号’，‘30’报告，首次加油成功了！”

“首次加油成功了！”地面指挥员谭守才、副指挥员焦云生情不自禁地高声重复道。

1991年12月23日11时24分，一个用无数人的心血和汗水凝成的伟大时刻，带着中国试飞人的喜悦，冲破帝国主义的封锁，闯进了中国航空发展史册，向祖国母亲汇报：历时三年的空中加油工程在阎良试飞院机场首飞成功了，它向世人宣告：中国航空工业没有空中加油能力的历史永远结束了！

凛冽寒风中的机场沸腾了，欢乐的人们呼喊着、跳跃着，疯狂地、潮水般地从塔台、从联络道、从起飞线涌向停机坪，去迎接凯旋的战鹰和勇士。

走下飞机的常庆贤面对欢乐的人群举起右手，施以标准的军礼：“是航空战线上几十万名职工和试飞院4000多人的双手把我托上蓝天的。谢谢你们！”大家发现，此时这个刚强男子汉的眼睛是湿润的。

这天，加油机首席试飞员申长生在日记里记下了这样的诗句："虽然天空中没留下翅膀的痕迹，但是我骄傲，我飞翔过！虽然天空中没留下飞过的航线，但是我自豪，我首飞过！"

终于，航空人让世界知道："中国人能行！"

多少双眼，流出了滚烫的泪，毫无顾忌，毫不掩饰；多少双手交流着喜悦，认识的不认识的，直至手臂麻胀；戈平用颤抖的手拿起笔，在向上级报喜的电报上颤抖着签上了名字；陈启亮、王秦平、王复华，几双大手紧紧地握在一起，使劲地摇动；张克荣副院长大声地笑着，笑声从脸上那一条条深深的皱纹中溢出；侯玉燕握着试飞员的手频频点头，两年多的辛苦一幕幕在脑海展现；课题主管们相拥着，满腹话不知从何说起；总部加油办主任祁玉祥流着泪，用嘶哑的嗓子和机场上的人们高声交谈；总部试飞办主管加油工程的李辉是飞行员出身，此时此刻，他与试飞员们紧紧地拥抱在一起，久久难分；黄炳新、常庆贤、申长生、折向军等刚从蓝天归来的英雄们手捧鲜花频频挥动……原本空旷的机场显得拥挤了，每个人都成了一朵欢乐的浪花，跳跃着，翻涌着，汇成一个奔腾的海洋，波澜壮阔。

捷报传出，李鹏总理，中央军委委员、解放军总参谋部迟浩田总参谋长，国家科委宋健主任以及空军、海军、航空航天工业部的领导分别发来了贺信和批示，热烈祝贺加油工程取得关键性的胜利，称赞试飞人不愧为"祖国的好儿女"。

刘华清副主席兴奋地说："空中加油的研制成功，其政治意义不亚于澳星发射！"

欢乐的人群中没有看到受油机燃油主管赵杰的身影，飞机一落地，他就从塔台跑到飞机旁，从机舱里取出磁带盒，到骊山地面站转录看飞行结果去了。随后，他和课题组的同志们马上处理了磁带，分析了数据，并对下一阶段的工作进行了研究。

侯玉燕望着机场上欢乐的人群，心中已经开始酝酿《首次空中对接加油飞行技术小结》和《首次空中对接加油飞行试验报告》。她知道，自己不能也不敢松气，加/受油机下阶段的测试改装、单架受油机空中机内油箱自动加满油、双侧同时加油、三机编队对接、三机长航线空中会合等试飞任务，正在等着她和她的队友们。

空中加油工程是中国航空工业的争气机，它的首飞成功是我国航空技术发展史上的一个里程碑，是中国航空科技的重大突破。在没有外国技术支持的情况下，中国人完全靠着自己的力量实现空中加油，创造了试飞史上的奇迹。这体现了中国人

○三机长航线后侯玉燕（右一）与机组人员合影

侯玉燕，1962年毕业于西北工业大学空气动力专业，试飞院高级工程师，飞机性能试飞专家。曾主管和参与过初教6、强5、歼教5、歼7Ⅰ、歼8Ⅱ等飞机的试飞。

的力量，这是航空人的骄傲，也是中国人的骄傲。

由于当时加油工程保密，工程之外的人都不知道我国已经掌握了空中加油技术。

1992年9月，在党的十四大召开前夕，林宗棠部长两次到试飞院赶制了空中加油工程试飞的录像带，当十四大代表们观看录像时竟惊呆了："这是真的吗？真的是我们自己飞的吗？"许多代表流泪了："哎呀！我们终于有自己的空中加油技术了，简直太好了，太不简单了！"

比翼齐飞

"加油工程"首次完成空中加油后，试飞人的脚步没有停下来，1992年元旦过后，各个课题组都开始了自己的工作，空中加油的功能验证试飞还有大量工作要做。

设备改装；测试改装；包括飞机性能试飞、操纵性稳定性试飞、燃油系统参数测量、空中加油吊舱试验、惯导系统试飞、气象雷达试验、自动领航系统试飞、载荷及强度检查、空中对接和空中加油等内容的各项试飞……

空中加油吊舱是我国自行设计、制造的第一代吊舱，也必须进行大量试飞：加油中发动机的防火、收放吊舱时的正常供油、投放过程中气流的影响以及油管油路的安全断开等。

终于，单架受油机空中机内油箱自动加满油的目标实现了；

首次二机空中对接加油成功实施了；

两架受油机带外挂与加油机三机编队预对接和观察试飞达到预期目的了；

1993年12月13日，88号加油机和0305、0306号受油机在黄炳新的指挥下，在试飞员申长生和他的机组以及试飞员常庆贤、汤连刚分别驾驶下成功实现了三机长航线试飞，摄影为折向军。航程涉及兰州、新疆、北京、沈阳、武汉、南京、广州七个空中管制区；

12月14日，受油机挂弹与加油机空中对接加满油的试飞成功完成。

至此，空中加油工程试飞科目全部完成，飞机飞行包线获得确定。

这一刻，在老一代试飞人眼前浮现的，是1959年试飞院成立时他们用“脸盆加油”成功保障第一次试飞的情景。

从“脸盆加油”到“空中加油”，中国试飞人一次次实现了航空技术的突破，迎来了世界为之惊叹的巨变。

让人惊叹的，还有空中加油工程的摄影测试。

20世纪90年代，空中加油工程的测试主要依靠传统的摄影测试来完成。试飞中，先后共改装了五台摄影机，分别装在加油机尾舱、左右机翼上及受油机座舱内，用于加/受油机空间的相对位置、加油软管收放情况以及加油锥与受油头的对接速度等定性和定量分析。

摄影机成功地记录了加油软管收放过程和加/受油机的对接过程，得到了加油软管的收放长度、下沉量、摆动量以及两机的相对位置，为加油工程提供了直观图像，对分析受油头折断原因起到了重要作用；利用在受油机座舱内安装的摄影机成功地拍摄记录了空中加油对接速度、锥套旋转频率和锥套相对受油头三维坐标及摆动量等外部参数，并对加油全过程进行了分析，对解决工程难点和改进飞行驾驶技术提供了可靠依据。

整个空中加油工程共拍摄了上千米胶片，有近10万幅画面，都要一帧一帧地判读，加上当时数据处理全靠手工作业，工作量相当大。参试人员夜以继日加班加点，克服了种种困难，终于圆满地完成了任务。在飞行试验最关键的阶段，每次飞行结束后，相关人员都会观看录像，分析拍摄的内容。不仅为工程研制定量提供了所需数据，而且提供了非常真实、清晰的飞行试验和空中加油过程中实况摄影和录像的丰富资料，特别是为攻克受油头折断等技术难关及掌握空中编队、对接、加油等关键飞行技术，更是起到了其他手段难以起到的作用。

电视录像任务由马有照、折向军、申洪滨、张彩红等承担，以简报的形式分阶段报道工程进度。1991年12月23日，首次对接加油成功，测试工程师们连夜赶制简报报送航空总部。录像片在部党组会上播放时，大家情不自禁地鼓掌欢呼。随后林宗棠部长亲自到试飞院，对录像片做了修改后制作了10盘录像带，分别呈送邓小平、江泽民、李鹏等中央领导人。

为了记录空中加油这一重大的国防科研工程的研制过程和成果，需要制作一部《空中加油工程》彩色科技影片。任务由试飞院总负责，601所、沈飞、609所、西飞等有关厂所参加。影片制片主任为祁玉祥，制片为李辉；总编导、主笔由试飞院宋世飞担任，徐素君、胡浩昌、李再富、刘国济等任编导；摄影由尚进修、马有照、胡浩昌、于宝生、弓奎生、林忠义、葛鸣等承担，空中摄影由折向军承担。影片全面记录和生动反映了包括加/受油机、加油吊舱、机载设备的研制以及飞行试验的全过程。

影片团队多地转战，采用机上、机下配合，多角度、全方位拍摄，再现了这一超密集、高难度的歼击机、轰炸机联合编队盛况，以及对接加油的微观情况，细腻展现了空中加油的全过程，有许多非常珍贵的镜头。影片获得多方称赞，总参认为“是国防科技片中最好的”。

侯玉燕说：“直到今天，首长们和全国两会的代表们观看《空中加油工程》彩色科技影片时激动的情景依然历历在目。”

加油工程是成功的。通过加油工程试飞，我国建立了加/受油机的空中加油程序，确立了等高度等速度平飞状态进行空中加油的方法，确定了加油软管放收和对接加油的飞行包线，验证了受油插头弱连接功能及设计强度，验证了加油机尾流影响，研究了受油机在尾流中的操纵特点，同时还开展了降噪攻关研究，正确地评价了受油机座舱噪声级，为设计单位改进受油装置提供了依据，也为后来我国的加油机研制提供了借鉴。

1998年，空中加油工程获得“国家科技进步特等奖”。

我们有理由憧憬，在不久的将来，随着小型可控核聚变装置在飞机上的应用，飞机可以接近无限制的飞行，加油机就可以退出历史舞台了。然而，历史同时记住了一个事实，在这个舞台上，曾经有一群人，为了让我们的飞行员掌握空中加油技术，无怨无悔地付出了很多。

第五章
放飞中国龙

“龙”是中华民族的图腾，是中国文化的凝聚与积淀。在中国神话中，龙，上天可腾云驾雾，威震蓝天；入水可翻江倒海，镇妖降魔。龙，是勇猛、智慧、善良、正义的化身。为自己研制的战机起名为“龙”，不仅是赋予其美好寓意，也体现了人们对自己所研制飞机的喜爱。

在龙系列中，最有名的当数“龙字三剑客”：“枭龙”（FC–1）、“猛龙”（歼10）、“威龙”（歼20）。而最具里程碑意义的，就是“猛龙”（歼10）了。

被围堵的“猛龙”试飞总师和试飞员

2009年11月5日下午，《中国试飞报》总编姜丽丽陪正在北京出差的周自全和李中华到中国航空博物馆参观。当天，被称为“猛龙”的歼10首飞原型机（试飞编号1001）在博物馆首次实机对外公开展出。

站在“猛龙”面前，周自全笑了，他对“猛龙”太熟悉了。这一天，离他1988年随当时的630所所长严京林考察611所和132厂并讨论歼10试飞问题，已经过去了21年；离他以歼10试飞总师的身份第一次接触歼10并参与歼10研制的那一刻，也已经19年了。

看着“猛龙”，李中华笑了，在歼10设计定型试飞中，他拿下了多项国内纪录，还被誉为目前“国内飞得最快和最敏捷的人”。此时，离歼10飞机完成设计定型试飞的2004年，已经过去了整整5年。

听说周自全是歼10的试飞总师，李中华是歼10的试飞员，参观的人一下子围了过来。

“给我们讲讲‘猛龙’试飞的故事吧。”一个女孩子大声叫道，引来了一阵呼应的掌声和叫声。

周自全抬起右手，以他惯有的儒雅风度向人群挥了一下：“歼10试飞使我国完成了从二代机向三代机试飞的跨越。以歼10为起点，第四代、第五代战机正在研制。在中国试飞赶超世界先进水平的道路上，期待你们年轻人加入。”

“哗……”又是一阵掌声。

有军迷直接点题：“周总,给我们讲讲低空大表速试飞吧。”

“低空大表速试飞就是要在低空考核飞机的最大速度边界，来检验飞机结构强度和动态特性，这是对飞机结构和操纵品质最为严酷的考核。在飞行试验行当，低空大表速试飞是公认的最高风险科目之一，是歼10试飞中最难啃的一个‘骨头’。国外在试飞该项目时曾多次发生空中解体的惨剧。”

“为什么要在低空飞呢？要是在高空，不是可以给试飞员判断和解决问题留出足够的时间和空间吗？”有人问。

“不行。”周自全说，“因为低空的空气稠密，同样的飞行速度，高度越低，空气对机体结构的压力就越大。你们知道吗？先进战斗机在低空大速度飞行时,作用在机体结构上的力，每平方米可达10吨。因此在低空大速度飞行最能考验飞机的强度和它的振动特性。如果飞机设计和制造有问题，轻则结构局部撕裂或破坏，重则瞬间解体。你们看有些试飞的歼10原型机浑身打满了补丁，基本上是飞这些科目过程中形成的。在飞行试验过程中，像起落架护板，甚至座舱盖飞掉了的事屡见不鲜。在低空大速度飞行时还有另外一个问题，即飞行品质问题。如果飞机设计不好，飞机操纵过于灵敏，飞行员稍一动杆，飞机响应极为剧烈，学术上称为过操纵，同样会使飞机瞬间失控或解体。这类事故在国内外都发生过，有的为此付出了极为惨痛的代价。”

周围一片寂静，姜丽丽头脑中闪出20世纪90年代的两个信息：一个是美国一架F-117A“夜鹰”隐形战斗机在飞行中发生了机翼颤振，导致灾难性事故。另一个是俄罗斯试飞员，我们熟悉的好朋友，大家亲切地称他“莎莎”，离开试飞院回国不久，在试飞一架飞机的大速度科目飞行时，由于发生颤振，飞机瞬间空中解体，他血洒长空，英勇牺牲。

其实在低空大速度试飞时，还可能出现严重的飞行品质问题。例如，一型飞机在极低高度大速度俯冲拉起时，由于飞机响应过灵，飞机过载太大，飞机空中解体，两位优秀的试飞员献出了宝贵的生命。

周自全转身拉过李中华：“航空业内有种认同，新机研制过程中，设计者、制造者和试验试飞者缺一不可，其中试飞员尤为关键。歼10低空大表速拿到的终极数据就是李中华和他的战友一波波冲刺飞出来的，所以，请他给你们讲讲吧。”

“好……”随着掌声，人群一阵骚动。

2007年6月，李中华被中央军委授予“英雄试飞员”荣誉称号，中央媒体对其进行过“狂轰滥炸式”的宣传，所以，不仅军迷，就是一般人，对他也都非常熟悉。

“周总，我……”李中华腼腆道。

○停放在试飞院改装厂房前的歼10第一架原型机
1998年3月23日，歼10飞机实现了首飞，这是中国国防装备发展史，也是中国飞行试验发展史上的重要里程碑。

周自全微笑地看着李中华："说吧。"

李中华正犹豫间，人群中一个青年男士大声问："刚才周总讲了飞低空大表速的危险性，请问飞行中这危险能避免吗？那么快的速度那么低的高度，如果出现颤振，如果不能避免，不就只有一条路了吗？"

李中华点点头，肯定地说："当然是可以避免的，但条件很苛刻。首先是要有科学的计算，飞机升空后的操纵要求和注意事项都在试飞工程师编写的试飞任务单上，写得很清楚；其次是机务对飞机进行最好的保养，以保证其安全运行；第三是试飞员要保证不在操作上出现一丝一毫的错误。虽然飞机颤振的发生有突发性，但也是有迹象的，比如轻微的抖动和细小的不正常声音，只是要感知这些迹象，不但要有丰富的试飞经验，而且要有极好的心理素养。所以，此时我必须把自己变成飞机上的一个敏感的、准确的'传感器'，认真感受飞机的每一点变化，细心倾听出现的每一种声音，并正确分析这些变化的发展趋势，以确定自己的下一步操作。"

"我也知道，我在空中飞行，地面监控室内有一个极为优秀的工程师团队在密切地监控飞机的响应及其趋势，其中包括优秀的颤振专家沙长安和孙勇军，飞行品质专家全昌业和曹修治等；在他们身后还有一支优秀的设计师队伍。我信任他们。"李中华介绍说。

"李大校，在空中那么短的时间里，在那么紧张的情况下，你要看那么多的数据，做那么复杂的动作，你是怎么做到的？"一位资深军迷非常内行地问道。

李中华笑答："我喜爱飞行，一登上飞机我就兴奋，每到这时候，我就感觉自己成了飞机的一部分，注意力马上就能集中起来，飞机的每一点点变化我都能感受到。我知道试飞工程师不会犯错、机务不会犯错，而我，也可以做到绝对不让自己在操作上犯错。何况地面还有一支优秀的技术团队在监控室里实时监控、实时提醒。"

"你可以保证自己不犯错误，但你能保证飞机没有问题吗？试飞员操作的可是没有定型的飞机啊，这个时候你并不知道飞机的极限数据在哪里啊。"提问的是个60多岁的老人。

"谢谢老人家的关心。我给您讲个故事吧。"

李中华表情严肃起来："低空大表速最后一个起落是2003年11月16日那天飞的。对试飞的Ⅰ类风险科目来说，都要飞很多次，一次比一次接近设计指标边界，低空大表速也是一样，试飞要循序渐进地进行，每一个起落都在向设计指标慢慢逼近。

那段时间，飞机几乎每次回来都带着伤，修修补补的飞机伤痕累累。但是，我们必须继续往前走，新型战机不通过这些关键科目的试飞检验，就不能获得飞向蓝天的‘通行证’。终于，我们可以向终极目标冲刺了。做最后准备的时候，在一个周末，周总和上级机关的领导们在周边我们最喜欢的一个手抓羊肉馆为参试人员安排了一次会餐。吃饭时，沙长安院长提议干杯：‘为低空大表速试飞壮行！’领导们纷纷给我敬酒，每个人都是那么真诚，每句话都是满满的鼓励和关怀，让我深刻体会到了低空大表速试飞是一场绝不能输掉的战斗，一份特别强烈的责任感和使命感油然而生。那天晚上我非常反常地失眠了。我想了很久，我觉得，低空大表速成功与否绝不仅仅是我一个人的事，而是整个团队的事，是航空工业的事，也是国家的事，所以，决不能因为自己的原因而失败。我将自己锁在房间里，静静地将之前与课题相关的飞行的每一个动作每一个环节每一个原理细细梳理，对每一个可能出现的情况都做了预案，然后我向周总报告：‘我的技术、心理、身体都准备好了。’周总握着我的手说：‘中华，我们相信你！’他的信任变成了力量，通过紧紧握着的手传递给了我。这位老先生问得对，这个时候，我是不知道歼10结构的极限值在哪里，也不知道飞机的结构特性是不是如专家所料，但是……”

说起当年，说起试飞，李中华的眼睛里有一种难以隐藏的执着和热情：“为了新机定型，哪怕是地雷阵咱也要闯一闯。咱试飞员就是干这个的，咱的职业就是探索飞行极限，就是勇闯禁区，就是遇到关键时刻关键项目上得去，这就是试飞员的价值所在。我如果真的因为飞机的原因‘壮烈’了，那我是用生命换来了一型更完美的飞机，也值了。”

“哗……哗……”“好……好……”掌声和着叫好声，经久不息。

“飞行那天……”李中华被人群紧紧包围着，他的演讲也渐入佳境。

试飞安全奇迹：意料之外，情理之中

人群外，周自全望向西面，落日的余晖将他整个人裹成了金色。他眯缝着眼睛看着晚霞，思绪回到了十年前，回到了千里之外歼10试飞主战场，回到了歼10试飞令人难忘的那些岁月。

他记得，自己一直坚定地认为，我国一定会研制自己的三代机，所以，早在1974年11月20日，他就提出了《关于研制变稳操纵系统参数飞机的报告》，并组织人力开展了一系列论证、原理试验，默默地为我国研制电传飞机做着技术准备。1977年，这个计划上马，他担任了研制主管工程师。1989年，我国首架单轴变稳飞机投入使用。1998年，我国首架三轴变稳飞机研制成功并转入应用阶段，开始对歼10飞机首席试飞员进行培训。

他记得，自己与歼10飞机研制第一次的接触是在1988年的8月，那天，他随所长严京林、总工程师周思礼一起去成都，与611所、成飞公司共同讨论歼10的试飞问题。那天，三代机试飞的安全问题成为他关注的焦点。回阎良后，他查找了当时能找到的与国外战机研制相关的资料。他发现，第一次世界大战期间，因飞行事故损失的飞机、飞行员比空战损失的要多3倍；二战期间，飞行事故造成的损失仍然比空战中的损失高5%。他还发现，国外大多数电传操纵飞机在试飞中都出过一等、二等事故（一等事故即机毁人亡；二等事故即机毁人未亡），如YF-16、F-18、YF-22、F-22、X-31、EF-2000、JAS-39、苏-27等，而且有的还不止一次。中国台湾地区在美国协助下研制的IDF（经国号）在试飞中也出现过一等事故。而后，他认真研究了这些事故的特点、原因和概率后发现，这些事故暴露的问题是多方面的，有软件设计问题，有生产组装问题，有结构设计问题，也有飞行员驾驶和身体问题。这些失事原因有人机闭环品质问题、空速管结冰问题、跨音速振动问题、燃油问题、飞机改装状态控制问题等。

而在歼10飞机试飞过程中，这些问题和现象的影子基本上都能找到：

试飞员钱学林驾机返场着陆，在离地不到2米高的情况下，突遇偶发横向振荡，此时的飞机操纵是左压右滚、右压左滚，而且越滚越大。在千钧一发之际，钱学林意识到这是人机耦合不安定的现象，他立即按照培训中的要求操作，终于化险为夷。而YF-22原型机在1992年4月25日的二等事故、苏-27第二架原型机在1978年7月7日的一等事故、瑞典的JAS-39在1989年2月2日和1993年8月8日两次发生的二等事故等，其原因、现象和过程与钱学林遇到的情况极为相似，但结果却不同：他们摔了飞机，我们有惊无险。

试飞员李存宝在做低空超音速试飞时，由于系统故障，给试飞员指示的总油量比供油箱的实际总油量多出600多公斤，飞机最多只能坚持12秒钟发动机就会停车。对于一架单发电传飞机的低空飞行，在茫茫戈壁这意味着什么？所幸的是，地面监控人员及时发现并提醒，试飞员及时收油门到慢车状态，用仅存的油量，使飞机安全返场着陆。地面科研人员和指挥员在遥测数据处理站的监控避免了一场严重事故。而苏-27在1981年9月3日的二等事故、F-16B在1979年8月9日的二等事故等，与李存宝这次遇到的故障极为相似，但由于没有地面监控而未能及时发现，都摔了飞机。1995年1月9日，美德合作的X-31A试验机试飞中，由于空速管结冰造成飞控故障而摔了飞机，其实歼10试飞中，类似的系统故障多次发生，但结果却全然不同。

我们的试飞员是最优秀的。

李存宝在飞行中遭遇发动机意外停车时，座舱显示全部黑屏，通信、遥测和试飞测试均中断，他不但准确判断，正确处置，成功起动应急动力装置（EPU），而且在2秒钟内记住了停车瞬间的重要视频、音频信息和座舱显示数据，为后来的系统排故提供了宝贵依据。邹建国在狭窄的渭河滩离地200多米实现超音速飞行，惊心动魄的场景令人久久不能忘怀。他们在试飞中遇到的情况与EF-2000（“台风”）在2002年11月22日的二等事故、F-22在2004年12月20日的二等事故及苏-27在1981年12月23日的一等事故等情况相似，但由于我们试飞员正确的处置和有力的技术措施保障，才未让这些险情酿成事故。有一个对照更为鲜明的例子是：2009年，一位美国试飞员驾驶F-22从8000米高空以每秒80米的速度向地面俯冲，在近地拉起时，因过载太大，弹射失败，机毁人亡。与此类似，2003年，中国试飞员李中华驾驶歼10从10000米高空以每秒100米速度向地面俯冲，几乎在相同的离地高度，以高于彼机的表速将飞机拉起，完成了20多秒的颤振激励试飞。虽也惊心动魄，却安然无恙。

如果要问歼10试飞为什么总能化险为夷，那就得看看我们的试飞准备有多扎实：

1989年11月，周自全在歼10试飞技术研讨会上提出了21个试飞技术攻关项目，这是周自全第一次为歼10试飞提出的总体技术设想；

1990年7月他被任命为型号副总设计师、试飞总师后，他又根据对三代机技术状态的了解，将歼10试飞准备工作重点锁定在事关飞行安全的试飞技术攻关、试飞设施建设、对外技术合作、试飞员培训和试飞改装等几个方面；

2000年4月1日，参加歼10试飞任务的所有部门、人员签订了型号工程责任书：“每一个岗位上的每一个人在干每一件事的时候都要做到‘零事故’。”“每一个岗位做到不出一丝纰漏；每一项任务没有一点拖延；每一个人不准‘交学费’。”

跨代新机的试飞是个困难重重、风险频出的过程，在几千个架次的歼10设计定型试飞中，每一个人都严格遵循自己的承诺，精益求精地对待每一个环节上的每一件工作，终于创造了“没出一个等级事故”的奇迹。

这奇迹，源自高水平的飞机设计、高质量的飞机制造，源自试飞管理者先进的试飞理念，源自各试飞单位扎实的思想准备和技术措施，源自那些技术高超、工作一丝不苟的参试者。

从“望尘莫及”处崛起

20世纪80年代到90年代初，美国的战隼升级版F-16C/D和大黄蜂F-18E/F，欧洲四国的台风EF-2000，法国的阵风Rafale，瑞典的鹰狮JAS-39，以色列的狮Lavi等三代或三代半战斗机都已相继问世。中国台湾地区拥有的F-16、幻影2000、IDF等三代战机大约有300架，而中国大陆的主战机种数量虽多，但仍以歼7、歼8、强5、轰6等飞机为主力，即使是20世纪80年代后期试飞定型的歼8Ⅱ和歼7Ⅲ，仍属第二代战斗机，更没有大型运输机、预警指挥机、先进直升机、察打一体无人机等构成完整的作战体系。仅有的一项歼8Ⅱ综合火控能力提升项目，即与美国空军签订的“和平珍珠”项目协议，也由于美国单方面无理撕毁协议而终止。

我们的航空工业，已经被别人丢在了“望尘莫及”的位置。

1996年到2010年，是新旧世纪交替的时期，也是历史发展长河中继往开来和承上启下的关键时段。它横跨“九五”“十五”和“十一五”三个五年计划，是我国国民经济发展，特别是国防工业建设突飞猛进的15年。

从1999年5月开始，我国规划了各项国防建设工程，一大批新装备、新型号立项研制。已经立项并在研制中的十号工程，即歼10飞机研制，更要提速进行。从1996年起，航空工业总公司、空军和国防科工委等主要领导机关，云集四川成都，现场督战；作为歼10飞机试飞技术总负责单位的试飞院更是全力以赴。从总体试飞方案、试飞技术、试飞员培养到ADAS/GDAS研制和应用，全面支援成都试飞。

1998年3月23日，歼10飞机实现了首飞，这是中国国防装备发展史，也是中国飞行试验发展史上的重要里程碑。

除了十号工程外，还有十一号工程、预警机工程、武装直升机工程、导弹系列工程等，相继立项、研制和试飞。这些项目的特点：一是瞄准世界现役航空武器装备的制高点，即研制第三代飞机，并为第四代飞机和舰载机奠定技术基础；二是强

● 20世纪50年代至60年代，中国在苏联的帮助下，先后仿制生产了米格-17、米格-19、米格-21等先进战机，分别命名为56式（歼5）、59式（歼6）和62式（歼7）歼击机。这几种歼击机与同时代的世界战机相比，属于比较先进的机型。
20世纪60年代到70年代，大量新技术应用到航空领域，航空工业发展日新月异，战斗机处在一个更新换代的年代。美国、苏联、法国、英国等国家竞相研制出第三代战机，包括F-15、F-16、苏-27和米格-29、幻影2000等，于20世纪70年代中后期开始装备部队。

● 1996年到2010年这15年，是中国飞行试验跨越发展的15年，我国不但完成了从二代机向三代机试飞的跨越，而且正在实现从三代机向四代机、从有人机到无人机、从歼击机陆基起降到舰基起降、从单元机载设备鉴定到体系综合乃至大系统综合的试飞发展。

调综合作战能力，不但强调平台建设，更要强调航空电子和武器火控系统建设，不但强调战斗机，还要强调预警机、运输机、战略轰炸机、直升机和无人机等，不但强调离散的作战单元，而且要强调体系作战，互联、互通、互操作、精确打击、电子战、网络信息战等先进理念提上议事日程；三是贯彻一型平台、多型派生的发展脉络，如歼10系列、歼11系列、预警机系列、歼轰7系列等。在建设方针上，一方面强调自力更生，培养和锻炼自己的研制队伍；另一方面还要抓紧机遇，积极开展对外合作。

就是在这种形势下，试飞院紧跟时代步伐，抓住机遇，乘势发展，为中国航空装备发展做出了巨大贡献，取得了前所未有的成就，也大大提升了试飞院的综合实力，实现了中国飞行试验技术和能力的跨越式发展。

作为国产第三代战斗机，十号工程的任务就是赶超世界先进水平。它采用鸭式气动布局、全数字电传操纵系统、高度集成的综合航空电子和先进的武器火控系统等先进技术，其总体作战效能要达到和超过当时世界上在役的战斗机的水平。

十号工程是一项庞大的系统工程，涉及航空、航天、电子、材料、兵器、机械、化工、轻工等14个部委120多家参研单位，军方直接参与了研制和管理协调工作。为了强化管理，成立了十号工程技术和行政两个指挥系统。总设计师为宋文骢，总指挥为王昂。十号工程飞机总体设计单位为611所，主机试制单位为成飞公司，飞行试验总负责单位为试飞院。

按照中国航空军用飞机正式代号“武器类别+序列号”命名的原则，十号工程被命名为“歼10”。

1998年3月23日，歼10首飞；1999年12月20日，转场试飞院开始设计定型试飞；2002年5月15日，飞机转场西线开始大强度试飞。2004年4月15日，航空产品定型委员会同意歼10飞

○ 2006年12月29日，中央电视台播发新闻：“由我国自主研制的新一代歼10战斗机已成建制装备部队，形成作战能力。”歼10战斗机从此公之于世。

机设计定型，建议国务院、中央军委军工产品定型委员会批准歼10飞机设计定型；7月19日，一级定委审议通过歼10飞机设计定型；12月25日，歼10飞机试飞技术总结和成果鉴定会议在北京举行。评审组认为：歼10试飞是一项复杂的系统工程，试飞技术达到国际先进水平，是中国试飞技术发展史上的重要里程碑。

同年，第一批生产型歼10飞机交付部队，开始承担保卫国家安全的神圣任务。

曾任空军副司令员的林虎听到歼10飞机设计定型的消息后特别兴奋："这是我们祖国航空工业的重大胜利，这是我们祖国航空工业的重大胜利。"

曾任中国航空工业总公司党组书记、总经理的朱育理说自己感到"振奋、骄傲和欣慰"，他感慨道："这一工程，历经了航空工业部门四任领导，始于莫文祥，成于刘高倬。林宗棠部长和我在工程研制中是承上启下，承前启后。曾经有人半开玩笑地说要想搞成一个型号，起码得'干掉'三任部长。"他坚称："飞机的性能与其说是设计出来的，不如说是飞出来的。试飞院、试飞团、成飞公司试飞站、试飞大队的试飞人员非常出色，功不可没，是值得大书特书的。"

曾任空军副司令员的王良旺听到这个消息后，思绪万千。回首研制中那些艰难的日日夜夜，既有成功的喜悦，更有刻骨铭心的失败的痛楚，不由提笔将诸多感慨喷薄于笔端：

二十寒暑砺剑成，一飞冲天举世惊。

几代精英心血浸，多少志士甘苦同。

玉龙腾飞千秋愿，银鹰翱翔五洲雄。

欲与群枭比矫健，南天浩淏势纵横。

2006年12月29日，中央电视台播发新闻："由我国自主研制的新一代歼10战斗机已成建制装备部队，形成作战能力。"歼10战斗机从此公之于世。这是我国迈向世界航空强国的决定性一步，也是我国航空工业跨越发展的一个重大里程碑。我国军机实现了从第二代向第三代的历史性跨越。

2007年2月27日，周自全、李中华、沙长安、李存宝、张景亭到人民大会堂参加中共中央、国务院召开的国家科学技术奖励大会。在会上，"歼10飞机工程"获得国家科学技术进步特等奖，试飞院和空军某试飞团有10人入围获奖名单，分别是周自全、李中华、沙长安、全昌业、余俊雅、杨龙、袁慧馨、李存宝、张景亭、徐勇凌。

●歼 10 定型试飞之最

试飞架次最多，试飞科目最全，试飞技术最新，试飞包线最大，试飞风险最高，试飞安全最好，试飞效率最高，武器靶试最多，测试参数最多，实力增长最强。

歼10飞机定型试飞的圆满完成，是我国国防装备建设的重要里程碑。在这个全面跨越中，歼10试飞突破了人机闭环飞行品质、飞控系统稳定裕度、颤振/气动伺服弹性、大迎角特性、放宽静稳定性的模型自由飞、进气道参数畸变测量与评定、综合航电与火控等30多项试飞关键技术，全面掌握了三代机试飞鉴定技术；自主成功研制雷达电子试验机、变稳飞机、弹射救生系统试验机、应急动力系统试验机、超声速红外特性测量试验机、某波段目标特性测试雷达、大功率发动机试车台、六自由度飞行模拟器、颤振激励系统、反尾旋伞系统等数十项技术攻关、专题研究和设备研制项目；自主成功研制现代水平的机载测试和地面实时监控系统（ADAS/GDAS）、外部参数测量系统等，使试飞测试和地面实时监控能力得到数量级的提高；并开发和研制了一批新数据处理软件。所有这些成就都成功地推广和应用到我国后续其他型号试飞和其他试飞基地。

更重要的是，通过歼10试飞，培养和造就了一批具有现代试飞理念和技术的试飞人才，包括试飞员队伍。

歼10试飞是历史的跨越，但是跨越的这个台阶有多高，只有亲历者自己最清楚。

牵动了无数人心的首飞

●为了确保歼10首飞成功，研制团队要做大量的工作。首先，要确保新机首飞前的状态完好，这需要大量的测试和联机试验；其次，要对飞机的各种系统进行大量的地面验证试验，包括飞控系统、航电系统、强度振动和环境适应性等；再其次，要对首飞试飞员进行严格的培训，使其熟悉新机的各种性能特点，掌握新机各种系统的使用方法，另外还要对首飞的方法进行反复训练；最后，要进行严格的安全性评估，包括各种技术评审、应急预案的制订等。

1998年3月12日，经过十几年艰苦努力，歼10第一架原型机的首飞就要开始了。

首飞对于一架新机而言意义重大。

一方面，从工程技术的角度分析，首飞是对飞机工程设计理念与制造技术的考验。歼10飞机中首次采用了数字电传操纵系统、综合航空电子系统以及以平显为主显示系统的玻璃座舱等等许多新技术，这些新技术的可靠性、安全性和使用效果，都需要在首飞中进行考核。另一方面，从政治的角度看，首飞也是非同小可的事情。新型军机的研制成本巨大，技术风险高，研制进度和质量要求都是很严格的，按时完成首飞是一项具有政治意义的任务。在这样的背景下确保首飞的安全，对研制团队而言，压力巨大。

站在航空总部歼10项目办主任的角度，晏翔看到的首飞是这样的：

飞机技术状态到位，各项工作已准备就绪。

在北京的总装、科工委、空军、航空总部领导一直关注着现场的进展，得到报告，拟派专机第二天赶到现场参加首飞仪式。首飞放飞签字仪式的会场已布置好，各路人员在大会议室也全部坐好。

这时，薛炽寿总工程师来报告，机务检查最后一次开车时，发现发动机底部漏了三滴油，请示刘高倬副总经理，明天怎么办?

大家来到现场，发现仅从外蒙皮和打开的有限部位，很难断定出现问题的原因。在机翼下，刘总低声问宋文骢："宋总，还能飞吗？"

宋文骢冷静地又把打开的部位看了看，回过头来果断地说："不能飞！"

此时，在现场的同志们都围拢过来，宋文骢环视了大家一遍，接着说："这件事发生得很突然、很意外，以致我们没有一点思想准备。是的，事情很小，仅仅就是三滴油的问题。但是……"宋文骢停了停，决绝地接着说："我的意见是，尽管我们已经万事俱备，明天北京的首长们就要到了，但我们在没有弄清这三滴油的来源之前，我们绝不能放过任何一个微小的疑点，绝不能让飞机带着一点点安全隐患上天！"

"我同意宋总的意见。"现场总指挥杨宝树、总工程师薛炽寿也发表了自己的意见。

"好，我把大家的意见综合一下，立即向北京报告，建议推迟首飞时间。"行政总指挥刘高倬当机立断，"质量、安全第一，连夜检查排故。"

现场指挥部组织人员，花了12天检查排故。在检查排故期间，宋文骢一直待在现场，与技术人员一起分析原因，查找故障，使问题得以解决归零。

终于迎来了1998年3月23日，01架机将进行首次飞行。

那天，天公不作美，雾蒙蒙的，能见度相当差。大家在起飞线眼巴巴地望着天，盼着能出个缝，给一会儿好天。

首飞指挥员钱学林、首席飞行员雷强承受着很大的压力。尽管他们在地面做了很久演练，面对国内首个这类战机，还是难免有些紧张。

总装备部曹刚川部长、空军乔清晨副司令员、中航总公司朱育理总经理等领导亲自来到了首飞现场。他们的到来对全线人员是极大的鼓舞，当然也增加了无形的压力。

机务准备结束了，屈见忠局长、试飞大队政委陪着试飞员走过去。远远望见，他们相互拥抱后，首席试飞员雷强进入了座舱。

此时，观礼席这边，人们全都注视着飞机，听着它开车、检查、滑出……大家屏住呼吸，等待着，空气似乎都凝结了。

终于，飞机开始滑跑、加速……

飞机前轮抬起，飞起来了！人们鼓掌、欢呼。只见它非常平稳地抬头飞上天空。尽管那天云层低，能见度不好，大家还是睁大眼睛，跟着声音找飞机。谁要是发现了，就会激动地叫喊道："看见了，看见了，在那儿，在那儿！"所有的人都会跟着他手指的方向看过去。

当飞机转到主席台上空时，只见朱育理总经理站了起来，频频向飞机招手。朱育理当时的神情并不轻松，而是充满着焦虑和激动，毕竟是第一次呀！

飞机在机场上空环绕飞行三圈后，降低高度，稳稳地从远处直奔跑道而来，大家又一次屏住呼吸……

飞机着陆了！首飞成功了！

那个瞬间，全场人员都叫了起来！多么不容易呀，凝聚着上万参研者十几年的努力、攻关、拼搏、奋战的成果，都在这一瞬间体现出来。

好多人流下了激动的眼泪，即使是"男儿有泪不轻弹"的领导、总师们，也都控制不住当时激动兴奋的心情，流下了喜悦的泪水。

记得那天晚上，现场组织了庆祝晚宴，可谁也没有心思吃东西，都在相互祝贺成功，相互感谢多年来的辛勤劳动。

晚上，心情平静后，我们几个又集合到一起，开始研究后面的工作了。

这一天，人们同时记住的，还有一个英雄团队——歼10首席试飞员小组。他们是：组长汤连刚，副组长雷强，成员李存宝、钱学林、李勇。

成飞公司的成玉萍记下了自己看到的首飞：

半年多来，歼10飞机首席试飞员小组成员一直下榻在环境

○歼 10 首席试飞员小组成员
左起：李存宝、汤连刚、雷强、钱学林、李勇

优美的成飞宾馆。首飞任务中五个人的位置已确定：试飞员由雷强和汤连刚互为备份；伴飞试飞员李勇；塔台指挥员钱学林；GDAS指挥员李存宝。

首飞前一天，大家和往常一样早早就起了床，走到窗前呼吸着扑面而来的清新空气。昨天，歼10飞机又经过三次地面滑行检查，从收集到的各种数据和综合技术指标来看，飞机状态良好，各种性能均较稳定，达到了首飞要求。

首飞的试飞员阵容已经确定：试飞员雷强，伴飞试飞员李勇，塔台指挥员钱学林，地面遥测监控站指挥员汤连刚、李存宝。伴飞飞机空中摄影师试飞院张虎林。

吃过晚饭，试飞大队政委刘勇明过来和大家一起研究第二天的首飞任务。从飞机开车、起飞到落地，每一个动作、每一个环节、每一个步骤……大家已不记得这是第几次了，但他们仍然很认真，不放过哪怕是最细小的一个环节、一个数据。

下午，远道而来的国防科工委领导、空军首长、航空总部领导以及老将军、老专家、老领导和长期拼搏在歼10飞机研制战线的各方面代表都已经在机场指挥中心塔台前就座。

整装待发的歼10飞机，像一只傲视苍穹的雄鹰，威武地停在宽阔的停机坪上，随时听候起飞命令的下达。

箭在弦上，张弓待发！

此刻，天气并不十分理想。按规定，首飞的气象条件，能见度应该大于5000米，云底高不低于3000米，云量应达到7个以下。而在飞行现场，能见度勉强达到5000米。

这次试飞绝不同于以往，这是歼10飞机首次升空。新机战术、技术性能的巨大提高和大量现代高新技术的首次应用，都有可能潜藏着上天之前无法预测的众多未知数，这次试飞会比以往任何一次都具有风险。

首飞现场气氛紧张而严肃。面对不利飞行气象的挑战，面对成千上万航空人的无限期待，首飞试飞员雷强感到有一种无形的压力朝自己袭来。

按以往不成文的惯例，参加新型号首飞的试飞员，往往会留下一纸“遗书”，向组织、亲人写上一些要说的话，大有壮士一去不复返的气概。然而，雷强的压力不是来自能否回来的考虑。从确定歼10飞机首飞试飞员的那一刻起，他早已把个人的生死置之度外。他的压力主要来自歼10飞机首飞的重大意义。歼10飞机耗资巨大，凝聚着数以万计的科研人员和工人师傅十几年的日夜拼搏的心血，牵动着全军将士的殷切期待。

“气象条件不理想，飞，还是不飞？”汤连刚把雷强拉到一边悄悄问他。

汤连刚太了解雷强了，雷强有精湛的飞行技术、丰富的飞行经验，熟知机场地形、飞机特性……他坚信雷强一定会成功。但现在，他需要雷强自己的信心。

果然，雷强毫不犹豫道：“多少天的苦练，不就是为了今天吗？飞！”

“你确定？”汤连刚追问。

“确定！飞！”雷强态度很坚决。

“好！”汤连刚在雷强胸前轻轻击了一拳。

首飞的决心就这样下定了。

接到首飞命令后，雷强在刘勇明政委的陪同下，驱车来到停机坪，与机务人员一起对飞机外部做了最后的检查。

这时，中航总部试飞局的屈见忠局长从塔台指挥中心来到雷强面前，当他看见雷强因战前的喜悦和激动变得满脸通红，自信的眼睛炯炯发光时，他知道那些鼓励的话不用说了。于是紧紧握着雷强的手，只说了一句话：“我们都期待着你的凯旋。”

就这样，雷强带着首长和战友们的嘱托，在屈局长和刘政委的目送下，以坚定的步伐登上舷梯，向在场的地勤人员和其他战友们挥手致意，似乎在告诉每一个人：放心吧，我一定会凯旋的。然后跨进座舱，关上舱盖。

雷强回到了自己的飞行世界，把全部精力都集中到了各种开关、设备和显示器上。这是他多年的飞行生涯养成的职业习惯。

随着气势磅礴、震天撼地的轰鸣声，歼10飞机犹如一支离弦的神箭飞驰而出，瞬间腾空而起，直冲云霄。

无数双眼睛注视着天空，飞机越飞越高、越飞越远，时而穿云，时而通场而过，呼啸而上……

原定飞机在预定高度飞三圈，为了对新型飞机掌握更多的感性知识，在油量较多的情况下，雷强主动在空中请战，要求再飞，经现场指挥中心同意，他在空中又多飞了一圈。

飞机在空中飞行近十几分钟后，非常平稳地安全着陆在指定位置。雷强从座舱中走下飞机，与前来迎接的机务人员、战友、公司领导拥抱……在人们的欢呼声中，在一束束鲜花环绕的时候，雷强再也控制不住自己潮水般的感情……在场的人们也都激动得热泪盈眶。

《宋文骢传》中详细记录了歼10第一架原型机首飞时宋文骢的感觉：“对首飞，我有信心有底气。”

宋文骢没有上主席台就座，他提前来到停机坪，平静地看着机务人员对飞机进行最后的检查。不久，首席试飞员雷强和

●歼 10 的试飞准备

早在 1988 年试飞院考察 611 所和 132 厂首次讨论歼 10 试飞时就开始了，至 2004 年的 16 年间，歼 10 试飞经过了试飞准备、它机试飞、首飞和调整试飞、设计定型试飞以及领先试用试飞等阶段。其中首飞前都是准备阶段，历时 10 年。10 年中，进行了技术攻关、基础设施建设、研制试验机、培训试飞员、开展国际合作以及飞机改装等工作。

试飞局屈见忠局长、试飞大队刘勇明政委也驱车来到停机坪，与机务人员一起检查飞机，等待指挥员的命令。宋文骢察觉到，今天的首飞，从空军的首长，到首席指挥员汤连刚、钱学林和首席试飞员雷强，都还是免不了有些紧张，这毕竟是他们第一次飞全新的静不安定的电传操纵飞机啊。

宋文骢能够理解他们。飞行有风险，试飞更有风险。根据国外的试飞情况，绝大部分电传飞机在试飞中都有过机毁人亡的事故记录；加之歼10飞机技术跨度太大、新成品比例太高，飞这样的飞机风险就会更大。

“其实在这个问题上，宋总是很高明很有远见的。他在设计飞机时，就报告了空军，要求将来新歼的试飞员要自始至终参与飞机设计。”飞控副总设计师谢经涛同志告诉我们，“空军组织了20多名优秀的试飞员，在模拟操纵系统上，让他们反复操作，反复飞行，然后设计师根据他们的需要和要求，飞机设计也反复进行修改，从不完善到臻于完善，从不成熟到趋于成熟，直到飞行员操纵起来得心应手，满意为止。这在我国新型战斗机研制史上还是第一次。”

宋文骢对这架飞机飞控系统设计的重视，也远远超过其他机种。其中机载测试系统和地面实时监控系统能够实现机上采集记录参数和地面实时监控参数，以往是没法相比的。飞机试飞时，地面可监控40余幅画面，试飞员操纵动作、系统的内在响应、飞机各种参数以及有关视频图像全在监控和记录之中。这些系统的响应，提高了试飞效率，也增加了试飞安全性。

首席试飞员雷强是试飞大队最优秀的飞行员之一。他的心理素质超出常人，飞行技术高超娴熟，飞过多种型号飞机，尽管在试飞生涯中屡遇凶险，他却临危不惧，果断处置过多种突发事件，每每都化险为夷。但今天他要飞的这架飞机，却是非同寻常。若试飞成功，那我国第一架第三代战斗机将横空出世；反之，不知又会推迟多长时间。

天空终于裂开了云缝，指挥塔上传来准备起飞的指令。宋文骢在远处和首席试飞员雷强做了一个手势，目送着雷强走向飞机。然后迅速回到塔台，在指挥大厅的后面找了一个不显眼的位置坐下。

飞机起飞了，全场的人们都在欢呼、跳跃、鼓掌，有人把手中的鲜花抛向天空，向飞机和飞行员致敬。

此时的宋文骢神态非常平静，没有人知道他是狂喜还是紧张，是激动还是欣慰，他的表现只有两个字可以形容：镇定。他把手放在前额上，注视着飞机平稳地抬头飞上天空，冲进云层，爬升到更高的天空。飞机已渐渐不见踪影，但他还是通过大厅前面的屏幕，观察着它飞的方位和飞行情况。

突然，现场有人激动地叫了起来：“快看，飞机，在那儿，在那儿……”

宋文骢站起来，顺着大家手指的方向望去。只见飞机像儿时他在家乡碧空中看见的一只老鹰，集平稳、舒展、凌厉于一身，正轻盈地在云雾中穿行。这时，宋文骢脸上才掠过一丝别人不易察觉的笑意。

飞机着陆了，机身后突地放开一顶大伞，继而，飞机稳稳地停在了跑道上。

首飞成功了！机场沸腾了，人们激动地相互握手、拥抱、欢呼、跳跃！躲在人群中的雷强的夫人这时再也忍不住了，激动而欣喜的泪水从她脸上簌簌落了下来。

就在飞机着陆的同时，宋文骢赶到了停机坪，他要去迎接凯旋的英雄试飞员——望着雷强走下飞机，宋文骢第一个上前和雷强紧紧拥抱，脸上洋溢着欣慰和胜利的微笑。

宋文骢陪伴着雷强向塔台方向走去，欢呼的人群为他们让出来一条通道。在雷强与从塔台上下来的首飞小组成员会合时，宋文骢正要离开，现场总指挥杨宝树一边喊着“快去”，一边把他推入了首飞小组的队列。

曹刚川部长、乔清晨副司令员、朱育理总经理等站在主席台上，迎候着试飞员和总设计师的到来，向他们一一握手表示慰问和祝贺！

雷强立正敬礼向首长报告，请求指示。曹部长握住他的手问：“这飞机飞起来怎么样？”

“报告首长，这飞机飞起来非常好！”雷强回答。

“你任务完成得非常好，辛苦了！”

“首长辛苦了！”雷强报告完毕，突然转向宋文骢并上前几步，举手向宋文骢敬了个军礼，兴奋地说：“宋总，这才叫真正的飞机啊！”

“很多人问过我，在歼10飞机首飞时，你的压力很大、心里很紧张吧？”事过多年，我们在采访宋文骢时，他思忖了一下，淡淡笑了笑，说道，“其实，歼10飞机首飞时，我有压力，但并不紧张，反而有几分坦然。

在签字放飞时，我有坚定的信心。为什么呢？因为我相信歼10的设计和研制过程，它的方案是先进的，它的设计是严密的，经过了无数的论证和反复的试验，是建筑在严密严格科学基础之上的产品，对此我有信心有底气。真正说起来，歼7Ⅲ首飞时，我倒还有几分紧张，担心起落架或什么地方出一点问题，两眼紧盯着飞机不敢移动。那毕竟是我主持设计和研制的第一架飞机啊。”

这就是一张白纸啊

首飞不易，定型更难。歼10是我国第一型三代机，它的定型试飞是从零开始，而且可以用“步步是坎”来形容。

新机试飞对飞机起降场域和飞行环境有严苛要求，春夏秋冬，白天黑夜，温度最低和最高，海拔最高和最低，侧风最大的机场，最容易结冰的空域，大气紊流中，海浪汹涌时……哪里情况最复杂、风险最大，哪里就有中国试飞人的影子：全疆域和全时空，一架架战鹰翱翔蓝天，一个个试飞人顶酷暑、战严寒……

然而，如果用冰山理论来描述，我们所看到的，其实只是科研试飞事业浮在海面上的冰山一角，科研试飞工作的技术要求和技术实力，往往隐藏在海平面以下。而暗藏在水底之下的更大山体，是经常被我们忽略的冰山最重要的部分。

最充分的试飞准备，是歼10试飞画卷浓墨重彩的一笔。

其实，歼10试飞用长达十年的时间做准备，原因是我国的三代机试飞几乎是从一张白纸开始的。

歼10是中国第一款真正称得上跨代的新机，它的新，也决定了试飞的新。以当时的试飞行业状态去承担歼10试飞，就像要求一个乡镇企业去运转和调试一个高度现代化的综合设施，存在着巨大的能力差距。对于歼10试飞，当时的主要差距主要存在于试飞技术、试飞设施、试验研究机和试飞队伍，特别是试飞员队伍等方面。

第一是试飞技术不满足。歼10是放宽静稳定性的数字式电传操纵飞机，这种飞机试飞所有必须解决的问题，如飞控稳定性、气动伺服弹性稳定性、人机闭环稳定性以及大迎角稳定性等，全部都是以往型号飞机试飞未曾涉足过的领域，虽然当时试飞院单轴变稳飞机已经研制出来，但还没来得及进行深入系统的试飞研究；歼10飞机采用了新颖的鸭式布局，较多地使用了复合材料，结构完整性试飞验证也是非常突出的问题；歼10飞机采用了高度综合化的航空电子系统，其功能几乎涵盖了当时航空工业所有最新的导航、通信、识别、电子战技术，特别是齐全的空/空和空/地武器系统，几乎综合了当时歼击机已装、正在研制和将要研制的所有武器系统；歼10的发动机与飞机相

●电传飞机的风险性

当飞机正常飞行时，飞行员很好操纵，工作负荷很轻，有人描述就像开了老式的桑塔纳，再开豪华奔驰，感到特别惬意。但在某种情况下，飞机飞行品质会突然变坏，国外称之为“飞行品质悬崖”，留给试飞员处置的余地很小，极易发生事故。国外类似的飞机如F-16、F-22、JAS-39、苏-27和中国台湾地区的IDF等型号，都在研制中摔过飞机，甚至损失了多名优秀试飞员。

容性，包括进气道和发动机相容性、结构相容性和系统相容性的问题，也都必须提前进行试飞验证。可以说，当时我们的试飞技术完全无法满足歼10的定型试飞。

第二是试飞设施不支持。歼10的试飞包线远远大于以往的飞机，试飞科目、风险科目和试飞架次都是二代战斗机的三倍左右，当时的试飞设施完全无法支持歼10试飞，必须要有全面的更新和配套。而对于歼10试飞而言，当时所有的试飞设施都没有现成可用的，即使有些零星设备，既不配套，技术指标也满足不了要求，不但必须重新配置，而且其中绝大部分都需要自行研发。这些设施包括试飞测试系统、地面试验仿真系统、颤振激励系统、反尾旋伞系统、飞行保障系统等等。其中尤以试飞测试系统最为复杂，无论是机载测试还是地面监控能力，都必须要有数量级的提高。

第三是试验研究机严重不足。按照国外经验，一代新机研制都伴随一批试验研究机的演试验证，70%以上的新技术和新设备都应事先经过试验机验证，以达到足够的成熟度。由于歼10采用的大多数关键技术和新设备都没有经过预研和试飞验证过程，2/3的机载设备都是新产品，如果把这些关键技术和新设备都依靠歼10本机去试飞验证，势必增大歼10试飞风险，延长试飞周期，而且有些内容几乎不可能安排本机去验证，如应急动力系统（EPU）、新型弹射座椅等。因此研制一些试验研究机成为当务之急，而且是要边研制边应用。这些试验研究机主要包括用于领先试飞技术攻关和控制律验证以及试飞员培训的空中飞行模拟试验机、新救生系统的空中弹射试验机、新型雷达电子试验机、EPU领先验证试验机、红外目标特性测量试验机等。其中雷达电子试验机和EPU试验机此前没有任何预研基础，需要完全重新研制。

○中国试飞艰难启程，走过不少弯路。“试飞从设计开始介入”的理念，一直到歼10试飞才真正开始实施。

第四是试飞员技术适应不了歼10试飞。对于第三代战斗机来说，飞行员对飞机操纵负荷应小于第二代飞机，试飞员的技术难度在于理解复杂的飞机及其系统，感知和综合大量信息，做到正确处置，灵活响应。在人机闭环回路中，试飞员既是传感器和执行机构，更是综合器和决策机构，因此，从某种意义上讲，他们不仅是飞行中的执行者，而且是专家。他们不仅要敏锐地感知飞行现象，而且对飞行现象要知其所以然，甚至要预知未然，才能有效识别和正确处置试飞中发生的事件，找出新机的缺陷，才能正确地与试飞工程师和设计师交流意见。拿这个标准去衡量，20世纪90年代初的试飞员，虽然其中有一些很优秀，但都没有经过正规试飞员学校的科班培训，都没有现代飞机的试飞经验，对于高难度、高风险的试飞科目更没有经历过。大多数试飞员不会应用科学的飞机操纵品质评价体系，而且试飞员的数量也不够。因此，加大试飞员选拔和技术培训力度势在必行。

这些巨大差距像四座大山一样挡在歼10试飞面前。

绕过去？这四大内容个个都是歼10试飞的必需，完全无法绕过。

搬走它，如何搬？

“改变它！”试飞院决心将这四座荒山改变成为我所用的青山。

1989年9月11日，试飞院上报了《关于歼10试飞工作规划和技术改造的请示》。

1989年11月1日，试飞院提交了定型试飞前需要预先研究的技术攻关课题。

1991年9月5日和1993年2月27日，两批18项技术攻关项目分别通过专家评审并立项。

以实现三代机试飞技术的全面跨越、整体提高和完成试飞任务为目标，试飞院启动了歼10试飞准备工作，其内容包括任务规划、试飞技术攻关和技术储备、试飞基础设施研发、试飞员和试飞工程师培训、试验研究机研制和它机试飞、试飞改装、对外合作等。

改造四座大山的战役全面打响，试飞院全员参与。电传飞机飞控系统试飞、模拟及其应用、非线性参数辨识试飞、人机闭环飞行品质试飞、气动伺服弹性试飞、静不安定飞机模型自由飞、进气道/发动机匹配评定试飞、高速和机动状态下弹射试飞、目标特性试飞、多普勒火控雷达试飞、微波着陆系统和塔康系统试飞以及歼教7“失速/尾旋”试飞等，一项一项被掌握；

飞机耦合特性试飞技术、电传操纵试飞技术、结构完整性试飞技术、试飞数据处理技术等，如今，都已成为试飞院的强项。

试飞基础设施的研发、试飞员和试飞工程师培训、试验研究机的研制等三个方面，十年间都取得了长足进展。

实践证明，挡道的荒山不但可以被改变，而且能够成为风景优美的青山。

中国试飞艰难启程，走过不少弯路。“试飞从设计开始介入”的理念，一直到歼10试飞才真正开始实施。

之前的试飞，大都是设计完成或者飞机出厂甚至完成调整试飞转到试飞院后才正式开始，这时的试飞改装，不但要考虑飞机的配重、相互间影响等要素，由于生产时没有考虑试飞仪器、线路的装配，所以，还要对飞机进行拆件、开孔、拉线、装表等，改装工作量大、时间长，严重影响试飞周期。而歼10试飞是将飞机改装设计和改装提前到了飞机设计期间，在飞机设计时，就协调了飞机内部有关的试飞接口、预留试飞改装和部分电缆敷设空间，实施了架内改装，大大缩短了定型试飞的改装周期。

之前的试飞，都是飞机完成设计后，试飞院才得到飞机相关设计数据，才开始根据这些数据和定型要求做相应的试飞准备工作，而设备、仪器、实验室、试验机以及试飞技术是否满足新机试飞的需要，也只有到这时候才知道。所以，注定了试飞是仓促上马。

歼10的“试飞从设计开始介入”，改变了以上不足和问题，加之歼10行政总指挥王昂坚持“型号与预研并轨”的管理思路，试飞院的预先研究跟上和促进了试飞进度，让中国三代机试飞在几乎是一张白纸的基础上，从艰难起步，直到取得胜利的成果。

之前的试飞，都是进入试飞环节后试飞员才开始接触飞机，熟悉飞机则还要有一个过程。在歼10飞机的研制中，我国开创了试飞员在飞机设计阶段就介入和试飞员提前到国外培训的先例。1990年11月1日至7日召开的歼10试飞员小组第一次工作会议就成立了由17人组成的歼10试飞员小组，并对其进行垂直管理。同时，从1993年到1997年四年间，共派出试飞员17人次、试飞工程师5人次前往俄罗斯试飞院和英国国际试飞员学校进行学习和专题培训。1997年6月，试飞院的二自由度变稳飞机IFSTA研制成功后，从1997年到2000年，对所有歼10试飞员又用变稳飞机进行了试飞培训，由经验丰富的试飞员李存宝担任教官。除了培训基本的飞行品质概念外，还针对歼10进场着陆控制律进行了模拟培训。

对试飞员队伍的建设和垂直管理的实施，使试飞员在歼10

飞机研制全过程中不但成为试飞计划编制的参与者和执行者，也成为飞机设计的参与者，对试飞安全、效率和飞机改进建议起到了决定性的作用。

1988年8月，630所刚刚完成了歼7Ⅲ、歼8Ⅱ、歼教7三机定型试飞，所长严京林带领总师周思礼和研究室主任周自全走访了611所所长成志明和132厂厂长侯建武，三个单位第一次就歼10试飞问题进行了讨论。

对于歼10这种具有先进气动布局、复杂电传飞控和高度综合化航电系统的飞机，飞行试验的路应该如何走是人们思考的问题。

1989年11月，部试飞局在611所组织了一次十号工程试飞研讨会，试飞院时任党委书记陈启亮、副所长屈见忠带领周自全和全昌业、寿圣德、杨龙等参加会议。周自全在会上提出了需要技术攻关的21个课题。这些提前介入的技术攻关，不但保障了歼10的进度和安全，而且使中国试飞技术和能力获得了大步跨越。

在航空总部十号办晏翔主任和试飞办李安屏主任的领导和支持下，十号工程试飞准备工作正式启动。1990年6月，李安屏主任和戈平院长带队去合作方考察。7月28日，周自全被任命为型号副总设计师，主管试飞工作。时任党委书记陈启亮说："这个副总设计师非周自全莫属，因为他懂电传操纵。"

领受这一极具挑战性的任务，周总兴奋得彻夜未眠。此时，他已从西北工业大学飞行力学专业毕业24年，主管完成过研究课题30多项。他说："十号工程技术含量高，富有挑战性，凭借这个平台，可以实现为国家做点大事、全面增强试飞实力的梦想。"但多年参与型号试飞的经历使他认识到：新型飞机发展越快，科技含量越高，其中蕴藏的风险性也越大。这不但是指技术上的风险，更包含着责任的风险。但他说自己有信心完成这一意义重大的试飞任务。

周自全的信心建立在多年丰富的试飞技术开发基础上，他的信心源自他对飞机电传操纵和数字技术的了解。虽然当时国内还没有研制电传飞机，但他在此前主管研制完成的BW–1变稳飞机（单轴变稳机）采用了数字式、全权限、具有变稳功能的电传操纵系统和机载数字式目标跟踪显示系统。这是我国第一架单自由度大范围可变特性的试验研究机，是一项高难度、高风险、技术复杂、综合性强的多学科研究项目。其所采用的数字式、全权限电传变稳操纵系统、电液伺服人感系统和数字显示系统等多项技术均为全国首创。从这个角度说周自全是"中国数字电传第一人”，一点都不为过。

领受歼10试飞任务，周自全的心情异常激动。他长期奋战在航空试飞第一线，他的愿望是为国家的航空发展做点大事，为中国的试飞事业发挥自己全部的所学所长。现在，歼10飞机给了他这个机会，他怎能不豪情满怀。

短暂的兴奋之后，周自全又陷入了深深的思考。作为全新理念的数字电传式飞机，歼10具有先进气动布局、复杂电传飞控和高度综合化航电系统，对于这些来说，当时的飞行试验面对的完全是一片未知的领域。他深知，歼10试飞，将从完全不具备条件开始，从必需的技术攻关和储备开始。

看准了目标，就有了动力。试飞工作正式启动了技改申报、技术攻关、考察合作，以及组建试飞员队伍等工作。

周自全曾在1989年11月召开的歼10试飞技术研讨会上提出了21个试飞技术攻关项目，重点是围绕电传操纵飞机试飞技术。上任试飞总师后，他又根据对三代机技术状态的了解，将歼10试飞准备工作的重点锁定在试飞技术攻关、试飞设施建设、对外技术合作、试飞员培训和试飞改装等方面。

按照1992年4月第一次试飞工作会议精神，周自全组织拟订了歼10试飞总体方案。该文件对试飞目的和目标、试飞内容、试飞方法、飞机任务分配、测试系统要求、试飞组织管理、单位责任分工、试飞技术攻关和设施建设、试飞员和试飞工程师的培训等工作进行了描述。在此基础上，又逐渐增加了一些专项研究，包括颤振激励系统（FES）研制、反尾旋伞系统研制、二次数据处理软件研发等等，这些试飞技术研究成果在后面的歼10试飞和它机试飞中得到了应用。而试飞设施建设方面，也进行了试飞测试设备、地面综合模拟设施、微波着陆地面站和

○歼 10 飞机副总设计师、试飞总师周自全领受这一极具挑战性的任务时，他已从西北工业大学飞行力学专业毕业 24 年，主管完成过研究课题 30 多项。

发动机外场试车台，以及遥测活动车、应急动力系统（EPU）地面站、塔康台的建立及研制。

而机载测试系统ADAS、地面实时监控系统GDAS、航迹测量系统、地面综合模拟设施、微波着陆系统、计量校准实验室、综合信息中心、综合科研楼以及综合空中飞行模拟试验机和雷达电子试验机的局部设备等保障飞行安全、提高试飞效率的物质基础试飞设施，也已列入技改计划。

这些研究逐步解决了由三代机带来的新技术、二代机也有但三代机更为突出的课题、二代机应该进行但由于技术条件不具备而未能开展的项目等三类技术难题，同时对试飞计划和管理模式科学化等方面进行了深入研究。

歼10试飞准备中特别注重试飞员的选拔和培养，造就了一批非常优秀的试飞员。他们对保障歼10试飞安全，完成歼10试飞任务做出了重大贡献。经过培训和歼10的磨砺，试飞员不但在试飞技术上已开始与国际接轨，而且思想素质和心理素质也得到了提高，试飞员应该具有正直诚实、谦虚求是、不哗众取宠、不趋炎附势以及对国家对历史负责的品质已经成为大家的共识。

试飞事业对试飞工程师的素质要求很高：既必须有全面的专业理论，又必须有丰富的实践知识，还要有驾驭工程运行的能力，必须是飞行试验技术的领军人物。所以，培养重点要放在具有创新能力的专家型和工程经验型等两方面，使他们成为理论基础深厚、专业知识面宽、经验丰富、工程能力强、具有创新精神的试飞工作者。

试飞工程师的培养，采用出国考察、国内外培训，以及国内承担课题、国外技术合作等多种方法。

20世纪90年代初，作为十号工程与国外合作的延伸，试飞技术国际合作的大门被打开。十年间，前往俄罗斯试飞院和试飞员学校进行试飞技术合作的人员达300多人次。

通过这些培训和国际技术合作，我国试飞技术人员大大开阔了眼界，了解了国际试飞技术发展的动态：不但了解了西方世界飞机试飞的新概念和新方法，而且了解了航空技术先进国家在试飞技术上的发展和进步，从而进一步了解了安全顺利完成歼10试飞我们应该如何做。

通过这些培训和国际技术合作，我国试飞工程师、试飞员以及机务人员的技术水平得到了很大的提高，做到了试飞项目的风险基本可控。

在2001年至2003年设计定型试飞期间，歼10飞机出现故障次数逾千，其中重大故障达几十项，飞机技术更改几百项，而飞控软件版本更是经过几次更改和升级，航电等其他系统软件的更改则超过百次，这对于试飞强度空前且飞机研制、排故、试飞、试用等各项工作高度平行交叉的歼10试飞来说，加大了试飞安全压力。但试飞人凭着高超的技术、高度的责任感，以及对试飞风险的预先防范和强有力的保障措施，克服了一个个困难，避免了一次次风险，安全顺利地完成了任务。

“你敢不敢立军令状？”

在试飞准备工作期间开展了国际合作，这些合作对于了解世界试飞技术水平、试飞程序和方法具有重要意义。特别是合作方代表了西方和俄罗斯两种试飞技术体系，与他们的合作达到了兼收并蓄的效果，形成了符合国情的试飞理念和技术体系。

但国家经费有限是歼10研制早期遇到的最大困难之一，加之当时不少人对试飞认识过于简单，从1990年到1995年期间，周自全不知跑过多少次北京，开过多少次论证、审查会。后来，由于经费增加，使审批更难，有很长一段时间，技改项目一直处于将批未批的状态，周自全心急如焚。

一个偶然的机会让周自全抓住了。1994年11月，国务院副总理邹家华要召开交通管制会议，当时试飞局的王世忠局长将参会。得知这个消息的周自全情急之下找到王世忠，讲出了自己要直接给邹副总理写信反映十号工程试飞准备因经费紧张无法尽快开展的想法，并恳请王世忠促成此事。王局长和计划局刘惠表示支持，刘惠亲自起草了信件。第二天，王局长把信交给了邹家华。邹副总理当场批示：“这件事非常紧急，请计委立即办理。”不到一个月，6000万元的紧急启动费拨下来了，整个试飞技改项目活了，周自全露出了久违的笑容。

歼10试飞险象环生，却奇迹般地做到了“没有发生一起等级事故”。这个奇迹的背后，除了有高素质的中国试飞人，还有新的高科技设备。

在长达八年的试飞准备中，试飞院购买和研制了许多高科技设备，其间，试飞总师周自全两次拍胸脯“立军令状”的故事，一直被大家津津乐道。

其中一项是颤振激励系统（FES）的国际合作。

颤振和气动伺服弹性（ASE）试飞是对飞机气动力学、结构动力学和飞控动力学之间耦合特性的试飞验证，属Ⅰ类风险试飞项目。以往的颤振试飞使用小火箭激励，飞机结构响应信噪比低，密集振动模态分辨难。对于气动伺服弹性稳定裕度，不但要测量各控制回路的输出，而且要测量控制回路的输入，因此小火箭激振实现不了其稳定裕度定量试飞，带有一定的风险性。为了解决这些问题，歼10颤振和气动伺服弹性试飞项目原打算与国外合作。

1993年6月，作为试飞技术合作的第一项内容，周自全等专家在北京京广大厦与外方谈判。中方代表是周自全和空军重型办的参谋赵士兵及试飞办主任李安屏等。

对方深知颤振和气动伺服弹性是歼10试飞的重中之重，而颤振激励系统又是其中的关键，便认定这是我方必求他们的合作项目，于是要价很高。

当时对外合作经费极为有限，其他方面的合作项目还有很多，所以我方在这个项目上的底线与之相差甚远。双方互不相让，一个项目一天多时间都谈不下来，谈判陷入了僵局。

合作方一个代表耸耸肩，摊开两手对周自全说："我们都是朋友了，你们还不信任我们？这让我感到很遗憾！"

他的傲慢激怒了大家，李安屏主任气得脸煞白，赵士兵参谋脸涨得通红，禁不住说出脏话。

陷入僵局的谈判暂停，合作方代表感觉"心中有数"，悠然自得地回房间喝咖啡去了。周自全、李安屏、赵士兵、寿圣德、齐连普、杨龙、全昌业等同志在宾馆大厅一角紧急商量对策。大家对谈判合作方的要价和强硬态度都很生气。

"把这个系统从合作项目里砍掉，不买了，我们自己搞。"突然，沉默了半天的周自全轻轻地说出了这个决定。在场的人都感到很突然，半天没有人接话。

周自全深入地谈了自己的打算。他心里有数，因为类似内容他在研制变稳机时已经涉及，同时他对试飞院科研人员的能力非常有信心："我坚信，没有老外，我们也能行。"尽管大家对结果未知，但出于多年来对周自全的信任，同意了他的想法。

当休息结束，外方谈判代表听到第一句话后就蒙了。

周自全："我方决定取消颤振激励系统的合作。讨论下一个合作项目吧。"

"什么？这怎么可能？你们是研究不出来的。你们不能这样做，我，我要……"对方非常诧异。

为了把这笔钱节省下来进行更需要的合作，对这个当时使对方大为惊讶的决定，领导中也有人质疑。但周自全心里明白，这绝不是头脑发热。

谈判结束后，一位领导担心地打电话"告诫"周自全不要头脑发热。周自全拍着胸脯道："我们并不是意气用事，我们有信心，信心来自对我们自己科研实力的把握。”

周自全带有底气的磁性中音让人不得不信服。

周自全确实不是冲动，他随后提出了自行研发的方案。沙长安、吕杰、田福礼和李建平等同志深入研究，开展国内合作，在主机所的支持下，成功地研制出颤振激励系统，功能和性能远优于原计划引进的系统，而花费的成本相当于对方开价的美元换为人民币。

事情没有完，由于该项试飞太关键，为了更有把握，经研究决定将我们的方案请对方评审一下。没想到的是，对方评审的要价居然比原开出的价码高很多，而且要求向他们提供全套图纸和软件代码。没有退路，只有完全自力更生。最后在主机所的支持下，通过了铁鸟台上的综合试验。该系统第一次投入机上使用时，成飞许德副总师高兴地说：“这才叫高科技！”

像这种拍胸脯立军令状的事情，周自全还干过一次，即在制订先进的试飞测试系统ADAS/GDAS的方案论证时。

ADAS/GDAS系统是国家计委于1995年批准确定的歼10技改项目。在制订系统方案初期就存在着两种意见，一种是“交钥匙工程”，即全部依赖国外，全套购买。另一种是主张自研：总体方案和软件工程自己研发，分系统和部件采取采购与自研相结合。

当时部分管理层和科研人员对自研方案心存疑虑，认为全套购买比较“稳妥”：因为这套系统太复杂，第一次自研这种系统，技术难度大，如果因此拖了整个工程的后腿，后果无法想象。所以宁肯多花钱也要确保万无一失。

“交钥匙工程”确实是一种有效途径，但周自全有自己的想法：“我们靠洋人吃饭的日子到底要持续多久，难道真的要世世代代吗？”他想起自己一直倡导的“自我为主，依靠自己的力量不断进行技术探索和开发，建立健全我们自己的航空技术体系”观念，想到工程的保密安全、周期和经济承受力等问题，想到这种“削足适履”应用模式的不足，想到将来在试飞中该系统出现问题需要排故，或试飞要求和方案需要调整时都得请老外参与，一是花钱，二是耗时，更重要的是国防安全无法保障。“不，这是绝不允许的。”

经过周自全、齐连普、霍培锋、白效贤和谭斌禄等人慎重考虑，决定了“总体方案和软件工程自己研发，分系统和部件采用采购与自研相结合”的方案。

这决心不好下！

下这决心得承担多大的责任啊！

● ADAS

机载数据采集系统，是指在飞机上安装各种测试设备，感受、采集和记录飞机及其系统的功能和性能响应参数。通常由各种传感器、调节器、采集器和记录器组成。记录器存储采集到的数据信息可以输送给遥测发射机，发送到地面监测站。

● GDAS

地面数据采集系统，是指地面站通过遥测接收飞机上发送的信号，经过数据综合、同步、解码，转换成物理量，供各类专业人员进行实时数据处理、显示和监控，并将遥测接收信息进行存储。

“你敢不敢立军令状？”一位军方领导严肃地将了周自全一军。

“敢！”周自全立马拍胸脯道。周自全清楚，自己之所以敢拍胸脯，一是因为有总指挥王昂和院长戈平的支持，二是因为身后站着齐连普、霍培锋、白效贤、张俊民、谭斌禄、黄振中等试飞测试专家团队。

打造能揽“瓷器活”的“金刚钻”

三代机试飞要求高水平的试飞员，这个“高”包括思想水平、心理素质，也包括技术水平。

试飞员是试飞的主体，是飞机设计的重要参与者。歼10所有的试飞活动，包括方案制订、任务单优化、试飞讲评、总结报告等工作，他们不但全程参加，而且有否决权。

试飞员出身，曾任空军副参谋长的葛文墉在谈到歼10成功的经验时曾深有感触地说：

对歼10飞机的试飞准备工作我们做得扎实、充分。除了试飞手段建设外，我们还下功夫抓了试飞员的准备。我们投入了大量经费，对承担任务的试飞员进行各种培训，使他们熟悉、了解第三代战斗机的试飞技术和有关问题。实践证明，歼10飞机的试飞工作之所以能如此顺利，和下大力气抓试飞员的培养直接相关。

坊间曾有歼10“试飞员五子”“虎虎生威、无所不能”的传说。“试飞员五子”说的是歼10首席试飞员小组的五名成员。

歼10试飞员小组成立之初，成员包括汤连刚、雷强、钱学林、李存宝、李勇、李中华、张景亭、徐勇凌、邹建国、郭新生等。小组成立的同时确定：试飞员的试飞技术培训工作由歼10试飞总师负责。

之后，歼10试飞员培训全面铺开。

1995年10月12日，歼10首席试飞员小组成立，组长汤连刚，副组长雷强，成员李存宝、钱学林、李勇。五人本就是好朋友，相互间只用昵称：刚子、雷子、宝子、林子、勇子。这就是歼10“试飞员五子”的由来。

然而，“虎虎生威、无所不能”的歼10“试飞员五子”在刚刚接触三代机的时候，也被三代机狠狠“嘲笑”过。

1992年6月，一批试飞员与飞控设计师、试飞工程师一同前往国外进行控制律优化品模试验，对方交给我方试飞员一份任务卡片，上面只有阶跃、脉冲、BTB（从一侧坡度向另一侧坡度）等要求。当我方试飞员要求对方解释如何做时，对方回答非常干脆："Your job.（这是你们的任务。）"尴尬间，歼10试飞总师周自全和试飞员李存宝连夜赶编了一套用于飞控和飞行品质试飞的17个标准动作（后来完善为23个），供我方试飞员使用。

三代机对试飞员的要求太高了：

第一，试飞员要懂得三代机。因为试飞员要参与飞机设计，尤其要参与飞行控制律和综合航电人机界面设计，而三代机的设计师不是仅仅设计飞机，而是在设计一个包括飞行员和飞机在内的人机系统，所以，必须要有懂三代机的试飞员参加。

第二，试飞员要懂得三代机试飞，知道如何激励飞机的响应，知道飞机响应的特征是什么，知道怎么从这些响应中去辨识飞机或系统是否正常，从而确定下一步"GO"或"NO GO"。

第三，试飞员要具有准确的判断能力和敏捷的反应能力。三代机飞行边界宽、系统功能和运动模态复杂，要求试飞员有更强的感知信息和综合信息的能力。

第四，试飞员要具有"桌面工作"能力，必须能够将飞行中的感知变成技术语言与他人交流，变成经验传给专家和部队使用人员。

而当时我国试飞员完全无法满足三代机的试飞要求：除个别试飞员外，大多数人没有理工学历的背景；没有经过正式的试飞专业培训；没有飞过三代飞机；除少数人接触过一些飞行品质、电传操纵、变稳飞机、平显和火控雷达等试飞外，大多数试飞员对这些非常陌生；对国际通用了几十年的飞行品质评定标准，大多数人都不知道，更谈不上应用；除了飞行外，大多数人没有正规写总结、评述和技术交流等"桌面工作"的习惯。

试飞员在歼10研制中扮演着极为重要的角色，他们既是试飞计划编制的参与者和执行者，又是飞机设计的参与者。纵观世界航空事业的发展历史，人们不难看出，试飞员对试飞安全、质量、效率和飞机改进起着决定性的作用。

试飞员无法适应三代机试飞要求的局面必须改变。

曾经，航空部为解决试飞员缺乏问题，于1984年、1985年、1986年连续三年在高校毕业生中选拔了100人作为试飞员种子，安排到部队进行飞行培训。经过全部考核后，有人淘汰了，有人提干了，有人留在部队了，只有13人回到试飞院，远远不能满足新机试飞对试飞员的需要，同时也宣告了以这种方式培养试飞员的失败。

必须采取新的方式。

歼10研制总指挥王昂下了决心：建立我们自己的试飞员学校；送试飞员出国培训；请国外试飞专家到国内讲课；加快变稳机的研制速度。

1988年，王昂带队，李安屏、严京林以及王昂的秘书王勇随行，到国家教委请示：成立试飞员学院，学生在航空院校毕业生中选拔，毕业后授予双学士学位，补充到试飞员岗位。

当时国家教委主任是李铁映，常务副主任是朱开轩。国家教委非常重视，但朱开轩在接待王昂时无奈地表示："国家有规定，要想成立学院、授予学位，一般要考验五年以上。"

怎么办？

经过充分调研协调后，王昂提出一个比较灵活而且可行的方案：试飞院不单独搞试飞员学院，而是将其挂在西工大研究生院底下，作为一个二级学院，对内称"西工大试飞员学院"，对外称"中国试飞员学院"，学生毕业由西工大研究生院颁发证书。朱开轩赞成并报李铁映同意。

试飞员学院的工作终于可以开展下去了。

在与国家教委沟通的同时，试飞员学院的筹备一直在进行，1989年9月9日，"试飞员训练班"开班。1991年9月11日，第一批试飞员训练班学员毕业，开创了中国试飞员培训的先河。

1994年4月1日，经国家教委批准后，中国试飞员学院在试飞院正式挂牌成立，它的诞生使我国成为除美、俄、英、法外世界上第五个拥有集教学、科研、试验和试飞于一体的专业试飞员教育机构的国家。

至此，中国试飞员培养走上了自主办学之路。

中国试飞员学院依托试飞院和西工大的教学资源，开展试飞员招飞和培养工作，是我国培养高层次试飞员的专业学院，被大家称为"最少学生、最高学历的高校"。

如今，中国试飞员学院已经与国际接轨，一批批优秀试飞员从学院毕业，其中相当一部分成为中国试飞事业的中坚力量。

科研试飞是一项特殊的事业，除了试飞本身所具有的风险性、危险性和冒险性外，还具有科技含量高和技术要求强的特点，要成为跨世纪的试飞员，必须不断进行高科技知识储备。

试飞员到国外进行培训，歼10的力度最大。

20世纪90年代初期，时隔30年后，俄罗斯格罗莫夫飞行研究院重新向试飞院开启合作之门。中国试飞人抓住大好时机，突击与俄方进行广泛的试飞技术合作。

按照统一部署，整个对俄合作合同均通过中国航空技术进出口总公司（简称“中航技”）实施。试飞技术对俄合作的中航技负责人是牛新棠，试飞院老院长戈平和蔡元久被派驻莫斯科三年。在俄罗斯市场经济制度不完善的条件下，他们为合同的顺利完成做出了重要贡献。

当时与俄方签订的合作项目中，将近80%与歼10试飞技术合作相关，其中，试飞员培训就是重要内容之一。

从1993年到1997年四年间，多次派出试飞员、试飞工程师前往俄罗斯试飞院和俄罗斯试飞员学校培训。其中时间最长的是一年，最短的两个多月。总共完成理论课1000多学时，在苏-27、米格-29等七个机种上飞行1000多架次、500多个小时。

1993年10月27日至1994年10月28日，试飞院派试飞员张景亭、李中华和徐勇凌到俄罗斯格罗莫夫试飞员学校进行了历时一年的全科培训。其间，他们完成了13门、588学时的试飞理论课的学习，在攻克了俄语关、理论关、地面实习演练关后，飞行了米格-21、米格-23、米格-29、苏-27、安-24和图-154六个机种，并在毕业时提交了高质量的论文，均获得俄罗斯三级试飞员等级证书，同去的试飞工程师周建新获一级主管工程师证书。后来，三名试飞员成为歼10和其他机种试飞的主要骨干。

“失速/尾旋”试飞被认为是考验试飞员勇气和水平的顶级试飞科目。几年中，我国先后选派包括试飞员雷强、卢军、李存宝、李中华、汤连刚等八人次前往俄罗斯进行“失速/尾旋”试飞培训。

此外，还选派了五名试飞员到俄罗斯进行性能、操稳、飞行控制律等内容的培训。

通过这些专题培训，中国试飞员首次体验并熟悉了苏-27等第三代战斗机的试飞，驾驶技术开始与国际接轨，他们不但学习了俄罗斯的试飞技术，而且领略了俄罗斯试飞员的技术水平和精神风采；

通过这些专题培训，试飞员和试飞工程师学习并掌握了相关技术，如大迎角试飞技术、飞控系统空中飞行模拟技术、颤振激励和载荷测量技术、动力装置试飞技术等；

通过这些专题培训，试飞院引进俄罗斯一批试飞资料、软件包，购买了一批试飞设施和设备。

1998年2月17日至27日，英国国际试飞员学校校长詹姆斯到国内来授课，为试飞员们介绍了电传飞机的试飞技术和特点，并在飞行品质模拟器（FQS）上模拟演示，进一步加深了试飞员对三代机试飞的技术理解。

在与国外飞行教官和试飞员的交流中，中国试飞员不但提高了技术水平、理论学识和工程观念，而且促进了自己由工程执行型向工程研究专家型的转化，养成了积极思考、深入钻研的习惯，试飞评述和建议的技术含量越来越高，切中要害。

尽管组织了国外培训，但试飞员培养的重点还是在国内。

从1990年年初开始，歼10试飞员全面参与飞机研制。为了让他们了解和理解歼10飞机，歼10设计师们从1995年到1997年分三次为他们系统授课。

这些授课使试飞员们从接受不了到能够对飞机设计提出需要改进的问题，进步飞快。到最后一次的首飞前系统培训时，试飞员们已经进入角色，提出的问题相当深入，特别是跨系统的综合交联问题，以致在十多人的设计师队伍现场联席解答环节中，总设计师宋文骢幽默地把"能不能经得起汤连刚的发问"作为对设计人员的一种"考核"。

611所飞行品质模拟台（FQS）和航电综合模拟器（DSI）逐步投入使用后，试飞员与之形成密不可分的关系：一旦试飞中出现设计方面的问题就返回FQS和DSI，进行修改—再试验—再试飞。而且这种关系一直贯穿于飞行试验的全过程：既是试飞员帮助设计的过程，又是试飞员向设计师学习、了解飞机和提高工程能力的过程。

尽管国外培训对歼10试飞员产生了重大影响，但具有最关键、最直接影响的，还是结合歼10试验的培训。

试飞员技术水平的提高还来源于试飞实践过程。每一次试飞技术会议，每一份试飞任务单和试飞报告的讨论，都是一个相互学习和提高的过程。歼10试飞中试飞工程师编写的试飞任务单和试飞技术文件都成为试飞员学习的材料，都是他们试飞技术应用和提高的过程。

个人素质加上刻苦钻研的精神是试飞员技术水平迅速提高的关键。在FQS和DSI上，在会议室和宿舍里，在塔台、起飞线和监控站，到处都有他们学习、讨论、争论、记笔记、做卡片、座舱实习的身影，他们的技术水平大幅跨越。

而后，试飞员又在模拟器和变稳机上进行了培训。

经过这么多种形式的学习，歼10试飞员已经完全能够适应三代机试飞了。

ADAS/GDAS，一切都在掌控之中

一个试飞方案、一个试飞计划、一套试飞测试系统和一支试飞队伍的"四个一"方针，从歼10试飞一开始就被严格执行。

● "四个一"方针

基本含义是：一个统一的试飞总体方案；一个包括首飞、调整试飞和定型试飞的前后衔接的试飞计划；一套贯穿始终的设计、改装和使用维护的测试方案；一支由设计、研制、试飞和使用方人员组成的试飞队伍，包括一支由试飞团、试飞大队和空军试飞员组成的试飞员队伍。其核心内涵为：厂、所、院、军目标一致，资源共享。

其中作为"一套试飞测试系统"的ADAS/GDAS研制成功，为歼10试飞的安全优质做出了巨大贡献。

歼10试飞测试系统空前复杂，与以往型号试飞比较，测试信息种类最全、数量最多。这一方面是飞机及其系统验证的需要，特别是总线信息采集和记录的需要，另一方面是保证飞行安全的需要，因为大量系统内部信息的记录和监控对于保障试飞安全和故障分析至关重要。第三方面是提高试飞效率的需要，每一架飞机记录参数越全越多，各专业之间和各单位之间就越能做到更大程度上的资源共享，各飞机任务也可以进行动态调整，有利于加快进度。

歼10试飞时，在3个试飞场地安装了4个地面遥测监控站（GDAS），8通道遥测监控数据流；配有5部活动遥测车、1部卫星数据通信车。此外，还有光学经纬仪、精测雷达、RCS测量雷达、红外特性测量吊舱、弹射座椅测量系统、人体生理参数测量系统、自由飞模型测量系统、机翼变形测量系统、外挂载荷测量系统、气动压力分布测量系统等专用测试系统，其中大部分新测试技术是歼10试飞首次采用，大部分新测试系统是专为歼10试飞而研发的。

与以往型号试飞相比，歼10试飞的测试能力，包括机载测试参数和地面遥测监控参数都提高了10~20倍。例如1004架机采集记录参数近7000个，机载测试电缆总长近万米。

尽管歼10试飞参数采集记录量大，但歼10试飞却做到了80%的试飞数据实时或准实时处理，事后二次数据处理也能够在当日完成，真正做到了不因试飞数据处理而耽误当日或次日的飞行。

歼10试飞测试系统由试飞院主研，在研制中突破了传统的大系统全盘引进（"交钥匙工程"）模式，采取自行研发、适当利用国外先进技术、牢牢掌握技术主动权的新路子，把我国

○地面遥测监控站（GDAS）
与以往的型号试飞比较，歼10试飞测试系统单架机载测试参数由300个提高到6000个，新增视频测试6通道；地面实时监控参数由100个提高到2000个，监控画面由几幅增加到几十幅；80%的试飞数据做到实时或准实时处理，事后二次数据处理由几天缩短为几小时。

的试飞测试技术水平提升了一个很大的台阶。

测试系统主要由机载测试系统（ADAS）、地面遥测监控系统（GDAS）、二次数据处理系统（MFTDPS）等分系统组成。与以往的型号试飞比较，单架机载测试参数由300个提高到6000个，新增视频测试6通道；地面实时监控参数由100个提高到2000个，监控画面由几幅增加到几十幅；80%的试飞数据做到实时或准实时处理，事后二次数据处理由几天缩短为几小时。

1999年2月28日，国外某航空工业总公司主管试飞的总师在试飞院参观GDAS时由衷地惊叹："这是中国的NASA！"

NASA是美国国家航空航天局，是统领美国乃至全世界尖端航宇科技发展的机构。他说的NASA，是联想到了美国德莱顿飞行研究中心和休斯敦发射中心。外国专家的赞誉从一个侧面反映了歼10试飞测试和试飞技术所取得的成就。

由于歼10飞机广泛采用航空先进技术，功能多，系统复杂，使得歼10飞机的试飞内容多、科目新、风险大，特别是四余度数字飞控和综合航电系统采用的总线系统使试飞测试内容和数量剧增；新试飞观念的采用，特别是综合试飞和互为备份的思想使得本来就量大的测试参数又成倍增加；歼10飞机的试飞对地面实时监控能力和数据处理周期都有极高的要求……原来的试飞测试条件远不能适应歼10试飞的需要。为了保障飞行安全和加快试飞进度，配置现代的试飞测试系统势在必行。

面对歼10试飞对测试需求数量级的提高，在准备周期只有4~5年的苛刻要求下，如何配置这套系统，人们都在思索。典型的意见有两种。一种是沿袭以往的路子：整套系统从国外购买，考察、签合同、培训、验收；另一种是立足国内研制，调研、研发、集成、试验。两条路子各有利弊：前者把握性大，轻松，皆大欢喜，但花钱多，使用中丢不掉洋拐棍，系统出问题就得请洋人，少则两周多则月余才能恢复飞行；后者创业艰难、风险大，有可能出力不讨好，但省外汇，有技术主动权，系统问题国内解决，基本不影响飞行进度。两种思路在人们头脑中激烈斗争。

1990年6月，以试飞办主任李安屏为团长、试飞院院长戈平为副团长的代表团考察国外合作方。一个小国家，没有几年的航空发展史，那么复杂的ADAS和GDAS，他们竟完全自行研制，给代表团成员们一个不小的冲击：因为以前刻在脑海中的印象是，先进试飞测试设备全部来自美国的特里达因、法国的SFIM等国际大厂商。

1991年1月，通过与国外交流，大家进一步懂得了一个道理：为了现代航空的国防安全和试飞效率，不但试飞测试技术必须一流，而且进度和风险必须可控。一个“自力更生研制歼10试飞测试系统”的信念逐渐形成。

1993年6月，以歼10试飞总师周自全为首，以中国测试专家齐连普、霍培锋、白效贤、谭斌禄为成员的专家组来到了另一个自力更生精神极强的国家——俄罗斯进行考察。

在莫斯科到列宁格勒的火车上，包厢成了会议室，“ADAS和GDAS的研发途径”成为激烈讨论的话题。

分析国内技术实力和条件；坚持掌握技术主动权；确保歼10首飞节点……

周自全：“怎么样？我们能不能自己干？”

齐连普：“能，我们自己能干。”

霍培锋：“自己干，我们有信心。”

周自全：“有没有把握？这个系统对歼10试飞很关键，不允许出错的。”

齐连普：“我们有这么优秀的测试技术团队，过去多难的事咱都干成了，这个我们也能干成。”

周自全：“那我们下决心自己干？”

齐连普：“成，我们自己干。”

讨论取得了一致意见：“方案自行设计，专用硬件自研，软件自行开发，个别项目合作，通用设备引进，自行综合配套和系统集成。”

在以往的型号试飞中，人们遵守的试飞测试原则是：测试要求尽可能简单，测试设备尽可能引进。而现在试飞院竟提出自行研制这样一套先进复杂的测试系统，上上下下都存在一种疑虑和担心：国家如此重要的项目会不会“砸”在试飞测试上？在北京的一次讨论会上，一位负责领导问：你们敢不敢立军令状？参加会议的试飞总师周自全拍着胸脯斩钉截铁地回答：我们敢立军令状！

1994年2月17日，以齐连普为总设计师，霍培锋、谭斌禄、白效贤、张克泰为副总设计师的ADAS/GDAS研制总师系统成立了，一场试飞测试系统研制工程攻坚战拉开了序幕。

机载测试系统是飞机试飞获取真实数据的手段。以前新机试飞所需的机载测试设备都是到试飞前才根据需要而配套采购和研制的。但歼10飞机总体技术水平有了跨越式的提高，定型试飞对测试系统提出了很高的要求，而我国当时大量使用的“骊山”“秦川”等试飞测试系统只能适应二代机试飞的需要，在性能上远不能满足要求，因而不能沿用过去临渴掘井的方法，而必须在飞机设计研制过程中就考虑到飞机的首飞、调整试飞和定型试飞的机载测试的需要，作为整个工程的一部分同步安排研制。

早在1989年，试飞院就开始进行歼10飞机试飞测试技术准备了。在歼10飞机的各种技术状态尚未确定的情况下，试飞院先期组织人员调研和了解国外第三代战斗机试飞测试的特点、难点及所使用的测试系统和设备。特别是1990年6月组团去合作方参观访问时，齐连普等人参观了对方的试飞测试系统研制和使用现场。在此基础上，根据初步了解的歼10飞机试飞要求，提出了歼10飞机试飞测试系统的初步框架,由霍培锋编写了“歼10飞机试飞机载测试系统”初稿，试飞院在此基础上对方案进行了完善和细化，编写了测试系统立项论证报告，于1992年1月5日通过立项。这是一个瞄准世界一流试飞测试水平的、用于我国第一型三代机的机载测试系统方案。

这套系统的建设按照稳妥、先进和主动的原则，采取自行研制的技术途径：系统自行设计；设备分三类，部分由试飞院自行研制，部分由国内外合作研制，部分从国外采购；子系统和总系统全部由试飞院调试、集成。最后经飞行鉴定后提交歼10飞机试飞使用。

1996年，试飞院自行研制的设备完成了，随后，国内外合作研制的设备、国外采购的设备陆续来到试飞院，开始进行各种设备和子系统的调试、集成工作，而后又开始进行与飞机航电系统、飞控系统以及ADAS与GDAS系统的联试等工作。

1997年年初，顺利完成实验室的调试、分系统综合集成、系统联调试验等工作。而后，在运7飞机上对装机的ADAS系统进行了鉴定试飞。6月，ADAS机载测试设备运抵成都试飞现场，提交歼10原型机装机使用。ADAS在成都1001飞机上的两年多时间内，圆满完成了机上地面试验、飞机排故、低中高速滑行、首飞和调整试飞的机载测试任务，为歼10飞机的研制提供了大量珍贵的地面试验和飞行数据。

在ADAS系统研制过程中，科研人员紧紧依靠自己的力量成功地攻克了一个又一个的技术碉堡，打破了国外技术垄断，登上了一个个机载测试的技术高峰，在保证歼10试飞的飞行安全、加快试飞进度中功不可没——

1998年1~3月，歼10飞机1001架首飞前从低速到高速滑行达70次之多，主要原因是新研防滑刹车系统问题较多。地面监控站监控着每一个滑行过程，实时处理和显示着系统参数。依据这些数据，研制人员及时找出了飞机滑行偏离是因为左右刹车压力不对称、抱轴脱胎是由于刹车压力过大等原因……排除了故障，保障了首飞成功。

2001年5月27日，FES地面进行鸭翼激励时，实时监控人员孙勇军和曹修治发现右鸭翼扭转频率下降了4.5Hz，现场立即决定停止试验。机务人员检查发现鸭翼大轴松动脱出。如果不是有一套有效的实时监控系统和专业精深的科研人员，这种故障不可能通过外观发现，因为轴承在机体内部。如果飞机带故障上天，右鸭翼必然松脱失效，飞机完全失控，后果将不堪设想。

2001年，试飞员宫庆辉驾驶1001架机飞行时，突然出现垂尾和方向舵剧烈振动情况，由于地面监控人员及时发现并急令试飞员收起减速板，飞机恢复了平稳。因为这种高频振动源试飞员很难凭感觉判定，如果没有这套测试监控系统，发生在其他飞机试飞过程中的舵面飞掉事件，很有可能重演。

2002年5月31日，试飞员李存宝在进行低空超声速试飞时碰到机翼油箱不输油故障：给试飞员显示的总油量不少，但实际供油箱油量只能维持十多秒飞行。由于地面监控人员的及时发现并指挥试飞员收油门返航，避免了灾难性后果。

2002年7月1日，1004架机正在起飞滑跑中，GDAS监控人员、发动机专家程德金突然报告发动机参数异常，指挥员急令中断起飞，事后检查，发动机燃油调节器出故障。

2004年1月1日，胜利完成定型试飞任务的最后三架飞机转场阎良时，地面指挥员郭新生发现正在滑出的1006架机飞控系统处在备份模态，于是及时指挥试飞员纠正，将飞控转回主模态，使飞机顺利完成转场。

2005年7月28日，试飞员张伟林驾驶1016架机进行导弹靶试，当他截获靶机准备发射时，雷达突然丢失目标，瞄准圆消失，地面指挥员急令停止。两秒过后，雷达重新截获目标，指挥员急令发射，最后击中目标，靶试成功。如果不是GDAS监控和指挥，要么中止发射，损失靶机；要么盲目发射，靶试失败，靶机和导弹都损失。

ADAS/GDAS技术在歼10上的使用，使歼10试飞实现了空地一体化。导弹发射、炸弹投放、空中加油……测试监控将空中试飞员和地面指挥监控团队凝为一体。

有了ADAS/GDAS，试飞员不再是孤军奋战；有了ADAS/GDAS，让一切都在掌控之中。

如今，ADAS/GDAS技术已经扩展到全国所有试飞场地，应用于许多新型号试飞。2003年，类似的系统已出口国外。

从过去的全盘引进到现在的全套出口，中国试飞测试完成了具有划时代意义的转变。

不可或缺的它机试飞

●它机试飞

这是一个广泛的概念，除了新型飞机本机试飞，一切围绕该新机试飞所进行的、在其他飞机上的试飞统称为它机试飞。

歼10飞机采用世界上当时在役飞机所有的先进技术，其中机载新成品达到60%。这些新技术和新成品成熟度很低，如果所有科目全聚集在歼10原型机上试飞，其风险是可想而知的。为了分担歼10飞机的压力并保证试飞周期，许多试飞内容必须提前在歼10之外的其他飞机上进行。于是，“它机试飞”成为歼10试飞准备工作的重要组成部分。

它机试飞是歼10飞机试飞工程的重要分支，大大减轻了歼10的负担。从1994年到2002年，先后共进行20多个项目、10多架飞机、600多架次的它机试飞，主要包括：变稳飞机空中模拟、技术攻关和试飞员培训；雷达、微波着陆和塔康系统、应急动力系统和弹射救生系统等领先试飞或鉴定；模型自由飞、目标特性和“失速/尾旋”等试飞技术研究。加上配试的目标机、干扰机、伴飞摄影等飞机，总试飞接近1300架次。

由于歼10是跨代飞机，尽管试飞院是国内唯一的专门试飞机构，但在当时却几乎没有一架可用的试验研究机，所以歼10的它机试飞是从试验机和试飞设备的研制开始的。

歼10它机试飞的内容主要包括技术攻关试飞、科研试飞、试验研究机的定型和鉴定试飞。

在歼10试飞的主战场，歼10本机试飞是辉煌的；同样，在歼10试飞的分战场，它机试飞也是辉煌的，有许多都可载入歼10试飞的光辉史册。负责歼10它机试飞的副总师杨龙曾以《不应忘却的纪念》为题撰文，讲述了自己在歼10它机试飞中的难忘经历——

歼10的弹射座椅是为歼10飞机专门设计的新型救生系统，与我国已定型的其他型号座椅相比，集多项新技术于一体，有十多项技术改进。但歼10飞机救生系统的工作能力到底如何，必须用事实说话。歼10弹射座椅鉴定试飞就是在实际的飞行条件下，验证弹射救生系统的工作能力，验证程控器在实际高度、速度条件下的预期工作能力，验证机动飞行状态下的救生能力，对个人装备进行实际检查，为产品设计定型提供依据。

对这套救生系统的鉴定试飞要求很苛刻，必须准确、连续地获取座椅和假人从弹射出舱直至落地全过程的轨迹和参数。

这是一场异常艰难的技术攻坚，是一场保护飞行员生命的战斗。然而，影响试验成败和飞行安全的因素众多：救生系统本身和试飞改装的数十个火工品必须精确可靠地工作；裸露的伞包必须能承受强气流的吹袭；座椅出舱稳定装置必须工作正确；飞行员必须准确掌握弹射击发时机；测试系统必须工作正常；两套经纬仪系统必须及时跟踪和转换，以捕获各自独立运动中的飞机、弹出的假人和座椅……

众多环节中的任何一个小小失误都会导致试验失败，而试验失败不仅仅让数百万元试验费打水漂，更严重的是可能危及飞机和试飞员的生命安全，动摇试飞员和各方领导对救生系统的信心，进而贻误型号试飞的整体进度。

结论是显而易见的：试验只能成功不能失败！

经过近一年的精心准备，熬过了无数个不眠的日日夜夜，终于完成了——

座椅弹射数学模型建立和运动轨迹的理论计算；

座椅和被试系统在试验机上的设计和改装；

机载测试和假人测试系统的研制与改装；

GPS和经纬仪引导系统研制；

座椅回收技术攻关、弹射试验场地的选取、经纬仪系统布站、拖带稳定伞绳安全性和头靠伞箱防气流吹袭能力验证试飞。

……

弹射条件准备就绪，出发。

2000年10月2日，人们还沉浸在国庆假日的欢乐气氛之中，歼10救生系统弹射小分队整装上路，奔赴夫水靶场。

通信车、遥测车、经纬仪拖车、电源车、联络车……长长的、由奇奇怪怪的车辆组成的车队以及先导车上严峻的公安保卫人员引来了路人的好奇："这一定是一次不寻常的征程。"就连值勤的路警，虽然不知道这个车队的含义，却也情不自禁地行了一个长长的军礼。

车到夫水已过中午，为赶在日落前把两台经纬仪和辅助设备安装到位，全体成员来不及吃饭，顾不得休息，直接进场选点布站。

陡峭的坡路，狭窄的场地，雨后泥泞的田野，使庞大的经纬仪活动站毫无回旋余地。现场领队和全体成员在困境中不退缩，不等待，车拖不成就肩扛手推，连续工作了几小时，硬是把两台经纬仪推上安装基座。定位、安装、架平、调试，两台经纬仪终于傲然屹立在靶场高地之上。此时的它，仰望长空，俯瞰大地，静待那辉煌时刻。而在泥泞中的人们却一个个筋疲力尽，瘫坐在地，连笑的力气都已用尽。

接下来是训练、演练飞行；试飞方案、测试方案、风险科目和正式弹射试验放飞等一系列的评定和审查……准备工作终于全部到位。

2000年11月17日，一大早人们就在翘首以待。在夫水弹射现场，小分队的队员们已经仰望天空苦守七天了，今天，太阳终于露出了笑脸，实弹弹射可以开始了。

这是一个严峻考验的时刻——

飞行员能准确地在预定的最佳时机按下弹射按钮吗？

座椅能正常弹出吗？

救生伞能顺利张开吗？

人、椅能正确分离吗？

机载、假人载等五套测量系统都能正常工作吗？

远在离机场数十公里外的经纬仪测量系统能及时捕获到试飞载机吗？能在弹射瞬间正确转向跟踪高速弹出的座椅吗？

……

太多太多的问号，沉甸甸地压在每一个参试人员的身上。

激动，紧张。

试飞程序一遍遍在心中复查，设备检查情况一遍遍在头脑中回放。

终于，听到各方参试人员沉稳的报告：

假人准备好。

座椅准备好。

机载测试设备准备好。

飞机准备好。

GPS准备好。

经纬仪一站准备好。

经纬仪二站准备好。

阎良碧空。

夫水湛蓝。

……

此起彼伏的报告声，声声在阎良和夫水间回荡，字字紧扣心弦。终于，听到了机场指挥员坚定果断的指令：

09号可以起飞。

随着发动机有力的轰鸣，06号飞机伴着09号弹射机腾空而起，肩负着历史的重托，带着人们的期盼，像两支离弦的利箭，呼啸而去。此时此刻，夫水弹射现场上几十双眼睛仰望长空，瞪视远方，焦急地搜寻着飞机的影子，人人都期盼能第一个听到引擎轰鸣。

现场安静得几乎可以听到自己的心跳声，经纬仪的镜筒像要塞上的火炮，威严地指向前方起伏山峦的上方空域……

突然，临时指挥所电台传来亢奋的指令声：

经纬仪一站发现目标。

经纬仪二站发现目标。

经纬仪一站截获目标。

经纬仪二站截获目标。

09号通电。

09号通电完毕。

准备弹射。

准备完毕。

弹射！

一声声，一字字，声声斩钉截铁，字字震天动地。

随着空中一声闷响，歼10座椅被弹射出试验机座舱。两秒钟完成了“人”椅分离，首次弹射成功了。

飞机伴着轰鸣，带着依稀可见的火光，拖着一缕轻轻的白烟来了，那缕白烟中，伞、座椅、假人看得清清楚楚。

飞机呼啸着从我们头顶掠过，天女散花般在碧空中撒下色彩缤纷的伞花……

飞行员弹射时机准确无误。

经纬仪一站截获假人好，跟踪好。

经纬仪二站截获假人好，跟踪好。

座椅落地。

假人落地。

现场沸腾了，人们忘掉了往日的庄重，不见了平日的威严，手舞足蹈、放声欢笑。泪水让我眼前一片迷蒙，我跟着欢快的人群，在刚刚耕耘过的田野上一路狂奔，冲向落点。

落日的景色是那么迷人，刚刚落地的假人，安静地、半倚半靠地跌坐在渠边，几个不知情的乡民正围在他身边焦急地询问：“你咋了？哪儿不舒服？”望着假人那憨态可掬的模样，听着乡民关切的话语，我真的出声大笑了，不是因为乡民的憨厚，是因为它已无疑地告诉我们：“假人完好无损，首次弹射试验完全成功。”

成功了，我们取得了座椅和假人从出舱到落地的完整轨迹和数据。这是弹射系统研制史上的一大突破，也是试飞史上的又一个创举。

歼10飞机弹射救生系统它机试飞创造了我国试飞史上最大弹射飞行表速、滚转和俯冲角、大下沉率以及倒飞机动弹射等多项纪录。这种试飞不可能在歼10本机上实施，也是地面试验无法完全替代的。

通过这项试飞，验证了歼10弹射救生系统的先进性和可靠性，同时也发现了该系统存在某些不可接受的缺陷，据此研制部门进行了改进和优化。这也许是对我们艰辛付出的最大慰藉。

正当我带着欣喜的心情随着欢快的人们在田野里奔跑时，手机铃声响了，是上级机关领导来电。我喘息着，满心欢喜地准备报告成功的喜讯时，手机那端的声音却让我怔在原地："杨总，雷达试验机的进度要抓紧，火控雷达试飞进度绝不能再拖。"是鞭策，是信任，更是严肃的批评。宛如一盆冷水浇头，我立即冷静下来：一座更高的山峰还矗立在我们的面前。

来不及喘息，来不及擦干汗水，来不及品味成功的喜悦，来不及欣赏那峰顶的无限风光，我们立即打点行装，向着前方那另一座高峰进发。

如果说弹射试飞是一次登顶的挑战，那么，火控雷达它机试飞更像是走过一片拓荒之路，是在一片前人未曾开垦过的生土地上播种、耕耘。

使用它机完成火控雷达试飞基本科目，缩短本机试飞周期，化解本机试飞风险，节省试飞经费，在试飞方案策划上是一个新思路，对试飞院新研制的运8CA雷达试验机也是首次探索和尝试。加之火控雷达定型试飞是国内第一次对这种体制火控雷达的全面考核试飞，考核的功能状态多达数十种模式，有些项目是首次全面考核，试飞、测试方法均需新的探索，因此与过去其他型号雷达定型试飞相比，这种雷达定型试飞对技术、工作量及测试方案都提出了更高要求。

飞行试验的第一步是飞机改装。飞机第一阶段改装是包括被试雷达、测试系统在内的近百台系统和设备的改装，特别是需在飞机上加装视为禁区的220伏交流大功率电源，其工作量和难度极大。

自运8CA雷达电子试验机交付后，相关人员就没有了节假日休息的概念。由于进度要求，飞机改装要在15天内完成，尽管改装前技术准备较为充分，但那毕竟是涉及飞机构型、近百台设备和系统的大型改装，正常改装周期至少要一个月以上。其时正值盛夏，飞机停在改装厂房门外，气象预报西安的温度已持续10天超过38℃，最高达40℃，骄阳似火，在只能用两台风扇通风的、温度超过50℃的机舱里，十余名改装技术人员和工人夜以继日地工作着，他们的衣服就没有干过。当外号叫"小七"的工人师傅从座舱地板下钻出来时，在场的人都惊呆了，只见汗水顺着他的头发、脸颊、胳膊像小溪一样往下流淌，全身的衣服像从水中捞出一样紧贴在他清瘦的身上，走过的地板上赫然留下一串水淋淋的脚印。他们在以生命的极限挑战酷暑，创造奇迹。

然而，设备受不了了，安装到飞机上的测试系统多为商用计算机，它们无法承受高温的考验，机上通电时，微机“死机”、惯导“告警”、服务器“运行错误”……致使机上地面检查和调试工作无法正常进行。

型号在等待，国防装备在等待，怎么办？

“让设备躲开酷暑。”副总设计师郭平凡带领课题人员白天分析问题，夜晚或凌晨上机调试。每天只有三四小时的睡眠时间，连续突击一周，排除了惯导与雷达相位不一致等30余项故障和问题，按节点完成联试，交付了飞机。

首飞成功后，接下来进入大强度试飞：每一个试飞起落代表着一天十多个小时的工作。

正常情况下，每次试飞时间是这样的：飞行前准备1小时；飞行3~5小时；飞行后例行检查1小时；机场待命平均1小时；雷达或设备排故调整平均2小时；数据处理3~4小时。也就是说，平均每天11~14个小时的工作。

就是这种工作量，一干就是将近三年，近千个日日夜夜。我们可以骄傲地说：“我们从未因人影响过飞行，从未因准备不到位耽误过一个可飞天气。”

记得2001年春节前的腊月二十八，飞机机械师在上飞机开门时，由于过度疲劳，整个人结结实实地从工作梯上摔了下来，下巴上磕了寸把长的一个口子，血流如注。强行被送到医院缝了五针后，他又悄然回到了飞机上。此时，停机坪上他洒下的那摊鲜血，在冬日暖阳下显得格外殷红。

○运8CA雷达电子试验机，2000年2月投入使用。使用它机完成火控雷达试飞基本科目，缩短本机试飞周期，化解本机试飞风险，节省试飞经费，在试飞方案策划上是一个新思路，对试飞院新研制的运8CA雷达试验机也是首次探索和尝试。

两位课题女主管晕机，稍有颠簸就呕吐，但飞机一进入试验状态，她们也立即进入状态，精心操作，经常是边吐边工作。每次飞行落地后，她们几乎连笑的力气都没有了。飞行后又要立即分析、处理数据，准备次日的飞行，日复一日，年复一年。

空勤通信员眼眶撞伤，骨头可见，缝合七针后，因无人替补，第二天缠着绷带继续参加飞行。

由于雷达工作的特殊性，试飞要求的航线长，留空时间长，并要求载机和目标机之间无云，因此空域申请困难。由于试飞资源所限，试验机还同时穿插进行了歼10导航系统它机定型试飞科目，这些更加大了试飞的难度。此外，定型试飞过程中军方对雷达指标又进行更改，因此相应调整了雷达技术状态，一些已完成的项目需重新验证。种种原因造成雷达它机试飞任务一度进展不顺，影响了原型机装机雷达及航电系统的研制进程，为此，试飞院采取措施，处处开绿灯。型号办助理员刘纳每天坚持在现场及时协调解决问题；我坚持每次飞行后主持数据分析和工作协调，确认数据的有效性，并制订每个飞行架次的试飞方法和精确计划；飞行计划确保每个架次有效；在试验机上加装雷达内部总线数据记录计算机，为尽快发现和解决飞行中的问题提供第一手资料，加快排故、调整进程；对被试雷达技术状态进行动态控制。

为配合雷达试飞航线和气象条件的要求，航管部门打破多年来每个飞行日每架飞机只报一主一备计划的常规，试验机计划每次报一主三备，甚至四备，根据气象条件变化实时调整试飞计划：如果天气好，云高满足要求，则双机（载机和目标机）飞空空上视；如云高不够，则双机飞空空下视；如能见度不满足目标机起飞条件，则单机飞空地动目标指示（或飞对海功能）；如要求的空域不能满足要求或海上风浪太大，目标舰船不能出海，则在本场上空飞空对地测距功能，真正做到不放过一个可飞天气。

这样一来，一纸计划好做，但对课题、机务、飞行调度及空勤机组准备来说，工作量却成倍增加。

雷达对海探测、下视尾追状态下探测和抗干扰能力考核验证试飞，是在山东高密进行的。

试飞期间，参加试飞的载机运8CA雷达电子试验机和目标机歼7飞机在该机场都是单机种，而且远离保障基地——阎良和汉中，增大了保障难度。特别是运8飞机，在阎良就备件不足，一旦缺件可能要由远在汉中的182厂和其他附件厂协作提供。阎良距高密约1500千米，汉中到高密直达火车要行驶36小时，汉中到高密甚至青岛都没有直达飞机，按常规，送件至少要48小时。而这个时间，歼10研制进度不允许。

同时，在高密进行雷达试飞涉及空域多，而且跨军区。包括济空、北空、北航、南空等空域和海域，包括高密、潍坊、诸城、济南、周村、济宁等机场。近海试飞，风云变化较内地快，并且飞机与舰船要统一行动，还要考虑海上风浪的因素，较单纯的空空飞行受气象影响更大。载机和目标机所在基地——高密，目标船停靠港口——龙口，配试干扰机苏–27机场——济宁，三地间相距400~500千米，这些因素大大增加了雷达试飞统一行动的协调难度。每一个试飞计划协调，俨然像一次大军区的联合军事行动。而航空总部领导和试飞院领导在视察高密工作时，要求飞机排故不能超过24小时。怎么办？

182厂欧阳厂长亲自拍板，建立了高密—阎良—汉中快速通道：一旦现场缺件，182厂立即派人携件以最快速度、最佳路径送到高密；阎良指派专人负责跟踪协调，以确保通道畅通。试飞院院长沙长安特许：若排故需要，高密试飞人员坐飞机可以“先斩后奏”。

快速通道的建立，有效地克服了通常外地试飞停飞（等）待（备）件的弊病，在极端不利的条件下确保执行了飞机排故不超过24小时的指令，居然奇迹般地创造了大飞机科研试飞月飞行架次数最高纪录。

让我们来看一次排故纪实：

15时20分，飞行中发现运8CA机上的三发转速表指示错误；

17时50分，机务隔离出故障原因：三发转速表故障；

18时10分，电话打到阎良、汉中寻求备件。

汉中182厂紧急与莱阳海军机场协调，请求就近解决飞机备件，支援高密试飞。

18时40分，莱阳机场海军某师答应从飞机上拆件支援试飞。

18时40分，待命的高密试飞队专车出发，直奔莱阳机场；

19时50分，莱阳机场已将备件拆下并包装完毕；

22时50分，高密派出人员到达莱阳立即携备件返回；

次日凌晨2时20分，备件抵达高密，机务立即装机调试。

15时20分发现问题到凌晨2时20分收到备件，短短11个小时，宛如生命接力。当我们拿着连夜送到现场的这套沉甸甸的备件时，深深体味到全军、全民对新装备的迫切期待，更感到肩负责任的沉重。

7时50分，通电检查全部完毕，一切正常；

9时00分，飞行。

三年试飞期间，人们已经分不清工作日和休息日，更不关注哪天是节假日。

为了抢进度，为了不与部队争空域，我们利用“八一”建军节部队停飞空域空闲时机，组织大强度飞行。运8CA飞机一天飞行两架次6小时，飞行员在场时间高达8小时。

机长说：“我参军飞行30多年，建军节飞行是第一次，这么大强度试飞更是闻所未闻。”

面对试飞航线协调困难，济南空军副司令朱远斌亲自担任试飞领导组组长，正式下文给各配试单位布置任务，要求部队全力配合。航空总部产品部部长晏翔、试飞院院长沙长安在济空科研处王永坤大校处长陪同下，到潍坊与空五师师长商谈，得到他们的大力支持。由于空十九师面临部队年终考核，苏-27飞机配合试飞困难，影响高密试飞最终任务的完成。作为高密试飞队队长，我在空十九师所在地济宁坐镇十多天，每天直接向师长申报飞行计划，保证苏-27飞机的配合，推进了试飞进度。

2002年12月25日，随着雷达试验机轻盈平稳落地，高密试飞画上圆满的句号。

歼10雷达它机定型试飞从2000年2月到2002年12月，历经雷达试验机改装、测试系统研制、系统联试几大攻关阶段，再经球罩调整试飞、尖罩调整试飞、本场定型试飞和转场高密外地试飞等几大战役，前后历时32个月，仅配合试飞的就有歼6、歼7、苏-27飞机及海上巡逻艇，全面完成了定型试飞大纲规定的全部科目，为歼10雷达提供了充分的定型依据。

试飞专家周自全在总结歼10试飞的经验教训时说，试飞工作有一个基本法则，即：尽可能不在一种技术跨代的飞机上去尝试不成熟的试飞新技术，以免影响新机试飞安全，耽误试飞进度。因此，试飞技术本身也需要事先在它机上突破后才能用于歼10试飞。

事实证明，尽管歼10试飞采用大量试飞新技术，但在歼10数千架次的定型试飞中，没有因为试飞技术而报废一个起落。有些技术不成熟的机载设备不一定会影响飞行安全，但会影响试飞进度。比如在歼10试飞中，因为惯导系统没来得及进行它机领先试飞，所以直到2002年下半年，惯导系统还有十多项技术攻关措施尚未落实。惯导系统不成熟又直接影响其他系统，特别是火控系统性能，因此在一定程度上造成火控系统试飞等工作的被动。整个空空导弹试飞验证都不得不压缩在最后一年进行。周自全认为，作为一条教训，今后的新机定型试飞，凡是有条件可以独立飞行验证的新技术和新产品，都应该安排它机试飞。

一个新型的弹射救生装置，除了进行一系列的地面试验和它机试验外，本机的空中弹射试验是必不可少的检验手段。

高速和机动飞行状态下弹射试验，在我国是空白，而国际航空界，也只有西方为数不多的两三个国家掌握这个技术，难度可想而知，其试验方法和技术都无处借鉴，全部需要自己研究。

歼10救生系统的空中弹射试验要在水平、俯冲、滚转、俯冲拉起、倒飞、大速度等六种状态下进行，其中两次平飞（含一次大速度），四次机动飞行状态（俯冲、横滚、下沉和倒飞）。这些状态都是Ⅰ类或Ⅱ类风险科目，而弹射座椅的新技术，更是给试飞带来技术难度。2000年11月的首次弹射，仅是完成平飞延迟开伞状态下的弹射，其余五种状态弹射，个个都是高风险。

歼10飞机在倒飞状态下的空中弹射，是最险恶的状态，属Ⅰ类风险科目。2001年6月13日，试飞员张旭向这一禁区发起攻击。

为了使试验更有代表性，倒飞弹射将在2000米的高度进行。

难！高度仅仅2000米；

难！飞机在倒飞状态下；

难！试飞员在不到10秒钟内要完成几十个动作；

难！任何一个微小的差错都会导致试验失败，甚至……

难度可想而知。

而最让人担心的是，在倒飞状态下，飞机的供油系统将无法正常工作，只能使用特制的倒飞油箱，而倒飞油箱的供油最多只能维持十几秒，如果此时发动机停车，将没有空中起动的机会，后果不堪设想。

上午9时30分，张旭按照试飞任务书的要求，操纵飞机180°滚转，进入“倒扣”状态，发出“打开摄像机”口令。座舱内，张旭头向大地，他迅速对正天地线，同时再次检查飞机高度、速度等，整个过程在不到2秒钟内完成。

“弹射！”一团耀眼夺目的火焰从飞机后舱向下喷出，巨大的反作用力使飞机在“倒扣”状态下产生了上下几十米的落差颠簸。

10秒钟后，张旭通过无线电得到了弹射成功的喜讯。

“联合试飞”模式

1992年4月2日至4日，第一次试飞工作会议在北京召开。会议成立了试飞工作领导小组，组长王昂，副组长李安屏，成员有戈平、薛炽寿、陈启顺、晏翔、陈淮秋。领导小组办公室设在当时的航空总部试飞办。

会议明确了试飞院为歼10试飞技术总负责单位，611所为飞机技术状态负责和技术支持单位，成飞公司为调整试飞和飞机保障负责单位。会议确定，歼10试飞采用“联合试飞”管理模式，以试飞院抓总，组成“联合试飞”队伍，按照一个试飞方案、一个试飞计划、一套贯穿始终的试飞测试系统和一支试飞队伍（含试飞员队伍）的“四个一”方针组织试飞。

1994年4月14日，周自全被任命为歼10试飞总师，王子方、许德为试飞副总师。1994年10月14日增补杨龙为试飞副总师。1995年1月，歼10试飞领导小组成员调整为：组长王昂，副组长毛德华和屈见忠，成员晏翔、陈淮秋、陈启顺、薛炽寿、周自全。1996年1月22日，领导小组成员中增加李文正（1998年11月8日，611所由戴川接替王子方为试飞副总师）。

在试飞院，确定了行政和技术两条指挥线。从1990年开始，历任院长戈平、陈启顺、沙长安先后担任试飞行政线总指挥，技术线总指挥一直由周自全承担。

试飞总师系统把握着整个歼10试飞的技术过程，负责有效地指挥和协调现场试飞工作，是歼10试飞任务完成的组织保证。

按照“四个一”方针要求，试飞院于1994年编制了《歼10飞机试飞总体方案》，提交1995年3月第四次试飞工作会议讨论。按照会上各方面提出的意见，试飞院对该方案进行了修改。1995年10月试飞工作协调会再一次讨论、完善了总体方案。

《歼10飞机试飞总体方案》分析了歼10试飞特点，明确了包括安全原则、联合试飞原则、综合试飞原则在内的工作原则，确定了试飞工作阶段的划分、试飞内容、飞机试飞任务分配、测试要求和方案、试飞组织管理、试飞员培训、试飞与飞行模拟的结合、国际合作、试飞计划和试飞现场管理等工作。

《歼10飞机试飞总体方案》是指导歼10飞机试飞进程的顶层设计文件，是新型飞机试飞科学化的第一步，而《歼10飞机设计定型试飞大纲》则是试飞的指令性文件，是设计定型试飞的法定依据。《试飞大纲》决定了歼10设计定型试飞的全部内容，既是代表国家对其进行全面考核验收，也是对其设计目标是否达到要求进行验证。

“联合试飞”的实施，改变了以往飞机研制出来后再考虑试飞的传统观念。歼10试飞工作与飞机研制基本同步：试飞员介入飞机设计；试飞改装在飞机设计和装配阶段就开始实施；试飞队伍在铁鸟台和品模台上进行培训；机载测试系统和颤振激励系统在铁鸟台和飞机上进行地面综合试验。同时，设计和研制人员自始至终全程参与试飞工作，控制飞机技术状态，分析和解决试飞中发现的问题。军方科技人员、飞行员和使用人员参与试飞各项活动，监控试飞质量，掌握试飞信息。

歼10飞机研制是一项庞大的系统工程，涉及航空、航天、电子、材料、兵器、机械、化工、轻工等14个部委120多家参研单位，空军直接参与研制和管理协调工作。为了贯彻“联合试飞”，有利于集中人力、物力和飞行保障，歼10本机的定型试飞采取尽可能集中试飞的原则，包括主场地原则。2001年至2002年，飞机全部集中在阎良试飞。2002年至2003年，所有的参试飞机和试飞队伍全部集中到西线进行大强度试飞。大强度试飞时，西线参试人员最多时曾达到500人。

“世纪大转场”

试飞是一个极其专业的科学技术领域，又是一个天南海北、驰骋无边的战场。对试飞人来说，试验飞机的转场既司空见惯，又极为审慎，因为转场的飞机还处在成熟度不高的状态。歼10的“转场”因为是歼10试飞浓墨重彩的一笔，也因为其规模庞大而被大家称作“世纪大转场”。

1001架飞机的转场是设计定型试飞开始的标志。

1999年12月20日，星期一。

对全中国来说，这是个难忘的日子，这天零时，澳门回到了祖国的怀抱。

对中国试飞人来说，这个日子还有一个意义：这是中国第一型三代机歼10首架机首次转场阎良接受定型试飞考核的日子。

下午，成都机场、阎良机场都插着五色彩旗，美丽的少女捧着鲜花，成都在送，阎良在迎。

成都天气尚好，但阎良的天气不作美，一层淡淡的薄雾始终不散。

按照当时飞机5000米能见度的飞行要求，基本处于边界状态。试飞院气象台报：“5000米够了。”到西安基地指挥部的气象员那里，变成了“5000米勉强”，到了兰空司令部，又成了“5000米不够”，每一个传递环节都有衰减。

气象员们“谨慎”，试飞现场的人们着急。阎良—西安—北京，电话来来回回呼叫，成都温江机场的转场试飞员雷强在飞机上几上几下，阎良机场接机的总师周自全翘首以盼，指挥员汤连刚望眼欲穿。

试飞院科技部部长吕杰将电话打到北京；在北京的空军重型办副主任郭新生询问一圈后，电话直接打给时任兰空副司令员马晓天，既懂飞行又了解歼10的马晓天当机立断，指示空军西安指挥所：“接机。”转场试飞员雷强再次登机。

14时58分，雷强驾驶1001架飞机从温江机场起飞。

这是歼10的第一次转场，阎良—温江电波川流不息。

成都GDAS一直将飞机送出300千米以外：“请接收。”

当飞机距离阎良340千米时，GDAS发现了1001：“接收到。”紧接着，接机指挥员汤连刚与雷强对上了话。

一切都在按照事先设计的步骤平稳进行。

15时45分，雷强操纵1001架飞机在阎良机场上空来了个漂亮的滚转后安全降落，引起现场一片掌声和欢呼。

歼10首次转场成功。

12月24日，成飞公司机务人员到阎良现场交接飞机。

25日，试飞院机务人员准备飞机；

26日，试飞员座舱复习和演练；

27日，试飞团团长汤连刚驾机实现转场阎良后的首飞；

2000年1月7日，试飞团副团长李存宝完成了第二个架次的试飞；

1月19日，试飞员李中华和张景亭分别完成了歼10试飞的改装。

至此，在短短的20多天时间里，实现了四名试飞员歼10原型机的首飞，证明歼10是一种很容易被飞行员掌握的、“好飞”的飞机。

1001架机经历了两个月的补充改装和飞机排故后，4月23日，李存宝驾机重上蓝天，正式拉开了设计定型试飞的序幕，后续各架飞机也都按照节点投入了定型试飞。

而后的两年多里，歼10的多架原型机在阎良机场进行了多个项目的试飞。

2002年元旦刚过，总装备部和空军提出要求：为了集中精力进行大强度定型试飞，所有试验机和试飞人员全部集中到戈壁大漠的西线进行试飞。

中国试飞史上最壮观的试飞主场大转移开始紧张筹备。

由于设备特殊，转移采取天地一体，汽车、火车、飞机共行的方式。

3月1日，航定办王方主任在阎良主持召开了歼10技术状态检查会。

为了保障转场飞行安全和转场后的试飞效率，成都和阎良两个战场上的人们夜以继日，来回往返成都与西安之间，确保不把遗留问题带到西线。为了做好接机准备工作，4月13日，试飞副总师余俊雅带领先遣队伍前往西线。

4月15日，一列有着21节车厢的军列从试飞院专线（试飞院有自己的火车专线）的站台出发。专列装载了近千吨重的设备仪器，随行近百人（挂了一节硬座车厢），驶向西线。

因为火车是军列，又是临时加的，沿途车站计划员以为是设备车，所以，途经西安、宝鸡、天水、定西、兰州等兵站时走走停停，一共运行了67个小时才到达目的地，比正常火车多用了一倍的时间。

除一列火车外，还动用几十辆汽车、四架次伊尔-76飞机。汽车拉着100多人的队伍和几百吨的上千箱物资，浩浩荡荡由阎良经西兰公路向西线进发。

西兰公路见证了几十辆保障车辆的翻山越岭，空中走廊也听到了伊尔-76飞机的轰鸣，而歼10飞机的安全大转场，是人们更加关注的。

4月28日，晏翔、宋文骢、王玉星和杨有新等到现场开会，进一步确认飞机转场技术状态并安排1001架机换发等工作。

5月5日，在阎良机场，科研人员正在对新一代测试系统做转场前的最后一次空中试验，以保证歼10转场的万无一失。

塔台上，机场中，GDAS监控指挥大厅内，人们严阵以待。

当飞机爬升到万米高空时，试飞员向GDAS监控指挥中心报告："液压油管爆裂，机身逐渐失去了操纵能力。"指挥员命令："检查ADAS记录开关，立即返航。"

真悬啊，如果是在转场途中，后果不堪设想。由于ADAS系统工作可靠，安全记录了这一故障状态，为设计单位的排故提供了第一手技术资料和数据。很快，故障排除了，为飞机顺利转场扫清了障碍。

5月11日和15日，在阎良的歼10飞机全部完成转场，试飞员分别是李存宝、张景亭、李中华、徐勇凌。长达一个月的歼10试飞主场空前大转移顺利完成。

西线的跑道，又宽又长，唯一的问题是"高龄"。水泥板块的边角可以用手指抠起碎片，虽经修复但仍不能满足要求，对飞行安全影响极大。为此，试飞现场指挥部的第一个战役就是组织检查跑道："拉网检查"。40多人一字横队，拉网式往前检查需要修补的位置，居然画出2000多个圆圈。随后，西线指战员们在白天保障正常飞行的情况下，硬是经过七个夜晚，完成了全部跑道修补工作。也就是从那一天开始，一支由现场试飞队组成的业余跑道检查队，每天飞行结束后，三四十人一字排开，一丝不苟地拉网式复查，以防跑道上掉的渣给飞机进气道造成危害。

5月27日，1001和1005架机实现西线的首飞。

8月28日，1003架机从温江机场转场西线。

2003年4月2日和6月10日，试用批两架飞机从温江机场先后转场西线。

至此，歼10设计定型试飞的参试飞机全部集中到主场地。

集中在西线的参试单位将近40个，人员最多时达到500人。为了加强现场的协调指挥力量，2002年6月21日，中航一集团和空军科研部联合下文，成立试飞现场领导协调小组，组长王义生，副组长沙长安，成员有周自全、戴川、许德、汤连刚和陈贵春。8月2日，再次调整歼10试飞现场指挥部人员：沙长安为试飞现场总指挥，周自全为试飞现场常务副总指挥，晏翔、杨伟、刘选民、汤连刚、许德为副总指挥，现场办公室主任余俊雅。技术指挥线：试飞总师为周自全，试飞副总师为余俊雅、杨龙、袁慧馨、戴川和许德。

在这支“联合试飞”队伍中，试飞员队伍的联合成为典范。在西线参加歼10试飞的试飞员有：汤连刚、李存宝、张景亭、李中华、徐勇凌、邹建国、宫庆辉、李刚、张旭、侯鹏涛、张松、雷强、钱学林、周殿学、何斌斌、梁万俊、王文江；空军特级试飞员郭新生既是空军机关派驻现场的办公人员，又直接参加飞行和指挥；试飞员李勇成为部队歼10适应性试飞的技术骨干，后调任组建空军歼10第一支使用部队。

高速，来自每个环节的“润滑”

在紧张繁忙的试飞一线，试飞人的工作方式、思考方式、融入方式，试飞人的信念、态度、作风，还有不甘落后、不计报酬、不怕牺牲等等这些看似普通的元素，在初心的召唤下，凝聚成一种强烈的责任感和使命感，继而，凝结成中国试飞的灵魂。在试飞现场，你随时可以感受到这种气氛。

歼10研制总指挥、参与歼10研制所有重大项目决策的王昂说自己每想到歼10研制的日子，最先闪现在脑海里的，是那些为了歼10研制而默默奉献的老总们的身影，他说：

他们那种无私无畏的精神总是深深地打动着我：歼10飞机总设计师宋文骢20年如一日，为了歼10研制忍辱负重，默默奉献；成飞公司原总经理、歼10研制现场总指挥杨宝树怀着对祖国航空事业的无限热爱，一心扑在歼10研制上，最终积劳成疾，过早地离开了他心爱的事业；成飞公司主管歼10研制的副总工程师许德，没日没夜地奔忙在现场，得了重病也顾不上去医院看，而后，拖着开刀后虚弱的身子继续操劳；试飞总师周自全带领试飞人积极探索创新，保证了安全，提高了效率，节省了周期，创造了许多奇迹……

歼10设计总师宋文骢认为，试验、试飞是验证飞机设计水平的重要手段，再先进的飞机方案，没有经过试验、试飞的验证，都是缺乏科学依据的。

他说：飞机研制必须尊重科学，用充分的试验和数据说话，一架先进的新型飞机，只有通过设计、试验、试飞不断地迭代和优化，才能使飞机的性能和水平得到充分验证。试验、试飞是飞机研制中不可缺少的一部分，更是检验飞机设计水平和设计方案的重要手段。为此，无论工作多么忙，试验环境多么艰苦，他都不顾自己年事已高，尽量争取多到试飞现场。

2002年4月，宋文骢宣布：从现在起，实行总师试飞现场值班制，保证每天都有总师在试飞现场值班处理问题，确保每一个问题都能最快解决。而后，他第一个到西线试飞主现场值班。

许德总师住院了。

其实，2002年5月许德就感觉到已有病兆。但由于歼10研制现场正忙着03架飞机转场西线准备，许总没有时间考虑自己的身体，也没有向任何人说及此事。

许德深知自己肩上担子的分量。记得在一次会议上，晏翔说："03架飞机何时转到西线固然重要，但更重要的是许总可以坐镇西线啊。"

2002年9月，许德来到西线，他以试飞现场副总指挥的身份主持现场例会，处理飞机问题，决定"怎么办""谁办""何时办完"；他参与飞行计划、飞行任务的制定下达，协调各厂所的工作进度……几乎每天都工作十几个小时。

"紧张得叫人透不过气来。"试飞总师周自全在说到西线试飞主战场的日子时首先说的是参试人员的辛苦。

从2002年4月到2003年12月31日，20个月600多天，试飞队安排的休息总共只有13天。

除了艰苦和加班，长时间远离家庭也给大家带来了很多困难，有的人爱人病了，有的人孩子没人照看，有的人分了房子到时间搬不了家，有的人因为常年在外女朋友闹分手……51名机务人员中有9个是新婚，到西线当年就有6个当了爸爸，可是他们人在西线，孩子都好几个月了，父子（或父女）俩还没见过面。

总师们个个都是好样的，设计师们也都不含糊。

“前起落架左侧护板又变形了。”

2001年4月17日，在做1001架机飞行准备时，机务发现前起落架左侧护板变形；

5月30日，在为1001架机做第二次飞行准备时，发现前起落架左侧护板严重变形；

7月3日，1001架机第二架次着地后，发现前起落架右侧护板严重变形；

7月26日，飞机着地后发现：前起落架右侧护板损坏，三个接耳摇臂断裂脱出，护板从中间弯折，呈自由飘摆状。收放起落架检查发现左侧护板也有变形，前端有20毫米开口。

前起落架护板的多次变形，甚至断脱，已经严重危及飞行安全。

为了了解飞行中护板变形及受载规律，找出护板断脱原因，在1001架机的左、右护板上面加装了用于测量护板变形位移和护板载荷的传感器后，开始对飞行中护板变形和受载情况进行测量和监控。

2001年9月，在飞机上换装了结构做了加强但外形未做改变的加强型护板，试飞结果表明这种加强型护板对飞行中的变形改善并不大。

2002年3月，在飞机上换装了第二次更改后的新型护板，但变形还是较大。

2002年8月，飞行中又出现了右侧护板变形损坏的现象。

2002年年底，611所对前起落架护板进行了最终改进设计，将问题彻底解决，此后，飞机在最大表速和最大速压状态下飞行时，前起落架护板也没有再产生有害变形。

“减速板出问题了。”

三代机对飞机气动外形设计非常高，气动设计稍有不妥，就会带来很大麻烦。

歼10飞机原始状态的减速板存在三方面问题：放减速板后，从超音速减速至跨音速时，飞机“晃动”明显，试飞员感觉很不舒服；放减速板时，方向舵和垂直尾翼出现大到不可接受的振动；放减速板时飞机有低头现象。

为保证试飞安全，试飞现场指挥部决定：在技术攻关验证之前禁用减速板，直到这些问题全部解决。

减速板攻关试飞分两个阶段进行。

611所与成飞公司采取措施后，由试飞员王文江在1003架机上进行了四架次的减速板验证试飞。结果并不理想：采取的措施对原减速板存在的主要问题有一定改善，但问题依然很大，试飞员不满意。

通过数据分析，设计所决定在减速板后缘切大角，成飞公司负责该方案实施，并于2002年12月23日至2003年1月10日由试飞员李中华、周殿学等进行了四架次的验证试飞。

试飞表明：放减速板由超音速减速至跨音速过程中，“晃动”现象基本消除；通过飞控系统机载软件的改进，飞机低头现象基本消除，方向舵和垂直振动也控制在可接受范围之内。

问题层出不穷：“内升降副翼接头折断了”。

2002年11月24日，试飞员宫庆辉在执行机动飞行载荷测量科目试飞过程中，飞机左内升降副翼接头断裂，该操纵面失效。

根据试飞中升降副翼铰链力矩测量结果，其断裂的直接原因是铰链力矩过大，另外，结构上也存在局部缺陷。造成铰链力矩过大的原因是试飞员在超音速滚转机动时，法向过载超过了设计限制值。

事后，设计对升降副翼的连接结构进行了加强。2003年6月28日，对加强后升降副翼进行验证试飞，飞行试验状态和机动动作与2002年11月24日所进行的试飞相当，即超音速带过载滚转。在这种情况下，加强后的内升降副翼接头未受损。

设计人员并没有停留在简单的加强结构上，而是举一反三地考虑作战使用环境，更改了控制律设计，从根本上解决了这个问题，减轻了飞行员的工作负担。

空战中各种状态下的带过载滚转是一种常用机动，在复杂空战状态下试图通过飞行员去实现滚转机动中的过载限制是不可靠的，因此，必须通过设计，真正实现无忧虑操纵。

歼10首飞成功后，首架原型机于1999年12月20日转场到试飞院进行定型试飞。有人认为不可能很快就飞起来，因为试飞员需要准备一段时间。这个“有人认为”让试飞团副团长李存宝的脾气上来了：“国家花这么多钱研制的飞机，如果不尽快投入鉴定试飞，那就是犯罪。”当天，李存宝找到试飞总师周自全，当着众人的面立下了军令状：“飞机如果三天内飞不起来，拿我李存宝是问。”

其实李存宝真不是说大话，经过和歼10飞机多年接触，他对自己有信心，对战友的能力也有信心。果不其然，成飞公司和试飞院的机务交接三天后，他和汤连刚就相继驾机飞上蓝天，随后改装了七名试飞员。

试飞员们都在憋足了劲地干，因为他们知道，时间不等人，部队正在焦急地等着新装备。

作为一种全新理念的现代化战机，歼10试飞的技术难度之大是难以想象的。

“人等飞机，飞机等天气，随时准备上阵！”

一场气势宏大的试飞战役打响了。

试飞团采取了一系列超常规、越极限的创新试飞方法，大胆进行各种新的试飞方法尝试：

在科学的指导下，跳出传统试飞方法和程序的框框，提升试飞效能；

不再按部就班，不再分上、下午班，只要条件具备就进场，提高飞行日的使用率；

为增加可飞天气，进行降低能见度标准尝试，按科目不同将能见度标准分为5000米、4000米、3000米三个档次，只要不影响项目要求，飞机状态良好就飞。

在制定试飞任务书时，尽可能将不同项目的试飞任务同时进行（综合试飞）。试飞中，有两种综合试飞技术是以往未曾有过的。第一种是在飞行包线扩展试飞中，改变分离安排的模式，将飞机性能、操稳、飞控、颤振和气动伺服弹性试飞动作纳入同一架飞机的同一个任务单，根据飞机响应的频宽，按序编组，一次连贯完成，有利于包线扩展安全；第二种是在综合航电试飞中，改变按装机产品或子系统分离安排试飞计划方式，而是采取按主功能模式安排试飞，有利于总体效能综合考核。这两种综合法，科研人员做计划难，试飞员空中操纵也难，但是，却有利于提高效率、缩短周期，所以，大家便克服困难，向困难要进度。

在歼10飞机整个试飞期间，试飞员们早已没有了节假日的概念，试飞和理论学习成了他们生活的主旋律。每个飞行日，试飞员们经常要进行五六个架次的飞行，单日飞行架次、周飞行架次、月飞行架次的纪录，不断被刷新。

不仅仅是试飞员，科研人员、机务人员也是对“8小时内外”没有什么概念。

在歼10试飞中，有很多时间都是“赶”出来的，其中试飞院“一天要干四天的活，连着干了十八天”的故事让人非常感动。

2000年8月12日，下午。

星期六的机场依然火热，各种车辆各就各位；试飞员整装待发；科研人员、机务人员穿梭忙碌；1004架改装后首飞的准备正有条不紊地进行。

13时50分，随着指挥员的一声令下，1004架机滑向起飞线。

滑行—加速—离地—爬升……

终于，银鹰脱离了人们的视线，融入蓝天白云间。

现场安静极了，人们的心随着战鹰离开了地面。

14时27分，飞机呼啸着返航了，人们一下子拥了上去。

经飞行员李存宝描述空中情况和机务、测试仪器的检查，表明一切正常，人们的心终于回到了原位。

充电、充氧、加油、检查，很快，飞机又处于可飞状态。

15时30分，1004架机第二次由李中华驾驶飞上蓝天。

这一天，1004架机创造了试飞院一个新的纪录：新机改装后首飞一天飞三个起落且无任何纰漏，达到了想飞几个就能飞几个的境界。以往是，改装后进行一架次的检飞，然后对发现的问题进行再改装。

此时，参加改装的人们笑了，只有他们最清楚这“无任何纰漏”是怎样得来的，这最新“纪录”是怎么创造的，这改装的十八个日日夜夜是怎样度过的。

1004架时间之紧，试飞人心里有数，因此，在飞机还没到阎良之前，能提前做的工作都做了，准备是充分的，但改装的机上工作量也是巨大的：需要在机上改装800多个测试仪器插头；改装测试参数近7000个；敷设电缆近10000米；设计图纸好几百张；时间需要70多天。

然而，由于各种原因，原定4月份到阎良机场的飞机，直到7月9日才到。而指挥部的要求是：一个月内飞起来。也就是说，留给改装的时间最多只有18天。

70天的工作量只有18天的概念是：一天要干4天的活。

“不可能吗？这是一场政治仗，没有退路。”试飞院党委书记于以贵从讲政治的高度一锤定音。

一天要干四天的活，除了合理安排各项工作外，就只有占用休息时间了。7月的改装线上，人人成了超人。

一线上的各位“长”们都变得“精明”了——

改装部主任崔奖励快人快语：“只有18天，干完干不完都得干完。是骡子是马拉出来遛遛。”

机械中队长王龙秦在接受任务时就开始算一本账：怎样发挥好每个人的长处、怎样合理分工、怎样保证质量；几百个测试设备及传感器、几百根管路的改装，哪个先进行，哪个后安排；今天干什么，明天干什么；这个部位多少人，那个部位多少人……他盘算着怎样才能达到高效率、高质量，职责分得清清楚楚，责任落实得明明白白。

每天早8点到晚12点，除了吃饭，要工作十四五个小时。

他担心人员因疲劳而出现漏洞，就在飞机各个部位跑前跑后，随时调整人力：这个地方条件暂时不具备，先停下来到别的地方；这个地方干完了马上安排检查有无漏洞、问题；及时提醒大家点好工具、注意安全……

电气中队长季伟光一见人就乐呵的笑容没有了，在他严肃的脸上可以读出肩上担子的重量。是啊，上万米导线要密密麻麻地通往飞机的各个角落，800多个电气插头得多少个焊点和压接点啊？这么多的点不允许有半点差错啊：“这回真的玩命了！”一米八的大个子，在飞机上一蹲就是一天，除了自己干活，还要进行各个改装部位的协调和质量监管。

改装线上，已经没有了性别区分——

妈妈们有的主动取消了喂奶时间，有的接来亲戚照看孩子。白琳直到中午吃饭时才想到只有一岁多、正在发烧的孩子，悄悄地流泪了。王龙秦知道后跟她说：“回去看看吧。”她却说：“哪有工夫啊，手里一大堆活呢。”何燕把孩子送到了父母家，每当深夜去接孩子时，都内疚得要命。

游青、王景利、周桂芳、张小红、贺雁、白琳、李媛媛为了方便，大热天换上厚厚的旅游鞋，在飞机上爬来爬去，在梯子上上上下下，一整天一整天的，完全忘了自己是女性。

男同胞们很多都把抽烟时间取消了：“没空抽”；饭送来了，领导多次催促就是不见人：“手中的活放不下”；崔奖励的伯父去世了，他下午赶回去，第二天一大早就又回到了工作现场：“心里急得慌”；夜里12点下班了，领导说：“出去消夜吧？”“不行，不行，抓紧时间回家睡觉，明天好多活儿呢！”

改装线上，已经没有了单位区分——

安晓勇、刘明、范建英组成的测试组，仪器准备、校准、编程、测试联试，工作一项接着一项。安晓勇无暇顾及正在生病的妻子，也没工夫关注正在考大学的孩子。他们太忙了，几千万元的仪器装在飞机的什么位置最合适？仪器周围都有些什么？将来如何维护、拆卸？怎么配套联试？线路导通与GDAS怎样联机？都要考虑到，三个人忙得团团转。

400多片应变片的粘贴和焊接没有让原正庭、刘卫东、王远明等十几个年轻人为难：把比手指甲盖还小的应变片贴到飞机的相应位置，待胶固化后再将应变片上三根比针还细的“胡子”焊接在测试仪器的导线上。有些地方太狭小，在贴和焊接时需放个镜子，用手电筒照着从镜子里看着反向操作。片子小、“胡子”细、手电光线弱、位置不顺手，经常是站也不行、坐也不行，不是弓着腰就是仰着头，要么就是跪着、趴着，一天连干十几个小时，腰疼腿硬脖子酸，已经无法用语言准确描述身体的感受了。

程相飞是个贴应变片高手，在翼面上贴片时，她跪在机翼上一干就是几小时，把膝盖跪得又青又紫。后来她从家里拿了个棉垫，垫在膝盖下继续干。有些部位的应变片要用高温胶，而高温胶的固化要么是用一周时间自然固化，要么是用高温烘烤固化。为了抢时间，他们采用后者。三伏天里，250瓦的两个大紫外线灯烤着应变片，也烤着他们：“全当洗桑拿啦！”原正庭的爱人出差了，他把九岁的孩子送到西安，自己一干就是一整天。

监控的可视化和1004架机的复杂结构，使工作量非常大。1000多个参数，好几万个数据，给查找、定位故障增加了许多难度。张建琳的爱人怀孕了，但他有次竟连续工作了40多个小时；40多岁的于燕、孩子很小的王佳琳……许多人几乎都是通宵工作，连续30多个小时不睡觉成为常态。张俊民感慨地说，为了保证“后墙不倒”，只能这么干了。

老设计员高秀贤主管发动机改装设计工作，159个测压传感器安装在发动机的各个角落，257根测压管路像蜘蛛网布满整个发动机。为了把每个传感器、每根管路安全可靠地安装在发动机上，她查阅资料，设计图纸，拼命地把时间往前赶。改装工作开始后，她跑前跑后，嗓子喊哑了，顾不上喝一口水；在发动机上爬上爬下，脚上磨出了大水泡自己竟一点不知；晚上加班到12点，回到家还要整理一天的工作，计划明天的工作。

席长省被大家称为“发动机改装的老专家”，发动机上200多根管路、上百个传感器要他安装，发动机上工作空间小，有的地方只能用手摸索，两个胳膊被保险丝挂出了道道血丝。

周萱在改装工作前期几次去主机厂协调工作。其间因种种原因，设计人员难以接近飞机，图纸资料更是难以看到，但是，凭着责任感，她千方百计地完善资料，看一点，记录一点，晚上凭着记忆设计电器改装图纸。

高峰带领机组人员随叫随到，保证了改装在任何情况下都不受影响；生产加工200多件钣金件，蒲冰、张德荣和中队的同志们只用了三天……所有岗位上的所有人都做到了“不管是夜里几点，只要接到通知，立即赶到现场”。

有时为了一个开关、一个螺丝，寇红星一天到航材来回跑十几次，把材料直接送到现场。工具库、器材库、零件库的同志，不管白天晚上，坚守岗位，随叫随到。

本来就拥挤的后设备舱内再加上几百根电缆，进行电气改装的人根本无处插脚，他们只能趴在后设备舱上压接整理，腰弯成90°，一干就是十几个小时。

改装工作是机械和电气交替进行的。在机械安装后设备舱的仪器时，为了给电气施工多留时间，付国强、刘波在后设备舱里整整干了两天两夜，当仪器装完时，他们两人的肚子上被舱体的蒙皮边缘硌出一道深深的凹痕。

杨德荣和张立志老师傅总是把难度大的工作留给自己，垂尾、机翼、雷达舱都留下了他们辛勤的汗水。腰椎本来就不好的张立志站在机翼下焊插头，一站一天，只是在每次吃饭时才抓紧时间活动一下早已酸麻的腰。

发动机舱加装导管时，必须要等发动机装入舱内后才能安装，而此时发动机舱距地面仅有1米，发动机与发动机舱内壁的距离仅200毫米左右，仅够一只手臂伸进去。面对这么小的工作空间，很多跟飞的同志担心地问："要装几十根管子，能行吗？"蔡永生、席长省、薛应存什么也没说，只是憨厚地一笑就蹲在发动机舱下安装起来。地上的管子一根一根地少了，终于，凭着他们娴熟的技术，几天就装完了管子。而此时他们的胳膊上、手背上都已血痕累累。

8月，奇热。

衣服穿不到下班就臭了，许多人起了满身的痱子，被汗水一泡，奇痒无比。有人开玩笑道："这老了老了，还起开痱子了。"说得人觉得自己挺幽默，听得人却一个也笑不出来。

全线为改装开绿灯——

在保证安全、质量的前提下，可以在技术上、时间上、程序上超常规工作；领导跟在一线、机关跟在一线、保障跟在一线……图纸上发现了问题，技术员到现场修改，改一处工人施工一处，等图纸改完了，施工也结束了，配合得天衣无缝；572件机加件，环保厂一点没耽误；为了使GDAS达到联试要求，科研人员连续作战五天五夜没休息；物资处派出了臧奎成师傅跟着改装，什么时候有需要，马上解决……

在这里，没有人问"这应该是谁的活"，只有"绝不让问题影响下一道程序"的意识；在这里，没有机关、基层的界限，"推诿扯皮"已经绝迹，"马上就办"被演绎得淋漓尽致。

当第十八天飞机结束改装开始联试时，他们笑了。没有惊人的豪言壮语，只有疲劳脸上那发自内心的笑容。

晏翔是航空产品部部长、十号办主任，说到自己参加歼10研制时感慨道："我与十号工程有'不解之缘'，能赶上这个型号，是难得的机遇和挑战。人生能有几个20年，我干十号工程，

●在新机研制中，试飞是个关键环节。因为其责任是通过试飞把飞机研制缺陷暴露出来，以便通过飞机设计、制造环节改进和完善飞机性能。正是"试飞验证—改进—试飞确认"的迭代，完善了新机，促进了系统成熟，使新机逐步完善，最终形成性能优良、安全可靠、管用好用的新机。

一干就是20年。”

晏翔满肚子都是歼10人的故事：

常言道：“十年磨一剑”，那其中饱含着的是对铸剑的执着和对铸剑科学的不懈探索。然而，为了“十号工程”，我和有关参研人员共同奋斗了20年，这是探索一条有中国特色新机研制艰难道路的20年，这是展示中华儿女航空报国宏大历史画卷的20年，这是最终获得了具有里程碑意义伟大胜利的20年。

回首这20年，我们锲而不舍、我们团结一致、我们顽强拼搏、我们勇于创新。在“天府之国”、在渭北平原、在戈壁大漠，都留下了我们坚实的足迹。

内行人都清楚，以中国当时的技术水平，研制这么高起点的先进飞机难度极大。当时有人曾对我们说：“你们这是只有5分钱想上长城。”意思是根本不可能。也有人说“新机采用的新技术、新成品太多，超过60%，根据经验，新成品超过30%，就有大的风险。你们用了这么多新技术、新成品，肯定要失败”。那时，我们真是感到，“十号工程”就像一棵小苗苗，一个小豆芽菜，风一吹就会倒。

面对种种议论，种种怀疑，我们对自己说：“一定要挺住，要锲而不舍地坚持下去，决不倒下去。”

经过“七五”的艰难起步，“八五”的技术攻关，到了“九五”，实物样机的研制进入关键阶段。歼10的新技术、新系统、新成品、新设备的确很多，对航空、电子业是一个极大的考验。为落实新成品研制工作，组织技术协调和攻关，王昂带着我们跑遍了几乎所有的承制厂所，了解研制进度，组织技术协调，对关键项目，更是格外关注，尽力为他们解决困难。

1997年10月，首飞将至，各项准备工作进入关键阶段。中航总公司朱育理总经理决心很大，派了副总经理刘高倬率工作组（有杨为民、屈见忠、孙守魁、季留法、王昕海、苗云辉等）到成飞公司现场，加强组织协调，调动全线支持配合，力促早日实现首飞。

总装的陈丹淮副部长、刘胜局长、杨有新参谋、空军葛文墉原副参谋长等和我们一起工作，组成了现场工作组。我们每天参加现场调度会，关注每项试验的进展，帮助厂所解决问题。

到了年底，天已很冷，我们穿着“跟产服”——一个小帽子、一件棉大衣、一双老棉鞋，每天赶到现场，有时晚上还要去看望加班的职工。那时已没有星期天和节假日的概念，我们在成都现场一待就是五个月。

待各项试验和机务检查都按要求做完以后，迎来了飞机地面滑行试验。滑行就像一个小孩学走路一样，是飞机迈开的第一步。可是冬天的成都，经常是阴天、多雾，能见度非常不好。我们经常走到机库外看天，看远远的建筑物，天天盼望着能见度能达到滑行的标准。

飞机终于滑起来了，大家非常兴奋。可问题又来了，飞机滑出去就跑偏。经分析是飞机的防滑刹车系统故障。为了迅速查清故障，解决问题，609所王复华所长和主管技术人员春节期间一天也没有休息，加班加点做试验，修改软件。我们也赶到609所，关注排故进展。经过努力，三个月后问题得到解决。

飞机又恢复了地面滑行试验，低滑、中滑、高滑……抬前轮成功了，人们激动不已，奔走相告，我们的飞机"跑稳了！"

2003年的春节快到了，驻扎在西线的几百号人放不放假？放假，如何组织队伍尽快往返？不放假，大家会不会不安心？试飞现场指挥部领导分析利弊后决定：全队人员春节期间原地休息三天，然后继续组织飞行试验。

中航总部政治部主任曾良才记录了他听到和看到的这个"战地春节"的故事：

在飞往试飞现场的飞机上，空军装备部科研部副部长李凡兴奋地对中航集团总经理刘高倬夸耀说："今年基地大年三十放焰火，那真是国家一流水平，太带劲了。"

一走进试飞现场，我就看到了新机大厦大门上贴的一副对联，上联为：辞旧岁夏炎冬寒马年决战战果辉煌。下联是：迎新年春华秋实羊年决胜胜利在望。横批：航空报国 再接再厉。

为了让在西线试飞现场的官兵和集团参试人员过一个难忘的春节，试飞地首长特地请来了专业的焰火表演队，精心布置，营造节日气氛。

在北海宾馆和新机大厦的旁边，是一个人工湖，人们给它取了一个响亮的名字"北海"。北海的对面，是人工堆起的几个小山包，除夕焰火就是在北海和小山包上放的。入夜，举行了点燃焰火仪式。李凡和晏翔走上观礼台，用激情和祝福点燃了第一束焰火。只见两道火箭从观礼台直射对面百米开外的小山包，在欢呼声中，天空出现由熠熠生辉的焰火组成的几个大字——"向全体官兵拜年"。

别开生面的焰火缤纷斗艳，绽放了半个多小时。参试单位的领导纷纷向参试队员们拜年祝贺；试飞院院长沙长安2002年8次到基地现场办公，春节前又赶到基地和参试队员们一同过年；成都所总师杨伟来到基地，带来了所长李文正、型号总师宋文骢亲笔签名的慰问信；成飞公司副总经理骆万春也带着各部门的负责人来和参试队员共度佳节；晏翔、王昕海和刘静带着总部机关的祝福和慰问金向全体参试队员拜年贺春。大家吃完年夜的饺子，又一起迎来羊年的第一缕阳光。

大年初一，由西线官兵组织的舞狮队来到新机大厦前为参试队员们表演精彩的舞狮技艺……

西线的激情，通过电波传到了北京，总装军兵种部航空局杨有新参谋激情填词，给参试队员们发来了新年祝贺：

大漠朔风疾，戈壁胡杨枯。

已是佳节团圆时，犹为嘉峪客。

试飞紧，靶试迫；大强度，无人说。

军民共首齐相聚，三羊开泰逐春去。

此情能得成追忆？只在新机定型时。

来自试飞院、成飞公司和611所等单位的300多位试飞人放弃了与家人团聚的天伦之乐，坚守西线试飞岗位，仅仅在大年初一、初二休息了两天，初三便开始准备，初四就开飞了。

冬天的戈壁滩，温度最低到了零下30℃，北海的水结冰结到了底。为了不影响第二天的飞行，让每一辆车一大早就能发动，尽管加了防冻液，但司机师傅们还是不放心，晚上轮流值班，过几小时就把汽车发动一次。

2月10日，大年初十，科研、机务都做好了准备，试飞员李中华驾机上天，一个起落就完成了60多个动作。

新机大厦的灯光

“既然我们将自己交给了中国试飞，便注定了我们的一生与新机研制有了难分难舍的情缘，注定了我们的荣辱与祖国的兴衰连为一体。这使命高于一切，这责任重于泰山。”

这是中国试飞人最常说的一段话。

在歼10试飞中，试飞人将“使命”“责任”展现到了极致。

定型试飞难，难在哪？难在飞机状态变数多，难在技术风险大，难在环境和心理压力，难在上下左右的协调。

在距试飞院塔台不远的地方有一个黄色的小楼，这是歼10试飞每天协调工作的前沿指挥所。611所高级工程师申伯阁在自己创作的诗中将其称为“又爱又恨的黄房子”。所谓“爱”，那是交流信息、协调工作，促进定型试飞进展的地方；所谓“恨”，那是在讨论技术问题时经常争得面红耳赤，甚至有时“伤和气”的场所。

不管怎么说，参试的决策者们都对这个黄房子充满了感情。

在这里完成了新飞机转送；研讨指挥着科研试飞；协调了几百个技术攻关和排故。

转场西线后，前沿指挥所从阎良黄色的小楼转移到了西线新机大厦。这里，见证了歼10试飞所有部署和命令的形成和发布，见证了中国试飞人的责任和担当，见证了第一型国产三代机从雏鹰变成利剑的关键过程。

在歼10转场西线进行定型试飞任务期间，试飞院曾组织过一次内部的西线战地采访，记者们从不同角度记下了中国试飞人的风采。关于新机大厦，《中国试飞报》总编姜丽丽报道：

来到西线，和外场工作的所有试飞人都住在“新机大厦”，本以为都在一栋楼里住着，采访很方便，没想到——

出门吃晚饭时碰上歼10副总师袁慧馨：“袁副总，我要采访您。”“采访我？可别，我没啥可说的。采访咱们的机务吧！咱们试飞院的机务是很伟大的。”听到这话，我一点没感到意外。十七年的记者生涯，曾经有许多科研人员这样拒绝过我的采访。这是他们的“美德”，也是他们的“书呆子”气——不管做出多么惊天动地的事，他们都认为是应该的，“做隐姓埋名人”的理念深埋于他们的傲骨里。

“我晚上去您宿舍。”没容她回话我就走了。

晚上到袁慧馨宿舍，我才知道真的无法采访，她有一堆的报告、资料要看，不停地有人、有电话找她。她歉意道：“明天你跟我走吧。”我知道这是唯一的办法了。

采访了几个同志后，已是10点多了，我和电视台记者徐琼在没打招呼的情况下，带着摄像机撞进总师周自全的办公室兼宿舍，看到永远儒雅的周总竟赤膊在桌前修订技术文件。看到我们，上身只穿了一件背心的他慌忙站起来找衣服，一脸的尴尬：“这不是出我洋相吗？”我们连忙道歉并表示绝不使用该镜头。

“太热了。”周总边穿衣服边解释。

看着桌上那待批、待看的一摞摞文稿，看着一个个进进出出汇报、请示的身影，看着周总那花白的头发和手边的两副眼镜，我感到自己很残忍，含泪悄悄退出房间。我实在不忍心再占用他的时间了。

接下来的时间，我和徐琼用镜头推开了一扇又一扇房门，房内的主人竟然清一色地在工作：有的在电脑前，有的在书桌前，有的在交谈。竟然没有碰上一例打牌、闲聊的。是我们的镜头有“眼”，还是我们的试飞队员天天这样度过夜晚？

已经是深夜了，我劝徐琼去休息，徐琼却说，他要到院子里去，要拍新机大厦从灯火通明到漆黑一片再到第一盏灯亮起的过程。

第一天，他拍到了——

大部分房间关灯是在12点到1点30分之间；

最后熄灭灯光的是周总的房间，2点10分（三天都是两点左右）；

最早亮起的灯光是炊事员宿舍，凌晨3点半起床准备早餐；

其次是机务人员宿舍，4点多一点亮灯。

第二天，他拍到了——

周总的灯刚关上，炊事员的灯就亮了，刚到3点，炊事员就进食堂准备早餐了；

机务人员、司机3点半吃饭，然后摸黑赶往机场；

10分钟后，科研人员开始吃饭、出发；

4点整，飞行员吃完饭后进场；

……

为了这些镜头，徐琼用了三个晚上，三个晚上几乎没睡。

俺们的"老爷子"

"老爷子"是歼10参试人员对试飞总师周自全的爱称。

记者姜丽丽在西线采访期间，记下了自己在试飞现场看到的周自全：

8月9日，又下雨了，楼下小黑板通知"待命"。试飞现场指挥部决定抓住这难得的空闲，召开一个试飞分析会。待我得到消息时，会议已经开了一会儿了。

试飞现场录像已经看完了，在场的总师、副总师、项目主管、试飞员及研究室、飞行部的领导一脸的严肃。试飞员在介绍情况及自己的想法时，情绪有些激动。程存虎对试飞员在空中遇到的情况进行分析后，杨龙、袁慧馨、张西平等相继发表了意见。周总认真听完所有人的看法后，说了五点意见，并提出要求。

周总的从容、宽容和大将风度对大家起到了镇定作用，人们不再急躁，纷纷起身忙去了。

终于知道大家叫周总"老爷子"的原因了。

周"老爷子"是歼10的试飞总师，已经过了60岁了，是基地试飞现场常务副总指挥。在试飞队采访的几天中，他留给我的最深刻的印象就是从容、宽容和大将风度。

晚饭后，我来到"老爷子"的宿舍兼办公室。将自己埋在办公桌报告堆里的"老爷子"抬起头，无奈地接受了我的采访。

已经在大漠中度过了十几个月的“老爷子”仍然是那样从容不迫、安静儒雅。说到歼10，从他脸上可以读到喜悦。从型号的政治意义到战术指标，从20年前的高层决策到试飞院的全面介入，从当初的预研立项到今天的设计定型试飞，从成功首飞到联合试飞，从科研人员到机务场务人员再到试飞员，他侃侃而谈，脸上一直带着自信的微笑。

“戈壁”是蒙语“砾石荒漠之地”的意思。西线地处戈壁，风沙、干旱、严寒、酷暑都比其他地方要烈。“老爷子”带队到这里已经16个月了，当我仔细观察他时，似乎能听到那一头华发在低声述说这一年多的风尘和艰辛。我曾听随队医生说，“老爷子”血压低；说“老爷子”双腿经常肿得像面包，一按一个坑；说“老爷子”不但不休息，还“警告”随队医生“不准告诉任何人”。

我将眼光移向“老爷子”的腿，他下意识地将腿挪到桌子下面。我知道，他一定不想我说这件事。

看着他坚毅的脸，我想到了8月7日中午那难忘的一幕。我们在机场采访后去吃饭。一行七人一边上楼一边兴奋地议论着今天采访的成果，刚走到二楼，喧哗声戛然而止，只见“老爷子”左手端一盒米饭，右手拿一双筷子，席地坐在通向三楼的楼梯上。我们惊讶地望着他：这位已经63岁的、获得过“国家科技进步一等奖”和国家级“有突出贡献专家”称号的、正承担着我国第一型三代机试飞总师重任的“老爷子”，就这样坐在楼梯的地板上吃饭？看到我们惊愕的表情，“老爷子”奇怪道：“干吗傻站着？快去吃饭哪。”那么坦然，一副不理解的样子。看来，他已经习惯了这个场面，倒是我们大惊小怪了。

谈到歼10，“老爷子”现出一种在他身上很难见到的兴奋，他说：“什么是人生价值？当我们在总结自己时，我们可以自豪地说‘我们干过歼10飞机’。除此，还有什么更令人满足的呢？”

一说歼10，“老爷子”的话滔滔不绝：

“歼10飞机试飞的过程真是一个‘拼命’的过程。在这期间，有人病了，有人残了，有人去了，每个人都付出了很大的代价。老研究员廖厚权身体不好，已经退休，在老家买了房子，老伴和孩子等他告老还乡，颐养天年。但他坚持在现场兢兢业业，一丝不苟地工作，他对我说出了一个最具体的目标：‘跟着你把这个型号干完。’然而，在去GDAS上岗的路上，病倒吐血。战友的输血，医院的抢救，都未能留住他的生命，终没能见到庆祝胜利的那一天；机务的小伙子们那样辛苦，但是家有困难，或家人生病，或孩子转学，或分了房子要搬家，指挥部把他们赶都赶不回去。赶回去的，一周之内准返现场。问他们为什么？一句简单得不能再简单、朴素得不能再朴素的回答是‘摊上这个型号不容易’。我们英雄的试飞员，明知前途有艰险，越是艰险越向前。战友间曾坦然议论：‘可能会摔飞机，就看轮到咱哪位弟兄了。’但是他们还是抢着上飞机，风险越大，越希望能飞上。他们不约而同的一句话是‘我很幸运，能飞上这个型号’。型号是什么？为什么一谈到型号试飞人就激情满怀，情深无限，愿意为之付出一切？答案是，型号是希望，是理想，是党和人民的重托！想起有人明目张胆地炸毁我国的大使馆；想起小小的陈水扁那么嚣张；想起不可一世的萨达姆被人打得那副熊样……为了祖国的尊严，我们有什么理由不去为之赴汤蹈火？”

“老爷子”的滔滔不绝，让我感受到了他那强烈的责任感、事业心，他那充满自信的表情让我久久难忘，而他对“成功”的特殊理解更让我感动。记得当我由衷地赞赏“老爷子”的成功时，他没有说自己，却动情地谈起了在变稳机研制、在ADAS/GDAS研制、在歼10试飞中，和那些精诚合作的伙伴们共同度过的那些艰苦但快乐的日子。在他诸多赞赏和感激的人们中，他特别提到他的搭档，两位试飞副总师：611所的王子方和成飞公司的许德。

他说：“王子方是一个技术水平非常高又非常谦和的人，也是造诣很深的气动性能专家，是当年最早在歼9气动布局方案中提出鸭式布局的设计者之一。歼10试飞方案制订中，包括‘四个一’方针等，都有他的功劳。他退休后积极为ARJ和C919做贡献。他从未为个人的名利发一句牢骚，但为我评院士之事，向他所认识的专家不遗余力做宣传。我虽最后未评上，但由衷地感激他，其实我与他从来都是淡如水的君子之交。

“许德是一个为歼10鞠躬尽瘁的人，一个在试飞保障中不能容许有一点含糊的人。在成都，歼10首飞前，他是主持现场工作最忙碌的人；在西线飞行中，他也是最忙碌的人。对于飞机保障方面的问题，他会事无巨细，一查到底。深更半夜，他房间里总是围着一屋子的人，不是来给他汇报的就是他在布置工作。我多次追问他的便血是怎么回事，他总是敷衍地说是‘痔疮’。后来到医院时，已是癌症晚期。我到医院看他时，他拿出一本厚厚的笔记本，上面密密麻麻记录着每天用药和针剂的配比。他说许多配比是他计算，医生执行。他把工程上的一套缜密的作风用到了自己治病上，还一再叮咛，应做自己身体的总设计师。2018年我到成都参加了他的追悼会。老朋友啊，你走得太早了！”

周自全是个强者，也是个谦虚的人。

2019年3月，他曾为一个正在筹备的航空高层论坛写过一篇自我介绍——

1940年11月11日出生于湖北省武汉市。1964年毕业于西北工业大学，同年4月分配到试飞院工作，2015年退休。在试飞院工作51年，加上返聘，工作55年，主要做了五件事：

1.BW-1单轴变稳飞机研制，获国家科技进步一等奖；

2.IFSTA三轴变稳飞机研制，获国家科技进步二等奖；

3.歼10试飞，获国家科技进步特等奖，个人排名第三；

4.电传飞机试飞技术研究，获国家科技进步二等奖；

5.建立航空重点实验室：飞行仿真实验室。

由于做出了一点贡献，先后获得全国“五一劳动奖章”“航空金奖”“何梁何利科技奖”和航空航天“月桂奖”的“终身奉献奖”。

短短300来个字，他总结了自己的一生，字字珠玑。但他没有说，他的研究填补了中国试飞史上一个又一个科学技术的空白——

他于20世纪80年代主持研制的BW-1单轴变稳飞机是我国第一架单自由度大范围可变动态特性的试验研究机，这是一项高难度、高风险、技术复杂、综合性强的多学科研究项目，所采用的数字式全权限电传变稳操纵系统、电液伺服人感系统和数字式目标跟踪显示系统等多项技术均属国内首创；

他主持研制的IFSTA是具有三自由度全时、全权、数字式变稳控制系统的空中动力实验室。该机于1997年研制成功并成功投入使用。20多年过去了，直到现在，该试验研究机还一直在为我国科研试飞和培训高水平的试飞员做贡献。他对飞机的飞行品质、电传试飞技术的研究使我国跻身美、俄、德等少数具有变稳技术国家的行列；

他作为第一届主任的航空飞行仿真重点实验室曾创建过许多“全国第一”：第一台可模拟飞行的飞控“铁鸟台”；第一个大屏幕（10米直径）空战模拟器；第一个舵面负荷伺服加载系统；第一个采用计算机成像（CGI）技术的屏幕；第一台集飞行品质和航电显控功能于一体的综合模拟设施等。他本人创导和参与了其中许多项目的建设和应用，例如全国第一个飞机型号（强5）的地面飞行模拟试验就是他主管实施的，试验报告中提出的三项改进建议都在后来的强5中得以应用，该报告的结稿时间是1967年1月1日凌晨5时。

他没有说，仅1990年以来他就获得过14项省、部级以上科技成果奖；他没有说他做歼10试飞总师期间组织完成17项试飞技术攻关、18项专题研究、9项设施建设；他也没有说在世界上几乎所有国家在三代机研制中都发生过等级事故的背景下，他做到了歼10试飞零等级事故的突破……

在中国试飞领域，他取得了许多惊天动地的成就，但，他都没有说。

周自全对“新”情有独钟：“都说世上本没有路，走的人多了便有了路。我的性格是，在没有路的地方开路，当这路上走的人多了，我便再去开新的路。”

当周自全1964年走进中国试飞行业后，一直都在义无反顾地做“前人未做之事”，他已经走出了自己的路，路上布满了“第一”“唯一”“打破”“填补”等醒目的路牌。

人生如棋，棋盘便是你的世界。你对人生的每一步选择，如同你对棋子的每一次移动，你的无数个决定，最后组成了你一生的成败。这棋盘是掌握在你手里的，棋子如何移动如何起落如何布局，基本靠你自己。心有多大，你的棋盘便有多大。你的棋盘有多大，你的世界便有多大。所以，从来没有什么天意，也无所谓缘分，只有弱者才会相信天意，才会把不如意推给缘分。强者只相信“争取和执着”，或者“义无反顾”，甚至“孤注一掷”。

“我是试飞队最幸福的”

在记者的记录中，歼10试飞副总师袁慧馨是一个风风火火又感情细腻的“女汉子”：

天刚亮，我们一行七人扛着摄像机，拿着照相机、采访本，“全副武装”地进场了。

机库内外一片繁忙，七架新机整齐摆放在两个大机库里。今天要出动三架飞机，提前一个小时进场的机务人员已将飞机拉到起飞线并准备好了，只一会儿工夫，我便看见试飞员走向飞机，登机、关舱盖、做手势……机务人员开始排队，准备目送飞机起飞。

我爬上指挥塔的二楼，准备一睹新机起飞的雄姿。

突然，震耳欲聋的飞机开车声停止了，试飞员推开舱盖，机务人员快速跑向飞机。

怎么？有故障？

袁慧馨叫来汽车，我也赶紧下楼，追着坐进去，向起飞线奔去。路上，袁副总说，老爷子从监测站打来电话，说是一路信号有故障。

到起飞线时，机务人员已将飞机左翼一处打开检查故障原因。见袁副总过来，魏军、刘杰、祁磊等马上过来汇报出现故障的可能原因（因为没有图纸和特种仪器，不能确切说出具体原因），需要与611所联系换件事宜，确定是否继续飞。袁副总是个急性子："快给611所跟飞的同志打电话。""已经打过了。"

机务人员聚在机翼处查故障，袁副总在打电话。计划调度赵文成也赶来了，忙着打电话协助了解情况。

我站在不远处，看着忙碌的人们，为帮不上忙而羞愧。只听袁副总一会儿高兴地大叫："是吗？那好那好。"一会儿又沮丧地问："什么什么？为什么？不是说……""快，给老爷子打电话，能飞还是飞吧。""文成，这个起落要飞不成，明天飞雷达。快跟基地协调，赶快准备目标机。"

协调结果出来了：撤销上午的飞行，下午飞高温。

刚刚9点。

机务留下来排查故障，袁副总和课题组的同志要赶明天的任务单，还要准备下午的飞行。

11时30分，田林电话告知，两架飞机都已拉到机场，在烈日下暴晒两个多小时后，如果温度够，就可以飞高温了。袁副总还告诉我，这几天要是高温抢不到，今年怕就"没戏"了。所以这个场次"只能成功不能失败"。

匆匆的午饭在匆匆中过去，我们又进场了。

太阳已行至正中，热烈而激情。

两架歼10经过两个多小时的暴晒，温度已基本达到试验要求。科研人员在一遍遍地向袁副总报温度。终于，第一架飞机安全起飞了。

新机矫健的身影渐渐远去，直至消失在天尽头。我拉着袁副总，亲密地面对面坐在机场休息室的沙发上。认识袁慧馨20多年了，第一次这么长时间的、近距离的接触。虽然我很敬佩她，但多次采访均未成功：她从来不愿意谈自己，每次都能把采访主题悄悄转移。

"今天一定要成功。"我暗下决心。

"袁副总，你在西线最大的感受是什么？"我单刀直入。

"时刻都在被感动。"她凝视着我，回答得很快，也很干脆。"试飞队像个大家庭，我几乎每天都在感动中生活。"

她的眼睛移过我的脸，向远处望去。我身后是墙，我知道她什么也望不到，可我分明从她眼中看到了深情，浓得像墨，一点点化开，盈满眼眶。

我静静地等着，等她再次开口。

“我给你说说‘老爷子’吧？”她收回视线，重又望着我。

我摇摇头，直盯着她的眼睛。

“那我给你说余俊雅副总。”她拿起桌上的纸杯，喝了口水，准备说了。

“不！”我坚定地摇了摇头。

“那……”她被我盯得有点慌了。“哎，对了，我给你说说我们的机务吧？我们的机务太伟大了，你一定爱听。”她似乎已是哀求了。

“不！”我更坚定地摇了摇头，仍然直盯着她的眼睛，并拉住了她的手：“袁副总，说说你自己吧，我今天必须采访你。”

“我？我真的没啥可说的。你不知道，我昨天还跟顾副院长说，我是这里最幸福的人：不用买菜做饭，没有人管；试飞队的领导，还有研究所的、飞行部的，大家都特别关照我。我晚上一般只干到十一二点，可我们好多研究所的同志，几乎每天晚上都是一两点。你想用什么数据，他们都能在最短时间内给你。有一天飞行结束后，数据有点疑问，晚上研究到很晚也没解决，可第二天早晨吃饭时，研究所的同志却把结果递到我手上。后来我才知道，他们一直干到后半夜，结果出来后他们很兴奋，想马上告诉我，但又怕影响我休息，就一直等到我起床。你说，我是不是最幸福的人？还有咱们的机务，他们真的很了不起，用你们文人爱说的词，那叫‘新时代最可爱的人’。他们太优秀了，他们从不让你操心，啥事都替你想好了。飞机有故障了，他们马上能告诉你可能是什么原因，为什么会出现这种情况，应该怎样解决，对要飞的科目有多大影响，需要等多长时间……有时还会帮你拿出几套方案，供你选择和决策时使用。我从他们那儿学到很多东西。我时常感觉到他们是我的老师。你别打断我，叫我说完。他们是我见过的最能干、最聪明、最肯动脑筋的机务，同时，也是最能吃苦的机务。”

她语速渐渐慢了，最后停了下来，似乎在想什么。我不忍打搅她，默默地等着。

“去年12月25日，天特别冷，当时天气预报说是−32℃，我们没经过这种温度，只知道那天特别冷，可当地的人说，那天最少在−38℃。本来那天要进行靶试，但靶机马上要起飞时，雷达突然出现故障，靶机中止起飞撤场了。所以决定第二天由一架飞机带副油箱先升空，查好雷达没问题了再上靶机，大家开始准备。本来天就冷，当晚又停电，食堂没法做饭。有多难受？你想吧，零下几十摄氏度又碰上冰锅冷灶肚里没食，你说多难受都不过分。第二天早上，仍没来电，机务没吃饭就进场了。当时还能看见星星呢！8点35分准备好了，一开车，发现副油箱漏油，独立中队的小伙子们马上开始排故。我穿得全副武装的，戴着厚手套还觉得冷，小伙子们手上全是油，干活时，油顺着袖子往下滴，看得人直想流泪。”

我努力地想象着当时的场景：戈壁滩上的机场空旷无物，寒风撕扯着那些无遮挡人们的外衣，噬咬着那一双双浸透了油的手套里僵硬的手指……恍惚间，看见航医小吕递给袁副总几张纸巾，原来，袁副总已泪流满面了。

“太冷了，但没有电，厨房的师傅们巧妇难为无米之炊，只好在街上买了几十个馒头，烧了一大锅热汤送到机场。下午靶试飞行成功后，很多人都流泪了，有人抱在一起跳，有人还写了诗庆祝。真是不容易啊！还有，机务的小伙子们在打弹那段时间，每天都要用油清洗挂弹钩，油把手都泡发了。那么冷的天，真不知道小伙子们是怎么挺过来的。”

“还有，”袁副总擦擦眼泪接着说，“那些试飞工程师们也是全身心地扑在这里。今年5月，程存虎的孩子患肺炎住院，烧还没退又发现患了中耳炎。程存虎宠爱女儿是出了名的，急得抓耳挠腮。正在这儿的沙院长听说后，马上打电话到职工医院，嘱咐医院院长陈国林安排人和车带孩子到西安去看病。”

“还有，”看到我想说话，袁副总马上拦住我。我发现，她今天用得最多的词是“还有”“你说”等，她的眼里只有别人的动人事迹，心里只有感动和感谢。“还有‘老爷子’，哦，就是周总，他年龄大、水平高，待人又好，我们都叫他‘老爷子’，这是北方人对长者的尊称，给人很亲切的感觉。‘老爷子’是技术上的‘老大’，只要他在这，我就觉着底气足、安心。其实我们也心疼他，那么大年龄了，整天跟我们一样熬夜、上机场。他的压力可比我们大得多。‘联合试飞’我们没干过，协调任务量大，又赶上型号要求时间紧，还有质量、安全、进度，哪个心不得操，‘超常规’是经常的事。前段时间，他爱人胳膊摔断了，他竟瞒着我们，后来是利用回去开会顺便回家看了看，回来还安慰我们说：‘没事，我不回去，还有好多人去看她，帮她干活，我回去，反而没人去了，还不如我不在跟前。’‘老爷子’老说他年龄大了，家里没负担，没想头，不像年轻人，比较恋妻（夫）、想孩子。其实，他想家何尝不是想得很苦。那天，我听宋师傅（老爷子的爱人）说，她带孩子下楼玩，三岁多的小孙子听见飞机响，就对着天空喊：‘爷爷，快下来吧，你多长时间没回来了。’我回队后傻乎乎地学给周总听，周总听后不言语，我一看他，眼里竟噙着泪，吓得我赶紧就跑了。大家骂我：你真傻，队上谁不知道‘老爷子’的心思啊？没一个人敢跟他提他小孙子，就你傻。就是，你说我咋那么粗心呢。”

趁她自责，我马上打断了她：“袁副总，你儿子今年该毕业了吧？”

“啊，是的。儿子今年毕业，他自己到处投档，现在已经解决了。”

孩子大学毕业、分配这么大的事，竟让她说得如此轻松。

“现在在哪儿工作？”

“嗯，好像在上海。”

“什么单位？”

“好像是什么什么投资公司。哎，那名字难记得很。”

这就是袁副总，说起别人来滔滔不绝，细节都记得一清二楚。说起自己的事竟“糊涂”到地名是“好像”，公司是“什么什么”。我不知道袁副总的儿子怎么看自己的妈妈，我真心诚意地希望他不要误解和责怪妈妈，他应该为自己有这样的母亲而骄傲。

听说我在采访袁副总，许多人围上来，争着给我讲袁副总的故事。其中很多人我叫不上名字，下面称作甲乙丙吧，请原谅。

甲：“别看袁副总整天乐呵呵的，其实她心理压力大着呢！她负责的两架新机任务难度特别大，她经常躺在床上睡不着觉。夜里想起什么问题了，马上爬起来记在黑板上——怕第二天忘了。她性子急，说话也冲，言语得罪过不少人，很多人，甚至领导对她也有过误解，曾多次批评她。可她不管有多大压力，受多大委屈，从不耽误工作，也不给人诉苦，从来都是乐观待人。现在，上上下下对袁副总都有新的看法了，认为她敬业、能力强、肯吃苦。她硬是用行动赢得了良好的口碑，用行动感动了很多人，让人们了解了试飞院知识分子对中国航空工业的那种痴情，那种执着，那种创造力。但是话又说回来，袁副总爱试飞院确实到了没‘原则’的地步了。”

“我这人怪得很，”袁副总几次阻拦，终于插上了话，“我见不得别人说试飞院不好。咋说我都行，说我们院不行。其实，人家有时候说得也是对的，可我就是控制不住，总要忍不住和人家急。我这人性子急，本来忙得跟啥似的，可就有人不慌不忙，看着能把人急死，我就忍不住要说。说吧又不注意选词，经常得罪人。不过现在好多了。”

我想起早晨发现故障等人时，袁副总急得转圈圈，一遍遍伸长脖子看远处，口中念念有词“怎么还不来，怎么还不到”的情景，禁不住笑出了声。

听我说出笑的原因，袁副总也笑了：“我就喜欢快节奏。活儿总得人干，没条件？你创造条件哪！我怕闲，一闲下来，脑子准不好使。”

乙：“袁副总好说话，但技术上绝不让步。她特别注意对年轻人的培养，技术上不保守，教别人是毫不保留。再就是特别深入，试飞院的人都知道，只要有飞行，袁副总准在现场。她爱着急，啥情况都想最早知道。”

是啊，记得今早晨在大门口没见到袁副总，我问常洪波“袁副总今天在哪儿”时，常师傅毫不犹豫地说：“今天有飞行，她肯定在机场，绝对错不了。”

丙：“袁副总还有个特点，干啥，就一定要干好。七八年前，院里有个出去学英语的机会。当时定了她去，但有人说，她是工农兵大学生，基础差，应该派个本科生去，要不把指标都浪费了。袁副总不服，表示自己一定能学好。院领导同意她去后，她给自己定了死目标，每天记住多少多少个单词。第一个月时，她还听不懂老师讲课（老师用英语讲课），第二个月时，她能听懂了，到第三个月，她就可以和别人自如对话了，最后考试时，她竟考了班上第一！真不知道她是咋学的。在这儿也是，碰到啥问题，她不耻下问，逮住谁问谁，晚上又看书、查资料，就是不睡觉也非把那个问题弄明白不可。一个工农兵大学生，现在已是公认的试飞专家了。”

“得，别把我说得那么好。我笨嘛，只好比别人多下点功夫。要不咋赶得上呢？”袁副总赶紧插话。

昨天晚上在会议室图表上看到，今年1~7月份，袁副总负责的两架飞机已经飞了155个架次，加上这两天飞的，已超过160个了。试飞虽然是个系统工程，是个集体劳动，但作为试飞副总师，在这个数字里，该有她多少心血啊！还没等我把想法说完，她就打断了我：“不是，不是。我嘛，也就光动动嘴。真正干活的，是科研人员，是机务人员，还有那些保障人员。我们稍微干点事，里里外外都能看到，飞了多少个起落，完成了多少个项目，有多少个创新……都是有名的事，这不，连你都来采访我了。可是，这些个有名的事，得多少个无名英雄在后面撑着呀！科研人员的‘数据不过夜’，机务人员的‘不让飞机带任何故障上天’，还有试飞员的‘只要上计划，绝不谈条件’，汽车司机们更是‘只要有一个人在机场就跟着’；公安处的小伙子为了守卫飞机方便，主动要求住在机库里，连夜里‘梦游’都是去看看飞机有啥问题没；三四个厨师要管三四百人的一日三餐和机场送饭，天天都是夜里三点半起来准备早饭；还有何深海书记，队里队外，迎来送往，啥心都得操；再说余俊雅副总师吧，飞行有一大堆事，还兼着办公室主任，上下协调，事儿多着哪！还有计划调度赵文成、田林他们那儿，只需说一句话，啥事都给你办好了。”

说起试飞队员们，袁副总特别兴奋，我根本插不上话。她滔滔不绝，又给我讲了“组织能力强、脑瓜反应快”的汤连刚，“反应迅速、动作标准”的张景亭，“善于学习、勇于探索”的李存宝，“最能飞出理想效果”的李中华，“爱动脑子、善于总结，写了200多万字试飞笔记”的徐勇凌，“理解能力强、技术全面”的邹建国，“胆大心细、悟性特好”的阿旭（张旭），“飞行保护神”航医小吕，“多次给设计单位提出建议、解决问题”的孙建英，“什么事都能搞定”的魏军，“任劳任怨”的高峰，“别人还在睡梦中就开始协调当天工作”的赵文成和田林……她越说越快：“全心全意干好每一件事”的全昌业，“有事找老曹”的曹修治，“解决了好几起难事”的程德金，“严把安全质量关”的魏荫璋，“细心监控、记录最全”的廖厚权，“像老黄牛一样兢兢业业”的王玉良、钟德均……说起年轻人，她更兴奋了：沈云军、杜明、刘杰、祁磊……一个个名字不停地从她嘴里跳出来，掺着袁副总的爱，伴着感人的故事，活灵活现。

袁副总对自己的事那么粗心，却能清楚地说出谁的孩子正在上高三、初三；谁的孩子放暑假回家等妈妈急得直跳脚；谁的妻子一年做了两次手术；谁的家里有病人、老人；谁谈了对象不敢结婚；谁的老妈成天打电话要孙子……她甚至知道，独立中队去年以来添了六个“下一代”……

听着袁副总那如数家珍的“絮叨”，我终于读懂了她：一个心中装着这么多爱的人，一个对同事爱得这么深的人，怎么会不爱试飞院，怎么会不爱试飞事业，怎么会不把自己全身心地献给中国的航空工业呢？

短短三个小时，袁副总给我说了几十个人，却几乎没有提自己。说到动情处，她四次落泪，却没有一次是为自己。

“我感到很幸福，试飞队像个大家庭。真的，我时时都能感到身边有个强大的团队，你有什么需要，不论是数据还是报告，只要说一声，马上会有人给你做好而且送到你手边。”

她双手搭在我的肩上笑道：“怎么样，今天下午满意吧？”

那么真实，没有一丝做作。一股热流涌进眼眶，我强忍着，使劲点了点头。

离死神最近的人

试飞总师周自全对试飞的意义有深刻体会，他说："在试飞领域，任何一个新成果都不是天生的，而是全体参试人员共同奋斗的结果。每一名身处试飞一线的工作人员，都要有为国家负责、为部队负责的严肃态度，任何时候、任何环节都不能有任何的松懈。如果说试飞工作有风险的话，那么我们不攻克而留给部队飞行员，我们又怎能对得起国家的重托？"

歼10试飞中有30多项风险科目，其中11项是Ⅰ类风险。这些风险科目的试飞在我国都是第一次，每一项都是在向死神挑战。而试飞员，是离死神最近的人。

试飞员的素质和水平关系着试飞安全和效率。

试飞员工作的突出特点是风险性大、探索性强。发动机空中起动历来是型号试飞Ⅰ类风险科目，而对单发且电传操纵的歼10来说，发动机空中起动无疑是险上加险。

试飞风险中，有一种是可预知的，即新机试飞时，知道有什么样的风险。这类风险试飞科目大都关系到飞机的战技指标，不但必须飞出数据，而且要将其安全边界飞到最大。另一种是不可预知的风险，如因为飞机系统故障或碰到突发危险情况。这类风险的规避，需要试飞工程师、机务人员和指挥员、试飞员在熟悉飞机性能构造、工作原理、操作程序，掌握处置预案的基础上，充分做好地面准备和空中工作。这些工作，试飞人天天都在做。

●军用飞机试飞科目风险等级

分为Ⅰ类风险、Ⅱ类风险、Ⅲ类风险三种。Ⅰ类风险指探索性强、危险性大、承试者对试飞安全性把握不大的飞行试验，如失速尾旋试飞、颤振边界试飞等。
Ⅱ类风险指探索性较强、危险性较大，但只要处置得当，飞行安全性有一定把握，如双发飞机的单发失效试飞科目等。
Ⅲ类风险指内容虽属风险科目，但风险危害发生概率低，危害程度不大，只要处理无误，能保证试飞安全。

2000年11月1日上午10时40分，试飞员李存宝驾驶飞机执行试飞任务，在高度17000米时，发动机意外停车，顿时座舱显示全部黑屏，通信中断。凭着良好的心理素质和丰富的经验，李存宝起动应急动力装置，并在2秒钟内记住了停车瞬间的重要视频、音频信息和座舱显示数据，为后来技术人员的分析故障提供了宝贵信息。开始技术人员对此表示怀疑，事后通过试验和分析证明他是对的。

空中停车起动科目试飞中，有一个"冷起动"，即要求飞机在空中关车90秒后再起动。由于歼10是电传操纵，飞机对电源系统、液压系统依赖性较强，又是单发飞机，所以空中停车后飞机不但无动力，更无电源和液压，飞机将无法操控。这种试验在国内是首次，没有先例，稍有不慎就可能会机毁人亡。

经过反复论证后，凭着多年积累的经验和过硬的试飞技术，张景亭主动请缨。

那天，在万米高空，他关掉电源。瞬间，飞机像一支利箭向地面斜插而去……他死死盯住面前的显示屏，“1秒、2秒、3秒……”随着飞机加速冲向地面，地面的麦田和电线杆也开始清晰可见……他紧紧握着驾驶杆……88秒、89秒、90秒！时间到了，他果断按下重新启动按钮，“轰”的一声，飞机在空中起动成功，战鹰重新向上跃升。

而后，试飞员们用了将近一年的时间全面完成空中起动试飞，包括迎面起动、自动起动和风车起动，同时考核了歼10应急动力系统的功能和性能。

大强度和大过载试飞对飞机是最有力的检验，新机只有通过这项检验，才能获得通向蓝天的“绿卡”。国外在进行新机“大强度”试飞时，曾多次发生飞机空中解体惨剧。歼10飞机的此项试飞任务仍由张景亭承担。

那天，他驾驶战机从万米高空呼啸而下。飞机由于承受的压力太大，整个飞机浑身发抖，发出刺耳的怪叫，令人毛骨悚然，地面指挥人员都为他捏了一把汗。他咬紧牙关，身体顶着强大压力，向极限挑战……当达到9个g的大过载值时，血液往脚部流，他出现黑视，眼前什么也看不见，飞机和身体都已到达极限。但他凭借顽强的意志和良好的身体素质，最终突破了极限，战胜了风险。

大迎角试飞是Ⅰ类风险试飞科目，试飞过程中飞机极易发生失速甚至进入尾旋。

2003年3月7日到27日，试飞员李中华在李存宝指挥和课题组配合下，完成迎角限制器边界试飞。这是中国战机首次在大迎角区域进行实用性试飞。按照西方国家模式，进行这种试飞必须采取两种安全措施，即安装反尾旋伞或设置多档临时限制边界控制律，逐步放宽。但由于客观因素，当时这两种措施均无法采用。经过科研人员和试飞员缜密的分析和方案拟订，边摸索边试飞，终于安全顺利地完成全部试飞任务：验证了大迎角飞行品质，确定了最小平飞速度和最小机动表速，验证了迎角限制控制律。

空中加油试飞因为要求受油机与加油机密集编队，因而风险很大。为了实现加油，试飞员徐勇凌和张景亭在超密集编队飞行中，硬是将受油机歼10“钻到加油机的腋下”，仅靠1~2米的高度差作为安全间距。垂直望去，加油机和受油机是在重叠飞行。在轰6加油机的扰流中，这种飞行风险是可想而知的。

2001年1月5日，试飞员邹建国驾驶1001架机实现海高700~1000米、场高270~530米的超音速飞行，打破了历来不在3000米以下进行超音速试飞的常规。

2003年，试飞员李中华、徐勇凌等多次低空超音速飞行，其中2003年11月9日，李中华以100米/秒的俯冲速度，实现了海高2000米的高速飞行，并且在此状态下接通颤振激励系统达22秒，这是中国试飞史上最大胆的试飞创举。

此外，飞机故障也是试飞员常常遇到的风险。

2002年7月13日，试飞员钱学林在返场着陆时突遇侧风扰动引起急剧的人机耦合振荡，振幅±18°，此时飞机离地面已经不到2米，情况十分危急。关键时刻，钱学林正确判断，及时处置，停止横向修正操纵，推油门带杆复飞，安全着陆，避免了一次重大事故的发生。

2002年10月18日，试飞员徐勇凌执行歼10飞机强度试飞任务，当飞机过载由-1~+6.4时，代偿系统出现重大故障，连续增压近4分钟，试飞员被紧压至皮下出血、头疼脑涨、呼吸困难、体力下降，他竭尽全力断开代偿服管路接头，释放压力，使飞机安全着陆。

试飞员宫庆辉在进行全载荷谱试飞时，有一次，在飞机载荷达到5.9时，突然听到飞机左翼出现异常响声，同时飞机被一股力量向右方掀去，一下产生了60°的倾斜角，飞机操纵变得十分困难。宫庆辉一面向地面指挥员报告情况，一面使飞机逐渐降低高度。飞机缓慢地向机场驶去，宫庆辉牢牢把住驾驶杆，尽量保持飞机的稳定。当飞机安全着陆时，宫庆辉才发现自己厚厚的飞行服已被汗水湿透。事后查明，原来是飞机左侧升降副翼的铰链断裂，试飞员能驾机安全返场，简直是一个奇迹。

2002年5月31日，试飞员李存宝驾机进行低空大表速/颤振试飞。塔台下车水马龙，各种专业人员在紧张等待；塔台上指挥员、值班人员不时向天空张望；监控室内，科研人员坐在数据监控台前，彩色的数据、曲线在眼前闪烁，他们集中精力，不让一点点异常从眼前溜走。他们看到，试飞员已经完成动作取得满意数据了，大家沉浸在喜悦中：这个架次的任务圆满完成了。

突然，马争胜从屏幕上的数据中发现飞机的燃油所剩不多，如果继续加力飞行，12秒钟后发动机就会停车。于是第一时间向指挥员大喊："危险！剩油不够，快让试飞员停止动作返场！"指挥员急令试飞员"收油门减速"，试飞员接到命令后果断处置，安全着陆。事后检查，是发动机燃油分配器系统故障：

●驾驶员诱发振荡飞行试验

在实际飞行条件下，验证和评估飞行器是否具有驾驶员诱发振荡趋势的试验活动。驾驶员诱发振荡(PIO)又称人机耦合振荡（APC），是指由驾驶员试图操纵飞行器而引起持久的或不可操纵的振荡，其特点是驾驶员对飞行器运动的修正将引起和加剧飞行器运动的振荡，如果驾驶员稳住驾驶杆不去干预飞行器的运动，飞行器的振荡运动一般会自行收敛而消失。PIO本质是由驾驶员－飞行器闭环系统的不稳定引起的飞行品质问题，是影响飞行安全的重要因素之一。

供油箱燃油很少，而试飞员看到的指示燃油量却很多。

像这种因飞机系统故障而引发的问题，就是不可预知的风险，是偶然发生或空中突发。这类故障，有些是试飞员无法发现的，这就需要地面监控人员监控与提醒。

除了正常的风险科目和飞机故障带来的风险外，试飞员在试飞中也经常会碰到突发危险情况。

2002年8月23日16时20分，试飞员邹建国和周殿学双机起飞后不久，参谋周维突然发现北边跑道尽头的天空有些发暗，他马上将情况报告给指挥员，指挥员立即通知飞机迅速返场。沙尘暴移动得很快，2分钟后北塔台那边已是灰蒙蒙的了。正在休息室的团长张景亭得知后几乎是冲上指挥室的，因为他知道，如果飞机不能落地就必须赶往备降场，但飞机所带的油料不足，情况非常紧急。

空中，两架飞机向机场飞驰，沙尘暴铺天盖地从飞机后面追了上来。机舱内，邹建国隐隐能听见沙尘暴凄厉的呼啸。两名试飞员加大油门，飞机如离弦的利箭射向大地。当最后一架飞机的机轮刚触到跑道时，机场已被沙尘笼罩了。

有时候，飞机的特殊布局也是风险的来源。歼10的起落架相关设计布局，就会对其侧风着陆安全构成问题。

歼10外八字起落架细高且主轮距窄，加上垂尾较大，世界上这类布局飞机的侧风着陆安全问题一直极受关注。如果着陆时侧风过大，飞机将可能滑出跑道或侧翻，这种事情在地面飞行模拟器上飞行时出现过许多次。然而，在歼10的侧风着陆试飞中，试飞员张景亭、徐勇凌、何斌斌都超过了原定着陆最大正侧风限制值。

2003年4月12日，张景亭在着陆过程中遇到了9.3米/秒的左正侧风险情。

上午风和日丽，晴空万里，下午正在飞行时天气突变，空中气流很大且不稳定，地面侧风一直在增大且伴有沙尘，正侧风最高达到10.5米/秒。

“中止任务，返航着陆。”在这紧急关头，指挥员果断下令张景亭返航。

塔台上的各类人员紧张地注意着1005架机；监控室的工程师们紧盯着监控画面。

“假如今天是实战，怎么办？难道要和敌人‘商量’等风速小了再战？”张景亭下决心要改变这种被动局面，提高新机性能。

张景亭没有慌张，他按照自己研究制订的“大侧风”试飞方案，压杆蹬舵，使飞机机头左偏，沿跑道中心线下降，在飞机即将接地时摆平。在主轮正常着陆后，放下前轮，然后按常规放减速伞。为了修正左正侧风引起的飞机向左偏航，他逐渐增大脚蹬力，直至蹬舵到底，但由于侧风太大，仍无法阻止飞机向左偏航，眼看飞机要滑出跑道，张景亭当机立断提前抛掉减速伞，大大减小飞机的偏航力矩。他估计到提前失去减速伞的飞机会右偏过快，便迅速减小右脚蹬的操纵，使飞机进入正确的滑行轨迹。

从放伞到抛伞，整个过程只有6秒钟，每一个动作都准确到位。

当塔台上的同事们看到张景亭果敢而敏捷地操纵飞机安全停在跑道上时，笑了，这笑里带着欣慰：若按常规抛掉减速伞，必然使飞机的偏航力矩剧增，飞机将会偏出跑道，后果不堪设想。

当迎接飞机的机务人员看到走出驾驶舱的张景亭时，也笑了，但笑里带着心疼：由于脚蹬操纵极快，他的飞行皮鞋竟然磨破了。

而后，张景亭修正大侧风的操纵方法，在歼10操纵中得到普遍推广。

试飞员何斌斌曾经遇到了更大的右正侧风险情，他按照指挥员的指令，完成歼10首次最大正侧风着陆：风速超过最大限制值每秒2米多。

2003年6月28日，何斌斌按照当天试飞科目，正在200千米外的空域执行任务时，天气突变，地面刮起大风，指挥员周殿学果断下令：

“961，停止动作，应急放油，尽快返航着陆。”

“961收到。”何斌斌迅速操纵飞机在空中放掉3吨多燃油。

为了减轻飞机重量，防止起落架在降落时断裂，飞机在空中实施紧急放油。当时空中的云层已变得很厚，但地面的人们仍能清楚地看见飞机放油时形成的“烟雾带”。摄影师张虎林在地面进行摄像时，夹着沙子的风几乎把他掀翻。

面对超大的右正侧风着陆，何斌斌压杆蹬舵，沿跑道中心线下滑。因侧风太大，他按指令延迟放减速伞时间，放伞速度大大低于正常放伞速度。他熟练操纵飞机减速滑行了3000多米，将飞机安全停在跑道上。

着陆滑跑距离科目试飞风险性取决于放伞时机。放晚了达不到减速效果，放早了会引起飞机粗暴着陆，飞机弹跳，“腹鳍”擦地磨损。试飞员张景亭在试飞时充分利用自己掌握的知识，与科研人员密切配合，既科学分析，又谨慎实施，最后安全实现了歼10小于设计指标的最短滑跑距离，使“着陆滑跑距离短”成为歼10飞机的重要特点。

俯冲，向着极限速度

搞试飞最关注的是安全，因此在制订试飞方案时，要进行风险评估，从飞行的各个工作环节分析找出存在的风险点，然后针对这些风险点制定有效的控制措施。

风险分析主要考虑两个因素，一个是风险发生的危害和后果，一个是风险发生的概率。通常把危害性大、概率高的风险称为主要风险，对此类风险的防范措施一般都要验证一下。对那些危害大但可能性小的事件，要必须有预防措施。

歼10试飞中的风险科目有30多项，而Ⅰ类风险高达11项。其中，“低空大表速”就是Ⅰ类风险科目。

对于客观存在的风险，试飞工程师必须用自己掌握的知识严格控制；而机务保障人员，则必须堵住每一个影响安全的漏洞。

好多人都很奇怪，为什么自己看到的歼10原型机身上会有那么多“补丁”。这，其实是歼10设计定型试飞过程中因修补飞机造成的。

在歼10飞机定型试飞的包线扩展中，低空大表速/颤振试飞是一项难度高、风险大的试飞科目，是对飞机结构强度最为严酷的考核。说其难度大是因为试飞员要在十几秒钟完成一系列动作，且要准确无误；说其风险性大是因为试飞可能诱发耦合振荡，重则使飞机解体，轻则不是震掉哪个舵面就是撕裂哪个部位的蒙皮。为此，现场副总指挥晏翔亲临现场指导和协调工作，611所副总师张继高、成飞公司副总师苗文忠分别带领一班人马在现场进行技术支持和技术保障。

试飞总师周自全与副总师杨龙、余俊雅以及课题组、试飞员、指挥员认真分析飞行试验数据，反复研究试飞方案、应急处置方案和安全预案，并在距塔台约40千米处的一个站点增加了一个地面活动实时监控站，目的是一旦塔台附近的GDAS站接收不到飞机上ADAS遥测信号时起到备份作用。说起来容易，尽管建一个地面活动实时监控站会花费不少的时间和人力物力，但为保证低空大表速/颤振试飞安全，还是值得的。

对于新机研制来说，颤振包线无比重要。

在颤振、失速、空中停车这三大风险试飞科目中，颤振是唯一不能人为控制的。失速和空中停车可以通过飞行员的操纵进行改出和重新起动，而颤振，只能通过恰当的结构设计来预防，所以，各国在新机研制时都要进行颤振研究，这种研究贯穿于新机研制的全过程。

飞机颤振飞行试验处于颤振研究的最终环节，它使用真实的飞机在实际飞行条件下进行试验，验证规定飞行限制速度包线范围内，所有的飞机临界构形都无任何颤振现象。因而，颤振飞行试验成为验证新机颤振安全性必不可少、最有说服力的关键环节。而低空大表速/颤振试飞科目就是要在飞机不解体的前提下，飞出飞机速度所能达到的最大值，并且确定在这个最大值之内，飞机是没有颤振忧虑的。

歼击机的低空大表速/颤振试飞一直都是新机鉴定试飞中“最难啃的骨头”。但是，这个项目不飞，飞机就无法拿到通往蓝天的通行证。

进行低空大表速/颤振试飞时，飞机是从万米高空以每秒100~120米的速度，在海高、场高、表速、速压值都非常苛刻的情况下向下俯冲至几百米的低空，然后接通颤振激励系统达20秒，以检验飞机的结构强度和颤振特性。此时的飞机无论是性能、飞控、载荷还是品质，都因为接近颤振边界而具有相当的风险性。而飞机在试飞中一旦发生颤振，会在短短几十秒甚至几秒钟内产生灾难性的后果，更为严重的是飞机可能会发生空中解体。而在低空试飞时边界速压很大，由于采用小角度俯冲的试飞方法，试飞员即使发现异常振动，拉杆改出的难度和危险程度也比高空大得多。而且，歼10只有一台发动机（单发）、此时又是飞机设计的最大速度……诸多不利因素叠加在一起，构成了低空大表速/颤振试飞特有的风险性。

歼10低空大表速/颤振试飞是一个要经过很多个起落而渐渐逼近最大数值的过程。

歼10在此逼近过程中，几乎每一个起落都对飞机造成了不同程度的损坏：飞机的前起落架护板严重撕裂变形；机翼前沿的铆钉被吸了出来；机翼油箱开始渗油……

低空大表速/颤振试飞是可预知的Ⅰ类风险科目，预知风险已被防范。而飞机系统故障，则是不可预知的风险，是偶然发生或空中突发。这类故障，有些是试飞员无法发现的，这就需要在地面监控的工程师因熟知飞机工作原理而及时发现。

“一步一步向边界逼近直至极限值”是风险科目的飞行试验原则，低空大表速/颤振试飞这种Ⅰ类风险科目，更要严格执行。所以，这个科目的试飞时间几乎贯穿于歼10的整个试飞周期。

7月的戈壁，白天已经很热了，但凌晨5点的气温却接近零摄氏度。参试人员走出新机大厦，不由得裹了裹身上的羽绒服。

新月如钩，四周一片寂静。

今天试飞的科目是向低空大表速逼近的一个内容。

沉寂的机场已经是一片忙碌：特种车辆马达轰鸣，机务人员准备就绪，伴着轰隆隆的闷响，机库大门徐徐打开，战鹰被拖向起飞线，披着夜幕的飞机更添几分神秘。

飞机到位，加油，通风，上电，对惯导……

一切工作都在紧张有序地进行，娴熟的操作显示着试飞院机务工作者平日里苦练技艺的成绩。刚接手的时候，准备好一架待飞的飞机需要近一个小时，可现在，如果飞机没有故障，不到20分钟就能完成。对于一架汇集了大量先进电子电气技术的新型战机，准备时间如此之短，就连生产厂家的机务人员也心悦诚服地对他们竖起大拇指。

“报告1号，1013准备完毕！”对讲机里高峰浑厚的话音刚落，一颗绿色的信号弹腾空而起，刚好是7点整。

几分钟后，试飞员李中华提着头盔健步走向战鹰。登机，开车，关舱盖……一举一动都是那么娴熟自信，眉宇间掩饰不住试飞员特有的英气。

东方渐渐泛白，随后，一轮红日跃出地平线。李中华完成各项自检后，驾机滑向跑道。随着发动机由尖叫变成低沉的轰鸣，飞机拖着长长的尾焰，迎着朝阳，直刺蓝天。现场的所有人都专注地望着这动人的一幕，金黄的阳光洒在他们微显倦意的脸上，更添几分刚毅。

当目送飞机升空，机务们终于可以松口气时，GDAS监控大厅内，技术人员的监控工作则进入最紧张阶段。

监控大厅在遥测楼的第二层，正中央的主监控台前，试飞工程师和指挥员各就各位，一双双专注的眼睛紧紧盯着屏幕上

○在紧张繁忙的试飞一线，试飞人的工作方式、思考方式、融入方式，试飞人的信念、态度、作风，还有那些不甘落后、不计报酬、不怕牺牲……这些看似普通的元素，在初心的召唤下，凝聚成一种强烈的责任感和使命感，继而，凝结成中国试飞的灵魂。

一串串跳跃的数字；后排就座的总师、军代表和设计单位技术支持的同志们时而目不转睛地望着前面的投影大屏幕，时而在工作手册上记下一个重要信息；最后排，维护服务器的几名基地军官毫不懈怠地守在自己的岗位上。此时，除了电台里指挥员和试飞员间的简单对话和后排几位专家时而低声交换着意见外，大厅里再无声息。整个大厅面积不大，布置紧凑，这时再加上从每个人身上散发出来的紧张气氛，给人的感觉不啻一个战场上的前沿指挥所。

“952，起落架收好，飞一号航线，航向70。”

“明白，航向70爬升。”

各参数显示一切正常，起飞后，飞机进入相对稳定的爬升阶段。就在这时，负责条图仪监控的王东森眉头一皱——有几个通道的振动参数波形与往常不同。他迅速抬头看了一眼大屏幕，监控画面很稳定，也就是说飞机姿态平稳，没有紊流影响。什么地方出问题了？不会是传感器故障，若传感器坏了波形应该是近似直线；也不可能是线路问题，昨天飞行还是好的，事后没做任何工作。故障点究竟在哪？小王的眉头锁得更紧了。

“报告指挥员，振动传感器信号异常，原因不明，请求试飞员中止动作。”按照惯例，小王这样做就行了。但是，由于构型不同，今天这架飞机并不能改作其他课题任务执行，飞机唯有返场耗油着陆。难道一个架次、十几万元就这样泡汤？难道近百人披星戴月赶场就这样无功而返？不！不能轻言放弃，这不是严谨的科学态度，也对不起一个科研工作者的良心。还有一点点时间，一定要查出问题所在。王东森咬了一下嘴唇，做出了一个决定：

“请飞行员保持当前状态平飞，给我点儿时间。”小王补充道。

指挥员转头看了看小王，似乎从他坚毅的目光中读到了信心，他拿起电台话筒向试飞员发出命令。

王东森死死地盯着条图仪，脑海里飞快地搜索着一切可用信息。突然，他的目光定格在左鸭翼传感器参数上，那不正是右鸭翼一贯的波形吗？难道是……来不及细想，他迅速顺着这个思路向下找去。果然！右鸭翼传感器的波形正是以往左鸭翼的样子，忍着心头的狂喜，他急忙从包里拿出昨天的条图仪飞行数据，按照刚发现的规律逐一查证。

没错，问题就在这里，其中的一组参数被平移了两列。一一对应，与原来曲线吻合：“OK！”

王东森带着微微有些激动的声音报告：“故障已查明，可以保证飞行安全，按原计划执行。”

危机解除了，王东森抬头看了一眼大屏幕，飞机此时高度3000米，余油2100千克。刚好够做动作，好险！

擦了擦额头渗出的汗珠，小王下意识地瞥了一眼周围的人。同事们都在注视着自己的画面，没有人知道在这短短一分多钟里这边发生了什么。

飞机开始下降高度。

“2500，1.12。”

“2200，1.13。”第二指挥员通过电台向试飞员通报着飞行状态。

“2100，1.14，加入激励。”电台里传来李中华干练的报告。

“加入正常！”指挥员左前方对面摆放的三台微机后面传来一个年轻但同样干脆的声音。这三台独立的微机就是颤振/气动伺服弹性课题的主战场了。为了能跟第二指挥员直接交流，他们坐在主监控台斜对面。最左边那个叫周友明，毕业于南京航空航天大学，工作才三年，负责颤振激励系统（FES）监控。试飞员操作FES的每一个步骤都由他监控，确认无误后报告给第二指挥员，再经第二指挥员反馈给试飞员，才能进行下一步操作。

此时，飞机一切正常。画面显示激励信号正严格按照设定的正弦曲线线性递增着频率。走到第26秒，随着代表信号的红线回到零位，信号输出通道的状态灯同时熄灭。

“结束，关加力！”周友明清脆的声音再次响起。

“结束，关加力！”指挥员重复着指令。

飞机再次爬升，李中华开始设置新参数。周友明看了一眼178号任务单，在脑海里记下一段数字：第二个动作激励舵面–左右升降（副翼），信号类型C，扫频速率1，幅值系数1.0。

与此同时，在显示器上，右升降，左升降，C、1、1.0的指示灯迅速依次点亮。

“好麻利的动作。”周友明心里夸赞着并默念了一遍参数，立即报告：“参数好。”

“参数好。”指挥员重复。

李中华按下运行键，一秒钟后，绿色的工作灯点亮。

“运行正常。”

“运行正常。”

“我现在海高5000米，开始俯冲。”李中华边报告边做着动作，高度表和速度表数据急速变化着。

“高度2700，马赫数1.12，余油1500。”地面报告。

很快，飞机进入第二次激励。

就在周友明刚刚收回打手势的左手之际，问题出现了，他的显示器上，信号红线中止于6秒多一点，同时告警灯点亮，故障指示2。

“是应变采集器硬件故障？”不会，他对自己的设备很有信心。“铰链力矩超限？”也不太可能，从刚才的飞机姿态看，试飞员并没有做大的机动动作。按照以往的数据，这种状态下最大的铰链力矩也只有门限值的1/5左右。于是，周友明初步断定是振动过载超限，FES切断了自动保安电路。

“告警了，请指示。”李中华在空中也发现了这一问题。地面的人们坐不住了，几十双眼睛都望向周友明。

周友明瞥了一眼旁边唐凯的显示器，由于激励时间未完成，数据还正在采集中，无法进一步证实是否振动过载超限。而监控条图仪的王东森也没有报告超限。

时间刻不容缓，飞机在战斗全加力状态下每分钟就要耗掉数百千克油，此时的高度和油量已经不允许再改飞其他动作。怎么办？

“一定是某个模态的响应较大但整体趋势还未超限，虽然个别峰值超限在条图仪上显示不出来，但难逃FES保安监控程序的火眼金睛。”这个思路在周友明的脑海中逐渐清晰，他来不及请示主管，果断地发出指令：“上下复位，设置参数左右升降，B。”此时他才注意到，李中华已经凭自己丰富的经验预先完成了上下复位，节省了宝贵的两秒钟时间。多好的试飞员啊，他也不想就此结束这个起落。这种执着敬业的精神着实让人折服，能与这样的同事一起工作真是畅快。

“扫频速率1和幅值系数1.0是系统缺省值，为了节省时间可以不按键。”看着指挥员有点疑惑地望着这边，小周补充解释道。指挥员满意地点了点头。

“参数好。”

“运行正常。”

“加入颤振激励！”

信号红线又老老实实地按照既定轨迹延伸了。周友明耸了耸肩膀，活动了一下僵直的脖颈。

随着指挥员“结束，关加力，FES下电”指令的发出，这个起落的动作圆满完成。

又是一次惊心动魄的飞行。

实时数据出来了，经过处理，果然是左机翼尖的响应有两个峰值超过门限值。

“小伙子们干得漂亮！”主管副所长孙勇军带着笑容走了过来，“大家辛苦了,晚上我请客。”大家这才想起来还没吃早饭，而送餐车已经在楼下等了半个多钟头了。

10时24分，飞机落地，第三个起落完成。撤场。

对于颤振课题组的小伙子们来说，今天的工作仅仅完成了1/3，艰巨的工作还在后面。他们兵分三路，三人留下等候采集和处理颤振数据；一人到二次处理机房绘制时间历程和飞参；主管王东森要回新机大厦准备明天的试飞任务单。

机载数据磁带送来得很快，快到他们一支烟还没抽完就又得上楼采集事后数据。偌大的监控厅，就剩下周友明、唐凯、刘颖和测试所一名负责判读磁记录带的女同志。没有了飞行时千钧一发的紧张气氛，可这里也丝毫不轻松。为了节省时间，他们想尽各种办法来提高工效，将整个过程缩短了40%。

要说费时费力，就数颤振飞行后的数据处理了。由于驻地计算机紧张，为了争取时间，在晚上的协调会（每天晚上要开协调会，解决急需解决的问题并安排明天的飞行工作）之前必须拿出试飞结构数据的准确性和可靠性结论，以保证试飞进展的有的放矢。这是第二天是否继续飞行的关键。所以他们每次飞行后都要待在这里把数据处理完再回去。为了提高数据处理质量，目前采用的是含有最新小波辅助分析技术，但由于每次激励的每个通道的每个模态都要进行处理，都要计算出模态频率和阻尼比，所以数据处理的数量非常惊人。每次都要点击鼠标几万下，在结果表中填写数字几千个。

提到数据处理软件，不得不说一下他们中的计算机高手——毕业于南京理工大学计算机系的唐凯。他利用业余时间进行颤振数据处理Demx软件更改工作，经过试用、评审、确定版本，已在飞行数据处理中正式使用，数据处理用时缩短30%以上。

回驻地的郭华也没有时间休息，午饭后就在二次处理机房协助值班的同事按时间段读带。由于人手紧张和条件所限，试飞队的好多同志都是身兼数职，郭华不但要采集自己负责的环境振动数据，还要绘制颤振/ASE（气动伺服弹性）课题的时间历程和飞参。她同时开两台机器，一台绘制时间历程，一台计算飞参，还得不时到旁边看看振动数据的采集进展。

16时30分左右，几个人陆续完成了任务。17时刚过，所有数据结果摆到了孙勇军和王东森面前。他们经过仔细对照分析，表明飞机结构正常，各阶模态阻尼大于规范要求且没有突变。他俩对视一笑：“明天的计划可以继续进行了。”

孙勇军签署完王东森写好的《试飞任务单》后，已经快到18时了，俩人急匆匆赶往会议室参加任务协调会。

夜色降临，开完会，已经是22时了。从早上6时进场到现在，整整16个小时，他们一直在忙。

从今往后，每一个起落都是中国之最。

时间来到2003年11月初，已经进入最后攻坚阶段的“低空大表速/颤振”试飞，标志着歼10飞机定型试飞也已进入尾声，同时几个风险科目更让人神经高度紧张。

11月8日，机械日。经过两个月的精心准备，终于盼来了持续低温天气。明天将要进行“低空大表速/颤振”试飞科目最后一个阶段的试飞。这是真正的大表速，飞行速压将全面超过国内飞机目前所能达到的最大速压，每一个起落都将创造中国之最。

令人激动和骄傲的背后，蕴含着潜在的巨大风险：飞机在那么大的速压下，主体结构能否承受得住？蒙皮会不会撕裂？机载设备会不会出问题？

没有人能确切地知道答案。大家能做的，就是从现有的数据推算，在确定有足以保障安全余量的前提下，小心翼翼地一步一步向边界逼近。

8时20分，机库会议室。

机务独立中队队长高峰在非常严肃地讲述明天飞行的风险性，强调今天机械日工作的重要性：“各部门、各工种务必认真再认真，仔细再仔细，确保飞机万无一失。明天谁出了问题，我把谁开回家。上午例行检查，中午新的蒙皮就能送到，下午换蒙皮，测试同志校零位，开车联试。蒙皮一定要检查好再装机，螺钉拧紧，那个位置比较容易松动……”

9时，机身各处检查口盖均被打开；全机上电；空调车接通；机务们开始严密地全面检查……

同一时刻，新机大厦214房间热烈的气氛丝毫不逊于机库，试飞院院长沙长安正听取课题组“关于‘低空大表速/颤振’试飞科目近期的工作安排和试飞计划”的汇报。

“小王啊，你看这里，”他指着包线对课题主管王东森说，“既然5000米和2000米我们都有几个边界点要飞，那么两个高度点上的速压有没有交叉的？依我看是有，那么我们为什么不能把5000米和2000米的点按速压排个序，依次进行试飞呢？”

“我们当时是想先在5000米逼近边界，把数据好好研究一下，然后再飞2000米的点，这样安全些，心里能更有把握点。”

“不，不完全是这样。如果把两者交叉，那么速压增量的步长就会缩短，不是更有利于保证安全吗？小孙你认为呢？”

孙勇军点点头：“是这么回事。可是……”

“没有可是了，既然有理由，有保障，这样做是对的，就可以做下去。”沙院长斩钉截铁地说。“小王、小周、小刘，你们几个把包线清理一下，没飞的所有点按照速压排序，马上给我。一些重叠或者很接近的点，在保障安全的前提下，可以直接飞低高度的，低的达到了高的肯定没问题。”

结果很快出来了，沙院长看了看，递给旁边的李参谋长：“中华，谈谈你的想法吧！”

李中华作为一名经验丰富的试飞员，对于“低空大表速/颤振”试飞，他有自己独特的见解：“其实，飞了这么多颤振，我觉得最担心的还是跨音速区的振动，因为这时的振幅比较大。一般我们都是保持平飞迅速超音，然后再俯冲增速。”

“是的，除了跨音速效应，鸭翼的最小临界颤振速度也正是在跨音速区。”孙勇军肯定了李中华的分析。

“现在逼近边界，虽然我们在天上可能感觉不到很强的振动，”李中华接着说，“可是正如沙院长讲的，等到有了很强的感觉，也许就来不及了。所以小伙子们，还得靠你们把关啊。还有就是，以后你们把每一个起落的基本飞参以及油耗数据都给我一份，我琢磨一下怎么飞才能更省油。后面的飞行油量都很紧张，搞不好就会多用一个起落。燃油这个东西有时全靠理论计算不太准确，你们也算算看，完了咱们再讨论一下，确定一个最佳方案，好吧？”

“没问题，放心吧。”小伙子们一向佩服参谋长高超的飞行技术和认真负责的作风。

“现在思路清晰了，那好，咱们共同制订一个详细的飞行计划。去把强度主管叫来，如果飞不了低空大表速，咱们就飞负过载。安排两套方案，飞机不能停。”沙院长说罢，拿起笔，在一张白纸上画了两个日期框架图。

几人详细地讨论起每一个试飞任务单的编排……

经过几个小时的努力，一份改进后的《低空大表速/负过载近期飞行计划》跃然纸上。

“大家都辛苦了。”沙院长看了眼表，“呀，都1点多了，食堂也没饭了。来，我这里还有几桶方便面，大家拿去将就吃点吧。吃完赶紧休息，3点还得开协调会，不许迟到啊。”

下午2时55分，三楼会议室已经坐满了人。

“我看人齐了，咱们现在就开始吧。我先说一下明天及后几天的计划安排。”周总主持会议，总是这样直奔主题。

……

随后几天，按照科研人员制订的《低空大表速/负过载近期飞行计划》，开始一步一步向飞机的最大速度和最大速压逼近。

11月16日，阳光灿烂。今天，将要进行低空大表速/颤振试飞最后一个起落的飞行，目标——2000米设计边界；表速为设计最高值。

就在刚刚过去的一天，他们创造了历史，飞到了5000米设计边界，并进行了颤振激励。今天，他们要向设计极限冲刺。

今天是专场，机场上很安静，没有安排其他的飞行。

上午10时，周总用力握紧李中华的双手，无言相送，坚定的眼神中有鼓励有信任。

部队首长、航空总部的领导以及其他课题的人员来了不少，都远远地望向这里。

没有一个人说话，偌大的机场安静极了。

李中华在这种异常安静中走向飞机，机务人员认真地为他整理好飞行装具后整齐列队，然后齐刷刷地向他敬礼，安静地目送他跨进座舱。

“9号准备好。”

“1号准备好。”

“952自检完毕，请求起飞。”

“计时加力起飞。”

“明白。”

飞机刚一离地，就是一个大角度拉升，紧接着一个漂亮的大坡度左转，随即迅速改平。在“艺高人胆大”的赞叹声中，李中华冲出人们的视野。

GDAS监控大厅今天座无虚席，前排的科研人员，眼睛聚焦在GDAS屏幕，光点移到哪里，眼睛跟到哪里，心也就提到哪里；后排的观众席上，则是一双双期盼的眼睛。

时间过得似乎比平时快，各系统表现也比平时好，这是个好兆头。

“爬升、俯冲、改平、再俯冲……接通颤振激励系统、维持、收油门、上升……”李中华将要求又默背了一下。

飞机上，李中华调整好飞机的飞行姿态，按照新近总结出来的最佳剖面飞行，以120米/秒的速度向下俯冲。他把油门推到最大，稳住驾驶杆，眼睛盯着平显上高度、速度急速变化着的数字。

周总很清楚，“好运”不会始终伴随我们。现在，所有的措施都已经到位，地面监控成为关键。这时监控的重点，不是看“参数到哪里”，而是能够预判这些参数的“趋势在哪里”。因此，聚精会神和丰富的经验是对监控人员的基本要求。

此时，GDAS大厅执行监控的人们眼睛不敢眨，大气也不敢喘，一秒都不敢错过地盯着数据显示，生怕漏过一点点不正常响应。

所有人的心都跟着变化的数字提到了嗓子眼，因为大家脑海里始终存留着两幅画面：一幅是熟悉的俄罗斯优秀试飞员莎莎的面孔，在一次低空大表速/颤振试飞中，仅30千米/小时的速度增量竟造成飞机空中解体，机毁人亡；一幅是中国台湾地区IDF第二架在跨音速振动中飞机解体坠入大海。

“FES运行正常！”

“明白。”

“高度4000，速度××！”

“高度3000，速度××！”

“高度2500，速度××！”

这一刻，整个GDAS大厅鸦雀无声，只有指挥员在报告高度和速度，声音虽小但人人都听见了。

随着高度的降低，战鹰在持续增速，李中华感觉大地飞速地向他迎面扑来。

“柔和拉杆改平。”

“到位，保持住了。”

……

“FES加入！”这一刻，空气似乎凝固了：

“飞机能经受住考验吗？”

“试飞员能平安归来吗？”

许多人都这样想着却没有一个人问出声。

颤振课题组的几个年轻工程师眼睛一眨不眨地死死盯住自己面前的监视器，后排更有性急者已经站了起来。

此时，飞机的动压值是9吨/平方米，如果这时候飞机机舱被压破，试飞员将被压扁。

一瞬间，李中华惊喜地发现，飞机时速已经超过了设计数值。国产新型战机最快飞行速度的纪录诞生了！

“条图仪正常！”王东森激动地略带颤音。

“FES正常！”

“燃油系统正常！”

“航电正常！”

“发动机正常！”

周友明的监视器上，红色正弦信号以每秒一格的速度稳定前进着。

"结束！"小周觉得自己是用最大的声音喊出来的。

"结束！"指挥员的声音里带着喜悦。

李中华笑了，从指挥员的声音里，他听到了整个团队的喜悦。"我是中国飞得最快的人。"这个念头让他开心极了。

低空大表速试飞胜利完成了！

中国飞机最快纪录诞生了！

飞机的整体性能达到设计要求！

GDAS监控大厅里片刻的宁静后是沉默中的爆发，明白过来这声"结束"所代表的划时代意义的人们互相拥抱着，欢笑着，整个大厅都沸腾了。

"结束，关加力。952，祝贺你！"指挥员激动地抛下电台话筒，转身跟沙院长热烈握手。在座的空军和航空总部的领导们也纷纷向科研人员祝贺。

颤振课题组的小伙子们已经紧紧地抱在了一起，个个眼里都噙着激动的泪花。多少个日日夜夜，多少次秉灯夜战，一幕幕，一场场，仿佛还在眼前。而今天，他们成功了，他们可以向领导和同志们交代了。难道还有什么比这更值得高兴的吗？！

10点24分，飞机落地。试飞员李中华走下舷梯，受到了英雄般的接待，大家纷纷涌向前去表示祝贺。他谦虚而又欣慰地笑了。

已经60多岁的晏翔部长泪流满面地跑过来紧紧抱着李中华，像抱着一块失而复得的宝贝。

晏翔部长不停地拍着中华的肩膀，语气中满是疼爱："谢谢你中华！谢谢你回来了。你不知道啊，起飞前我都不敢过来看你的脸啊，我远远地看着你，满脑子都是你今天'还能不能回来、还能不能回来'的可怕念头。"

现场总指挥沙长安使劲摇着李中华的双肩："你在天上的时候，我眼睛都不敢眨啊，头发丝都立起来了。"

周自全总师慈爱地看着李中华，满眼都是笑："你这一飞，创造了中国航空史的新纪录，一个可以与国外最先进战机平起平坐的纪录，一个令国人扬眉吐气的纪录。"

试飞副总师余俊雅在李中华胸前打了一拳："真为你捏着一把汗，看着你呼呼往下冲，我的汗毛都竖起来了。"

在场的人们情不自禁地鼓起掌来，用这种方式欢迎自己的英雄从蓝天归来。

李中华看着面前朝夕相处的人们，满怀感激："有多少人为这个型号的成功在努力啊！”

阳光下，满身“补丁”的歼10原型机闪闪发光。在研制者眼中，它是那么美。

胜利的礼炮

2003年11月23日，人们期盼已久的实弹靶试终于开始了。10时04分10秒，歼10呼啸着直插云天，指挥大厅、地面监控站、塔台的指挥员和上百名技术人员目不转睛地盯着显示屏，焦急、期盼、祝愿的心情在所有参试人员的心中激荡。

“报告，飞机各系统工作正常。”

“报告，雷达截获目标。”

“报告，导弹调谐好，可以发射。”

“发射！”

刹那间，一道白烟从飞机机翼下喷出，几秒钟后喜讯从指挥大厅传来：中靶！成功了！

首枚导弹靶试成功，极大地鼓舞了现场参试人员的士气，大家以极大的热情和更精细的工作投入了第二枚实弹靶试准备。

接下来的日子，捷报频传。伴随着最后一枚导弹的靶试成功，歼10飞机定型试飞也画上了一个圆满的句号。

说起靶试投弹，试飞工程师黄蕾、于秀华、周宇感慨万千，他们说：

2002年8月到2003年6月，歼10飞机炸弹投放试飞；2003年2月到12月，歼10飞机导弹武器系统试飞。500多个日日夜夜，两个重头戏交替上演，凝结着许多人的心血。

2002年10月29日9点37分03秒，歼10飞机导弹功能发射试飞首次成功。消息传到北京，产品部晏翔部长、空装科研型号办郭新生副主任打来了祝贺电话。

为了这次功能发射成功，试飞工程师们在时间紧、任务急的情况下做了充分准备，主管王玉良带领课题组的同志们编写风险课题论证报告和任务单，确定打弹状态；课题组的周宇配合机务人员和测试人员对测试线路做了多次检查，对地面记录的数据进行处理；郭小莉在GDAS一丝不苟地监控实时画面和参数……

2002年12月15日，试飞员梁万俊驾机成功完成制导导弹靶试。随后的17日到26日，相继完成多架次的模拟攻击。

2003年1月，歼10飞机炸弹投放试飞在完成模拟攻击和部分功能投放试飞后，转入空/地精度投放试飞。由于采用的自动投弹方式在以往试飞中没有先例，课题组利用航电系统本身具有的功能，提出“先修后投”法。

8月中旬，经过充分的实验室试验后，试飞现场集中安排了靶试。经过8月中旬到11月中旬三个月时间重复的“地面试验—模拟攻击试飞—地面试验”程式，即“试飞—排故—试飞”过程，系统终于逐步趋于正常，工作亦趋于稳定。

−32℃的气温，倒挂在房檐下的冰凌足有一米长。为了能及时发现系统问题，每投一枚弹都需要检一次靶，有时炸弹落在靶心上，炸坏了靶布，必须马上把弹坑填平，将靶布重新铺好。一百多个弹坑啊，寒风吹裂了手指，雪水加泥水渗进了鞋里，渴了饿了吃自带的冷水和干粮，我们课题组就这样在靶场一待就是一天。

有一次检靶，因为安全区离靶心很远，为了能尽快退出，车开得很快，没想到坑太多，路又没有完全填实，车突然陷了进去，车里的人还没反应过来就受了伤，王玉良伤势最重，胳膊脱臼，但他简单处理后打了四针封闭，又上了靶场。

三伏盛夏，戈壁沙漠的热浪肆无忌惮地炙烤着人们，超强度的紫外线把人晒成了“黑猴儿”，汗水在脸颊上凝结成盐粒。大家几乎天天熬到凌晨一两点，一条条曲线，一个个驻点，一道道方程，一套套方案，都浸透着大家的心血和智慧。

2003年12月1日，在首次靶试成功后的第七天，靶试失败。一时间，试飞现场人人心情沉重，整个试飞队的情绪大受影响。

试飞总师周自全感受到了极大的压力：总指挥刘高倬从北京一天一个电话；耿汝光现场督阵；晏翔把一些老专家和技术权威请到现场分析；现场指挥部组织了各方技术人员进行地面试验；派人带设备去沈阳进行歼8F的对比试验；计划不能停，人心不能散，方方面面的工作都要做到位……

现场工作人员没有盲目推卸责任，也没有因为一时的挫折就停滞不前，每个人都在仔细分析失败原因，找自己的问题，多方查找失败的原因，研究解决方法。

很快，造成导弹发射失败的原因找到了，课题组对问题进行了分析、仿真计算和专项测试。由各级领导和专家参加的评审小组在听取了各单位对失败原因的分析和汇报后，最终达成了一致意见。

问题找到了，必须尽快解决。试飞现场指挥部多次召开专门会议研究解决办法，抽调经验丰富的专家组成联合攻关组，立下军令状：限期解决问题。从参试人员驻地到机库，从计算机房到机场整个一条工作链，紧紧地扣在一起。

经过更充分的准备和更扎实的地面工作，制订了更严密的靶试方案。经过分析、讨论、试验和攻关，时间又过了22天。12月23日，第三枚实弹靶试成功完成。

23日进行的靶试是12月1日试验失败的内容，今天取得了圆满成功。

只剩下最后一枚实弹靶试了，但这也是条件最苛刻的一发靶试，如果打不上，将会影响整个飞机的设计定型。现场指挥部决定："向国家负责，从实战出发，这一弹必须打。"12月24日，现场指挥部制订了第二预案。

12月25日，随着歼7靶机一声凌空爆炸，靶试取得了最后成功,试飞计划圆满完成。歼10设计定型试飞取得决定性的胜利。消息传到北京,中央首长"十分高兴,备感振奋"。胡锦涛总书记、吴邦国委员长、温家宝总理、军委副主席曹刚川都发来贺电，试飞现场的人们，乃至歼10全线奋战的人们无不为此欢欣鼓舞。

当晚，试飞现场燃放胜利的焰火。

试飞工程师谢毅把这天的喜悦戏称为"从'剩蛋'到'胜弹'"：

2003年12月25日，晴空万里，徐勇凌驾机执行最后一枚导弹靶试任务。飞行中飞机及系统一切工作正常，10时28分，靶试条件形成，徐勇凌奉命发射，随着他沉稳地扣动扳机，导弹直接命中靶机，靶试成功。

这一天恰是西方的圣诞日，时间上的巧合不禁让人们想起2002年圣诞日进行的导弹靶试。那天，由于系统故障，靶试失败，飞机带弹着陆，试飞队的同事们戏称圣诞节有"剩蛋"吃了。而今天，我们终于获得了"胜弹"！这一枚"胜弹"不同寻常，它宣告了歼10飞机设计定型前的试飞任务全部完成，也给歼10飞机设计定型试飞画上了一个圆满的句号。这是"十号工程"战线上所有工作人员万众一心、废寝忘食、夜以继日、共同奋斗的结果。

当这枚导弹直接命中靶机的画面传到监控大厅巨大屏幕上的一刹那，监控大厅里爆发出了持续而热烈的掌声，从两鬓斑白的科学家到朝气蓬勃的年轻科技工作者，从指挥若定的"将军"到监控台前的技术"士兵"，无不为之欢欣鼓掌。在兄弟单位领导的祝贺声中，袁慧馨禁不住流出了激动、喜悦的眼泪。我身临现场，目睹此情此景，感慨万千……因为我们在一起为了解决一个又一个技术问题，不知加过多少个班，不知熬过多少个不眠之夜。这是没有亲身经历过歼10飞机试飞艰辛历程的人无法体会的。

猛龙出山，歼10飞机已成系列

2004年至2008年，歼10完成设计定型试飞后续科目（隐身技术攻关试飞、大迎角特性试飞、改装反尾旋伞及防尾旋模态试飞等），并为歼10大家庭中其他飞机的试飞做试飞支持保障。

在防尾旋模态试飞和后续试飞中，新一代试飞员李吉宽、李刚和孙政雄于2009年10月完成更大迎角范围的试飞和极具实用价值的大迎角范围战术应用试飞，将最大迎角超出迎角限制器边界约10° 。

歼10定型后，试飞院又相继完成了歼10双座型飞机、歼10A型飞机、歼10B型飞机的试飞工作，如今，歼10已经是个大家庭了。

歼10双座型飞机是歼10飞机的同型战斗/教练机，突出教练功能，同时具有与歼10飞机相当的作战能力。歼10双座机于2003年12月26日首飞，2005年11月15日结束，于2005年12月17日通过设计定型审查。

歼10A型飞机是歼10的改进型，进一步提高了歼10飞机的作战能力。2007年9月16日在成都首飞成功，9月17日转场到阎良，2009年11月通过设计鉴定审查。

歼10B型飞机是在歼10飞机基础上改进的新型多用途战斗机，突出信息作战和精确打击能力，以夺取制空权和实施战役突击为主要作战使命。歼10B型飞机采用大量新技术和新成品，新增多型精确制导武器。

歼10B型三架飞机分别于2009年8月25日、11月20日和2010年7月30日转场阎良，而后完成试飞测试改装，并相继进行设计定型试飞。设计定型试飞期间，歼10B型飞机配装了三型动力装置。

2008年11月4日，歼10飞机首次亮相珠海航展：加力起飞，飞机呼啸而起，以大仰角和大爬升率直冲云霄，以近乎汽车行驶的速度低高度通场，在人们的视野里左滚右转上下翻飞……

2009年10月1日，在中华人民共和国60华诞庆典的日子，15架歼10飞机与其他飞机一道，浩浩荡荡飞过天安门广场上空，阵势壮美，气势恢宏。

2010年，珠海航展再迎猛龙，六架全新涂装的歼10直插云霄。不但两机间隔仅两米左右，而且动作难度也不断提升，单机、半扣、斜筋斗、六机三角队形大坡度盘旋、四机同步横滚等一系列高难度动作看得观众眼花缭乱，又一次引起轰动。

○ 2018 年 11 月，在珠海航展上，试飞员驾驶配装涡扇矢量推力发动机的歼 10B 矢量验证机表演了“眼镜蛇”和“落叶飘”等过失速机动，展示了该验证机在飞行、火力、发动机推力一体控制方面的良好性能。世界上能够完美演绎这类动作的也只有俄罗斯的米格 -290VT 验证机、苏 -35、苏 -57，美国的 F-22 以及我国的歼 10B 矢量验证机等。全球能飞“眼镜蛇”和“落叶飘”动作的飞行员更是屈指可数。

2018年11月6日，配备推力矢量控制发动机的歼10B型验证机，拖着粉红色烟雾做了普加乔夫眼镜蛇、落叶飘等一连串国际公认的过失速机动动作……10多吨重的战机悬空停滞数秒，引起现场观众一片叫好。

第六章

情系预警机

举世瞩目的国庆70周年盛大阅兵中，在空中梯队中紧接着最前边护旗方队的，就是领队机梯队，而排在领头位置的则是一架空警2000预警机。它带领八架歼10战机拉着彩烟，惊艳全球。

而今，空警2000、空警200、空警500型空中预警机已经成为我国国土空防的“千里眼”。无论是“南海巡航”“朱日和军演”……它们都发挥着“运筹帷幄，决胜千里”的重要作用，成为中国航空工业的骄傲。

“空警”凝结试飞情

预警飞机被誉为现代战争的“兵力倍增器”，是现代化战争中作战指挥系统的重要组成部分，由于装备远程搜索雷达，能够探索和监视空中与海上目标，相当于地面几十甚至上百个雷达团的作用，是在现代战场上引导作战、探测敌机的“空中指挥所”。在我国之前，世界上只有美、俄、以色列等少数国家具备研制能力。

抚今追昔，预警机凝结着几代试飞人的情怀。

1969年，一项代号为“926”的绝密级单线任务下达给试飞院等单位，这是由中央军委9月26日签发的。

军令如山。钟德均直接领受了任务，当天就“失踪”了。研究室领导与家人都不知道他急急忙忙干什么去了。其实，他自己事先也不知道什么事，坐上一辆卡车颠簸了几个小时，才知道到了空军某航空兵驻地。同来参加任务的还有北京625所、西安603所和空军一所的科技人员。意想不到的是试飞院的同事李树有、尹炳炎等人已先期到达投入了工作。他们与外界完全隔离，有专门的宿舍、食堂和工作场所。

第二天，两名军人引导他们走到机场旁边一座戒备森严的大机库，这里停放着从苏联引进的图-4轰炸机和一台松30雷达。

这一刻，钟德均才知道李树有他们搞的该项神秘任务是研究改装中国的首架预警飞机，即“空警一号”。

由于时间紧迫，又没有多少可供参考的技术资料，起初有人认为加工一个可转动的大圆盘，将以前在地面使用的测高雷达装进去，再安装固定在轰炸机背上面，相当于一个可飞行的移动雷达站就成功了。

然而，事情并非这么简单。直径7米、厚度1.6米的扁圆体雷达罩加工好了，心急火燎的行政指挥领导急于下令装机试飞，被李树有拦住了。总体方案是他和603所的几个技术人员共同制订的，按比例缩小的木质模型虽然做了吹风试验，但这和天上的实际飞行还是有一定差距的，绝不可贸然行动。因为在飞机背部安装庞大的雷达天线罩和支撑固定系统后，飞机重量增了5吨，总阻力增加了30%，为了保证飞机安全，又换装了功率较大的涡轮螺桨发动机，对水平尾翼还做了相应改进。所以他坚持在组装之前给飞机上先加装测试仪器，检飞记录飞机性能及操纵性、稳定性，再装上连接圆盘与飞机的六根支柱和四条钢缆，试飞记录好有关数据，进行对比，然后才能装上大块头的雷达罩试飞，要测取大量的数据，来证明设计的合理性，以避免出现颠覆性问题。大家知道他是主管过几个型号的试飞研究专家，一致同意按科学规律办事，分阶段试飞。尤其是设计单位的技术人员，甚至“926”任务的主要领导都感到心里很踏实。

李树有和钟德均回忆说，试飞院去的人最辛苦，钻进圆盘罩子里加装测试传感器，在雷达天线与罩子之间窄小的缝隙中去找合适位置操作，闷得喘不过气来。待反复检测确认稳妥才爬出来。然后又多次进入后机身尾部炸弹舱里安装并调试数据处理系统、显示监控系统、敌我识别系统、导航引导系统和电子对抗系统等设备。

1971年6月10日，李树有和设计师一起登上飞机，亲自陪同飞行员完成首飞。后来每个架次飞行，他都坚持上飞机，便于随时与飞行员交流。由于那时的雷达显示屏亮度不够，机上监控室不透光，既黑暗又憋气。他们坐在工具箱上，没有固定身体的安全带，飞机负过载时，就像航天员在太空那样，人、物都飘起来。有人吐得很厉害，垃圾桶飘起来后，呕吐物在座舱里乱飞……

经过在内地和沿海地区的多次试飞，果然不出所料，装在飞机机背上的雷达天线罩产生扰动气流，引起了垂尾抖振。钟德均分析了测试数据,与有关技术人员共同提出17种排振方案，经对比选择，采取有效措施，解决了这一问题。终于，飞机的有关性能调整到位了，先后在青海湖和渤海附近进行了长达八年的试飞。

这架在当时条件下因陋就简大胆改装而成的预警机，由于加装庞大且超重的雷达而缩短了原机的航程与滞空时间，而且雷达本身的性能较差，在仅有的200多千米作用距离内，即使抓到目标但分辨率不够，尤其是不具备下视能力，所以在1979年1月停止研制。后来将其重新改装成了轰炸机，继续服役于空

○今天，用当时的同种轰炸机复制组装的“空警一号”飞机，就陈列在北京小汤山航空博物馆，铭记着那段岁月，见证着中国航空人研制预警机的梦想。

军部队。

此后30年，预警机在我军装备序列中一直空白。而这种不同寻常的大胆尝试，却对中国预警机的后续发展，起到了不可替代的积极作用。

今天，用当时的同种轰炸机复制组装的“空警一号”飞机，就陈列在北京小汤山航空博物馆，铭记着那段不该遗忘的岁月，见证着中国航空人研制预警机的梦想。

有梦想就会有奇迹

世纪之交，中国试飞人肩负祖国重托，毅然走上自主创新的道路，用钢铁般的意志，完成了国内运输类飞机最为复杂、风险性最大的一系列试飞任务，填补了国家多项技术空白，使我国跻身国际先进行列。

空警2000、空警200等系列预警机的相继定型，实现了我国预警机从无到有、从有到国产化、从国产化到批量化的发展历程，谱写了一曲感天动地的试飞壮歌。

《中国试飞报》记者贺丽曾以《中国航空在这里“决胜千里”》为题，报道了预警机的定型试飞。

2002年6月12日，一架几乎成为空壳的用作搭载平台的飞机003号抵达试飞院。没有设计单位指导，没有试飞员培训，没有维护经验，面对着一点点儿随机资料，科研人员一时有些茫然：怎么干？时任院长沙长安一锤定音：自己干！自加压力，自筹资金，“一把手工程”就此拉开帷幕。

为加速空警2000定型，院领导审时度势，建立了以“一把手”为核心的组织管理体系，以质量总师为首的质量管理实施体系，以“总调度”为轴心的指挥调度保障体系，以“型号办”为主体的技术把关协调机构，以“四统一”的试飞原则保证了试飞组织、管理、指挥、协调和综合保障的畅通无阻。在进度节点和任务限定的条件下，他们提出对外联合、对内攻关的新思路；采取训练与科研并行和测试设备纵向、动态调配的新方法；实施关键课题先行、试飞理论为基础、综合保障预设的新举措。

为了保证003号飞机在落地15天内的停放开车维护，攻关组人员集中办公，豪迈地提出：“首战用我，用我必胜！”他们将自己完全封闭起来，用心熟悉一个个似曾相识却又全新的按钮、开关、设备和线路；了解一段段相互交叉、杂乱无章的外文含义；迅速掌握首次开车的必备知识。6月26日，飞机到院的第15天，在攻关组成员熟练的操作中，003号飞机发出巨大的怒吼声，像是喷吐出一种自豪，标志着首次地面开车成功，所有人都长舒了一口气。短短15天，将一架几乎是空壳的飞机恢复到相应的技术状态，试飞人创造了中国航空史上又一个奇迹。这个“奇迹”，为国家节约经费100多万元。

抢首飞，从零开始

与发动机首次地面开车攻关同时进行的，是难度更大的攻关——怎么让飞机飞起来？他们以“超常规不超程序”的攻关途径，将外文情报翻译人员、科研技术人员及空地勤人员组织起来，进行集中调配和封闭式培训。翻译人员夜以继日，几十天时间就翻译资料1500多万字，为机务维护、安全飞行奠定了坚实基础。此时，首飞准备工作也在有条不紊地进行着。所有人都感到，每前进一步，都好像在没有路的山峰上开凿出了一个脚印。

另一个攻关组里，试飞工程师们通过实地测绘、对着线头测量，测试各种冷却液种类等等，一点一滴恢复了飞机的电源和液冷等各个系统，很短时间就使飞机恢复了技术状态。同时试飞院自筹资金外聘教员展开试飞员培训，仅用十天时间就做好首飞的各种准备工作。此后，又突破传统思维，以科研带动训练，仅用几个月时间就完成了部队要用四年时间完成的技术升级。

2002年9月8日14时32分，003号飞机在低速、中速、高速滑行后，昂首直冲云天，完美实现了它在国内的第一次飞行。

在正式试飞前，还有一个“拦路虎”挡在试飞人面前。

预警机最重要的是雷达系统的配试。此次雷达设计是在南京电子14所完成，国产DOME（飞机顶上的大圆盘）直径十多米，重达近十吨，根本没办法运到阎良。试飞团队反复研讨，确定了将003架机原有DOME拆除，飞机飞至南京，安装国产DOME后飞回阎良的方案。

在图纸不齐全、资料不详细、时间又很紧迫的情况下，003中队的同志们说：“外方能把它装上去，我们就不信把它拆不下来。”

机务人员钻进飞机，一个按钮一个按钮地对照。没有高大的拆装仪器设备，他们就搭起了最原始的脚手架；没有技术依托和支持单位，他们自己一点一点地啃技术资料。9月18日，吊车将相关人员吊至空中，一边研究，一边将DOME安全卸下。

这看似简单的“一拆一装”，却是试飞人在试飞工程保障技术上的又一次“零突破”。

9月21日，无DOME构型下的003号飞机飞往南京；10月26日飞机带着国产DOME安全返回本场。

试飞团队从零开始，顶住压力，拼搏奋战，用了不到半年时间，翻开了我国新一代预警机试飞的篇章。

大强度综合试飞，分秒必争

面对“边设计、边试验、边生产、边试飞、边使用、边交付”的研制要求，在空警2000、空警200等三个型号的试飞过程中，试飞院以科学前沿技术为发展平台，创新管理模式，使试飞技术迈上了一个新台阶。在试飞外场，院级领导实施“两个星期轮换制”，坐镇现场不间断推进任务，这在型号试飞历史上也是少有的。

为了快速有效推进预警机实现“看得见、能识别、传得出、能引导”的目标，空警2000、空警200试飞采取交互式任务推进，多个目标机需要从不同的机场同时起飞，空中航线的设计就成为重中之重。现场试飞团队集众人之智，首创“爪子航线”。简单地说，就是所有飞机既分批次起飞，又同时进行任务；既从多地起飞，又交叉进行指挥、探测等。试飞过程中，曾发生了空中液压管漏油、环控压调系统失密、飞机操作链条断裂等各类突发险情，但在试飞团队的努力下，一次次成功排除险情。空警2000试飞总师黄文静回忆：“有一次在9000米高度，飞机环控压调系统失密发生后，机上所有科研、飞行人员没有一句怨言。等到下飞机时，有好几个人的耳朵都出血了。”

在外场，由于空警系列飞机大场次混合飞行的复杂性和任务时间的紧迫性，试飞队首次提出“日出飞行”管理模式。凌晨4点半，机务团队就已经进场，为一天试飞工作进行细致准备。太阳升起的时候，空警2000、空警200飞机即冲上蓝天，开始当天的试飞。特别是在飞机定型试飞的最后半年时间里，几乎每天都是“日出飞行”。大强度的试飞和高度的紧张使得所有人都疲惫不已，但大家都憋着一股气在坚持。机务团队更是顶住压力，一面做好日常飞行保障，一面配合课题组不间断地做着装机软件升级、各类地面试验保障等，全体人员不分专业，都是多面手，基本上每天只有五六个小时睡眠时间，实现了型号任务从未因机务维护而晚点的目标。

黄文静总师说：“有一次偶然间看到一位兄弟的白头发，

○空警2000试飞总师黄文静（左三）向前来现场视察的上级领导汇报任务进展情况。

我突然就流下了眼泪，从2002年带着这帮弟兄们，大家为了预警机顶着太大压力，他们把最美好的青春都献给了预警机试飞事业，献给了茫茫戈壁。”

由于预警机载机的大重量和各类配试设备地面试验装置的复杂性，使每一次转场都是一次考验。试飞院作为牵总单位，一方面要协调地方、军方、各参试单位形成完备的转场方案，另一方面要组织所有人员做好各类试验设备的拆卸、装车、转场、卸车、重新安装，并保证所有设备的完好。

2006年年初，外场四架空警飞机同时转场江苏某地，又一次打响了“转场攻坚战”。所有地面方舱、雷达地面配试设备、配试产品等由两列专列运输。几十节车皮的设备，所有的安全责任、拆装技术准备及相关沟通工作等，都由试飞院外场试飞队承担。

转场任务完成后，没剩几天就是农历春节，院领导指示：让兄弟们务必要休息过年。腊月二十九日那天，黄文静总师找到几辆大巴车，将外场试飞队和其他参试单位的人一同送回阎良。车出高速公路阎良收费站时，他下意识地看了看时间，已经是大年初一凌晨三点。大家在车上笑着调侃：就当是一起为预警机“守岁”了。在预警机试飞的那几年里，试飞队的春节基本上都是在外场度过的，能连着休息三天已经是他们最大的幸福了。

几年时间里，定型试飞与地面试验任务共同推进，定型试飞与飞行员培训工作共同推进，定型试飞与演习演练交叉并行。试飞人顶住了压力，每一步都走得艰辛而稳健。仅空警2000的装机产品配合试验飞行就达1700多架次，创下了我国配试飞行的历史纪录。

○空警2000的装机产品配合试验飞行达1700多架次，创下了我国配试飞行的历史纪录。

高难度风险试飞，创造历史

作为我国预警机国产化的重要进程，空警200在定型试飞中必须要完成一系列国内运输类飞机最为复杂、风险性最大的试飞任务。试飞团队再次迎难而上，成立试飞技术、测试改装、数据处理、机务保障等13个专业组，开辟“绿色通道”，试飞中的每一点进步都在刷新着纪录，创造着历史。

试飞院曾进行过运7–200A、运7–200B等运输机的失速试飞，有一定的技术及经验储备。因此，空警200风险试飞并非无把握之战。

在第一阶段试飞中，为使飞机具备完成风险科目试飞的状态，试飞工作并没有局限于风险科目试飞，而是对整个飞机平台进行了一遍“地毯”式的飞行检查,对全部数据逐一进行分析。

这期间，只要是飞行，不光是朱增科、李树有、张培田等试飞工程师，就连郭平凡副院长也经常是“眼睛都不眨”地盯着监控系统，通过三台机载摄像机对飞机进行实时监控，在观察飞行状态的同时，对飞行动作进行预判，并做出下一步试飞决策。一次，张培田、范晓明等科研人员在地面监控室发现飞机发生振动，虽然试飞员反映振动并不强烈，但还是要求试飞员驾机返航。大家一起进行分析判断，通过一遍遍回放监控录像，反复讨论，终于发现问题所在，并采取了有效的解决措施。

那一年，仅在阎良召开的分析讲评会就有130次。由于前期大家认识上不统一，经常争得面红耳赤，几位总师们开玩笑说：“我们由对抗到合作的过程，也是创下了历史之最。”

风险科目的试飞总是伴随着抉择和勇气。左侧机轮爆胎这种险情，在中国飞行史上也是绝无仅有的。

2009年4月10日，对于联合试飞机组来说，是与“死神接吻”的日子。当天的试飞开始时，飞机正以接近抬前轮的速度在跑道上滑跑，八个主轮突然同时出现“抱死”故障。瞬间，机上浓烟滚滚，机场所有人的心瞬间都提到了嗓子眼儿。

“快速拉起！”试飞机组当机立断。

当飞机硬是拖着轮胎在跑道上蹭出130多米后，飞机腹部传来“嘭”的一声闷响，是轮胎爆了。

“没有时间了，拉起……”试飞员们保持着拉起动作。

飞机一次次离地又“蹾”在跑道上，就这样一上一下，飞机在跑道上来了个“六级跳”，终于顽强地在跑道尽头处“爬”上了天空。

○作为我国预警机国产化的重要进程，空警200在定型试飞中必须要完成一系列国内运输类飞机最为复杂、风险性最大的试飞任务。试飞团队迎难而上，不畏艰险，终于完成任务。

从飞机刹车系统抱死到离开地面，只有10秒时间，然而，机组成员感觉这是人生中漫长的10秒。

起飞后，试飞机组快速准备飞机返场。试飞员严格控制着飞机以右侧机轮先着地，并保持飞机纵向2°的仰角。当飞机稳定后，才将飞机的左轮轻轻放下，飞机“软着陆”成功，飞机安全了，他们拼回来了！

当时，时任副院长葛和平、郭平凡正在试飞现场，他们迅速赶到飞机旁边。当机组成员走下飞机时，大家的手紧紧握在了一起。

当天晚上，试飞员和空警200试飞总师朱增科做了同样的梦，他们在梦中大声叫喊：“轮胎爆了，危险！”

在空警200飞机风险科目试飞时，我国还首次进行了风车负拉力状态试飞。所谓风车状态，简单地讲就是一台发动机失去动力后，螺旋桨不能“顺桨”，就像是一台巨大的风车。

第一次试飞时，空中机械师关掉飞机的4号发动机，使这台发动机的螺旋桨进入风车状态。此时，飞机振动得非常厉害，就像高速行驶的汽车跑在颠簸不平的路上，试飞员说话都带着强烈的颤音，感觉飞机随时都有可能解体。此时，正、副驾驶要共同操纵飞机，制止飞机滚转，并用手带杆减速。座舱里，试飞员的脚都蹬得抽筋了。在强烈的振动中，领航员要及时报出飞机的速度，空中机械师要及时报出发动机转速，并随时做好“顺桨”的准备。在这个过程中，如果有一人失误，飞机会在几秒钟的时间里发生严重事故。这是国内首次完成的螺旋桨风车特性试飞，试飞员们体会了全过程负拉力的变化，并从中了解了发动机风车状态后飞机的操纵特性和振动变化情况，为以后其他大型飞机的试飞积累了宝贵的实践经验。

还有最小离地速度试飞、大侧风试飞、夜航试飞和雨天试飞、高原试飞……每一个风险科目，每一次试飞，都是对试飞

○几年时间内，空警2000定型试飞与地面试验任务共同推进，定型试飞与飞行员培训工作共同推进，定型试飞与演习演练交叉并行。试飞人顶住了压力，每一步都走得艰辛而稳健。

技术和联合机组的考验，每一次试飞都是对历史的突破。当他们创造了空警200失速特性试飞，连续飞117次失速的国际纪录时，机组的试飞员们感慨地说："复杂科目和风险科目的试飞都是一步一步拼过来的！"

创造性推进试飞技术革命

作为我国战略型特种飞机，空警系列飞机从无到有、从有到国产化、从国产化到批量化，其间的点滴进步都伴随着试飞技术的跨越式发展，最终实现了我国预警机"小平台大预警"的战略目标。

在预警机研制试飞中，实现了试飞测试技术上的一次"革命"：为精确测量空速，测试工程师们在飞机机头前加装了一根长达7米的前支杆，用于加装传感器和其他系统。还在飞机起落架上加装了专用的摄像头，用于精准拍摄飞行状态。为有效测量飞机轨迹，使用地面光电经纬仪等专用设备，并采用空中伴飞等方式加大信息采集量。在测试改装现场，人们都称测试专家吴春麟为"拼命三郎"。他带领着队伍，采集数据，分析结果，加装测试设备……一口气就干十几个小时。同时，测试工程师们依靠自己的实力，研制出采用光纤网络的"空警2000数据系统"，实现实时监控，可同时采集、记录数据6000个。

三型预警机的改装量在试飞历史上也创造了"改装之最"。面对国内大中型运输机的改装空白，试飞院改装团队一边学习一边摸索，在短时间里自行研制了200吨专用牵引车、液压/滑油加注车、机翼下升降作业平台等专用设备，为科研试飞安全、持续、高效试飞提供了强有力的技术支持和保障。在空警2000

预警机的延寿工作中，试飞院技术团队冲破国外技术封锁，完整提出长达500页、近万条款的飞机延寿技术方案，开创了我国列装飞机延寿技术的新途径、新理论、新方法。

在空警2000、空警200的综合试飞经验基础上，整个空警500试飞任务，从2013年4月10日开始到2015年5月4日完成。为满足加装任务电子系统的需求，空警500飞机采用“背负双腿支撑”固定式圆盘，为此试飞团队重新设计了总体气动布局。为降低加装固定式圆盘对飞机操稳特性带来的不利影响，增加了控制增稳系统，将操纵系统设计更改为不可逆助力操纵，在迅速适应飞机构型变化的基础上，试飞团队圆满完成了空警500空速系统校准、迎角侧滑角校准、起飞性能、速度—高度特性、爬升性能、盘旋性能、加减速性能、下滑性能、着陆复飞、三发进场复飞、航程航时、任务性能、着陆性能、中断起飞、继续起飞和高原性能等全部试飞科目，创造了重大型号定型试飞的新纪录。

而今，空警2000、空警200、空警500型空中预警机已经成为我国国土空防的“千里眼”。无论是“南海巡航”“朱日和军演”，还是国庆70周年大阅兵，它们都发挥着“运筹帷幄，决胜千里”的重要作用，成为中国航空工业的骄傲。

为有牺牲多壮志，敢教日月换新天。

预警机研制的骄人成就，凝结着航空人的心血，更包含着一代代试飞人付出的巨大而沉重的代价。他们中有些人，将宝贵的生命永远定格在了共和国的万里蓝天！

第七章

建功辽宁舰

航母是海上方向的“两弹一星”工程，如果没有充分形成战斗力的航母，就无法从大国迈向强国。

2008年新年伊始，一架高速战机首次从试飞院机场的滑跃斜板上起飞，直冲云霄。这一事件拉开了中国舰载机试飞工作的帷幕，振奋了中国航母工程研制全线的精神，在国内航空界引起极大轰动，史称“冲天一跃”。

冲天一跃

航空母舰之所以能成为海军重要力量，主要依赖于航母上的舰载机。功能各异的舰载机担负着夺取制空权、制海权，实施对陆对海打击、反潜作战、远程预警、作战指挥等重要使命。没有舰载机，航母就只是一艘大型舰船而已。因此舰载机是航母强大战斗力的来源和生存基础。

自从我国航母工程立项启动，歼15舰载战斗机的研制工作就开始了。当时，对于舰载机的试飞到底有哪些难点，应该如何开展试飞验证，试飞人一无所知。从某种意义上讲，如果不能掌握和突破舰载关键技术，舰载机研制工作就不会成功，就不会有我国现在的舰载航空兵武装力量，也就谈不上辽宁舰的威震四海。

当时，一种朴素的想法认为，舰载战斗机和常规飞机相比，最大的不同在于起飞和降落。因此，试飞关键技术的攻关应首先从突破和掌握舰载起飞技术开始。由于歼15飞机在航母上采用滑跃方式起飞，所以，首先要攻克的就是斜板滑跃起飞技术。

苏联在苏-33舰载战斗机研制中，为了验证起飞能力和技术，先后使用五架试验机开展舰载试飞技术验证，在试飞开始就损失了两架飞机。由此可见，试飞的风险和难度之大了。

在研究承担这项艰巨任务的会上，刘选民与张景亭的简短对话赢得了大家的热烈鼓掌：“我是试飞院院长。”“我是试飞团团长。”“这件事……”刘院长刚说了半句，张团长立马斩钉截铁接了下句：“咱们不干谁干！”

开展滑跃起飞技术攻关，需要解决滑跃起飞斜板、试验机、指挥与作业流程、试飞驾驶技术等一系列问题。为此，通过测量仿绘航母上的斜角甲板，我国在试飞院建造了国内第一个陆上滑跃斜板。因此，很多人看见后都惊讶地说：“中国的航母是从关中平原启航的！”由于当时歼15飞机正在设计当中，在通过反复论证、慎重研究后，决定选用两架歼11B飞机作为试验飞机开展攻关试飞，并对飞机进行改装。

在不断的学习和对外交流基础上，试飞总师原正庭带领课题组制订了详细的试验方案，开展了试飞方法和指挥与保障作业流程的研究工作，同时开展了仿真计算和飞机在斜板上运动受载规律的研究。在地面滑跑试验中，由于当时尚未完成止动轮挡的研制，在发动机最大状态下飞机无法通过刹车保持止动，进而很难做到每次滑行数据的一致，同时由于带刹车滑跑也给

●舰载飞机与陆基常规飞机的差别

舰载机能够在航母上实现安全起飞和着舰，是舰载飞机与陆基常规飞机最大的差别。由于航母甲板空间十分有限，可供舰载机起飞和着舰的跑道距离很短，而且由于航空母舰本身处于六自由度的运动状态，使得舰载起降性能试飞具有难度大、风险高、操纵要求高等特点，其试飞内容、试飞方法及相关保障等均需要重新设计，因此舰载机起降性能也是舰载飞机最重要的特性之一。

飞行带来极大的安全隐患，这一问题困扰课题组很长时间。试飞员李存宝一直也在苦思冥想，在一次差旅途中，他灵机一动，提出研制一种类似汽车减速带的装置来解决此问题。后经课题组反复研究、攻关，完成了现在被称为“增阻轮挡”的装置，有效地解决了这个问题。此装置在舰载机飞行试验中一直发挥着重要作用。

在通过大量的地面试验后，基本掌握了滑跃起飞试飞方法，机务人员也完成了斜板滑跃起飞指挥与保障作业流程的制定与演练。对起飞过程中可能出现的各种意外险情，一一进行了详细预测和分析：

从飞机起动、松开刹车到拉起，只有短短几秒钟时间，万一发动机推力不稳定，加力接不通，或一边接通一边接不通，飞机就拉不起来，怎么办？就算勉强拉起来但升力不够，腾空后很可能坠落，怎么办？美国在此类试飞中就曾有过先例；飞机在斜板上高速滑跑，它的离心力很大，造成轮胎压力骤增，严重时很可能突然爆破，怎么办？

虽然试飞科研人员对所有这些风险都制订了合理恰当的处置预案，但人们还是对于能否安全实现滑跃起飞忧心忡忡：第一次滑跃起飞，风险实在太大了。在滑跃起飞放飞签字单上，飞机设计单位迟迟不敢落笔。后经原正庭总师反复将前期试验过程的各种结果清晰、准确地展示后，才在2008年1月6日深夜完成了放飞确认签字。

第二天，在阎良机场，一架整装待发的试验机停在和航母甲板一样的滑跃斜板前。试飞员张景亭做完飞行前准备，登上飞机，面对着6米高的滑跃斜板，正面看去好似一堵墙直愣愣挡在眼前。有着过硬心理素质的他，此时心电图监测到心跳已达140次/分钟。在场所有的人都屏住了呼吸，齐刷刷地望向他。在关闭座舱盖后，他一下子镇定下来，按照设定的操作程序，在指挥员及起飞助理的指挥下，操纵着飞机在震天动地的呼啸声中冲上斜板。当飞机离板之后瞬间稍微一沉但很快达到了规

○试飞员张景亭成功地实现了首次斜板滑跃起飞，从飞机加力滑出直至离板腾空，仅仅不过6秒时间，但也就是这6秒，却凝聚了航空试飞人在岁月流年间的拳拳报国心，向往碧海青天的凌霄试飞志。

定速度，他迅速地握紧操纵杆驾驶飞机飞上蓝天。此时，他的心跳又一次加快，但那是成功后的兴奋所致。在那一瞬间，机场上所有的人都在欢呼和鼓掌，许多人眼中噙满了泪水……

从飞机加力滑出直至离板腾空，仅仅不过6秒时间，但也就是这6秒，却凝聚了航空试飞人在岁月流年间的拳拳报国心，向往碧海青天的凌云试飞志。

得知试飞院斜板滑跃首飞成功的喜讯，海军主管航母工程的副司令员张永义将军十分高兴，欣然挥毫，写下了苍劲有力的四个大字：冲天一跃！

歼11B飞机斜板滑跃起飞是我国历史上第一次舰载起飞飞行试验，填补了我国斜板滑跃起飞飞行试验的空白，突破了滑跃起飞的关键飞行操纵和飞行保障技术。试飞员克服了面对6米高的滑跃斜板和出板瞬间巨大的心理障碍，掌握了歼11B飞机起飞线起动、松刹车、上板、出板、保持和操纵介入的一系列关键技术，为舰载机试飞、理论验证做出了巨大贡献，为后续舰载战斗机试飞员培训奠定了坚实的基础。

2008年3月，在试飞院还组建了某型舰载警戒直升机联合试飞员队伍。从2009年初开始，除继续用歼11B外还用歼教9G、练15和K-8变稳机等飞机开展了定点着舰的模拟试飞，不断地发现规律，总结经验。当歼15舰载战斗机研制出来，试飞院积极承担了两架飞机的首飞和调整试飞及测试保障工作。特别是在首架机首飞前主动参与解决了有关设计缺陷，保证了首飞后成功实现机翼的折叠。该机转场到试飞院阎良机场进行定型试飞期间，顺利地完成了斜板滑跃试飞。

“必须以试飞院为主”

航母的战斗力来自舰载机，舰载机的战斗力来自战斗机飞行员。

舰载战斗机飞行员培养是世界上公认的一项难度极大、风险极高的工作，而如何培养合格舰载战斗机飞行员又是世界上拥有航母的国家必须攻克的一道难关。中国舰载战斗机飞行探索，更是经历了艰辛的攻关和努力，是航母工程建设中最具挑战性的一项工作，直接影响到航母工程建设目标的实现，对航母战斗力的形成起到关键性的作用。军委首长讲得很明确：没有舰载机飞行员就不能称其为航母。

舰载机飞行员培训的复杂性归纳起来有如下几点。一是技术复杂、心理压力大，训练周期长、要求标准高。以成熟的飞

●舰载机飞行试验

对舰载机进行飞行试验与鉴定的过程，包括陆基和舰载环境下的飞行试验。舰载环境下飞行试验可划分为三部分：舰载起降特性飞行试验、舰机适配性飞行试验和舰载机海上环境适应性飞行试验。

○歼 11B 飞机斜板滑跃起飞是我国历史上第一次舰载起飞飞行试验，填补了我国斜板滑跃起飞飞行试验的空白，突破了滑跃起飞的关键飞行操纵和飞行保障技术。

行员改装为例，陆基飞机可以不使用同型教练机，舰载机则不行，因为起降技术发生了根本性的变化，美国舰载机飞行员培训周期要两年，俄罗斯也不少于两年，而且都是有上舰飞行经验的飞行员。二是训练保障复杂。培养舰载机飞行员除了要满足正常陆基飞行的要求外，还需要有具备模拟滑跃起飞和拦阻着舰能力的训练保障场地，航母上也需有专门的航空保障系统。三是环境复杂、安全风险高。从飞行员角度讲，航母在大海里犹如一片树叶，飘忽不定，要在航母上安全起降，难度很大，任何偏差和疏漏都可能导致机毁人亡。20世纪90年代，美国海军航空兵在10年中摔了105架舰载机。俄罗斯的苏–33飞机上舰也摔了5架。我们的装备能力和飞行员的训练水平与美国、俄罗斯相比，风险将是空前的。从舰机适配性上看，舰载机发生事故大都在起降阶段，在这个阶段发生事故，不仅仅是摔飞机的问题，还将直接威胁到航母本身及其舰上设备的安全，所以在航母上发生飞行事故的后果，与陆基飞行事故是不能同日而语的。

军方领导认识到飞行员培训将遇到前所未有的困难，怎么办呢？有人提出去其他有航母国家培训的思路，但经过考察论证，实际上是行不通的。最终海军首长与航空工业部门达成共识：坚定信念，立足国内，军方主导，以试飞院为主，与海军共同努力，像载人航天工程培养航天员那样，把舰载战斗机飞行员培养当成一个专项工程来完成。

张永义副司令员明确指出——

第一步是试飞员的培训。由陆上到舰上，突破舰载机起降关键技术，这是最困难的一步。如果不能去国外培训，就只能靠试飞员摸索，所以必须以试飞院为主，依靠国内试飞员完成这项任务。因为任何飞机的设计、制造、试飞、定型都是由试飞员完成的。装备部队的飞机也必须由试飞员逐架试飞合格后，才能交付部队。舰载机是一型全新的飞机，它的试制、试飞、定型必须由试飞员中的优秀分子来完成，他们中将出现中国的“普加乔夫”。他们将突破关键技术，最先实现舰载机上舰飞行，同时也要承担舰载机飞行员培训带飞任务，这是一项十分艰巨并充满风险的任务。

不辱使命挑重担。时任试飞院院长刘选民由上级机关任命为该工程副总师后，试飞院成立了以刘选民为试飞总指挥，副院长梁相文、郭平凡先后为试飞副总指挥的试飞行政指挥系统和以余俊雅、原正庭先后为试飞总师，杨亚明为副总师的技术管理系统，全面负责该型号的艰巨任务。这个强有力的技术团队，研究培训总体技术方案，明确了以飞行员两型机飞行培训为主线，同步开展着舰指挥官（LSO）培训、软硬件培训体系建设和飞机机务人员培训的工作思路。

培训之初，面临着没有飞机、没有教员、没有教材、没有可借鉴的培训方法、没有工业部门完成部队批次飞行员培训的经验等诸多问题。同时，培训任务要求的时间很紧，培训团队面临着巨大困难和挑战。

培训中使用的两型飞机，都是正在试制中的飞机，难以用来进行部队飞行员培训。为此，研究探索了利用科研试制飞机和小批试投产飞机开展飞行员培训的方法，解决培训中所使用的飞机问题。飞行员团队由舰载战斗机试飞员组成，理论教员团队由参加航母研制工程的科研人员和有关院校、研究人员组成，解决培训中缺乏教员问题；针对所选飞行员已经养成了着陆时正区操纵习惯，设计了强化着舰时反区操纵的飞行培训大纲，按照逐步深化、循环往复的形式开展飞行培训，解决了快速改变现役飞行员着陆操纵习惯的技术难题；为了使航母编队战斗力快速形成，研究实施了用一个航段完成原先海上训练分两个阶段实施的方法，极大提高了海上训练效率；研制了准实时飞行后讲评系统，为提高飞行培训质量奠定了技术基础。

培训中安全风险一直伴随着任务的实施，如何把控安全风险一直是培训团队的首要任务。从培训路线设置、培训大纲编

○试飞总师原正庭与试飞员紧紧握手，祝贺又一科目取得成功。

制、飞行科目实施、技术状态评估、风险任务管控等全方面认真分解每个工作环节，分析各种可能的安全风险因素，针对性做好安全控制措施，为培训全程安全实施保驾护航。特别是在养成舰载机飞行员“精准、守纪、零容忍”的安全理念上下功夫，从思想上播下安全飞行的种子。

2009年4月上旬，航空工业与海军装备部在阎良联合组织召开航母工程舰载战斗机试飞员培训工作会暨“飞鲨”徽章揭幕仪式。会议听取了培训工作进展情况，研究布置了后续工作，并首次推出歼15飞机“飞鲨”标识，提振工程全线信心和增强自豪感，奠定了“飞鲨”文化的基础。从此，工程全线自豪地将歼15飞机称为“飞鲨”，作为“飞鲨”研制团队，在参与“飞鲨”研制的参研试飞人工作服、飞行员飞行服等物品上统一出现“飞鲨”标识。

2013年盛夏，我国五名舰载战斗机试飞员和一名着舰指挥员，历经多年的艰苦努力与奋斗，以优异的成绩取得了航母飞行员与着舰指挥员指挥资质，成为国内第一代舰载战斗机飞行员、着舰指挥员，这标志着我国逐步探索并构建了舰载战斗机飞行员培训体系。

当海军首长在首批航母飞行员资质认证典礼上，自豪地说中国第一批舰载战斗机部队飞行员已经入列时，培训团队全体人员心里格外激动，感到能够为国家航母事业做出贡献是何等的自豪！

刀尖上的舞者

陆基飞行员驾机降落时，先收油门，放下襟翼，减慢速度，增加阻力，而且跑道长达数千米。在海空俯视航母，就像一片飘摆的树叶。舰载战斗机飞行员要在复杂的海洋环境下，驾机在长度仅有200多米的狭小甲板上完成起降，尤其是着落时必须反向操纵，即推油门加大推力，以保证在着陆阻拦索万一挂不上时立刻复飞拉起，否则，必然栽入海里。由于起降过程中时刻伴随极端风险，因此舰载战斗机飞行员被人们习惯称为“刀尖上的顶级舞者”。虽然舞在刀尖，但其目的并不是以奇巧博取众人的眼球，能够具有这种“舞者”是大国的标志，同时，这种“舞者”是国家远洋利益的守护者。

●着舰飞行试验

着舰飞行试验包括：①舰载机着舰航线保持及下滑飞行品质；②着舰引导和着舰拦阻；③着舰复飞能力；④着舰指挥；⑤半自动与自动着舰等。着舰飞行试验同样包括陆基和上舰飞行试验两部分，先陆基试验，后上舰及海上试验。

伴随着我国的崛起和远洋战略的实施，我们需要大量的“刀尖上的舞者”拓展远洋利益。这就需要科研人员设计一套操作规范，通过规范培养大量“舞者”。这一套规范是在对飞机响应、舰船运动、海洋环境、驾驶习惯等诸多因素分析基础上建立的操纵要求。确切地说，“舞者”舞蹈动作的设计，即建立有效的起降航线以及明确航线对飞行员的操纵要领要求，这就要求科研人员在多种限制条件下为飞行人员开辟出一条可行的技术通路。

为此，试飞院成立了由项目管理人员、技术人员、试飞员、着舰指挥官组成的航线设计攻关团队，在分析了几百个“进近数据”后，明确了飞机、发动机的操纵响应，初步掌握了舰船运动规律，弄清楚了所有配合设备如何协调，并在考虑气象数据等各种限制因素的基础上拟订了初步航线设计和对试飞员的操纵要求。该方案实施起来，试飞员起飞和着舰下滑能清楚地观察“舰到指示”和下滑“菲涅尔灯光”，而且操作简便，并有足够的安全余度；着舰指挥官能够清楚观察到起落航线各个位置的飞机，看清飞机的状态，综合各方面信息精确指挥“五边进近”的飞机。航线和操纵要求在经过近百轮的迭代优化后，试飞员按照要求，已经可以安全着舰了。

但试飞院攻关团队并没有就此松气，在反复观察起降视频并与试飞员充分沟通后，发现试飞员按照原方案“速度、高度、对中”要领起降时操纵负荷偏高，飞机相应过于灵敏，就是说起降仍然存在较大风险，尤其在着舰阶段。

在讨论分析几百个数据后，他们找到了原因：在大海上飞机着舰下滑时经常会遇到突风，原先提出的此刻要保持速度稳定，试飞员就必须过多地推拉油门和操纵驾驶杆，这样工作负荷明显偏高，精神紧张，而且飞机姿态变化频繁，不利于着舰安全。攻关组将原操纵要领修正为“看灯、对中、保角”。随后的飞行数据充分印证了改进方案的完美。大家高兴地把“看灯、对中、保角”称为“六字策略”，并将其写入最基本的操纵要领。

○奋战在航母工程的舰载机试飞团队取得阶段性胜利，试飞院举行了隆重的欢迎仪式。

以此为核心要领，试飞院的项目团队后续培养了大量的舰载机飞行员。“刀尖上的舞者”用自己精湛的“舞艺”，将我国的蓝海战略带入更深的远洋。对此，张永义副司令员称赞说：“什么是舰载机飞行员？能够同时征服大海和蓝天的，才是舰载机飞行员。”

听听飞行学员们的切身体会，也许更能了解在航母上与在陆地上起降的不同——

戴明盟：海军舰载机飞行员与其他飞行员有很多不同之处，最主要的一点就是海军舰载机飞行员必须驾驶飞机在一块不停起伏漂荡的钢铁甲板上起飞和降落，这要求飞行员不但要有过人的胆识，还要掌握正确的方法和策略。

韦宏威：舰载机飞行员是飞行精英中的精英，成为其中一员是每名飞行员的梦想。入选首批上舰试飞员小组之初，我就清楚面临的将是一条艰辛之路，但我仍坚信用我的满腔豪情必能走过。即使如此，这一路走来，遇到的困难和挑战还是超出了我的想象。

卢志永：航母着舰是件非常困难、非常具有挑战性的任务，要在两秒钟内把重达数十吨、速度为240千米/小时的舰载战斗机安全拦阻到移动的航母狭窄甲板上是极其危险的，对飞行员、指挥员、舰载飞机、航母操纵、舰面设备及保障人员都有极高的要求。

孙政雄：我们则是为舰载战斗机飞行员开山铺路的另一群人——舰载战斗机试飞员，我们在一次次的试飞中总结经验，在想尽办法找到最安全的起飞和着陆方法的同时，用勇气、胆量，甚至冒着生命危险摸索着舰载战斗机飞行的极限，积累并构建了我国舰载战斗机飞行最基础的资料和数据库。

伙伴加油与夜间起降

2019年3月，中国海军舰载机训练视频在公开渠道再度现身，歼15舰载战斗机之间互相加油，也就是所谓的“伙伴加油”

再度成为热门话题。

让我们将视线转回几年前的试飞院。

郭平凡副院长告诉我们:

伙伴加油是指战斗机挂载空中加油吊舱后为同型飞机进行空中加油的一种方式，伙伴加油对舰载机有着重要的意义，可以大幅提高飞机作战能力并且对飞机起降安全提供保障，采用这种加油方式试飞在国内是首次开展。

当飞机进行空中伙伴加油时，加油机和受油机高度差仅有3~5米，前后距离仅10余米，受油机如果高度稍高会使受油机处于加油机尾流区，导致飞机难以操纵，如果速度过快很可能会撞机。如何安全地完成试飞，摸索出伙伴加油的最佳速度和高度，形成一套安全对接与脱离的方法，是伙伴加油试飞要解决的系列问题，可谓技术新、风险高。试飞院成立了试飞团队，来承担这项艰巨任务。原正庭为项目抓总，余俊雅总师负责，任伟为课题主管，孙政雄为试飞员小组负责人，马乐瑜、袁万勇为型号主管，吴海为机务负责人。

试飞伊始，在双机编队开始“对接与脱离”试飞练习过程中，出现了因受油机机头气流推开加油锥套而导致对接不成功、锥套移动偏离导致座舱盖玻璃被划伤等现象，更严重的是甚至出现加油锥套与机身的不断碰撞。

原正庭立刻组织团队进行讨论，还邀请了当年参加过“加油工程”的老试飞员李存宝和邹建国参与指导，分析原因，总结经验。大家认真观看监控视频，听试飞员描述感受。经过分析，精准地找到了原因：操纵上不能使飞机加油探头“追锥套”；加油机要保持适当的速度，使加油软管、锥套气动力稳定；受油机要保持高度差从正后下方进近，进近过程必须一气呵成，不能停顿，同时选择加油机右进气道内侧边缘作为参照判断进入位置。经过六次尝试后，成功实现了空中伙伴加油首次“干对接”，这是空中加油试飞项目的重要里程碑，试飞方法得到了验证。

科学合理的实施方法、试飞员优秀的心理素质和驾驶技术、飞机良好的控制率增加了整个团队的信心，成功“干对接”几个月后就成功实现了首次空中加油。

伙伴加油试飞仅仅历时半年，在阎良飞了数十架次，确定了空中加油包线，创立了一套双机“对接与脱离”方法，为部队训练和作战提供了良好的指导借鉴。这种方法也成功应用于夜间加受油试飞，而伙伴加油吊舱和空中伙伴加油试飞方法也为后续型号的设计定型提供了指导。

●伙伴加油飞行试验

伙伴加受油是舰载机特有的技术。当舰载机在返舰过程需要长时等待或舰上出现特殊情况需舰载机长时留空等情况时，需要舰载加油机加油。在航母工程中，多采用为舰载机加挂加油吊舱，使其具备加油能力，俗称伙伴加油机。世界现行多种舰载战斗机均具备伙伴加油能力。

舰载夜航试飞与昼间相比，在环境、设备、心理、指挥等方面存在较大差异。飞行员和指挥员目视参考少，判断飞机状态困难，指挥难度大，特情处置不易，其难度、风险远高于昼间着舰。歼15飞机夜间舰载试飞在我国尚属首次，是一项复杂的系统工程，许多方面是从零起步，需要重新认识、重新探索，绝不是对昼间舰载起降技术方法的简单移植。

杨亚明副总师介绍说：

国内开展舰载夜间试飞面临很多挑战：第一，对夜间着舰的难度和风险认识不足。第二，飞机相关设备及舰载航保系统未经夜间验证。第三，夜间舰载起降指挥和保障作业流程未经验证。第四，尚未掌握着舰驾驶和指挥技术。第五，夜间综合保障能力不足。为保证舰载夜间试飞安全顺利地完成，夜间舰载试飞团队通过多次讨论、技术攻关等，确立了科研试飞先行、部队组训随后的试飞策略，建立夜间起降流程，形成夜间操纵与指挥流程、夜间舰机适配性方法等，实现了国内首次夜间舰上起降。

陈胜杰、焦晓辉、邹鑫、刘苗鑫作为主要课题成员，在完成夜间着舰航线设计后，需开展相关的航线验证及试飞员夜间起降数据评估工作，该工作是夜间起降最终顺利完成的关键一步，课题组需白天进场进行任务协调、飞行监控以保障飞行，晚上拿到数据已经到9点左右，由于每日飞行架次量非常大，为保证试飞数据及时分析并保障第二天飞行数据讲评，课题组需处理大量数据，经常需工作至凌晨两三点，甚至到清晨6点以后。通过课题组长期的努力，验证了着舰航线及操纵要领的可行性，而且保证了对试飞员飞行技术水平的科学评估，为夜间着舰试飞的顺利完成奠定了基础。

●舰载机着舰

依靠阻拦索使飞机快速减速至零，飞机降落到航母甲板成功钩索后，在阻拦装置的阻尼制动作用下继续往前冲跑一段距离，直至动能被完全吸收而停机，表明阻拦着舰成功。航母飞行甲板上一般分布有4条拦阻钢索及相应的钢索抬升器等装置。这一套复杂的系统必须有绝对的可靠性，才能保证飞机正常着舰。

中国第一任LSO

LSO是美国人的称呼，翻译过来后叫“着舰指挥官”。他是航母上负责飞机归航航线飞行及着舰进近飞行的指挥官。舰载机安全着舰不仅仅要求飞行员具备精准操纵飞机的能力，还要求需要正确、及时的指挥，只有两者完美地配合，才能达成安全着舰的结果。由于着舰飞行的特殊风险，决定了LSO在这一过程中的重要作用，其对安全所负的责任超过一般陆基飞行的指挥员。在着舰进近过程中，要飞行员必须无条件地听从LSO的指挥。由于进近过程很短，所以对LSO观察、判断、发出指挥口令的能力提出了很高的要求。从国外的情况看，LSO

○ 2014 年 8 月 23 日，中央军委政治工作部颁布命令，为邹建国记一等功，以表彰他为航母工程做出的突出贡献。

一般是从优秀的舰载飞行员中产生，同时要求具备快速观察判断、表达流畅迅捷的特殊品质，因此，培养一名合格的LSO，比培养一名合格的舰载机飞行员要付出更多的努力和资源，并不是每一名飞行员通过标准的培训课程都能够成为合格的LSO。

从南京航空航天大学本科毕业、入选中国试飞员学院首届学员并已经在试飞领域具有辉煌成绩的邹建国，担任我国第一任LSO，是幸运的，也是必然的。

从思想品德、驾驶技术、理论基础、试飞经历、健康状况和心理素质等等各方面的条件全面衡量，邹建国担任LSO是不二人选。后来多年的实践也证明了他的优秀能力。

舰载机拦阻着舰技术是舰载机起降性能试飞的另一项关键技术，也是舰载机起降性能试飞和飞行员培训中最关键的技术。与滑跃起飞相比，着舰的难度更大，风险也更大，需要经过大量的试飞验证，包括飞机舰载特性评估、着舰航线设计、驾驶技术与指挥方法、地面冲索试验验证、试飞风险与控制等。

邹建国是LSO，当然也是优秀的试飞员。在一次驾机着陆时，飞机准确地挂住了阻拦索，但有一端被拉断了，阻拦索刹那间变成了硕大而凶狠的钢鞭，猛烈地抽打在飞机上，使后机身及平尾、垂尾、起落架等多处损伤，并将刹车机轮液压管拉断，致使刹车失效。他随即通过恰到好处的处置，终于使突发状况化险为夷。

其实类似这种意外，就连航母大国的美国也曾发生过，阻拦索挂断不仅打坏了飞机，还打伤了舰面上的工作人员。

装备的质量是重要的，但更关键的是培养飞行员精湛娴熟的驾驶技术。舰载机飞行员培训总师郭平凡介绍说，陆基飞行，高度速度有一点儿微小误差是允许的，但在航母上必须达到“精准、守纪、零容忍”。邹建国既是一位优秀的航母飞行员，又是一位优秀的着舰指挥官。他们共同总结的“看灯、对中（心线）、保角（攻角）”三句话，被公认为安全着舰的六字策略，严格做到就会保证成功。

一位合格的LSO，除了负责保证着舰回收安全，还直接负责舰载机飞行员的着舰技术训练。在这方面，他必须随时了解飞行员的飞行能力和进度并组织所需的地面训练，听取单个飞行员的汇报，检查其着舰准备是否合格。飞行员和LSO在陆上和海上应形成一个专业的有纪律性的团队。LSO要努力培养飞行员的信心和判断力，最大限度地调动他们的能力以提高技术熟练水平。飞行员必须依赖于LSO的经验和能力来使自己成为一个能够发挥最佳有效性的舰载机飞行员。

这一切，邹建国都做到了，而且做得很好。

邹建国的体会是：

第一，要成为优秀的舰载机飞行员，这是成为一名LSO的基础。没有扎实精湛的技术，就无法发现和判别出待训飞行员的技术问题和安全隐患，也就不能给予飞行员帮助和进行风险控制。

第二，LSO除具备陆基指挥员的一般素质外，还应有突出的心理承受能力，严谨、一丝不苟的工作作风，以及综合判断、快速决策的能力。由于着舰过程的时间很短，最长30秒，短则15秒，LSO需要在这极短的瞬间，综合风向、海况、甲板水况、飞机轨道状态和飞行员技术水平等多方面因素，在飞机进入复飞窗口前迅速做出决策，是否允许飞机着舰，并及时发出指令。实际上真正提供给LSO决策的时间只有1~2秒，稍加犹豫就可能酿成无可挽回的灾难。与陆基飞机常规着陆时将油门收小不同，舰载机着舰时反而必须加油门，一旦阻拦索未挂住飞机时，能确保飞机有足够的速度实现逃逸复飞。这都必须由LSO当机立断予以指挥。

第三，LSO要和飞行员建立良好的互动关系。

第四，LSO的指挥语言要规范化，指挥语气要艺术化。

本人有幸成为我国第一任LSO，参与我们首批舰载机试飞员的培训和首次上舰工作，取得指挥首批五名试飞员一次性上舰拦阻成功的成绩，并在后续的试飞、训练中保持连续指挥100多架次舰上一次性拦阻成功的纪录，是国家和人民培养了我，而我只有用所学到的知识和技能回报祖国，才能无愧于一颗忠诚之心。

2014年8月23日，中央军委政治工作部颁布命令，为邹建国记一等功，以表彰他为航母工程做出的突出贡献。在庆祝中华人民共和国成立70周年的盛典上，他还作为全国英模代表，光荣地登上天安门观礼台。

零事故“飞鲨”守护神

某天，试飞院机务二大队办公室电话铃声响起，大队长像往常一样接起电话，电话里传来低沉的声音：“请速来会议室开会！”正是这次会议，开始了他们与“飞鲨”的缘分，确定了由机务二大队承担中国“飞鲨”即首型舰载机歼15飞机的科研试飞保障工作。

“还记得那是初秋的早上，第一次在沈阳飞机制造厂的起飞线见到歼15战斗机，那优美的外形曲线一下子就吸引住了我们团队所有人。”机械师任广良回忆道：“特别是在清晨阳光的照耀下，显得尤为威严与霸气。”接机团队的全体成员根据本专业的需要对飞机的专业理论知识进行学习，整个团队学习氛围浓厚，都在默默地为首架舰载机今后的维护保障工作顺利进行全力贡献着自己的力量。

在学习过程中，机械专业的理论知识内容相对繁多，大家共同讨论学习，遇到不懂的、难以理解的问题积极与沈飞公司试飞站的机务人员、工艺员进行交流学习。

在一次液压系统地面调试过程中，任广良发现该飞机在单系统供压情况下舵面与飞机之间存在明显的刮磨现象，任广良随即与沈飞公司试飞站联系，发现同批生产的第二架飞机也存在这种现象。经与设计人员交流之后，确认此现象为飞机的一种特殊工作状态，之前并未设计此情况下的检查标准。他根据自身以往的工作经验结合该型飞机的系统工作原理反复试验，总结出了一套在特殊情况下的典型动作检查方法，为该型新机后续多项检查工作奠定了基础。

2012年11月，我国东北地区早已寒风刺骨，某基地不断被海风侵蚀。此时，试飞院舰载机保障团队兵分两路，一路负责舰载机地面保障工作，一路负责上舰后的舰面保障。所有人都为自己能参与如此荣耀的任务而兴奋不已，对此，时任二大队书记的沈意交代大家：“我和大家一样激动，但是我们必须把工作干得漂亮，并且一定要注意保密，即使外面媒体再怎么报道，

○舰载机定型试飞的机务团队，以出色的工作业绩，赢得了“零事故飞鲨守护神”的美称。

咱们都得保守秘密。”作为航空人，大家知道自己身上的重担，更知道保密工作的严肃性，对家人也守口如瓶。

11月2日，保障团队随舰出航，几乎所有人第一次由“航空人”变成“水手”，这时大家才领略了大海的脾气。第一个夜晚，停在海中的航空母舰就遭遇巨浪，不少人只能倒头睡下，头晕目眩使得这场旅途一开始就受到考验，此时他们已经没有后路。

在飞机开始着舰任务前，大家几乎每天都在进行着舰流程演练，此时甲板上11月的海风像针一样穿透了每个人的衣裳，直至骨中。

在经过十多天的等待之后，终于迎来了飞机着舰和舰面起飞的任务，虽然在基地模拟了无数次起降，在舰面也静态模拟了上百次，但是任务下达时，大家的心里难免激动和紧张。沈意用坚定的语气鼓舞大家：“明天也就是把之前的工作流程再重复一遍，大伙都放轻松一些，即使真的发生什么不可预测的事情也不要惊慌失措，我们这个集体一起面对，相信我们的团队一定能战胜困难，完成任务。”

第二天所有的工作一如既往地展开，保障人员在自己的岗位待命，舰机如期而至，沈意带着机械师王惜羽以及各专业人员在甲板上把各项流程细致地铺开，充氧、充氮、加油、对惯导等动作步骤如平时一样行云流水。

一切就绪，试飞员登机，在机械师和一号引导员的配合下完成试车解系留等工作，移交二号，二号与试飞员配合完成暖机等工作，随即交由此时担任指挥助理的沈意，在他的指引下，试飞员与舰上保障人员完成飞行前最后的检查工作，在观察试飞员和其他人员的“OK”手势之后，沈意随即在飞机右侧单膝跪地，右手两指凌空一指——“走你”，飞机如巨型“飞鲨”，短暂的滑行后，跃舰而起，冲向蓝天！

“台上十分钟，台下十年功”，随着“航母Style”走红网络，“飞鲨”守护者们用长达近十年的坚持，勇于创新，开拓进取，不断填补着中国舰载机事业的空白。

航母Style

2012年初冬的一天，随着歼15飞机成功降落在辽宁舰甲板上，伴随着这一历史性时刻的“走你”手势在网络上意外走红。起飞助理沈意左腿屈膝下蹲、右臂前伸、食指和中指指向飞机起飞方向的动作引发全国模仿，网民称之为“航母Style”。

○“航母 Style”的意外走红，让“机务”这个职业第一次真正在国人面前揭开了自己的面纱。

在此之前，国人关注的目光更多都在战机和飞行员，而“航母Style”的意外走红让“机务”这个职业第一次真正在国人面前揭开了自己的面纱。一个看似简单的放飞手势背后，包含的是整个机务保障团队的智慧和汗水。航母甲板上空间有限，飞机发动机和其他设备噪音巨大，无法直接使用声音交流，如何保证飞机在航母甲板上安全、高效地完成一系列工作直至滑跃起飞，必须要有一套完善的交流、指挥系统，而“手势”是最为直观和准确的。以前，我国舰载战斗机行业一片空白，对于在航母甲板上引导飞机的保障流程经验同样为零。自2008年进行首次陆基滑跃起飞试验开始，在为完成任务的需求下，引导飞机的保障流程和起飞助理这一至关重要的岗位开始出现。

白天，他们在保障飞行试验。晚上，他们加班研究放飞流程和各种引导、交互手势。如何在有限空间、巨大噪音的环境下，既保证人员和飞机的安全，又能高效完成放飞作业？这道难题摆在这支机务保障团队面前。

三年多的时间，他们汇集团队中每一个人的智慧，同时听取了飞行员和甲板设备操作员的意见，力求做到手势动作既要简洁、准确、直观，又要考虑人机交互的合理性。他们设计的方案，仅是手势的数量就由最初构想的几百种，逐步进化演变成最简洁、精准的几十种；不仅交互手势重要，放飞时作业人员与飞机之间的距离同样很难把握，既要保证自身安全，又要尽可能方便飞行员观察，他们以身试验，一道道蓝色火焰从他们身前划过，不断尝试与飞机的准确距离，从开始的几十米到最终的几米；每一个起飞位的保障条件和环境限制不同，所以保障流程的先后顺序也不相同，他们反复推敲，不断演练，最终形成了一套最优的保障经验。

歼15飞机在辽宁舰甲板上的首次成功着舰和滑跃起飞充分验证了这套舰面保障流程的科学性和合理性。在后续几百次试

●舰载机适配性试验

舰载机在狭小、拥挤、动态、大风大浪等不利条件下进行起降及舰上的维护保障，需要大量的专用设备和设施，舰载机与这些设备和设施及环境的适配性、适应性都需要通过地面试验和飞行试验进行验证。

验以及部队上千次训练中也经受住了严格考验，不仅能够高效完成放飞作业，而且还能在关键时刻把住安全关。

2017年清明小长假第二天，辽宁舰的甲板上一片繁忙。553号飞机在引导员的指挥下，依次完成发动机起动、暖机、滑入起飞位、靠上止动轮挡。放飞小组中的各岗位人员各司其职，根据岗位职责有条不紊地完成放飞前最后阶段的检查工作。

这天，放飞小组中的起飞助理由王成担任，尾焰观察员由陈明超、梅建阁担任，共同负责飞机滑跃起飞最后阶段的放飞工作。

试飞员示意飞机状态一切正常，王成立即下蹲，待试飞员确认发动机进入加力状态后，王成回头依次观看左、右尾焰观察员发出的确认手势，观察飞机前方跑道无障碍后，做出“走你”放飞手势。就在他做出“走你”手势的瞬间，根据身体感受到的异常震动以及多年的机务维修经验，王成迅速判断发动机可能发生喘振，遂立即做出取消放飞手势并回头查看情况，在看到陈明超和梅建阁做出异常中止手势后，及时中断放飞。

事后在视频回放中看，从王成做出放飞手势的瞬间变成中断起飞手势，间隔时间不到一秒钟。航空发动机进入喘振状态时会损失大量的推力，在最后的放飞阶段，发动机推力不足导致起飞速度不够时，若未能及时中止放飞，极有可能造成飞机坠毁，使国家财产蒙受巨大损失，甚至威胁飞行员的生命。

试飞机务工作不仅是一份职业，更是一份责任与担当。舰载机试飞保障团队十年磨一剑，排除故障、改进技术、从无到有创新放飞起降流程，这是机务工作作风的传承，也是赋予新一代机务工作者的使命。

干惊天动地事

风卷舰旗红，海映长空鹰。

48艘战舰铁流澎湃，76架战机振翅欲飞。

10000余名官兵雄姿英发。

这是新中国历史上规模最大的海上阅兵，是新时代人民海军的豪迈亮相。

2018年4月12日上午，中央军委在南海海域隆重举行海上阅兵，习近平主席检阅部队，以歼15为核心作战打击力量的航母作战群首次亮相。

中央各大新闻媒体向全世界公开报道了国人丹心铸剑、何惧大洋深和远的英雄气概。

一直坚守在航母工程研制试验和舰载机试飞第一线的航空工业舰载机办主任吕杰，对此具有很深刻的认识：

航母这么庞大，是一个十分复杂的工程。可以说比所有我们曾经干过的军机、军舰等各种单一的项目，甚至比核能工程都要复杂。一个航母就是一个城市啊，所有的因素都要考虑进去。

自我国航母工程立项开始，试飞院陆续投入数千人，参与这件惊天动地的大工程。舰载机事业一张白纸从零起步，用十多年跨过发达国家上百年走过的路。

在阎良机场建设滑跃斜板，培训飞行员在航母上的起飞技术；在临近大海基地踏荒野、爬山头，勘察地形，为陆基起降训练场建立测试系统，研制发明的特殊测速测距雷达，正式列编服役；完成一批试飞员陆基全流程试验试飞，掌握了滑跃起飞、光学引导下滑、定点着陆、着陆阻拦、逃逸、复飞等一系列舰载起降飞行技术；固化LSO指挥用语和标准；编制了舰载战斗机舰机适配性试验试飞大纲；开发一系列的起飞着舰数据库，画面直观显示，标准化实施试飞培训；研制舰上作业综合模拟器，提高了飞行训练效率，实现了飞行情况评估的科学化。

2012年11月下旬，歼15舰载战斗机成功实现首次拦阻着舰和舰上滑跃起飞。完成两批试飞员上舰任务，打破了西方国家对我国严密的技术封锁，填补了舰载航空兵建设的多项历史空白，极大地促进了海军转型建设。

航空工业部门和海军机关常驻试验现场的主管吕杰、李鸣以及海军西安局杨石宝局长等领导一致认为，试飞人在十多年的航母工程建设中，付出的心血，做出的贡献，立下的功劳，是难以估量的，上级领导和部队首长不会忘记他们，祖国和人民不会忘记他们。航空工业总部多次授予试飞团队“狼团队奖”，试飞院荣获全国“五一劳动奖状”。

原正庭总师回忆说——

在任务开展之初，就面临“三新”的实际困难，一是飞机是新的，没定型；二是试飞员是新的，不了解；三是特种设备是新的，不成熟。国内相关资料很少，试飞科研队伍就立足国内，在充分借鉴国外经验的基础上，独立自主地开展技术攻关。仅2011年2月到4月间，试飞院就成立了十个技术攻关组，查资料、看数据、组织座谈，具体研究怎么实现技术突破。伴随着试飞人夜以继日地攻坚克难，上半年技术攻关取得突破性进展，关键技术逐一攻破。到2011年11月，数据攻关方法得到固化，摸索出了一套有效的试飞方法，非常成功地培养了试飞员队伍。

呕心沥血，功夫不负试飞人。原计划在海边陆基试飞

● 歼15舰载战斗机定型试飞工作安全高效的完成，对试飞中涉及的关键技术和项目经验总结提炼，形成技术成果20余项、国防专利125项、舰载机试飞专著6本、国军标11项、型号标准12项、试飞院标准9项，使得我国舰载机试飞技术整体水平进入世界先进行列。

300~400架次，实际上我们飞了1800多架次。加上后来在航母上的训练试飞，按大数据统计，着舰飞行上万次，而没有发生过一次等级事故，创造了世界航母舰载机试飞史上的奇迹。

创造出这种奇迹，很多人都说是试飞人的运气好。

对此，一直在试验现场第一线坚守工作十多年的杨亚明副总师则认为：

运气是送给有准备之人的礼物，这是中国试飞人数十载精神传承、技术累积与现代高科技相结合的硕果。

在舰载机试飞过程中，由于舰载机本身仍未定型，机上设备及飞机本身的设计等可能还存在这样那样的缺陷，因此在起降试飞的过程中，舰载飞机面临的安全风险进一步增加。

对于我国的舰载机项目来说，则面临更大的风险和困难。具体表现在：一是航母、航保设施、飞机都是新研，技术状态不稳定；二是没有成熟的舰载机试飞员和着舰指挥官；三是没有可依据的标准规范来评价舰载机的舰载起降特性；四是对舰载机的飞行试验组织没有经验可借鉴。这些因素叠加在一起就使得我国舰载机起降试飞的风险性远远高于常规飞行试验。相比国外的舰载机试飞而言，这种风险表现得更为严重。

歼15舰载战斗机是中国新机研制历史上试飞架次数最多，试飞项目最全，试飞考核最完整的一型新机。首次完成飞机与航母的舰机适配性试飞；完成从陆基到舰基对舰载航空保障相关系统、设备的试飞考核；完成对在航母上起飞、着舰指挥与保障流程的验证；完成舰载机试飞技术的探索、舰载战斗机试飞员培训，培养出中国首批舰载战斗机试飞员和海军首批舰载战斗机飞行员队伍，初步形成中国舰载战斗机试飞和飞行员培训技术体系。

做默默奉献人

阎良、青岛、葫芦岛试验基地，三地奔波。

○试飞院测试所组织技术攻关。

他们见惯了西北的风，也饱经过东海的浪。

大地、蓝天、海洋，三方舞台。

他们怀揣着航空报国志，挥洒着试飞不了情。

你看，辽宁舰庞然的身躯上印有他们的影子。

你听，“飞鲨”震耳的呼啸中夹杂他们的欢呼。

在辽阔海天间，他们用双手施展着测试的魔力，用头脑搭建起测试的“经纬”。他们研制的测试系统列装在祖国的航空母舰上！

他们，就是由试飞院测试所副所长李宏牵头，测试所、远方公司、改装维修部共同组成的网络化遥测技术攻坚团队。

这是国家的重点建设项目，必须在全国范围招标，以保证技术水平和工程质量。

2013年11月，北京，项目竞标会。

面对海军装备研究院等几家强有力的竞争对手，试飞院项目团队信心满满，他们从不打无把握之战，为国防事业贡献力量，是试飞人的特质，他们2011年就开始了前期准备。

在项目竞标中，试飞院团队提出：我们的系统将实现一个频点、一套遥测接收设备实现多架在飞飞机实时遥测保障任务。多架飞机共用6MHz频率资源实现8M数据遥测的时候，全场评委的眼睛都亮了。这项技术就像是及时雨，在目前飞行试验频谱资源、设备资源、人力资源都极为紧张的情况下显得尤为宝贵。

几番对答如流，一场精彩陈述，独到的设计方案、大胆的技术设想，成功吸引了评委。测试方案全票通过！这套航母工程中至关重要的测试系统的研制，落在试飞人的肩上。

真正的战斗开始了！

“白加黑”“6加1”的工作机制随即启动。李宏带领吴衡、刘明、张兴国等成员向技术难点发起进攻，稳扎稳打、步步为营，仅用6个月的时间，多项具有突破性的技术拿下了！

随后，9件不同类型的机载设备研制出来了！

飞机过顶时产生的数据丢失、无线干扰问题解决了！

系统运行稳定了！

经试飞验证，系统各项技术指标全部优于海军研制要求！

海军副司令员丁毅中将表扬道：“这一测试系统和整套的程序，是我国海军历史上最好的数据系统。”

经过10架飞机1300余架次的飞行试验，在国际上首次完美地实现了通过网络电台完成空地、空空、空海之间的双向单频点、多飞机之间数据与视频遥测通信，开辟了简洁化、低成本的遥测监控技术路线。同时也实现了陆基、舰基、空基装备研制的全覆盖，实现了测试技术向国防成果和经济效益的转换。

这成功值得欢笑，这欢笑伴着泪水，这泪水饱含深情，这深情里又有多少因拼搏带来的别无选择、因奉献带来的无可奈何……

2014年的春节，研制团队张兴国一岁多的孩子生病住进了西安儿童医院，幼小的孩子因病痛不停啼哭，这哭声也像针一样扎进了张兴国的心。为了任务，他不记得有多久没有抱过孩子了，他充满了愧疚，他暗下决心，这次一定要好好陪在孩子身边。然而春节刚过，出差任务书又来了。此时，孩子虽然已经出院，但复检的有些指标仍然偏高。小家和大家的选择又一次摆在了他的面前。他是一个父亲，谁不想常伴爱子身旁，但他也清楚，作为技术负责人，他更是一名战士！出门前，他抱着孩子，脸上带着慈祥的笑，眼眶里却满是愧疚的泪。这一年，他为了这个项目能够高质量如期完成，在外场一待就是200余天。

三年奔波辗转，一路集智创新，为了测试技术日新月异，为了航母早日“披挂上阵”，为了国防力量羽翼更丰，他们将“航空报国”的赤胆忠心倾洒在了碧海蓝天之间。

——这是《中国试飞报》记者郭乔乔采写的通讯《碧海蓝天总关情》的一个章节。

热血熔金，默默奉献无怨悔。十多年，在航母上的每个工作日，试飞院都有数十人在关键岗位尽职尽责，而在陆基试验场从事各类技术工作的则有上百人。

2010年3月，试飞院开始调研打前站。经过充分准备，4月3日，进驻外场；5日，试飞队建立；9日，试验正式开始。副院长郭平凡作为主管院领导担任试飞队队长，时任科技部党总支书记的张惠全担任试飞队副队长兼党支部书记。现场主要有三大队伍：科研队伍，试飞员队伍，保障队伍。他们是型号任务的中流砥柱。从独立自主探索阶段开始，到进驻外场流程攻关，

○副院长张景亭（左一）、科技部副部长包京军（左二）、项目团队书记张惠全（左三）与型号试飞总师余俊雅（左四）在濒海试验场讨论任务实施方案。
10多年中，在航母上的每个工作日，试飞院都有数十人在关键岗位尽职尽责。

再到流程验证、固化、训练，取得的成果十分丰硕，可以说是从“飞沙走石”到“鸟语花香”。

张惠全书记曾多次带队在祖国各地的外场试飞，经验可谓成熟丰富。作为见证人，他感叹道：“这里是最艰苦的。冬天没有暖气，开着空调还得穿着衣服睡觉。四月飞雪，零下20℃，机场还在建，试验就在这样的情形下开始了，但我们不畏困难，照样完成得很漂亮，开了个好头。以十年如一日的实际行动，编织了为新时代国防建设无私奉献的动人故事，积淀成一曲难忘的岁月之歌。”

试飞院团委的毛嘉宇，跟踪采访了几位年轻队员：

褚江，“十二五”科技发展优秀个人。他带领四名年轻课题成员常年扎根外场，连续攻克了多项舰载关键技术，带领课题成员设计了海上着舰航线、编写了舰载机试飞员训练大纲和考核标准，并完成试飞方案和技术总结报告，为国内相关型号研究工作积累了大量的试飞数据及技术资料，填补了我国舰载机领域的多个空白。由于长期的高强度工作及巨大压力，在2012年6月底试飞队组织的体检中，褚江被确诊为多发肝囊肿。但是，为了不影响试飞进度，他仍然带病参加当年7月的出海试验，直到航段结束才到正规医院进行复诊和治疗。

陈胜杰，进入试飞院工作五年间，在外场工作近三年，其间参加辽宁舰八次的海上试验。作为舰载机飞行员培训攻关技术组的主要负责人，2014年，他全年驻扎外场，和飞行员们吃在一起、住在一起，经过上千架次的训练，顺利完成八名飞行员资质认证培训任务；2015年，经过全年近900架次的训练和一个航段的海上训练试验，顺利完成六名飞行员资质认证培训任务。至此，首批飞行员培训任务圆满完成，标志着我国该方面飞行员培训形成体系，为后续部队自主培养飞行员奠定基础并提供技术支撑。

吴衡，试飞院“科技突出贡献一等奖”荣获者。作为舰载机主管工程师，他带领团队以斜板测绘技术攻关为起点，实现了首次滑跃、首次挂索、首次上舰、首次弹射等重大技术突破，攻克了多项测试技术难题，从陆基走向舰基，实现了测试技术的一步大跨越。他负责的舰上测试系统改进研制及配合接装飞机改装测试等工作，是试飞院首次实现军用船舶内部舱室改造，设备及系统改装设计同时满足航空和航海行业改装技术要求，一并完成计算机操作台的设计，甲板面天线布设的信号干扰论证，为后续航海专业的跨行业改装设计提供了宝贵经验。

任广良，“试飞金盾奖”获得者。在舰载机试飞中，根据

○舰载机试飞保障团队，以无私的奉献精神和精湛的业务能力，创造出万无一失的奇迹，为航母工程做出了杰出的贡献。

舰载机与陆基飞机试飞不同的维护保障特点，首次开展舰载机舰基起降保障流程的研究与应用，从机务保障流程、工作内容、人员站位及分工职责和指挥手势等方面，以视频、图册和文字的形式，为舰载机实施舰面维修保障提供依据，成功保障了舰载机在辽宁舰上的试飞。同时作为首批舰载机部队机务官兵的指导专家，保障了舰载机在航母五个航段的试飞。

太多的人、太多的故事。驻扎在海疆，颠簸于舰上，试飞人模糊了深夜与黎明的界线、模糊了春夏秋冬的界线，甚至模糊了远方和家的界线。

这里，没有节假日，没有休息天，对日期的概念也只有阴天和晴天。日复一日，他们从不放过每一个可飞小时。2012年任务最繁重时，仅7月份就飞行了156架次，单机单日最多飞行7架次。从这个角度可以看出保障工作整体上的强度之大，效率之高。在其中两年零七个月的时间里，机组完成5000多个架次飞行，仅飞机轮胎就更换了460多个。

在这里，还有夫妻并肩献青春，父子三人齐上舰等很多故事被传为佳话。

陈胜杰、李樾小两口同在舰上承担任务，生了孩子只能放在家里由老人照管。他俩白天总是很忙碌，只有在夜晚休息时才拿出孩子的照片。此刻，两人的脸上露出幸福的笑容，而眼里却充满愧疚的泪花。

整个一生都在从事飞行保障的机务专家金世民，虽然已经光荣退休却仍被返聘参加航母工程，而且是主力干将。他是维护过数十种飞机的机务权威，尤其对新型号设计定型试飞中发生的复杂故障以及老龄飞机的延寿有较深的研究。他提倡和推广可靠性为中心的维修思想，形成现代飞机维修模式，率先实行军用飞机四个维护专业分工模式，被空军、海军部队认可和效仿。参加航母工程后，在辽宁舰上的所有航空保障活动他全都参加。舰载机各个系统及40多项设备的建设方案、过程控制他无一缺席。他的儿子金帆、金铜建均是试飞院机务部的业务骨干。父子三人同时奋战在航母上，受到军、地双方人员的高度赞扬。其实，在他退休前，北京一家航空企业就许以高薪聘请他，连办公室都配备好了。他却婉言谢绝，而是选择了为航母建设无私奉献，一直干到70多岁。

自古忠孝难两全，报国强军心乃安。自始至终坚守在辽宁舰的试飞副总师杨亚明，亲手签发的试飞任务单就有好几千份，但重病缠身、卧床不起的老父亲，却只能由母亲一人照料，他没有请过一天假回去看看，直到老人不幸逝世，他也未在身边。此事成了他终生的遗憾。

后来他陪同母亲一起去陵园祭奠时，忍不住搂抱着父亲的墓碑失声痛哭。而母亲却拿出儿子荣获的“航空报国金奖证书”和全国“五一劳动奖章”，对着安息地下的老伴儿柔声说：“他爸，咱不怪儿子。亚明是国家的人，忙的是国家的大事。他对国家的尽忠，就是对咱们最好的尽孝。”

啊，多么开明而伟大的母亲！

时光缱绻，荏苒前行。也许我们的故事，要在很多年后才能被更多的人知晓。忠诚、执着、朴实的试飞人，低调是一贯的修养。当首批五名飞行员全部在航母上着舰、起飞成功，成就中国海军迈向深蓝的百年梦想，军方和工业部门领导在舰上庆祝合影时，安排给试飞院院长刘选民、试飞副总师杨亚明的位子却迟迟空着。原来他们已经忙于第二天的工作计划去了。

很多同事、朋友纷纷发信息表示祝贺和致敬。试飞院航母团队成员的回复是：

“此心安处是吾乡，无愧时代讲担当！”

第八章

迎“20时代”

一位历史学家说过：“一个民族只有把自己的民族个性与战争特性结合起来，才能立足于世界。”

“征程如虹催快马，乘势一飞万重山。”党的十八大以来，“20系列”飞机及发动机横空出世，实现了对世界强者从望尘莫及到同台竞技的跨越，意味着中国航空工业开启了建设航空强国的“20时代”新征程。

歼20，“威龙”隐身傲长空

2018年11月11日，中国空军成立69周年纪念日之际，中国空军四架歼20飞抵珠海航展现场，首次面向公众开启弹舱门进行飞行表演。看到具备高隐身性、高态势感知、高机动性能的第四代制空战斗机的威猛，国人再次沸腾，世界将目光再次聚焦到中国航空工业。这是中国航空工业的骄傲，更是中华民族的荣耀。而在这份荣耀的背后，同样深藏着中国试飞人鼎力铸剑、航空报国的情怀。

2011年，歼20在时任美国国防部长罗伯特·盖茨访华期间首次试飞。看着天空中翻转腾空的“威龙”，罗伯特难以置信地瞪大眼睛。稍后又轻轻地摇了摇头。也许，他在心里质问：你们中国人能够顺利完成艰巨的试飞定型、真正投产使之成为武器装备吗？

首飞试飞员李刚驾驶着中国人自行研制的四代战机，心情十分激动，感觉特别美妙。他很自信：一定会圆满完成定型试飞，早日装备部队。因为，他身后有实力雄厚、专业齐全的试飞科技人员和各类保障人员。

第四代战斗机研制在中国首次采用验证机试飞，进行飞机平台系统及隐身设计关键技术验证和型号方案设计风险释放。整个型号工程采取边研制、边试飞的原则，能力渐进提升，批次增量交付部队。这就使得试飞工作只能采取总体规划，分阶段与设计研制工作并行交替，逐步推进。

由于该型号新机研制过程正处在国家军队重大改革和武器装备研制管理重大变革时期，要在近似实战环境等条件下充分检验装备性能指标及其边界条件，兼顾考核装备作战与保障效能，加之采用新而复杂的核心技术和关键系统，这就对型号试飞，在基于能力的性能试飞总体规划、试飞技术、研保条件、队伍建设、安全高效推进以及向使用试飞拓展方面提出了更多更高的要求。

为此，试飞院未雨绸缪，预先做了一系列有效的技改准备，诸如过失速机动特性试飞条件建设，结构完整性试飞测量系统建设，矢量推力发动机试车台建设，隐身特性动态测试评估系统建设，光电综合测量系统建设，多目标综合安全监控系统建设，数字化协同平台建设以及试飞场务保障设施建设等等。这些措施显著提高了试飞效率和试飞安全，确保了歼20飞机试飞任务顺利推进，为实现中国三代机向四代机试飞能力的跨越提供了

○ 2018 年 11 月 11 日，中国空军成立 69 周年纪念日之际，中国空军四架歼 20 飞抵珠海航展现场，首次面向公众开启弹舱门进行飞行表演。这是中国航空工业的骄傲，更是中华民族的荣耀。而在这份荣耀的背后，同样深藏着中国试飞人鼎力铸剑、航空报国的情怀。

○歼 20 首飞试飞员李刚

在央视《开讲啦》栏目中，李刚介绍歼 20 试飞时表示，首飞对于一个型号是具有里程碑式的意义，这标志着它将真正进入飞行试验。后来，我们进行了几千架次的试飞，完成了一系列重大任务，经过六年多时间，歼 20 光荣参军，成为我们国家航空武器装备里一支非常重要的力量。

条件保障。

这些建设项目，使试飞院获得10余项省部级成果奖，获得各种专利20余项，并在多个型号试飞中发挥了重要作用。同时，研保条件建设对试飞院的试飞专业建设、技术发展、核心能力提升和人才培养起到了有力的推动作用。

由于歼20采用许多全新技术，诸如隐身、武器内埋等，这些技术都需要前期验证，在此背景牵引下，空军决定先投产验证机， 通过科研试飞，重点验证平台性能、结构完整性、总体环境、隐身及武器内埋，兼顾控制操稳和飞机系统等方面的关键新技术，评估总体方案的可行性，获取设计所需的试验数据，暴露飞机平台设计的缺陷和问题，为歼20飞机A状态冻结和优化提供参考，这是所有三代机设计前所未有的。

歼20验证机设计采用新的气动与结构布局，具有内埋式武器弹舱和高隐身性能等特点。其试飞内容新，技术难度大。为了能够更好地完成试飞任务，在试飞准备阶段需开展验证机试飞技术攻关课题研究。

首先对试飞测试实行了一体化设计改装。

试飞总师田福礼介绍：

传统的改装工作模式一般将改装划分为两个阶段：第一阶段是架内改装，第二阶段是架外改装。改装工作与主机厂所的飞机研发流程之间是一种串行关系。验证机的测试加改装要求采用数字一体化方式进行设计，即机载测试系统改装与飞机研制同设计、同制造、同实施，改装工作与飞机研制工作并行展开，首开试飞测试一体化设计改装先河。

2009年3月，正式启动歼20验证机试飞测试一体化改装工作，试飞院成立测试改装团队，亲临飞机研制厂所开展改装设计及跟产等工作。

数字一体化设计改装方法相对于传统测试改装方法是个重大进步，首次应用数字化电气设计平台，使用基于数据库的先进的数字化电气设计平台，结合三维设计模块，通过软件接口进行两个设计平台间的数据交流，完成原理图、电路图、线束图、三维线束建模等工作，并自动生成接线表、物料表等报表。整个项目的相关数据通过专用平台进行管理，同时使用其他办公软件做到无纸化设计。该平台在国内是首次应用到飞机电气设计领域，主机厂所之前均未使用过，对该平台的应用处于探索接触阶段。全新的飞机加之全新的设计工具导致大量的反复迭代，最终设计流程的确认几乎是试错试出来，倾注了改装设计团队大量的心血及时间。

测试改装一体化不同于以往主要以飞机实体为基础的工作方式，而是要求全部设计工作在数字样机上开展，既不依赖实体样机也不需等待原型机生产制造完成，打破了传统的试验机“架内”和“架外”测试改装的概念。在飞机设计和制造阶段进行测试系统集成，就是说在数字样机上开展测试加改装设计，尽早发现其中的潜在问题和不足之处，并快速修正设计错误、改进设计方案，可减少对实物样机的依赖，并缩短了测试改装周期，提高飞行试验效率。

一体化设计测试改装方法探索了一种适合试飞测试改装的数字化设计方法和工作流程，完成测试系统向飞机设计过程中的集成，保障歼20验证机测试改装工作的顺利进行，同时为新型号研制测试改装设计开创一种新的工作模式和方法。

在首飞仅仅几个月之后的一天，试飞院机务队在滚滚热浪中整齐列队，满怀期待地眺望着天际。当天是绰号为“威龙”的歼20飞机转场来院后的首个飞行日，也是对试飞机务保障团队的第一次“大考”。

歼20新机转场来院后，机务保障团队的每个成员都像上足了发条一样，连续三天，每天围着飞机忙忙碌碌。“这可是真正的新一代飞机啊，咱们一定要倍加小心。”机务人员一边互相提醒着，一边不约而同地戴上鞋套。这种情况在原来的机务维修工作中是从未有过的。原来，从接到歼20飞机机务保障任务的那一天起，机务团队就开始了一系列准备工作，他们赴西南跟产学习；回院后及时总结，伏案编写了大量工作卡片及工作程序，涵盖了飞机地面准备及维护维修的所有环节。为了不把一丁点杂物带上飞机，他们统一定做了鞋套，对飞机的呵护比对家里的亲人还要细腻。

连续三天，为了实现在阎良早日放飞歼20飞机的心愿，所有人都在自己的工作岗位上默默奉献，他们宵衣旰食、夙兴夜寐，确保飞机在短短三天时间里就达到了可放飞的状态。

当试飞员驾驶歼20飞机呼啸着降落在跑道上，平稳地滑回停机坪时，机务人员的心仍提在嗓子眼；当试飞员在飞行工作卡上写下“良好”二字，并笑着对他们说“飞机状态一切正常”时，大家终于抑制不住心中的狂喜，兴奋得跳了起来。

歼20飞机设计采用了大量新结构、新材料，飞机全新的结构载荷强度设计必须通过真实的飞行验证，设计团队也急需通过载荷强度飞行试验结果冻结状态结构设计。面对一系列节点要求，试飞团队果断提出“载荷指导设计”理念，再次刷新了中国航空工业飞机研制的理念。

基于歼20飞机技术新、载荷强度难度大、进度紧等特点，歼20飞机载荷强度试飞“党员先锋队”以“敢于第一个吃螃蟹”的胆魄，在飞机结构受载分析、地面载荷校准试验、载荷模型建立、载荷边界试飞方面成功采用了多项新技术，在试飞中发现了副翼载荷超限、飞机非指令性上仰等许多设计工作未曾预料的严重载荷状态，并在确保飞行安全的情况下，第一时间为设计团队提供了严重载荷状态的飞机真实受载结果，为后续歼20状态结构更改、状态冻结提供了强有力的技术支撑。

2012年12月18日9时40分，歼20验证机即将开始高速滑行试验，机上遥测发射机开启，监控大厅内地面安全监控系统信号良好。10时左右，飞机左、右发动机开车，一切正常。3分钟后，监控画面却显示右液压供油箱油位迅速下降，油面指示灯告警，综合告警灯告警。但此时，机上液压压力却显示正常。地面指挥员果断下令：终止试验！事后分析，如果再晚2~3分钟，就有可能发生重大事故。而促使指挥员果断下达“终止试验”命令的，就是试飞院自主研发的地面安全监控系统。

2016年5月17日，另一架歼20飞机空中掉电，多个监控软件及时、准确的预警“双直发”故障，指挥员及试飞工程师通过监控系统立即通知了试飞员，并且同时还给出了相应的处置决策，保证了飞机安全返航。

其实，早在2010年歼20飞机被列上试飞院议事日程，型号管理、空勤和测试人员就开始了地面安全监控系统的研发和建设工作。研发团队通过对各种信息收集梳理，分类细化，以及对关键点集中归纳，将参数判据、故障清单、试飞员手册等内容输入自主开发的专用软件，实现了系统中各对应关系准备，并可方便调用。这套系统首次实现了声光电在设备上的集成；首次实现了对飞机故障趋势的实时监控和预告警；全面实现了试飞监控从数据显示、人工安全监控到智能监控及辅助决策的历史跨越。“全面监控飞机状态，风险关口向前移”的要求首次在歼20飞机研制试飞过程中彻底落地。

2016年，歼20飞机转场高原，在国际公认海拔最高的固定翼飞机场站展开试飞，一面鲜红的“党员先锋队”旗帜猎猎飘扬。高原环境恶劣，经常前一刻是温暖如春的阳光普照，下一刻就是大雨寒风乃至雨夹着冰雹。更糟糕的是，因为空气稀薄，飞机发动机动力性能下降。忍受着高原反应带来的折磨，“党员先锋队”队员们拼抢“时间窗口”，对飞机辅助动力系统展开高原验证并大获成功，再次创造了奇迹。

无论是酷暑还是寒冬，歼20飞到哪里，哪里就有“党员先锋队”的旗帜在高高飘扬。

这是《中国试飞报》特约记者李亮亮的报道。

戈壁大漠，风沙肆虐，人人嗓子红肿。起飞线一侧，机械师用帅气的手势发出一道道指令：启动，自检，杆舵检查，关闭舱门，状态确认，撤离轮挡，允许滑出，歼20疾速跃起，直刺苍穹。往往在冬夜凌晨时分，凭借着微弱的灯光，机务人员就开始了一天的工作。尽管转向外场前他们就针对当地的低温环境做好了各种准备，但零下20℃的严寒还是导致飞机油气液管出现问题。机务人员迅速采取措施，很快就将飞机恢复到可飞技术状态。这时，各种保障车辆也因为酷寒无法正常起动，机务人员却显得胸有成竹，有条不紊地开始启用早就准备好的应急放飞流程，成功保证当天的试飞任务。

试飞总师田福礼说：“为了歼20飞机的设计定型，试飞人辗转多地，屡破难题；他们勇于担当，不断挑战自我，即使身处险境也始终无畏向前；他们信念如磐、意志如铁，遇到挫折撑得住，关键时刻顶得住，扛得了重活，打得了硬仗，有力地保证了这款最先进的新一代战斗机的设计定型，并且取得了很多突破。”

通过飞机气动特性验证试飞，解决了飞机跨音速区滚转时侧滑角过大，纵向过载建立速度慢，横航向晃动等问题；同时开展了武器舱门扩展包线试飞，为后续的歼20飞机气动特性优化改进等工作奠定了基础，逐步把四代机变成舒适、好飞、适于战斗的好战机。

在飞机载荷校准试验中首次采用液压协调加载系统，大幅提高了载荷校准量级，提高了载荷测量精度，解决了歼20飞机复合材料结构多、梁多、机翼载荷测量等难题；首次在载荷

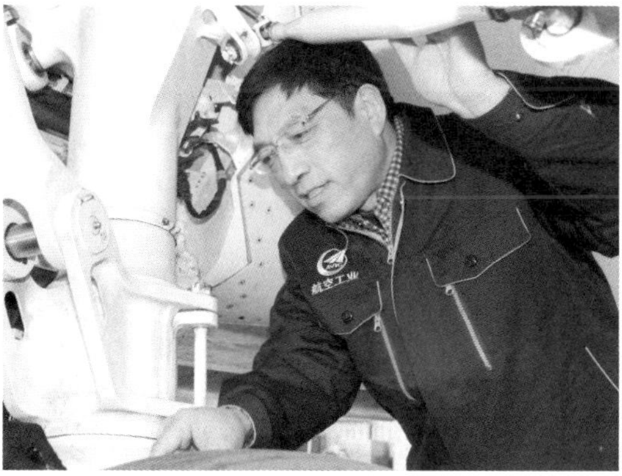

○ 歼 20 试飞总师田福礼带领试飞人屡破难题，有力地保证了这款最先进的新一代战斗机的设计定型。

○歼 20 研制成功正式列装，总设计师杨伟院士（前排右二）、首席试飞员李刚大校（前排左一）与611所、成飞公司和空军部队有关领导合影祝贺。

校准试验中采用六自由度静定支持与约束技术，解决了试验载荷量级增大时飞机约束困难的问题，保证了试验安全；首次在载荷校准试验中使机翼等部件校准载荷达到限制载荷的30%以上；采用多点校准数据进行载荷建模，显著提高了载荷模型精度；设计了外倾全动双垂尾试验方法，专门研制了载荷校准试验台架，首次对外倾全动双垂尾进行了载荷校准及飞行实测。同时载荷强度试飞结果表明飞机结构强度及温度的测量值未超出设计所给定的范围。歼20验证机结构载荷为歼20验证机状态冻结和A型机定型提供了有力的技术支持。

针对颤振气动伺服弹性试飞，试飞院通过跟踪、了解、对比国内外模态参数识别领域的最新发展，结合飞行颤振试验数据处理的实际工程需求，首次在颤振试飞数据处理中采用了最先进的数据分析技术，解决了大噪声、模态密集情况下的模态参数辨识难题，实现了宽频带内多模态的同时识别，大幅度提高了颤振试飞数据分析效率，申报的“固定翼飞机颤振试飞综合数据分析技术”成果，获得航空工业集团科学技术三等奖，为歼20飞机A状态颤振试飞数据分析技术奠定了基础。

针对验证机噪声测量，试飞院首次研制一套具有自主知识产权的内埋武器舱声载荷测试系统，形成了新的声载荷试飞方法，突破了传统的试飞技术瓶颈；国内率先用某频响修正技术，解决了声压传感器高频段测试精度低的难题；研制了专用配件和形成了传感器粘贴安装新工艺，解决了安装和传感器报废率高的难题；建立了基于数值模拟结果的传感器布局方案优化技术，并得到试飞结果验证，获得了航空工业科技成果奖。

验证机进气道与发动机相容性试飞在国内四代机首次开展，所采用的进气道流场总压畸变测量与进气道改装方案、形成双发两侧进气式战斗机试飞方法，对后续的歼20飞机进/发相容性试飞具有重要的参考价值，获取的试飞数据不仅摸清了验证机进气道性能及其特性，而且为后续研制四代机进气道优化改进提供了重要试验支撑。

成功地进行了红外隐身验证。在该验证机上的关键技术验证，取得了相关经验，同时也暴露了理论仿真与实际条件下的异同点，给予了我们相应的启示，是我国隐身战机研制史上的又一创举,为后续的改进与拓展提供了宝贵的数据及视频资料。

2019年10月13日，在庆祝人民空军成立70周年航空开放日活动上，空军新闻发言人介绍，歼20飞机已经列阵人民空军“王牌部队”。

歼20的成功，让中国航空工业真正跨进世界大国的行列。由此成为继美国之后，又一个装备本国研制生产第四代战斗机的国家。

运20，“鲲鹏”舞翅掀风云

鲲之大，不知其几千里也；化而为鸟，其名为鹏。鹏之背，不知其几千里也。怒而飞，其翼若垂天之云。早在两千多年前，庄子便在《逍遥游》中就展开了想象的翅膀，幻化出神鸟“鲲鹏”。

我们这里要说的“鲲鹏”，则是国产运20大型军用运输机的名字。

2016年7月6日新华社发出电讯新闻通稿：

运20飞机授装接装仪式在空军航空兵某部举行。中共中央政治局委员、中央军委副主席许其亮出席仪式，代表习近平主席和中央军委，向为大型运输机研制生产做出贡献的国防科工战线、向空军部队全体官兵，表示热烈祝贺和诚挚问候。

至此，中国真正拥有了自己的大飞机，成功跻身于世界少数几个能自主研制200吨级大型飞机的国家之列。而在运20飞机的研制过程中，中国试飞人助力“鲲鹏”入列、高飞远航的故事，又是我国航空工业发展史上浓墨重彩的一笔。

2012年3月28日，是试飞院运20飞机测试技术攻关团队永远难忘的日子。这一天，“鲲鹏”还躺在制造厂的总装车间里，航空工业总部评审组却郑重宣布，试飞院攻克了网络化测试系统研制中的多项关键技术，运20集成设计的测试系统功能和性能指标达到预定目标，满足型号试飞测试的总体要求，技术水平达到国内领先，国际先进。

2007年，运20飞机研制工作刚刚启动，时任测试所副所长的王建军就带领田方正、颜义红、贺敬、沙永忠、任朴舟、霍朝晖、姜宏伟、李筱雅、彭国金等一批技术骨干全速跟进。他们明白，传统的测试架构和测试技术已经不能满足该型号的试飞测试要求了。为了确定系统方案，田方正和项目团队成员废寝忘食，结合型号试飞测试需求，认真分析研究国外同型飞机的机载测试架构，果断提出“必须研制新一代的测试系统”。

为什么要这么着急呢?

已经从测试所领导岗位走上试飞院副院长、党委副书记岗位的王建军告诉我们——

2007年8月，上海合作组织“和平使命——2007”联合反恐演习在俄罗斯车里亚宾斯克进入实兵合练阶段，中国出动了1600名士兵和8架“飞豹”战机参加军演，同时还出动了几架伊尔-76运输机保障部队机动。演习取得圆满成功，我军的表现可圈可点。但也暴露出了一个重大缺陷——我军远程投送能力太弱。1600人、8架战机，仅相当于一个团的兵力。

而当时美国、俄罗斯的空中战略投送能力又怎样? 美军拥有战略运输机499架，每天8000万吨/千米的运输能力。俄军战略运输机369架，他们都能够在一个波次内将几个重型装备旅级部队投送到5000千米之外。

古人说：“兵贵神速。”许多军事家都将速度看作决定战争成败的第一要素。当今时代，大型运输机是保证军队远程机动、快速机动的根本所在。而我军由于缺乏大型运输机，远程机动能力受到极大限制。

在信息时代，空中预警机、空中加油机、大型电子战飞机被称作“军事力量的倍增器”，属于“关键的少数”，这些关键装备都是由大型运输机改装而来的。研制大飞机是国家的意

○测试工程师们为运20设计定型试飞精心工作。

志，我们必须急起直追。试飞尤其是测试，是与飞机设计试制同期开展的并行工程，绝对不可忽视。

为了论证测试系统架构的可行性，团队成员没日没夜地扑在测试方案的论证上，把测试设备的研制作为第一道“必须迈过的关口”。彼时，国际上航空工业发达国家的试飞测试技术已经进入高速发展期，新设备和新技术层出不穷，我国测试设备的设计与生产能力与国际航空强国相比还有很大差距。大家憋足了一口气：“无论多难，一定要啃下影响测试技术跨越发展的这块硬骨头！”一千多个日日夜夜，他们马不停蹄，通过多种渠道对实时以太网协议、某精密时钟同步协议、增强遥测综合网和遥测数据处理软件等关键技术进行深入探讨，详细了解掌握国际先进试飞测试技术发展动态，为自主设计适合我国国情、满足型号试飞需求的试飞测试系统方案奠定基础。

当时，网络化测试系统架构在国内尚属技术空白，技术层面的难题、设备研制过程中的重重困难、软件运行环境的不确定等等，都属于关键技术点，这让团队成员们寝食难安。面对巨大压力，项目负责人王建军始终坚信：不管前进的道路多么曲折，我们的测试技术人员一定会走出一条崭新的发展之路。面对诸多“拦路虎”，项目团队不畏道路崎岖，打响了关键技术的攻坚战。在“系统工程”管理思想指导下，项目团队开创了“全所一盘棋”的攻关管理模式和“探索—研制—实验—交流—攻关”一体化的管理体制，形成了浓厚的创新氛围，为测试系统的研制成功注入了不竭的思想源泉与技术支撑。

精诚所至，金石为开。型号试飞测试关键技术终于通过了实验及它机验证，形成了该型号试飞测试系统设计规范、飞行试验管路振动测试技术规范、非接触式舵面校准操作方法等成果，研制出了网络化测试系统管理软件、多网络数据包同步处理软件和虚拟化遥测监控软件，以及机载网络数据快速处理单元、分布式载荷强度参数测试系统等测试设备，并设计集成了网络化试飞测试系统工程样机，搭建了高度综合的网络化试飞测试系统验证实验室，为测试系统装机前的集成试验提供了极大的方便，大大提高了测试系统的集成效率。

●军用运输机任务性能飞行试验

通过飞行试验确定在特定飞行条件下执行运输、空投、空降等任务的能力的试验活动。

在运20首飞前，起落架标定试验团队也和测试技术攻关团队一样，面临着相同境况。

2012年3月中旬，运20飞机起落架载荷标定试验团队开始进行飞机多轮多支柱起落架载荷标定试验。在技术上，这是国内从未进行过的任务；从试验过程看，试验复杂而且危险，任

○“不叹长空无天马，鲲鹏舞翅掀风云。”这是总设计师唐长红院士的诗句。运 20 三年发图，五年首飞，九年交付，创造了世界同类飞机研制交付的新纪录。至此，中国真正拥有了自己的大飞机，成功跻身于世界少数几个能自主研制 200 吨级大型飞机的国家之列。

○刘选民院长祝贺首飞成功。

○总设计师唐长红院士（右）向邓友明等首飞功臣表示祝贺。

何一点疏忽都有可能对飞机造成破坏，甚至给试验人员造成人身安全威胁。时任飞机所载荷室主任的曹虎成与课题小组成员一头扎进复杂而烦琐的前期论证工作，一次次地推倒重来，一次次地理论计算，制订了一系列试验方案。

对飞机起落架加载试验来说，需要专门的试验厂房，但受种种条件制约，这次试验地点却被定在了某外场，既没有专业试验场，也没有用于试验的专业设施。看到这一切时，已到达外场的课题组成员感到一筹莫展。但是他们也在问自己：一个志在必达的如山使命，难道就这样放弃了？在经过认真计算，以及核对设计单位给出的极限情况后，他们针对飞机多轮多支柱的特点，再次显示出高超的技术水准和精益求精的工匠精神，充分利用飞机起落架结构间的作用力与反作用力相等的关系，设计出了一种不需要固定地轨的方法，保证了试验顺利推进。

在外场做加载试验，没有专门的加载工具，几吨的加载量全靠大家搬上搬下。为安装几百千克的假轮，大家齐心协力，肩扛手抬，在连续鏖战中仍不忘开着“三月不减肥，四月徒伤悲”的玩笑。

10天时间，完成了20天的工作量，这也是载荷室有史以来完成的技术难度最大的一次试验。他们的这次试验，成功突破了技术壁垒，为我国大飞机研制提供了重要技术支撑。

雷霆千钧势，鲲鹏展雄姿。2013年1月26日，关中平原的阎良机场，在众人的翘首盼望中，邓友明率首席试飞机组驾驶运20一飞冲天，翱翔苍穹。

这一起飞，让中国人豪气倍增。

首飞的成功，让试飞人感到欣慰。

没有试飞各专业科研人员和试飞员的辛勤劳动，再好的设想也无法真正变成好飞机；没有他们，试制的新飞机再好，也

○型号总师霍建武（右三）率队去世界海拔最高的民用机场进行科研试飞。靠着团队精神，他们先后完成发动机燃油结冰、空降空投、气象雷达和机载防撞系统、环境适应性等多项难度系数高、风险系数大的关键性复杂试验。

是躺在地面的鸵鸟。

邓友明回忆说，他们和设计人员朝夕相处，团队之间的沟通可以做到零距离。早在设计环节就参与讨论：座舱布局是否合适，控制板、显示器是否合理，机组操作手册是否完备，地面模拟台做得像不像……很多细节方面设计团队充分采纳了试飞员们的建议。

试飞员是会飞的工程师。在运20总设计师唐长红院士眼中，试飞员就是设计队伍中的一员。而极具风险性的新机试飞，则是任何人也无法替代的。

运20失速试飞是国内大飞机首次完全独立自主开展的最重要的试飞科目，从方案设计到试飞实施，所有技术决策均由试飞院失速试飞团队完成。

失速试飞确定的失速速度作为飞机的基准速度，既决定着飞机安全飞行的速度范围，又决定着飞机的使用性能和飞行品质，是飞机设计中首先需要确定的基准数据。按照“军机适航”理念，失速试飞团队仅在试飞设计阶段就提出了四种策略，协调设计部门完成飞控系统控制律更改；在试飞实施阶段，试飞工程师与试飞员坚决按照“飞行前协调交底—飞行中沟通决策—飞行后讲评总结”的步骤联合开展工作，突破了多项边界限制条件，掌握了飞机在极限飞行状态下的工作情况，形成了适用于飞机的操纵驾驶技术；试飞中发现并解决了大迎角状态俯仰姿态振荡、迎角超调等一系列技术难题，取得了第一手试飞资料和数据，掌握了飞机的气动特性，发现了存在的问题，为飞机设计定型和改型奠定了基础；并且为其他科目的大规模、大强度试飞创造了条件。

在风险科目失速试飞时，监控室里特别紧张。试飞员在对讲机里说一句特别简单的词，大厅里工程师们就心领神会地迅速反应并予以回应。试飞总师霍建武说：“我们是一个团队，一个敢打硬仗的团队。”靠着团队精神，他们先后完成发动机燃油结冰、空降空投、气象雷达和机载防撞系统、环境适应性等多项难度系数高、风险系数大的关键性复杂试验，充分体现了试飞院持续推进航空工业发展的能力和水平。特别是通过填平补齐构建大型军用运输机试飞验证平台，全面覆盖飞行试验九大技术领域，具有非凡价值。

大运飞机开始试飞，试飞院机务部立即成立了一支秉承“作风优良、技术领先、质量为本、保障有力”文化理念的“大运保障团队”。

6月底的天，热浪席卷着整个飞机城，试飞现场的地表温度更是高达60℃。为了保证五架战机同场试飞的任务要求，保障团队一改例行的普通晨会，将会议内容直接带到工作现场，人员分工、车辆调度、设备协调，全部现场统一部署，做到所有人任务清楚，职责明确。9点钟的烈日已然不再温柔，师傅们无暇顾及，便将双腿迈进地表翻涌的热浪之中，以饱满的热情，积极的态度迅速投入紧张有序的试飞工作当中。拉梯子、取堵塞盖、相互提醒，克服人力资源严重不足的困难，与时间赛跑，充分发挥集体的力量，彼此分担，在保证操作规范的情况下更加提倡高效。大队领导全程与大家一同坚守在试飞一线，遇到问题现场协调、当即处理，以实际行动践行着意志、毅力和“科研试飞无小事”的铮铮誓言。每一项内容，每一处场景，都体现着大家共战高温，誓保试飞的拼搏精神和恢宏气势。

这天下午2时，在大家耐着高温连续奋战了六个小时之后，五架战机终于相继起飞，这也是大运飞机转入试飞阶段以来，首次实现五架齐飞的一个壮举。响彻九霄的鸣叫，终是不负大家心中那伟大的航空强国梦以及长此以往的默默奉献。回顾过往，近半年以来，针对科研试飞任务的计划安排，为了保障试验机状态，确保上计划的飞机能够按时出勤和完成任务，各级机关统筹安排，大队合理进行人员调配和技术状态管理，五架机共落实技术贯改400余项，分别完成C检、2A检、3A检等大型周期工作。其中一架飞机在完成失速飞行科目之后，进行了将近一年的载荷试验，通过机组人员加班加点的保障维护，实现重返蓝天，其中包括发动机和起落架的拆装以及全机结构的检查、探伤等大型工作。而为了尽快让所有飞机均能达到飞行要求，几个月里机组人员白天保障日常飞行，晚上持续配合排故，分别完成两架飞机的飞控系统排故和发动机更换工作，而战机也终于可以同场翱翔。

缜密细致，力保试飞无隐患。机务人寻找飞机安全隐患就像骆驼在茫茫沙漠寻找水源，他们面对的是拥有几百万个零部件、数十个子系统庞大而又复杂的飞机。大运保障团队总能及时发现故障与隐患，靠的不仅仅是对飞机系统的功能、部件位置和各系统关联的熟悉掌握，还有他们在严寒酷暑中历练出的敏锐嗅觉，和对细微环节一丝不苟的关注。

2017年8月的一天，一架运20新机完成Ⅰ类风险科目试飞任务后，天色渐晚，又下起了淅淅沥沥的小雨，机械师郑刚照常带领机组人员对飞机进行风险科目专项检查工作，其中的重点是对发动机及其附件的排查。当大家打开短舱口盖时，从短舱内掉落了一颗高锁螺帽。“刚哥，这儿怎么掉下来一颗螺帽，不像是内六方钉，不应该啊！”“快拿来让我仔细看看。”接过螺帽后，郑刚很快辨认出这颗螺帽本应位于发动机吊梁上。看似微小的螺帽出现得并不寻常，这立即引起了大家的警觉，因为高锁螺帽脱落可能提示着某一区域出现了应力集中与结构疲劳。“大家拉个梯子，把发动机口盖打开吧，咱们必须仔细检查一下。”“刚哥，现在正下雨呢，万一雨水淋湿了插头或者附件可咋办？”郑刚细细想了一下，对大伙说：“大家今天先做好飞行，不过这个问题一定不能遗漏，明天我们早早进场，争取在飞行前排除这个隐患。”第二天一大早，向设计单位与生产厂家反馈这一信息的同时，机组对发动机吊梁区域进行了一次详细排查，机械师敏锐地发现了吊梁1框主推力销加强筋处出现了两条纵向和一条横向裂纹。

仔细观察过这一状况后，在场所有人都不禁擦了一把冷汗。推力销是将发动机产生的推力传递给飞机的结构承力部件，推力销结构受损丧失约束力后，发动机推力将直接作用于三个安装点上，而安装点设计之初并不承受纵向载荷。此架试验机此阶段执行的是最小操纵速度这项Ⅰ类风险试飞科目，飞机飞行过程中需将第一台发动机反复推至起飞状态，大状态工作下，如果吊梁结构承力部件出现更严重的损伤，可能会造成发动机脱落事故，后果不堪设想。

此时正是大运型号攻克里程碑目标的重要阶段，飞行强度大、架次安排紧，其中多个飞行日五架大运同场齐飞，同时也承担着多个风险科目试飞任务。在这重要的时间节点，保障飞行安全更容不得半点差错，正是得益于大运保障团队机务人员一丝不苟的工作态度，忙中有细，才能从细微征兆中发现推力销裂纹这一试飞阶段的重大安全隐患，不仅避免了飞行事故的发生，也保护了试飞员与国家财产的安全。这件事大着说，是对一型装备维修保障效能的提升；而对于机务保障团队，他们说这是“职责”。

大运试飞以来，五架试验机共发生襟缝翼控制失效、燃油指示跳变、襟翼丝杠卡滞等近400项故障。机务人员与课题组成员对这些故障的顺利排除，保障了飞行安全，为后续任务节点的完成奠定了基础，排故过程中所发现的问题和积累的经验对以后装备到部队的使用和设计的改进具有一定的参考价值。

为了更好地总结整个试飞阶段的飞行试验维修保障技术，汲取大型军用运输机试飞过程中的成功经验，指导后续军机飞行试验工作，他们编制了该工程机务维修保障技术手册和维修保障用户参考手册，为以后军机试验任务及日常的维修保障、故障排除等提供了借鉴。

“造大飞机是国家意志，是战略考虑，是国家兴旺发达的标志，也有很直接的科技意义和经济效益。”牢记着温家宝总理的动情之语，试飞人再苦再难，只有一条路，那就是成功。他们以“向国家负责”的赤胆忠心，用智慧和汗水托举起中国的大飞机事业。

回顾大运的设计定型试飞历程，副总设计师兼试飞总师霍建武总结说：

运20飞机是国内军用运输机考核架次最多、科目最完整的型号。试飞工作围绕平台包线考核、环境适应性、适航安全性、任务能力验证四个方面展开，在很多方面都取得了突破。

首先是大型军机风险科目试飞能力实现自主可控。利用国内外资源，遴选优秀试飞员完成大运试飞员适航和复杂风险科目培训，试飞员队伍已具备独立承担大型飞机试飞任务的能力。到目前为止，所有试飞科目包括失速、故障模拟、重装空投等高风险复杂科目都是试飞团队独立自主完成，试飞能力实现自主可控。

飞行试验测试和改装能力再上台阶。面向大运飞机试飞测试需求，自主完成综合网络化测试系统设计、集成与验证，突破网络管理、协同采集与分发等七项核心技术；搭建具有自主知识产权的新一代网络化通用机载测试系统体系架构，单机测试能力从5000个参数提升至18000个参数，为海量试飞数据获取提供了能力支撑。

完成多型它机领先试飞，提升了自主创新性演示验证能力，加速了气象雷达、国产发动机、中心线加油平台等系统级产品的技术成熟和状态固化，缩短装备的定型试飞周期。

同时，还进行了故障模拟试飞，还有全部风险科目试飞。

大运飞机故障模拟试飞是大运飞机所有试飞科目中试飞难度最大、风险最高的试飞科目，但为了保证飞机故障后的安全性、满足部队使用需求，在试飞阶段释放使用风险，在进行充分的论证和技术准备后，大运试飞最终决定开展故障模拟试飞。

运20试飞中很好地完成了风险性最大的试验科目，验证了大运飞机终极备份模态下的安全运行能力。这是大运飞机试飞的又一突破，创造了中国乃至世界电传飞机机械备份试飞的第一次。

值得一提的还有飞机重心自动调节系统。

根据国军标和适航标准对运输类飞机飞行性能和飞行品质

等试飞科目的实施条件要求，需要飞机在使用重心前、后极限位置开展飞行试验。飞机在飞行过程中重心随燃油消耗等因素的变化而变化，除部分民航客机能够通过调节燃油分布实现重心的小范围主动调节外，大部分运输类飞机的使用重心均按特定规律发生变化，无法进行主动调节并保持在特定范围内。根据重量平衡原理，必须在飞机上加装专用的重心自动调节系统，通过调节系统内质量在飞机前后的分布，抵消飞机飞行过程中自身重心变化，才能让飞机重心保持在前、后极限位置内。

试飞院为大运飞机研制了两套重心自动调节系统，分别安装在两架飞机上。该系统能够在飞机任何重量下自动调节重心，在飞行过程中将飞机重心始终保持在前极限或后极限位置内，保证了飞行安全。

通过大运飞机的可靠性、维修性、测试性、安全性和综合保障性等“五性”评估工作，使飞机的“五性”水平有了大幅的提高，为提升飞机的使用效能，装备部队后尽快形成战斗力提供了保障。同时，通过技术攻关和大量创新技术的应用，使得国内“五性”评估技术取得了较大的进步，形成了一系列标准、专利和成果，缩小了与国外在试飞阶段“五性”评估方案设计、试验评估等相关领域的技术差距，使国内试飞阶段“五性”评估技术得到了跨越式发展，为后续型号“五性”评估工作开展提供了经验。

在大运的试飞过程中，扎实落实和推进试验鉴定体系新要求。试飞理念上，由“指标符合性验证”向“探边摸底+使用能力验证”转变，尽管规划的试飞项目难度高、风险大，但通过实践，考验了试飞团队的试飞设计、工程实践和安全保障能力。

首先，全部摸清了飞机平台安全性，通过试飞证明运20具备全包线正常使用能力。具体项目有失速、空中与地面最小操纵速度、颤振、载荷等探底扩边科目试飞；飞行性能、飞行品质等科目指标考核试飞；航电、飞控、环控等系统的功能性能验证试飞；完成机械备份、飞控故障模拟等安全性考核试飞。

组织实施多地转场试飞，环境适应性得到全疆域验证。在拉林和海拉尔开展了全机高寒试验和试飞；在长沙和阎良开展了高温环境试飞；在鼎新开展了大侧风试飞；先后赴丽江、香格里拉和稻城亚丁机场开展了高原试验试飞；在阎良完成了溅水试验、雨天、自然结冰及夜航试飞，其中首次在阎良成功完成自然结冰试飞，开创了在阎良本场开展自然结冰试飞的先例。

空运空投空降能力得到充分验证，为部队试验提供支撑。空运完成军用集装箱、方舱、军用货盘等集装运输试飞，坦克等履带式装备运输试飞，完成多型直升机运输试飞，武装士兵全员运输试飞；空降完成全包线验证试飞，全员武装伞兵空降试飞；空投完成现有投具全包线考核试飞，包括重装平原及高原空投、小件连投和中件空投等科目试飞。

关注部队反馈问题的攻关验证，做好科研与部队试用有序衔接。加强与接机部队的对接交流，完成两个接机部队机组带飞带教；对部队反馈的有关问题，完成攻关验证试飞，对装备快速形成战斗力起到了积极作用。

实践再一次告诉我们，一种新型飞机，只有在这里经过严格的试飞考验，才能真正成为具有灵魂的“鲲鹏”。运20三年发图，五年首飞，九年交付，创造了世界同类飞机研制交付的新纪录。2019年10月1日，庆祝新中国成立70周年的阅兵式上，运20三机编队米秒不差飞过天安门广场上空，接受祖国和人民检阅。至此。歼20、运20、直20作为“20家族”的成员，终于正式齐聚一堂。

“不叹长空无天马，鲲鹏舞翅掀风云。”令阎良飞机城人们感到欣慰的是，2020年春节期间，在抗击新冠肺炎“战疫”中，多架运20从不同地区向湖北运送医务人员和医疗物资；此后还飞往巴基斯坦等国家，送去中国人民的援助物品，发挥出大型运输机的巨大作用，令世界刮目相看。运20总设计师、中国工程院院士唐长红的老家陕西省蓝田县，在其官方媒体上对此更是大加称赞。2020年9月21日，俄罗斯“高加索-2020”战略演习，我国参演人员、装备全部依托运20实施点对点远程空中投送。2020年9月27日，运20空军01号机从韩国接运志愿军烈士遗骸回国。“鲲鹏”有灵，承载着试飞人、航空人和全国人民的爱心和敬意……

●直升机

是以旋翼为升力源而又以独特的悬停飞行机动而区别于固定翼飞机。直升机技术要比固定翼飞机复杂很多，这也是直升机出现晚于普通飞机的原因。到目前为止，我国研制的直升机绝大多数为军用直升机，个别直升机为军民两用型。

直20，给陆军插上翅膀

试飞院成立后，先后进行了直5系列、直6、直8系列、直9系列、直11系列、直10等直升机的型号试飞，为传统的陆军部队建设新型的兵种——陆军航空兵（简称“陆航”）做出了卓越的贡献。尤其是绰号“入云龙”的直20直升机成功试飞，使我军空中突击能力极大提高，能在各种复杂气象条件下执行多样化任务，并具有高原、高寒和全域、全时工作能力，从而真正为中国陆军插上铁的翅膀。

直20直升机是中国21世纪第一型旋翼系统、传动系统、动力系统“三大动部件”都是国内自主研制、全新设计的直升机，并且是国内首次采用电传飞控系统、防除冰系统等先进设备的直升机。试飞院时任院长刘选民亲自担任试飞现场总指挥，总工程师郭平凡担任副总指挥，秦超敏担任试飞现场办公室主任，黄陈生担任试飞总师。

在艰巨的设计定型试飞征程中，院党委将思想政治工作做到试飞第一线，党委书记葛和平将鲜艳的“党员先锋队”旗帜授予试飞团队，勉励大家知难而进，打赢直20定型试飞的攻坚战役!

在五年时间里五架直20科研样机先后奔赴13地开展高原、高寒、高湿、自然结冰等试飞科目，北至漠河，南至三亚，东到南京，西到甘巴拉，基本覆盖了中国全疆域，充分考核验证了该型直升机在中国环境的适应性试飞情况。

直20直升机是中国目前技术水平最高，试飞考核项目最全，试飞架次最多的一型直升机，直20直升机设计定型试飞工作的完成，展示了中国在直升机试飞管理、安全控制、试飞技术、对规范的理解等各个方面都有着较高的水平。同时直20直升机型号试飞工作也锻炼了试飞队伍，不论是在管理层面还是在试飞技术层面，直20直升机试飞工作都为中国的直升机人留下了宝贵的经验。

谈到直20直升机设计定型试飞的特点，试飞总师黄陈生介绍说:

直20是国内直升机首次采用电传飞控系统，试飞安全和充分验证的试飞技术成为难点。科研样机首飞后试飞院率先用其开展电传飞控系统的调参试飞，摸清了电传飞控的控制规律，掌握了电传飞控操纵的特点，为后续直20进一步包线扩展试飞提供了支持。

○在五年时间内五架直20科研样机先后奔赴13地开展高原、高寒、高湿等试飞科目。试飞总师黄陈生表示，挑战高难度、高风险是试飞人特有的风采。

○直 20 直升机是中国 21 世纪第一型旋翼系统、传动系统、动力系统“三大动部件”都是国内自主研制、全新设计的直升机，并且是国内首次采用电传飞控系统、防除冰系统等先进设备的直升机。

高原、高寒、高温、中雨、中雪、夜间、低能见度以及起伏地形等复杂气象和地理环境条件的试飞，各项科目的圆满完成，保证了直 20 的研制成功，批量生产交付部队，不仅给陆军插上了穿云破雾、搏风击雨的钢铁翅膀，而且已陆续改型了好多个不同的型号。

全新研制的“三大动部件”带来不确定的动力学问题，包线扩展、振动和动力学稳定性验证试飞技术成为难点。试飞院采取循序渐进原则、由易到难的试飞科目安排，在递进的试飞小时积累中总结经验，不断扩展包线。

直升机自然结冰试飞在国内属首次，未知安全因素多。试飞院为了抓住自然结冰气象窗口，制定一整套详尽规避风险的试飞方法，确保了自然结冰试飞任务的圆满成功。

高原、高寒、高温、中雨、中雪、夜间、低能见度以及起伏地形等复杂气象和地理环境条件的试飞，是军方新试验鉴定体系的要求，也同样是直20直升机设计定型试飞的重点和难点。尤其4500米以上高原的试飞，试飞组织难度较大，为我国国内最高海拔高度的试飞。

新型飞机和与其配套的发动机同步进行科研试飞无疑加大了难度和风险性。

直20直升机设计定型“五性”（可靠性、维修性、测试性、安全性、综合保障性）评估中，发现和解决故障300余项，项目团队对直升机的故障分布情况、可靠性发展趋势、严重故障情况和多发故障情况进行了全面、详细地统计和分析，并和设计单位对每一条故障的发生时机和产生原因都进行了反复的讨论和追寻，有针对性地给出了每一条故障的设计改进建议，并对其进行持续跟踪评估，使直20直升机可靠性水平通过飞行试验得到了极大的提升。

为满足部队实战的需求，试飞设计转变了传统的理念，以贴近实战的试飞设计作为直20试飞考核的重点和难点。

2018年9月28日，陆军副司令员彭勃到试飞院检查指导工作，听取直20型号试飞工作进展汇报，并乘坐直20直升机体验飞行。彭勃副司令对定型试飞工作取得的成绩表示了肯定，对该直升机良好的飞行性能表示满意。

2015年，直20试飞进入决战阶段。夏末秋初的西北，长河落日圆，秋来风景异。一支由试飞院课题、空勤、测试、机务、场务以及后勤保障人员组成的型号试飞团队，踏上了“追梦蓝天，挑战极限”的试飞征程。鉴于此次外场高原试飞高海拔、高风险的特殊性，试飞现场指挥部决定在三地、分三个阶段、三个战场，循序渐进，由简入难，先低后高，逐步推进任务。

无论从技术难度、风险程度还是时间进度上来讲，这次任务都是一次对极限的挑战。海拔高度近5000米，这是试飞院有史以来科研试飞的最高海拔高度。9月份，高原气候已经开始变凉，风大多雨，气候变幻不定；试飞任务跨越四省，仅地面转场就有5000多千米；试飞任务必须在一个月内完成。这支试飞队能否完成任务？一个月内能抢抓到几个可飞天气？新机在高原上的状态如何？参试队员们能适应高原反应吗？一系列困难硬生生地摆在试飞队面前……

9月5日，青藏高原某机场，全体参试人员各就各位，经过严密计划和充分准备，6日、7日，早就被试飞队盯准的连续两天的好天气如期而至。空域协调、飞行组织、后勤保障，各路人马紧密配合，“大战”拉开帷幕。9月6日凌晨4点，起床、开饭、进场、准备，急促而有序；黎明时分，发动机开始轰鸣，7点30分，准时起飞！

○任凭气候骤变，试飞热情不减。

第一站高原试飞，很多人高原反应明显：头痛、胸闷、恶心、想吐、四肢无力、睡不好觉、没有食欲。试飞员尹建峰腮帮子肿胀，嗓子发炎，吃不下饭，说不出话，航医建议他吃点药休息两天。他却忍着疼痛艰难地说：“没有关系，我可以喝稀饭保持体力，肯定能坚持下来。”经过五天的艰苦奋战，第一阶段海拔高度上的试飞任务圆满完成。

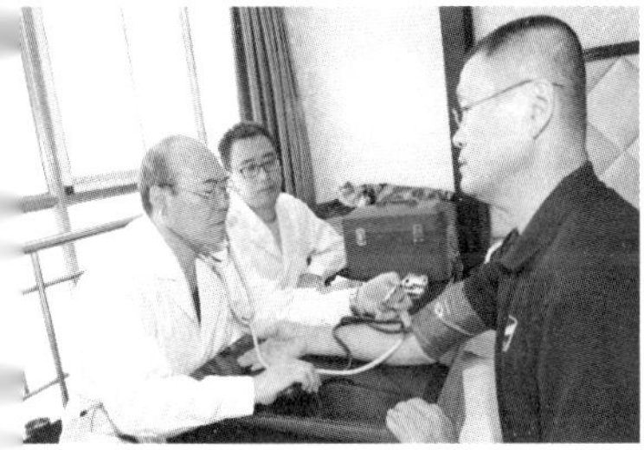

○在青藏高原试飞，随队医生为跟飞人员做体检。

首战告捷后，为了抢夺可飞天气，试飞队当天就进行地面转场。直升机被“大卸八块”，进行数百千米的地面转场，然后重新组装恢复飞行。机务人员、地面运输人员克服种种困难，于13日晚顺利转场到位，并做好了飞行前的各项准备工作。

9月14日，试飞队依旧凌晨4点起床，寂静的机场变得紧张而忙碌。驾驶舱内，试飞员严格精心地执行飞行动作；塔台指挥员紧紧盯住空中目标，及时给予正确指令；监控车方舱里科研人员及时监测数据变化，技术上给予试飞员有力支援；地面各类保障人员，在暴烈的阳光下忙碌着，没有一个人退缩。

○直升机自然结冰试飞在国内属首次，试飞人“追梦蓝天，挑战极限”，高原试飞再次证明，高海拔挡不住试飞人航空报国的坚定步伐，而技术上的攻坚克难，更是创造出了直升机试飞的奇迹。

事有凑巧，前一站塔台高度16米，电梯故障；这一站塔台高度32米，又是电梯故障。怎么办？“爬！”一个飞行日，指挥团队爬塔台往返七八趟，连长期坚持每天锻炼的指挥员汤连刚都感觉高原反应明显。航管员谢刚开玩笑说：“咱们爬一层休息三分钟，边爬边看手机，可以分散疲劳。”还别说，效果明显。只是30来米的塔台，一趟下来需要20分钟。

七天后，战斗结束，大家才发现满山遍野绽放着格桑花，这不正是秋收的喜悦、胜利后的生动写照吗？

上下齐心，通力协作，使得前两个阶段的试飞任务完成得行云流水、一气呵成，为后续任务赢得了宝贵时间。接下来队员们面对的将是海拔4000多米的试验场。而随着前两站海拔高度的不断攀升，队伍中出现高原反应的人不断增多。试飞队一方面购买药物，另一方面要求队医对参试人员的血压、血氧含量进行检测，还准备了便携氧气瓶、氧气袋，以备不时之需。

第三站驻地选在了海拔较低的地方，这样工作之余大家能得到更好的休息。但每天进场就要麻烦些，早上5点多就得起床，6点准时上车出发，行车三小时方能到达机场；飞行结束后再坐三小时车才能回到宾馆。早上天不亮就进场，车辆沿着弯曲的道路前行，车窗外一片漆黑，什么也看不到，只能听见车内沉重的呼吸声；高原上七点半天光放亮，车队默默穿行在山路上，两边是一望无际的荒漠戈壁。汽车一直在爬坡，海拔不断升高，车内的人可以感受到明显的耳压。寒冷，即使在开着热风的车内也明显感觉得到。

机场海拔近5000米，设施简单，一个机库和一条跑道，四周是落满积雪的山丘。保障车上，水桶里的水已经冻成了冰块。高寒、缺氧，没有人愿意说话。行动缓慢，寒风吹过，大家把自己裹得严严实实。但飞行任务一开始，所有参试人员瞬间就恢复了常态，冲锋在前的依然是机务人员，推飞机，搬配重，忙作一团，这里的海拔高度在他们看来不过是个数字而已。高原试飞对于课题人员也是一次技术上的挑战，他们必须用刚刚获得的数据，推算出下一个飞行架次需要的合理起飞重量。狭小的方舱车内更易缺氧，他们强忍着胸闷、头痛，一边吸氧一边工作。执行试飞任务的机组人员尹建峰、高文权、王鹤，一方面要做大量的准备工作，另一方面，该机试飞风险大，试飞员要从技术角度做出预判，尽可能地规避风险，安全完成试飞科目。在大家的紧密配合和共同努力下，第三阶段海拔高度上的科研试飞任务终于安全顺利地按节点圆满完成。

兼任直升机总体与配套发动机试飞总师的黄陈生研究员十分自豪地说："高原试飞再次证明，高海拔挡不住试飞人航空报国的坚定步伐，而技术上的攻坚克难，更是创造出了直升机试飞的奇迹。"

为了保证某型直升机的早日定型装备陆航部队，还在该直升机开始研制时，为其配套的发动机就同步进行研制。为此，专门从国外引进了“黑鹰”直升机，改为发动机的试验平台，预先试飞配套发动机。

要将“黑鹰”改装为涡轮轴发动机的试飞平台，却没有任何可借鉴的资料，甚至连“黑鹰”直升机内部线路的图纸都没有，其技术难度可想而知。

在总师黄陈生的带领下，科研人员从“蛛丝马迹”里寻找线索，硬是凭借着试飞人永不服输的精神和丰富的经验，对燃油、滑油、环控、操纵、进排气和控制、显示等所有系统全部重新试验摸底，弄清它们复杂的交联关系，从图纸设计、零部件加工到系统安装调试，全由试飞人自己干。

黄陈生说，仅技术准备，从吃透细节到具体每条电线的连接就用了整整一年时间。但是，磨刀不误砍柴工，正式动手干起来，只用了三个月就完成了实际改装工作，又做了大量的地面试验，开车20多次，完善了所有细节，最后飞起来很顺利。待到该型直升机进入试飞时，为其配装的发动机主要性能及可靠性等项目都已验证过了。在其正式配装到直升机后，已累计飞行11000多小时，不仅将发动机定型时间提前了一年，而且连“首次翻修使用期”指标都考核了。特别是为保证新机服役后能适应各种恶劣环境作战，试飞团队曾连续三年去西藏、三亚、漠河、海拉尔等地，进行高原、高寒、湿热、盐雾等科目的严酷考验。上级机关和陆航部队都很满意，他们说：“该型直升机赴汤蹈火，千锤百炼，我们心里很踏实！”

直20的研制成功，批量生产交付部队，不仅给陆军插上了穿云破雾、搏风击雨的钢铁翅膀，而且已陆续改型了好多个不同的型号。

谈及直升机的研制试飞历程，不只是陆军航空兵，还有空军和海军航空兵，都对几代试飞人做出的贡献给予高度评价。

老家在河南兰考的杨松山，中学时代就耳闻目睹着焦裕禄

○杨松山总师（中）在现场与试飞员随时开展讨论。他以非凡的业绩在直升机学术界赢得了技术权威的赞誉，是荣获陕西省劳模称号的第一位试飞人。

的感人事迹，立志报效祖国。品学兼优的他考入西北工业大学直升机专业不久，听说为了祖国的第一种直升机的木质旋翼材料，技术人员和林业人员找遍了东北原始森林，后来又在四川找，两位林业人员还为此献出了生命。他十分感动，暗下决心，一定要为新中国的直升机事业做出贡献。事随人愿，报国有门。他被分配到试飞院，从事直升机的研制试飞工作。他性格温和而又倔强，是个典型的学习创新狂，工作拼命狂。他以非凡的业绩在直升机学术界赢得了技术权威的赞誉，是荣获陕西省劳模称号的第一位试飞人。他数十年如一日，呕心沥血，将整个生命都奉献给祖国的直升机事业。

据杨松山的女婿、试飞院工学院雷建鸣院长介绍，杨总的一生都在与时俱进，就像他从事的直升机试飞一样，不断追求新目标，努力攀登新高度。比如，编软件这种80后大学生擅长的工作，他通过自学充电，为直升机试飞研制编写了一系列应用软件，有些数学模型也是他亲自推导的，既简便又实用，深受工程师们的欢迎。在他担任了直升机研究室的副主任、主任，晋升为研究员，主持直8、直10、直11等多个重点型号研制直至担任试飞总师期间，都没有影响他的学术研究，总是有一篇又一篇论文在航空期刊陆续发表，共计120多篇；出版直升机专著四大卷，200多万字；编写直升机各种规范标准四册，数十万字；他的专著成为不少大学的教材，他成了中国航空直升机界为数不多的德高望重的专家型人才，被国防科工委聘请为直升机专家组理事。

直11是我国第一个既要遵循国家军用标准又要贯彻民机适航要求的新型直升机。他担任试飞总师，带领课题组，与首席试飞员杨百兴为主的空勤组一起，出色地完成了任务，连创了直升机试飞技术的八项第一。他们在国内首次进行了自转着陆试验；成功地解决了直升机自转着陆回避区试验确定问题；首次测量了直升机自动倾斜器动环振动水平；成功地进行了自动

○试飞总师齐重阳（右二）在科研现场。

倾斜器小拉杆应变测量，解决了小应变条件下的测试技术难题；首次定量测量了旋翼刹车力矩和主减速器的传动效率；成功地研制了旋翼应变测量系统，解决了直升机旋翼体应力测量问题，一次又一次填补了国内空白。

在定型试飞期间，他在诸多技术领域获得了重大突破：研制了座舱参数显示器，并成功地在试飞中得到应用；研制了直升机旋翼挥舞角和摆振角的测量系统；解决了旋翼大应变工作条件下的测量难题；解决了自转、发动机空中停车和尾桨失效风险情况下的试飞技术……从而将我国直升机试飞技术提高到一个新的阶段。

杨松山是直升机试飞专业的掌舵人，在完成一个又一个新型号研制试飞的过程中，精心培养了一批又一批优秀的接班人。张虹秋、齐重阳、秦超敏、张西、朱宇、贾新哲、秦平、童文华等等，都已走上了技术或管理领导岗位，成为致力于中国直升机事业的精英人才。试飞员学院副院长尹建峰等人是杨总带出来的研究生，也是我国第一批硕士学位试飞员，他们既懂理论又重实践，被业界称为直升机试飞的骨干专家。

雷建鸣含着眼泪说：

2009年春节前夕，患病20多年却一直忘我工作的杨总病情加重，医生硬是劝他住进医院。本来早在前多年就该退休了，但他认为酷爱的直升机事业比生命重要，所以甘心情愿“超期服役”，直到糖尿病并发眼疾几乎失明，实在无法上班才将工作交给徒弟张虹秋副总师，而他总是忍着病痛，尽力坚持时常去试飞现场，帮助处理一些技术难题。直到67岁那年，病情急剧恶化，即使到了弥留状态，处于昏迷之中了，他躺在病床上仍然用十分微弱的声音喊着：起飞，悬停，爬升……

在杨松山、乔金堂、张虹秋、齐重阳、黄陈生等试飞梯队的不懈努力下，功能不同用途各异的国产直升机已系列化地向前发展，通用运输型直升机，搜索营救直升机，舰载救护直升机，反舰反潜直升机，战术侦察直升机，多用途攻击型武装直升机……每一个型号，都凝聚着试飞人的心血。

研制一种新飞机不容易，而发动机的研制难度更大。为直10配套设计的某型发动机，是我国第一型具备完全自主知识产权的涡轮轴发动机，采用双余度全电子控制，完全改变了以前所有发动机的传统机械式操纵。本来直10研制初期是引进了某外国的发动机，但在关键时候，一贯奉行霸权主义的美国却强求该国终止合同，不再卖给中国发动机。由于该型发动机在技

○直10的新成品、新技术占80%以上，其试飞难度可想而知。困难重重，难不倒试飞人的智慧。各种武器逐项发射，项项成功。

术上跨度很大，试制装机后问题较多，有些起动位置起动不起来，甚至在地面试车时出现了共振，产生了后机身断裂的严重后果。试飞总师黄陈生、发动机课题主管姜健与试飞员牛永红、高文权一起，帮助研制厂、所分析原因，制定了改进措施，才使得涡轴9发动机逐步进入定型试飞状态。该型号科研试飞团队全体人员齐心协力，顽强拼搏，仅在一年多时间内，就进行了加减速、性能特性、空中起动、数控系统功能鉴定等十多项科目近百个架次的试飞，圆满完成了试飞大纲规定的全部设计定型试飞内容。而后，课题组在一周的时间内完成了全部课题的技术报告和定型试飞总结报告，并顺利通过了设计定型试飞预审查。

直10作为当时我陆航部队的主战装备直升机，有了自主研制的高性能发动机。试飞人，又一次用自己的实力，回击了美国的霸权主义。

直10的试飞过程，更加显示出试飞院的直升机团队在该领域的绝对优势。

2003年4月，直10在江西研制单位首飞成功，但一年时间只飞了4个多小时，很不顺利。上级决定：必须由试飞院介入。时任院总工程师刘选民、副总师杨松山、科技部部长郭平凡率科研人员及试飞员杨百兴、牛永红、尹建峰迅速赶到现场，仅短短一个月就飞了30多个小时，引起极大轰动："试飞院真是太厉害了！"在一次故障分析会上，尹建峰从故障现象、发生原因到相关原理、建议采取的措施等等方面，讲得头头是道。与会人员无不佩服：真不愧是硕士试飞员！

按照上级要求，2004年内，必须在江西将直10调整到位后转场到阎良，进行国家级的设计定型试飞。但是快到年底了，飞机的环控系统还是未能达到正常状态。就是说随着飞行高度的改变，座舱温度难以调整，这样在高空气温很低时，飞行员只能忍耐着极端的寒冷驾驶飞机。

12月31日早上8点30分，在景德镇的吕蒙机场，走在前面的试飞员杨百兴已经登上飞机，直10的副总设计师眼里含着深情的泪水，拉住试飞员尹建峰的手恳切地说：“这架飞机，从来没有飞过这么高，这么远，没经受过这么冷的天……”他哽咽着就像送亲生女儿出嫁似的说，“你们一定要善待她。”

“请放心，我们一定会把直10飞出来！”尹建峰的口气，流露着试飞人的担当与自信。

当飞机不停地爬高时，驾驶室温度急剧下降。直到飞抵武汉，一路上都在零下十几摄氏度。在汉口落地加油后再起飞，向着大西北挺进，座舱温度一直在零下20摄氏度，试飞员尽管穿着棉飞行服，还是被冻得难以忍受。空中飞行长达7小时49分1200千米的航程，试飞员依靠意志与毅力抵御着寒冷，集中精力坚持飞行。

飞机过了秦岭，他们俯视大地，看到了白茫茫一片大雪覆盖着的关中平原如此壮美，心情无比激动。17时08分，只差5分钟，2004年的最后一轮太阳就要落地时，在人工清扫出的一条跑道上，直10平安着陆。

所有人员长途辗转回到阎良，元旦只休息了两天，就又投入了紧锣密鼓的试飞准备工作中。他们首先将直升机后舱的座椅拆掉,装上高精度的惯性导航设备,只由一个飞行员执行任务。杨百兴与尹建峰二人轮换着上飞机，正式开启了大强度的试飞科目。

直10武器系统靶试任务飞得很辛苦：每天，他们都是一大早从阎良飞往华阴打靶基地，降落在一个小小的水泥坪台上，然后由科研、机务人员装弹放飞，空中发射、测试数据，每天在此连续试飞五六个起落，晚上再飞回阎良。第二天接着进行，周而复始。就这样紧紧张张地折腾了五年后，他们又转向大荔靶场进行新的试飞科目。航炮、火箭、空对空导弹、空对地导弹等各种武器全部做了实弹发射试验。

飞机是新研的，武器火控系统是新研的，导弹也是新研的，要同时联试，全部压力都在试飞人的身上。直10的新成品、新技术占80%以上，其试飞难度可想而知。困难重重，难不倒试飞人的智慧。各种武器逐项发射，项项成功，特别是一机挂载两枚导弹同时击中两个不同目标的试飞也顺利完成。

后来，因发动机配套原因，对直10做了减重优化改型，几乎等于另外设计了一架全新的飞机。尽管如此，试飞院只用了一年多时间，就完成了试飞重任，保证了新直10的定型投产和大量装备部队，成为陆军的一个铁拳头。

●航空武器系统飞行试验

通过机上地面试验和空中飞行试验对航空火力控制、武器投放（发射）装置、武器及地面配套保障设备进行测试、验证和评估的活动，是航空武器系统研制过程中设计鉴定/定型的主要环节，也是航空武器系统概念探索、原理验证和新技术验证试验的重要方式。

直19直升机在研制单位试飞不久就意外发生了机毁人亡的不幸事故，有关部门下令转入试飞院。经地面运输到阎良后，试飞院又是只用了不到一年的时间就圆满完成了全部试飞科目，达到设计定型。在短短几年里，这种直升机已有数百架在陆航等部队列装服役。守护着国家的安宁，维护着美好的时代。

无人机，不同寻常的试飞

2014年9月，新疆马兰。这个鲜为人知的戈壁小镇，五十年前曾经爆响了一颗被后世称为“中国神火”的沸腾的蘑菇云，这个成为新中国脊梁的地方，又一次因为一支同样怀揣强国梦想的年轻队伍的到来而沸腾起来……

时任试飞院副总工程师的王启，作为现场总指挥总揽全局，带领试飞院马兰无人机试飞队展开工作；

在科技部副部长乔建军的带领下，开展建章立制工作；

试飞队米宁队长不辞辛苦，提前多次往返协调，后勤保障工作稳定有序；

试飞副总师屈斌、无人机研究室主任安然和副主任王锋带领技术骨干吴欣龙、孙健和尹文强，用不到一周的时间完成了试飞航线初步规划和空域申请工作。

作为试飞院的第一批无人机操作员，首飞重任压在这个平均年龄不足30岁的年轻队伍的肩上。熟悉空域条件、研究技术资料、梳理试飞指挥流程、开展实习演练、编写技术文件……各项工作必须一丝不苟，容不得半点差错；课题主管、任务规划员、任务指挥员……他们每个人都一人多岗，身兼多职；由于系统运抵试飞现场后，还有许多系统试验需要完成，他们在地面站的工作通常都是在晚上进行，每天工作15个小时以上成

○ 2014年9月，新疆马兰。这个鲜为人知的戈壁小镇，五十年前曾经爆响了一颗被后世称为“中国神火”的沸腾的蘑菇云，这个成为新中国脊梁的地方，又一次因为一支同样怀揣强国梦想的年轻队伍的到来而沸腾起来……

●无人机飞行试验

按照无人机系统的组成、功能和使用要求进行的飞行试验，目的在于使系统发展成熟，检验系统的适航性，验证设计的符合性，鉴定系统的使用和适用性。

了常态。

2014年10月13日，该试飞团队迎来了组建以来的第一次大考——

"全机上电"，"惯导对准"，"发动机开车"，"放飞"！

随着各项指令依次发出，某大型无人机快速滑行，腾空而起，按照规划航线，爬升进入任务高度，预定的试飞科目立即开始……

完成各项任务动作后，顺利返航，所有系统工作全部正常。

年轻一代试飞人，用完美的工作表现赢得了行业内各级领导和科研技术人员的高度评价 。

当今世界，各类用途的无人驾驶飞机五花八门，令人眼花缭乱。但是，这支从飞机城阎良来到马兰基地的团队，他们试飞的却不是一般民用、商用或表演的小型无人驾驶飞行器，而是具有侦察与攻击能力一体化的大型军用无人机。他们肩负的是强国、强军的伟大使命。他们用聪明才智和拼搏精神，在这一领域奉献着自己的青春。

其实，不同寻常的无人机试飞在试飞院也是传统科研项目。早在1962年试飞院就开始进行模型自由飞试验了，至2005年已完成了"模型机飞行演示验证系统"研制和飞行演示，模型机飞行演示验证系统，实际上就是一个无人机系统。为了更好地开展大中型无人机的试飞规范研究和型号试飞鉴定，试飞院组建了以赵永杰为试飞总师的无人机试飞办公室，并开展了无人机试飞研究工作。完成了"十一五"预先研究课题"无人驾驶飞行器试飞验证技术研究"。

试飞院以IFSTA变稳机为平台，建设了"人在回路"的无人驾驶平台系统。通过无人驾驶平台系统、地面任务站系统、测控链路系统、电视前视系统等无人机关键系统的研制和无人机远程操纵技术、无人机遥控链路人机界面等研究，掌握了地面任务控制站设计、无线电数据链路管理、飞行情景遥视、多

○庆祝某型无人机试飞取得阶段性胜利。

○试飞总师乔建军（中）精心部署试飞工作。

模态飞行控制管理、时间延迟补偿、自动油门管理与控制等核心技术。通过该课题研究使试飞院具备了通过有人驾驶飞机研究和演示验证无人机的关键技术的能力，为无人机试飞，特别是高端无人机试飞，打下了坚实基础。

2015年6月2日，和往常一样，新疆马兰晴空万里，微风徐徐。经过闭环验证、任务协调、开车检查等一系列精细准备工作后，一架新型无人机腾空而起，翱翔于蓝天。该架次执行某一侦察任务，飞行指挥员为郭连功，代号1号；飞行试验指挥员为屈斌，代号01；起降站任务指挥员为王锋，代号02；任务站指挥员为张宏刚，代号03；GDAS监控指挥员为姚尚宏，代号05，飞行员为雷强、张旭。进入任务阶段，地面任务站实时指挥与操控无人机，任务正常实施 。

飞行2小时8分钟时，飞行员突然直起腰，说：“不好！发动机停车。”任务指挥员03眼睛几乎同时转向飞行监控屏，确认状态后，立即报告1号与01，随即启动了空中停车应急预案。1号协调其他飞机进行避让，指挥机场做好应急接机准备，01要求无人机控制权交回地面起降站，起降站负责后续应急措施处置以及无人机降落，GDAS加强监控，实时报告状态，负责专业技术支持。进入应急预案程序后，03指挥无人机关闭任务系统电源，提示飞行员控制好飞行姿态，拿起对讲机与02进行了快速准确链路交接，05及时提示飞行员发动机空起条件、操纵要领以及注意事项……

各站指挥员紧张有序、有条不紊地指挥配合过后，等待无人机空起的几分钟内，指挥室内鸦雀无声，每位在岗人员都注视着监视荧屏，心中默默祈祷无人机发动机能够重新起动。

“无人机进入空起高度”，随着02的话音，大家紧握拳头，为无人机加油！“准备起动……起动”，02指令发出后，大家的心提到了嗓子眼，每个人都张大嘴，屏住呼吸，紧盯监视荧屏，仿佛时间停滞！

几秒钟后，02报告：“空起成功，飞机可控。”大家欢呼雀跃，

○年轻一代的试飞人，用完美的工作表现赢得了行业内各级领导和科研技术人员的高度评价。

相拥庆贺……

2015年11月14日，正在进行定型试飞的新型无人机再次发生空中意外停车，而且事故征候面临的风险更大，不可控因素更多。由于飞机处于发动机空滑漏斗的临界位置，出于飞机安全的考虑，无人机自主控制以最有利速度飞向本场，如果执行发动机空中起动程序，飞机必须进行俯冲增速，损失较多能量，一旦发动机空中起动不成功，无人机将面临无法返回本场的风险。但另一方面，无人机无动力返航仅进行过仿真模拟，未经过试飞考验，本身也存在着较大的风险。面对决策的两难境地，试飞技术小组严密监控无人机和发动机状态，及时提供技术细节信息，型号试飞总师系统科学判断、及时决策，试飞操作员小组执行得力，在多方的努力下，最终控制无人机安全返航。

无人机研制单位和使用部队一致认为，发动机意外空中停车和处置过程，既是对该型无人机发动机的空中起动功能、性能的进一步考核，充分验证了无人机发动机的空中起动能力，确保了无人机安全；也是一次完整的模拟战场环境的实习。在真实战场上，无人机远离本场，一旦遭遇发动机空中停车，试飞院这种正确的决策以及应急处置措施、流程就显得尤为重要。

试飞院航电所的杨晓萍介绍说，无人机试飞期间第一次参加军演的经历，带给我们一种与平常出差不同的新体验：

试飞院作为工业部门，与军方共同配合参加大型联合军演，我们的表现不仅关系到此次军演的成败，更关系到试飞院的荣誉。因此，参与此项任务的试飞人都绷紧了弦，在每一个环节上精益求精，丝毫不敢松懈和掉链子。凌晨1点，负责飞机维护保障的同事们就已经提前进场准备了，以确保任务开始时刻，飞机就能达到最佳状态。凌晨4点，负责飞行实施的队员们就已经开始一天的忙碌了。天公却不作美，似乎在故意考验和为难我们，在起飞时刻迎来了一场瓢泼大雨。飞机能否按时起飞？能否完成军方下达的任务？此次联合军演能否顺利完成？在困难面前，试飞人并没有气馁，积极寻求解决方案，团结一致拧成一股绳，最终飞机按时起飞，在电闪雷鸣间越飞越高……此次演习，试飞人不输于军人素质的出色表现，确保了此次联合军演的顺利完成，也获得了军方机关的一致好评。看着飞机的状态在自己手里越来越好，在军事演习中发挥着越来越重要的作用时，内心的荣誉感和自豪感是无可比拟的。

宝剑锋从磨砺出。

多年来，试飞院飞机所无人机室、测试所、航电所、机务和外场保障等部门有关人员组成了一支能战善战的团队，精诚合作保飞行，一丝不苟保安全，凭借过硬的本领，出色完成了从无人侦察机到攻击机，再到临近空间无人机等五型无人机的试飞鉴定任务。从西藏日喀则锋芒初露，到福建霞浦一战成名，再到2017决战朱日和，充分展现了试飞人攻坚克难、开拓进取、敬业奉献的精神风貌。

第九章

竭诚为民机

民机试飞是各种民用航空器取得国家适航许可证的必经之路。因此，试飞员和试飞工程师都是新型号飞机研制工程的参与者。

回顾中国民机发展史，每一页都是从探索开始。有阶段的成就，也有踌躇的停滞， 但却从不言弃。即便错失了参与全球民航业发展的良机，仍然从未失去追赶的决心与信心。

试飞人以大局为重，竭诚效力，助推民机产业从蹒跚起步到振翅欲飞的追赶。

运10，开启中国民机的喷气时代

20世纪初的1903年，人类的第一架飞机飞上了天空。当飞机还处在初创阶段，爆发了第一次世界大战，襁褓中的飞机就投入了战争。但随着第一次世界大战的结束，飞机又投入空中运输。美国的第一条空运航线建立在1926年，而中国的第一条空运航线建立在1929年，只比美国晚三年，在世纪的尺标上可以说是同期建立。

但是到了20世纪下半叶初期，美国的航空运输发展成为二次大战后美国经济起飞的两大因素之一。而中国的交通发展还主要依靠传统的公路、铁路。新中国成立后受国际环境的影响，中国航空工业的主要注意力还只能放在军用飞机上。

20世纪60年代，周恩来总理访问欧洲。当时中国没有自己的大型客机供周总理出访，周总理乘坐的是向国外租用的喷气式客机。外国报纸讥讽说：中国还没有进入喷气时代，中国是一只没有翅膀的鹰。

国家看到了发展先进旅客机的需要。1970年8月，政府正式下达研制大型喷气式旅客机的任务。研制的地点选在上海。这项任务，以下达任务的年月而命名为“708工程”，所设计的飞机型号则命名为运10。

试飞院的奠基人老院长熊焰受命来到上海，主持这项工程的设计工作。一种不懈的追求，成为他从东到西、从北到南奔波的动力，时代的使命感在驱使着他。他始终洋溢着指挥“风在吼、马在叫、黄河在咆哮……”的情怀。

熊焰在阎良工作十多年，亲手绘制了共和国航空试飞事业发展蓝图并阔步走上正轨之后，与西飞公司设计所副所长马凤山一起，告别了开阔美丽的关中平原，来到东海之滨拥挤的上海。这里虽然市面上商业繁华，但要在这里开展飞机设计事业，又是一切从零开始。在上海，他们住进了向卫生学校借用的集体宿舍的小房间。

上海原来没有大规模的航空工业，所有的只是一座空军修理工厂。熊焰再次面临创业的局面。于是从全国40多个单位调集人才在上海集中，开始了大型喷气式旅客机的设计，它的起飞重量超过中国曾设计过的机型10倍，是一个全新的领域。

也许后来坐进高级办公楼的白领会嘲笑运10的设计队伍，笑他们在食堂的长条饭桌上绘图，在大型木质包装箱里做计算，夏日的夜晚为防蚊虫叮咬而用报纸裹着穿短裤的腿继续挥汗设

○ 2008 年，中国商用飞机公司领导决定把停放在角落的运 10 飞机牵引到厂区，在绿地中央为其建立了一座纪念雕塑，正面镌刻着“永不放弃”四个大字。徐徐向上、熊熊燃烧的火焰造型，象征着航空人追逐大飞机的梦想永不停息。

○熊焰（左一）与马凤山（右二）等专家在上海。熊焰在组建上海民用飞机设计队伍和领导对运 10 的设计工作中，表现出高瞻远瞩的战略眼光和尊重人才、尊重科学的良好风范。

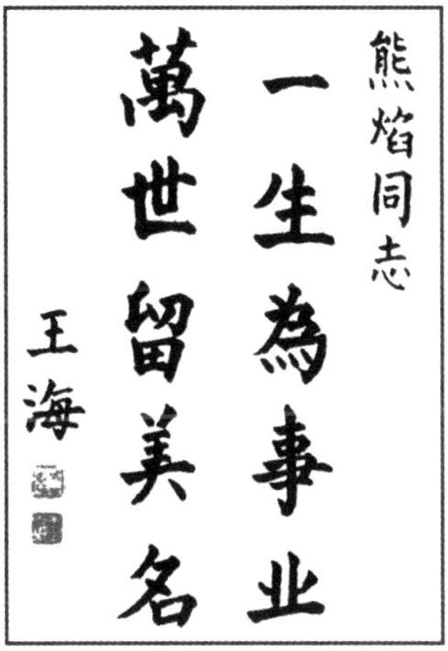

○中国人民解放军空军司令员王海题词。

计绘图。是的，运10的设计就是在这样困难的状态中开始迈步的。

曾任上海“708工程”副总设计师的程不时研究员，在《传记文学》杂志上对此做了详细介绍。

熊焰在组建上海民用飞机设计队伍和领导对运10的设计工作中，表现出高瞻远瞩的战略眼光和尊重人才、尊重科学的良好风范。

熊焰曾经努力向苏联学习。但是他与那些学过一点皮毛便打算受用一辈子的人不同，而是具有更宽阔的视野。由于熟悉苏联飞机技术体制的人很多，当时出现一种强大的压力，要按苏联发展民用飞机的道路走。运10的设计队伍认真研究过这种意见，并按这种意见做出了总体设计，进行过风洞试验，建造过全尺寸样机之后，发现苏联的设计规范远远落后于英美，其布局形式在技术上存在很大的缺陷，因而决定采用英美技术体制，采用先进的全机布局。这在中国航空工业发展史上是前所未有的大胆而有决定性的决策，得到熊焰坚定的支持。这个方案尽管受到意想不到的强烈反对，但经过全国专家会议评审通过，得到空军副司令员曹里怀的同意，最后得到国家领导人李先念和叶剑英元帅的批准。

在聚集的技术人员中，有来自高等航空学院的教师、长期从事飞机工程的设计人员，也有来自飞机工厂的人员。熊焰将有不同经历背景和技术素养的人员很好地联合在一起，取长补短，使设计队伍成为一支有着共同目标又极具战斗力的技术大军，向我国大型喷气式旅客机的重要领域开始了声势浩大的进军。他为协调多方面的矛盾付出了艰辛的努力，终于使这支队伍显现出空前活跃的学术风气，充满了对新技术领域锐意进取的精神。

这项工程得到全国200多个单位的大力支持和合作，不但使设计出的运10飞机获得技术上的成功，并且在一系列重大的学科领域和工程领域为我国航空设计事业创立了先例，取得了突破；许多单项的研究成果，获得各种国家级或部级成果奖。被历史文献《中国航空工业四十年》记载为“为我国大型飞机的设计奠定了良好基础” 。在这个过程中还培养了一大批研究员、高级工程师和教授。这支队伍由于具有踏实的实践经验和理论素养，取得了良好的业绩，在后来与欧、美、亚洲各国航空界的技术合作交流中，都得到对方由衷的尊重。

熊焰重视科学理论的掌握与开发，同时也极为重视工程经验的积累和借鉴。当运10的总体设计方案被批准之后，在中国当时还处于对外封闭状态的背景下，熊焰领导设计队伍大量收集英美航空技术资料，其数量和研究深入的程度，是以前我国设计飞机工作中从未达到过的。其时，西方某国一架大型飞机在新疆偶然坠落，熊焰亲自带领一批技术人员，穿过大戈壁前往新疆进行实地考察。这架飞机实物被设计队伍认为很有参考价值，有人提出超过设计阶段，直接“测绘”这架飞机，但熊焰却坚决反对，他认为借鉴和盲目跟随不是一回事。

这支队伍曾多次到试飞院参观学习，并邀请贺元章、齐连普等专家亲临上海传经送宝。运10在试飞前做过166项大型地面试验，这在我国设计飞机中是空前的，许多项目或者规模都是我国首创，充分反映了对科学规律的尊重。运10设计中对电子计算机的运用程度也达到了前所未有的广泛和深入，以至运10的全机破坏静力试验达到与预计的差别仅有0.2%（属正余量，偏安全），这种精度是史无前例的。说明结构设计和强度分析的能力以及采用了电子计算机的新方法都有了很高的水平。

曾任上海飞机制造厂飞行试验室主任、计算中心主任的谢甘弟回忆说：

熊焰根据从事航空事业几十年的经验，提出在飞机研制开始时就要同步考虑试飞。为此，早在1973年就从气动总体室抽调了技术骨干，进行试飞准备工作。经过多方努力从民航部门调来一架波音707飞机，组织技术人员对其进行摸底试飞。从以前采用苏联试飞规范改为美国试飞规范，先后进行了飞机性能、操纵品质、机载系统、电子设备系统等一系列试飞课题，取得了许多宝贵的数据，这些对运10的研制起到了很大的作用。

为了适应运10的试飞要求，从1975年开始就制订了筹建飞行实验室的计划：成立课题组、测试组、数据处理组、设备组、改装组，组建飞行中队。当时“四人帮”正在掀起反击右倾翻案风，一时间大字报铺天盖地，说这是“贪大崇洋”，是在上海搞“小八院”（八院，即试飞院的称号）。“四人帮”爪牙还组织御用文人写作影射攻击运10设计队伍的小说，演出《顶风飞》的话剧来批判所谓“反动技术路线”。但熊焰坚持真理，坚持科学，无所畏惧，不懈努力去实现既定计划……

1976年秋天，“四人帮”被粉碎了，套在知识分子头上的枷锁被打碎了，运10研制工程也迈出了新的步伐，特别是1978年全国科学大会胜利召开后，更是有了快速发展。熊焰从北京出席科学大会归来，信心倍增，豪情万丈，带领我们卓有成效地开展了一系列工作：在北京民航局的波音707飞行模拟器上进行了运10试飞方法的研究；对“临界发动机停车终止起飞”“发动机故障继续试飞”“带故障着陆”等很多危险试飞科目进行了试验；按照民用航空的适航规范编写了试飞大纲和飞行任务书。这些都为运10的正式投入试飞打下了坚实的基础。

1980年，运10终于试飞上天了。它宽阔明亮的机舱，可以乘坐180名旅客；它穿过层层云雾，跨过黄河长江，越过长白昆仑，曾经飞抵过北国的哈尔滨、华南的广州、西面的成都、西北的乌鲁木齐、西南的昆明等城市，并且七次飞越“世界屋脊”青藏高原，沿着过去被称为“空中禁区”的航线，飞过大雪山、唐古拉山的冰山雪峰，越过金沙江、澜沧江、雅鲁藏布江的滚滚波涛，飞抵拉萨机场，是20世纪内唯一飞抵西藏的我国自行设计的飞机。在世界之巅的喜马拉雅山麓，为20世纪中国航空人的奋斗，树立起一块高耸的丰碑。

运10的研制成功，使中国继欧、美、苏之后，登上了世界民用航空技术金字塔的顶端，成为掌握了大型喷气式旅客机研制能力的第四个国家。国外报刊上曾连篇累牍地予以报道，其中法新社在报道时还发表评论说：“从此，再不能视中国为一个技术落后的国家。”很多华侨报刊头版头条套红大字标题，为运10而欢呼。

令人遗憾的是，由于种种原因，运10工程中途停止。使中国民机工业的发展受到了重挫。

此后很长时间，在上海大场机场，仍停放着一架巨大的喷气式客机运10，依然显示出一种神威，使世界敬畏。来自美洲、欧洲和亚洲许多航空界代表，都来看过这架飞机。不论他们各自怀着什么心情，在面对这样一个实实在在的存在，了解了它在蓝天白云间所写下的这一段确凿无疑的历史，莫不感到震惊。

岁月沧桑，精神传承。到了21世纪的2008年，中国商用飞机公司领导决定把停放在角落的运10飞机牵引到厂区，在绿地中央，还为其建立了一座纪念雕塑，正面镌刻着“永不放弃”四个大字。徐徐向上、熊熊燃烧的火焰造型，象征着航空人追

○试飞院有一支承担多型号民机试飞任务的科研团队。

逐大飞机的梦想永不停息。

在这座纪念雕塑的见证下，新型的支线客机ARJ21和干线大客机C919设计出来了，并成功首飞。

后来，熊焰重返陕西，再次主政试飞院。在抓好军机鉴定、定型试飞的同时，竭诚关注着民用飞机的发展。针对民航使用的安-24飞机在38° 襟翼复飞时多次发生一等事故，先后造成121人遇难的不幸，他安排进行了运7失速速度试飞，为正在航线运营的运7飞机提供最小安全速度，为运7的大改型提供了依据，也为后来运8系列和运12系列飞机开展适航认证试飞探索了道路。直到离休，由王昂接任试飞院领导后，熊焰院长仍力所能及地参加全国飞行力学等专业的学术活动，他坚信具有中国特色的航空试飞大业必有跨越式的发展，坚信中国人研制的民用飞机，特别是大飞机一定会再次飞向蓝天，飞向世界！

熊焰，将自己的一生献给了祖国的航空事业，逝世后骨灰安放在北京八宝山革命公墓。他是搏击20世纪风云的雄鹰，从陕北到东北，从三秦大地到东海之滨，从大漠戈壁到雅鲁藏布江畔，熊熊燃烧的火焰曾经映照苍穹，航空报国的精神永远放射光芒！

敢叫“翔凤”舞九霄

2008年11月28日，历史终将记住这一天。

这是美名为“翔凤”的国产涡轮风扇喷气式支线客机ARJ21-700首飞的日子。

正午12时整，飞机进入首飞状态，编号为101。各类人员在上海大场机场指定位置就绪。12时23分，中国商用飞机公司时任董事长张庆伟下达了放飞命令。试飞员学院副院长赵鹏与试飞员陈明、赵生驾驶新机腾空而起。13时24分，101架机平稳降落，全场一片沸腾。首席试飞员赵鹏报告：飞机状态正常，试飞员操控感觉良好！

2009年7月15日，101架机经过两个多小时1300多千米的长途飞行，途经江苏、安徽、河南、陕西，于12时53分抵达阎良试飞院。随后一些日子，还有102、103、104等各架新机陆续转场过来，标志着该型客机全面进入试飞阶段。

●民机适航飞行试验

依照规定的程序，证实民用航空产品符合适航规章和环境保护要求的试验验证活动。通常指局方为颁发设计批准行政许可而开展型号合格审定飞行试验，也包括局方为生产批准行政许可和运行符合性评审而开展的飞行试验。

有志者，事竟成

ARJ21与军用飞机的鉴定定型试飞不同，它必须严格按照国际适航标准来完成取证试飞。

适航标准是用生命和鲜血换来的，是没有知识产权限制的商用飞机产业的宝贵知识，是我国商用飞机产业走向世界的重要知识源泉之一，也是商用飞机产业可持续发展的基石。

据新华社记者刘济美在《一个国家的起飞》一书中介绍：

在美国，运输业发生的重大事故由专门机构负责调查，这个机构是美国国家运输安全委员会（NTSB），NTSB事故调查报告正是美国联邦航空局（FAA）进行适航标准制定及修订的重要参考资料。

FAA适航标准的每次修订都有其安全性理由，且伴随着技术原因或者对惨痛教训的总结，是在民用航空工业技术发展的历史中凝结出来的、保证公众利益的最低安全要求。

1991年3月3日9时44分，联合航空公司一架波音737飞机（585号班机）在向科罗拉多州斯普林斯机场35号跑道"进近转弯"后不久，机体逐渐向右倾斜，且机头朝下几乎呈垂直状态坠毁，造成乘客与机组人员全部罹难的重大事故。

是否有给飞机带来危险的气象现象存在？飞机的飞控系统是否有故障？方向舵的主动控制器设计上是否有问题……NTSB对这些事故的调查长达21个月。

调查人员一开始认定机械故障是飞机坠毁的主要原因，由于飞机突然向右倾斜直至坠毁，因此，调查人员集中调查是否垂直尾翼的方向舵出了问题。调查人员取出方向舵内的液压器，可是，装置内没有曾经磨损的痕迹，装置内的润滑油也没有异样。

调查人员转而向天气因素进行研究，资料提示，飞机在航程中曾遭遇过不稳定的气流，而当天机场附近也有强烈的回转气流，可是，这些简单因素都被认为不足以导致如此严重的空难。随后，调查人员又将调查方向转向是否是人为错误导致的空难，他们分析了飞行记录仪，发觉机组都没有致命的错误。

因此，NTSB公布的第一份调查报告中只是表示：NTSB经过彻底的研究，无法找出决定性证据去证明联合航空585号班机失事的原因。报告中并没有给出最终的结论，这次空难事故成了当时航空业界的一桩悬案。

1994年9月8日，一架编号N513AU的全美航空公司波音737-3B7客机（427号班机），正准备在匹兹堡国际机场28R跑道着陆，当时天气晴朗。当这架飞机通过达美航空公司一架波音727客机留下的尾波紊流时，突然在距离跑道10千米处向左转，随即飞机失控开始向地面俯冲。机组人员对突如其来的失控手足无措，尽管他们尽了最大努力挽救飞机，最后飞机仍以近乎垂直的姿态，猛烈坠毁在比佛县的一处森林中，机上127名乘客

○ 2008 年 11 月 28 日，历史终将记住这一天。这是美名为“翔凤”的国产涡轮风扇喷气式支线客机 ARJ21-700 首飞的日子。首飞成功后，首席试飞员赵鹏报告：飞机状态正常，试飞员操控感觉良好！

○ ARJ21-700 首飞机组凯旋（上：副驾驶 陈明，中：机长 赵鹏，下：观察员 赵生）。

○首席试飞员赵鹏成为媒体关注的焦点。

及5名机组人员全部罹难。

NTSB调查人员忽然意识到，出事班机的坠毁方式与三年前联合航空公司585号班机非常相似：都是降落前突然失控，失控方式都是方向舵突然失控、偏向，并像是被卡住，唯一的区别是427号班机坠毁时的天气晴朗并没有气流。

由于飞机以垂直方式坠毁，因此，飞机方向舵及黑匣子都几乎保持完整。调查人员取出方向舵的液压装置，可是找不出该装置曾被卡滞的迹象。调查人员将注意力转移到机组身上，根据黑匣子记录显示，副驾驶在飞机出事直至坠毁时，一直紧踏控制方向舵的踏板，因此一度怀疑副驾驶蓄意坠毁客机，可是调查人员在聆听通话记录时发现副驾驶显然是想挽救飞机，然而飞机却原因不明地失控。

调查再度陷入僵局，专家都找不到导致两宗空难的具体原因，当时全球逾3000架波音737客机面临着全部停飞的命运。

1996年6月9日晚上，美国东风航空公司一架波音737-2H5型客机也遭遇了相似的事故，幸运的是这架飞机最终得以安全着陆。当时，机长感到方向舵像是有轻微地向右碰撞，突然，飞机毫无预警地向右倾侧，而方向舵像被卡死，完全失控，机长紧急调节引擎不均匀输出功率，试图让飞机恢复水平飞行，随后不久，飞机突然自行恢复了水平飞行。就在机上人员对飞机进行检查的时候，飞机再一次向右倾侧，并且偏离了航道进入失速状态迅速下坠，几秒钟后，飞机又一次自行恢复了水平，最后安全着陆。

NTSB向FAA提出了一系列建议，调查结果公布后，波音公司修改了所有波音737飞机的方向舵设计，并向全球服役中的波音737飞机更改了相关零件。全美航空公司再也没有启用“427”这一航班编号，那次空难也使全美航空公司陷入了财务危机。

地面上墓碑的数量决定着适航标准的建立，商用飞机制造商的成熟与经验也正是建立在这些墓碑之上。这些导致空难的原因加速了新的适航标准的诞生，或者对原有适航标准进行修订。

从20世纪20年代开始，美国就着手对商用飞机进行适航管理，伴随着美国航空制造业的迅猛发展直至其成为当今基础最雄厚、技术最先进、产品最丰富的航空制造业强国，FAA也发展成为当今世界经验最丰富、最强大的适航当局。

2012年2月13日至14日，中国民用航空局在上海召开ARJ21-700飞机型号合格审定委员会（TCB）会议，会上，在

TCB委员、美国联邦航空局（FAA）“影子审查组”以及申请方主要领导的见证下，ARJ21–700飞行型号合格审定审查组组长吴坚签发了ARJ21–700飞机101至104四架试飞飞机的型号检查核准书（TIA），标志着ARJ21–700飞机全面进入由局方开展的型号合格审定试飞阶段。

2008年11月28日，ARJ21–700飞机101架机实现首飞，至2012年2月14日进入局方审定试飞阶段，历时37个月。而波音787飞机于2009年12月15日实现首飞，2010年4月20日就获得了TIA，进入局方审定试飞阶段，历时仅四个月。差距是很明显的，因为任何事物的发展总会有个过程。毕竟这是我国第一次按照国际适航标准进行的审定试飞。

试飞院ARJ21–700课题主管霍幸莉说：“在军机的试飞大纲上，试飞院具有权威性，而商用飞机的试飞大纲至少要更改10轮以上，直到CAAC（中国民航总局）的认可与批准，甚至在试飞过程中不能调整……对于成立了半个多世纪的试飞院来说，开始很难接受这种角色上的转变。”

“在我看来，试飞院是个非常有性格的试飞机构，他们渴望得到认可，也从不愿意轻易认输，大多数的研究人员都有非常丰富的工程经验，知道如何用工程的思维解决一些技术上无法解决的问题。只是在当初他们并不熟悉商用飞机适航条款验证的核心。”中国商飞领导赵越让说，“但是，矛盾必将触动观念上的改变。随后我们在很多时候都能够看到试飞院的技术人员走到哪里都带着一本厚厚的适航条款在研究，很多段落都用醒目的颜色标注出来。然后追问CAAC，弄清这些条款产生的背景和历次修订的原因。转变观念后，他们解决问题的速度同样是惊人的。”

ARJ21–700飞机副总设计师、试飞总师赵杰说：“在多种约束和不确定性因素的影响下，在有限的条件下，如何抓住主要矛盾去寻找可接受的、而不是完美的解决方案，这本身就是一门艺术，何况航空器的试飞从来就是风险与智慧的综合挑战。”

“科学需要谨慎的态度，但更需要探险的精神。”上海飞机设计研究院院长郭博智说，“我们的职业精神就是要永远探索未知之境。我们之所以敢于迎接挑战，原因在于我们向往未来的成功！”

实事求是地说，ARJ21–700的适航取证试飞，是我国民机试飞领域的重大里程碑。它甚至改变了整个航空界对民机研制路子的认识。

使命在担当

让我们跟随《中国试飞报》记者，走近这支“中国试飞国家队”，看看他们放飞“翔凤”翱翔蓝天的壮举——

记者林鸿：在试飞院50多年的历史上，新中国95%以上的新机种都是在这里取得了飞向蓝天的通行证，为我国的航空工业做出了卓越贡献，其中军机研制占了很大比例，那么面对民机试飞的严峻形势，请问刘院长，我们应该有怎样的准备？

刘选民（试飞院院长、ARJ21-700试飞领导小组组长）：长久以来，中国航空工业始终蒙着一层神秘的面纱，很少有人能够真正了解这个行业的进步与发展现状，尤其是对飞行试验研究，连一些科普性的常识也不为外界所认识。

经过50多年的发展，试飞院已发展成为一个技术密集、专业配套、科研门类齐全、设备先进、人才荟萃、综合性强的大型高科技试验研究开发中心。面对民机的严峻形势，我们虽有深厚的积累，仍需不懈的学习。国产民机研制工作经历了多年探索和积淀，在试验过程中有不完善的地方，技术和管理上也有很多值得认真总结的地方，但看待这一问题不能割裂历史，我们有坚定的自信心、充分的耐心和激情进取之心。ARJ21—700飞机适航取证试飞时间急、难度大、风险高、任务重、故障多、要求严、关注广。同时，我们又面临着探索和实践中国航空试飞新技术新方法、逐步增强民机试飞水平和能力、锻炼试飞技术队伍的良好发展机遇。这是一份新的责任和重担。

从ARJ21-700飞机适航取证试飞的历程来看，我们始终坚持学习、实践、提高，从学习适航规章开始，认真甄别军、民用飞机试飞差别，建立了一套适应申请人与适航审查要求的民机适航审定试飞体系，然后在保证安全的基础上按照适航要求展开实践验证，以科学严谨的作风有序推进了型号适航合格审定试飞，不仅刷新了多项试飞纪录，还催生了一大批民机试飞技术成果，填补了多项国内空白，促进了我国的试飞技术与国际接轨。同时，通过实践总结提高适航试飞能力，我们在对外合作中不断消化吸收国外的先进技术和理念，对CAAC和FAA审查加深了系统认识，这必将对C919项目的成功提供有力支持。

总的来说，如果把ARJ21-700项目作为一个平台、一个基准，我们在这一关口的所有突破，在一定程度上为中国尽快获得国际航空制造业的话语权提供了坚强的后盾。

记者赵丹芳：请问宋书记，ARJ21-700飞机研制正式立项以来，试飞院党委是如何从战略和全局的高度，增强全体参试人员的使命感、责任感和紧迫感，从而保证各个阶段试飞任务的圆满完成？

宋跃进（试飞院党委书记、ARJ21-700试飞领导小组副组长）：面对ARJ21-700飞机的特殊战略意义，试飞院党委始终将该型号任务完成作为紧迫的政治任务来抓，要求全体试飞人从“讲政治”的高度不断增强使命感、责任感和紧迫感，从而为ARJ21-700飞机适航审定任务的完成提供了强大的精神动力和保障体系。开展“横向到边、纵向到底”的创先争优活动，探索、培育有中国特色的民机试飞文化，有力地推动适航取证任务的顺利完成。

记者李驰：飞行试验与飞机设计和制造并列航空工业三大支柱。赵副院长，您作为试飞院分管民机系列型号试飞工作的领导，请介绍一下试飞院在民机试飞体系建设上取得的成就。

赵鹏（试飞院副院长、ARJ21-700试飞领导小组副组长、首席试飞员）：50多年来，试飞院在承担国家重点军用飞机及其机载航电设备的设计鉴定试飞任务中，逐渐建立了飞行试验技术体系、试飞保障体系、组织管理体系，并按照现代质量管理体系的要求不断完善。特别是20世纪80年代以来，试飞院以运7小速度试飞为突破口，展开民用飞机的试飞技术研究工作，通过对型号合格审定程序和适航规章的深入学习，相继完成了运7系列飞机、“小鹰”500飞机、涡桨9等飞机和发动机的型号合格审定试飞工作，初步构建了民机适航审定试飞体系。

ARJ21-700项目是民航局首次全面、严格、彻底组织的审查活动；是目前中美双边适航审查活动的唯一平台，美国FAA影子审查活动的全面、严格、深入，使得ARJ21-700飞机的审查工作冠古绝今。此外，由于该型号是我国首次完全按照国际标准研制的民机，所以设计部门、试飞部门、审查组对适航条款的理解与认识存在一个不断统一和提高的过程，导致在试飞过程中不断修改试飞大纲，不断补充、增加试飞内容，试飞任务远远超出了最初的规划。

按照申请人对ARJ21-700飞机在试飞工作的要求，试飞院结合实际情况，制订了试飞大纲、风险评估单、科目工作单、航前航后检查单等一系列民机试飞标准模板，组织力量制定了《ARJ21-700飞机试飞过程管理规定》，对试飞过程中的各个方面及环节尽可能做了全面、详细的规定，内容涉及适航管理、试飞管理、试飞构型管理、测试改装管理、机务维修管理、试飞数据管理、现场管理、技术文件管理、各类人员管理及质量安全、保障和标准化管理等多个方面，形成各种管理程序及文件40余份。

在管理上，我们成立了民机办和ARJ21-700飞机试飞总师系统、试飞行政指挥系统、试飞质量师系统；搭建了课题、测试和改装平台；组建了试飞员和试飞工程师团队；成立了适航室、试飞安全委员会；经审查组批准任命了ARJ21-700飞机试飞适航委任工程代表。

此外，通过邀请适航专家来院进行适航理念和适航委任工程代表培训，选派试飞员和试飞工程师到美国试飞员学校和南非试飞员学校进行适航试飞驾驶技术培训，选派机务人员去天津民航学院进行机务维护与保障培训，试飞员及机务人员和课题人员进行ARJ21-700飞机工程模拟器、铁鸟台和航电实验室培训，对试飞员团队和试飞工程师进行应急离机培训等，试飞院不断加深对中国民用航空规章以及型号合格审定程序对新支线飞机试飞活动的要求的理解，很快从军用飞机设计鉴定单位的立场转变到申请人的试验室的角色上来。

经过大量前期工作，试飞院在现行试飞管理体制和框架下科学决策，制定了可行的试飞管理程序和规定，建立健全了我国的民机试飞体系，得到了民航局审查组和美国FAA的认可。实践证明，该体系不仅全面满足我国的民机适航审查要求，而且促进了我国民机试飞技术与国际标准接轨，奠定了我国民机试飞事业的发展基础。

记者张文俊：赵总您好！作为我国首架完全按照CCAR－25部进行适航取证试飞的民机，试飞院作为试飞任务负责单位具体开展了哪些科目？采取了什么特殊措施？

赵杰（ARJ21-700副总设计师、试飞总师）：ARJ21-700飞机是我国首次按照国际通用模式研制的涡扇支线客机，是我国自行研制的首架真正具有自主知识产权的民用支线飞机。研制出飞机并不代表飞机已进入市场领域，它必须经过异常艰苦、充满风险的适航取证试飞，才能获得通往蓝天的“绿卡”。只有通过严格系统的试飞，才能完全暴露问题，通过及时解决不断完善，走向市场的新支线才是合格的、过硬的，才是有发展潜力的；只有通过全面完整的试飞，才能验证飞机的各项性能指标是否符合适航规章要求，从而满足最低安全标准；只有通过各种特殊天气和自然环境等极端条件下的考核，才能确保航线运营的安全，从而保证乘客安全。

按照试飞大纲统计，ARJ21-700飞机试飞包括性能、操稳、飞控、液压、起落架、振动、颤振、发动机、APU、燃油、防火、通信、导航、电源、空气管理、自动飞行、防冰除雨等293

●人机工程飞行试验

通过飞行试验，研究飞行员、飞机系统、座舱环境以及外部环境之间的相互关系；探查飞行状态、作业任务、作业环境等因素对人体身心状态的影响；评价飞机及系统的工效，针对使用缺陷给出改进意见，为用户提供使用指南；评估飞机系统维持座舱环境，维护机内人员安全与健康的能力。

个科目，这些科目是保证飞行安全最基本的试飞内容，涉及试飞安全、性能指标和飞行员生活环境。还包括交付客户前的一些科目，如最小机组、最小设备清单、功能和可靠性专项试飞、飞行手册验证等。其中特定气候与自然环境下进行的试飞项目主要包括：高温、高湿、高原、高寒、大侧风、自然结冰、噪声、热气候燃油试验、湿跑道、溅水、排烟、排液、除雾、除雨等。具有高风险等级的试飞科目包括：失速、高速特性、颤振与气动伺服弹性、最小操纵速度、最小离地速度、失配平特性、负加速度、最大能量刹车、驾驶员诱发振荡、模拟冰型与自然结冰试飞、抖振边界、大侧风、操纵器件与舵面卡阻、起落架摆振、交通告警和防撞系统、地形提示和警告系统等。

ARJ21-700飞机于2008年11月28日首飞，首架机2009年7月15日转场试飞院，2012年2月14日获得中国民航局ARJ21-700飞机审查组颁发的型号检查核准书（TIA），标志着飞机正式进入型号合格审定试飞（局方试飞）阶段。该机经过全面试飞，突破了民机试飞的所有关键技术，创造了民机试飞多项新纪录，试飞工作量约为波音、空客的2~3倍，是国内外所有民机试飞工作中最大的一个项目。

2008年11月，为了保证ARJ21-700飞机首飞成功，试飞院组织百余名各专业骨干人员集结上海，确保了首飞成功。自2009年7月第一架试验机转场试飞院以来，试飞人全力以赴投入到试飞中。在具体工作中实行了“一号任务管理法”，为该型号开辟绿色通道；采用了“TO”时刻管理法，以倒排任务节点的方式拉动试飞进程。

此外，试飞院与中国商飞上海飞机设计研究院首次联合成立ARJ21-700飞机试飞并行工作团队（IPT团队），在上飞院院长郭博智，项目部领导李玲、江卓远和特聘顾问韦克家的共同努力下，设计与试飞部门共同解决试飞难题，在试飞大纲、测试改装、构型管理等方面联合工作，快速反应，加速取证交付。

○试飞总师赵杰（左一）、总设计师陈勇（右二）参加风险科目试飞动员会

在ARJ21-700飞机试飞过程中，风险试飞科目有57项。飞机每一次升空，对试飞员都是一次考验。

IPT团队是我国民机研制中的一个创新，不但为各参试单位搭建了一个交流协作的平台，对解决试飞中的棘手技术难题也提供了有力的专业支持。后续的试飞效果证明，建立IPT团队为安全优质高效地完成适航试飞发挥了重要作用。

记者李驰：“首飞不易，取证更难。”赵副院长，您作为ARJ21-700飞机首席试飞员，请介绍一下试飞员在民机试飞中发挥了什么样的作用？

赵鹏：从国外的新机试飞来说，发达国家新飞机试飞周期占到科研周期的50%~55%，定型前要完成1500~4000架次飞行试验，而一架新机从首飞到定型，肯定会碰到许多问题，据大概统计，一般新机在定型试飞初期的飞行中，平均17分钟就会出现一个技术故障。

由于试飞中试飞员所飞的高度、速度往往是边界状态，新机在技术上往往存在各种各样的缺陷，所以试飞员必须敢于高空探险，用生命对未知挑战，他们是“苟利国家生死以，岂因祸福避趋之”的真实写照。

在ARJ21-700飞机试飞的全过程中，风险试飞科目有57项，其中Ⅰ类风险17项，Ⅱ类风险27项，Ⅲ类风险13项。飞机每一次升空，对试飞员都是一次考验。

比如ARJ21-700飞机失速试飞，试飞中稍有不慎就可能造成“双发停车”或进入被航空界称作“死亡陷阱”的螺旋状态。但是ARJ21-700飞机失速试飞的首次试飞就在中低空条件下展开，并圆满完成了中等重量、前重心、发动机慢车、机翼水平等条件下的试飞，实现了预定目标，除了准备充分，还有一个重要因素，就是试飞员的动作精准。

该型飞机首次失速试飞是在飞机到达7500米高度后完成的。当试飞员调整飞机状态，柔和拉杆，飞机速度一点点开始减小后，飞机出现飘摆、抖动等现象；而随着速度不断减小，飞机抖动不断加剧，机头迅速下沉，飞机带着急剧的右滚转和加速度向地面坠去。这时候，要靠试飞员迅速稳杆、加油门改出失速状态，并且一系列动作准确、干净利索，飞机迅速恢复到平飞状态。这个过程虽然只有短短几秒，但却反映出试飞员的技术素质和心理素质非常过硬。

颤振试飞既是对飞机结构和强度的考验，更是对颤振的认知程度、试飞方法的科学性以及试飞员心理素质的综合考验。专业人士都知道，颤振其实是一种危险的振动形式，这种振动是飞机在空气动力、弹性恢复力和惯性力三者耦合作用下产生的。飞机一旦在空中发生颤振并发散，会在几秒甚至更短的时

●巡航性能飞行试验

对飞行器航程、续航时间等巡航性能进行飞行验证和评估的试验活动。

在航空领域，一般把适宜持续进行的、接近于定常飞行的飞行状态称之为巡航。最大航程巡航是指飞行器用尽所有可用燃油，飞过的地面距离最大。

间内解体，飞行员几乎没有处置的时间，飞机逃脱的概率基本为零。但是，作为试飞员，我们必须承担起验证试飞的责任，这就是试飞员被称为“独具虎胆、叩问天门的英雄”的原因。

在ARJ21–700飞机试飞中，试飞员不仅是各科目的空中执行者，也是空中飞行程序的设计者，这两者的作用相结合，使试飞员成为飞机设计改进的重要参与者。以该机首飞举例，试飞员此前曾经历了低速、中速再到高速的滑行试验，梳理出50多项问题，基本覆盖了飞机的各个系统。通过试飞员对问题的发现，再到和设计、工程人员一同解决问题，试飞员发挥出了帮助设计人员完善飞机的作用，为首飞前冻结状态扫除了“拦路虎”。当时，最突出的就是起落架和刹车系统的问题，在我们的试飞员与试飞工程师一起帮助研制方解决了这个问题后，主管起落架的总师紧紧握着我们试飞员的手，含着热泪说：“要不是你们，我们根本无法在这么短的时间里查明问题所在。”同时，我们还对发生问题的液压系统和飞控系统进行了分析，设计方按我们的建议重新制作了操作程序。

而在ARJ21–700飞机首飞前，设计系统要求只要能顺利起降就可以了。其实从安全角度讲这样反倒不安全。因为你在空中如果不能把飞机的系统检查好，没有摸清飞机的基本情况，这样危险系数反而增加了。所以试飞员团队修改了任务单，提出了新的步骤和程序，主要是增加了一些检查的环节。这样，在首飞过程中，试飞员驾机先后验证了飞机的离地速度点、加速特性、升力特性、俯仰操纵性能、横向操纵性能等，为后续任务积累了经验。

如今，英雄的试飞员们完成了适航审定试飞的全部内容，首次完成了国产民机的失速试飞；首次完成最小离地速度试飞；

○最小离地速度试飞 由于试飞中试飞员所飞的高度、速度往往是边界状态，新机在技术上往往存在各种各样的缺陷，所以试飞员必须敢于高空探险，用生命对未知挑战。

首次完成故障模拟、操纵器件与舵面卡阻试飞；首次完成起落架摆振试飞；首次完成最小飞行机组试飞；首次完成功能与可靠性试飞；首次完成燃油结冰试飞；首次完成模拟冰型与自然结冰试飞；首次完成转子不平衡试飞，创造了中国民机试飞的多项历史纪录。其中最小离地速度试飞获得美国联邦航空局（FAA）、中国民航总局（CAAC）型号审查代表高度评价。

记者：有一种说法，在科研试飞中，“人机合一”是试飞员、科研人员、机务人员和飞机的四体合一，能否阐释一下这其中的关系及对科研试飞事业发展的影响？

赵鹏：由于我个人也是一名试飞员，因此对于飞行，我们总是怀有极大的渴望，这也许是一种“求飞热情”。可以说，我们把自己驾驶的每一架飞机都当成兄弟。多年的飞行生涯，飞机已不再是冰冷的钢铁机器，而是“灵性的伙伴”。不难理解，每次升空前，试飞员接收飞机后总要习惯性地“抚摸”一下飞机。当你飞久了之后，在空中，你就会感觉你自己与飞机融为一体。

我记得有一段话是这样说的：“你把飞行当职业，你只能会飞；你把飞行当事业，你能飞好；如果你把飞行当艺术，你将体验到人机合一的完美境界。”其实我们试飞员也是一样，只有对试飞事业抱有执着的热情，才会形成自身存在的一种常态化的精益求精，更好地完成试飞任务。

大侧风试飞被誉为ARJ21-700飞机取证试飞的“样板工程”。在这次试飞中，机组在“偶遇”机场顺风达到飞机起降时最大顺风限制的情况下，果断低空复飞，超越了《试飞大纲》的范围，在真实状态下检验了新支线客机在低空、最大顺风时飞机具有良好的操纵性，以及飞机各系统工作的有效性，为该机顺风着陆的飞行手册编定提供了依据。

这个例子说明了什么问题？我认为恰恰是机组对试飞事业具有执着的热情，才抓住了稍纵即逝的机会，在复杂环境中开创了ARJ21-700飞机适航审定试飞史上又一先河。

同时，对试飞员来说，冷静沉着是种珍贵的品质，它是每一名试飞员达到飞行的更高境界的垫脚石。可以说，没有经历和克服过空中险情，算不得一名真正的试飞员。2012年，试飞员赵明禹、高卫东架机执行最大可用速率抬前轮试飞，模拟单发起飞过程中，右发反推意外打开。这时，飞机已到跑道头，离地约两米，机组边保持飞机上升状态，边向指挥员报告。经过沟通，机组果断关闭右发，在飞机获得安全速度、高度后左转加入航线，安全着陆。类似这样的险情，我们试飞员都遇见过。但是为什么我们依然执着？因为对我们试飞员来说，人机合一不仅是一种高超的技术境界，也是一种人生态度。说实话，我们几天不看见飞机，总感觉缺少点什么。

就ARJ21-700飞机试飞任务来说，由试飞院各专业研究所课题组所组成的试飞工程队伍，是试飞工作的“急先锋”和强有力的技术支持者，他们是各专业的精英。

特别是在首飞前的准备工作中，在三年的时间里，试飞工程师们攻克了如高平尾飞机失速特性、加速停止距离、地面最小操纵速度、最小离地速度、颤振激励系统等一系列关键试飞技术。在试飞资料的搜集与获取中，工程师面对的是全英文版资料，并直接与外商进行技术交流。从2003年开始，科研人员还对大飞机载荷课题进行了技术攻关，掌握了一整套试飞方法和测试技术，工作精确到可以说清楚每个数据的来源。用他们的话讲，“我们了解飞机的状态，就像了解自己的身体一样”。

机务，常常被试飞员称为“兄弟”。在首飞前，试飞院的机务人员认真细致地检查了飞机上的每个系统、每条管路，完成了80多项飞行滑行前的检查工作，先后发现液压导管未安装到位、发动机反推锁管路与导线相磨、发动机灭火管固定卡箍与导管有间隙等重大安全隐患。101架机转场阎良前，他们再次发现左侧减速板前缘5号整流包皮裂纹及作动器进油导管和出油导管在运动时出现严重干涉等设计缺陷。也正是这些机务兄弟，长年伴随着新支线飞机，和我们试飞员一样南征北战，试飞员和机务，那是以生命相托的情谊，包含着绝对的信任、极端的负责和深厚的情感。

可以说，在ARJ21-700飞机适航审定试飞的攻坚战中，试飞员、科研人员、机务是同一战壕的兄弟。在这个战壕中，技术是我们所有人信心的支撑和帮助。因此，在科研试飞中，“人机合一”其实应该是试飞员、科研人员、机务人员和飞机的“四体合一”，每一个单独体都是有生命的，而每一个单独体都有着生命的交织。这种交织是以共同的信念与使命为纽带，以共同的价值观为基础的，反映了试飞人几十年积淀的深厚的“航空报国”情怀；在这种情怀的包裹中，我们的前辈和我们，以及航空试飞事业未来的接班人，必然会将“忠诚于党，忠诚于祖国，忠诚于事业”的誓言深刻于心底，转化成行动，为中国早日成为世界航空强国而不懈努力。

试飞院建院几十年来，试飞人艰苦创业，在世界试飞领域突破了“望尘莫及”的枷锁，加快了“望其项背”的脚步，夯实了“并驾齐驱”的基础，追逐着“遥遥领先”的梦想，ARJ21-700飞机适航审定试飞攻坚战只是“试飞铺就通天路”

上的一个新台阶。

阵容与实力

在ARJ21-700飞机试飞中，试飞院型号、空勤、科研、测试、机务、场务、改装等各专业参试人员精诚团结，众志成城，全力推进试飞工作。冰雪辽原、热带南国、塞外大漠，到处都留下他们试飞攻坚的足迹，到处都有试飞人拼搏奉献的身影。这支敢打硬仗、善打硬仗的英雄试飞员队伍，这支顽强拼搏、砥砺奋进的试飞科技人员队伍，庞大的阵容与雄厚的实力，堪称中国民机试飞事业的中流砥柱。

他们是：描绘试飞"总航线"的科技部门，将"安全线"遍布试飞全域的质量安全部门，号称中国民机试飞事业"梦之队"的试飞总师团队，长空砺剑勇猛强悍的空军试飞部队攻关团队，铸就民机新辉煌的试飞员学院攻关团队，精诚协力放飞梦想的飞机所攻关团队，攻坚克难众志成城的发动机所攻关团队，勤思巧干苦登攀的航电所攻关团队，自强不息谱写华章的测试所攻关团队，问剑苍穹脚踏实地的飞行部保障团队，探索创新锦上添花的改装部攻关团队，发挥优势助力取证的中飞通用航空团队，敢为人先默默奉献的远方航空技术攻关团队。

在这些团队的顽强拼搏下，圆满完成了ARJ21-700飞机异常繁重的试飞任务，取得了总体性能试飞、动力装置试飞和航电、机载系统试飞等十大技术成果：

总体性能试飞技术方面

对于ARJ21-700飞机这样一款全新的民用飞机来说，飞机平台的试飞，即总体性能试飞是关键。主要在于试飞标准高、工作量大、任务复杂、风险科目多、适航审查严格。总体性能试飞技术包括：空速校准试飞技术、飞行包线扩展试飞技术（高度速度、重量重心、过载）、调参试飞技术（飞控、航电、自由飞行等）、性能试飞技术，以及操纵性、稳定性和机动性试飞技术等。

过去，在高平尾飞机失速试飞中，国外曾出现过多次机毁人亡的事故，造成了巨大的财产损失和试飞员的牺牲。为保证ARJ21-700飞机的试飞安全，试飞课题组进行了大量细致、深入的准备，与试飞员进行了充分的技术交流，制订了周密的试飞技术方案，从失速准备试飞开始，一步步摸到了自然失速边界，为整个失速试飞积累了丰富的经验。从第一次进入失速开始，到完成失速局方审定试飞，完成了6000多次失速试飞，不仅完全掌握了失速试飞技术，也为后续的高风险科目试飞积累了宝贵的经验，并涌现出了一批优秀的试飞员和试飞工程师。

结构载荷试飞技术方面

结构载荷试飞包括颤振与气动伺服弹性、飞行载荷、气动载荷、抖振载荷、地面载荷、阵风载荷、起落架摆振、振动和抖振。

颤振试飞是取得飞机结构阻尼的高风险试飞科目，是飞行包线右边界扩展的基础，也是ARJ21-700飞机获得型号检查核准书（TIA）、进入局方审定试飞的先决条件，还是美国FAA直接审查的试飞科目。过去，我们只要获得机翼、机身、平尾、垂尾大约9个模态的结构阻尼数据就可以完成任务；但在ARJ21-700飞机上，审查组和FAA要求取得19个模态的结构阻尼数据。为此，试飞院虚心学习FAA的先进经验，在课题主管霍幸莉的带领下，精心准备、夜以继日地开展工作，试飞员学院陈明副院长亲自承担该科目的试飞工作，全面完成了试飞任务，试飞报告获得FAA批准。

载荷试飞也是FAA直接审查的科目，不仅要取得机翼、机身、平尾、垂尾多个剖面的载荷数据，而且要取得襟翼、缝翼、起落架载荷的数据，还要取得阵风载荷数据，要监控飞机在失速和高速特性下的飞行载荷。测试改装、地面试验及整个试飞任务量是过去飞机任务量的3倍。载荷试飞专业高标准、严要求，校准精度最低达到16%，为试飞院赢得了荣誉。

动力装置试飞技术方面

动力装置试飞包括发动机起动特性、发动机工作特性、发动机推力验证、进气道性能、排气污染、发动机冷却、反推系统、发动机短舱排液；燃油系统（吸力供油、负过载、供油性能、燃油箱校准）；防火系统（灭火剂浓度、排液）；辅助动力装置（APU性能、APU工作特性、APU起动、APU冷却、排液）。

通过试飞，在国内首次实现了大涵道比涡扇发动机性能试飞、转子锁定试飞、动力装置/APU溅水试验、动力装置排液试飞、热燃油系统试飞、防火系统试飞等；攻克了溅水试验水槽、热燃油加温设备、排液设备、染色液体的配置、燃油显色指示剂

○溅水试验
在试飞过程中，试飞人攻克了溅水试验水槽、热燃油加温设备、排液设备等技术难题。

等技术难题；开创了发动机性能建模、发动机反推力装置试飞、发动机短舱结冰试飞、全机溅水试验、热燃油试飞、排液试飞、烟雾探测试飞、灭火剂浓度试飞、排气污染试飞等一批试飞方法。试飞期间，课题组发现了动力装置转速摆动、反推力装置意外打开、集油箱"串油"及灭火系统等飞机自身设计问题。经过多年的不懈努力，试飞人圆满完成了ARJ21—700飞机动力装置、APU、燃油系统、防火系统的合格审定试飞工作，为我国首型严格按照民用适航规章进行试飞的运输类飞机合格审定做出了突出贡献。

航电系统试飞技术方面

航电系统相当于人的五官、神经系统和大脑，是飞行员操纵感觉与人机界面的重要基础，是飞机及其系统/设备功能与性能等各种信息的综合体现，更是技术先进性、飞行安全性、人机适应性等飞机各项性能指标的综合体现。航电系统试飞包括电源系统、通信系统、导航系统、指示记录系统、数据记录系统、中央维护系统、自动飞行系统、电磁兼容性。

ARJ21-700飞机的导航系统，包括大气数据计算机（ADC）、姿态与航向基准系统/惯性基准系统、指点信标、仪表着陆系统、无线电高度表、气象雷达、地形提示和警告系统、交通告警和防撞系统、甚高频全向信标、测距器、自动定向仪、空中交通管制、全球定位系统、飞行管理系统等14项重要的系统和设备，飞机系统复杂而综合，试飞技术先进、试飞风险高、难度大、任务重，多个试飞科目在国内是首次进行。

以邓友明等为代表的试飞员，以一流的试飞驾驶技术圆满完成了任务，标志着我国民机航电系统试飞驾驶技术已达到国际水平。

机械系统试飞技术方面

机械系统试飞包括飞行控制系统，液压系统，起落架系统，空气管理系统，氧气系统，气源系统，防冰除雨系统，水和废水系统，内饰与设备、照明系统，等等。

飞控、液压、起落架系统相当于人的四肢，是飞机最基本的操纵系统，直接影响到飞行安全。飞控、液压系统试飞，不仅要取得飞机在正常模态下的性能指标，还要取得飞机在非正常模态下的功能与性能，包括在各种故障以致在舵面卡阻状态下的功能与性能指标，以确保在航线运营中的飞行安全。这在国内军民用飞机试飞中是首次进行。还有起落架系统试飞，也是国内首次进行。全部圆满完成。

空气管理、氧气、气源、防冰除雨、水/废水系统是飞机

●结冰飞行试验测量

飞机在结冰气象条件下开展试飞研究，利用结冰测量设备实时获取飞机所处云层的温度、液态水含量、平均颗粒直径等参数，实时采集关键部位，如机翼前沿、操纵面前沿、发动机短舱、驾驶舱风挡玻璃等部位的结冰厚度和冰型等参数，验证飞机在结冰条件下的安全运行能力。

●飞机结冰的危害

飞机空中结冰会严重危及飞行安全，危害主要有以下几个方面：机翼结冰影响飞机的气动外形，使飞机的升力损失、阻力增加、失速提前和增强；操纵面结冰造成操作性能降低，甚至卡死；脱落的冰被吸入发动机造成损伤；风挡结冰则会影响飞行员的视野，造成安全隐患。

运行的环境系统，更是飞机的生命维护与安全系统，也是我国首次全面、系统地按照当前国际适航标准严格组织的试飞工作。

特殊气象与自然环境下试飞技术方面

自该型客机转场试飞院以来，先后组织在三亚、上海、长沙、海拉尔、嘉峪关、乌鲁木齐、蒲城、阎良、加拿大温莎机场完成了一批特殊气候与自然环境下的试飞科目，主要包括高温、高湿热、高原、高寒、大侧风、模拟冰型与自然结冰、噪声、热气候燃油、湿跑道、溅水、排烟、排液、除雨试验等等。

通过这些试验试飞，填补了我国民机在特殊气象与自然环境下试飞的技术空白，初步建立了我国民机在特殊气候条件下的试飞基地，试飞技术与管理水平得到全面提高，为大飞机的试飞奠定了坚实基础。

功能与运行试飞技术方面

功能和可靠性试飞是飞机模拟航线运行的飞行试验，以确保飞机及其零部件、设备在交付后的运行中安全可靠、功能正常，是取得客机合格证（TC）和交付前最后一个检查飞机有无安全风险的审定试飞活动。试飞内容包括雨天、夜航等环境适应性试飞，仪表飞行规则和目视飞行规则下的白天和夜间起降，并对空调、自动飞行、通信、电源、导航、起落架等多个机载系统进行使用循环操作，检查各系统功能实现情况。试飞模拟真实航空公司进行飞机运行和保障，以成都双流机场为基地，在成都、西安、银川、贵阳、桂林、海口、福州、舟山、石家庄、天津等10个机场间进行模拟航线运行。

功能与可靠性、最小机组、最小设备主要清单、手册验证都属于在国内首次开展的科目，不仅圆满完成了任务，而且再一次填补了国内空白。

测试改装技术方面

在测试改装中，试飞院的测试数据在量级上实现了突破。以往民机的测试参数仅有几百个左右，而ARJ21-700飞机单架机的测试参数高达8000~10000个。为了满足该机试飞对测试系统及参数的需求，型号办组织测试改装人员，进行了大量的调研、技术准备和研究工作，构建了符合当前国际民机试飞先进水平的测试系统。

在ARJ21-700飞机的改装工作中，在试飞院实现了多个第一次：首次全面制订了改装机械、电子设计及实施规定，首次采用CATIA软件，实现了无图纸设计，首次编制了改装工艺规范，首次实现了改装设计与飞机设计及其工艺流程的对接，首次按照制造符合性要求编制了装机清单。

按照特殊专业和科目的需求，开发了一系列民机试飞专用试验设备/系统，包括：分布式纵向重心自动调节系统、分布式应变载荷测试系统、前支杆空速与迎角指示系统、失速改出伞系统、拖锥自动收放系统、尾橇系统、电负载系统、风险科目综合显示系统、飞机电源系统瞬态特性测试系统、燃油加温系统、气象参数测试系统。按照对外部参数测试的需求，采用光电、视频与高速摄影/摄像机对飞行轨迹数据、溅水试验数据、最大能量刹车外部数据进行测试。

飞机维护与保障技术方面

试飞院的飞机维护与保障队伍，一直在航空工业内享誉盛名。在新支线飞机维护与保障中，这支队伍在发扬“敢打硬仗，善打硬仗”优良传统的基础上，全面学习，吸取了民航公司在飞机维护与保障方面的先进经验，结合民用飞机维修保障特点，创造性地设计综合保障方案。建立了先进民用飞机试飞的维护与保障体系，不仅克服了人员紧张、五架试验机多地试飞任务繁重等困难，还发现了飞机结构、系统/设备等方面存在的很多设计与维护缺陷，保障了试飞安全。与此同时，试飞院加强技术总结与沉淀，积累了一套大强度试飞维护与保障的经验，积累了一套在特殊天气与自然环境下维护与保障飞机的经验，积累了各种高风险试飞科目维护与保障飞机的经验，安全、高效地完成了试飞任务，并且按照航空公司实际运行特点，设计了新的机务维护方案，编制了运营维修工单，赢得了中国商飞和审查组的高度赞扬。

民用飞机试飞管理技术方面

民用飞机的试飞管理，是一项综合、复杂、高技术的大系统全项目系统工程管理，涉及技术管理、计划管理、经费管理、质量管理、安全管理、试飞组织管理、适航管理等等。

鉴于新支线飞机不仅仅是国家重大专项飞机工程，而且是中美两国双边适航谈判的平台。为了满足审查组的要求，建立符合国际标准的民机试飞技术体系，中国试飞人认真分析了军民机试飞组织管理的差别，在原有试飞质量体系的基础上，组织编制了“ARJ21-700飞机试飞管理规定”共34项，并演化为民机试飞程序组织管理体系；按照适航要求组织建立了ARJ21-700飞机安全委员会、安全评审委员会，初步形成了民机的试飞安全体系；按照审查组要求组织制订了适航审查、制造符合性检查程序，形成了民机试飞审查程序；按照审查组要求组织编制了试飞大纲、改装方案、试飞任务单、风险评估单、科目工作单、航前航后检查单、试飞报告编制要求与模板，形成了一整套民机试飞文件的标准模板，得到了审查组的批准和美国FAA的认可。

这些成果创造了中国民机研制试飞技术的新纪录，其中好多项都达到了国际先进水平。

非凡的历程

2008年，成功首飞，完美亮相。

国内新闻媒体充满激情地争相报道：ARJ21-700飞机的诞生将宣告波音与空客对中国民航市场垄断的时代走向终结！

2009年，转场阎良，开启试飞。

101架机转来三天就完成了首次飞行，吹响了适航取证的号角。试飞院隆重召开誓师动员大会。院长刘选民要求所有参试人员充分发扬试飞人的光荣传统，坚决打赢试飞攻坚战。时任试飞院党委书记白长义一句“长空谁与我争锋，苍穹任我建奇功”将大会推向了高潮。

2010年，转战多地，首开先河。

从年初飞往海拉尔首战零下40℃高寒，转场嘉峪关迎击西北大侧风，三伏天感受三亚高温高湿，年中四架机共舞蓝天聚会，珠海航展一鸣惊人，年末首次失速试飞圆满成功，收获不断，凯歌频传。

2011年，艰难推进，长足进步。

全年四架机试飞476架次/995小时，超过前两年总和。转场乌鲁木齐开始了首次自然结冰试飞，经历了雨雪天和在污染跑道中试飞，飞行中遇到了无线电系统故障飞机与地面失联30

○航空工业科技委蔡晓斌、陈启顺等领导到试飞现场调研民机试飞质量安全工作，听取试飞院总工程师梁相文（左三）、科技委副主任王守华（左一）的介绍。

分钟后盲降着陆，进行了25架次37个试验点的高风险科目颤振试飞。

2012年，砥砺奋进，攻坚试飞。

四架机飞行时间不断创新高，全年飞行533架次/964小时。完成了大量研发试飞工作，配合设计部门进行了多项技术攻关，为大强度试飞打下坚实基础。溅水试验赢得喝彩，失速科目的局方审定试飞全面完成。

2013年，进展迅速，捷报频传。

适航取证关键年，试飞工作屡创新高，大强度、高质量、高效率完成了多项重大试验试飞科目，攻克了又一批高难风险科目，数十项试飞技术填补国内空白。其中Ⅰ类风险科目最小离地速度试飞，受到美国和中国适航局代表一致认可，评价为“杰出的表现”！圆满完成了噪声试飞和青海格尔木高原试飞。

2014年，决战决胜，取证交付。

收官之年，成绩喜人。攻克了液压、飞控卡阻、刹车系统等最后一批高难风险科目；圆满完成了高寒试飞；突破了排液、排烟等我国以前没有进行过的试验试飞技术难关；成功组织了北美洲自然结冰试飞，并实现了ARJ21-700环球飞行，锻炼了队伍，提升了国产喷气式客机知名度和公众形象。

5月23日，习近平总书记一行赴中国商飞调研，在观看飞机环球试飞视频后，与试飞院副院长赵鹏进行了亲切交流，就环球飞行调机转场的航线、航程、飞行情况、飞机性能等问题进行了详细询问，赵鹏副院长一一做了回答。习近平总书记表示，中国飞机制造走过了一段艰难、坎坷的历程，现在是“而今迈步从头越”，势头很好，开局很好，希望相关单位继续锲而不舍，脚踏实地，做好研发工作。

2015年12月29日首架ARJ21-700飞机交付成都航空公司，2016年6月28日正式开启载客商业运营。

2019年10月26日，ARJ21-700从哈尔滨飞往俄罗斯海参

○ ARJ21-700飞机项目团队在加拿大按国际适航条例进行自然结冰飞行试验后，回到祖国。

○ 在ARJ21-700飞机适航审定试飞攻坚战中，试飞员、科研人员、机务人员以及中国商飞公司的跟飞人员是同一战壕的兄弟。

崴，开辟了国产喷气式客机第一条国际航线。

中国商飞客户服务中心领导李玲告诉我们，截至2020年9月30日，ARJ21-700客机共计交付34架，服务国航、南航、成航、天骄等7家航空公司，开通73条航线，连接62座城市。运营41234飞行小时、23388个起落，安全运送旅客超过117万人次。

2020年春节，在抗击新冠肺炎战疫中，ARJ21-700客机及时出动，运送医务人员和医疗物资驰援武汉。有人称赞说："'翔凤'凌空舞，蓝天飘祥云！"

2020年7月30日，ARJ21-700飞机在全球海拔最高民用机场——稻城亚丁机场完成了最大起降高度扩展试验试飞，这标志着该客机运行范围可覆盖所有高原机场，为未来开辟高原航线奠定了坚实的基础。

"大客"首飞，测试先行

大飞机是一个大国的"国家名片"。随着我国综合国力不断增强，国际地位日益提高，中国应当设计并制造出具有自主知识产权和国际竞争力的大飞机，这是国家的意志、民族的梦想和人民的期盼，是实现中华民族伟大复兴中国梦的组成部分。

2017年5月5日，C919大型客机首飞，中央电视台破天荒地向全球直播飞机驾驶舱、起落架、驾驶舱显示器等画面，这是世界上任何飞机制造企业都没有尝试过的。此次直播不单在国内掀起收视狂潮，也同样引爆了社交媒体，国外网友纷纷表达了对这次直播的膜拜，所有中华儿女顿感自豪。

然而，在C919大型客机首飞现场，当所有媒体将镜头聚焦于以蔡俊为机长的试飞机组，聚焦于喧嚣的人群和一束束鲜花时，却忽视了这样一群人，他们堪称中国航空工业技术实力的代表。他们有一个共同的名字——中国试飞人。是他们自主研发的机载视频采集记录及传输系统令首飞直播从容顺利；是他们通力协作解决了C919大型客机首飞前的一个个技术难题，打

○商用飞机公司与试飞院合作开展适航审定试飞，共同为发展中国的大飞机事业而努力。

开了中国民机发展通往春天的又一扇大门。

国产大型客机C919是建设创新型国家的标志性工程，研制人员共计规划了102项关键技术攻关。为了检验这102项关键技术及新材料、新工艺等在C919上的应用是否符合“安全第一”的适航理念，为了保障C919大型客机适航审定试飞的“程序合规、实质合规”，试飞院C919型号测试技术团队满怀豪情，用创新为C919注入魂魄，以ARINC664航空总线为代表的一系列重大测试技术实现突破，无异于“大国重器”展翅腾飞的奠基礼。

《中国试飞报》记者刘宏岩在通讯《无愧于祖国的蓝天》中做了报道：

上海的冬天，虽然阳光明媚，但却寒风刺骨。又一轮艰难的讨论结束后，试飞院测试所民机型号测试团队负责人戴卫兵走出厂房，指着眼前的一幢大楼对同事说：“如果664搞不成，我就从楼上跳下去。”

戴卫兵所说的“664”，其实就是ARINC664航空总线。目前，在国际上，欧洲空客A380、美国波音787、巴西CRJ系列飞机等都采用了ARINC664航空总线技术，较好地解决了适航试飞中该类型总线数据分析等技术难题；但在中国，当C919大型客机成为国内首次应用ARINC664航空总线的项目后，该664航空总线数据分析技术研究在国内还属于空白。

2013年起，为了这个664，戴卫兵开始了和家人聚少离多的日子。在办公室，他挑灯夜战；在实验室，他废寝忘食；他往返奔波于西安和上海两地，极尽所能，将研究工作一点一点向前推进。

664到底难在哪里？戴卫兵说：“接到任务后，曾经有一段时间脑子里几乎空白，因为我搜寻不到任何相关资料，简直

○国产大型客机 C919 是建设创新型国家的标志性工程，研制人员共计规划了 102 项关键技术攻关。为了检验这 102 项关键技术及新材料、新工艺等在 C919 上的应用是否符合“安全第一”的适航理念，为了保障 C919 大型客机适航审定试飞的“程序合规、实质合规”，试飞院 C919 型号测试技术团队用创新为 C919 注入魂魄，以 ARINC664 航空总线为代表的一系列重大测试技术实现突破，无异于“大国重器”展翅腾飞的奠基礼。

○祝贺 C919 正式进入试飞阶段。

○ C919 大型客机总设计师吴光辉院士（右）与试飞机长赵鹏在它机试飞驾驶舱热情握手，互相鼓励。

就是由零开始。”那时，他甚至有些后悔承担了这件事。但是，面对领导的鼓励、同事的支持、家人的理解，他渐渐进入全力拼搏的状态，有时竟达到一种忘我的境界。

在上海，为了解决一个问题，戴卫兵可以足不出户，饿了就靠方便面充饥。初冬，寒雨潇潇，气温骤降，为了搞清几个数据，他忙得不知时节变化，身上仅穿一件跨栏背心。由于长时间趴在电脑前操作，他肩酸背痛，后半身布满了拔罐理疗后留下的深紫色印记。

2015年末，经过一系列技术攻关，戴卫兵及其团队终于在基于IRIG106的多通道ARINC664航空总线数据同步分析、基于元素单元的关联ID数据库自动管理、总线数据动态快视分析，以及基于智能线程池的多科目、多时间、多类型统一处理等关键技术上取得成功，解决了C919大型客机项目101架机的测试技术难题。

2016年，为了确保C919大型客机测试改装任务的顺利进行，试飞院改装设计研究室副主任吴晓辉在上海现场待了200多天。2016年11月18日，由于各单位机上施工互相干涉，相关方面负责人召集开会，统筹安排后续工作进度。就在会议争论不休时，坐在边上的吴晓辉就自己负责的工作表态了，他说：“我只要12天时间。”此言一出，召集人似乎不太相信，吴晓辉情急之下，拍了桌子：“我以党性保证！”室内顿时安静。事后，吴晓辉回忆，他能肯定说出“12天的时间”也是考虑了各种因素影响，实打实算出来的，但就是不该拍桌子。可是，改装部上海现场调度王军平却认为这桌子拍得好：“小吴这一拍，显示了咱们在飞机改装上的组织管理水平和施工效率，为咱们守住了底线。”331束线缆，209张电气图纸，数不胜数的各种插头，369件机载设备，哪一样不是要靠我们的双手？为了C919大型客机测试改装，电气改装中队副中队长张琦三拖婚期，每日带着自己的一帮兄弟姐妹们机上、地面来回奔波，在凌乱嘈杂的环境中，即使头发丝细的线缆也没有碰断过一根。

自2016年11月25日C919大型客机全机通电后，机上系统调试工作及一系列地面试验工作成为首飞前的最后一场战役。其中，测试系统的调试工作以其体量大、难度大等显著特点，无疑成为迎接C919大型客机首飞的“重头戏”。

提起“重头戏”，测试所的蒋红娜至今仍有事情难以忘记。

2017年大年初六，农历春节的喜庆气氛尚未消退，小蒋就赶到上海。在浦东机场一出航站楼，就连行李带人一起被拉到了工作现场。50余根振动低噪音电缆线的制作，往常一周左右的工作量，现在需要凭手工三天搞定。蒋红娜没有多想，很快就进入状态。她没有想到，还有更多的“磨难”在等着她。在C919大型客机首飞准备工作中，蒋红娜主要负责试飞测试参数传感器与校准。她明白，多达近700个参数，哪一个都得精确细心，做到百分之百无误差。于是，在飞机的各个部位，她或蹲或站，或趴或仰，或屈身于狭小空间，或蜷缩在各种设备之间，有时一忙就是几个小时，腿脚都没有知觉了。2月22日凌晨2点，上海风大雨寒，C919大型客机露天停在一面导流墙前。就着昏暗的灯光，蒋红娜身裹大衣，坚持和伙伴们在机上紧张忙碌着。她说：“那种冷，让我这个东北人都难以忍受，冰一样的寒风好像就在你的骨头缝里游走。”当晚工作结束时，疲倦的她稍一分神，脑袋就被磕了一个大包，渗出了血丝，她说：“钻心地疼啊，一周后才消肿。”

2017年春，C919大型客机OATP验证工作正在紧张进行，一天晚饭时间，试飞副总师田宝泉接了一个家里的电话后，赶当晚的最后一趟航班离开上海。当时，大家谁都没有注意到他眼里流着的泪光。

那天晚上，田保泉落地咸阳机场后连夜赶回铜川老家。我们无法知晓那一路上他是怎样的悲痛。作为家里唯一的儿子，老父因病卧床，他未能回去看望伺候，把精力完全投在了C919首飞准备工作上。如今老父弥留之际，他仍要千里奔波，尚不知能否和父亲见上最后一面。

就在田宝泉离开上海的第二天，试飞总师周占廷似乎嗅到了一丝不安，他拨通了田宝泉的电话。一再追问之下，田宝泉吐露了回家的实情，但是却坚决拒绝了周总及测试所所长王仲杰等人前来祭奠的请求。他在电话里是这样说的：“我不能因为家里的事影响大客机研制的正常工作。”

不到一周时间，田宝泉处理完父亲的后事赶回上海。在他的要求下，这件事也仅限于个别人知道。然而，消息还是逐渐

○试飞总师周占廷（左二）、总设计师韩克岑（右二）等在试飞现场期待着下一个好消息。

○ 2017 年 11 月 10 日，经过 2 小时 24 分、1400 千米的飞行，国产 C919 大型客机 10101 架机于 14 时 02 分平稳降落在试飞院机场，安全实现上海至阎良的首次空中转场。此后又有两架新机陆续转场到试飞院，至此，国产 C919 逐步进入适航取证阶段，不断取得阶段性成果。

传了出来，在上海现场，一些年轻人听说此事后，眼睛里也不知不觉泛出泪花。

2017年11月10日，经过2小时24分、1400千米的飞行，国产C919大型客机10101架机于14时02分平稳降落在试飞院机场，安全实现上海至阎良的首次空中转场。至此，国产C919大型客机正式进入研制试飞和适航取证试飞任务阶段。

为庆祝C919大型客机转场成功，试飞院举行了传统的“飞机过水门”欢迎仪式，两辆大功率消防车在跑道两旁相对向空中喷射出白色水雾，形成一个30余米高的美丽拱门，为首次降落在阎良机场上并缓缓驶向停机坪的C919接风洗尘。院党委书记宋跃进，副院长葛和平、赵江楠，航空工业民机部部长朱振军等与中国商飞公司党委副书记、副总经理刘林宗，中国商飞公司C919大型客机总设计师、副总经理吴光辉等领导出席了接机活动。

其实，为了确保C919大型客机的成功首飞，还有一个实力更强的备份首飞机组，机长是试飞院副院长、中国首款涡轮风扇喷气式支线飞机ARJ21-700首席试飞员赵鹏，领队是优秀试飞员赵明禹。几年来，他们带领团队进行了紧张的C919首飞备战。还有一支试飞队伍，他们是上海航空器适航审定中心中国民航试飞队，领队是优秀试飞员赵志强。这三支试飞队伍将在C919试验试飞适航取证战斗中协同奋战，谱写蓝天壮美新篇章。

据试飞副总师丁军亮介绍，已有三架C919客机转场到试飞院，这3架机将承担着70%的试飞项目。C919属于大型民用干线客机，整体上要比支线机更复杂、更先进，技术含量更高。因此，其研制试飞和适航取证试飞任务更重，难度更大。仅就测试而言，每架飞机上同时要测取的参数高达60000多个，实时监控的参数就有3000多个。目前，在飞行包线扩展，尤其是失速、颤振等科目的试飞均有阶段性成果。

2020年7月29日，试飞院副院长、国际试飞员俱乐部唯一中国籍试飞员赵鹏，驾驶C919圆满完成了90° 横滚测试，证明了该型大客机的良好性能品质。民航机的机动坡度一般都锁定在40° 之内，因此，这种类似于战斗机机动飞行的大动作惊险视频，瞬息之间成为众多媒体的头条新闻，展现在世人面前。

扶“鲲龙”出水

2018年10月20日8时51分，伴随着发动机的惊天轰鸣，由中国航空工业自主研制的国内首款水陆两栖飞机——“鲲龙”AG600慢慢划破湖北荆门漳河水库水面昂首起飞，经过十几分钟的飞行，9时05分飞机平稳地贴着水面滑行，轻盈入水，顺利完成水上首飞。

担任试飞机长的赵生向总指挥报告飞行情况，总指挥宣布大型灭火/水上救援水陆两栖飞机AG600水上首飞成功。工业和信息化部领导现场宣读了习近平总书记的贺电和李克强总理的批示：“这是我国航空工业坚持自主创新取得的又一重大科技成果。”“圆满完成水上首飞意义重大。”

据AG600试飞总师王诚华介绍，“简单来说，AG600既是一艘能飞起来的船，也是一架能游泳的飞机，是我国为满足森林灭火和水上救援的迫切需要，首次研制的大型特种多用途民用飞机，是国家应急救援体系建设急需的重大航空装备。”

追溯历史，试飞院和水上飞机早就结下了不解之缘。

早在20世纪60年代，特种飞机设计所与海军805厂按北海舰队要求，研制水上轰炸机。由于当时水上飞机的技术资料十分有限，只能用引进苏联的别-6型水上飞机进行改装试制，以用于海军部队执行侦察、巡逻、反舰、扫雷及海上搜救任务。试飞院派张克荣、齐连普等技术人员，带着测试设备来到青岛，

○ 1975 年，当哈飞公司试制的水轰 5 飞机出来后，试飞院与特飞所共同编制了试飞大纲。1976 年 4 月 3 日，水轰 5 飞机经牵引下水，起动发动机，在滑行一段距离后稳健离水升高，首飞成功。

对正在服役的别-6飞机进行了各项性能测试，尤其是在水面起飞及降落时的飞行速度与飞机升、沉尺度做了准确的测量与分析，解决了重大难题，保证了研制工作的顺利进行。第一次改装成功的水上飞机名称为“青6”。经试飞院全力组织水上试飞证明该机基本满足要求，某些性能比原苏制别-6飞机更好一些。通过试飞获得了大量数据，摸索了水上飞机的特殊测试技术，为我国水上飞机设计提供了依据并积累了试飞经验。

1975年，当哈飞公司试制的水轰5飞机出来后，试飞院与特飞所共同编制了试飞大纲。仅仅一年后的1976年4月3日，水轰5飞机经牵引下水，起动发动机，在滑行一段距离后稳健离水升高，首飞成功。到1986年，先后有多架水轰5交付使用。

在此后的20多年里，由于相关技术原因和配套迟滞等问题，国内水上飞机设计制造发展缓慢。

试飞人责无旁贷

进入21世纪之后，具有中国特色的社会主义制度越来越显示出无比强大的发展动力。取名“鲲龙”的AG600是目前世界上在研最大的水陆两栖飞机，具有执行森林灭火、水上救援、海洋环境监测与保护等多项特种任务的能力，对于国家应急救援和自然灾害防治体系能力建设具有里程碑意义。AG600飞机与C919、运20并称国产大飞机“三剑客”，是我国航空工业坚持自主创新取得的又一重大科技成果。

扶“鲲龙”出水，应国家之急，试飞院责无旁贷，承担起了AG600适航审定试飞的重任。当今的航空技术日新月异，新型特种飞机的试飞相比以前要更为复杂得多。试飞院在确定了试飞员队伍组建和培训方案后，根据AG600飞机四发螺旋桨的特点，通过系统理论学习、外请教员带飞等办法展开水陆两栖飞机试飞员及试飞工程师培训；2015年2月到4月，利用运8飞机，完成AG600型号试飞员适应性飞行培训，开始逐步走上水陆两栖飞机适航审定试飞新征程。

水陆两栖飞机水上试飞驾驶技术培训不仅在国内属新鲜事物，在国外也面临着可飞飞机型号不多、成熟教员少之又少的窘境。试飞院与中航通飞等单位共同努力，抱着“借助发达国家先进技术快速提升我国试飞员水上试飞技术”的目标和信念，由AG600飞机3名试飞员和7名试飞工程师组成的试飞工程团队于2015年5月远赴加拿大国际试飞员学校，接受水上试飞驾驶技术和水上飞机适航取证方法培训。

持续4个月的国外学习，试飞员赵生、孙康宁及试飞工程师刘静等人完成了14个课程的理论学习和30个小时的水上飞机驾驶及试飞技术实操飞行，掌握了水上飞机基本驾驶技术及试验方法、适航取证原则等，为我国开辟水上飞机试飞领域打下了基础。赵生介绍道，与陆上飞机落地和连续起飞相比，水上飞机的水面操纵技术更为复杂，涉及水面滑行、纵摇、跳跃及侧风起降、水面风向判断等多项关键技术风险控制。在飞机性能操稳、发动机、水动力等专业技术人员的支持下，试飞员不仅圆满完成了单发、双发飞机的着水连续起飞科目，还幸运联系到一架装着4台发动机、类似于AG600的水上飞机进行了训练。

在参试各单位的共同努力下，在试飞团队的奋力拼搏中，试飞任务很快转入首飞前的准备中。在AG600首飞前空勤理论培训课堂，参训的所有试飞员、指挥员及试飞工程师面色凝重。他们翻阅着厚重的资料，认真做着笔记，在课堂上不停发问，以至于AG600各系统设计主管全部闻风而动，坐进教室，轮番解答问题并对相关描述、指标参数进行修正。当通飞公司一名课题主管回答完所有问题后，不禁如释重负，长长吐了口气，从讲台上下来时不停抹着额头和两鬓的汗水，她对同事说：“他们的专业程度太高深了，考虑问题太全面了，我真的招架不住。”而来自通飞公司技术管理层的声音则认为：“这一版的培训资料必须进行修改，希望我们双方能更加亲密合作，共同稳妥推进AG600适航审定试飞工作。”

与“鲲龙”比翼双飞

2017年12月24日，这是一个特别值得记忆的日子，这一天，是“鲲龙”首飞的日子，也是试飞院测试所接受全国电视观众检阅的一天。当天，珠海上空，万里无云，“鲲龙”在亿万瞩目下腾空而起，伴飞飞机如影随形。

作为世界上最大的水陆两栖飞机首飞的现场监控及全国直

○在AG600机舱内确定测试改装方案。AG600与C919、运20并称国产大飞机“三剑客”，是我国航空工业坚持自主创新取得的又一重大科技成果。

○试飞团队庆祝AG600转场湖北荆门开展水上起降试飞
AG600既是一艘能飞起来的船，也是一架能游泳的飞机，是我国为满足森林灭火和水上救援的迫切需要，首次研制的大型特种多用途民用飞机，是国家应急救援体系建设急需的重大航空装备。

播，关注度非同一般。当大家看到现场多路监控大屏和央视新闻频道直播的“鲲龙”飞机清晰稳定飞行画面时，都情不自禁地鼓掌庆贺。“第一次通过光电吊舱实时跟踪直播试飞高清画面，效果非常好”，央视直播记者张雷由衷地称赞伴飞团队。“鲲龙”首飞全过程的高清数字影像浓缩了光电伴飞团队在试飞领域技术探索的艰辛和硕果。

负责这项任务的技术主管张品生对此做了专题报道——

作为中国大飞机“三剑客”之一的“鲲龙”飞机凝聚着多行业多专业的先进成果与心血，饱含着航空人的汗水和期待，为展现航空人的自信、航空工业的成就、祖国的巨大进步，经上级研究决定首飞面向全国直播，这重担落在了测试所光电伴飞团队的肩上。这是我国首次利用光电吊舱全程伴飞，这光荣和神圣的任务是祖国对我们的信任，是压力，更是动力。

接到伴飞任务到最终实施只有短短两个多月的时间，需要协调研制光电跟踪吊舱、高清图像调制解调设备、动中通机载卫星跟踪设备、地面跟踪卫星数据收发设备及远程高清图像直播多站点传输等多个环节。时间紧迫，技术难度大。面对复杂而艰巨的任务，吴衡主任亲自披挂上阵，经过周密的技术协调，细化分解任务，同伴飞团队一起制订了专项方案。

伴飞光电跟踪测量吊舱是集精密机械设计、可见光、红外光学设计、高精度激光测距、自动控制、高清及高速图像处理、模式识别及空天地全球测控技术于一体的复杂系统，采用多项光电测试领域的前沿技术。光电吊舱、卫星测控链路、实时监控直播系统研制、机上改装，半年多的工作量压缩在短时间内完成，看似一座不可逾越的大山，伴飞团队没有退缩！

针对机载运动平台目标跟踪特性，利用CFD仿真计算伴飞飞机、目标飞机气动力、飞行品质和飞行性能，制定伴飞跟踪策略，改进光电吊舱MCD相关跟踪算法，构建了强相关四维时空运动模型，采用伴飞目标的实时运动矢量预测与图像识别跟踪相结合的方法，实现动态目标快速捕获、稳定跟踪能力，确保伴飞画面清晰、稳定。

号角声声，催人奋战。不足60天不但要完成任务，还要完美地完成，伴飞团队一刻也不敢轻心，风雨兼程，披荆斩棘，卫星跟踪失锁、图像传输误码、多通道高清制式转换、多源音视频同步切换直播、高清图像多路分配、远程传输、伴飞编队跟踪难题……一项一项被攻克。

执行伴飞任务的运12飞机提前一周从西安阎良转场至珠海，需要途经株洲机场中转。飞机在株洲机场准备起飞时遭遇雷雨天气，被迫待命。48小时过去，起飞机场连续阴雨天气，云层太厚，运12飞机机舱不密封，飞行高度在4000米以下，积雨云中飞行不适合转场。任务紧急，伴飞团队心急如焚，机长肖晓利技术精湛，信心满满地驾驶运12飞机直上云霄，上升到5000多米高度，甩开云层的束缚，战胜了缺氧、低气压的不利局面，有惊无险转场至珠海。

由于系统的繁杂，伴飞跟踪系统现场调试极不顺利。出现高清图像严重偏色现象，时不我待，伴飞团队连夜奋战，确定是天空光线动态范围过大，自动曝光阈值不合理，引起自动白平衡失调，导致图像偏色，减少自动曝光灰度统计的阈值，解决了图像偏色问题。

飞行演练开始了，可卫星跟踪频繁失锁，监控大屏幕上卡滞的画面让人愁眉不展。监控人员盯着屏幕，时间在这里静止了。飞机落地，立即全方位排查：转发数据的亚洲4号卫星处于提前报废期，正调整发射信标频率。现场调整卫星跟踪频率，调至49号卫星，首飞现场转播最后一个故障排除了。

随着央视直播记者和直播设备抵达现场，伴飞团队负责高

○ AG600试飞总师王诚华（左二）深入现场参与型号研制工作。

清图像多路分配、多源音视频同步切换远程传输设备调试也相继调试到位。

工作越繁忙，时间过得越快，转眼就到了“鲲龙”首飞的日期，为了确保首飞当日监控画面质量，伴飞团队明确分工，细化操作规程，准备应对措施。

2017年12月24日上午，天气晴好，项目负责单位试飞院中飞公司领导陈晓敏坐镇直播现场指挥协调，所有参试人员严阵以待。技术负责人张杰副主任负责伴飞地面终端卫星跟踪、视频收发及直播视频分发任务；课题主管张品生负责伴飞飞机上光电吊舱跟踪拍摄、卫星数据传输、央视机上直播协作任务。

所有设备通电检查、自检正常后，设备联试，细化调整。一切准备就绪，地面操控正常，“鲲龙”和伴飞飞机按计划腾空而起，伴飞光电吊舱从“鲲龙”滑跑起飞到平稳降落全程稳定跟踪目标，现场直播的高清影像画面稳定，图像清晰。突然，随着“鲲龙”飞机在空中来了一个华丽的转身，伴飞飞机紧随其后的机动导致了卫星链路跟踪失锁，监控大屏幕上停滞的画面让人揪心，令人窒息。监控人员盯着屏幕，没人言语，只有询问的电话铃声不断……光电跟踪人员迅速搜索锁定卫星，光电吊舱红外、可见光通道迅速捕获跟踪并锁定目标，在马凯副总理踏进监控大厅的瞬间，“鲲龙”完美的飞行画面又重现在大屏幕上。

伴飞飞机上的央视记者向全国直播“鲲龙”首飞伴飞高清影像的同时，也见证并高度评价了全国首次通过伴飞光电吊舱实时跟踪直播试飞的全过程。人们揪着的心放下了，任务完成了，伴飞成功了！

“鲲龙”腾飞，荣耀海天

AG600飞机是当今世界在研的最大水陆两栖飞机，起飞重

○ AG600飞机是当今世界在研的最大水陆两栖飞机，起飞重量接近空客A320和波音737。在完成了陆上、湖上试飞和最艰难的海上起降后，圆了中国人飞天入海的梦想。

量接近空客A320和波音737。

首飞机组成员陈明介绍说："当天飞机加速离地后，感觉飞机状态和预想的状态是一致的，稳定性特别好，所以心里特别踏实。"有媒体评价说，AG600飞机64分钟的空中首秀，标志着中国航空工业的重大历史突破。

《中国试飞报》记者李驰、沈璐跟踪试飞团队做了采访——

AG600型号试飞总师王诚华曾任ARJ21-700试飞副总师，有丰富的型号合格审定试飞经验。在该型号上，他面临的最大问题就是申请人在飞机研制技术及型号合格审定等方面的经验不足。但是，他表示，AG600是国家应急救援能力建设的重要内容，我们必须拿出大协作的精神，绝不允许有任何保留。

2014年以来，王诚华与试飞副总师吴春麟、朱海龙等人，严格遵循《运输类飞机适航标准》相关适用部分及相关文件，展开试飞大纲及001架机陆上测试任务书编写、相关测试架内改装协调及课题、试飞员培训等工作。随后，型号项目团队突破国内水上试飞技术缺少积淀、合格审定大纲不断迭代和反复、各类资源保障有限等困境，圆满完成各类合格审定试飞大纲、试飞总方案等文件编写，获评审、签署并提交申请方，获各方肯定。其间，他们还帮助申请人建成了一个基于计算机的、类似民航飞行学院CBT的飞行操控训练设施，使申请人首次拥有了健全的航电实验室。

2016年，AG600型号研制进入关键时期，试飞院型号系统在申请人尚在摸索飞机设计瓶颈的情况下顶在型号设计生产一线，根据原型机生产现状及时调整策略，通过视频会等形式积极与民航局上海审定中心沟通并获准打破常规，在多变的形势中保证了测试改装任务推进。那一阶段，王诚华等人被型号审查团队誉为"申请人背后的申请人"。

他们，被称为航空试飞领域的"前锋线"。在AG600首飞准备工作中，飞机所民机试飞团队由综合主管刘静带领郗超、张强、刘艳、杨建国等技术骨干，先后完成了首滑、首飞大纲论证、试飞问题分析处理等工作，为AG600首飞提供了良好的技术保障。

此外他们还承担了大量申请人的工作，小到工作软件安装，大到数据研判、安全性评估。刘静介绍说，AG600型号是飞机所有史以来介入最深、工作内容最复杂、工作量最大的型号。在工作中，他们曾发现液压系统藏有巨大安全隐患，通过追溯试验过程竟发现300余根液压管不符合技术规范。在AG600大气机、起落架系统和操纵系统阶段性测试联试中，他们发现了飞

○试飞机组庆祝水上试飞成功。从左至右：魏鹏，陈明，赵生，孙康宁。

机方向舵和副翼零位出现漂移、操纵系统中立位有碰撞声、起落架收上时阻尼过小等近百条飞机系统功能问题。在AG600地面滑行试验中，还是他们，及时发现飞机“走步”现象，并迅速提出操纵注意事项，避免了结构破坏隐患。

在保障AG600首飞过程中，他们展示出了“中国试飞国家队”超凡的技术实力。

测试改装是新型号投入试飞前的“重头戏”。为了保证节点，改装部电气设计技术员张波连妻子生产都顾不上，更别提节假日休息了。电气改装中队中队长谭秀萍介绍，由于一再设计更改，“工卡换了N版，施工标准换了N版”，他们做了大量重复性工作。2017年6月，由于大量参数重新更改，他们再次投入艰苦的鏖战中，见缝插针抢时间、夺先机、保节点。副院长赵鹏在现场对他们说：“这是我见过的最漂亮的机上布线。”

面对飞机座舱内一颗螺钉脱落掉在试飞员头上的“大事件”，机务七大队的魏鹏等人更加感受到了身上的千钧重担。这一次，他们协助集团质量审查团队在现场查出实物问题148项、软件问题40多项。随后，机务团队持续展开可靠性、维修性等检查，发现了200多项问题。在一次次排查中，机务人员把严慎细实的作风发挥到极致，先后排查并帮助申请人解决了飞机防放静电能力薄弱、滑油混合工序不规范、滑油箱溢油口的切面切反、滑行中飞机左右空速不一致等重大问题，为AG600首架机获颁特许飞行证扫除了障碍。

2017年11月底，针对前期特许飞行证审查过程中发现的问题，局方审查组两赴珠海现场展开系列检查工作。试飞院AG600项目团队在王诚华总师的率领下，全力协助申请人配合审查组完成了对特许飞行证首飞检查清单共计1671项工程检查，及1737项制造符合性项目检查，并就局方审查组提出的140余条整改意见和建议及时拿出科学严谨、切实可行的技术方案，保证了飞机安全首飞。经过一段时间的陆地试飞后，又成功地进行了湖面的水上试飞，受到了党中央和国务院领导的赞扬。

……

2020年7月26日，以赵生为机长的试飞机组驾驶AG600，成功降落在青岛海域，按程序在海面滑行后又成功起飞，出色地完成了陆上、湖上试飞和最艰难的海上起降，又一次圆了中国人飞天入海的梦想。

第十章

让“心”飞起来

航空发动机被誉为“飞机的心脏”和“现代工业皇冠上的明珠”。这是因为航空发动机的技术水平是衡量一个国家综合科技水平、科技工业基础实力和综合国力的重要标志。

航空发动机的发展史就是一个设计、制造、试验、使用、修改、再制造、再试验、再使用的不断摸索和反复完善的过程。甚至有人说，发动机主要是试出来的。由此可见，飞行试验就是给发动机颁发配装于飞机的“上岗证”。

“一代动力，一代飞机”

在航空工业领域，发动机和飞机同属于一类产品，即并驾齐驱都被称为主机。而且就其科技含量和制造工艺来讲，发动机的研制可能还超过飞机的研制。对此问题，我国航空发动机专业首位博士、西北工业大学动力学院资深院长蔡元虎教授给我们做了精彩论述——

航空发动机技术水平是衡量一个国家综合实力的重要标志。

航空发动机是飞机的核心部件，为飞机飞行提供动力。航空发动机是当今世界上多学科集成的、最复杂的工程机械系统之一，涉及气体动力学、热力学、燃烧学、传热学、结构力学、控制理论等众多领域，不仅长期在高温、高压、高转速、高载荷的恶劣而严酷的条件下工作，而且必须满足推力（功率）大、重量轻、可靠性高、安全性好、寿命长、耗油率低、噪声小、排污少等许多十分苛刻而又互相矛盾的要求。因此，航空发动机的技术水平是衡量一个国家综合科技水平、科技工业基础实力和综合国力的重要标志。所以，航空发动机被誉为“飞机的心脏”和“现代工业皇冠上的明珠”。目前，全球拥有现代航空发动机全周期开发技术的国家只有美、俄、英、法四国，比拥有核武器的国家和能把卫星发射到太空的国家少得多。

航空发动机的发展，推动了飞机和航空业的发展。

1903年12月17日，莱特兄弟首次实现人类有动力载人飞行，其动力为活塞螺旋桨发动机。在活塞螺旋桨发动机之后，人类又先后发明了涡轮喷气发动机、涡轮风扇发动机、涡轮螺旋桨发动机、涡轮轴发动机、桨扇发动机、具有矢量推力的涡轮风扇发动机、变循环涡轮冲压组合发动机，等等，推动了飞机和航空业的飞速发展。

例如，法国空中客车公司制造的空中客车A380–800巨型客机，由于配装了4台罗尔斯·罗伊斯公司的Trent900发动机，或4台通用电气和普惠合资的联合发动机公司的GP7200发动机，可承载555~861名乘客。

再如，美国洛克希德公司20世纪60年代为美国空军研制生产的喷气式远程高空高速战略侦察机SR–71（绰号：黑鸟），因其配装了2台普惠公司生产的当时最先进的J–58变循环涡轮冲压组合喷气发动机，最高飞行时速达4062千米/小时（3.32马赫），最大升限高达3万米，是第一种成功突破热障的实用型喷气式飞

●动力装置飞行试验

是在真实飞行条件下，对飞行器动力装置进行试验研究和产品试验。

航空动力装置是航空器的发动机以及保证其正常工作所必需的全部附件和系统的总称。通过航空动力装置的飞行试验，研究和验证动力装置所采用的新概念、新技术和新材料，促进技术成熟度增长；对于新研制的飞行器动力装置，试验和鉴定是否符合设计指标与战术技术指标的要求，明确动力装置的使用特点和缺陷，为进一步改进动力装置、编写和完善飞行员手册及使用维护说明书等提供依据。

机，实战记录中没有任何一架被敌机或防空导弹击落过。

美国的B-52H战略轰炸机配装8台涡轮风扇发动机，1955年服役后，先后发展了B-52A、B、C、D、E、F、G、H等8种型别，美国空军现在计划让B-52一直服役至2050年，服役时间长达95年，被誉为“军机寿星”。

整个航空发展史表明，人类在航空领域所取得的每一个重大的革命性进展，均与航空发动机技术的突破和进步息息相关，“一代动力，一代飞机！”

飞行试验对研制发动机的必要性和重要性。

飞机和直升机具有高空、高速、多次重复使用的特点，飞行寿命高达数万小时，不像运载火箭属于一次性使用，且飞行时间以秒计。同时，与地面、水上运输工具相比，飞机和直升机还必须有推力（或功率）大、重量轻，即推重比（或功重比）大的要求。

因此，飞机对其动力装置可靠性的要求，比地面、水上、航天运输工具对其动力装置可靠性的要求要高得多。道理很清楚，当地面、水上运输工具的动力装置出现问题时，可以停在地面上或水面上；而当飞机的动力装置出现问题时，就无法保持飞行高度和速度，轻则导致飞机无法完成任务，重则引起机毁人亡的重大事故。此外，航空发动机的总运转寿命高达数万小时，在寿命期内还要多次重复使用，每次都必须确保万无一失。

此外，航空发动机结构十分复杂，先进航空发动机零件多达数万个。不仅如此，发动机主要零、部件的工作环境十分恶劣，常常处于高温、高压和高速转动的工作状态，任何一个零件出现问题，都可能导致发动机停车或破坏，并引发灾难性后果。

一百多年来，国内外研制航空发动机的实践证明，一种新

○发动机试飞前，机务人员在做相关准备工作。有人说，发动机主要是试出来的。由此可见，试验在航空发动机研制过程中起着非常重要的作用。

型航空发动机的诞生，或者对现有发动机进行改进、改型，都离不开试验。航空发动机的发展史就是一个设计、制造、试验、使用、修改、再制造、再试验、再使用的不断摸索和反复完善的过程。甚至有人说，发动机主要是试出来的。由此可见，试验在航空发动机研制过程中起着非常重要的作用。

航空发动机试验分两类，一类是部件和子系统试验，另一类是整机试验。除了它们本身性能之外还要进行环境试验，主要是考核发动机在恶劣环境条件下的适应能力，像高低温起动和加速试验、结冰试验、腐蚀敏感性试验等，另外还有吞鸟试验、外物损伤试验、吞冰试验、吞沙试验、吞水试验、吞入火药气体（模拟战斗机发射武器后吸入武器产生的尾气）试验等，让发动机也尝尝“酸甜苦辣”的滋味，看看发动机的“肚量”（包容性）和“泼辣”（抗畸变）程度如何，最后还有噪声试验、排气污染试验等。

飞行试验有飞行试验台试验、将发动机装在相应型号的飞机上（即将被试验的发动机作为此飞机的动力装置）的飞行试验两种类型。

关于飞行试验，国防科工委于2004年发布了由试飞院制定的GJB 243A−9004航空燃气涡轮动力装置飞行试验要求，对航空发动机的飞行试验、动力装置（指航空发动机、进气装置、排气装置、螺旋桨以及保证其正常工作所必需的全部附件和系统的总称）附件及系统的飞行试验提出了详细要求。

关于矢量推力发动机，蔡元虎教授也做了简要介绍——

推力矢量是指将发动机对飞机产生的推力从发动机轴线方向引向其他方向的技术。推力矢量技术除了可以为飞机垂直起降或短距起降提供能力外，还可以在空战中为飞机提供额外的机动力，以便实现飞机的超机动飞行和过失速机动。

2018年11月，在珠海航展上，试飞员驾驶配装某型涡扇矢量推力发动机的歼10B矢量验证机表演了“眼镜蛇机动”和“落叶飘机动”，展示了该验证机在飞行、火力、发动机推力一体控制方面的良好性能。世界上能够完美演绎“落叶飘”动作的也只有俄罗斯的米格−290VT验证机、苏−35、苏−57、美国的F−22以及我国的歼10B矢量验证机等。全球能飞“眼镜蛇”动作和“落叶飘”动作的飞行员更是屈指可数。

抓好科研基础设施建设

在苏联留学时分别受到毛泽东主席、朱德总司令和彭德怀、聂荣臻元帅亲切接见的单凤桐，牢记着“希望寄托在你们身上”的伟大教导，回国后在空军工程部参与筹建试飞基地的工作。当时帮助支援空军建设的苏联专家恰好是他在苏联国防部红旗科学研究院留学时的教官，两人比较熟悉。当中苏两国关系破裂，赫鲁晓夫下令撤回专家时，出于两国人民之间的友谊和师生之情，这位专家将一整套《试飞指南》悄悄地留给了单凤桐。单凤桐十分认真地翻阅学习了大部分章节，尤其是对发动机部分进行了仔细的研究、琢磨。鉴于试飞院是由空军和工业部门共建，再根据单凤桐所学专业，他很自然地被调入试飞院工作。一去就担任发动机研究室的领导。

据单凤桐回忆，建院初期，院领导非常明确，要坚决按照国家批准的建设计划，即不折不扣地按中苏两国签订的848工程设计方案建好飞行研究院，在逐步摸索开展飞行试验研究工作的同时，注重抓好科研基础设施建设。熊焰院长形象地说：试飞项目和基础建设要两手抓，这是我院起飞跃升的“双翼”。

1946年9月，16岁的单凤桐还在哈尔滨市立一中上学时就参加了共产党地下外围组织民主青年同盟，从此走上革命道路。从参加东北农村土地改革工作队，到东北民主联军总部附设外国语学校学习，再到华东军区航空处工作，后来去苏联留学，他不断追求进步、积极献身国防建设。

单凤桐介绍，那时的发动机研究室和飞机研究室一样，承担试飞任务所使用的记录仪器是在纸带滚动上画线，只有极少数几台光学示波器。为了保证飞行计划，科技人员必须连夜译码判断当天试飞的数据，然后提出第二天试飞计划。动力装置专业人员采用组合试飞测试，即几个专业组同时参加试飞，这样一来，夜间译码时间就很长，有时办公室整夜在加班译码，

○发动机地面试车
自2000年以来，一批新的高性能试验设备陆续建成，承担了航空动力系统大量的试验研究任务。

分析数据，以保证第二天的飞行。科研人员那种求知精神和认真工作的态度充分展现出来。室领导关心同志们的健康，规定加班限时，但大家的工作热情谁都阻挡不住，办公室经常整夜灯火通明。

根据苏联为飞行研究院编制的技术设计文件，在乔文逍、汤建勋组织带领下，经过四年多的努力建成了全机推力台、自动调节系统试验台、飞机燃油系统试验台、涡轮螺桨和涡轴发动机试车台、校准风洞和燃油流量校准台等一系列的地面试验设施。利用它们在新机定型和预研试飞中完成了大量的模拟试验、专题试验和排故试验任务。

从1966年开始，按照苏联提供的图纸，将一架图-16飞机进行修复，改装成发动机飞行试验台，一直到20世纪90年代之前，这都是我国唯一的空中试车台。

据发动机整机试验特级专家魏海涛研究员介绍，自2000年以来，一批新的高性能试验设施陆续建成，承担了航空动力系统大量的试验研究任务——

现代化的全机推力试车台。能够对各类战斗飞机和大型运输类飞机进行全机航向推力测量，精度高达0.5%。系统设计总体采用网络结构，将参数测量、数据采集、遥测接收等各大模块通过网络通信连接到上位计算机进行实时数据处理、显示、记录、存储，完成了试验现场各个系统全方位的视频传输、监控。

功勋卓著的10A露天试车台。主要承担新型发动机定型试飞过程中的地面台架性能录取试验、控制器功能考核试验以及改装后密封性检查试验。已完成6种型号发动机上百次地面试验。在常规试验之外，10A车台还承担了很多特种试验研究，如发动机台架中心加载校准，发动机尾喷流温度、压力测量试验，拉烟试验，吞鸟试验，还有煤基燃油对比试验研究等。

特殊功能的矢量推力试车台。这是我国首个具备矢量推力航空发动机试车能力的地面台。2018年珠海航展上大出风头的“眼镜蛇”和“落叶飘”等过失速机动飞行表演，试飞人预先在这个试车台进行的有关试验研究，为其铺就了成功之路。

给发动机签发“上岗证”

1995年11月，美国空军、波音公司和通用电气公司联合开展了关于F/A-18E飞机配装F414-GE-400发动机的性能飞行试验计划,仅前期的技术准备和相关试验就花费了长达32个月，飞行试验中又选取了7架F/A-18E试验机，经过近百架次的飞

●发动机性能飞行试验

在实际飞行条件下，评估和确定装机后发动机的推力（或功率）和燃油消耗率等性能指标的试验活动。飞行试验是鉴定发动机性能特性的一种常用手段，具有真实性强和准确性高的优点，通过飞行试验获取全包线内的发动机高度特性、速度特性、节流特性和温度特性。

行试验和数据处理工作，最终才完成了发动机性能飞行试验。

通俗地讲，航空发动机性能试飞是确定不同状态下发动机推力和燃油消耗率的变化、检验发动机设计水平的最终手段。就是说完全通过了严格的性能飞行试验，发动机才有资格领取配装飞机投入工作的“上岗证”。

这种认识并不是先验论，而是在航空科学发展过程中，通过实践探索出来的。中国真正意义上进行飞行试验第一个型号是“红专502”，刚开始人们普遍认为将飞机性能试飞一下就行，但是在试飞过程中，却发生了四大故障，而其中三项都是发动机的问题。

当时的项目主管徐素君回忆说，铁的事实告诉我们，试飞是个系统工程，是互相联系的，发动机对飞机的重要性人所共知，而发动机本身的重要性、特殊性，决定了对其进行各项地面试验后还应该进行飞行试验的必要性。对试飞中发动机气缸头温度偏低、滑油系统散热器性能差、左右油箱耗油不均衡等几起故障，分别列为专题开展研究，全部予以解决。那个时期，掀起了学习毛主席哲学著作的热潮，大家理论联系实际，指导科技工作，切身体会到《矛盾论》《实践论》太精辟了。

万事开头难，第一次试飞的艰苦实践，为后来各种型号的发动机试飞摸索出了一定的经验。

1978年全国科学大会后，中国航空学会在杭州莫干山召开学术交流大会，徐素君介绍了航空发动机的飞行试验，全体与会人员一致认为很新颖、很精彩。

主笔编撰《中国飞行试验研究院科技发展史》的史庭谟研究员，是试飞院发动机研究室组建后第一位取得研究生学历的高才生，先后担任过大量试飞研究项目的主管。谈及我国航空发动机的鉴定、定型试飞，他如数家珍，一口气给我们介绍了已经完成试飞的30多种型号发动机，诸如涡喷6甲、涡喷7甲、涡桨5、涡桨6、涡轴5、涡轴8、涡扇9等。

涡轴8H混装批发动机完成定型试飞后，大量装备于陆航部队的直9型、直19型武装直升机，有效地提升了部队装备水平和作战能力。

涡桨9发动机合格审定试飞完成后，作为运12飞机的动力装置，取代了加拿大普惠公司的进口发动机。

涡扇8发动机是我国自主研制的第一台大型涡轮风扇发动机。在完成了单台1000小时长期试车，以及七项边界条件试车均达到设计要求之后，于1983年改装到运10客机2402号机的第四发位置上进行试飞，飞机成功飞达西藏、青海、新疆、北京、

○发动机课题组与试飞员在现场讨论。只有通过了严格的飞行试验，发动机才有资格领取配装飞机投入工作的“上岗证”。

陕西、湖南、湖北等地进行高温、高寒、高原和高湿度等极端环境条件下的试验。

由于运10飞机项目下马，涡扇8发动机试飞也随之结束。

涡扇9发动机我们取名为“秦岭”，是我国引进英国罗·罗公司斯贝MK202发动机专利、由西航公司生产的双转子涡轮风扇内外涵混合加力式发动机，配装在我国歼轰7系列飞机上。

第一阶段试飞完成了斯贝MK202发动机国产化工程的技术鉴定，使涡扇9发动机转入小批量生产，解决了使用部队和飞机生产厂缺装发动机的窘况。涡扇9发动机第二阶段即鉴定试飞安装在歼轰7A飞机上进行，试飞中仍然发现了不少问题，经攻关逐项予以排除。涡扇9发动机的生产定型，为该型发动机投产并装备部队奠定了基础。

在发动机的定型试飞中，有些型号问题频频发生，很难顺利进行。

比如涡扇11，试飞中曾因发动机起动控制箱缺陷，造成一次空中起动失败后无法完成第二次空中起动，使单台发动机的教练8飞机空滑迫降返场着陆；发动机在9000米高空喘振，经分析系发动机喘振裕度偏小，无法完成后续试验，设计定型试飞暂停，发动机返厂，更改高压压气机设计；空气发生器空中起动故障导致其烧毁，并烧坏了飞机蒙皮，迫使发动机设计定型试飞再次暂停，厂方采取设计更改措施后，仍达不到战技指标规定的空中起动高度要求，只好申请更改战技指标。

除了整机试飞情况，史庭谟还介绍了很多具体项目，诸如李桂荣、刘选民的极曲线测量和屈玉池的螺旋桨试飞等。他说：“回顾试飞史，我们不难发现，一台发动机要拿到‘上岗证’，是非常不容易的。”

战胜高原、高温、高寒

20世纪70年代中后期，湖南331厂为运8飞机研制涡桨6发动机任务迫在眉睫。1975年12月，航空部下发文件，要求在1976年内完成该型发动机的设计定型试飞。试飞院领导紧急动员，课题组乐俊宝、刘美珊等与空军十三师飞行员和331厂跟飞人员紧密合作，在全院职工的配合下，试飞工作进展顺利，很快完成了本场的全部试飞内容。为抢高寒天气，他们随飞机转场到东北，实施低温环境起动试验。从1976年3月14日起，飞机离开阎良到海拉尔等地，在−23.4℃低温条件下起动、试飞全部成功。

4月24日，正式开始高原地区试飞。试飞采取由低到高、循序渐进的方案，从标高1300米的蒙自一直到标高3540米的贡嘎，历经昆明、乌蒙乡、格尔木、共和等机场，对发动机的主要使用性能进行了考核。

8月2日，在海南岛完成了发动机的高温试飞。至此，涡桨6发动机的定型试飞圆满完成。

随着航空工业的稳步发展，2000年后，预警机的研制迅速展开。由于特殊需要，K/JE03预警机必须对原发动机改进设计，并与全新设计的JL-4螺旋桨一起作为动力装置。

试飞任务从2004年9月开始，项目包括发动机工作特性、性能特性、发动机和螺旋桨调节系统性能、发动机和螺旋桨振动和应力测定等，先后进行了常温、高温和低温试飞，还进行了包括海拔最高的拉萨机场在内的高原试飞。试飞过程中发现了飞机滑油系统散热器热量不足导致发动机滑油温度过高等问题，试飞课题组与参研单位大力协同、攻关排故，到2007年2月已飞完了航定委批复的设计定型试飞大纲规定的全部试飞科目，有力地支持了国产预警机的研制和试飞。试飞人南征北战，攻坚克难，使发动机的高原、高温、高寒等极端环境试验技术走向成熟。

和飞机试飞相比，发动机对工作环境的适应性及可靠性显得更需要关注和研究，为什么航空发动机在飞行试验中受到如此“特殊待遇”呢?

试飞院安全总监程存虎研究员为我们做了如下讲解——

作为飞机的“心脏”，航空发动机飞行试验的一项重要任务是：在真实装机使用条件下，在高原、高寒、高温、侧风、自然结冰等特殊环境下，对发动机进行全面的试验验证评估。

首先是高寒试验。

在-35℃以下的极低环境温度下，连撒出去的热水都能成为寒冷冬季最美的风景，而这种环境条件下航空发动机则要面临“冻僵”的风险。进行高寒试验时，要模拟最严酷的条件，需要提前把飞机和发动机放置在低温环境下进行长时间“冻透”，随后开展发动机起动试验。高寒条件下，发动机转动部件工作所需的润滑油会因为低温而变得“黏黏糊糊”，同时与常温天气相比，发动机也需要更多的热量才能把自身暖起来。因此，高寒条件下发动机起动时更容易出现起动时间长、转速不上升、工作不稳定等问题。

高寒试飞，不仅只针对航空发动机，同时对飞机系统也是一个严峻的考验。有人问，飞机都是钢铁材料制成，还怕冻吗？其实，对于任何材料来说，在环境温度变化时都会有相应的变化，只是变化大小不同而已，何况飞机上有电子设备及橡胶、塑料等管线及连接件。在低温条件下，许多电子设备会无法正常工作，甚至驾驶舱屏幕无法显示的情况也时有发生。当气温下降到零下四十多摄氏度时，飞机上的橡胶件、塑料件的强度和韧性都会降低，弹性变差。飞机经过一晚上的停放及冷冻，整个飞机机翼，从翼根到翼尖，就像下雨一样不断向下泄漏燃油。在这种恶劣的气候条件下，地勤人员冒着严寒，打开机翼口盖或蒙皮，进行检查维修。由于极度寒冷，短时间的室外工作，人就会被冻僵，无法操作，这是高寒试验的常见情况。

与其对应的是高温试验。

高温试验用于验证发动机在另一个极端使用温度下的起动能力。一般高温试验时的环境温度要高于35℃，试验前需要把飞机和发动机进行暴晒以确保“热透”。“热透”状态下的发动机储存了一定的热量，这些热量对进入发动机的气体进行“预加热”，导致气体更难以被压缩，进气量相应会减少，使得发动机整体供油量偏多。高温试验时，发动机更容易出现喘振、超温、加减速时间超标等问题。

接下来是高原试验。

高原条件最突出的特点是“缺氧”，相信去过高原的人对此都有深切体会。“高原缺氧”是航空发动机实际使用过程中难以避开的特殊环境条件之一，最大地面起动高度是必须要进行实际验证考核的关键技术指标之一。高原缺氧条件下，发动机经常遇到的问题是起动过程偏“富油”，也就是供油量偏多而可能会导致排气温度过高、喘振等诸多问题。另外，由于吸入的空气中含氧量较低，发动机产生的功率较少，其高原起动

●发动机工作特性飞行试验

将发动机安装在试验飞行器上，通过实际飞行，对发动机的工作特性开展的验证和考核活动。

●发动机结构飞行试验

在实际飞行条件下，验证和评估装机后发动机的强度、结构动力特性、损伤容限以及耐久性等结构特性的试验活动。

时间较长。除了对自身的验证考核外，航空发动机还需要与飞机一起完成高原条件下的起降、滑跑等试验考核，全面评估其能否满足在高原环境下的使用需求。

高原机场的起降对于飞行员来说也是一个巨大的挑战，这就要求飞行员具有一定的高原飞行经验。由于高原气压低、空气稀薄，在相同发动机油门下，飞机升力相对减小，起飞时的滑跑距离相应增加。飞机降落时，如果飞行员按照平原飞行的经验进行操纵，实际情况可能与预想偏差较大，要么无法正常在跑道上着陆，要么着陆后滑行时出现侧滑偏出跑道，这都是飞行试验中应该探索和解决的问题。

高原试飞，对飞机和发动机是考验，对于我们的工作人员也是意志和耐力的检验。进入高原后的高原反应，大部分人都会遇到。血压升高、呼吸困难、失眠、头痛头晕等高原反应症状几乎伴随每一个人。我们需要克服身体不适，才能正常开展飞机维修、维护工作，特别是进行机械操作，攀登机体更换部件等，对于体力的消耗更为严重，需要比平时付出更多。这些我们在拉萨试飞时都亲身经历过。往事历历在目，令人终生难忘。

吞鸟，吞冰，吞水，吞烟……

军用飞机要在各种自然环境和战斗环境下工作，因此环境试验被列入发动机国家鉴定试验的重要内容。为了编制我国军用发动机通用试验规范，为了对我国新研制的军用发动机进行环境试验考核，必须建立各种环境试验设施并开展试验方法研究。至于民航客机，在这方面就更是必不可少的了。否则飞行中的飞机一旦吸入外物，就很有可能造成惨重的空难。因此，美、俄等国都有标准的试验规范，而我国在这方面曾经很长时间都是空白。

据试飞院发动机环境试验奠基人乔文道介绍，“文革”结束后，我们迎来了科学的春天，发动机研究室主任邱永生挂帅，组织人马，主动向国家主管部门申请，编写我国自己的航空发动机环境试验规范，并且自力更生，设计建造了试验车台及各类专用特殊设备。他们还专程到北京，向空军科研部、装备部申请批拨两台被试发动机。

在乔文道的具体负责下，华玉田、李恩味等人创造性地实施了发动机结冰、吞鸟、吞沙、吞水、吞烟及高、低温起动等12项试验，为国家颁布标准规范建立了实践依据。

在一定气象条件下，大气中的过冷水滴、水蒸气、冰颗粒等会在飞机进气道唇口、发动机整流帽罩等部位聚集形成冰。短舱防除冰系统工作、叶片离心力、振动过载、下降时的温暖气流等均会导致冰块脱落，发动机吸入脱落冰块时则会引起叶片受损，甚至会造成严重的结构损伤。自然结冰试飞属于风险最高的试验科目之一，同时试验时含水量、大气温度等需要满足特定条件，试验具有很大的难度。自然结冰条件可以在特定地域的结冰气象条件下进行，也可以通过喷水试验机在空中制造出结冰条件来进行。乔文道领着课题组成员，利用自制的设备，人为地制造了结冰环境，然后除冰，再将发动机的除冰系统关掉，检查防冰效果。同样道理，他们通过大量试验，摸索制造各种含水量的气流及烟雾，检查发动机吸入后的影响。

○发动机吞烟试验

○在发动机的定型试飞中，有些型号问题频频发生，很难顺利进行。为了排除故障，工作人员就要认真检查发动机的细微变化。

在做吞鸟试验时，他们设计了一个气炮，将高压空气装在气罐里，用X光的胶片堵住气炮出口，将飞鸟、活鸡置于胶片外面，发动机开车后，到了规定的转速状态，按规范将大小合适的飞鸟、活鸡打出去，先打单只鸟，直到一次打出7只小鸟，检查发动机叶片损坏情况；当打出一只大活鸡时，不仅叶片而且机匣也被打坏了，这个量级证明是不行的，会影响到飞行安全。国外试验规范中，军机允许被打坏，但民机绝不允许。万一发生了只能迫降，迫降不成，就是空难了。世界民航运营中，此类灾难并非罕见。

我国以前虽沿用美国的规范，但从未逐条执行。正是乔文道等人主动完成了这一系列实际试验，总结分析了大量数据后，才将这些项目正式列入国家的相关标准规范之中。

唯有一颗赤诚之心

战机武器发射造成发动机空中停车，一直是人们极为关注的问题。

20世纪60年代，正值我国强5飞机定型试飞阶段。这是我国第一架由两侧进气的对地攻击强击机，比起歼5、歼6等其他多种机头正中进气来说，无疑这是一种先进的设计方案。但对武器布局，专家们分歧很大。由于机炮装置在机头正下方，航炮弹打出去后，发动机会吸入烟气，很可能造成熄火停车。强击机的主要功能是对敌地面坦克等目标进行攻击，所以飞行高度偏重于低空，一旦发生空中停车，飞行员很难有重新起动发动机的机会，势必造成严重后果。

研究武器发射对发动机影响及防停车措施这个重大课题，压在强5飞机动力装置国家级鉴定试飞任务主管左汉中的身上。

左汉中，1958年从南京航空学院发动机系毕业，踌躇满志来到了飞行研究院。不久，他和王昂等一批毕业生被选派到空军航校学习飞行驾驶，准备回来承担科研试飞。经过两年的飞行训练，已经完全掌握了歼击机的驾驶技术。每当他驾着战鹰翱翔蓝天的时候，心情都无比激动：他的爷爷赶了一生的马车，父亲当了汽车司机，而到了自己，竟然成了蓝天骄子！

天有不测风云。突然有一天，领导找左汉中谈话宣布因政审原因停止他飞行。据说是因为他父亲曾供职的汽车队经理是个国民党员。就是这个八竿子也打不着的关系，硬是活生生地终结了左汉中的飞行生涯。

是金子，放到哪里都闪光。他回到了试飞院，进入发动机研究室，出色地完成了一件件工作。凭着突出的表现和业绩，他很快就担任了专业组长， 成了技术尖子。

然而，又一次的不幸落在了头上，“文革”初期他被扣上了“走白专道路”的帽子，要没完没了地写检查，还要被下放到农场劳动改造。有一天，他从家属区公厕挑着粪桶走出来，恰巧遇到了幼儿园老师带着小朋友玩，自己的女儿小琰琰一下子跑过来，抱住他的腿哭着问：“爸爸，你不是搞科研吗，怎么挑臭大粪呢？”他的鼻子一酸，却强忍着泪水，装着笑脸对女儿说：“农场的庄稼也需要施肥呀，爸爸白天干完这活，晚上不是照样去科研室上班嘛。”是的，他说的是实话， 白天农场种庄稼，晚上坚持搞科研。那时，他家老少三代人挤在一个单间房子里。他每天晚上从办公室回来，还要坐在家门口外几家人共用的厕所门口，借着灰暗的灯光看书学习，直到更深夜半，周围邻居都非常感动。

承受磨难铸铁汉。除了与天真可爱的女儿那些对话触及自己内心的柔软处，左汉中对其他各种委屈与困难都不屑一顾，只愿将全部精力投入到酷爱的试飞研究事业。面对强5飞机的试飞自己承担的课题在国内尚无先例，又找不到国外参考资料，他带领课题组成员深入钻研，做了模拟试验后，正式进行多次空中打炮的试飞。结果表明，四发炮弹连射会引起发动机停车。

他们用小惯性热电偶测量进气道温度、压力的变化量和发动机转速的下降值，找出了导致发动机喘振停车的原因，并提出了相应的预防措施，促使强5飞机顺利完成设计定型。

文武之道，一张一弛。本来，这个试飞项目已胜利完成。该让疲劳过度的身心得以缓冲，可是，左汉中没有这样想。因为当时空军部队歼7飞机总是在发射导弹后频频发生空中停车，严重影响到作战训练及飞行员的安危。部队领导十分着急但又很无奈。因为这是个“三不管”的问题，飞机、发动机、武器三个研制单位都认为不是自家的问题。

左汉中主动请缨，决心攻克这一难题。他认为既然已经解决强5飞机发射航炮对发动机的影响，就可以在这个基础上对歼7飞机发射导弹进行预研试飞。上级领导十分支持，并布置给导弹及发动机等相关研制单位，配合试飞院共同开展专题试验。开始是在强5飞机两翼上装了很多火箭炮，用仪器测试空中发射产生大量烟雾对飞机发动机造成影响的机理，在弄清烟雾吸入的物理特性后,正式将导弹挂装发射,经多次实际飞行发射试验，测试取得了真实数据，分析判断发动机在这一过程中的工作缺陷，并对降温活门、应急起动、遭遇起动等防停车措施进行了试验研究，取得了比较明显的效果。

在航空界，大家一致认为左汉中开创了武器发射对发动机影响研究的先河，并为陆续开展其他多种型号战机此类试飞奠定了良好的基础。

在外界，这项研究成果影响也很大，很多科研院所都在借鉴使用,空军工程学院还将此案例写入教科书,供学生学习参考。

1982年，某国欲向我国购买100架歼击机。

谈判桌上却节外生枝，该国国防部长及专家提出：“你们的飞机发射导弹时是否会停车？要通过试验我们才能买。”他们执意要按美国的试验标准到法国去做试验，而且中方不能有人参加,但试验费用还要我们出；否则,他们要降低飞机的价格。这不是霸王条款吗？左汉中坚决反对：“这个试验我们能做！”

这个被称之为“背水一战”的任务下达给了试飞院。首先，由飞机厂研制了一套连锁点火装置，安装在飞机上。关键问题是如何考核其防停车效果？采用实弹考核？这样耗资巨大。左汉中与陈占平、李树人等经多方论证，采用导弹模拟器产生废气的考核方案，在所要求的短暂时效内，成功地按国外标准完成了试验，首创了涡轮喷气发动机吞吸导弹喷流的飞行模拟试验和喘振边界飞行试验方法,为当时新机出口创造了必备条件。保证了出口任务的顺利进行。当大家都为这一成绩骄傲时，他

○试飞员李少飞（右）向左汉中（左）、李树人（中）课题组成员报告空中试飞感受。在工作中，课题组成员充分信任和尊重机务人员和试飞员，与他们的关系十分融洽。

们却说：“我们只想为中国人争口气，为试飞人争光彩。”

不求名与利，唯有赤诚心。在动力装置试飞领域取得卓越成就的左汉中，跨专业地担当起更重要的职务。由于“八二工程”即中美合作号称“和平珍珠”的项目被美方无理终止后，中国自力更生研发同等水平战机的预研项目歼8Ⅱ（02）批飞机试飞总师的重担，落在左汉中肩上。

常年劳累奔波，左汉中被胃病、支气管炎时常折磨，为不耽误型号计划，他边打针吃药边主持试飞工作。1992年8月，该机靶试评审会在北京香山召开。9月，参试人员全部在戈壁滩集结。A型机载导弹总投资近10亿元，是高新技术。这是我国首次进行歼击机制导发射，试验一枚将耗费900万元。

身为西线试验队长的左汉中深知自己肩上担子的重量。1992年12月，该机相继完成雷达测距测速精度以及两种导弹的电子对接试飞，但最关键的进口新型导弹发射失败，在场的科工委、总公司领导及西线参试人员的心情十分沉重，他更是心急如焚，完全顾不上自己的身体，抱病钻研导弹靶试攻关工作。

虽然火控专业对左汉中来说是新专业，但为了学习和掌握火控专业技术，他不耻下问，经常向其他技术人员请教学习，研究探讨关键技术，以保证课题攻关的进展。每次进西线，他总要带上几箱中药。为不影响工作，他有时一手打着吊针，另一手还在计算数据、制订方案。航空工业试飞局局长屈见忠关切地从北京给他带来了药品；食堂给他做病号饭，他坚决不要；他资格老，却坚持同大家一样吃住；为了查证数据疑点，他和课题组一道加班熬夜，直到得到满意的结果和答案；他充分信任和尊重机务人员和试飞员，与他们的关系十分融洽。在西线时他很忙，吃的中药大多都是机务人员帮他煎煮的，大家都很支持他的工作。飞行时，饮水十分紧缺，别人把他带的水喝了，他不吭气，还请后勤人员再买让大家都喝。尽管生活条件艰苦，他经常咳嗽不止，发低烧，可从没退却，从不叫苦。他以一个指挥官的顽强毅力和信心，带领试飞队，团结14个协作单位参试人员和部队官兵，总结经验，同战友们一起攻克了导弹、雷达、火控、挂架与飞机相互之间上万个接口匹配的技术难关。

经过繁杂的反复对比模拟试验飞行，终于，1995年4月28日，该型飞机发射导弹三发三中的特大喜讯传遍了中国大地。靶试的成功，使国产歼击机的设备和系统实现了质的突破，填补了我国的一项空白，使我军空战能力实现了一次重大飞跃。

挑战空中停车起动

发动机空中起动试验是一项十分重要而又危险的课题，被公认为试飞领域的三大风险科目之一。飞机在武器发射、各种机动飞行以及发动机在急剧改变供油量时往往会造成空中停车，如果发动机起动性能低劣，不仅会贻误战机，而且有可能造成机毁人亡。试飞院曾先后对涡喷6、涡喷7、涡喷13系列、涡桨5系列发动机进行了空中起动试验研究，对大比重煤油、大气温度对起动边界的影响、煤油起动边界的改善也进行过专题试飞研究。

1964年，试飞人首次对歼6丙飞机的发动机进行了96次空中起动试验。试验高度为4700~14700米，速度由最小机动表速至各高度下的最大速度。不仅对正常起动，而且对迎面起动、超音速起动和各种飞行姿态下的起动特点、不同冷机时间、不同的右发状态对左发起动的影响等内容均进行了试验研究。在课题主管王爱琴、试飞员王金生的努力下，该项试飞取得成功，打破了空中起动的神秘感和恐惧感，为以后飞机的空中起动试验打下了良好的基础。

20世纪70年代末，李树人在主管歼8飞机涡喷7甲发动机空中起动试验中发现，飞机在高空大马赫数飞行后，发动机空中起动成功率极低，往往头几次起动总是失败。经理论分析、地面模拟试验和飞行试验验证，找到了原因：在高空大马赫数飞行时，由于汽油起动系统管路设计不合理，气动加热的影响会使汽油温度过高，形成严重汽塞，起动往往失败。于是建议对歼8原型机起动系统采取隔热措施，重新布局汽油管路，排除了此故障。

涡轮螺桨发动机空中起动危险性更大，在起动过程中，桨叶产生负拉力使飞机操纵变得复杂，若处理不当轻则起动失败，重则飞机坠毁。20世纪70年代中期，刘美珊等人在涡桨5系列发动机上进行了空中起动试验，从理论和实践上较好地解决了这一难题。研究表明，在起动过程中充分发挥回桨的效益，努力避免回桨的弊病是空中起动成功的关键。

20世纪80年代末，吕珊丽、王守华等在飞行试验台对涡喷7B、涡喷7乙、涡喷13、涡喷7F等发动机的普通煤油、大比重煤油、煤油和汽油混合油的起动点进行了广泛的研究。摸清了煤油起动的工作特点，证实了空中起动成败的关键是在起动加速阶段，空中起动失败的原因是由于富油所引起。这些研究成果有很好的使用价值，并取得了良好的经济效益。涡喷7B煤油起动试验的成功，保证了该发动机的出口，大比重煤油起动试验成功保证了大比重煤油的顺利投产。

前面介绍的诸多型号发动机的空中起动、试飞都是在装有两台发动机的歼6、歼8飞机上进行的。单发飞机的空中起动，则具有更大的风险性。因为在飞行中人为地主动关掉发动机，这样，不只是飞机失去了动力，而且所有依赖发动机的各操纵系统都完全失去了动力源。

○在实际试飞中检查机载武器发射时对发动机工作参数和稳定性的影响，检查发动机防喘和消喘系统的效能，检查飞机/进气道/发动机之间的相容性。

20世纪70年代后期，空军主战装备歼7飞机曾发生上百次空中意外停车。彻底攻克这一难题刻不容缓，试飞人迎难而上责无旁贷。

在时任科技部部长戈平主持的试飞动员会上，一开始有些试飞员就感到担心，认为部队发生了大量的空中停车，是意外的，是谁也不愿意出现的。而我们要人为地主动在空中关掉发动机，让它停车，再重新起动，确实有很大的危险性。

课题主管陈占平耐心细致地讲解了试飞大纲，再次强调了完成这项任务的必要性、重要性和迫切性——

现在虽然有了高空模拟试车台，可以在发动机周围抽真空，模拟高空大气条件，但事实上与空中的真实情况还是有一定区别。比如某型发动机在地面的高空模拟台试验停车起动，没有什么问题，但装上飞机多次试飞则全部不成功。我们是国家唯一的航空试飞科研机构，勇挑重担、解决难题，是咱们义不容辞的神圣职责。这是我们国内从来没有飞过的风险科目，我们编写的试飞大纲是报国家航定办批准的。要在不同高度、不同飞行速度下实施空中停车起动，从停车几秒、十几秒的“热起动”，到停车几十秒甚至几分钟的“冷起动”（让发动机在空中冷却下来再开车起动）。风险固然存在，但请大家放心，试飞任务单中我们对驾驶技术、操纵方法、步骤等设计得十分合理。我们在飞行包线里，给试飞员建立了一个“安全岛”，向包线扩展时，万一出现问题就轻轻推一下操纵杆，飞机就会增速，下降高度，进入安全状态。

科研人员的热心、用心、精心，使试飞员感到很放心，有信心。每个人都情绪高涨积极请战，将一份份决心书贴在宣传栏上。

第一个起落由飞行大队长布依族试飞员李少飞担任。全场净空，各路人马、各种保障车辆全部就位，确保万无一失。

地面充分准备，空中起动成功。搏击云天视死如归的李少飞平稳着陆走下飞机，老院长熊焰热情迎接，握手问候：“怎么样，出了一身冷汗吧？”李少飞面带微笑：“很好，很好！”显示出一身的轻松与潇洒。

接下来，黄炳新、刘建中等多名试飞员都参加了这项试飞，有时在空中停车两三分钟，全部起动成功。30多个飞行架次，不但证明了起动包线的设计是可靠的，而且摸索出了单发战机空中起动的规律。此后，这个项目被列为我国发动机鉴定的必飞科目。

理论打基础，实践出真知。发动机空中停车起动高风险科目，早已成为试飞人的家常菜。有一年，空军某型飞机高空停车造成重大事故，致使后续大批新飞机无法交付。飞机生产厂交不了飞机，靠贷款发工资，已列装空军作战序列的数十架飞机也全部停飞，无法执行作战任务。为此，航空部下了死命令：“一月之内完成高空停车攻关试飞！”左汉中代表试飞院勇敢地接受了这项特殊任务。他准确地把握技术难点，充分发挥技术特长，紧急组织人马，精心制订试飞方案，最后，该项试飞仅用了20多天就取得了重要数据。解决了航空部当年生产任务中的一大难题，解除了空军两年多时间禁飞禁令，创造了科研技术攻关的新纪录。

到了20世纪90年代，试飞院的空中起动试验研究又开始服务于航天领域。

1990年秋季，黄陈生完成了FW41发动机飞行台空中起动试验。这是为航天系统研制的小型涡喷发动机。它的空中起动有手动控制和自动控制两种形式。通过手动控制50余次空中起动试验，对影响FW41发动机起动特性的补氧量、起动供油量、点火能量等进行了分析，获得了最佳组合，同时成功实现了自动控制下的空中起动。他们还对进一步改善FW41发动机起动特性提出了建议，为导弹动力装置选型和使用提供了宝贵数据。

既要“心脏”好，还要“动脉”畅

2011年，《中国试飞报》记者张文俊以《蓝天历险900秒》为题，报道了试飞员成功处置空中特情的事迹——

3月12日，按照工作计划，余锦旺和往常一样进行某型机Ⅰ类风险科目颤振试飞。

15时22分，他做好了第2架次的起飞准备。随即机场上响起了巨大的轰鸣声，滑跑、加力、起飞，战鹰腾空而起，直冲苍穹，消失在茫茫天际。

15时33分，飞机高度达到5000米，表速500千米/小时。一切似乎都很顺利。突然，飞机发动机自动降低转速，同时空中自动起动灯亮，10秒钟后又旋即灯灭。

凭经验，余锦旺敏锐地判断发动机出现故障，第一时间报告了地面指挥员，准备立即返场。然而，之后的10分钟内，飞机发动机连续出现30余次自动切油、超温报警、7次空中起动……由于发动机转速降低，飞机急速下降至2000米，速度不断减慢，危机步步紧逼。

怎么办？这是空军史上首次遇到此类特情，没有相关处置经验，只能靠试飞员去勇闯天关，摸索出一条破译之道。

滑翔返场？此刻飞机距机场约40千米，发动机转速已下降到70%，按滑翔比例根本回不去。

迫降去附近机场？然而那个机场跑道较短，不宜备降。虽然犹疑，但是地面指挥员迅速与该机场取得联系，消防车、救护车紧急出动，严阵以待，等待飞机降落。

时间一分一秒过去，发动机反复切油、报警、降速、起动，飞机高度不断下降……由于发动机空中起动需要进行补氧，而当时补氧压力不到1/3，再拖延下去，发动机可能无法起动，在空中多待一秒，危险就增加一分。试飞员的驾驶技术、胆识、毅力、心理和勇气都面临着严重考验。余锦旺告诉自己，一定要把飞机飞回去！否则将对该型号带来不可估量的损失。

●飞行器燃油系统飞行试验

对飞机（直升机）燃油系统的功能、性能、可靠性和安全性进行飞行试验和鉴定的过程。通常燃油系统飞行试验在原型机上实施。

余锦旺决心大胆试一试，将飞机安全带回本场。由于领导曾安排他负责同类机型的空中起动专项试飞，进行过几十次空中起动、空中停车迫降科目试飞，具备丰富的技术经验，他有信心处置好这次特情。他深深呼了一口气，稳定一下情绪，先是柔和地推动油门，试探发动机的反应，同时眼睛密切注视着急速变化的各种仪表数据，对飞机的各种状态和趋势进行分析和判断。几十秒后，奇迹出现了——发动机转速短时间内上升到90%，飞机高度上升至3000米。然而发动机再次自动切油，飞机状态又不稳定起来。余锦旺果断判断，此时的条件可以滑回本场。

地面指挥员紧急调离了本场附近所有飞机，留足空域，提示试飞员进行对头、着陆，以减短航线和空中滞留时间。

500米、300米、100米……飞机越来越接近跑道，时间仿佛在那一刻凝滞，人们的心提了起来。

15时48分，在确认一切无误后，余锦旺放下了起落架，集中精力准确操纵，飞机贴着地平线安全着陆。

15分钟，900秒时间，余锦旺成功处置一起空中特情，创造了一个奇迹。

经查，是发动机综合调节器出现了故障。调查组表示，试飞员的处置方法非常正确，挽救了飞机，挽救了型号，在空军特情处置史上，写下了浓重的一笔。

类似的案例还发生过一次。2011年春，型号总师黄陈生负责的直10飞机上的涡轴9发动机顺利完成调整试飞任务，开始转入设计定型试飞阶段。

3月28日，该型机执行高空平飞加减速科目，在较大下降率下滑过程中，当飞机飞行高度4000多米、速度每小时100多千米时，突然，飞机“GOV. 1”报故并导致发动机左发停车，试飞员紧急操纵飞机单发返回地面。

课题组全体人员紧急组织故障分析研讨，确定故障是发动机燃油调节机构电机瞬间掉电所致。随后，电机返厂进行分解检查。5月11日，组织了故障的验证和排故试飞。经过7个架次的模拟试飞，故障彻底排除。

造成以上两次险情的原因，都是发动机燃油系统发生了故障。如果说发动机是飞机的“心脏”，燃油系统则是飞机的“动脉”。

飞机燃油系统在飞行中占有十分重要的地位，试飞院燃油系统专业组自1959年建立以来，白手起家，本着从严从难精神，选择歼6飞机为对象，抓住燃油系统的三个关键——供油可靠性、高空性和通气增压系统为主攻方向，经过充分细致的技术准备，两年内圆满地试飞了各项预定任务，初步熟悉了试飞方法，提高了组织试飞的能力，而且发现了歼6飞机油箱超压问题；在完成了初教6汽油系统消耗油箱、歼8油量信号器、歼7薄壁软油箱等定型试飞任务之后，余勋正、程存虎等又分别完成了“运7燃油系统低温特性研究”和“燃油系统静电研究”。前者为运7飞机在寒冷地区正常使用和油料研究提供了有价值的实测数据，后者为随后进行的飞机应急放油和空中加油试验研究的安全性提供了试验依据；在著名的空中加油工程定型试飞中，贺元章、席鸿国等人出色完成了“加油吊舱设计定型”“空中对接加油试飞”等5项关键课题，排除了加油软管折断、冲压空气涡轮超速、受油系统入口超压等重大故障。经采取更改部分设计、限制对接速度、缩小加油包线等一系列措施后，圆满地完成了我国第一代加油工程定型任务。试飞中取得的成果和经验均详细地编入国军标“飞机空中加油地面和飞行试验要求”（GJB 2487-1994）中。

歼10飞机的燃油系统是当时国内最先进的燃油系统，其复杂的燃油系统运行由计算机控制，但给飞行试验也带来了很多技术问题。

在歼10飞机试飞过程中，燃油系统出现的故障较多，而且都较难解决。整个试飞过程几乎都在与“燃油故障”打交道，飞行监控中燃油状态成了监控的重点。

歼轰7飞机燃油系统定型试飞也是一项技术复杂、风险性较大的试飞任务。由于该燃油系统是全新设计的，采用了多项新技术、新工艺，其80％以上的燃油附件都是新研制的产品，故障率较高。为确保飞行试验安全，课题组从1988年着手技术准备，其中包括：对关键附件进行领先试飞、对系统进行高空性模拟试验、在风险和复杂飞行科目不影响试验结果真实性的前提下，对系统作局部改装等。试飞中还排除了诸如油箱超压和负压现象、输油不平衡以及冲击压力过大等一些较为复杂的故障。全面安全地完成了定型试飞任务。在这项试飞中，首次在新研制的歼轰类飞机上进行了空中应急放油、重力供油试验，首次对新形式的倒飞装置进行零、负过载试飞。这些试验为我国新机风险和复杂科目试飞提供了经验。

在进行“飞机应急放油试验”风险课题研究中，燃油系统技术人员对轰6原型、轰6加油机、歼轰7、波音707等4种不同类型飞机、6种放油口形状、3种放油动力源飞行试验中测得的燃油流场进行了深入研究，得出了重要结论，为飞机放油系统设计、试验和使用提供了可靠的试飞依据。

在几十种飞机上完成了大量的燃油系统试飞课题的实践，让我们很容易理解燃油系统的重要性，但“空中应急放油”是怎么回事呢？

程存虎为我们介绍了这个有趣的试飞科目——

飞机应急放油系统主要是为了保证飞机大重量起飞和在遇到紧急情况时能够安全着陆而设置的系统，目的是保证飞机在遇到紧急情况时能够快速地将大量的燃油在空中应急放掉，以减轻重量，使飞机尽快达到着陆安全重量并降落下来。

空中应急放油试飞是现代飞机保证飞行安全、提高飞机性能的重要措施，也是新机定型试飞的科目之一。试飞目的是验证飞机应急放油系统的功能，考核放油率和放油时间等技术指标是否满足型号规范要求，而且放出的燃油或油气不能溅落或进入飞机的任何部位。

应急放油系统控制应可靠，还可及时中止。一般放油不应超过飞机应急安全油量。就是说，也不能放掉太多，要恰到好处。

进发匹配，追求和谐之美

20世纪50年代中期，美国的F-102飞机在进行大速度机动飞行时，飞机头部产生强烈的爆音，进气道内部嘟嘟作响，发动机转速极不稳定，推力时大时小，为了避免发生重大飞行事故，飞行员最终放弃了预定的飞行计划。在之后几个架次的飞行中，又间断性地发生过类似现象的飞行故障，而每次地面检查的结果都表明飞机和发动机均正常。这个结果让人大惑不解，经过研究人员的仔细分析、研究，终于找到这一故障的罪魁祸首——飞机进气道与发动机不相匹配。至此，“飞机进气道与发动机相容性设计、验证”开始作为关键环节纳入飞机和发动机的研发体系中，并成为世界航空界重点研究的内容之一。

进气道与发动机只有相互匹配，才能发挥出各自最佳的效果，展现出“和谐之美”。

进气道与发动机相容性试飞有什么意义？

随着飞机气动构型复杂化、机动性能的日益提高，进气道出口流场品质对发动机工作影响的作用更加明显，对飞机尤其是战斗机性能影响凸显。进气道与发动机相容性试飞内容之一就是判定进气道出口流场品质，研究分析进气道提供给发动机的空气在整个流道截面上压力、温度以及气流方向等的均匀性。如果均匀性不佳，轻则导致发动机风扇叶片振动、空气压缩效

●进气道

进气道是飞机上的进口（或发动机短舱进口）至发动机进口所经过的一段管道。为满足发动机的要求，近代超音速进气道由进气门、放气门、附面层排除装置和调节锥或调节斜板等组成。进气道的作用是引导外界空气进入压气机。亚音速飞行时，进气道的主要功用仅是以较小的流动损失向发动机输送空气，并在发动机进口形成均匀的流场，保证压气机稳定工作。但在超音速飞行时，进气道对空气的压缩占有很重要的地位，在这种情况下，进气道工作性能的好坏将对发动机的性能和工作稳定性产生至关重要的影响。

○积极开展国际学术交流。单凤桐（左二）、秦丕钊（左三）、张克荣（右二）、胡春友（右三）、陈振清（右四）。

率降低、发动机整体推力减小、降低飞机工作性能；重则造成发动机空中喘振停车，甚至造成机毁人亡的重大飞行事故。

我国在这个领域开展试飞研究的第一人是寿圣德。他为我们介绍了这段奠基历程——

20世纪70年代初，美国和苏联的专用战斗轰炸机F-111A和苏-24都开始进行飞行试验。以后在越南战争和中东战争中的出色表现证明专用战斗轰炸机的作战效能远超F-105“雷神”和F4“鬼怪”之类的战斗机。我国军方的注意力也开始转移到这一类战斗轰炸机上，提出了要研制一种新型轰炸机的要求，海军的需求显得更为迫切。

作为型号研制的组成部分，飞行试验的预研和技术准备也随即展开。试飞院发动机研究室主任邱永生给我下达一个任务，就是要识别和提出歼轰7飞机的发动机飞行试验所必需的关键测试技术，并提出和上报尽可能具体的试飞测试仪表和设备的采购或研制清单。我被告知这个飞机是解放台湾用的，可能会配用斯贝发动机。

●进/发相容性飞行试验

在实际飞行条件下，试验和评定进气道调节功能、进气道性能以及进气道与发动机匹配性。这是飞机型号状态鉴定中必不可少的飞行试验科目，现役飞机换装其他型发动机时也需要开展进/发相容性飞行试验。

这个任务，实际上开启了进气道、发动机相容性飞行试验专业建设的进程。因为此前我们只有歼5、歼6等仿制的成熟二代机或在它们基础上小打小闹的改进型号的试飞经验，这些飞机的飞行包线小、发动机的压缩比小，涡轮前温度也低，因而国内外都一样，飞机进气道、发动机的匹配从未成为飞机型号研发的一个关键技术问题。试飞院发动机室也从未立过进气道试飞的专题。但是美国F-111A的飞行试验却打破了这种状况：在跨、超音速范围内频繁发生莫名其妙的发动机喘振和停车。大量飞行和风洞试验及理论研究揭示，原来F-111A飞机上发生了一个颠覆性的问题，即“进气道、发动机相容性”问题。这个名词也就一举成名，成了全世界航空业广泛注意的一个焦点。那么，歼轰7飞机斯贝发动机在天上会发生啥情况呢？这是我要完成这任务首先要研究和弄清楚的。

由于条件的限制，当时我们没有任何关于歼轰7气动布局和推进系统构型的数据和资料。因此我只能在尽可能广泛地收集、阅读和分析消化各种资料的基础上勾画出自己的技术逻辑/路线，即进气道的工况与发动机工况间的相互作用关系。

通过研究，我认识到准确定义、测量发动机进口的静、动态畸变是通过飞行试验来识别、评估、解决“飞机进气道与发动机相容性缺陷”的关键。但是，进气畸变尤其是动态畸变完全是一个陌生的新概念，经过努力梳理和分析终于弄清楚了产生和影响它们的机制和各种因素。

虽然歼轰7飞机的研制进程比较艰难、曲折多变，进、发匹配试飞测试设备的经费也没有真正落实，研制方也缺乏这方面的强烈需求，但并没有妨碍“进气道、发动机匹配”专业的发展，特别是歼8原型飞机发现了严重的进气道、发动机相容性问题，尤其是高空大攻角的状态极易发生进气道喘振和发动机停车之后。

研制单位被迫进行大改，推出了歼8Ⅱ，改米格-21式的机头进气道为米格-23式的两侧进气构型。

“进气道、发动机相容性试飞”自然成为该飞机试飞大纲的重点科目之一。我们借助歼8Ⅱ的型号鉴定试飞之东风，“进气道、发动机相容性试飞”专业的建设得到了实质性的发展，跨越式地跟上了当时的国际先进水平。尤其是成功研制了“48点稳态总压畸变测量耙”，建立了当时国内领先的压力畸变、温度畸变的测试和评定方法。其中某些新颖设计，博得了俄罗斯飞行研究院专家的赞扬。

由于进气道动态畸变的每一个测量点的动态压力的绝对值，是迄今为止遇到过的最复杂的发动机试飞测试问题。西方有专家甚至形容动态畸变的测量比绣花都要难！测试环节多、影响因素多，稍有不慎就会失之千里。为此，需要识别和弄清许许多多影响测量结果的误差因素，并找到消除或修正它们所引起之误差的方法，以决定最合理的测试方案。当时具体的测试工作由霍培锋负责，在飞机上加装了大量传感器、变换器、信号调节器和磁带记录器。

由于仪表在飞机上的正确安装对试飞数据的精准性至关重要，所以他们都是亲自现场检查，爬进狭小的飞机进气道，躺着逐个目视和用手指触摸，检查其齐平性，对不符合要求的则用刮刀细心地修平。复杂的压力传递系统装机后的预先校准，也同样需要钻入进气道内操作。

进气道、发动机相容性飞行试验会产生海量的数据，处理这些数据要用很长的时间，花费大量资金。经反复分析研究，他们琢磨出了一种有效的方法进行数据处理，得到了我国第一批进气道瞬间的动态畸变图像。这项任务的完成，为研制专用的动态畸变编辑和处理系统增强了信心。

在进气道试飞专业建设过程中，他们还成功进行了“进气道较佳调节规律试飞”。背景是歼7飞机以跃升动高度攻击来犯美U-2高空侦察机时，很容易发生进气道喘振。他们利用升阻特性研究的成果，将不同大气条件下试飞得到的飞机加速度和爬升时间换算到标准状态，在相同的条件下比较不同的调锥规律，得出最优方案，解决了这一难题。另一项特殊任务是在飞行试验台上为“鹰击”63空地导弹发动机前体及进气道优选了设计方案。对4种起动方案做了鉴定和对比，将发动机起动高度由原来的4000米提高到9000米，并获得了S形进气道的畸变指数，为该型导弹立项成功提供了重要依据。

为建设我国进气道与发动机相容性动态数据编辑和处理系统，更好开展进发匹配科学研究，促进航空事业发展，寿圣德、庄传鑫、马健、史建邦、屈霁云等几代专家传承接力，努力钻研了很多深奥的基础理论和技术研究，取得了可喜的成就。

在“九五”期间完成动态压力畸变、温度畸变研究的基础上，他们又在“十五”期间进行了流场畸变研究。

他们利用发动机空中试车台试飞等手段，突破了我国发动机进口流场畸变的可控性、涡轮风扇发动机的逼喘等关键试飞技术，建立了国内先进的科学的进气流场畸变试飞方法。

“十一五”期间，他们结合第三代战机需求，针对大攻角、大侧滑角飞机及紧凑的“S”弯进气道等造成的进气旋流畸变，

○继承光荣传统，勇于担当使命。发动机专业年轻一代试飞人，在世界海拔最高的稻城亚丁机场执行某新型航空动力装置的科研试飞任务。

进行了旋流畸变研究。通过数值计算、风洞试验，建立并验证了适用于飞行试验的旋流评定体系，可直接应用于新型号飞行试验。

至“十二五”，他们又成功地开展了旋流抑制研究，先后成功进行了不同畸变条件下的进气道与发动机稳定性地面试验和试飞验证，开展了国内领先的发动机逼喘、退喘及旋流抑制等技术研究，完成了进、发相容性专业基础的对标一流研究，并制定了进、发相容性关键技术攻关谱。

如今，我国进气道畸变的数值模拟、测量及评定方法等相关技术研究和进气道畸变测量设备、动态数据采集与处理设备等研制水平已经达到了世界先进水平，并掌握了进气道与发动机相容性试飞评估关键技术，引领着国内该领域的专业发展。

第十一章

保驾“太行”行

在中国航空界，人们喜欢用动物（如鹰、豹、龙之类）来命名战斗飞机，为的是显示其机敏性与攻击性，同时喜欢用大山（如昆仑、秦岭）来命名发动机，以显示其稳定与可靠性。

20世纪90年代，中国自行研制了一种高性能的新型发动机，取名为“太行”。

“太行”发动机的研制成功和公开，向世界证明了中国航空动力先行的整体实力和技术水平，也意味着中国能在关系到国计民生的重大动力领域实现独立自主。

试飞人的决心

“太行”发动机是我国第一型具有自主知识产权的高性能、大推力涡轮风扇发动机，采用数字电子控制系统，由航空工业沈阳发动机所为配装三代战机而研制。该发动机设计定型试飞由试飞院负责。

“太行”发动机的研制成功，标志着我国在自主研制航空发动机方面实现了：从中等推力到大推力的跨越；从涡轮喷气发动机到涡轮风扇发动机的跨越；从第二代发动机到第三代发动机的跨越。无疑，这对我国航空工业和国防现代化建设有着深远的历史意义。

据试飞总师马健研究员介绍：不同状态的四台发动机分别配装在两架新型歼击机上进行调整试飞和鉴定定型试飞。一架飞机上承担的主要试飞项目有：发动机工作参数测定及工作稳定性鉴定；发动机风车特性测定与起动性能鉴定；发动机推力瞬变特性鉴定；发动机加力燃烧室工作质量鉴定；发动机润滑系统工作质量鉴定；发动机性能及安装特性检查；发动机操纵、指示系统及自动调节系统工作质量鉴定；动力装置冷却通风系统鉴定；发动机状态监测系统工作质量鉴定；发动机振动特性鉴定；发动机可靠性、维修性和使用保障性评估；发动机三、四级配套成品随机鉴定等共12项。另一架飞机上承担的试飞科目是：进气道及其与发动机匹配质量鉴定；机载武器发射时发动机工作稳定性鉴定；发动机可靠性、维修性和使用保障性评估（该项在两架飞机上同时进行）；发动机三、四级配套成品随机鉴定（该项在两架飞机上同时进行）等共4项。任务十分繁重，科目异常复杂。

2002年6月，“太行”发动机科研试飞这台大戏拉开序幕，航空工业和空军机关联合主持召开了“放飞”评审会。试飞院负责该型号的于志丹、马健等多人参加了会议。

会上，著名航空发动机专家刘大响院士意味深长地说：“经过几代人的艰苦努力，终于盼到今天了，盼到‘太行’发动机诞生了。”当沈阳飞机所和发动机所介绍完试飞准备情况后，第一个发言的是一位试飞员代表，他满怀激情地说：

刚才刘院士的几句开场白，道出了我们的心声，我是一名试飞员，深深懂得发动机是飞机的心脏，发动机的性能对飞机的性能是起决定作用的，我们渴望试飞我国自主研发的高性能的飞机，更期盼能试飞我国自主研发的高性能发动机，当今的时代是一个创新的时代，当创新之花开遍大地的时候，我们就期盼能够尽早地尝到自己栽种的甜美果实。我飞过多种新机，但飞机上多半装的是外国进口的发动机，非常想听到中国人自己研发的引擎仰天长啸，像盼水妈期盼喝到水一样。这一天终于来到了，我作为一名试飞员，非常感谢发动机战线的勇士们，是你们给国人送来了温暖的春风，送来了及时雨。你们刚刚从巍巍“昆仑”（涡喷14）上走下来，又昂首迈步“太行”行。今天，“太行”发动机英姿飒爽地展现在世界的东方，尽管它还很稚嫩，还有某些不成熟，仅仅经历过地面试验的试车考核，到空中还可能有一些不尽如人意的地方，但它的问世足以令人欣慰，让人兴奋。保驾“太行”行是试飞人的责任。在此，我代表试飞员和试飞院的广大科研人员表示祝贺，也向上级领导请战，我们将齐心协力，克服一切艰难险阻，为实现航空发动机的新跨越、作战部队早日得到新装备做出应有的贡献。我们衷心祝愿“太行”发动机科研试飞取得圆满成功！

他这番热情洋溢的发言，得到与会代表的热烈响应。会后，有关单位的宣传部门还将他的录音磁带播放给职工们，以鼓舞“太行”发动机所有参研人员的信心。

“发动机科研试飞，这不是好干的活”

评审会第二天，沈阳的天气格外晴朗，从飞行的角度看，能见度超10千米，满足5千米要求绰绰有余，机务和场务人员早已提前进场做好了飞行前准备，当天虽然不是新研飞机的首飞，但对于这一型发动机来说却是真正意义上的“首飞”，不论是参会的部队首长，还是航空工业的领导都身着“礼服”，在指挥塔台前坐定了，还特邀辽宁省和沈阳市的一些地方领导来观礼。

按照惯例和规范，新机的首飞一般不安排复杂的飞行科目，大都是在高度3000米以下，对各功能系统进行一些例行的检查，而这一次飞行检查的主要对象则是“太行”发动机的工作状况，但不检查最大和最小，因为不管是在高速区还是低速区都会有很大风险，由易到难，循序渐进，这是人们的习惯性思维，而作为承办方来说，总是不希望在首飞时出问题的，所以首飞还是顺利和成功的。

试飞发动机与试飞飞机有所不同，从飞机的试飞来说遵循“由易到难，循序渐进”的原则是没有问题的，但试飞发动机不一样，对发动机试飞来说有一个高风险科目叫“空中停车”

试飞，也叫空中停车再起动，必须先飞一下，摸清发动机停车、起动的规律，目的是让飞行员掌握其规律，以便在飞行的过程中一旦出现停车情况时能够正确处置，正确操纵。在生活中，人们在学骑车和开车时，往往会担心车撞人或撞树，往往是怕什么就会来什么，怕撞树时，会左拐、右拐，拐来拐去还是撞到树上了，发动机试飞就怕空中停车，在“太行”发动机科研试飞中,毕红军大队长是试飞员的主力,事先还专门进行了培训，但是这事还是让他第一个碰上了。

飞机在7000米飞行时，右发动机停车了，他重新起动不成功，又一次重新起动还是不成功，他报告塔台指挥员之后把飞行高度降低到6000米，起动仍不成功，然后再次请示降低高度，直至降到3000米，右发还是一点动静都没有。毕队长想道：这架试验机是工业部门借用空军的，绝不能弃机跳伞。于是，他拿定了主意，按预案单发着陆。

其实单发着陆也是有风险的，因为双发战斗机一发停车后，推力是不对称的，难以保持飞机的平衡，好在他以前接受过双发战斗机的单发着陆训练，他沉着冷静地按单发着陆的操纵要领，不断地保持飞机的平衡，一直坚持到最后一刻，成功地把这架飞机安全地降落在机场的跑道上,受到了大家的高度赞扬。那些忐忑焦虑的各类地面工作人员也舒出了一口长气。在现场的主机研制厂所领导深有感触地说：“看来发动机科研试飞这项任务，确实不是好干的活，还真是让人提心吊胆。”

经过几十个试飞架次的科研试飞，初步检验了“太行”的各个功能系统，从燃油系统到操纵系统和冷却通风系统几乎都涉及了；通过科研试飞还发现了“太行”发动机的一些缺陷和不足，诸如空中停车、振动超标、滑油系统漏油等问题。

尽心尽力，不负众望

新机试飞一般都要在工厂完成调整试飞，而“太行”发动机经过科研摸底试飞后就直接交由试飞院进行试飞。

2002年12月26日，“太行”发动机配装于歼11A飞机在阎良机场首飞成功。试飞员为李存宝，汤连刚负责飞行指挥。解放军总装备部兵总部、空军装备部科研部和航空工业总部有关领导参加了首飞仪式。

“太行”发动机的调整试飞有点特殊，分了三个阶段进行。第一阶段飞的是混装型的，即大部分部件是国产件，少部分部件为进口件；第二阶段为全国产化；第三阶段为改进型。后来人们称“太行”的调整试飞是马拉松式的。

第一阶段装机的那台发动机就是一种既有国产件又有进口部件的混装型“太行”发动机，试飞院用了三个多月的时间，飞了18个架次。主要的试飞科目有发动机性能、推力瞬变特性、加力燃烧室的工作，质量检查、发动机的振动特性检查等。总体来说，发动机工作还基本正常。后来，相关成品厂相继研制出国产化部件后，这台发动机成为全国产化状态的“太行”发动机，又飞了十几个架次，主要发现的问题有：小发（起动机）提前脱开，高空小表速起动不可靠，在某种飞行高度范围发动机的加速性较差，接通加力有困难，甚至空中出现异常响声问题等。

本来，在试飞过程中，如果发生被试产品故障，一般是由研制单位负责，但由于该项目的特殊性，试飞院牵头挑起了大梁。他们分别组织了“小发提前脱开”和“空中异常响声”两个专题攻关小组，与有关单位通力合作，反复试验，终于使这两项问题得到了初步解决。对于高空小表速起动不可靠的问题，试飞员李存宝根据多年来在不同型号发动机试飞的经验，对比美国和俄罗斯发动机的不同特点，理论联系实际提出了改进措施，很好地解决了这一问题。

把全部国产化的“太行”发动机的调整试飞情况向工业部门和空军机关汇报后，在行业内和空军机关中产生了认识上的分歧，不少人对“加速性差”这类问题特别重视，认为这是不可接受的。

为弄清“太行”发动机的状况，航空工业总部主管领导决意到试飞现场，去听听试飞人是怎么看的。试飞主管工程师王艳平风趣地说：“已发现的问题都有办法，有信心，只是不能要求太急，心急吃不了热豆腐。”领导问她还得多长时间，她

○ 2002年12月26日，“太行”发动机配装于歼11A飞机并在阎良首飞成功，首飞试飞员为李存宝（右图），汤连刚负责试飞指挥。

笑着说："几十年都等了，还怕那几十天。列宁早就说过了，牛奶会有的，面包也会有的。我看没什么大不了的问题。"她的玩笑缓解了气氛，也给了大家信心。其实，她能这样表态，是因为在前段试飞结束后，她和课题组人员依据已有的数据，对发动机的特性和性能进行了全面评价，找出了该发动机存在的问题和缺陷，并且就这些问题对发动机定型和使用可能造成的影响做了评估，明白了哪些问题是当前必须解决的，哪些是可以在后续工作中并行解决的，做到了心中有数。

肩负该型发动机副总设计师和试飞总师重任的马健把两个阶段的调整试飞情况做了介绍后，谈了试飞院的一些看法，总的概括起来说：

第一，"太行"发动机在调整试飞阶段出现较多问题是一种正常现象，因为产品还不成熟，需要有一定的成长期。第二，大多数问题是可以通过有关单位共同努力进行协同攻关逐步解决的。试飞院组织了两个项目的技术攻关，都取得了较好的成效，很能说明问题，到目前为止，还没有发现有颠覆性的问题。第三，建议沈阳发动机研究所不仅要重视主机系统，也要重视辅助系统，特别是要加强对一些薄弱环节的研究。第四，从目前初步获得的数据信息来看，"太行"发动机还称得上是一型高性能的发动机，用一句通俗的话来说是"可用之才"。

这位领导听后高兴地说："不瞒你们说，我来之前，身上压力很大，听到你们的汇报后，确实很高兴。目前有关该发动机的问题在业内没有统一的认识，应该说，像你们这种认识可能是少数。别人都没有拿出这种有理有据的分析来，也没有像你们这么有信心，让我感到心里没有底。试飞院还真是航空科研之魂啊！其实，你们也是'太行'发动机的研制者，而且是用心在参与。你们是航空科研之魂，是产品创新之力。"

航空要发展，动力要先行

按照惯例，对每个重点型号，年年都要召开一次工作总结会。当年由于对"太行"的认识不统一，不好定调，所以总装备部航空局领导决定先召开一次研讨会，以便向主管领导有个明确交代。参会的各单位领导都按部就班地总结自己的工作。在谈了已经取得的成绩后，有的人仍然流露出不太乐观的情绪：我们国家目前尚不具备研制大功率、高性能发动机的能力和条件，认为"太行"的研制是不很成功的。

主席台上几位领导将目光聚焦向试飞院的代表。马健首先报告了“太行”发动机试飞概况，总体认为情况基本正常，与设计指标相比差距不是很大，其性能指标与同类型的国外发动机差距也不大，看来应该是没有什么颠覆性的问题。于志丹接着说：“沈阳发动机所是一个专门从事航空发动机研制的单位，搞了几十年了，他们对发动机的主机重视有加，但是对发动机的辅助系统如综合调节器、燃油泵、喷口/加力调节器、起动系统等重视不够，可能存在一些薄弱环节，有些问题的发生不一定源自主机，很可能源自辅机。”

试飞院代表的发言像是平静的湖水里扔下一块石头，虽然没有激起千层浪，但却成了饭前饭后领导们议论的中心：“太行”到底是行还是不行？是少数人的意见对，还是多数人的意见正确？“太行”是按计划继续往前走，还是考虑让其下马……

第二天的会上，还是试飞院代表首先发言：从科研试飞到调整试飞，应该说从不同的渠道，我们间接地摸了发动机的基本性能，不管是飞行员还是工程技术人员大都承认，左右两边的发动机其性能基本相当，也就是说比现在的“昆仑”发动机和“秦岭”发动机要高一个档次。是目前国内航空发动机的最高水平，符合高涵道比涡扇发动机的特点与规律，所以我们有信心继续往前走。航空要发展，动力要先行。我们只有一条路可走，这就是知难而进，夺取最后胜利！

整个会场上气氛热烈，主席台上各位领导几乎异口同声地说：“你们有信心，我们就有信心！”

试飞院的认识和行动，提高了整个研制战线的信心。型号试飞总师马健还被空军和航空工业总部联合聘任为“太行”发动机研制专家组专家。

挑战风险靠科学

马健带领试飞团队发扬试飞人精神，转战大江南北，克服

○“太行”发动机副总设计师、试飞总师马健（右）与试飞员李中华探讨试飞技术。

严寒酷暑、高原缺氧等困难，不分白天黑夜，坚持问题不过夜，不断推进工程进度。他们首次在发动机定型试飞中组织完成“试验设计”技术，减少了试飞架次，显著提高了试飞效率和质量；攻关解决了空中“异常响声”、起动过程由于起动机提前脱开造成发动机无法起动等技术难题；坚持用测试参数说话，做到飞行实时监测监控，为许多问题的正确判断提供了依据。

在试飞院，换装一台“太行”发动机的飞机在经历了两个阶段的调整试飞后，又进行了一次继续调整试飞。不过这次试飞比起前两次来时间要长得多，工作量要大得多，试飞了60多个架次。通过这种继续试飞，发动机所制定的那些技术攻关项目逐个得到了验证，证明其改进措施的有效性。对于空中停车这一类风险较大的科目进行了上百次的反复试验，对所有的试飞数据整理完后，在现场跟飞的发动机所领导找到项目主管王艳平，对照试验要求进行了详细比对，惊喜地发现有许多科目已经达到了设计标准，有些科目基本达到设计标准，个别指标虽然距设计目标有一定距离，但与国外类似发动机相关指标相比还稍微好些，比如惯性起动达到设计指标，风车起动的结果虽然比要求差一点儿，但比美国GE公司生产的F110发动机的公布数据还稍好一些。这样对发动机的起动特性来说，可以给出的结论是：基本达到预定目标，且与国外同类产品具有一定的可比性。

从发动机的工作稳定性来说，从多个试飞架次的工作参数综合分析结果看，在低空、中空、高空的各项指标均达到了设计要求；飞机在左、右盘旋时，发动机工作稳定；发动机在多个飞行高度,不论从什么状态开始接通加力均能满足设计要求。

总体来说，装“太行”发动机的这架飞机能够满足该飞机的主要性能指标要求，这就为该发动机从调整试飞转到设计定型试飞创造了条件，也看到了“太行”发动机达到设计定型的希望。试飞院和沈阳发动机所联合向国家航空产品定型委员会办公室进行了汇报。航定办是航空产品设计定型的主管机关，听到这个信息，非常高兴，很快就下发了通知，要求各单位派代表到西安参加“太行”发动机试飞的“转段”评审。

评审会议由空军定型工作办公室主持，各单位有关专家和负责人参加。总设计师单位介绍了“太行”发动机研制工作进展情况后，马健代表试飞院介绍了 “太行”发动机调整试飞三个阶段的总体情况及试飞结论 ：该发动机的功能和主要性能基本上达到了有关技术要求，该发动机与飞机各系统的匹配性较好，特别是进气道与发动机的匹配性能够满足使用要求，具备了转入设计定型试飞的条件，主要问题是有时在空中仍存在异常响声等问题。

经过与会专家的认真讨论，认为从调整试飞的总体情况看，试飞院给出的意见是符合实际的，认为“太行”发动机基本可以，建议研制单位继续进行技术攻关，对尚未解决的一些问题采取有效措施，认真加以解决。既然定了打造精品的目标，就要按照出精品的要求来做。全体代表以热烈的掌声，通过了评审意见。

“试飞人长的是火眼金睛”

按照原定计划，“太行”发动机的设计定型试飞要分别在两架飞机上进行，一架飞机上全部改装两台“太行”新发动机，而另一架飞机只装单台“太行”，同时保留一台原装的老发动机。

在沈阳完成改装之后，飞机顺利转到阎良，试飞院对装机的两台发动机进行地面检查和露天开车试验时，竟然发现还存在很多问题，其中有几项甚至可能危及飞行安全。

马健总师组织机务人员对发现的故障进行了分析，准备通过试飞院自己的努力把问题解决掉，例如惯性导航设备不工作，这是机务工程师经常遇到的现象，由机械师通电联试发现是信号不通。这项工作在主机厂的试飞站或航空部队很少有人能打开惯导，甚至没人敢打开。但对试飞院的机务人员来说，几乎就是家常便饭，他们打开一看仅仅是信号线断了，换一根导线问题就解决了。外单位在现场跟飞的人员感叹说：“试飞院的机务维护水平确实是一流的！”

另一个故障则没那么简单了，这涉及进气道斜板与尾喷口的问题，这种飞机的进气道与先前飞过的战斗机截然不同，这种飞机的进气道面积是可以通过进气道斜板的转角来调整的，

○试飞课题、测试、改装及机务人员齐心协力，保驾“太行”发动机科研试飞顺利进行。试飞人依靠多年的经验解决了很多问题，发动机研制单位的跟飞人员心悦诚服地说：“试飞人长的是火眼金睛！”

也就是能通过调整进气道斜板改变进气的流量，而这种调整又有两种方法，一种是人工手动，另一种是自动调节，前面飞单台发动机时，就没有调整过进气道斜板，这次为了排故还得专门安排一次进气道斜板起调试飞。试飞任务书是课题主管王艳平提出的，需要机务人员在地面试车时进行系统检查，保证试飞顺利进行。

空军机关的项目主管参谋到试飞院后热情地说："这次你们到沈阳接飞机，让我有三个没想到：没想到你们会这么痛快地接收飞机；没想到飞机上存在的两个故障到阎良后由试飞院自己悄悄地给排除了；没想到你们机务人员的水平会这么高。"

飞机的故障排除后，便按程序检查两台发动机的工作情况，先检查了一台发动机，发现了一系列问题，必须得返厂检查处理。发动机研制单位的跟飞人员心悦诚服地说："试飞人长的是火眼金睛！"

而对于发动机处于中间工作状态时，排气温度已经达到限制值，而推力却明显偏低，这是搞飞行试验的人不能接受的。经过现场跟飞人员和有关专业人员分析检查，认为产生这种问题的原因可能是热电偶故障。经现场拆卸检查发现，是集电环的输出导线绝缘层被破坏，属于加工质量问题。并且发现这不是偶然发生的，而是这一批产品潜在的质量问题。这除了加工者有责任外，负责检验的人员及质量监督的军代表都应该有责任。

仅一台发动机的地面检查和试验就用了近两个月的时间，这令沈阳发动机所在现场的领导感到非常焦虑，他们担心另一台发动机再这样试下去，不知要拖延到什么时候才能飞起来，急忙找到马健说："另一台号发动机是陪试发动机，不是定型技术状态，也就是说不是检查的对象，我们在装机之前，曾在我们所的车台上进行过开车检查，工作都很正常，现在我们这项任务离上级要求的进度已经落下很多时间了，希望对它就不必再进行检查试车了。"马健说："这恐怕不行。我院通过几十年的实践探索，制定了试飞安全管理体系。不论是研究性试飞还是对航空产品的鉴定试飞、设计定型试飞，都要按这个试验管理程序往下走，主要是控制试验机（件）的风险。搞试飞与研制产品的很大差异是：试飞的主要风险来自飞行安全，而产品研制的主要风险则主要来自产品的质量。对新机、包括发动机的地面试车检查是我们必须要进行的第一道程序。"

果然，第一次试车时，监控人员就发现该发动机在顺航向右侧点火嘴口盖处有渗油现象，随后深入检查，发现发动机燃油总管有一个支管的焊缝开裂。试飞院主动与地处西安附近的秦岭公司联系，协助解决，避免了长途返厂分解检查的劳顿。这个故障若不及时排除，很有可能在飞行过程中造成空中起火，甚至引起爆炸。

事后，沈阳发动机所在现场的跟飞人员深有感触地说：“看来试飞院坚持开车检查还是非常必要的，否则要是等飞机出事了，我们恐怕连哭都来不及了。”

虽然对这台发动机进行了试车检查，但由于是陪试发动机，没有完全摸清它的起动特性，结果有一次在试飞过程中突然发生空中停车，转速急剧下降，试飞员下降高度再起动，但怎么操纵就是没有起动成功，他判断发动机已经有严重故障了，只能果断处置，单发着陆。依据相关规定，两架飞机不得不中止试飞。

发动机所又重新将陪试发动机运回沈阳查找原因，采取了相关措施，并在他们所内的车台上进行了两天两夜的试车，以确认该发动机达到“工作正常”状态。

○试飞的主要风险来自飞行安全，而产品研制的主要风险则主要来自产品的质量。对新机、包括发动机的地面试车检查是试飞人必须要进行的第一道程序，准备工作一丝不苟，才能确保试飞安全高效。

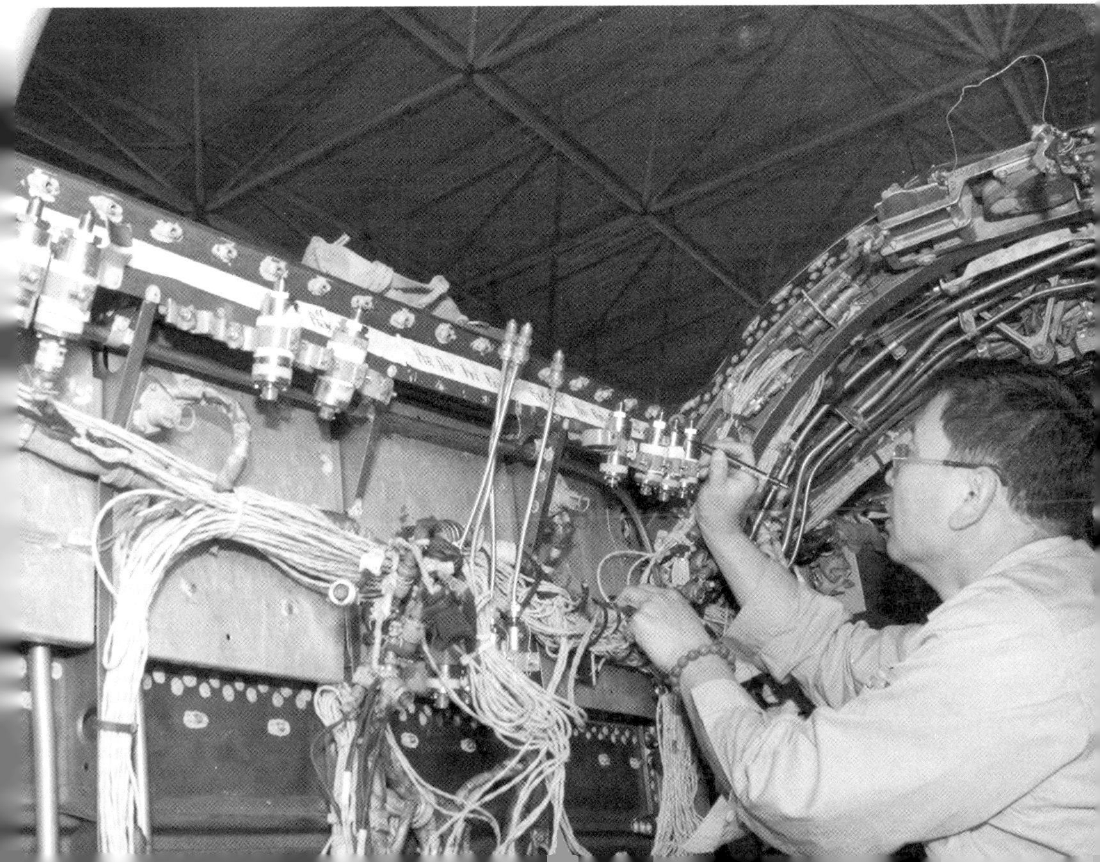

但在进行实际试飞中，多次出现空中喘振的严重问题。由于设计单位先期试验条件的限制，对“太行”发动机没有进行过逼喘试验，因此发动机稳定工作的边界无法确定，给分析问题带来了极大的难度，设计单位对试验结果持分歧意见。王艳平副总师和课题组成员本着“以数据说话、为设计服务”的原则，对前期的所有数据进行整理、分析和对比，与设计单位技术人员一起，按照“分析数据—提出措施—飞行验证”这样一个过程，经过三次反复，最终弄清楚了故障原因，制定了解决措施，并将这种有效措施贯彻到了批量生产的发动机当中。实现了试验为设计服务、通过试验完善设计这一目标。

为了改善发动机的高空加速性，西安113厂研制了新的燃油泵。

这是一个发动机的二级配套产品，按规定要求，航空二级新产品的定型应单独申报试飞大纲，走单独的定型程序。当然这会增大试飞工作量。但为了打造精品，试飞院服从大局，与113厂共同讨论了试飞大纲和相关工作内容，并由上级机关主持在西安召开了研制方案和试飞大纲评审会。

参加这次会议的主机厂所人员有机会到113厂参观学习，在产品陈列室，大家看到这燃油泵的内腔简直就是个谜宫，一致认为：“从某种意义上说，研制一型新的发动机要比研制一型新的飞机还要难。”

“太行”确实还行

经历了整整3年的艰难试飞历程，“太行”发动机终于按设计定型试飞大纲要求完成了全部试飞科目。但定型试飞还没有结束，还需要进行部队试验，即领先使用试飞。

领先使用试飞通常是在作战部队由部队飞行员和机务维护人员来完成的，但“太行”因为是新研发动机，交到部队要做的工作很多，加之在研制试飞的过程中暴露了一系列的问题，部队的飞行员和机务维护人员感到为难，所以航定办与空军协商，决定特事特办，由空军机关与试飞院签署合同，配装两台“太行”发动机的飞机仍由试飞院来承担。试飞院领导表示：“部队的需求就是我们的任务！”2007年秋季经过不到3个月的时间，就顺利地完成了“100小时初步使用试飞”。2008年用了不到4个月又完成了“300小时领先使用试飞”，向空军交了一份完美的答卷。至此，“太行”发动机从首飞开始长达8年的试飞工作全部结束，从立项开始长达17年的研制历程胜利告捷。

试飞院仅用了短短3年时间，在2架飞机上先后投入6台发动机，飞行近200架次/146小时58分。在各参研单位的共同努力下先后解决了地面起动时间长、空中喘振等问题，完成了“太行”发动机的3次调整试飞和16个大项目的设计定型试飞，向国家提出了设计定型试飞鉴定报告，结论是：第一，“太行”发动机的主要性能指标已达到设计要求；第二，“太行”发动机的各系统满足部队的使用要求；第三，“太行”发动机与××型飞机的进/发匹配特性良好；第四，“太行”发动机的“五性”即可靠性、维修性、测试性、保障性与安全性满足部队提出的使用要求。

根据试飞院的报告，航定办组织了在北京召开的“太行”发动机设计定型技术鉴定审查会，代表们不仅对发动机所的研制工作报告和质量工作报告提出了咨询和质疑，也对试飞院的鉴定报告提出了质询。会上你问我答，气氛十分热烈。

一位空军大校问：“听说在试飞过程中发现高空加速性差的问题，后来又改进了，不清楚这个问题是怎么解决的，是不是真正解决了？”沈阳发动机所的代表回答说：“是有这么回事，高空加速性差的问题确实解决了，我们还为这个项目申请了国防专利，其专利号在资料的附录中有标注。”大校又问：“发动机的喘振问题是怎么解决的？”“这个问题我们搞了两次技术攻关，也是通过改进设计解决的。”

另一位咨询委员问：“为什么在试飞鉴定报告中，说主要性能指标达到设计要求，而有一些试飞结果则未达标，却建议通过技术鉴定审查？”试飞院代表回答说：“按研制总要求全部技术指标算，总体达标率已到90%以上；有些指标设定得比国外同类型的发动机还要高，对于这样一型新研发动机来说是不太现实的。但从获得的测试数据看，与国外的成熟产品还是具有一定可比性的……所以我们建议通过技术审查。”

一位审查代表说：“据我所知，该型发动机存在的问题还远不止试飞报告上这几条，还有很多。为什么试飞报告上只提到三条？”

这时，与发动机配套的沈阳飞机所的领导看着马健总师点头一笑，很高兴地说：“我仔细看过试飞院的报告，他们把试飞过程中发现的问题都以表格的形式在后面列出来了，不仅有问题发生的现象，也有发生的原因和解决的措施以及处置后验证的结果等，已经说得相当清楚了。人无完人，金无足赤，这台发动机能达到这个程度，已经不简单了，我同意试飞院的意见，对一个新研产品，要求不必太苛刻。”这时，参加会议讨论的所有人员都高兴得笑了起来。会议主持人开心地说："那你们作为该发动机的第一个用户也同意通过设计定型的审查了？"他认真而热情地点着头，表示已改变了认识，从"太行"要"下马"改变为"太行"还行，认为它是可以接受的。

经过大家的质询和讨论，认识基本统一了："太行"发动机的设计研制基本上是成功的，其主要设计指标经过试飞验证是可靠的，该产品能够与国外同类型发动机相比较，能够用于第三代高速战斗机的研制提供动力装置。但同时建议研制单位继续改进，克服该产品存在的缺陷与不足。

当主持人宣读完审查报告，会场上响起了热烈的掌声。

一个月后，审查报告经国家航定委批准并下发批文，中央军委、国务院、总装首长和航空工业总部分别发了贺电，祝贺"太行"发动机研制取得跨越式突破。发动机所举行了隆重的庆祝活动，"热烈庆祝国家批准'太行'发动机设计定型""发扬太行精神，为振兴中国航空工业提供强大动力"等横幅标语处处可见。空军机关和试飞院等各有关单位纷纷召开座谈会，总结研制经验，赞扬"太行"精神……

忆往昔，太行勇士前仆后继打败侵略者；

看今朝，科技精英继承遗志研发新产品；

展未来，创新之花盛开实现航空强国梦！

此后，"太行"系列很多个型号的国产高性能涡轮风扇发动机陆续研制出来，通过设计定型试飞，逐步批量生产，分别配装于各种不同型号的飞机。

"太行"发动机的研制成功和公开，向世界证明了中国航空动力先行的整体实力和技术水平，也意味着中国能在关系到国计民生的重大动力领域实现独立自主。

回忆试飞人为保驾"太行"发动机研制定型的艰巨历程，无论试飞员还是课题、测试以及机务人员，大家都做出了很大的贡献。当试飞总师马健荣立"太行"发动机研制二等功和"航空报国金奖"及荣获"陕西省先进工作者"称号的时候，却十分谦虚地说："航空要发展，动力要先行。保驾'太行'行是我们试飞人的职责，这是整个试飞团队的功劳！"

第十二章
飞在最前面

提起试飞，人们脑海里立即会闪现出“龙腾东方”“飞豹冲天”“鹰击长空”“飞鲨掠海”等壮美画面。但很少有人知道或提起在这些型号飞机辉煌试飞之前，还有许许多多熠熠生辉的“领前试飞”。它们是：地面飞行模拟，现代人称之“虚拟试飞”；模型自由飞，它是无人遥控技术验证机的同类；它机试飞，学名为试验研究机试飞……

正是这些飞在前面的试飞，成就了新型飞机的试飞辉煌。

受益匪浅的歼10定型试飞

为了探索、研究、演示和验证那些新机研制中的新概念、新理论、新技术和新系统，专用试验研究机需要先行试飞；那些在军、民用领域里正在使用的各种型号飞机，从其概念的确认到使用的各项关键技术，无一不借助了各种试验研究机进行飞行试验验证。

专用试验研究机用来研究和解决通过其他手段（如地面模拟试验、理论分析、数值计算等）所无法研究和解决的问题；暴露理论分析和设计中没有发现的问题；使飞行员真实感受新技术对飞机性能及任务能力的改进程度，并进一步挖掘新技术的潜力。

专用试验研究机被人们称为飞行幕后英雄，实际上是“飞在最前面”的开拓者。

中国试飞专家周自全在谈到“飞在最前面”这个话题时以歼10试飞为例：

歼10首飞之前，在地面飞行模拟器上，试飞员已经试飞了几百小时，完善了飞机研制，培训了试飞员，优选出最佳试飞方案；在歼10模型自由飞上，完成了几十架次的“自由飞”，摸清了歼10的大迎角特性，包括极具风险的“失速/尾旋”试飞；利用各种试验研究机，进行了近千小时的“它机试飞”，攻克了许多型号研制和试飞技术上的难题。例如在运8CA雷达电子试验机上进行了新型火控雷达的研制试飞；在多架运7改装的试验机上进行了微波着陆、塔康导航和电子战领前试飞；在歼8Ⅱ改装的试验机上进行了歼10大气数据计算机它机鉴定试飞；在歼轰7改装的试验机上，进行了最新技术的应急动力装置（EPU）的领前试飞；在歼教6高速弹射试验机上，完成了歼10先进弹射座椅在各种复杂状态下的弹射救生试飞；利用歼教7“失速/尾旋”试飞，探索大迎角试飞技术和培训“失速/尾旋”试飞员；利用歼教7超音速红外吊舱，探索目标特性试飞技术；在BW-1变稳飞机上，完成了“颤振激励”等多项新试飞技术攻关；利用IFSTA综合空中模拟试验机，完成了歼10首飞控制律验证试飞和首席试飞员小组成员的培训等。所有这些试飞为歼10飞机的研制和试飞成功做出了不可磨灭的贡献。

国内外航空发展的经验表明，凡是技术跨度大的新机试飞，必然伴随大量先进技术和新系统的领前试飞，包括地面模拟飞行、遥控无人技术验证机飞行和形形色色试验研究机它机试飞。

如果有人想走捷径，嫌麻烦，怕花钱，不这样做，其结果要么型号工程进展少、慢、差、费，要么付出更惨重的代价。也正因为如此，试飞院从建院之初就开始致力于建设一个集地面模拟、模型自由飞、试验研究机和型号试飞于一体的综合试验机构，创造了许多试验试飞领域的全国第一和唯一。

地面飞行模拟，虚拟试飞的平台

自诩为“航空装备科研战线上一个老兵”的空军原副参谋长、新中国第一代试飞员葛文墉参与了歼10研制从选型到定型的全过程，他认为：

在歼10飞机的研制过程中，我们严格按照科研程序办事，下大力抓了试验手段的建设和试验、试飞工作，这是歼10飞机飞起来后出事比较少、速度比较快、时间比较短的一个重要因素。由于我们地面试验做得比较充分，好多问题在试验当中就暴露了、解决了。

这里说的地面试验，就是指用地面模拟器做的试验。

在飞行试验研究工作中，飞行控制与模拟技术已成为一个重要的组成部分。其主要作用是试飞员改装训练、技术培训；空中故障的复现和排除；边界或风险科目的探索；飞行品质的研究以及试飞方法的预先研究。

地面飞行模拟器属于飞行仿真专业，我国从进行飞行试验研究事业初始，就非常重视飞行仿真专业的发展，半个多世纪以来，航空飞行仿真试飞技术的历史被不断刷新。飞行仿真被称为航空“技术之花”，是国家航空工业必须发展的核心技术之一。飞行仿真是利用模型复现实际飞行器系统，并通过模型试验来对已经存在或还在设计中的飞行器系统进行研究的一门综合性技术，已成为高科技产品在论证、设计、制造、验证和使用等全生命周期各个阶段中不可缺少的技术手段。

飞行模拟分为地面和空中两种，其中空中飞行模拟是指变稳机，地面飞行模拟是指各种类型的模拟器。

地面飞行模拟是试飞预测、试飞计划和方案优化、试飞结果扩展、补充以及试飞队伍培训和演练的有效工具，是实现虚拟试飞的必由之路。它不仅可以使飞行员做正常飞行程序的训练，更为重要的是，它可以真实地模拟发动机空中停车、空中飞行操纵系统失效等特殊情况。飞行员可以在模拟器上训练果断正确地处理以上这些用传统飞行训练难以或根本无法实现的情况，不但如此，用模拟器对飞行员训练完全在室内进行，不受场地、气候等条件的限制，大大地降低了飞行训练的人力、物力，有很高的安全性，飞行模拟器训练一小时的费用仅为该机种空中每小时费用的8%。因此飞行模拟器已经成为当今飞行员训练不可替代的高效手段。

如今，走进试飞院，摆放在仿真实验室地面模拟单元的各类地面模拟器都在为航空试飞技术发展发挥着重要作用。

新型运输机模拟器除支持型号试飞员培训和风险科目试飞外，还创新性地通过遥测系统与真实飞机一起实现了空地一体化试飞，具备飞机品质特性实时在线预测、空中飞行的实时全景复现等功能；舰载机模拟器，具备全流程着舰任务的分角色协同训练能力……一起支持着我国相关领域研究与验证等工作。这些地面模拟器的研发成功既是飞行仿真技术发展的结果，也伴随着航空工业几代新机的发展历程。

SB-6，中国第一座操纵“铁鸟台”

试飞院是我国进行飞行模拟技术研究最早的单位，早在1962年就开始研制工程研究用模拟器——SB-6操纵系统试验台。由当时的操纵专业组负责，余静是专业组组长。

SB-6操纵模拟台于1964年建成，是中国第一座操纵模拟台。由黄雪樵主管技术条件制定、王盛基主管设计，于1965年底调试完毕并投入使用。SB-6主要由台体、模拟计算机、仪表模拟系统、跟踪显示系统、测试系统和相应的液压源和电源组成。该台可模拟歼击机操纵系统，用来测定飞机操纵系统特性及其附件的静、动态特性，研究参数匹配组合特性，从生理感觉上模拟某些飞行状态的驾驶过程，评价操纵系统与飞机结合后的飞行品质，为寻找并排除操纵系统的缺陷和故障提供依据。

在SB-6飞行操纵模拟器上，实现了国内首次“人在回路”飞行模拟试验，是国内“人在回路”飞行模拟试验发展的鼻祖。

SB-6操纵系统试验台在运行的30多年间，几乎完成了当时全部国产型号歼击机的操纵系统试验以及十多个飞机的模拟试验，解决了许多技术难题；完成了BW-1单轴变稳机原理试验、综合试验、几十组参数的调试试验以及研制综合空中飞行模拟试验机的试验。

20世纪70年代初期，试飞人又研制具有6个通道、通用试验台体和5米半径大球幕的空战模拟器SB-100。

1999年10月，鉴于SB-6操纵模拟台设备老化，且有SB-100模拟台可以代替，将其拆除、封存。

SB-6操纵模拟台是1964年建成的我国第一座操纵模拟台。

主管制定技术条件的专家黄雪樵清晰地记得他们在研制这个中国航空系统“独生子”时的情形：

早在1960年底，苏联部分资料到院后，我们立即组织开展研制，可没过多久，苏联撤走专家，对我国的援建全面中止，因此期待苏联专家支援指导建台已无指望。此时，除已经到院的台体机械、液压、冷气和电气等部分图纸和说明外，其中关键的视景投影器、航行仪表系统和计算机用的飞机运动方程等部分没有提供，仅有其名，没有只字说明；就是所提供资料中的台体结构也是很简陋、落后的。

那时试飞院刚刚建立，条件很差，车间设备不配套不齐全，生产能力很低；科研人员也都是刚出校门不久，参研人员中最老的就是我这个算得上开院元老的1958届大学毕业生。我虽然听了苏联专家《飞机飞行试验》课，但课程与模拟台没搭上边，接触飞控系统工作也还是1960年初建专业组时才开始。因此大家都感到专业陌生、知识不足、经验缺乏、参考资料奇缺，在没有老同事带领就要独当一面且承担任务繁重的主管工作的情况下，我深感困难和责任重大。

不过我们当年都很年轻，精力充沛，思想单纯，满腔热忱，没有私心杂念，一心为公，事业心强，有高度的觉悟和责任感，有自力更生、艰苦奋斗的精神和专心致志投入工作、刻苦钻研业务的十足干劲。那时候干群关系也非常亲密，院副政委田维良和副院长赵华放时常夜间10点多钟还来办公室关心我们的工作和学习，语重心长地说：“我国航空太落后被人欺，迫切需要把科技搞上去，我们当领导的只能做组织保证工作，搞科研不行，只能靠你们科技人员。我们愿意端水泡茶为你们服务，恳切希望大家努力进取，尽早出成果、出人才……”老革命感

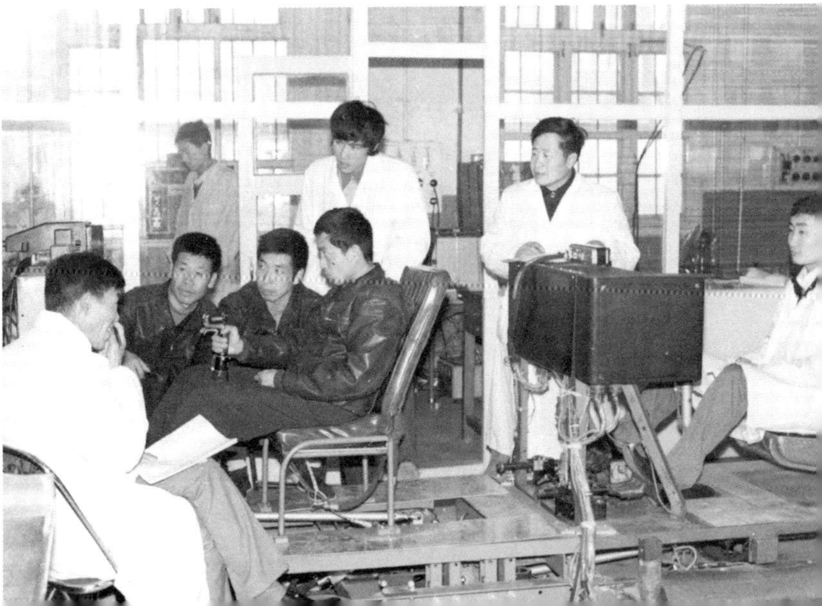

○ SB-6操纵模拟台是1964年建成的我国第一座操纵模拟台，是国内“人在回路”飞行模拟试验发展的鼻祖。
图为科研人员和试飞员正在进行BW-1变稳飞机的试验。

人肺腑一席话，给我们莫大激励。

我们就像乳犊不怕虎，抱定必胜信心勤奋工作。从起初仅有的《技术设计》中两三张照片开始，对台体结构方案和飞机运动方程进行摸索……

由于SB-6模拟台的性能可调，可模拟各型歼击机飞控系统，所以还未建成之前就已经有数项任务通过上级下达来挂号了。交付使用后任务更是接踵而来，使我们应接不暇，曾出现过日夜倒班的忙碌热闹景象。其中，歼6飞机飞行飘摆和抖动故障研究的情形令人难忘。

1966年，歼6飞机因操纵系统缺陷，致使飞机飘摆问题严重，影响飞机出厂，歼6飞机飞控助力系统经历数年实用检验后，飞行飘摆和抖动这种危及飞行安全的潜伏性现象于1963年被揭示出来。这其实也是所有高速歼击机助力系统的共性问题，因此克服它具有特别的紧迫感和普遍意义。这缺陷使飞行员心理上缺乏安全感，严重到飞行员不敢飞，以致空军大部分服役老飞机被迫回厂返修，各基地缺飞机用，而航空厂新机又出不了厂，数以百计的飞机在滑行道上排长队待修的危急局面严重困扰航空部和空军部队，上下各级机关和高层领导多年不得安宁。虽然多次调集专家“会诊”，组织攻关，从多方努力，进行繁多试验，但由于该故障不是每次飞行都必然出现，而是时隐时现，并且两种现象又是相对立的，因此给排故带来极大难度，长期没能取得实质性进展，专家们急得团团转，一筹莫展，苦无良策。直到SB-6模拟台研制出来后，经在模拟台上试验，才找到症结所在。汤钟等试飞人用加长助力器输入摇臂改变传动比的办法，解决了飘摆和抖动两大难题，解除了工厂和部队的困境，使数以百计的歼6新机得以出厂，服役老飞机得以恢复使用。

这也是我国最早的驾驶诱发振荡（PIO）项目的研究。

在这个试验台上从事试验的第一个在研飞机型号是强5，它是我国第一型自主设计的飞机，经过试飞，试飞员反映该机是“操纵皮条”，即操纵响应不够灵敏。为了改进强5的操纵特性，上级要求在SB-6上进行试验研究，时间一年。课题主管是参加工作不久的周自全。为了完成1966年年度计划，他们经常通宵达旦，直到1967年元旦凌晨最终完成试验报告。该试验报告中提出了改进飞机操纵性的三条建议：1.增加操纵杆系传动比；2.增加力臂调节值，以减轻操纵力；3.改单腔助力器为双腔助力器。这就是后来强5飞机的操纵系统的改进状态。

SB-6开创了我国飞控模拟试验事业，对促进我国飞行模拟技术和设备发展立了大功；SB-6模拟试验过国内几乎所有的歼击机型号，包括单轴变稳机的设计，在我国新型飞机研制中立了大功……

SB-100，中国第一个空战模拟器

SB-100地面模拟器又称空战模拟器。该模拟器完成了我国首个空中加油模拟试验和首例空战模拟试验。

1967年，游崇林、王知中、章伯定、唐胡辉、黄雪樵、吕永印等为空战飞行模拟器进行了大量调研工作后，开始研制空战飞行模拟器SB-100。它是我国第一台采用大球幕6自由度双点光源天地景成像系统，应用了很多新技术，有不少独创。如黄雪樵提出的双欧法，视景系统和无限转角随动系统方案是国内首次应用的；唐胡辉提出的采用一台微机巡回检测、分路控制的原理进行随动系统设计，否定了用8台微机控制8条系统的原设计方案。

该模拟器由座舱、台体、仪表模拟系统、视景系统、目标模拟系统、音响模拟系统、计算机和相应的电源和液压源组成，台体是具有六个通道的通用操纵模拟台，可对被试飞机的操纵系统进行物理模拟，给出飞机舵面的偏转和飞行员的操纵感觉，座舱安装在固定平台上，通过改变座舱内布置，可方便地改变被模拟飞机的座舱。

SB-100的主要用途是研究飞机在飞行阶段的飞行品质，空战中对目标的拦截和跟踪特性，飞控性能及其对飞行品质的影响等。

SB-100的研制培养和造就了一大批仿真技术人员，为国内有关单位提供了大量数据和图纸资料，对我国其他飞行模拟设备的筹建、研制提供了宝贵经验。

SB-100的调试过程中和研制成功后，许多试飞员和试飞工程师在模拟器上进行了模拟飞行，完成了纵向人感系统鉴定、歼8Ⅱ机动飞行等课题，特别是完成了加油工程密集编队、超密集编队及精确跟踪模拟试验，有力地支持了新机试飞。

由于研制过程太长，SB-100飞行模拟器建成后，许多设备已运行10多年，故障显著增多，分立元器件早已淘汰，维修十分困难。另外，研制多轴变稳飞机（IFSTA）需要用一台可安装飞行控制系统的飞行模拟设备（即“铁鸟台”），于是将SB-100飞行模拟器的操纵系统试验台和部分其他设备改造成模拟试验台，用于IFSTA的系统集成，定名为FM-203飞行模拟器。

FM-203的技术改造从1993年开始，改造内容包括引进嵌入式计算机及接口系统，重新设计了软件、仪表、音响等系统，

并将视景系统改为计算机成像系统，增加前驾驶舱及其操纵机构，操纵系统改装为K-8飞机操纵系统及IFSTA变稳控制系统，另加装了适用于K-8飞机的液压系统。

FM-203改造完成后进行了IFSTA变稳控制系统的集成综合和各种试验，确保了IFSTA变稳控制系统一次装机成功。

直到现在，国内所有先进飞机“铁鸟台”上的舵面伺服加载系统都是源于SB-100的原理和结构。

SB-300，中国第一个计算机成像的飞行模拟器

SB-300在国内首次采用三维三通道虚像显示计算机成像（CGI）系统和电液伺服人感系统，是现代飞行模拟器的先行者。

歼轰7飞机是我国自行研制的歼击轰炸机，没有原准机和过渡机种，首飞驾驶员的改装训练成为非常重要而亟待解决的问题。1986年，试飞院提出了研制歼轰7飞行模拟器的初步方案，9月立项，代号：SB-300。

研制工作从1986年9月开始，1988年10月完成并投入使用。此后又经过了不断完善，于1990年初通过了验收评审。项目负责主管先后为吴建新、李翰芝。

模拟器主要由座舱、仪表模拟系统、音响模拟系统、视景系统和计算机系统组成。视景系统采用先进的计算机成像技术和三通道三窗口虚像显示技术，可进行白天、黄昏和夜晚三种模式的模拟飞行。

SB-300座舱环境与歼轰7飞机驾驶舱相同，指挥控制台上可设置6组飞机构型和16组故障选择，备有9个飞行参数的实时记录和水平航迹记录，并兼有飞机领航舱部分功能。

SB-300飞行模拟器在调试过程中和交付使用后，歼轰7飞机首飞试飞员小组5名驾驶员进行了座舱实习训练和120多个起落的模拟训练飞行；培训了飞机地勤人员，还进行了空中故障复现等研究工作。

1991年，试飞院确定将SB-300飞行模拟器由训练型改为工程型。改造于1995年底完成，主要内容为：扩展计算机系统，重新设计了系统软件和应用软件，增加了动态测试系统，更换了视景显示投影器，重新研制了动态测试系统。

改造完成后，SB-300飞行模拟器定名为FM-300A飞行模拟器，进行了歼8Ⅰ、歼8Ⅱ飞机的模拟试验以及歼教7、K-8飞机尾旋模拟试验等多项课题研究，并多次为海军航空兵培训歼轰7飞机的飞行员，包括参加国庆50周年阅兵的全部歼轰7飞行员。

歼8C综合火控仿真实验室

为配合歼8C（歼8Ⅲ）试飞需要，1992年经中航总公司批准正式立项研制歼8C综合火控仿真实验室，项目技术负责人为周新华。该实验室于1993年通过专家评审，1996年9月研制成功并交付使用。为实际装机产品进行了故障隔离检查、分析及装机前验证等试飞支持工作，随后又进行了系统挂接机载产品的试验，于1998年9月全部完成。

在实验室的建设中，应用了并行工程设计方法，采用了先进的试飞数据调配和传输技术、系统综合技术、显示控制管理技术、网络传输技术等，在国内率先实现了综合火控系统试飞动态仿真以及进行空一空、地一地、红外弹和拦射弹等的仿真攻击试飞和任务模拟演示。

该实验室实现了综合火控系统试飞动态仿真，具有试飞情景复现、火控系统动态数字试飞仿真、部分机载产品地面排故及检查验证和试飞员培训等功能。

歼8C综合火控仿真实验室在火控系统试飞和仿真试验一体化等方面填补了国内技术空白，达到了国外同类综合火控系统试飞支持试验技术先进水平，有力地支持了新机研制中火控系统的飞行试验。同时，锻炼和培养了大批从事火控系统试飞的技术骨干。

○歼10飞行模拟器是我国自行研制的第一套集飞控和综合航电显控功能于一体的、先进的飞行模拟设施，称为全任务飞行模拟器。它的建成和应用，全面提高了综合仿真技术水平，为试飞工程师和试飞员提供了一套高性能的研究、试验和训练平台，达到了国际20世纪90年代初期先进水平。它对试飞员培训、试飞大纲验证、保证飞行安全、提高试飞质量和效率起到了重要作用。

FS-1，让西方试飞员惊叹的飞行模拟器

1991年7月，试飞院提出了“歼10试飞地面模拟设施立项报告”，1995年获得批准后开始实施，模拟器代号为FS-1，研制技术负责人是赵利群。

对于带有电传操纵系统和综合航电系统的歼10模拟器应该如何建造，起初是有争议的。有人主张建立与主机所雷同的飞行品质模拟器FQS和综合航电系统模拟器DSI，但无论是从经费和周期上都不可能，必要性也存疑。经过认真讨论，最后决定建造一个用于试飞的、将各种功能综合于一体的综合模拟设施。

歼10飞行模拟器是我国自行研制的第一套集飞

控和综合航电显控功能于一体的、先进的飞行模拟设施；采用6自由度运动平台；具有三通道光学视景系统、多功能显示座舱、真实的HOTAS操纵等，被称为全任务飞行模拟器。由于国内外尚无类似的模拟设施，只有自行集成、综合和研制。

该设备1995年开始设计，1997年调试，1998年投入使用。

模拟器建成后，歼10的试飞员和飞行员30多人都通过它进行培训，有的试飞员改装飞行前模拟飞行培训练习达50多小时，因此他们很快就适应了歼10飞机的飞行。2003年初，在准备Ⅰ类风险科目大迎角限制边界试飞前，试飞员李中华、李存宝和张景亭等在地面飞行模拟器上摸索了200多个动作，然后从中选出20多个用于空中试飞。最后在李存宝的指挥下，李中华只用了17个架次、11天就完成了原定33个架次、45天周期的试飞任务，既保证了试飞安全，又节约了试飞架次。

在歼10飞机的飞行品质试验、飞控系统验证、PIO模拟试验、“失速/尾旋”模拟试验以及试飞员培训等方面，歼10飞行模拟器都发挥了重要作用。

2008年到2009年期间，为了进行防尾旋模态试飞和培训新一代大迎角试飞员，将虚拟试飞和真实试飞紧密结合，交替进行，稳步推进。试飞员李吉宽、李刚和孙政雄等利用飞行模拟器飞行近200小时，其间还用飞行模拟器培训了GDAS实时监控人员。

2009年，为了进行国际试飞员培训合作，将FS-1装订了试飞员培训教材。一位曾经是西方某先进战机的首席试飞员来到这个模拟器上进行模拟飞行时，连连高呼Surprise（惊讶）！问他为什么，他说：没想到中国能有这么好的飞行模拟器。

如今，中国所有的新型飞机，在鉴定定型试飞中，无论是飞机设计单位还是试飞院，均研制了先进的飞行模拟器，为试飞员与试飞工程师的培训、飞行试验试飞方法的研究与验证等提供平台。这，已经成为我国新机研制和试飞的标配。

飞行仿真重点实验室

飞行仿真是一项集复杂数学模型建立、可视化技术、伺服控制技术、系统集成技术、人机回路工程等诸多先进技术为一体的高科技工程，对于飞行试验而言，无论是新的试飞方法研究、飞行力学专题研究还是试飞大纲和任务单的演练及优化、系统识别、空中飞行现象复现和试飞员训练等，都离不开飞行仿真这一有力工具。

由于试飞院从1962年就开始了深入的飞行仿真技术研究和

设施建设，积累了深厚的技术底蕴和宝贵的应用经验，创造了许多全国“第一”：第一个飞控“铁鸟台”、第一个仪表飞行模拟器和空战模拟器、第一个计算机成像系统、第一个舵面伺服加载系统、第一个电液伺服人感系统、第一个集飞控和航电于一体的综合模拟器和第一个武器火控综合飞行模拟器等，以及第一个将试飞遥测与飞行模拟进行实时分析比较研究等。加上试飞院独有的空中飞行模拟和模型自由飞专业和设施，拥有大量的试飞数据和经验丰富的试飞员，这些优势促使试飞院成为开展虚拟试飞和飞行仿真技术的孵化基地。中国许多重量级飞行仿真人才，如获得国家科技成果一等奖的歼6模拟器总设计师王知中、航空航天部第一个飞行模拟器专业公司的总工程师游崇林、空军导弹学院飞行仿真专业的建立者将军教授刘兴堂等，都出自试飞院飞行仿真专业组。

1995年12月，试飞院上报了《航空科技重点实验室建设项目建议书》，申请在原有的仿真实验室的基础上组建重点实验室——飞行仿真实验室，得到支持和立项。

1998年10月28日，经过两年多的建设，飞行仿真航空科技重点实验室顺利通过验收，航空工业总公司副总经理张彦仲与试飞院院长陈启顺为实验室揭牌，正式承担起飞行仿真专业人才培养和我国飞行仿真专业技术研究的重任。

飞行仿真航空科技重点实验室拥有包括飞行力学、飞行控制、推进模型、航空电子、火力控制、计算机技术、可视化技术等配套专业，拥有一支具有相当水平的配置合理的科研队伍和具有国内一流水平的试验研究设备条件。实验室分为地面飞行仿真、空中飞行仿真、航电火控仿真和模型机飞行验证4个研究单元，拥有9套大型仿真设备。其中IFSTA综合空中飞行模拟试验机和全任务地面飞行模拟器已达到国际先进水平。

飞行仿真实验室是我国唯一一座具有空中飞行仿真与地面飞行仿真相结合、部件仿真与系统仿真及整机仿真相结合、单机仿真研究与多机联网相结合的试验研究能力的重点实验室。它的建成对我国航空事业的发展，特别是对具有新型气动布局、新型综合航空电子系统和新型飞行控制系统的新一代飞机的开发、研制和试飞产生了重大推动作用。

重点实验室实行实验室主任负责制，实验室主任由试飞专家周自全担任；飞行仿真实验室学术委员会由以两院院士顾诵芬为主任，陈士橹院士和周自全副院长为副主任以及在国内飞行力学、飞行控制、航电火控等专业造诣颇深的10名专家组成。

重点实验室瞄准21世纪科技发展，适应航空工业结构调整，为新机研制、技术攻关和预先研究提供科研条件和试验手段，为加强应用基础研究、应用研究、培养和聚集高科技人才进行技术储备和经验积累。

飞行仿真航空科技重点实验室堪称中国航空试飞技术的“孵化器”。在深入开展飞行仿真关键基础技术研究、重点突破航空技术发展与型号科研试飞急需的关键技术以及开展地面与空中飞行模拟、动力相似方面的演示验证试验、支撑型号工程的科研试飞工作、探索试飞员和试飞工程师的专业化培训方法和体系方面卓有成效。

飞行仿真航空科技重点实验室不断挖掘飞行试验数据应用价值，全面展开使用试飞技术等方面研究工作，实现了多个新机型的模拟。从最早的强5到如今的舰载机、新一代战机、系列直升机等重点型号，实验室依托型号在飞行仿真领域解决并突破了许多关键技术，不但在飞行试验与飞行仿真技术发展领域起到了引领作用,同时,也不断为我国新机试飞提供支持与保障。

“十三五”期间，随着飞行试验模式向基于建模、验模的数值化试飞转型升级，飞行仿真专业的地位和作用不断凸显，在航空科技和武器装备发展以及智能飞行系统研究与演示验证、特种试飞驾驶技术研究中的地位不断提升。

2018年11月14日，为了充分显示中国航空实验室的优势，形成资源互补式发展模式，位于北京的航空总体论证和位于阎良的飞行仿真两个航空科技重点实验室在试飞院举行了联合共建签约仪式，期望通过联合共建打通需求分析、体系设计、系统开发到试飞实验的全过程仿真；共同开展作战新的编制及战法研究、装备体系架构设计及仿真、复杂战场环境建模分析与实现、作战效能评估在仿真中的应用、航空武器装备仿真建模与试验方法研究、多型模拟器对抗推演技术研究、涉及总体论证与飞行仿真的其他相关技术；建立联合培养人才机制，支持双方员工培训与实习等工作，打造顶层论证与工程试飞的人才合作模式；以作战概念研究、使用试飞及其仿真工具手段为研究对象，创建高水平的系统仿真技术研究平台，带动相关科学技术的研究、推广及应用，培植一支跨越地域、学科和专业的创新型团队。飞行仿真重点实验室必然焕发更新的活力，发挥更大的作用，迎来更崭新的面貌。

模型自由飞，一种缩比无人验证机

模型自由飞研究是大迎角试飞的先行者，是利用几何和动力相似的缩比飞机模型，在大气流场中自由飞行，通过照相、遥测、遥控和主动控制等试验技术来研究对应真实飞机的气动特性，降低试飞风险，为新型号的设计改进和试飞提供全面技术支持。

在航空试验科学里，缩比模型是将真实飞行器外形按照合适的系数进行几何缩比，并遵循严格的相似准则关系而生产出的一种特定试验对象，而缩比模型飞行试验则是利用缩比模型在真实大气环境中飞行来预先研究真实飞行器的动态飞行特性。

作为我国飞行试验权威机构，试飞院自20世纪60年代初就开展缩比模型飞行试验技术研究工作。先后为我国首架运10、教8、教9、歼10、ARJ21-700、AG600、C919等开展了缩比模型飞行试验，完成了国内几乎所有军/民用飞机的“失速/尾旋”试飞研究，同时，利用其先进的缩比模型飞行试验技术积极开展前沿技术研究。先后进行了大迎角推力矢量控制试飞、先进控制律演示验证试飞、等离子体流动主动控制演示验证试飞等先进技术试飞研究，为我国航空技术的创新发展提供技术支撑。同时也实现了试飞院缩比模型飞行试验专业在飞行控制技术、机载测试技术和试飞技术的显著提升。

2018年1月29日，《中国试飞报》上的一篇文章引起了人们的关注，文章的标题是《AG600模型自由飞实现三项关键技术突破》。文章指出，在AG600模型自由飞试验中，首次实现国内四发螺旋桨飞机的滑流模拟技术和转速同步控制技术，即首次实现了模型自由飞从仿真模型预测到飞行试验验证的完整试验过程，提升了模型自由飞试验精准度，确保了模型与载机分离更安全、试飞动作更精准、试飞数据更准确；提出了利用飞控模拟飞行员辅助控制试飞新方法；首次实现缩比模型的30° 转弯失速试飞。这些技术的突破，扭转了模型自由飞专业发展受限的僵局，填补了国内相关技术领域空白，部分成果已应用于C919大型客机模型自由飞试验。

我国模型自由飞试验研究开始于1962年，是在带飞模型试验的基础上发展起来的。起初，缩比模型飞行试验主要用来预先研究飞机大迎角“失速/尾旋”特性，以降低新机“失速/尾旋”试飞的风险，使其充当新机危险试飞科目的“排雷兵”。飞机“失速/尾旋”是一种极其危险的状态，一旦意外进入“失速/尾旋”状态，如果不能及时改出，飞机将会快速坠落，会严重危及飞机安全。缩比模型飞行试验则通过缩比模型在真实大气环境下进行飞行试验，获得大量的、可靠的试飞数据，试飞工程师则通过对试飞数据的统计和分析，科学地计算出飞机“失速/尾旋”

临界值，以避免飞机进入“失速/尾旋”状态；并能够给出飞机有效改出“失速/尾旋”的方法，若飞机意外进入“失速/尾旋”状态，可以快速地帮助飞机改出“失速/尾旋”状态。五十多年来，试飞院进行了我国几乎所有军/民用飞机的模型自由飞“失速/尾旋”试飞研究，同时也开展了反尾旋伞、气动导数等方面的课题研究，在测试技术上取得了较大进展。它经历了带飞模型自由飞试验、遥测模型自由飞试验、带动力模型自由飞试验等阶段，并在国内预先构建了带动力无人机验证平台，开展了无人机飞控系统研究、地面控制站研究和远距链路传输研究等，以其丰硕的成果奠定了模型自由飞在航空气动力研究中的地位，成为航空气动力研究的一门分支。

1964年，刘表节等人承担了在歼5飞机上带飞歼7机翼加装副油箱模型的试验研究，其目的是为副油箱选型和悬挂位置提供依据。课题组在飞机上加装了高速摄影机，拍摄副油箱模型投放后的运动轨迹，在不同高度、速度、不同安装角的状态下进行了大量的试飞研究。试验结果为成都飞机制造厂提供了设计依据。

第一次尾旋特性的模型自由飞试验是奚伯英等科研人员于1967年用歼8模型进行的，于1969年结束。专业人员设计制造了模型及挂架，内装无线电接收机、舵机、回收伞，遥控设备是双路并发10通道键控发射和接收机。地面有两台GV-16电影摄影机，在摄影机支架上加装电位计，用示波器记录方位角、俯仰角、照相信号、遥控信号。试验模型用安-2飞机带到1000米高空投放，由遥控设备操纵进入和改出尾旋。采用跟踪摄影，依据胶片投影与三自由度支架上模型投影的重合程序来判断模

○在航空试验科学里，缩比模型是将真实飞行器外形按照合适的系数进行几何缩比，并遵循严格的相似准则关系而生产出的一种特定试验对象，而缩比模型飞行试验则是利用缩比模型在真实大气环境中飞行来预先研究真实飞行器的动态飞行特性。

型的运动姿态，取得了歼8模型尾旋的定性分析结果，标志着我国跨出了尾旋研究的第一步。

20世纪70年代还进行了歼教6模型自由飞尾旋试验，首次使用了迎角、侧滑角自记器，记录尾旋运动中迎角和侧滑角的变化；在1972年到1973年间于文源主管的轰6飞机模型自由飞尾旋试验中，首次采用了全玻璃钢模型，并使模型自由飞从定性分析过渡到较全面的定量测试阶段，初步形成了一套模型“失速/尾旋”的试飞技术；1976年进行了歼6模型反尾旋试飞，获得了反尾旋伞尺寸、形状、惯性矩及最佳伞绳长度和改出效果等数据。试飞表明，安装反尾旋伞是改出尾旋简便而有效的方法；1976年到1978年，由于志丹主管完成的“模型自由飞测定飞机尾旋特性试验研究”通过歼教6模型自由飞试验与歼教6飞机“失速/尾旋”试验结果的比较，解决了模型自由飞试验与飞行试验的相关性问题；1979年，试飞院对进行过的所有机种模型自由飞项目进行了总结，汇编了《用模型自由飞方法测定飞机的“失速/尾旋”特性》，参与编写了被称为“模型自由飞试飞指南”的《飞机飞行试验手册》第五分册，这标志着我国模型自由飞“失速/尾旋”特性研究走向成熟。

经过多个机种的模型自由飞实践，科研人员把自由飞试验推向了全面定量分析的阶段，20世纪70年代末至80年代初，试飞院又装备了与地面遥测车和遥测地面站相匹配的微型遥测发射机，其测试精度高于光测，借助计算机进行数据处理。为了进一步改进测试系统，80年代中期，由祁岳林提出技术条件，谭斌禄等研制了JCX-5-CJ微机数据系统，测试参数可按频率高低自由组合，每次可记录20个独立参数和5个开关量。90年代初，记录容量扩展为2M字节，记录参数32个，测试参数采样率可调，即使在没有遥测站配合的情况下，亦可通过微机直接处理数据，测得的数据暂时存贮在模型上，大大降低了故障率，模型自由飞跨入了微机数据系统测试的新阶段。

世界航空先进国家都很重视模型自由飞研究。美国NASA兰利研究中心和德莱顿研究中心先后通过缩比模型飞行试验完成了F-15、F-16、F-18、B-1、X-31等飞机的“失速/尾旋”试验，取得了飞机“失速/尾旋”特性方面的大量数据和成果，为美国的航空航天发展提供了重要的技术支持。俄罗斯在这方面也有很多研究，在新型飞机的鉴定定型试飞中，模型自由飞试验结果是验证试飞的必要条件。

南昌飞机公司在研制K-8系列飞机时就遇到了俄罗斯试飞院等待模型自由飞数据的有趣故事。

K-8飞机设计鉴定前要完成尾旋试飞，尾旋风洞试验和反尾旋装置成为关键。1987年12月，意大利马基公司飞机总设计师巴佐夫一行6人到访，商谈K-8技术合作，意方主要是介绍MB-339飞机，希望采用该机成果，并推荐采用该机的座舱设计。双方讨论了尾旋试验、试飞。马基公司不做垂直风洞试验，用旋转天平风洞试验取代。我方要求与该公司合作进行旋转天平风洞试验及尾旋试飞，双方签署了备忘录。按此，1989年7月，马基公司免费为K-8做了旋转天平风洞试验。通过试验，证明K-8飞机气动设计是成功的。马基公司认为K-8飞机是竞争对手，没有必要继续讨论技术合作，同时也谢绝了尾旋试飞的合作。为此，中航技与俄罗斯飞行研究院联系，洽谈合作尾旋试飞问题。由于在北航进行了大量的大迎角风洞试验，在马基公司又获得了旋转天平风洞试验的旋转动导数，按试验数据做了大量尾旋特性计算预测，具备了与俄罗斯飞行研究院合作的条件。

在北航和马基公司都进行了充分的风洞试验的基础上，俄罗斯试飞员提出“看到模型自由飞‘失速/尾旋’试验数据”的要求，并提出：“没有这个数据将无法进行真实飞机的试验。”试飞院张明生等进行了这个试验，在试验中发现K-8飞机有尾旋不稳定模态，包含出现负迎角情况，遂摸索了改出方法。俄罗斯试飞员按此结果和要求飞行，保证了飞行安全。

这次模型自由飞“失速/尾旋”试验中预测的模态、现象和尾旋改出方法的有效性等，均在真实飞机的试飞中得到了验证。证明了试飞方法和原理的正确性的同时，还就暴露出的技术问题进行了飞机构型局部更改的探索性试验研究，为设计制造提供了使用依据。国内首次实现了在飞机试飞前用模型自由飞试验进行预测，并用预测结果指导全尺寸飞机的飞行试验。该项试验任务的完成为缩比模型自由飞研究到全尺寸飞机飞行试验研究相关性积累了宝贵资料，把我国模型自由飞试验研究推进到一个新阶段。

对于歼10来说，已经积累的经验和技术仍不能满足歼10大迎角特性的模型自由飞研究，其核心就是歼10是一个静不安定的机体平台，要进行模型自由飞至少要解决两大问题：一是模型投放时刻飞机会立即翻滚，地面操纵手根本没有操纵反应时间，因此必须解决飞机模型初始稳定飞行状态；二是要求飞机运动特性是稳定的，这就必须增稳。这两点就要求研制一套模型电传操纵系统，一是具有自动驾驶仪功能，确保初始稳定状态；二是具有控制增稳功能，确保飞机正常飞行。

1992年，为了及早起动该课题研究，罗五美等人选用已有的教练8飞机模型（1比4.5），通过加配重的方法，将模型重心后调，使其“静不稳定”。然后研制了一套模型电传控制系统FBW，其功能包括自动驾驶仪和控制增稳。经过一年多的设计、研制和试验，模型FBW系统研制成功。1993年，静不稳定的、带FBW系统的教8模型试飞成功，这是我国第一架带电传操纵的、机体静不稳定的模型自由飞。这是我国模型自由飞技术的一次重大飞跃。

完成了教8静不稳定模型自由飞之后，试飞院又研制模型数据采集记录系统，开展模拟仿真计算，并在此基础上研制了歼10“失速/尾旋”模型自由飞操纵手训练模拟器。该训练模拟器能模拟空中飞行运动姿态和轨迹。地面操纵手根据屏幕上显示操纵模型飞行。这套设备对于提高操纵手熟练程度，优化操纵过程具有重要意义。这也是我国第一次用这种方法培训自由飞操纵手。负责这套设备研制的是张世杰。1996年12月，经过三年多的努力，歼10模型实现了自由飞试验。试飞表明，歼10飞机不但可能进入“失速/尾旋”状态，而且存在一种较高旋转速率的平尾旋模态。飞机超过失速迎角后，会出现非指令性的振荡和摇摆，以及较严重的偏离特性。模型试飞还表明，歼10进入尾旋后，只要压顺杆再适当推杆，很容易改出尾旋。如果压杆方向错误将会造成旋转速度急剧加大的严重状态，因此一定要提醒飞行员防止这种状况发生。

1998年，由王启和李树有等人负责研制的反尾旋伞系统急需选择和验证歼10反尾旋伞面积和伞绳的长度。经过了约30个架次的试验验证，得出了满意的反尾旋伞选择的方案。有专家称，歼10自由飞模型很小，但歼10模型自由飞对歼10研制的技术贡献很大。

○ ARJ 模型自由飞试验。缩比模型飞行试验通常采用无动力投放的方式，模型通过挂架挂装在母机机腹下方，母机按照预设爬升剖面到达试验空域后投放模型，模型投放后地面操纵人员按照试飞动作要求完成试飞科目。

缩比模型飞行试验通常采用无动力投放的方式，模型通过挂架挂装在母机机腹下方，母机按照预设爬升剖面到达试验空域后投放模型，模型投放后地面操纵人员按照试飞动作要求完成试飞科目。试飞科目完成后，通过降落伞回收模型。模型回收后，试飞工程师对试飞数据进行处理、统计和分析，并通过相似准则关系换算得到真实飞机的动态特性。

与无动力投放飞行试验不同，带动力缩比模型飞行试验和真实飞机一样能够在跑道上起飞/着陆，且在空中的飞行时间更长。因此，带动力缩比模型飞行试验单架次能够完成更多试飞动作，效率更高，综合模拟能力也更强。我国在开展无动力投放飞行试验的同时，也完成了带动力缩比模型飞行试验。

在航空界，谁掌握了缩比模型飞行试验技术，谁就掌握了航空技术预先研究的先机。如今，试飞院通过技术合作，已经攻克了一系列“老大难”试飞科目，获得了模型自由飞专业许多重大技术突破。例如实现了从人工遥控飞行到自主程控飞行，显著提高了试飞数据质量和效率；进行了大迎角推力矢量控制演示验证，实现了无人过失速机动试飞；开展了等离子体流动主动控制演示验证试飞，为先进的气动和隐身技术应用开辟了新的前景；将 3D打印技术应用在模型自由飞中，在AG600飞机和C919飞机缩比模型上应用了3D打印产品，包括机翼天线罩、螺旋桨整流罩、起落架、操纵舵面、翼尖小翼等部件，极大地缩短了研制周期，降低了制造成本。这些技术的深入研究和应用，为我国航空技术的创新发展提供了有力的技术支撑。

试验研究机，林林总总的“它机试飞”

在试飞领域，除了型号试飞、虚拟试飞和缩比模型试飞外，用途非常广和种类非常多的还有试验研究机试飞，业界有时称之为“它机试飞”，所谓“它”，是相对于新型号飞机而言。其实它大多数是在那些成熟的型号飞机的基础上改装而成。但是它采用的或验证的技术或产品往往更先进和超前。

要了解专用试验研究机，得先从飞行试验说起。飞行试验就是在真实大气条件下，对飞机、发动机及机载设备进行探索、验证和研究的系统工程。一架新型号飞机设计制造出来了，能不能飞行，飞得好不好，使用是不是方便，是否安全可靠，飞行使用性能如何。回答这些问题就要通过型号飞行试验进行验证和考核。那么，对于航空科学新技术和新概念的研究和探索，或新机上使用的新产品的领前验证，是试验研究机的主要任务。

由于新技术和新系统本身带有一定的不确定性，如果将这个新系统还安装在一架新型号飞机上，这就形成了“试飞风险的叠加”。所以，试验研究机一般会选择成熟的在役飞机作为改装对象。当然这种改装的技术难度很大，有时需要“削足适履”或“画蛇添足”。例如，在将一架普通的运输机改装成雷达电子试验机的过程中，为了在这架运输机上合理地布置、安装这些新研发的雷达电子系统，就会整体切除它的机头部分，把它变成类似战斗机那样尖尖的复合材料天线罩结构；也会在机身外加装形状各异的“鼓包”；甚至会在这架运输机上安装一台新的发电机，用来满足这套新系统的大功率用电需求。这类试验机的改装往往会对原机的气动外形、结构、重量重心以及原机系统造成很大改动，改装技术风险和难度很大，有时不亚于新研制一型飞机。

凡是参观过试飞院机场或机库的人，都会看到许多“奇形怪状”的飞机：运输机安装了一个歼击机的尖鼻子，机身上表面多出一对硕大的附加机翼，有的飞机浑身长满了鼓包和各种形状的“刺”，或拖出一根细长的尾巴，等等。不过你看到的只是表面，在飞机内部，“改肠换肚”甚至神经脉络，即系统的软件和硬件都有极大的改变。这些都是试飞工程师们的杰作，他们为中国航空航天技术发展殚精竭虑，不懈追求，研制改装成功了许多“我国的第一架”——变稳试验机、弹射试验机、发动机飞行试验台、雷达电子试验机、气动力验证机、结冰喷水试验机……

无论是哪一类专用试验研究机改装，都是飞机原有设计平衡被破坏和重建的过程，都与飞行安全息息相关，因此，每一架试验研究机研制、改装和试飞都是一个充满风险和挑战的新起点。

周自全在谈到专用试验研究机的作用时说，飞行试验有一个铁律：凡是地面能承担的风险绝不带到空中，凡是它机能分担的风险和压力尽可能不留给本机。地面飞行模拟和试验研究机，则是做到这两点的最好途径。实现航空科技逐步优化并走向顶端，试验研究机试飞验证的作用非常关键。

航空工业直升机股份有限公司总经理吕杰曾在试飞院工作了20年，参与了BW-1变稳飞机和IFSTA空中飞行模拟试验机的研制和应用。在谈到飞行试验中试验研究机的作用时他说：航空技术的发展离不开在蓝天中的实践探索。从首次突破声障到速度达2倍声速的高速“协和”号客机，从第二次世界大战时期B-25长途奔袭日本后只能在中国迫降到空中加油技术对战斗机航程的无限延伸……人类为了安全高效地实现各种目的的飞行，大量地设计和使用了专用试验机和技术验证机。这些专用试验机和技术验证机一方面降低新技术的应用风险，另一方面加速技术的应用转化步伐。每一次先进的航空理论和气动布局以及大量的先进航空设备，都是先期利用专用试验机和技术验证机进行验证的。

在当前科技创新成为航空航天技术发展原动力的形势下，试验研究机的作用更加突显，人们的认知也达到了空前的高度。试飞院的新一代科技工作者，继承和发扬老一代试飞人的优良传统，又以更新的精神面貌和更强的科技实力，励志发展更多、更先进的试验研究机。

变稳飞机，“空中魔术师”

一架新机尚未被制造出来，它就可以用另外一架飞机在实际飞行中体验其动态特性。这个“另外一架”，就是被称作“空中魔术师”的变稳飞机。

作为以飞行研究为己任的试验机构，在继续谱写地面飞行模拟光辉篇章的同时，赶超空中飞行模拟世界先进技术，让变稳飞机为我国航空科技服务，一直是试飞工程师们的执着追求。

在变稳机问世之前，新飞机的设计思想、设计方案及其特性的验证通常是在地面飞行模拟器上完成的。然而在实践中人们发现，对于新机的研制仅有地面模拟是远远不够的。这是因为地面飞行模拟器本身有太多的局限性，如运动和视觉感缺失，试飞员心理的不确定性等。所有这些都可能导致试飞员的评价不准确、不全面，甚至不能发现某些设计缺陷，从而导致飞机的设计不成功或某些问题不能及时解决。空中飞行模拟器的任务是：开展试飞技术研究、优化试飞方案、培训试飞员、减小试飞风险、缩短试飞周期和提高试飞效率等。

变稳飞机是一架加装了特殊数字飞行控制系统的飞机。一般是在一种双座常规飞机的基础上，经过改装使之能复现被模拟飞机及系统的静、动态特性的试验机。

现代飞机飞行速度和高度范围不断扩大，先进的飞行控制系统日益复杂，要求飞机能完成的飞行任务又多种多样……如何保证新机在大多数飞行状态下都能具有可接受的飞行品质？这是新机研制者必须解决的问题。变稳飞机就是研究解决这个问题的极好工具。

当某种新机进行试飞时，试飞员能正确描述他所看到和感受到的现象并给予一定分析是十分必要的。尽管这名试飞员可能已有了多种型号飞机的飞行经验，但要对飞机间的那些十分微妙且又十分复杂的特性加以区别仍是比较困难的，特别对新试飞员来说更是如此。利用变稳飞机就可以方便地解决这些问题，因为变稳系统可以将这些微妙的现象分离出来，并加以放大，使其变得明显，这样就可以帮助试飞员进行辨认和理解。如在一架变稳飞机的机载电脑中加装了苏–27飞机的飞行参数时，

○ BW-1 单轴变稳机于 1989 年 9 月投入使用。这是我国第一架完全靠自己力量研制的纵向空中飞行模拟器。

一架新机尚未被制造出来，它就可以用另外一架飞机在实际飞行中体验其动态特性。这个“另外一架”，就是被称作“空中魔术师”的变稳飞机。

通过变稳系统，试飞员就可感受到苏-27飞机的操纵；如加装的是F-16飞机的飞行参数，那么试飞员就感受到F-16飞机的操纵；同样，如果在变稳系统中设置JAS-39曾经摔飞机的控制律，试飞员就能体会到该飞机当时为什么会摔。这样，通过改变参数，试飞员在一架飞机上就可体会到多种飞机的操纵特性，可以非常直观地体会不同飞机间的差异。

变稳飞机通过改变控制对象的数学模型便可模拟与“宿主飞机”完全不同的任何新飞机的动态响应特性，哪怕这型新飞机还没有制造出来。这种通用的飞行力学和飞行控制试验研究机既是新技术开发和验证的工具，又可培训试飞员，使他们在一次或几次飞行中体验到一辈子都可能经历不到的飞行品质范围，包括特殊故障时的飞机响应和应对措施，可提高他们的判别和处置能力。

所以，变稳飞机的作用主要是进行飞机的飞行品质、飞行控制、显示技术等的研究；进行新机的空中飞行模拟，特别是模拟一些比较危险的飞行状态，帮助改进和完善设计，进行试飞员培训，特别是新机首飞前培训。

变稳机通常是由一架双座飞机改装而成，其中一个被改装为试验驾驶员舱，采用电传操纵系统；另一个为安全驾驶员舱，保留了原来飞机的操纵系统，一旦变稳电传系统出现问题，就切换为原来的操纵系统，以确保飞行安全。

变稳机在飞行品质和控制技术研究、人机界面系统研究、新机的空中模拟、试飞员及试飞工程师的培训、地面模拟结果考核等方面具有广泛的用途。

试飞院在20世纪共研制过两型变稳机。BW-1是我国第一架完全靠自己力量研制的纵向变稳飞机，是中国第一架具有变稳功能的电传操纵飞机。它以歼教6为原型机研制而成，主要加装了变稳电传操纵系统、电液伺服人感系统和数字式跟踪显示系统，加上电传操纵与原机机械操纵系统之间的转换系统，所有这些，都是国内首创。

早在1963年全国自然科学发展规划会上，我国老一辈飞行力学工作者就提出了研发我国的变稳飞机，但未能实施。1974年11月20日，周自全提出了《关于研制变操纵系统参数飞机的报告》，并组织人力开展了一系列论证、原理试验。这里的"变操纵系统参数飞机"就是变稳飞机。这个方案得到了当时的研究室主任戈平的支持。戈平是毕业于莫斯科航空学院的飞行力学专家，对此有较深入的了解。

1976年全国第一届飞行力学专业会上，周自全介绍了"歼教6飞机研制单轴变稳飞机"的方案，得到了与会专家的赞赏和支持。经过不断地申请和宣传，直到1979年，在航空研究院副院长、飞行控制专家韩宽庆的支持下，将此纳入重点预研项目，正式启动了BW-1单轴变稳飞机的研制。

BW-1变稳飞机研制课题由周自全和汤钟任主管，由试飞院和飞行自动控制研究所（618所）等单位共同研制。

1977年到1987年，在周自全组织下开展了总体设计、系统研制、地面和空中各种试验，经历了无数的困难与挫折。其中，前舱和后舱的转换是保障试飞安全的关键环节。为了保障转换可靠性，在地面SB-6试验台上进行了上万次转换试验的基础上，决定在另外一架歼教6上进行领前试飞。1984年12月4日，该项目进行第三架次飞行时，转换装置中传感器故障，飞机突然上仰，进入尾旋，不幸坠毁。所幸两位试飞员跳伞成功，安全无恙。

事故发生后，院内两派意见：一派认为这是技术挫折，吸取教训即可；另一派主张对责任人"追责"。最后，时任国务院副总理的邹家华针对此事做出批示："科研有风险，不要责怪科研人员。"终于，风波平息。

经过这次事件，BW-1科研团队更加努力，也更加谨慎，处处事事都格外小心。

1988年11月2日至5日，BW-1变稳飞机通过航空部组织的首飞技术评审；1989年4月22日，汤连刚与李存宝驾机在阎良机场成功地完成了首飞；经过改装试飞、人感系统试飞、闭环试飞等三个阶段，于1989年9月28日完成了验收试飞并投入使用。

BW-1变稳飞机是我国第一架完全靠自己力量研制的纵向空中飞行模拟器，飞机上加装了数字式全权限可大范围变增益

○ IFSTA 三轴变稳机 1998 年 9 月，IFSTA 完成了全部验收试飞科目，功能和性能全部满足设计指标，其综合模拟能力达到了世界先进水平。

的电传操纵系统、电液伺服人感系统、目标跟踪和显示系统以及机载测控保安系统。具有功能多、变参数范围大、使用方便、保安措施完善、测试显示内容齐全等特点，可用于飞行品质规范研究、飞行控制系统和控制技术研究、新机的空中模拟、校核地面飞行模拟的结果和训练试飞员等功能。

该机的首席试飞员李存宝、汤连刚成为我国最早和最深进入飞行品质和电传操纵领域研究和评定的试飞员。

BW-1变稳飞机的研制成功后，为我国的飞行品质研究和歼10试飞技术攻关做出了重大贡献，包括驾驶诱发振荡研究、人机闭环飞行品质判据研究、颤振激励试飞技术研究等，也为后续多自由度变稳飞机奠定了基础。该项目获得国家科技进步一等奖。

在1989年BW-1纵向变稳飞机验收评审会上，与会专家强烈呼吁，为满足新机研制、试飞、飞行控制、飞行模拟等航空技术研究需要，应尽快研制一架多轴变稳飞机。

多轴变稳飞机，即IFSTA空中飞行模拟试验机开始研制。IFSTA（Integrated In-Flight Simulation Test Aircraft）是一型三轴变稳机。

IFSTA于1991年底立项开始研制，航空航天部任命周自全为总设计师，吕杰、张光荫、汤宏光、王国庆为副总设计师。1997年6月首飞成功，1998年9月完成了验收试飞。验收试飞期间，并行开展了歼10首飞控制律试飞验证。验证试飞员李中华和李存宝关于IFSTA的验证结论，在歼10首飞技术质量评审会上，总设计师宋文骢的总体报告、谢经涛的飞控报告、周自全的飞行试验报告中都单独宣读，肯定了歼10具有优良的起飞着陆飞行品质，特别是纵向飞行品质更优。这与后来歼10试飞结论十分契合。

IFSTA是以K-8喷气教练机作为原型机，加装了变稳系统、可编程多功能显示系统、自动配平系统、机载测试系统、可变人感系统。经过一系列地面试验，1997年6月25日成功完成了

○三轴变稳机部分科研人员和试飞员合影。IFSTA空中飞行模拟试验机可满足除直升机外大部分军用、民用飞机的有关技术验证和空中模拟使用要求。

首飞。

至1998年9月11日，IFSTA完成了全部验收试飞科目，功能和性能全部满足设计指标，其综合模拟能力达到了世界先进水平；1998年9月下旬，完成了歼10飞机首席试飞员小组成员培训。

IFSTA空中飞行模拟试验机可满足除直升机外大部分军用、民用飞机的有关技术验证和空中模拟使用要求。

《中国试飞报》记者李驰曾撰文记录过IFSTA空中飞行模拟机的这种神奇：

1997年7月至8月，根据相关单位提出的歼10进场着陆数学模型，试飞院设计了变稳机空中飞行模拟控制律，确认无误后装入IFSTA，投入空中试飞。试飞内容主要是空中模拟歼10飞机进场着陆飞行品质。试飞方法是……这种刻意安排的试验方法就是要考验歼10飞机的进场着陆飞行品质。经过14架次的空中飞行模拟试验，试飞员对歼10进场着陆飞行品质的评价是："飞行操纵性良好，响应跟随性良好；调整转弯坡度、修正下滑位置较容易；保证下滑角和改变下降率易于操纵，下滑过程平稳，复飞改变状态时跟随性好，拉平动作时操纵特点和飞机响应令人满意。"最后给出的库珀-哈珀等级为Ⅰ级飞行品质中的2级，按百分制应为90分。这一评价结果与后来试飞员们对歼10飞机飞行品质评定几乎完全一致。

更为神奇的是，五名首席试飞员在一致肯定纵向飞行品质的同时，其中两名认为横向操纵有点"过灵"，另外三名则认为可以。没想到在后来歼10实际飞行中，飞行员们将这种分歧和争论一直持续下去。

这个事实从一个侧面佐证了变稳飞机试飞结论的可信度。

2000年5月，时任试飞院副院长、歼10试飞总师和IFSTA

总设计师周自全陪同德国宇航院院长参观IFSTA。当时尚未修整的机场外道路坑坑洼洼尘土飞扬，德国宇航院院长一路风尘来到四十多年前部队留下的旧机库，见到了他急切想参观的变稳飞机IFSTA，因为这也是德国宇航院的重点研究项目，著名的ATTAS变稳飞机就是他们的骄傲。当他看到飞行归来的变稳飞机时，非常高兴，并登机参观。看到科研人员的工作环境后，他对周总说："在我们国家，从事这种工作的人，应该有最好的待遇、最好的工作条件。"周总无语，就在不久前，他的老专业组长，一位老大姐，就是在这个工作梯上摔下来，胳膊和腿都骨折了，受了不少苦。

送走了德国宇航院院长，周总感到有点不适，顺便到630医院看病，没想到在医院遇到了西安大医院巡诊的教授，当场就说"这个病人我带走"。到西安一检查，是肝出了问题，转氨酶1700多（正常人不大于40），第二天就要报病危。经抢救，住了40多天院才康复。

事后有人问周总，你当时担心吗？他回答：有点，担心那些来参观的外国同行和同事们被传染。还好，大家都平安无事。至今，时任630医院院长陈国林对这件事仍记忆犹新，他说，想起来就后怕。

如今，IFSTA老了，但在科研和试飞员培训中仍然繁忙地"超期服役"。可喜的是，在业界，认识和应用变稳飞机的人越来越多。在试飞院，多型更为先进的变稳飞机正在研制和使用中。

弹射试验机，为挽救生命开道

普通大众都知道，一架飞行中的战斗机出现了致命故障，或战斗中严重损伤，飞行员会被迫弃机跳伞逃生。但是，可能很多人不知道，在跳伞逃生的过程中，并没有百分之百的成功率，为此付出生命代价的案例时有发生。其中，可能原因之一是飞机的弹射救生系统出了问题。那么，一套新设计的弹射救生系统有没有设计缺陷？如果弹射救生系统本身没有缺陷，它是否适用于这型飞机，是否适用于这型飞机的各种飞行条件和飞机空中姿态？这些问题如何检验和回答？地面试验必须做，但不能回答全部问题。因为飞行速度、高度和飞机机动状态等条件无法实现，放到拟装定的型号飞机上试验也不行，因为飞行员跳了，飞机也就摔了，谁也付不起这个代价。但在新机试飞中它又属于必须鉴定的内容。怎么办？弹射试验机的空中试飞就是不可替代的试验手段。

20世纪60年代初，试飞院在进行大型立式弹射台和火箭滑车弹射试验的同时，提出了将轰5飞机改装为一个弹射试验机的方案。

轰5弹射试验机是新中国成立后航空工业改装的第一架弹射试验机。它的改装完成并投入飞行试验研究，结束了我国航空史上没有弹射试验机的历史，填补了我国弹射试验机的空白。

1960年5月，“新机东风113”试飞工作会议在北京召开。会议的背景是在苏联专家撤走的情况下，我国独立研制一种新型歼击机，即后来沈阳所研究设计的新型歼击机“东风113”。会上，各方代表就新机试飞项目和内容等进行了认真深入研究，并达成共识：弹射救生试验是必须进行的试验和试飞项目。因此，新机弹射救生系统的地面和飞行试验也被列为工程重点。为加快新机的试飞准备，国家成立了试飞办公室，由部队和试飞院共同承担型号任务。

当时，就新机弹射救生系统的地面试验和空中弹射而言，一部分地面试验设备尚在筹建中，由苏联专家帮助制订的技术设计中虽列有弹射试验机项目，但还未提到筹建日程上来。会议结束后，时任试飞院院长熊焰拍板：迅速行动。

弹射救生专业的王善义等有关人员根据苏联曾用伊尔-28飞机改装成弹射试验机的经验，在北京详细查阅了轰5飞机图纸及技术资料，先后走访了北京航空学院、空军第一研究所、空军第四研究所等单位后，综合多方专家的意见，提出了一个用轰5飞机新增改装弹射试验舱的可行性设计，并做出了改装方案。

1960年6月中旬，工业部在北京召开轰5飞机改装成弹射试验机方案论证会，国内各方专家代表一致同意试飞院提出的改装方案。

虽然改装方案通过了论证，但大家还是感到心中没底，因为这毕竟是第一次独立完成的一项技术含量很高的试验机改装任务。1960年秋季，试飞院成立了设计组，利用北京航空学院机库中已拆卸开的一架轰5飞机，现场对改装方案进行可行性设计。随后，组织人员赴哈尔滨飞机制造厂调研，并就改装方案、改装技术条件、试验方法、测试设备和进度进行了全面讨论和细致安排。

然而，无论是轰5飞机的图纸还是轰5飞机，在试飞院仍是一个空白点。没有轰5飞机，一切设计方案都无法实施。

但是，弹射试验不能停止。试飞院提出了大型立式弹射台的设计技术条件，并于1964年11月完成调试验收后正式交付。

大型立式弹射台试验导轨长34米，可弹射重量240千克。

○轰 5 弹射试验机是我国首次改装成功的弹射救生飞行试验研究专用试验机，1968 年 11 月投入使用。

○歼教 6 高速弹射试验机主要用于大速度、水平飞行状态和低速度机动飞行状态下的弹射试验，1996 年投入使用。

大型立式弹射台的建成，为航空救生系统的地面试验研究创造了条件。

由于弹射试验具有很大的危险性，尤其是大过载试验对人体脊柱、内脏等都有潜在的伤害，因此，需要研制模拟人体特性的橡胶假人代替真人进行先期的弹射试验。

第一代橡胶假人于1964年由庆安公司研制生产，假人由骨架和橡胶包制而成，关节用叉式接头连接，假人胸部开一个方形空腔用以安装记录仪器。歼8、强5座椅空中弹射试验及歼6火箭座椅方案试验均使用了第一代橡胶假人。1972年由北京橡胶六厂生产了第二代橡胶假人，从体重到外形都接近我国标准飞行员的数据，橡胶外形用模具压制而成，接近于人体肌肉状况，头部用铸铝铸成，外形同人头相似，可作为假人的遥测发射机天线。歼教6、轰5、轰6、歼7Ⅰ、歼8全天候等机种的座椅弹射试验全部采用的是第二代橡胶假人。（在此后的1986年，610所根据我国当时飞行员的身体统计数据生产了第三代橡胶假人，使之更接近我国飞行员的实际情况，有利于各种弹射救生系统的试验研究工作。）

为了鉴定歼8带辅助弹的弹射机构是否满足生理指标要求，1966年到1968年，试飞院冈武民等科研人员与航天医学工程研究所在大型立式弹射台上进行了该弹射机构的生理鉴定试验。试验用新鲜的尸体和脊柱骨进行，试验前后进行X光拍片检查，通过试验证明该弹射机构满足生理指标要求，为其设计定型提供了依据。这种试验当时在我国是第一次进行。

早期弹射试验记录仪器是遥测系统，1965年，毛富民提出了弹射试验遥测记录系统的技术条件，由洛阳612所研制生产。该遥测系统由6路调频/调频发射机、车载地面接收机及发射和接收天线等组成。发射机装在假人胸腔内，1969年开始承担弹射试验的测量任务，这是我国第一代弹射试验遥测系统，于1985年报废。

试飞院共研制过两型弹射试验机：轰5弹射试验机和歼教6高速弹射试验机。

1965年，轰5空中弹射试验机的研制迎来新的契机，空军为试飞院调拨了一架轰5飞机。项目论证会对改装技术条件、试验方法、测试设备以及进度安排进行了全面讨论，并成立了39人的庞大改装队投入工作。同时，严京林担任主管的课题组开始了试飞准备工作，他们到哈尔滨军事工程学院对轰5原型机模型和改装后的轰5飞机模型进行了风洞吹风对比试验，由周承才提出弹射机改装技术要求。改装工作由试飞院修理厂厂长李铁负责，尹炳炎主管设计。1966年改装工作全面铺开，1968年8月完成了改装，试验机经过性能验收试飞（首飞试飞员羊贵溪，领航员郝兆银），证明技术指标达到设计要求，可以投入使用。

轰5空中弹射试验机可在高度800~5000米、速度为400~680千米/小时的范围内，进行水平飞行状态下的弹射救生系统及有关救生装备的弹射试验，这意味着我国首次改装成功的弹射救生飞行试验研究专用试验机正式投入航空试飞，为我国新机弹射救生系统的设计定型及弹射救生技术的试验研究和发展提供了有效的试飞手段和试验研究条件。

轰5弹射试验机1968年11月投入使用，先后承担了歼6、歼7、歼8、强5、轰5、轰6弹射座椅和Ⅰ型、Ⅱ型、Ⅲ型火箭弹射座椅及火箭包膛压测定方法等32项弹射救生系统的定型和预研课题任务，其中包括对狗、猴子等动物进行的生理弹射试验。1973年2月，为了实际检验该弹射座椅的性能，首次结合歼6Ⅰ型火箭弹射座椅定型，在北京涿县机场进行了真人空中弹射试验，被弹射的试验员是南京空军伞勤参谋张居谦，获得了圆满成功。叶剑英元帅亲临现场，给予了很高评价。

轰5弹射试验机是我国首次改装的弹射救生系统飞行试验研究专用试验机，是我国航空科研弹射试验进步的一个重要里程碑。它为我国新机弹射救生系统的设计定型及弹射救生技术的试验研究和发展，提供了有效的试飞手段和试验研究条件。

20世纪70年代，我国空海军绝大部分战机都提升为超声速飞机。飞行试验领域只有研制新的高速弹射试验机，才能跟上我国航空救生装置发展的需要。

1977年，试飞院庞海玉提出了用歼教6飞机改装成高速弹射试验机的技术论证。在进行了歼教6模型高速风洞吹风等大量试验后，获得了“用歼教6飞机改装高速弹射试验机在理论和技术上是可行的”依据，在此基础上，庞海玉提出了正式改装设计技术要求。

歼教6高速弹射试验机是在歼教6飞机基础上将原后座舱改装成敞开式弹射试验通用舱。主要用于大速度、水平飞行状态和低速度机动飞行（俯冲、俯冲拉起、爬升、倒飞、盘旋和协调侧滑）状态下的弹射试验。

歼教6高速弹射试验机的研究一直在进行，1983年获得国家正式批准。1984年，从英国留学归来的丘平根据在国外进行的“在弹射舱内由弹射火箭喷流引起的压力研究”结果指出，弹射仓承压要求偏低，后经多方调研、研讨，最后确定提高。

然而，由于技术上，尤其是经费上的原因，到20世纪80年代末该机研制几乎陷入停顿。十号工程试飞工作的启动为这个试验机带来了生机。

1993年，歼10技术攻关项目“高速和机动飞行状态下弹射试验方法和技术研究”立项，到1996年在弹射试验机上完成HTY–4型座椅弹射，取得了四发成功的成绩。通过实弹验证了空弹试验包线计算软件的正确性、防气流吹袭封包装置的有效性和可靠性、新研的假人测试系统工作的正确性。为歼10弹射座椅HTY–5鉴定试飞的进行奠定了基础。

哈军工毕业的试飞副总师杨龙具体负责和组织该项目的实施，项目主管为冈武民。

由于被试系统和试验系统（防气流吹袭封包）上装有数十个不同规格的爆破管。为了保证地面和空中安全，现场制定了严格、周密的拆装座椅系统的操作规程，明确了分工界面和检查、签署职责和权限。

2000年9月中旬完成地面滑行，飞行检查了拖带稳定绳滑行安全性。然后进行空中检查试飞。8架次检飞结果表明弹射试验的安全是有保障的。

从2000年10月25日开始，经6架次双机编队训练和光电经纬仪捕获目标训练，弹射试验准备就绪，只等待可飞天气。

人们在弹射现场苦守了7天后，11月17日终于盼到了晴天，万里无云。这天，试飞员张旭准确、成功地完成了首发救生系统的弹射；编队飞行员陈东顺在靶场指挥员张嵩的指挥引导下死死地“咬”住了弹射试验机；空中摄影师摄下座椅和假人弹射瞬间和出舱全过程近乎完美的影像；两台经纬仪工作站操作人员及时发现并跟踪试验机，在弹射瞬间准确地转向跟踪出舱的座椅和假人，获取了座椅、假人全过程数据和影像，取得了座椅和假人从出舱到落地的完整轨迹和数据。首次弹射试验完全成功！

早春的阎良，天空并不晴爽，云层多，能见度时好时坏。而弹射试飞对天空要求极高，能见度不好不行，伴飞摄影，尤其是地面经纬仪抓不到“目标”。太阳出来的时间不对也不行，因为经纬仪对着太阳，什么也看不见。

经过几轮的准备、起飞、取消弹射，带假人返场后，2001年3月14日，年后第一发弹射试飞又开始了。上午天气不好，到下午3点左右太阳出来了，阎良机场的09号飞机和伴飞飞机已经出发，来到夫水上空，但经纬仪操作人员战战兢兢，不同意弹射，因为云彩飘忽不定，飞机时隐时现，眼看今天又要白忙一阵。在阎良塔台上，试飞总师周自全抓起电话，要求夫水现场抓紧弹射："经纬仪抓不住目标不用经纬仪技术人员负责。"就这样，现场指挥员命令弹射，结果取得完满的成功。周总之所以这样做，一是因为现场人们精神太紧张，需要有人拍板；二是因为即使经纬仪一次弹射抓不住，结果只是不完美，但仍有效，因为还有其他测试手段。但如果今天弹不成，现场上百人连续几天的工作一无所成，影响太大。

在这种状态下，又先后成功地完成了俯冲、滚转、俯冲下沉状态下的双机编队训练和空弹试验。终于，第二阶段试验于2001年5月18日结束。

2001年5月29日，总部召开了"歼10飞机弹射救生系统阶段总结评审会"，与会专家对前四发飞行弹射试验给予了肯定，并认真研究了最后两发（倒飞和大速度）空弹试验的状态。这两种状态，特别是倒飞，风险更大。前几发弹射已圆满成功，是见好就收还是迎着风险尽量在严格条件下对系统做充分考核，与会代表又进行了激烈的争论。最后确定：后两发空中弹射试验继续进行。

6月1日开始，经过广大科技人员、机务保障人员、试飞员的共同努力，空中弹射鉴定试验于2001年6月21日圆满结束。至此，歼10弹射救生系统六发空中弹射试验全部成功。

六次弹射试验结果表明歼10弹射救生系统基本满足设计指标要求，但也发现了一些产品问题。如果不是弹射试飞，这些问题在地面试验不可能发现和解决。如果这种状态带入空中，特别是低空弹射，后果不堪设想。

发动机空中试车台，架起通向蓝天的桥梁

俗话说，航空发动机是飞机的"心脏"，发动机性能的优劣及可靠性直接关系着飞机性能和飞行安全性。发动机又是一种高压、高温、高旋转和高动态的产品，复杂性极大，精密性要求极高。正因为如此，世界上能制造飞机的国家不少，能造发动机的国家不多。而且光制造出来还不行，研制出来以后，要经过成百上千次的地面和空中飞行试验才能定型并装机应用。

在空中试车台没有问世之前，发动机的试验只能简单地在地面进行，但是地面和空中毕竟存在着一定的差异，如空气密度、大气温度、气流变化等，难以全面、真实地反映出发动机的工作性能。因而这问题也成为航空发动机发展的一大技术瓶颈。

20世纪40年代，美国、苏联等航空大国先后研制出了空中试车台。苏联以条例的形式固化了他们应用发动机飞行试验台的经验："不上空台不准上原型机。"即不经过飞行台试验的新研发动机不允许安装在新机上试飞，至少要在飞行台上无故障飞行50小时。

飞行试验台，即发动机空中试车台，主要用于新研航空发动机的调整和科研试验，是发动机从地面试验走向与原型机配套试飞的桥梁，是保证新发动机试飞安全不可缺少的重要环节。空台的优势是安全性好，"出现问题可以将被试发动机关掉，甚至投掉"。国内外的经验证明，开展发动机的技术研究、型号研发和鉴定离不开空台。

被试发动机可安装在试验台机身下方、侧方、上方或替换多发飞机的某一发动机，但一般不作为飞机的主要动力装置使用。在飞机试飞过程中，对飞机发动机的各项工作参数进行采集、显示、记录、实时分析、事后综合数据处理，以确定在试飞过程中被试发动机的工作是否正常，为后续试飞提供依据。

在试飞院功勋飞机园里，展示着一架威武而优美的"086"号轰6飞机，非常吸引参观者的眼球。在机身下方，安装了一个硕大的吊舱。有人说是巨型导弹，也有人说是航天器。非也！那是一台发动机试验吊舱。这架飞机就是我国航空界"大名鼎鼎"的轰6空中试车台。

这架空中试车台的发动机吊舱，可上下收放。在做新发动机试验时，将新发动机安装其中，和轰6飞机一起升空，在空中进行各种稳态、动态及难度大的风险试验。

1963年，试飞院蔡凰乔、贺元章等提出试验机方案，1964年空军调拨一架图-16飞机作为原型机，在603所和西飞公司帮

○轰6空中试车台投入使用后，先后对涡喷7、涡喷13、涡喷11、涡喷14等10多种型号发动机进行过试飞研究，也为我国"秦岭""太行""昆仑"等10多种航空发动机的发展发挥了应有的作用，有力地支持了多种新机的首飞和定型。

助下，该试验机于1976年改装完成并交付使用。项目主管贺元章介绍说，轰6空中试车台的主要技术特点是它的通用性和安全性。安全性设计是针对试验对象工作可靠性较差而采取的技术措施。包括设置吊舱应急投放系统，可以保证在特殊情况下，驾驶员实施应急处置。加强吊舱防火系统设计，提高火情报警灵敏性、准确性和灭火效率。

进入20世纪80年代，对轰6飞行试车台又进行了较大的改进和改装，加装了数码磁带记录和遥测监控系统，大大提高了试飞效率。

1992年10月，轰6空台进行国产验证型涡轮风扇发动机试验的时候，发动机风扇叶片在高速旋转下断裂并击穿了吊舱隔板，打坏了母机右起落架的液压控制系统，造成该起落架无法正常收放，为保存这台来之不易的珍贵发动机，机组人员决定冒险进行两点着陆，虽然着陆造成右机翼损坏，但飞机和发动机却保存下来了。

曾经，涡喷13发动机是中国航空的明星，因为它是当时飞机的主力发动机。但鲜为人知的是：轰6空中试车台决定过该发动机的“命运”。

1983年，国产涡喷13在北京云岗地面高空模拟台试验时多次出现“放炮”现象，这可是低转速下发动机喘振的致命问题。当时，歼7Ⅲ新机首飞在即，但发动机喘振的原因一直未能找到。能否用涡喷13发动机装配歼7Ⅲ进行首飞，成为当时上下都非常关注的焦点。甚至有人主张应尽快购买国外发动机装在歼7Ⅲ飞机上进行首飞，以保证首飞安全。在这个关键时刻，试飞院发动机专家史庭谟拍着胸脯说：“我敢肯定，该发动机没有问题！”何以如此坚决与自信呢？因为他在试飞院的轰6空中试车台上对涡喷13发动机进行过8个课题的调整试飞，对其可靠性做了充分考验。分析表明：在地面高空模拟试验台上出现的发动机喘振现象，是试验台90° 直角转弯的进气装置造成发动机进口气流不均和不稳定导致的，而不是涡喷13发动机本身固有的故障。试飞结论和分析结论得到了当时航空部领导和包括吴大观在内的行业专家的肯定，最后决定用国产涡喷13发动机进行歼7Ⅲ首飞。当歼7Ⅲ首飞成功后，时任航空部副部长王昂非常高兴，专门致函表示祝贺。发动机研制单位贵州460厂特意向上级打报告，为试飞院请功。

轰6空中试车台投入使用后，先后对涡喷7、涡喷13、涡喷11、涡喷14等10多种型号发动机进行过试飞研究，也为我国“秦岭”“太行”“昆仑”等10多种航空发动机的发展发挥了应有的作用，有力地支持了多种新机的首飞和定型。

1993年，轰6空中试车台作为试验机服役近20年，已打算报废。但是，我国新研飞机歼8Ⅲ决定配装我国完全新研的涡喷14发动机，这等于双重风险叠加，在中国航空发展史上实属罕见。为确保试飞安全，发动机必须进行空台试飞，而且必须在歼8Ⅲ飞机首飞前完成。为保证涡喷14发动机的空台试飞，在赵万库的领导下，由张志谦主持对空台做了延长使用期处理，妥善处理结构受力件的腐蚀和电缆老化、吊舱修复等问题，又做了一些相应规定，满足了涡喷14发动机的试飞要求。

但是，轰6空台飞行试验并没有解决涡喷14发动机的全部问题，其中最突出的问题是高空停车。

由于各种原因，歼8Ⅲ型飞机最终“流产”，但涡喷14发动机又经过许多艰难曲折，坚持下来，最终定型。

这个例子再次说明，发动机研制真难，发动机试飞真险。

伊尔-76飞行试验台，发动机空台第二代

鉴于轰6发动机空中试车台即将到寿，而为歼10飞机研制的涡扇10A发动机技术跨度更大，对发动机空中试车台需求与现实的矛盾日益突出。在时任航空航天工业部试飞办主任李安屏的全力推动下，我国新空台开始了论证和立项工作。

试飞院发动机专家寿圣德负责起草了新空台的论证报告。1991年1月，《关于建设10A发动机飞行试验台的论证报告》上报航空航天工业部。针对当时业内的歧见，该报告从技术上全面分析了各种档次的地面高空模拟台的能力和局限，全方位地论证了新飞行试验台必要性和可行性。

1991年10月，在李安屏主持下，航空航天部在桂林召开了由吴大观为组长的10A发动机飞行试验台立项论证评审会。与会专家一致认为：“建设新飞行试验台是十分必要的，这是一个战略决策。”但在之后的近十年里，却因经费受限等原因，一直未能立项。

1999年8月，于以贵、吕杰、赵升泰去俄罗斯参加国际航展期间，在俄罗斯飞行研究院柴可拉科夫副院长陪同下观看了很多试飞设施和设备，并重点了解了伊尔-76发动机飞行试验台情况。柴可拉科夫表示，如果中国买他们的伊尔-76飞机改装飞行试验台，就算挑机龄最短、使用时间最少的，每架也不超过500万美金，还可以按中方的技术要求帮助改装。三人迅速向总公司汇报了这个情况。很巧，当时王昂副部长正接受俄罗斯航空学会邀请，与顾诵芬院士在俄访问，得知这一情况后当即表态：空台建设对中国试飞至关重要，试飞院得有空台；从歼10研制周期看，如果空台建设还不立项，将制约型号研制进度；购买俄试飞院现有的飞行试验台，一是省钱，二是改装工作量不大，建设周期也会大大缩短。

王昂副部长随即指示他们回京后立即找时任国防科工委主管副主任张洪飚汇报，并嘱咐说于以贵：你跟洪飚同志讲，就说是我说的，机会难得，可以考虑这个方案，呈请他抓紧安排论证。回国后，时任试飞院院长陈启顺带队向张洪飚副主任进行了汇报。2000年8月，国防科工委批准了引进伊尔-76型改装新发动机飞行台的方案，并落实了相关经费。

2000年11月30日，副院长刘选民、孙振宇带队，陈占平、颜智峰会同中航技术进出口公司赴俄罗斯飞行研究院，做进一步技术协调和合同商务谈判，最终签署了《空台伊尔-76研制和采购合同》。

2001年2月，国防科工委在北京召开的空台建设项目报告评审会上，一致认为该项目是科研基础性建设中的一个里程碑，非常有意义。张洪飚主任对报告批示：同意，此事宜速办。

合同生效后，试飞院成立了伊尔-76航空发动机飞行台建设项目团队，任命陈占平为项目负责人、总设计师，颜智峰等为副总设计师。

2004年6月，试飞院代表刘选民、陈占平一行赴俄验收。按中方设计方案，经俄罗斯三年时间的改装，这架伊尔-76全机涂刷一新，垂尾两侧试飞院院标及机身上的“试飞院”字样在俄试飞院机场格外夺目。按照双方签批的试飞大纲，进行了10个架次的检查试飞。值得一提的是，为了该项试飞，俄方对试飞检查特别认真，严格把关，还返聘了1959年援建中国试飞院的技术专家，年逾80岁的希达也夫，充分体现出两国人民之间的深情厚谊。

2005年3月28日，俄罗斯优秀试飞员、中国试飞院的老朋友瓦洛佳驾机从俄罗斯明斯克机场起飞， 29日上午在石家庄机场降落，30日上午飞抵阎良机场。伊尔-76飞行台正式列入试飞院编制，喷涂为760编号。

4月9日，飞行台开始了在中国领域的科研试飞。首飞由瓦洛佳带飞，试飞团邓友明等同机参与，几天内就完成了12架次的检测性试飞。在试飞院又进行了后续的改装后，邓友明等承担了17架次的发动机专题试飞，证明飞行台及改装的各系统工作正常，达到了合同规定的技术指标。

2006年8月，以АЛ-31Ф发动机为被试对象，飞行台进

○伊尔-76飞行台，2005年4月开始在试飞院进行科研试飞。飞行台具有8大系41个系统，真实地模拟了发动机配装飞机后的工作条件，使试验结果更加真实可靠。

行了首次检验性飞行，至12月2日，通过合同验收。

伊尔-76飞行台其综合试验能力达到了国外同类飞行台的先进水平，在涡扇10A和涡扇11等发动机型号试飞和科学研究中发挥着重大作用。

在此期间，尽管陈占平接到退休通知，但在他愉快地办完手续后，仍被返聘继续行使总设计师职责，直至2008年飞行台通过国家验收。

据陈占平总师介绍，伊尔-76飞行试验台具有8大系41个系统，真实地模拟了发动机配装飞机后的工作条件，使试验结果更加真实可靠。由于系统多，技术复杂，形成的技术文件很多。在国家验收前，完成归档文件2000多份，近6000页，图样50多卷，还有光盘、照片等，共组成技术档案179卷。

一直参与伊尔-76空台项目引进工作的黄陈生研究员对飞行试验台有着深厚的感情，他由南航毕业到试飞院工作，整整10年都是在轰6空台上从事发动机定型试飞，先后承担多项发动机相关课题主管；他曾在俄罗斯普希金语言学院进修过俄语，又是国家教委派往莫斯科航空学院的访问学者，因此，一直在中俄合作研制伊尔-76空台进程中发挥着作用。谈到这段经历，他说，从陈占平总师身上学到了很多有益的东西。

2010年，760号飞机到了首次翻修期，由新任空台项目总师王小峰主持，将俄罗斯原来的有关系统进行改进。具体由党智辉负责，将技术舱拆除重新改装。电源系统、操纵控制系统、显示系统，还有负载、通信、氧气、照明及燃油系统，全部自己动手设计，组织施工。

按照国产大飞机发动机特点以及高空试验需求，科研人员迎难而上，采用整体规划及一体化设计，自主设计研制了被试发动机试验短舱、被试发动机电动油门操纵、被试发动机功率提取、试验供电、飞行台电气控制、空气引气起动、机载测试等17项试验任务系统，在国内首次实现了大飞机发动机高空试验能力。据了解，新研的飞行台不仅具备新型涡扇发动机的试验能力，还能满足一定推力级的涡喷、涡扇、涡桨等类型发动机的试验能力，极大提升了飞行台的通用性及先进性，扩展了飞行台专项试验能力，进一步完善了我国发动机飞行试验资源体系。

新空台采用了“新研短舱+转接挂架”的模块化设计技术，解决了新型发动机在飞行台上安装的关键技术问题；采用无级可调加载控制技术，在国内首次实现了发动机空中引气和液压无级加载控制；优化了设备布局，改善了人机环境，减轻了结构重量，提高了飞行台试验任务系统抗干扰能力；而双操纵双余度电传油门操纵技术和先进网络化机载测试技术，则全面满足了被试发动机控制试验要求和机载数据测试的需求。

在新型发动机飞行台研制中，参研人员认真论证，将气动伺服控制及电液伺服控制应用于飞行台试验加载系统的设计及研制中，实现了飞行台空中液压及引气加载系统无级可调的功能，使我国首次具备了航空发动机空中按要求定量功率提取的试验能力。在对原飞行台减重10吨的基础上，攻克了全新的发动机安装短舱及挂架技术，实现了具有数字化发动机控制、操纵及显示能力；试验台不仅具备相应的发动机空气起动方式和飞行台及发动机状态监控、测试功能，还具备为发动机FADEC、测量设备提供高品质电源的能力。项目总体技术达到国际先进水平。

2012年11月23日，新型飞行台首飞成功。一位和航空发动机试飞专业打了一辈子交道的老专家哽咽着说：“打破国外技术封锁，终成夙愿！”

EPU，电传操纵飞机的救生圈

先进的电传操纵飞机，尤其是单台发动机的作战飞机，在飞行中一旦发动机停车，或主电源和主液压源系统其中之一有故障，飞行员除了弃机跳伞外，再没有其他的办法了。因此，为了保障歼10飞机试飞和使用安全，必须研制配套应急动力装置（EPU），而且这套装置还必须绝对可靠、管用。

EPU由南京511厂专为歼10研制，是一套全新的应急动力装置，其原理、材料和结构与传统的飞机备份动力和辅助动力系统没有任何相似之处，技术台阶和风险都极大。更重要的是，EPU无法在歼10本机上进行系统验证和鉴定。因为要起动和应用EPU，必须关停飞机唯一的一台发动机。对于技术跨度极大的新机和其动力系统来说，这种叠加的试飞风险是无法接受的。

那么，能不能不进行试飞验证而用地面试验代替呢？如果必须进行试飞验证和鉴定，该怎样进行试飞呢？在当时，人们就这几个问题进行了激烈的争论，激烈到近乎争吵。

出于职业和专业的责任感，发动机专家寿圣德、陈德金、王小峰和试飞总师周自全提出了它机试飞的方案：利用歼轰7飞机机身1400升副油箱位置改挂EPU试验吊舱。寿圣德还就此设计了原理方案图。

共识终于在1991年11月的课题论证会上形成了，给所有新机研制管理者和参研人员，特别是试飞员吃了一颗定心丸。

经过两年多的技术准备，EPU应急动力装置它机定型试飞实施方案通过评审，课题组开始了紧张的实际工作。

试验吊舱由负载、电气控制、冷却、安全、测试、发动机引气等六大系统组成，100多根管子、上千米电缆装载其中；吊舱要安全地安装固定在飞机上，必要时能够自动与机体脱离……工作量之大、技术要求之复杂，不亚于一台小型发动机。

从酷热难耐的盛夏忙碌到寒风刺骨的严冬，再到次年的新春佳节，王小峰、程德金等课题组成员在机务人员的配合下，终于完成了试验吊舱的安装调试任务。从1995年2月到 4月，进行了30多次地面检查和试验，排除了“液压负载增压压力摆动及压力脉动漏油”“应急动力装置增强模式在干扰下的转换”等故障，使全系统达到了良好的设计状态。

1999年4月27日下午5时19分，试飞员谭守才驾机升空，开始了中国航空史上首次应急动力装置空中起动试验。各项数据很快传送到地面控制台，课题组成员分兵把守各监控台，数据正常报告声有序地传达到指挥员：基本性能达到设计指标。

此后，宫庆辉、周绍良、李存宝等7名试飞员18次驾机试飞该应急动力装置，曾发生多次不同类型的故障，课题组均予以排除，并建议研制单位改进完善设计。

EPU系统设计总师孟宪忠感慨地说：“由于试验环境不同，地面试验不可能代替试飞。EPU它机试飞发现和解决了大量技

○歼轰 7 EPU 专用吊舱试验机。歼 10 研制和试飞成功，装备部队后的安全飞行，EPU 研制功不可没，EPU 的它机试飞功不可没。

术问题，有些问题是颠覆性的。”

与歼10飞机的试制总装同步，中国的EPU研制成功了，并在试飞前安装于歼10预定部位，保障着试飞员的安全。

在歼10飞机定型试飞中，据不完全统计，因空中起动试飞及意外故障，EPU共起动38次，每次都获得了成功。

歼10研制和试飞成功以及装备部队后的安全飞行，EPU研制功不可没，EPU的它机试飞功不可没。

雷达电子试验机，把实验室建在飞行中

航空电子技术发展越来越快，功能越来越多，系统越来越复杂，综合程度越来越高，试飞周期越来越长。有人粗略统计，对于新型战斗机，航电系统试飞占总试飞量的比例，20世纪60年代为1/10、70年代为1/5、80年代为1/4、90年代为1/3、21世纪10年代为1/2。问题是，这代系统尚未飞完，新的技术又出现了。怎么办？解决这个问题的重要途径之一是采用试验研究飞机领前试飞。所有的航电新技术和新系统，先上空中实验室试飞，基本成熟后，再上型号试飞或应用。

试飞院的先贤们早就意识到这种趋势。1979年11月，试飞院与美国塞斯纳公司签订了3架奖状Ⅱ型飞机合同。1982年7月，3架奖状Ⅱ型飞机交付试飞院，作为电子试验机，分别作为导航试验机、特设仪表试验机和雷达试验机。

真正作为现代航空电子试飞研究的试验研究机应数运8CA雷达电子试验机。

歼10航电系统是飞机系统中功能最多、子系统最多的机载系统，而某型火控雷达又是这些子系统中最关键的子系统。特别是机载火控雷达由于其系统的复杂性、技术的先进性、对机上电磁环境和飞行环境等各种因素的敏感性，以及对诸多新器件,特别是超高频新器件的依赖性,历来是型号试飞中周期最长、需要调整和鉴定试飞架次数最多的系统。国内外凡是研制的新型雷达无一不是通过专用雷达试验机进行领前的科研调整试飞，甚至是大部分性能的鉴定试飞。

歼10飞机上配备的雷达试飞是国内第一次对新体制火控雷达的全面考核试飞，其功能、模式多达数十种。有些试飞考核都是首次在飞行中实施。试飞技术难度、工作量及测试方案的复杂性均有大幅增加，所需试飞架次比以往的雷达试飞成数倍增多。为了解决这一矛盾，试飞院提出了它、本机共同进行设计定型试飞的新思路。以运8C飞机为原型机改装研制的专用雷

达电子试验机提供了它机定型试飞平台。

雷达它机定型试飞任务的圆满完成，有效地减少了原型机试飞风险和架次，对确保歼10原型机设计定型起到了重要的作用。统计表明，运8C雷达电子试验机对歼10雷达试飞近600小时。如果不是雷达电子试验机的试飞，把雷达研制过程中大量的工程技术问题放在歼10本机上去解决，可以肯定，歼10设计定型试飞，乃至整个“十号工程”的进展将会是另外一种局面。

“十号工程”启动，给雷达电子试验机的研制带来了契机。歼10试飞副总师杨龙抓住了这个机遇，亲自主持原型机的选型和方案论证。

1991年7月在大连召开的技改项目审查会上，雷达电子试验机配置系统项目通过了专家评审。雷达电子试验机于1994年11月获准立项。

试飞办主任李安屏建议用国产运8气密型飞机（运8C）改装试验机。经反复研究，并与陕飞公司反复协调，修改完善了“雷达电子试验机技术方案论证报告”。

由于论证方案翔实，合理可行，需求的经费可接受，李安屏亲自带领论证组各方游说，先后得到中航总和原科工委的认可，同意雷达电子试验机立项。各关键部门机关领导人，科工委六局局长张国治、部两任试飞局局长王世忠和屈见忠、十号办主任晏翔、计划局局长陈怀秋和王亦然等积极策划，筹措经费。试验机正式命名为运8CA雷达电子试验机。至此，一代航电人的梦想与追求终于步入现实。

运8CA试验机于1999年12月21日完成出厂试飞，中航一集团试飞处陈万全和试飞院周自全与厂方协调解决遗留问题后，于2000年1月29日成功转场阎良。从这一天开始，试飞院终于拥有了一架专用的雷达电子试验机；歼10雷达终于拥有了它机

○雷达电子试验机（圆头）

运8CA试验机于1999年12月21日完成出厂试飞，于2000年1月29日成功转场阎良。从这一天开始，试飞院终于拥有了一架专用的雷达电子试验机；歼10雷达终于拥有了它机验证平台。

验证平台。

某型雷达它机定型试飞始于2000年2月，结束于2003年2月19日，历经雷达试验机改装、系统联试、球罩调整试飞、尖罩调整试飞、本场定型试飞和转场试飞等阶段，其中仅配合试飞的有歼6、歼7、苏–27等多型飞机，飞行了近300飞行小时。

由于种种原因，尽管试飞人千辛万苦，某型雷达它机试飞的过程极其不顺，一时成为型号线上的焦点。2001年1月6日在北京召开的500余人参加的"十号工程"年度工作会上，总装备部副部长在大会仅两三分钟的简短讲话中，用了近一半的篇幅点名批评了雷达试验机进展缓慢，给参与试飞的人们带来了巨大的压力。

年度工作会后，试飞院从上到下对某型雷达它机试飞极为重视，处处开绿灯。型号办更是首当其冲，助理员刘纳每天坚持在现场及时协调解决问题；杨龙副总师亲自主持数据分析和工作协调，确认数据的有效性，制定每个飞行架次的试飞方法和精确计划。

功夫不负苦心人。一年过去了，雷达试飞终于扭转了被动局面，创运输机年试飞最高纪录，试飞技术上也有了重大突破。

运8CA飞机于2002年10月3日完成了最后一架次任务，试验机在12月8日顺利转回阎良。

某型雷达在运8CA上的试飞不但为歼10试飞定型做出了重要贡献，而且在试飞整体思路和试飞技术上有着重要的创新。如今这些创新成果已经推广应用到我国后续其他机种的雷达试飞，运8CA也成为我国新型雷达电子试飞的通用平台。

某型雷达的运8CA它机试飞，虽然没有新机试飞那样的显赫和荣耀，但它的艰难、创新和贡献同样可当之无愧地载入歼10试飞的光辉史册。

在运8CA雷达电子试验机试飞的同时，试飞院还开发了运7和运8多个试验平台，包括编号分别为070、071、072、711、712、713等飞机，还有一架更为先进的图–204航空电子试验机。在这些试验飞机上完成了各种雷达、通信系统、电子战、传感器融合、导航和导引等各种型号项目的试飞。

如果我们回头看，可以发现当前这些试验研究飞机飞在型号试飞前面的时间大约是3~5年，因为被试对象已经研制，只是尚未在其宿主型号上开始鉴定试飞。可以想象，随着航空科技的进步和人们认知、热情的增长以及我国经济实力的增强，未来试验研究机的试飞内容会飞在型号试飞前面10年甚至更远，如智能飞行、全频隐身、无人机加油和新概念武器等。总之，人们想象有多远，试验研究机就会领前试飞有多远。这也许就是试验研究机的真谛所在。

专家、专业和专注

飞行试验是科学，飞行试验有上百个专业。撑起这些专业的有上千个专家，这些称得上“专家”的人都很专注，有的人一辈子就做“一件事”。虽然没有太多、太耀眼的光环，但他们将他们的“那点事”做到了极致，正是他们的专注，让多个专业为“飞在最前面”铺平了道路，也让“飞在最前面”成为新机研制的亮点。

通过对“风洞与飞行的相关性”“失速/尾旋”“颤振”等专业研究的介绍，我们不难发现中国试飞专家们的风采。

风洞与飞行的相关性研究

航空科技日新月异，新型飞机层出不穷。当新型飞机尚未研制出来时，准确预计飞机全尺寸的空气动力特性和性能非常必要。这就是开展“风洞与飞行相关性”研究的根本目的，也是试飞院“飞在最前面”的研究内容之一。

在业界，如果谈到发动机和进气道匹配试飞，人们都会不约而同想起一个人，那就是这方面的专家寿圣德。

发动机再好，如果装到飞机上进气流量、压力、温度不匹配，性能就不会好，甚至会发生喘振停车出大事。寿圣德对此有很深的研究。但是你如果认为他只是在这方面造诣很深，那就大错特错了。他还在发动机推力测量摆动耙设计、歼10应急动力装置试验吊舱设计、新发动机试验空台方案设计等诸方面都有重要的创意和成就。然而，如果你认为他只在航空试飞方面有杰出的成就，那你又错了。你能想象到吗？一个航空发动机专家竟然在海上反潜电磁探测、深海潜艇结构强度、航母舰载机着舰拦阻甚至电磁弹射的结构完整性等方面都有许多标新立异的创意。了解他的人都感叹：他是一个“天生搞科研的材料”。

在我国，寿圣德研究员最早从事“风洞与飞行相关性”研究，当我们请他谈谈我国在这方面的研究成就时，他告诉我们：

“风洞和飞行的相关性”实际是指喷气式飞机升阻特性或极曲线的风洞与飞行相关性，本质是喷气式飞机阻力的预测与验证。因为预测靠风洞，验证靠飞行，所以这是一个涉及许多理论和专门技术的复杂系统工程。开展这项研究，在于检验、改进和发展所使用的风洞试验技术，使以后型号的风洞试验具有更高的准确度和可靠性。

飞机质心的稳态运动特性完全由升力与重力、推力与阻力所决定。其中与飞机空气动力有关的就是升力和阻力。在飞行马赫数恒定条件下改变飞机的迎角,升力和阻力就相应地变化,就可以画出一条“极曲线”,它不仅是飞机最重要的气动特性,而且也是飞机气动布局和外形的依据,也是选择飞机动力和展开飞机结构设计最根本的基础。因为飞机设计也和任何机械设备的设计一样,首先必须给定它预定承受的最大载荷(力和力矩),以及载荷的性质(载荷谱)。然后才能设计结构、确定材料和尺寸重量。只是飞机设计载荷的确定非常复杂,并不是像桥梁那样可根据车辆的最大载重及最大车流量就可以确定。

准确预测飞机极曲线的重要性源于喷气式飞机阻力预测的复杂性和艰巨性以及它对飞机型号存活性的致命影响。国内外都曾发生过因飞机阻力预测不准而导致飞机达不到设计飞行马赫数的糟糕情况。典型的例子就是美国的YF-102超音速战斗机。该飞机使用了单台推力最大的涡喷发动机,它尽管已拥有最大推力,但试飞发现要想实现超音速飞行仍然无望,不得不终止试飞。

正因为飞机的研发耗资巨、周期长、技术复杂、安全风险大,所以研发工作中对飞机的气动特性,包括布局选择及优化,主要依靠飞机模型的风洞试验来确定其升阻特性或极曲线。因为风洞试验是现实世界能为飞机提供最接近真实飞行的唯一性能预测手段,理论计算乃至现代蓬勃发展的计算机流体计算设计CFD,通常也还只能靠风洞实验进行验证,所以也只能作为辅助的手段。但是风洞的建造和使用耗资巨大,即使世界首富美国也负担不起建造和运行能试验全尺寸高速飞机的风洞。因此风洞只能在一个经济可承受的很小的人造环境中,用1比15到1比10的小小实体模型,努力模拟和获得实际的飞机在没有边际的自由大气中飞行时的极曲线。

然而,即便如此,利用高速风洞吹风以获取飞机极曲线的试验仍然是非常昂贵的。因此试验的构型数量受到限制,而飞机最重要、最复杂也最难预测的阻力,又对飞机构型的变化非常敏感,最需要通过实验评估,两者存在很大的矛盾。更有甚者,风洞和模型的尺寸这么小,使飞机的几何外形无法全部复现,如进气口、鼓包、通气孔、天线、台阶、缝隙,以及飞机表面的粗糙度等物理特征都模拟不了,自然限制了风洞模拟的真实性。而且在风洞中有洞壁影响、流场均匀性影响,还存在着支撑系统的干扰。如果模型是不通气、无喷流的,则进、排气系统对外阻的影响也无法模拟。尽管高速风洞实验中模拟了马赫数，但与实际飞行时相差甚大。风洞界的解决办法是结合空气动力学的理论和实验成果，最后整合出一套计算体系或算法，来给出预测的全尺寸飞机在真实大气中飞行时的升/阻特性，并提供给飞机研制方使用。由于风洞本身就有许许多多复杂的技术问题需要研究和解决，全世界风洞自创建以来，一直在坚持不懈地努力，以识别出影响模拟试验真实性的因素，并找到实验及修正的方法，力求使结果尽善尽美。但问题是谁知道有多善多美呢？于是当风洞基础设施及其试验技术每发展到一定程度后，一定会面临整套风洞试验技术的最终验证问题，即需要在真实飞机上进行空中飞行试验，来确定所谓飞机极曲线的风洞与飞行的相关性。

美国航空航天协会于1971年提出了提高飞机推进系统关于飞行推力知识的需求，稍后，美国空军也独立做出了落实的建议。历经多年的组织和工作，他们于1985年发布了首部这方面的规范性文件AIR1703-1985，目的就是验证风洞为主体的飞机阻力预测技术。

而该规范所表达的思想和理论框架，我们中国人在比美国更早的1975年就已经初步形成。

国内第一次“飞行测量全机极曲线”的尝试，居然有些戏剧性：是偶然有人关注了这个问题，幸运申请到了一个额外的“课题”。而结果更出乎意料，竟触发和实现了一项由国防科工委空气动力学会管辖的全国性研究“飞机极曲线风洞与飞行相关性”的协作攻关。

故事开始于20世纪70年代。寿圣德接受研制飞行推力测量设备的任务，虽然隔离于“发动机飞行推力测量（高度/速度特性）”课题之外，但他在工作中逐渐发现：在能找到的所有的国外发动机文献中，没有一句能支持发动机高度/速度特性需要飞行试验来鉴定；相反，在发动机行业实践中，发动机的性能鉴定却主要依靠地面试车台和各种地面高空模拟试验台；而真正推动和应用飞行推力测量的，正是飞机的开发和气动力研究部门。为什么？带着巨大的兴趣，经过深入理论分析和研究，寿圣德形成了一套“用飞行推力测量验证风洞全机极曲线”的系统性框架认识。这一认识竟与20年后试飞院获得并翻译的美国AIR1703-1985规范和1995年美国专著《推力与阻力的预测和验证》相关内容不谋而合。

歼6型飞机全机极曲线的飞行测量是国内首次对“飞机升阻特性的风洞和飞行相关性”的探索研究。1975年4月，寿圣德在歼6飞机上进行“涡喷6发动机飞行推力测量”课题，在试飞员黄炳新和孙忠玉的配合下，进行了6架次飞行试验，用测取的数据和自己推导的算法实现了预定的设想。

1975年5月，国防科工委和航空六院在江西南昌举办了一个由国防科工委“7210项目”组长单位组织的“小攻角阻力修正会议”，简称“气动会议”，寿圣德准备了报告并参会交流。

该报告在会议上宣读后，立即引起了国家风洞指挥部高速风洞所的浓厚兴趣，因为飞机由仿制向自主研发的转变和风洞试验技术完成了大量基础研究，已经到了急需验证的关键点，急迫要求终极验证风洞预测结果的准确性和可靠性，即实物飞行验证，但又“觉得无从抓起”。高速风洞所所长吴慰祖少将当即表示要与试飞院合作，进一步进行“飞机升阻特性的风洞和飞行的相关性”攻关。不久后，经过双方的通力合作，在国防科工委“7210项目”下建立了一个全国相关院所和工厂联合协作攻关的研究专项。

这一专项研究翻开了我国系统性研究“飞机升阻特性的风洞和飞行的相关性”的第一页，并获得了扎扎实实的重大实用成果。

试飞院负责“7210项目”的是时任科技处领导陈启顺，为了进一步验证其研究成果，扩大应用范围，他组织各主机厂所，分别对我国研究成功的多型飞机，按照前期建立起来的《飞机推力/阻力修正体系》，重新预计了各型号飞机全尺寸的最小阻力和平衡升致阻力，并与实际试飞值比较，判定极曲线相关性研究的准确性与可靠性，均取得了比较满意的效果。尤其是“歼7飞机极曲线飞行试验测定”，与苏联资料和风洞试验数据相比有很好的一致性，从而为我国飞机在飞行中通过实测推力的途径，测取极曲线和进行风洞与飞行相关性研究探索出了一条完全可行的道路。

1990年6月，以李桂荣为课题主管的歼7飞机极曲线试飞完成了歼7风洞与飞行试验相关性研究的极曲线部分。其试飞结果可直接用于飞机设计，也验证了风洞试验结果，对缩短新机研制周期有重要意义。

1995年，由刘选民完成的“歼轰7飞机平衡极曲线试飞测量”，针对斯贝发动机的特点，建立了确定发动机可用推力的数学模型，成功地解决了通过推力法测量飞机极曲线的技术关键，为配装涡扇发动机的飞机实测飞机极曲线开辟了新的途径。

由于飞机布局和构型的创新永无止境，预测飞机升力与阻力特性的挑战则是一个永恒的课题，因此，风洞与飞行相关性研究不可能一劳永逸，将伴随着人类的认识，一个个型号地继承和发展下去。

突破“死亡陷阱”

中国飞行试验研究院对飞机“失速/尾旋”的研究，堪称是对“死亡陷阱”的突破。

在飞机问世初期，有一种神秘的飞行现象让飞行员谈虎色变。这就是飞机在飞行中有时会突然失去控制，一边下坠一边偏侧翻转，伴随着滚转和偏转，飞机机头向下，同时绕空中某一垂直轴，沿半径很小和很陡的螺旋线急剧下降。这种现象就是“失速/尾旋”。

什么叫失速？飞机之所以能在空中飞，首先需要动力。即由发动机提供拉力来克服运动中飞机产生的阻力并获得飞机速度。而飞机要离开地面升到空中，则需要有能克服飞机重量的力，即升力。升力主要由机翼提供，飞行中机翼平面与迎面气流的夹角叫迎角，通常迎角增大，机翼升力增大。但飞机的迎角不是可以无限增大，当达到某一临界值时，升力（系数）达到最大值，超过这个值后，升力不但不会增加反而会下降。这个迎角称为临界迎角，如果飞行员不能减小迎角退出这种状态，飞机就会进入失速状态，对应的迎角称为失速迎角。失速的飞机机头会下俯或伴有轻度的滚转发生，继而急剧上仰或低头，并伴有快速滚转和偏航旋转，再下来就会进入过失速运动，包括偏离、过失速旋转和尾旋等。

其中，尾旋是指飞机在失速之后，进入了一种沿螺旋线轨迹、旋转方向不变的快速旋转运动，同时高度急剧下掉。这种螺旋线轨迹就像一个很大的被拉伸开的弹簧，其中心线近乎垂直，而螺旋线的半径很小，小到不足飞机的半翼展长，尾旋一圈的时间只有几秒钟，而高度损失可有几百米。此时，如果驾驶员不能及时改出，飞机可能瞬间坠地造成机毁人亡的事故。在这种情况下，正常的拉起改平飞的操纵不仅没有作用，反而还会让飞机陷入更快的尾旋中。

“失速/尾旋”是飞机设计本身带来的一种固有的气动力现象，它伴随着飞机的诞生一直存在，由于早期人们没有掌握其发生机理，因而不知道怎么改出，所以，尾旋被称作“死螺旋”“魔鬼螺旋”“死亡陷阱”等。美国和俄罗斯在进行这项试飞时都曾损失飞机数十架，牺牲了几十名飞行员。

正因为如此，“失速/尾旋”也是一个备受世界航空界关注的问题，各国一直在进行探索和研究。当今，除专门用于科学试验外，都要求飞机在临界迎角以下一定范围内飞行，不允许靠近更不允许超过，以避免发生尾旋事故。

失速试飞是飞机型号鉴定定型和适航取证最为重要的试飞科目之一；失速试飞确定的失速速度作为飞机的基准速度，既决定着飞机安全飞行的速度范围，又决定着飞机的使用性能和飞行品质，是飞机设计中首先需要确定的基准数据。歼10飞机完成了迎角限制和抗尾旋模态试飞，证明歼10飞机可实现“无忧虑操纵”。而有些飞机在设计制造时就确定了禁止飞机进入尾旋，这样的飞机进入尾旋姿态后很难改出。

世界航空界对“失速/尾旋”特性的研究从未停止过。一般来说，军用非机动飞机和民用运输类飞机必须进行失速试飞；民用通航类飞机除失速外还要进行尾旋试飞；军用歼强类飞机和教练机也必须进行“失速/尾旋”试飞；而民机，失速必须先飞，只有失速速度和失速特性满足适航条例要求才可继续进行其他的试飞，否则必须更改设计来满足失速条件的要求。所以，“失速/尾旋”试飞的目的是鉴定一型新机的“失速/尾旋”特性的符合性，找出安全的、合适的和简捷的改出方法，并将其写进《飞行手册》。

“失速/尾旋”不是飞机的正常飞行状态，一般是因为飞行员操纵不当造成或遇到不稳定气流而发生的。由于尾旋的不可控性，极易造成飞机坠毁，正常情况下应该尽量避免进入尾旋。机动性较差的飞机，如轰炸机、运输机及民用客机则严禁进入尾旋。但为了训练飞行员遇到尾旋时的处理能力及研究尾旋的改出方法，科研人员就在机动性较高的飞机，如歼击机、教练机等允许有意进入尾旋并改出的飞机上进行研究，得出相关数据并获得改出尾旋的方法后交给部队，让危险的尾旋变得可以征服。

如今，我国对尾旋的研究已达到了较高境界。

2018年11月，第12届珠海航展上的歼10B将5个过失速机动动作组合在一起的飞行表演引起了轰动：“眼镜蛇机动”时，飞机要在仰角超过90° 的情况下保持轨迹不变的平直飞行，此时飞机已经没有升力了，只能靠惯性向前飞；“落叶飘机动”，专业术语叫直升机机动，是在水平飞行状态将速度降到很低，再操纵飞机水平旋转；还有大迎角360° 滚转、“赫伯斯特机动”和“榔头机动”，都比高难度的“筒滚”“跃升侧转”“筋斗”难度和风险大得多。之前，很少有国家能够将这5种顶级过失速高风险动作大胆而巧妙地连接起来，并一气呵成完成表演。在众人的欢呼声中，试飞专家周自全欣慰道：“这是我国发动机矢量推力技术、控制律综合技术和过失速机动试飞技术共同的进步啊！”

将5种世界顶级过失速动作连在一起完成飞行，是来自试飞院的技术成果。由飞行品质试飞工程师方自力、发动机试飞工程师申世才、飞行副总师李存宝等组成的10多人的课题组，用了3年时间，在测试、机务等多个部门数十人的密切配合下，进行了技术准备、理论建模和仿真试验等试飞技术研究，又经过试飞员半年多的实际飞行训练，终获成功。

攻克“死亡陷阱”，可以说是我国几代航空科研人员和试飞员的夙愿。多年来，试飞人不断研究探索“失速/尾旋”机理和改出办法，相继对平直翼、后掠翼、三角翼和鸭翼布局的军民用飞机等多种机型进行了“失速/尾旋”研究和试飞，成功摸索出了多套改出“失速/尾旋”的有效方法，使我军的尾旋失事率降为世界最低。

如今，“失速/尾旋”禁区早已被突破，但在试飞院成立之初，试飞工程师们对“失速/尾旋”的认识几乎是零。

试飞专家李树有清晰地记得，自己上学时，有关“失速/尾旋”的内容，老师只用了一节课中的15分钟讲了什么是“失速”，而“尾旋”是怎么进入和如何改出的，一句都没讲；试飞院成立之初，苏联专家希达也夫在讲课时也只是讲了失速而没有讲尾旋。李树有说自己对“失速/尾旋”的了解，最早是从北大西洋公约组织的资料里得到的。如今，早已是研究员的李树有说自己“在试飞生涯中只干了一件事——研究飞机‘失速/尾旋’特性，从20多岁到70多岁，从极简到极致”。

李树有研究“失速/尾旋”走过的路，正是中国试飞对“失速/尾旋”特性研究的轨迹，可以说，李树有是我国“失速/尾旋”试飞研究第一人。

试飞院成立后承担的第一个国家鉴定试飞任务是1960年开始的“红专502”，即初教6。由于“红专502”是教练机，主要任务是培养飞行员，所以，必须要进行飞机“失速/尾旋”特性的试飞，而且要多飞。李树有是这个课题的主管，他在深入研究的基础上，还和320厂的科研人员共同研制了反尾旋伞，安装在飞机尾部，作为改出尾旋的应急措施。

尾旋有正尾旋和倒飞尾旋之分。正尾旋是在飞机正飞情况下，迎角最大时开始失速，随后飞机进入尾旋状态；倒飞尾旋是飞机在倒飞状态下进入尾旋状态。在飞“失速/尾旋”时，试飞员要承担极大的正负过载。正过载将人向下压，造成眼球鼓胀。负过载是将人向上提，使人脱离座椅。在飞倒飞尾旋时，试飞员甚至会倒挂在座舱中。

试飞员黄肇廉与科研人员一起，理论联系实践，对具体的尾旋科目做了仔细的研究，坚定了飞好初教6尾旋科目的信心。

“失速/尾旋”试飞要求试飞员驾驶飞机在真实飞行的环境中，首先进行各种组合飞行机动，摸索飞机陷入“失速/尾旋”的难易程度；然后使用特种操纵技术故意驾驶飞机进入尾旋，摸索验证改出尾旋的驾驶方法。并通过这种验证试飞，确认这型飞机：第一，不容易进入尾旋；第二，即使进入尾旋，也容易改出。为了得到这两个结论，试飞员在试飞时，首先要操纵飞机寻找进入尾旋时飞机的状况，其次，要在飞机进入尾旋后故意错误操纵，验证飞机在各种状态下进入尾旋后的情况；在尾旋中最坏的情况以及最坏情况是怎么样的，到什么情况会影响飞行安全。通过这一系列的验证，确保交付给用户的新型飞机在“失速/尾旋”方面的安全可靠，即飞机具有良好的“失速/尾旋”特性。

初教6的尾旋试飞共进行了300多架次，将“失速/尾旋”的所有状态全部飞完，得到了“初教6抗尾旋能力很强、等级很高，大迎角特性强，不易进入尾旋”的结论；并摸索出了改出尾旋的“副翼、方向舵、升降舵回中”的“三中立”方法；同时建议部队在训练时做到3圈即可（按照当时执行的苏联规范，尾旋要求飞到6圈。但一般飞机在飞到3圈时，多种动态特征的现象都可以出来了）。

“红专502”“失速/尾旋”试飞完美成功，改出尾旋的“三中立”操作方法被写入初教6《飞行员手册》。

“红专502”的“失速/尾旋”试飞完成后，1966年，李树有开始进行后掠翼飞机的尾旋试飞研究，但只飞了7个架次就因“文革”而停了下来。虽然飞行一停就是多年，但李树有对相关知识的学习却始终没停。

“文革”结束后，空军恢复飞行，但由于飞行员长期停飞或飞行小时数很少，飞行技术不熟练，缺少复杂科目的训练，更没有处置“失速/尾旋”的经验，导致等级事故频发，其中70%是尾旋引发的，严重影响了部队的训练。

1976年1月，国务院国防工办做出决定，在歼教5和歼教6飞机上进行尾旋试飞研究，总结出成熟的方法在部队推广，以提高我军的作战能力。为此，科工委、三机部、六院联合组成了攻关组，三个副部级领导组成办公室，下设理论组、试飞（员）组、技术组，研究解决歼5、歼6的尾旋问题；由成飞和沈飞分别负责歼教5和歼教6的生产和改装；由试飞院负责试飞；空军副参谋长张钟任试飞（员）组组长，戈平任技术组组长，李树有任副组长，空军科研部朱宝鎏任理论组组长。

由于尾旋是高风险科目，所以，试飞工程师必须要考虑到所有的风险。在进行“失速/尾旋”正式试飞前，他们分别做了关于迫降的设计方案、关于发动机停车的试验设计方案、关于小速度的稳定性机动特性的设计方案、关于大坡度机动改出和大俯仰改出的试验设计方案……同时，由李树有为飞行员进行了试飞方法与试飞技术培训的授课。

4月初，试飞（员）组按照美军标开始在歼教5飞机上进行正尾旋1到6圈、倒飞尾旋1到4圈的尾旋以及加满油起飞的尾旋试验，并在此基础上，于4月底进行了歼教6尾旋首次试飞，均获得了成功。到6月19日，在歼教5飞机上共飞行了近300架次，进入和改出尾旋2000多次，进行了飞机在各种状态下尾旋的试飞，基本上摸清了歼教5各种尾旋的特点，取得了“歼教5尾旋特性比较好”的结论。而后在歼教6上的试飞也摸清了歼教6各种尾旋的特点，取得了“歼教6尾旋动态不稳定”和“初教6总结出来的‘三中立’改出尾旋方法不适合歼教6”的结论。

其间，试飞院还进行了模型自由飞反尾旋伞试验研究。于文源为课题主管，刘柱任遥控主管，试验验证攻关组提出的反尾旋伞尺寸、形状、最佳伞绳长度以及改出效果等数据，给研究真飞机进行“失速/尾旋”试验的应急改出手段提供了依据。

全部尾旋试飞于1976年12月4日圆满结束，彻底摸清了这两种飞机的尾旋特性，测定了尾旋性能的数据，积累了资料，解决了歼教5、歼教6生产定型遗留的尾旋试飞问题，并为以后的新飞机研制设计提供了参考依据，也摸索并验证了“平（放平舵）、中（杆立）、顺（向尾旋方向压杆）”改出尾旋新方

○ 1976 年 6 月，歼教 5、歼教 6 尾旋试飞开飞前，办公室人员合影，前排左一为技术组副组长李树有。

法的可靠性。这种“平、中、顺”改出尾旋新方法在歼5、歼6上验证后证明了可行性，由此改写了原《飞行手册》中改出尾旋的方法。后来，该方法在空军推行；按照这种方法培训歼5、歼6飞行员，再也没有因尾旋而出过等级事故。

试飞人对“失速/尾旋”的研究从来没有停止过。

在国家第七、第八个五年计划期间，李树有带领王启，在“三角翼飞机‘失速/尾旋’问题必须攻克”的信念下，与国防科工委“7210项目”飞行力学立项，开展了“大迎角特性分析与试验研究”课题，由李树有为课题组组长，针对三角翼布局战斗机特点，选用歼教7为研究机，开展大迎角特性的预先研究，为后来的试飞取得了非常重要的资料。

该课题建立了大数据库：在1986年到1987年间完成歼7Ⅱ、歼教7飞机静导数大迎角风洞试验和理论计算的基础上，由霍建武等人于1991年完成了歼7Ⅱ飞机“失速/过失速/尾旋”理论预测计算；1993年至1997年间分别完成了歼教7模型旋转天平风洞试验、歼教7模型大迎角振荡天平风洞试验等；在取得大量数据的基础上，由王启、张培田完成歼教7飞机“失速/过失速/尾旋”理论预测计算，并把特有算法移植到模拟器上。

该课题开展了大迎角全局稳定性分析，解决了当时国际上还没有完全解决的“风洞试验数据如何用于大迎角飞行特性预测”的问题，使我国尾旋预测技术与当时国际方法基本接轨。

该课题开展了“失速/尾旋”特性的地面模拟试验技术研究，由李树有和王启提出了模拟试验任务书和模拟方法，并首次在SB-300A模拟器上实现了“失速/尾旋”的地面模拟试验。

运7飞机是20世纪70年代研制的中短程支线客机，由于当时我国还没有中国民用航空条例，所以飞行试验是按照军用飞机设计定型的方式进行飞行试验的，没有进行失速速度和失速特性试飞。为了确保和提高运7使用安全性，并为运7的进一步改进和发展做准备，试飞人于1988年完成了运7摸底试飞，而后又启动了“运7飞机失速速度和失速特性试飞验证”任务。

鉴于按照中国民用航空条例“第25部”进行失速速度和失速特性试飞在此之前还没有进行过，该项研究聘请了洛克希德公司试飞员汉克迪斯先生合作。型号副总师为陈昭灼，课题主管为李树有，成员有王启、樊力，测试主管吴连勇，计算主管盛勇；拖锥收放与重心调控由赵广波负责，正驾驶、首席试飞员为李玉民，副驾驶由汉克迪斯先生担任。

失速试飞很危险，但有些工作必须在飞行时进行，所以，每次飞行，都需要有课题主管等四五个人随机工作。赵广波回忆道：“我负责飞机的重心调控，需要随时进行，所以每次飞行都需要登机。那时我们对飞行的危险都很清楚，但从来都不在意，也真的没有害怕过。不是不怕出事，而是觉得就算出事了也是为了工作和事业，值得。这项任务我们在空中工作有150个小时，记得每次飞行时我都把手表摘下来放家里，就是想着真要出事了能少点损失。”

试验于1991年11月1日开始，12月10日结束。运7飞机失速试飞的成功，使我国民用运输类飞机的适航审定试飞和风险项目的试飞取得了突破。

1992年到1993年，分别由主管樊力、陈增江负责，在运7-H500、运7-200B、运7-200A飞机上完成了失速试飞，培养了可进行尾旋试飞的试飞员徐鹏德、吕振修等。试飞工程师们还主持编制了国军标《军用飞机的“失速/过失速/尾旋”试飞验证要求》。

三角翼战机“失速/尾旋”试飞是一个老大难预研课题。1998年，李树有和王启在歼教7飞机上进行了三角翼飞机的“失速/尾旋”试飞，这是我国首次进行的三角翼飞机“失速/尾旋”试验，也是我国首次完全依靠自己的力量完成的“失速/尾旋”试飞科目。国产三角翼战机“失速/尾旋”禁区的突破，不但填补了我国航空领域的空白，更重要的是进一步拓展了国产战机的性能，增强了部队飞行员处置“失速/尾旋”的信心，为歼10大迎角试飞积累了经验。在歼10定型试飞中，试飞员李中华和李存宝完成了风险更大的倒飞尾旋。

2000年后，李树有、王启、张培田等成功进行了三代机飞机的迎角限制器验证试飞，分别做了各种实验，成功研制了尾旋试飞用的反尾旋伞系统；成功突破了飞机大迎角控制律验证技术，这对于我国大迎角特性试飞有着划时代的意义，该技术成功应用于歼10飞机大迎角特性试飞，标志着我国在新飞机大迎角控制律验证领域逐步与国际接轨。

○“运7飞机失速速度和失速特性试飞验证”机组部分人员。

歼10防尾旋模态试飞技术负责人是王启和辛晓文，项目主要内容包括熟悉迎角可控范围内的飞机特性、模拟无动力进场着陆试飞、发动机空中起动试飞等。从2009年7月开始，他们领导和组织了这个项目。

从2010年8月6日开始，试飞总师樊力、副总师贠正平、课题人员崔益华等用了半年多时间，完成了歼教9飞机设计定型试飞任务中十分重要的大迎角“失速/尾旋”试飞项目。试飞员为李吉宽、李刚、孙政雄，共计飞行33架次，其中尾旋试飞22架次，进入尾旋等过失速状态达30多次。通过试飞，确定了歼教9飞机的失速速度和失速特性，发现了飞机存在的4种过失速模态，并掌握了进入尾旋和改出尾旋的方法。试飞中，试飞员还专门对“失速后”和“尾旋中”部队飞行员容易做出的错误动作进行了全面模拟，以观察飞机的状态反应，分析探索应急解决方案。同时，试飞工程师崔益华和试飞员李吉宽还到沧州和东北的空军航校就“失速/尾旋”的飞行为学员们授课。

歼教9飞机大迎角“失速/尾旋”试飞，是国内在歼击机设计定型中首次完全依靠我国自己的力量完成的高风险课题，它的成功完成标志着我国在大迎角试飞领域接近或达到了国际水平，其采用和总结的大迎角/尾旋试飞程序、试飞方法、驾驶技术、安全保障措施等，对其他型号具有十分重要的借鉴作用。

绝对不能逾越的雷池——颤振

飞机的颤振一直被称作“绝对不能逾越的雷池”，但为了提高飞机的性能和安全性，中国的试飞工程师们在“雷池”面前丝毫没有却步。

颤振、“失速/尾旋”和空中停车是新机定型试飞的三大风险科目。在这三大风险试飞科目中，只有颤振是唯一不能人为控制的。

飞机发生失速进入尾旋时，可以通过飞行员的操纵或利用尾旋伞进行改出；发动机空中停车后可以重新起动，如果起动不成功可以降低高度重起或者迫降。但颤振是飞机结构最危险的振动形式，它是由空气动力、弹性恢复力和惯性力三者耦合作用下产生的一种振动形式，是飞行器飞行中发生事故较多并且常常造成灾难性后果的一种气动弹性现象。飞机一旦在空中发生颤振，会在几秒甚至更短的时间内解体，飞行员几乎没有处置时间，逃脱概率基本为零。因此，业内称其为“绝对不能逾越的雷池”。

颤振试飞是一种科研试验研究，是要通过试飞找到新机的颤振包线，以最终确定飞机的颤振特性和颤振余量，是世界公认的Ⅰ类风险科目。这个包线，将为部队飞行员构筑一道颤振安全防线：只要飞行员在这个范围内操纵飞机，就不会出现颤振。因此，颤振试飞是控制飞机颤振的重要手段，是典型的“飞在最前面”的研究。

颤振不是目的，消除颤振才是最终目的。

由于飞机不允许出现颤振，为保证安全，飞机颤振飞行试验并不是真正使飞机飞到颤振临界状态，而是在“亚临界”状态下进行试验。这个“亚临界”状态就是飞机即将发生颤振的状态，一般离颤振点有一定的裕度。颤振试飞试验状态点的推进依照风险程度逐步提高的程序进行。试验采用从高高度到低高度，从小速度到大速度的方法逐步进行，直至飞行包线右边界——最大速度和最低高度（即“低空大表速”）。试验以安全的适当增量进行，并在数据分析确定进一步飞行的安全性之后再向外扩展。科研人员利用试飞中得到的数据进行外推，从而得到“真实状态下”的颤振速度和相关数据，这样就有效规避了颤振的危险。

颤振试飞的整个过程可以划分为试验准备、测试改装、飞行试验实施、数据处理、试验分析等阶段。其中，激励方法和数据处理手段的演变最能反映颤振试飞技术的提升。所以说，颤振试飞技术是伴随着激励技术的发展而相应发展的。

在飞行中，飞机上产生颤振的三种力在不同的速度和速压下会有不同的变化，这些变化，用任何的理论计算和风洞试验都得不到完全准确的数据。完全准确的数据必须靠飞机在真实的大气环境中的飞行，即试飞来获得。颤振试飞就是在被试飞机上加装特定的激励装置，分别在不同的飞行高度和速度下对飞机进行激励，激励出各种颤振危险状态的所有结构振动模态，然后根据模态频率和阻尼随着速度或者速压的变化规律而进行工程外推，从而得出飞机的颤振临界速度。因此，研制颤振激励技术至关重要。

颤振飞行试验中，采用外加激励的主要目的是获得高质量的测量数据，所以，能否有效激励和采用何种方法激励，就成为整个试验的核心，这也是世界航空界不断研究探索的重大课题。特别是对于中大型飞机而言，如果不突破“有效激励”的关键技术瓶颈，发展中大型飞机就成为“纸上谈兵”。

我国对颤振飞行试验方法研究的试飞从1963年开始，从激振手段的研制着手。

1971年研制的大型飞机激振设备——“连续激振器”得以

在歼8上使用。

试飞院对颤振研究比较早。1979年，管佩芳等专业人员在歼8飞机上采用自制的激振小火箭，用脉冲激振法，以电阻式加速度传感器和调频式磁记录器为手段进行试验，在等高度、等马赫数条件下逐次推进，在歼8飞机的定型试飞中完成了飞行颤振试验。此外，管佩芳还对气动伺服弹性等方面的技术进行了深入研究。

1983年底，他们开始立足自己研制激振小火箭，以改变颤振试飞用激振小火箭全靠进口的局面。1984年2月，由管佩芳、屈见忠负责，与西北工业大学签订了科研合同书，按照当时“三机定型”颤振试飞的需要，研制了5种规格的小火箭。

因为试飞难度大、风险大、数据处理工作量大，又因为颤振问题往往出现在低空大表速和跨音速区域。电传飞机除通常意义上的颤振问题外，还会在飞行包线的任何区域和飞机构型都有可能发生气动伺服弹性（ASE）不稳定的问题，包括起落架放下的状态。因此在飞行包线扩展的每一步都必须进行颤振/ASE试验，以验证所达到的飞行状态是否存在气动伺服弹性不稳定现象。对于歼10试飞来说，低空大速度是包线扩展必飞的项目，为此，颤振试飞和包线扩展相结合是符合科学和安全逻辑的安排。

1995年，赵江楠负责颤振、振动及噪声飞行试验数据处理软件包的开发，考虑到动态信号的特殊情况，他建议该软件包应该在其他系统平台中开发。出于歼10颤振、振动试飞的需要，考虑到国内外最新技术发展的现状以及培养自己的专业人才的目的，1997年，赵江楠、沙长安、孙勇军、张俊民等研制开发了用于歼10试飞的颤振、振动数据处理软件。而后，由周友明开发的颤振和ASE数据处理软件几经完善，填补了相关技术空白。

从1996年开始，按照歼10的特点，试飞院开始自己研制颤振激励系统（FES）。研制任务由沙长安、孙勇军、郑章兴、吕杰和田福礼负责。于1999年5月到7月间装在变稳机上进行了领先验证试飞，达到预定设计指标，可满足试飞要求。1999年11月18日，该系统在歼10飞机上成功地进行了首飞，数据表明，FES能有效地激起飞机/系统/结构的响应，这种综合激励的方法是对颤振激励技术的重大突破。

FES颤振激励也有缺点，为此，试飞工程师们采用了许多新技术克服了FES缺点，取得了非常好的激励效果和试飞结果。

2005年后，为大飞机试验使用的颤振激励新方式诞生。由于大飞机结构固有模态频率较低，且模态分布较为密集，小火箭激励和FES等激励方式已无法满足试飞要求，大中型飞机颤振试飞中激励方法短缺问题成为限制国内大中型飞机顺利实施飞行试验验证的瓶颈。随着国内相关飞机的发展，迫切需要研制适用的颤振试飞激励方法。

2007年9月，在大气紊流激励方式得到应用与发展的背景下，试飞院新研制的固定小翼激励系统（FVES）和带不平衡转子的惯性激励系统（IES）圆满完成验证试飞任务。该系统的研制成功，填补了该类颤振激励系统的国内空白。

2009年，试飞院研制掌握了压电颤振激励技术，实现了地面和空中压电颤振激励。通过进一步拓展研究，压电颤振激励技术还可以直接应用于复合材料结构、轻型结构和旋转翼面结构的颤振飞行试验。试飞院研制的激振控制盒采用了“编程式”设计，使用非常方便，比起国外的同类设备（大部分是手动的）要先进很多，在试飞中可以大大减轻试飞员的负担。

随着任务增加，颤振试飞对FES提出了更高要求，于是试飞院又研制出了第二代FES，2013年，又研制出了第三代。

2007年8月，能够有效缩短飞行试验周期，并且可以提高飞行试验安全裕度的颤振试飞实时监控系统建设正式立项，由王东森、周友明、唐凯、梁坤鹏为项目课题主管。颤振试飞实时监控系统为新机的颤振试飞提供先进的实时数据处理和安全监控，并兼顾事后数据分析处理。

经过多年颤振试验研究，试飞院在颤振激励技术领域取得重大进展，形成了一套大飞机颤振试飞激励技术、监控技术和数据处理技术，完善了我国颤振试飞的技术构架；成功解决了大中型飞机颤振激励技术难题，自行研制成功适用于大中型飞机颤振试飞的固定小翼激励系统（FVES）、惯性激励系统（IES）和颤振数据处理软件，填补了国内空白，达到了世界先进水平，使我国成为除美、俄、英、法、以等国家外，能够独立开展大中型飞机颤振试飞的国家。

第十三章

试飞之灵魂

大国博弈，航空工业的发展及其技术成熟是一块重要砝码，而能够支撑这块砝码质量的，就包括飞行试验测试技术。

测试是飞机飞行试验中的一个重要环节，是在真实的飞行条件下获取各种试飞数据以检验飞机是否达到所有设计与技术战术指标的唯一手段。无论是新机设计定型试飞还是预先研究性试飞，都离不开测试技术。从这个角度来说，测试是试飞之灵魂。

周总理：怎么证明是核爆成功?

1964年10月16日15时，罗布泊一声巨响，我国第一颗原子弹爆炸成功。现场总指挥张爱萍将军抑制不住兴奋的心情，第一时间向周恩来总理报告这一喜讯。总理却在电话里谨慎地问：“怎么证明是核爆成功？”现场指挥帐篷里顿时一片肃静。这时，核武器试验研究所所长程开甲带着研制出现场测试仪器的林俊德匆匆赶到：“冲击波的数据已拿到，从记录的波形和计算的数据证明，这次爆炸是核爆炸。” 张爱萍激动地拍了拍林俊德满是尘土的肩膀说：你们立了大功。

试想，如果我们当时没有测到数据，张爱萍将军怎么回答周总理提出的问题？我国又如何理直气壮地向全世界宣布这一重大消息？

测试是科学的基础。任何科学实验都是以数据为基础的，然而，试验数据又必须通过测试才能获取。“两弹一星”是这样，中国试飞也是这样。

如果您问试飞测试专业工程师“什么是飞行试验”，他们会回答：“是以获取试验数据为目的而进行的飞行。”从这个角度说，“试飞测试是飞行试验之灵魂”一点都不过分。正如科学家门捷列夫所说的“科学始于测量”。

什么是测试技术?

在社会实践过程中，人们常常需要对所研究和使用的对象进行各种物理量、化学量、生理量等参数的测量。有些测量任务可以在被测点附近直接使用测试设备来完成，如用万用表测量电压、电流和电阻，用温度计测量室内温度，用磅秤测量物体重量等，人们可以从设备上直接读取这些参数以完成任务，这叫测量。

飞行试验的被测对象是飞机，人们不可能在飞机所处的位置附近直接进行有关参数的测量，只能在远离飞机的地方进行测量，测量结果必须通过一定的载体传递给远方的观察者（人）。这种测量称为远距离测量，是一般测量的延伸。按照科学分类，将远距离测量称为遥测，取“遥远测量”之意。遥测需要等试验结束后，将记录有测试结果的存储设备进行数据处理才能得到结果。这种需要进行数据处理才能得到结果的测量叫测试。

●测量与测试的区别

测量只是对物体的度量，测试是指对现象的检测并对所检测出来的数据进行分析和处理。
测试系统则是包括测量、传输及数据处理的整体概念。

飞行试验采取的是遥测技术，其所采用的测试系统为遥测系统，是由检测、采集、传输、记录、显示和处理等部分的硬件和软件构成的用以实现遥测功能的一个集合。遥测系统则是包括了测量、远距离传输和数据处理的过程。“试飞遥测系统”中的远距离传输常采用多种载体，如无线电传输和机载记录/存储，以提高数据传输的效率和可靠性。

我们通过三个问题简单了解一下什么是试飞测试技术。

第一个问题：如何证明一种新机或是新装备通过了试飞验证，可以拿到“合格证”了？

答：靠一系列有代表性的试飞数据。即通过专门技术获取的真实全面的试飞数据。这个获取数据的过程，就是试飞测试；这个获取数据的方法就是试飞测试技术。如同去医院看病，医生让你先用各种设备做检查，直到他拿到所需要的、与你身体相关的各种数据后才会根据这些数据下结论、开处方为你治疗。这个“利用各种设备做检查而获得各种数据”的过程就是“测试”。与检查身体不同的是，试飞测试的许多先进设备是买不到的，有的是因为西方在卡我们，有的则因为不是货架产品。

第二个问题：在现代航空领域，测试技术主要是做什么？

答：简单地说，航空测试技术是研究在真实飞行条件下科学地获取和处理被试飞机和设备的性能、功能与作战效能等技术，它除了要研究测试理论与方法以及数据处理等技术外，还要研制测试专业设施、设备、系统等。

试飞测试不是一个单一的专业，而是一门多专业融合的交叉学科，是覆盖传感器、信号调节、数据采集、数据记录、遥测传输、实时监控、数据处理、光电测量、影像分析、雷达电子等许多专业的综合应用技术，这些专业群组成了飞行试验测试的两大支柱：遥测（又称内部参数测量）和光电测量（又称外部参数测量）。一般来讲，先要通过专门的传感器取得试验飞机的温度、速度、高度、过载、角速度等各种数据，然后再把这些数据（包括飞机上的影像信号）通过装在飞机上的专用设备进行处理和存储，再将它们传输到地面，供地面监控或更加全面系统的处理分析。试飞工程师通过对这些数据的科学分析，以确定试飞架次是否有效、飞机在空中是否安全、能否继续进行后续科目的试飞。试飞测试专业的这个特殊性要求每一位测试人从踏入试飞测试岗位开始，必须学习自己大学所学专业之外的很多知识。

●飞行试验测试

在飞行试验过程中通过测试手段获取被试对象相关数据和信息的过程，简称试飞测试。
典型的试飞测试内容包括被试对象功能和性能、本体特征参数和飞行环境参数；测试技术环节包括感知、采集、记录、传输、处理、存储和管理等。用于试飞测试的全部软、硬件系统称作试飞测试系统。

第三个问题：试飞测试在现代航空发展中有什么意义？

答：飞行试验是一项重大的科学实验，飞行试验的基础就是测试。在新机试飞验证阶段，约有70%的时间是在做测试和与测试相关的工作。

首先，测试是飞行试验的基础，通过测试才能获取定量描述飞行试验结果的各种数据。

飞行试验不仅仅是航空飞行器在真实飞行环境中飞行，更重要的是要在飞行过程中按照试验设计规定的要求，利用各种测量方法和手段采集有关试验对象运行状况的数据并将数据提供给数据处理团队。信息经处理后，以验证或确定飞行器及其系统、装备的实际功能与性能指标。同时，测试对于保障试飞安全和试飞质量、提高试飞效率等具有极其重要的作用。测试技术对于降低新机或航空装备的研制风险、提高研制效率、缩短研制周期等都起着关键作用。

其次，飞行试验的需求是牵引测试技术发展的原动力，而测试技术的发展又会促进飞行试验水平不断提高。

中国试飞事业的发展大体上经历了修理和仿制飞机的出厂试飞、专业试飞体系的建立与奠基、试飞的发展与成熟和试飞的创新与跨越四个阶段，与之相对应，试飞测试设备也经历了从单件的仿制研制、整套的引进、配套集成到系统的自主研制四个阶段，相继建成机载测试、光电测量、遥测监控、数据处理、传感器及校准等试飞测试实验室，自主研发了ADAS/GDAS系统及先进的网络化试飞数据处理系统，国内首套大型综合试飞测试系统综合演示验证平台的建成，更是大大提高了试飞机载测试系统的研制和集成能力，同时为我国开展航空试飞测试技术研究、新一代具有独立自主知识产权的试飞测试系统体系研究，以及新型试飞测试设备和系统的研究、集成和演示验证，试飞测试方法的研究和技术攻关，飞行试验校准技术和校准方法的研究等铺平了道路。

通过网络化试飞测试系统关键技术研究，中国测试人已全面掌握了大型飞机试飞测试系统设计与集成、遥测传输、机载关键参数实时快速处理与记录以及机载多网络数据包处理等多项关键技术，有力支撑了我国试飞测试技术由传统架构向网络

○ 1998 年投入使用的机载测试和计量楼。如今，中国航空发展速度令世界瞩目，而中国的航空测试设备，不管是遥测还是光电测量相关的设备，都已经处于国际一流水准。

化架构的发展。

单架飞机测试参数从初期的几个提升到数万个；数据处理从初期的手工处理迈入计算机自动处理，从飞行后需数月时间到飞行中的实时处理；从不知道什么叫航空试飞测试到跻身世界试飞测试先进行列甚至在某些技术上处领先地位……中国试飞测试人用了半个世纪的时间。

飞行试验研究具有探索性和突出的实证性质，航空技术、产品和飞行试验技术的发展，不断对试飞测试提出新的、更高的要求，促进了飞行试验测试技术、测试方法和测试设备的发展和进步；同时，试飞测试技术和设备的进步又反过来促进了飞行试验向着更高的层次发展。

试飞测试与飞行器发展

从飞机的发展可以看出航空测试的重要性。

1910年时，飞机座舱仪表只有一个转速计，十年后，飞机进入稳步发展时期，先是在飞机上增装了一个空速指示器和一个高度表，为了测试飞行，又增加了一个温度计和一个气压计。之后，座舱又装备了十多个仪器，引入了无线电通信，还有金属的斜度可变螺旋桨。到了20世纪30年代，第一架具有封闭座舱的全金属飞机出现了，以后不久出现了压力舱、除水和防冰系统，引进了可伸缩起落架和襟翼以及液压系统……

从飞机数据采集方法和数据处理方法的变化，可以看出航空测试技术的重要性。

张立功、党怀义编译的《飞行试验工程导论》中记载：

在早期的飞行试验中，飞行试验信息的主要来源是飞行试验驾驶员的主观判断，至多也不过有几块基本的测试仪器，如果机动飞行允许的话，他可以在护膝板上草草地记下读数。

在数据处理和分析方法上，最早用来把飞行试验数据转化为标准大气条件的工具和其他计算装置是手动和曲柄机械计算器和滑动计算尺。

莱特兄弟在1903年的首次飞行既没有一个明确的使用范围，也没有专门的飞行试验测量仪器。直到1947年的首次超音速飞行，才有少量的被称为飞行试验场支持或者专用测试仪器——测试仪器是放在飞行员或工程师膝盖上夹着的记录本，或者是飞行员仪表板的照片或者驾驶仪表设备的复制装置。但是，随着试验飞机的功能和复杂性的快速发展，有必要提供一种“自动化”采集数据的工具，因为数据变化对于飞行员来说太快以至无法记录下来，因而，照相观测员仪表板和示波器记录器开始通行起来。导弹的出现要求配备的测试仪器在数量和复杂性上更进一步，并进一步扩展试验场的能力。

由于中国飞行试验测试专业和技术一直受到西方封锁，鲜有机会站在巨人肩膀上，所以，只能靠自己一步步艰难发展起来：没有专业人才，在实践中摸索、学习、总结、提炼；没有仪器设备，在苏联援建时移交的几台简单的机械式自记器的基础上自己研究、试制、集成、开发。

我国有了自己的飞行试验研究机构后，试飞的第一个型号飞机是“红专502”，也就是初教6飞机。当时在飞机上改装的记录设备是由复印纸和指针组成的自记器；数据处理是通过人判读记录纸带上的曲线；计算工具是自己研制的计算尺，那时候，手摇计算机就是最先进的计算工具了。

“十二五”期间，中国测试在空天地一体化试验与测试体系研究领域加力突破，创建了具有自主知识产权的新一代网络化通用机载测试系统和综合遥测网络的通用体系结构，形成了一套适合军工试验未来发展的综合遥测网络标准，为未来我国建立空、天、地、海一体化的遥测网络系统奠定了重要基础。通过新一代网络化通用机载测试系统研制的工程实践，我国已经掌握了机载网络化测试系统研制的核心技术，部分核心设备的技术指标优于国外同类产品，关键技术实现了与世界航空强国的并驾齐驱。

如今，中国航空发展速度令世界瞩目，而中国的航空测试设备，不管是遥测还是光电测量相关的设备，都已经处于国际一流水准。这些设备中大部分都是我们自行研制开发的高端测试仪器；中国航空的整体测试能力已经得到极大提升，测试技术瓶颈频频被突破，已经初步形成了以新一代网络化机载测试系统、机载网络记录系统、机载分布式参数采集系统、光纤通道数据采集记录系统为代表的专用采集器系列、机载图像采集记录设备和GPS/北斗组合定位授时设备为核心的产品，多种试飞测试参数传感器及天线等已形成系列；地面实时安全监控系统在国内首开先河；机载授时定位器时间同步精度更是优于4微秒，技术独树一帜；单架飞机测试参数已由发展初期的个位数发展到了好几万个，并具备多套机载实时系统，可承担100多架试验机试飞测试任务，可供试飞工程师们对空中的飞机和试飞员的操作进行实时监控；分布式网络处理系统可以为试飞工程师提供24小时不间断数据服务，并可在试飞后两小时内得到试飞数据预处理结果；新一代网络化通用机载测试系统突破了关键技术，可进行智能化管理，主要系统集成器只有手掌大小，不但填补了国内通用机载测试技术领域的空白，而且综合性能达到了国际先进水平。

就整体规模与状况而言，中国试飞测试技术进入21世纪后更是得到了跨越式的发展和进步，不但实现了与国际接轨，而且步入世界先进水平的行列。

在航空测试技术实用方面，我们也已经走在了前面。

2017年5月5日，中央电视台破天荒地在全球范围内进行了国产C919大型客机首飞的现场直播，直播中，飞机驾驶舱等细节都进入了画面。直播不但在国内掀起收视狂潮，也同样引爆了社交媒体，国外网友纷纷表达了对这次直播的膜拜。直播的技术保障由C919伴飞飞机提供，这种在全球范围内进行的现场直播，体现了大国自信。当然，这种自信首先源于我国测试技术的世界一流水准。可以试想一下，如果在全球直播过程中出现画面卡滞、马赛克、图像模糊等情况，将会引发什么样的影响？

而这些令人瞩目成就的起点，却是“一穷二白”。

始于空白

20世纪50年代初，新中国开始仿制飞机，一直到1959年，我国都还没有专门的试飞机构。

1956年，我国制造的56式喷气式战斗机即将下线。这是我国在苏联的援助下制造的第一架喷气式战斗机。国防部下令从空军选调优秀飞行员担任该机的首飞重任。在此之前，曾在抗美援朝击落敌机最多的王牌师选调吴克明驾驶在我国组装的米格-17（歼5）飞机进行飞行表演，因出色地完成了歼5战斗机的飞行表演任务，112厂（沈阳飞机制造厂）申请调来吴克明作为56式的试飞员。1956年6月，空军抽出以吴克明为首的飞行员组建了航空工业的第一支试飞员部队。

1956年7月19日，吴克明驾驶我国制造的56式喷气式战斗机完成了首飞。凭着他过人的胆识、娴熟的技术和丰富的经验，经过15天19架次/9小时49分的飞行试验，完成了56式飞机的验收试飞。

20世纪50年代，中国试飞基本沿着这种模式完成了各种飞机的出厂验收试飞：试飞时飞机不加装试飞测试设备；试飞的状态和科目基本是使用飞行内容中的一部分，主要是飞机常规性能和系统工作状态的检查；飞行员凭借观察有限的座舱仪表和自我感觉来评价飞机性能，还谈不上飞行试验；承担出厂试飞的责任单位是相关的飞机制造工厂，作为飞机生产例行工作程序安排。

为了发展我国的航空工业，国家在建国初期一穷二白的情况下，于1959年4月15日建立了国家级的专业试飞机构试飞院，而我国的飞行试验测试专业,就是从试飞院成立后开始建立的。

试飞测试专业最早是仿照苏联模式，但技术水平和测试仪器基本上都是空白，即一切从零开始。第一是没有技术人员。国内没人从事过飞行试验测试工作，学校没有航空测试专业，刚分到试飞院的这些大学生们连“自记器”这个名字都没有听说过，更没人接触使用过；第二是没有仪器设备，更关键的是大家根本不清楚试飞测试究竟需要什么设备。而要获得试验过程中有效、准确的试验数据,没有好的测试设备是几乎做不到的。

1959年11月，苏联试飞专家尼·格·希达也夫被邀请到试飞院讲授试飞有关知识和测试设备原理，并指导实习操作，同时试飞院从苏联引进了若干传感器、自记器和光学示波器等测试设备，这些为中国科研试飞开展奠定了最初的技术和物质基础。直到这个时候，人们才开始接触到“飞行试验”和“试飞测试”，才知道“测试用什么仪器，怎么装上飞机”“测出来的曲线代表什么，怎么处理”，才知道试飞队伍必须经过专业培训；试验机必须加装专用的试飞测试设备；试飞内容除常规使用性能检查和验证外，还有一些特殊安排的试飞状态、试飞科目和试飞技术，以验证飞机设计各专业所涉及的技术和指标要求；试飞结果和结论是试飞测试的定量结果；试飞过程必须遵循一定的试飞规范和标准。

1960年，试飞院以齐连普、赵振江、董军等部分参加培训人员为基础，首先在飞机室、动力装置室成立了测试专业组。

那时，飞行试验使用的测试仪器是苏联的机械式自记器和少量的12通道飞机光学示波器，例如测量飞行高度的“高度自记器”、测量飞行速度的“速度自记器”等，这种自记器测量的数据是以曲线形式记录在感光纸带上，飞行后由人工进行处理。首先需要对感光纸带进行冲洗和显影、定影、晾干，纸带数据的处理一般需经过判读、译校和公式计算三个阶段。处理这种纸带上数据使用的计算工具主要有：计算尺、模板、图表、解算装置等模拟计算工具；算盘、数字式解算装置等数字计算工具；手动、自动、半自动机械或机电式台式计算机。技术人员用直尺测量出不同时刻曲线的高度，将其换算成实际的物理值，例如飞行高度或飞行速度，然后再用自己研制的计算尺进行下一步的分析和处理。这种机械式自记器，每台仪器只能记

●机载测试系统

测试系统组件都安装在试验对象的载体上，包括传感器、采集器、记录器和遥测发射器，以及联结它们的内网络系统和能源保障系统等。该系统可以独立地完成试飞测试任务，也可以与地面遥测站或其他试验飞行器联网构成综合网络测试系统。

录1~5个参数，当时比较先进的K-12光学记录器也只能记录12个参数，而精度，仅仅在1%~5%的范围。精度低、体积大，不能满足飞行试验多参数、高精度的需求，而飞机光学示波器，也只有19台。这些测试仪器都是机械或光电式的单通道的模拟式测试设备，测量参数少，记录的是模拟曲线，测量精度低，飞行后需人工进行判读处理，人工处理需要很长时间，一个课题的试飞数据一般需要处理几个月、半年甚至更长时间，效率很低，根本不能满足飞机试飞测试的要求。

提议并参加研制计算尺的试飞工程师刘素娥回忆说：

我是1959年到试飞院的，我的工作是处理机械式自记器和K-12光学记录器记录下来的数据。那时，科研人员成天趴在桌子上看表格、量曲线、记数据，特别费眼睛，每天下班回家走到路上，眼前全都是蓝色、绿色、金黄色的细小方格，过一阵子才能正常。这样看、量、记下来的数据的计算量非常大，而那时候根本没有计算尺，大家都是用笔算，工作量大效率还很低。我就想，能不能把计算简化呢？我知道计算是不能简化的，但是，能不能用什么办法让计算速度加快呢？有同志在一个飞行员那里见过一个手拉计算尺，但计算尺中没有计算我们这种特殊的计算公式。我又想，能不能设计一把新的计算尺，把我们需要的计算公式做进去？ 1962年的一天，我把这个想法跟计算工作量很大的104组的娄咸康商量："是否可行？"然后又跟组长李景薰报告了想法。李景薰和娄咸康都觉得应该可行，特别是李景薰组长，专门组织了讨论和设计。在院里立项后，我先用纸壳子做个了非常粗糙但可拉的计算尺雏形，又到上海计算机生产厂，将这个思路与技术员谈，并将我们的计算公式给他看。技术员认为"可以试试"。于是，我留在上海计算机厂跟产。四个月后，新型计算尺生产出来了，将我们需要的五条线列在主线上放在一面，将原计算尺的内容全部放在另一面。虽然我们要的量不大，但上海计算机厂非常支持，相当于专门为我们定制，让人非常感动。新型计算尺小巧精致携带方便，随时随地都可以用，大大减轻了计算工作量。

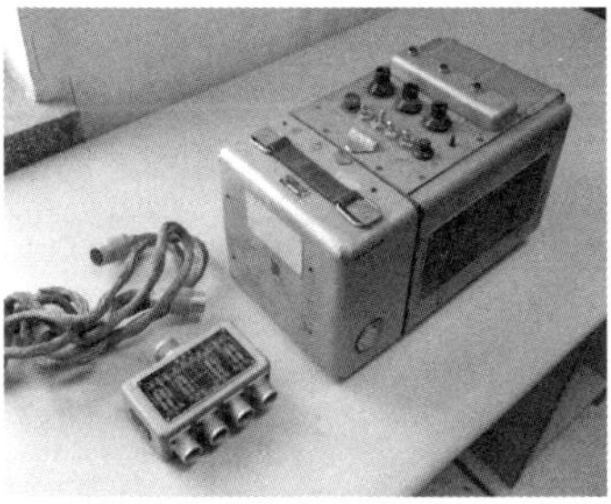

○试飞人自己研制的可同时记录12个参数曲线的K-12光学示波器（左）；自研的磁带记录器（右）。自试飞院成立之日起，"自主研制仪器设备"就成为技术人员的共识。

由于试飞测试需要的仪器和设备都是专用的，没有货架产品，所以，自试飞院成立之日起，“自主研制仪器设备”就成为技术人员的共识。

为了提高飞机试飞测试的能力，试飞院专门成立了实验仪器配置实验室，本着“先测绘仿制，逐步走向自行设计”的原则进行测试仪器研制。实验室从仿制入手，而后又开展了研制。分别于1965年研制出了可同时记录12个参数曲线的K-12光学示波器，1968年研制出了调频磁带机……于1969年研制的数码磁记录系统及其配套的传感器、信号调节器等模拟式和数字式的磁记录器，可以在使用时安装在飞机上，飞行时测试数据直接记录在磁带上，飞行后将磁带取下来在地面进行数据处理。仅20世纪60年代后期，试飞院测试人员先后研制的仪器设备就达40多种近千台件。

试飞院成立时，苏联专家介绍飞行试验测试仪器是K-12示波器和自记器，所以科研人员在练兵和实用中都是使用的K-12和自记器。

1964年，发动机室买了示波器搞技术练兵，同时在歼6飞机的试飞中使用。当时示波器输出的是纸带，数据需要事后再处理。彭友玲等工程师在研究国外试飞测试时发现当时国外有了数据处理，提出“我们自己搞示波器数据处理系统”。但因“文革”进展缓慢，最终流产；后来搞出了磁带机，但需要计算机配套。

20世纪70年代时，中国试飞的测试能力还很差，一架飞机在安装多台记录设备的情况下，也仅能测试几十个参数。

《中国飞行试验史》对这段的记载是：“在这个阶段试飞测试技术也有了快速进步。20世纪60年代初期使用的自记器、光学示波器、传感器和信号调节器全部来自苏联，到70年代，第二代通用型数字磁带记录器已经研制出来。这阶段试飞主要记录手段是光学示波器。每架飞机记录参数从60年代初只有几个发展到后来的几十个，例如装3台K-12光学示波器即可记录36个参数。”

“这一阶段的主要特征是：全行业专业试飞体系已经建立；基本试飞技术和试飞方法经历了从起步到逐步掌握和应用的过程；试飞技术和试飞模式的基调是苏联试飞指南和苏联专家讲义；试飞测试经历了从使用和仿制苏联自记器、光学示波器和传感器到自行研制这些设备，并且研制出先进的模拟和数字磁带记录器；单机试飞的记录参数从几个发展到几十个；数据处理从手工处理为主发展到开始应用计算机。”

●遥测监控系统

通过接收装置汇集各类遥测信息，转换和处理成工程数据、视频和音频信息，供地面人员监控和指挥试验飞行，同时进行必要的试飞数据实时或半实时处理。
遥测技术是20世纪40年代第二次世界大战期间出现的，并于50年代随着航天的发展而快速发展起来的一项新的尖端技术，当时主要应用于航天以及航空等军事领域。无线电遥测是航天飞行唯一的测试手段，所以我国在50年代末组建航天机构时，就同步建立了我国的航天遥测研究所和遥测工厂。

同一时期，试飞院开始跟踪研究遥测技术的发展和在飞行试验上的应用，并于20世纪60年代中期向上级建议在飞行试验中采用遥测技术，得到了国家批准后，筹备建立遥测专业，将先进的多路通信和遥测技术引入航空试飞领域。

“在航天使用的遥测技术同样可以在航空领域使用”获得了国家批准，1966年，温永登、邓观峰等同志调研论证后，试飞院决定在飞机试飞中采用我国研制的在航天导弹试飞中使用的遥测系统，并从1967年组建无线电遥测专业队伍，建立了遥测专业组。

1967年从西安军事电信工程学院无线电遥测专业毕业后分配到试飞院，如今已成为中国航空测试专家的霍培锋回忆说：

我到遥测组报到后领受的第一项任务就是马上去北京航天遥测研究所出差，参加遥测前端关键设备“811编码器”的培训学习。这个是当时国内最先进的对遥测数据数字化的设备（用于将遥测数据送入数字计算机处理），所以我接到任务时又激动又兴奋，特别上心，一天都不愿意耽误。学习结束后，领导又安排我和许长全同志去北京出差7个月，由我负责该设备的跟产和验收工作。这个任务虽然不是很难，但这期间我俩都经历了人生的第一次手术，所以特别难忘。那时候，我们每天都到位于东北郊酒仙桥的北京计算机厂（738厂）上班，从插件装配生产到整机调试全程参与。为了加快进度，我们两人与工人及技术人员一起工作，挑选元器件、焊接、调试，甚至搬运设备等。初夏的一天上午，我在南苑东高地的七机部遥测所开完会后突然感到右下腹疼痛且越来越重，同志们将我送到当地七机部的医院就诊，到快下班时确诊为急性阑尾炎，即将穿孔，必须立即手术。随即我就被推进了手术室，局部麻醉，40多分钟后手术结束。因第二天要继续厂里的工作，许长全当天就返回了东郊的工厂，我一人留在医院。术后伤口疼痛，同室的病友照顾我，半夜艰难地爬起床手摸着墙壁碎步移到走廊尽头的厕所方便，接下来在卧床的三天里都是七机部的病友为我打饭。第四天拆线后医生让我出院回家休养，病友说我是来北京出差的单身，没有地方去，医生让我又住了一晚。第五天下午出院后，我先到公交发车站万源路（发车站车上有座位），乘郊区车来到永定门站，转乘市区公交车到了建国门，再转乘无轨电车（北酒线）回到酒仙桥商场站，直到晚上8点多才回到招待所。许长全看到我惊讶地说，你怎么这么快就回来了，怎么不多住几天等伤口好了再出院？他哪儿知道我有多着急啊。次日只休息了一天，我就正常上班了，工作以老许为主，我做点辅助工作。

过了半个多月，许长全也说他腹部痛，我赶紧陪他去当地四机部医院就医，医生先按肠胃炎消炎治疗，几天后仍然没有好转，化验后才确诊也是阑尾炎，已经穿孔。他被推进了手术室，进行了全身麻醉，手术进行一个半小时，次日才清醒过来。就这样，我这个手术刚20多天的病人变成了“全劳力”，白天在工厂上班，下班后去医院陪护他。他在医院住了半个多月，我们两个病号互相照顾，一直没跟单位说。

8月份开始了产品验收，工厂检验科的同志工作很负责，我们密切配合，待产品全部合格我们签字通过验收时，已经是1968年9月底了。我和许长全返回了阎良，圆满地完成了飞行试验遥测系统建设的第一项任务。

我国第一个飞机遥测站

经过十多年的建设，试飞院的试飞测试手段从无到有，但仍然十分薄弱。无论是早期的飞行自记器、光学示波器，还是自研的磁记录器和国产的遥测设备，都只能在飞行时将测试的数据记录下来，飞行结束后才能对记录的数据进行处理；另外测量的参数都不多，设备也是非标准的。这时期的测试设备只能适应仿制飞机以及小型试飞科目的测试要求。

1970年，随着六甲遥测地面站的到达，我国第一个用于飞机飞行试验的遥测站建起来了，它包括遥测机载设备（航天称为“遥测弹载设备”）、遥测地面接收车（站）和专用的441D遥测计算机。这是试飞院第一个具有现代先进技术水平的测试系统，也是我国第一个飞机遥测站。六甲遥测地面站由两辆相同的主车（每辆车安装一套遥测地面接收记录设备，两辆车互为备份）、一辆副车（加装了各种辅助设备）组成。接收到的六甲遥测信号转换为数字信号后记录在磁带机上，飞行结束后

○国产遥测地面活动工程车
1970 年，随着六甲遥测地面站的到达，我国第一个用于飞机飞行试验的遥测站建起来了，它包括遥测机载设备（航天称为“遥测弹载设备”）、遥测地面接收车（站）和专用的 441D 遥测计算机。

把磁带放在441D计算机上进行数据处理。作为备份，六甲遥测接收分路的模拟信号，还可用摄影方法记录在320毫米的胶片上，在副车中的暗室里可直接冲洗，胶片上记录的模拟信号处理由人工进行。

由于1968年前后毕业分配的大学生都需要到农场劳动一年左右，所以直到1970年六甲遥测地面站才开始承担试飞测试任务，遥测专业由原来的一个组扩建为遥测机载、遥测地面站、遥测速变数据处理等三个组。

遥测地面站（306）组的首任组长侯超宇回忆说：

专业组成立后，我们就开始组建实验室、培养技术人才，引进了始用于航天测控的国产手动定向跟踪遥测设备——“六甲”和“大容量遥测发射、接收系统”；探索了模拟磁带记录器用于航空试飞测试技术中，研究了机上遥测设备加改装技术和机、地试飞数据遥测遥控技术以及机、地通信技术，进行了“六甲”小型化，革新、完善、改造并逐步运用于直升机、机载电子设备、运输机、歼击机、轰炸机等各类风险课题试飞中，空地接合、人机配合、内外场结合，研究提高试飞测试质量的途径、方法；实现试飞后，启用计算机技术，完成试飞技术数据处理和分析，加速新机研发进程，使遥测技术在试飞测试技术中的应用逐步扩展、壮大，开始成为不可替代的试飞测试技术。

大容量遥测活动地面站是一个PACM（脉冲振幅编码调制）体制的遥测系统，其测量能力强、精度高。同样由两辆主车、一辆副车组成，工作过程与六甲遥测地面站类似。飞机在1万米高空飞行时，这两套系统的遥测距离均可达200千米。

由于当时使用的弹载遥测设备中有许多是一次性的，有些则因为体积大、重量重而不方便在飞机上安装，所以，测试工程师们做了许多研究和改进、研制。

1971年，直升机旋翼应力的测试任务用遥测方式在直5型飞机上进行，这是我国第一次在旋转件上进行测试。在准备过程中，测试组的同志针对旋翼的应变信号特别微弱等问题，专门研制了配套的放大器，还解决了安装在旋翼上的遥测设备供电问题。由于准备充分，首次飞行就获取了大量的试飞数据，这是我国首次测得的飞行中旋翼上应力分布的实测数据，为下一步我国研制自己的直升机旋翼提供了真实的试验数据。这个课题的试飞主管李万新在对试飞数据分析的基础上，与南航的老师合作编写出版了一本有关直升机强度方面的专业书籍。

这项任务中使用的是为航天导弹试验研制的弹载遥测设备，它是一次性使用的设备，工作时间短，而飞机试飞测试设备需要反复多次使用；它采用的是电机和电子管器件，每次开机都需要先通电预热15分钟才能正常工作，而飞机在起飞线开车后很快就要滑出、起飞；设备内部电机上的“碳刷”每个起落都要更换，非常麻烦；它体积大、重量重，不利于在飞机上安装。为了解决这些问题，试飞院从1974年开始研制专门用于飞机试飞的“六甲小型化遥测机载设备”，于1976年研制出了正式产品，采用了当时最先进的电子器件——集成电路和大功率晶体管，使整机性能指标不仅满足原遥测系统的要求，并有了改进和提高，全机体积小、重量轻、操作简单、使用方便。1977年春，又在歼6飞机上成功进行了该产品的飞行试验考核，1977年秋通过批准在飞行试验中使用。此外，遥测技术人员还对当时蓬勃发展的电视频率对遥测频率的干扰问题、计算机运算速度太低（441D遥测计算机平均运算速度约2万次每秒）问题、无法实时显示问题以及体积太大等问题进行研究并解决。

这一时期，在对我国研制的第一架高空高速歼击机——歼8进行定型试飞时，采用的就是光学示波器和磁记录器，由于飞机故障多且测量参数少、没有遥测实时数据处理能力，致使试飞工作一直延续了8年之久。

对遥测数据进行实时处理，一直是遥测专业人员的一个梦想，也是新机试飞对测试的迫切要求。

20世纪70年代后期，许长全等遥测技术人员选择当时运算速度较快的130小型计算机作为实时处理机，王炳堂编制了实时处理软件，将其与遥测接收站联机使用，在飞行的同时实时显示少量的参数原码、时间和报警信号，这种简易的遥测实时数据系统，成为早期试飞实时监控的一次有益探索和尝试。

终于实现实时显示了

中国航空测试工程师们始终对具有实时功能的遥测系统情有独钟。

“六五”期间，国家计划自行研制多种新型战机，中国试飞将迎来艰巨而繁重的飞行试验任务。由于这几种新研制的飞机采用了许多新技术和新设备，每架飞机测量的参数将达到几百个，而现有的测试设备及其性能远不能满足要求，必须在现有的基础上有一个突破性的发展。建设先进的具有实时功能的大型试飞测试（遥测）系统已成为当时亟待解决的一件大事。

1978年，试飞院总工程师单凤桐开始直接抓这项工作，试飞院抽调了专业技术人员组成新测试系统总体小组，由邓观峰总负责，成员有霍培锋（负责机载系统和遥测系统）和陈载群（负责计算机系统）等。小组成立后，首先进行了大量调研、论证和需求分析，编写了初步方案。

1979年春，由单凤桐带队，航空部派员赴国外考察了多家试飞测试设备制造公司、飞机公司试飞站以及国家试飞中心，掌握了国外第一手资料。结合国内外的先进技术和经验，总体小组对初步方案进行了较大的修改、完善和充实，最终形成了“大型试飞测试系统设计报告”。系统设计的基本原则：结合中国试飞需求，突出系统的先进性、实用性和可行性；系统不但应具有无线电遥测实时数据处理的功能，还应具有机载磁带记录/地面回放和事后处理的功能，同时它还应是一个大型的、功能强大的、通用的、具有发展前景的系统。

这是个从来没有的系统，按照这个要求，别说是国内，就是国外也没有现成的。1978年底，试飞院向航空部领导汇报了在此基础上设计的初步总体系统方案。刚从欧洲考察回来的吕东部长听完汇报后强调：“要加强该系统的实时监控功能，使系统具有80年代初的国际水平，要为航空工业的腾飞打下坚实的基础。”

当时，我国在遥测领域与国际上先进国家还有较大的差距，所以航空部领导决定对该系统进行招标，由国外遥测专业厂商承包；商务谈判以航空部外事局陈志坚同志为主，试飞院测试专家给予技术支持。

参加总体组工作和技术谈判的霍培锋回忆了这段难忘的历程——

外商技术人员对我们的设计报告非常赞赏，认为它比国外的单一遥测系统功能更强大，这家厂商后来竟然将这个方案作为样板向其他国家的遥测客户推销，赚了不少钱，当然，这是后话。外事局老陈是一位经验丰富的外贸干部，针对外商报价高的问题，他针锋相对地指出：你们的报价就像是戴了一顶高帽子，用刀砍去一半，离头顶还有很远的距离，必须大幅降价

○“骊山”地面站飞行监控室是我国第一个完整的、功能齐全的遥测监控室，里面配有供飞行指挥员使用的中央监控台和供试飞工程师使用的数据监控台。

才行。我们也适时从技术层面对比其他国家产品，指出他们产品的不足。经过技术和商务的相互配合，我们终于以一个合理的价格拿下了这套系统，为国家节约了大笔宝贵的外汇。

在这套系统的建设中，试飞院派出了由20多名专业技术人员组成的团队参加国外培训学习和验收。培训验收团团长景玉昌（计算机室）、党支部书记陈昭灼（飞机室）、副团长邓观峰（测试科），下有四个专业组组长分别是：机载系统和遥测系统组霍培锋、计算机组陈载群、软件组张希良、颤振组屈见忠。参加这套系统建设和培训的同志，日后都成了试飞院试飞测试专业的技术骨干。

1982年，系统研制成功并验收合格后运抵阎良，在试飞院又进行了地面的安装验收和空中的飞行验收，新中国第一个具有实时功能的大型试飞测试（遥测）系统经过许多同志的多年努力终于建成了。

系统到阎良验收是在歼7Ⅰ飞机试飞中使用，单凤桐等在监控现场，指挥员可以看到关键参数。试飞中，发动机监控人员实时发现发动机超温（系统可以在发现非正常参数时红色报警），指挥员果断中止飞行，防止了发动机严重超温后烧毁的严重后果，也展示了实时显示的强大功能。

这套试飞测试系统是当时我国第一个具有实时数据处理功能的、可编程序的、符合国际遥测标准的、完整的大型综合遥测系统，被命名为“骊山测试系统”，简称“骊山”。系统建成的当年，就吸引了我国遥测界和航天领域的知名专家学者和众多技术人员来试飞院参观学习，他们认为该系统“功能齐全、配套完整，指标先进、设计合理，使用灵活方便，适应现代遥测技术的发展，开辟了国内试飞的新局面”，并以此为借鉴，研制了我国新一代的航天遥测系统。

这套系统由两大部分组成——机载系统和地面站。机载系统的设备安装在被试飞机上，能同时测量飞机上各种类型的参数800多个，可实时显示100多个；数据采集采用了可编程序和准同时采集技术；遥测地面站自动跟踪天线接收空中飞机发射的遥测信息，经过解调直接送入计算机进行实时数据处理。

在地面站中配置了飞行监控室，这是我国第一个完整的、功能齐全的遥测监控室，里面配有供飞行指挥员使用的中央监控台和供试飞工程师使用的数据监控台。中央监控台上面有显示器、告警灯、越限显示灯、对空通信等设备；数据监控台上有各种数据的显示画面。因此，指挥员和试飞工程师坐在监控室就能随时了解到飞机的飞行情况，不但能通过无线电台与试

●骊山测试系统

该系统具有当时国际先进水平：它的测量能力强、容量大，在一架飞机上能测量数百个参数；它的实时数据处理能力强，可实时处理100个左右的参数，能由专用计算机进行颤振和振动的分析处理，能对200千米以外的被试飞机进行实时监控。“骊山”测试系统建立后经过了多次升级改造，成为当时试飞的关键测试手段，对于提高我国飞行试验测试能力、提高试飞效率、缩短试飞周期、保障飞行安全起了重大作用，为试飞国际合作创造了必要的条件，也使我国试飞测试系统迈上了当时国际水平的台阶。

飞员通话实时指挥，能实时看到飞行数据，而且能根据数据是否有效而确定下一个起落如何进行，提高了试飞效率；地面人员对飞行中重要参数的实时监控，也大大保证了飞行安全。同时，数据实时处理的结果还可以以多种形式在飞行监控室的彩色图像显示设备和其他终端上显示、打印、拷贝输出。飞行结束后，从飞机上取下来的机载记录磁带也能在地面站回放，进行各种数据处理。

这套系统的建立还解决了“综合试飞”的难题。以前，因为受测试设备的限制，一架飞机上只能测几十个参数，一个飞行起落只能进行一个课题，待飞行结束后进行数据处理，数据处理后才能确定下面要不要飞、怎么飞。一般来说，新研飞机都有几十个试飞课题、数百个被测参数，却只有几架原型机。为了提高效率，缩短试飞周期，试飞工程师们也提出过采用多课题综合试飞的方法，即在一架飞机上综合多个试飞课题，同时测取几百个参数。但由于测试设备的限制，“综合试飞”只能是一种“空想”。“骊山”系统的投入使用，使这种先进的试飞方法成为现实。在“六五”期间及以后我国新研制的几种新型飞机定型试飞中，都采用了综合试飞方法，使新机试飞周期缩短了一半以上。

改革开放以后，试飞院还先后从国外引进了达明ⅢB数据采集系统和“秦川”测试系统；另外，还配置了多种小型计算机，改变了过去依靠人工处理数据的落后面貌。使中国试飞机载测试技术和数据处理技术产生了飞跃式发展。试飞院首任测试总师齐连普研究员在谈到这段时期时兴奋不已。他说：

1980年到1989年是测试专业大发展时期，外场测试能力初具规模。测试设备已从分散时期以光学示波器、国产磁记录、国产遥测为主转变到以具有20世纪70年代末国际先进技术水平的测试系统（达明ⅢB数据采集系统和“骊山”机载测试系统）为主的测试时代，国产第一、第二代磁带机已全部停用，光学示波器作为辅助测试设备也仅在小型试飞课题中使用。

测试设备的更新换代，使中国试飞测试水平在短短的几年内向前迈了三大步：

达明ⅢB数据采集设备的使用，使我们由传统的固定测量模式进到可编程序的测量模式；“骊山”机载测试系统的使用，首次在我国试飞领域实现了遥测实时数据处理，这是飞行试验历史性的重大突破，它对提高试飞效率、保证飞行安全具有重要意义；秦川测试系统的使用，首次解决了机上实时数据处理的问题，特别对于大型飞机试飞具有重要意义。

这一时期，试飞测试技术也有突破性的发展：率先在国内开展了综合测试、遥测实时传输和实时数据处理的研究和应用。此前，基本上是一个试飞课题就要占用一架飞机试飞，测试参数量仅仅几十个，采用综合试飞后，一架飞机可以同时承担10多个试飞课题，参数量也剧增。为此我们开始研究和应用综合测试（参数达数百个）、遥测实时传输和处理的先进技术，同时开展多项专题测试技术的研究，并解决了多项测试技术难题。

从1984年开始，我国自行研制的歼8Ⅱ、歼7Ⅲ和歼教7三种新机同时进行设计定型试飞。在短短的三年时间内，在同一场地、同一时间、同时完成三种新研制飞机的定型试飞任务，这不但在中国是首次，就是在西方航空发达国家也很罕见。由于事关大局，航空工业部部长莫文祥将“三机定型”试飞形象地比喻为“淮海战役”。

“淮海战役”共十架新机参加定型试飞，历时38个月，其中歼8Ⅱ飞机的定型试飞是当时试飞科目最多、试飞测量参数量最多、试飞考核最严格的机种，不少试飞科目在我国都是首次进行。为缩短试飞周期，提高试飞效益，歼8Ⅱ飞机的试飞首次采用了“综合试飞”方法。“综合试飞”需要测试的参数数量、参数种类都大大增加。为此，测试工程师们在歼8Ⅱ试飞中首次采用了当时最先进的磁（磁记录）遥（遥测）结合的、具有实时数据处理功能的大型综合测试系统——“骊山”系统进行机载测试和地面遥测实时监控，并采用大容量计算机进行二次数据处理和计算。先后攻克了颤振、进气道匹配、振动参数、航空电子和武器发射试飞测试等多项测试技术难关，研究和采用了多种新的测试方法和测试设备，将一架飞机最多测量104个参数的历史改变为一次测量243个，节省了起落，节约了经费，缩短了试飞周期。

自主研制成为主体

在航空尖端技术领域，面对航空发展的迫切形势，面对国内机载测试设备的旺盛需求，面对航空测试设备鲜有货架产品的具体现实，面对西方社会对我们的严密封锁，我们必须立足自主研制，在外部围堵中杀出一条路。

测试仪器的研制和使用，是开展飞行试验研究的一个关键。自主研制测试设备一直是试飞院测试技术发展的传统。在试飞院建院的总体规划中，就确定测试设备研制为一项重要任务。试飞院从1960年底开始组建实验仪器配置实验室，负责试飞测试设备的研制，研制的设备包括直接感受被测参数的传感器、用于信号变换的信号调节器、完成信号多路复用（传输）的数据采集器、记录测量结果的机载记录器，以及各种配套设备等，而后又开始了核心测试系统的自主研制工作，至今已研制生产了三代磁记录系统和“华山”试飞测试系统以及多种专用的测试系统，进入21世纪，又研制了出口型产品。

第一代磁记录系统以1965年由任桂秀负责组织研制的磁记录设备、由盛乾国等设计研制的我国第一台用于飞机飞行试验的机载数码式磁记录系统和由高贵起负责设计的第一代调频式磁记录系统为代表，均获得成功并在飞机上验收试飞后投用。

第二代磁记录系统从1972年开始研制，以皇甫合、谭斌禄、马俊保等专家为代表，他们研制、设计、生产的调频磁记录、数码式磁记录、航空特设磁记录、通用型磁记录、火控数据采集处理、弹射救生磁记录等系统，不但供试飞院的飞行试验使用，还为许多主机厂试飞站使用，其中多项获得国家科技进步奖和国防科工委奖，在那个西方对我国严密封锁技术的年代，自主设计为中国试飞的发展起到了巨大的作用。

20世纪80年代到20世纪末的20年间，我国航空工业经历了从仿制到自行研制的转变；试飞基本依据文献逐渐由苏联体系为主转化为苏联和西方体系相融合，而且逐渐呈现以西方体系为主的趋势；在西方文献为主要参考依据的基础上，形成了中国自己的各类飞行试验规范和标准；中国试飞逐步形成了自己的体制和模式。第三代磁记录系统和“华山”系统就是在这种形势下研制的。

第三代磁记录系统是由谭斌禄负责，在消化引进国外测试系统的基础上研制的。从1983年开始，1990年研制成功。该系统性能与法国达明Ⅴ数据采集系统相当，达到国内领先、20世纪80年代的国际水平。至1992年先后生产了8套，在歼8Ⅱ、歼

○测试仪器的研制和使用，是开展飞行试验研究的一个关键。1992年，在运7试飞中首次使用“秦川”系统的机载实时数据处理。

8C、歼7Ⅲ、歼7E、歼轰7、运8、歼教7等飞机试飞中应用。

20世纪90年代中期，针对歼10试飞的需要，试飞测试工程师们又自行研制了满足三代机试飞测试的“华山”（ADAS/GDAS）系统，以“方案自行设计，关键技术合作，专用设备研制，通用设备外购，软件自行开发，自行综合配套、系统集成”为方针，自行研制了多种具有自主知识产权和技术突破性的产品。从1992年开始，于1998年通过了验收鉴定，正式交付歼10试飞使用。“华山”系统使中国试飞测试整体技术水平和能力提升了一个很大的台阶。试飞测试能力从单架飞机平均200~300个参数一跃为3000多个参数，满足了三代机的大容量综合测试要求。

在遥测数据处理技术研究中，白效贤、张俊民、袁炳南、范旭明等分别开展了飞行试验与测试工程数据库、软件分路、嵌入式遥测前端处理器、无线网遥测传输等技术研究，建成的飞行试验数据库，形成了以数据库为中心、以网络为平台的试飞数据管理和处理的新模式，实现试飞数据资源的有效保存和共享。

在专业研究室自主研制测试设备和系统的同时，各研究室还针对具体试飞课题的要求自主研制了许多配套设备和特殊需求的设备。

20世纪70年代及以前使用的机载测试系统（设备），没有专用的外场检测设备；80年代只有部分机载测试系统（设备）配置有独立的外场检测设备，且只能手工检查，使用既不方便，效率又低。此前，试飞院新机飞行试验都只能在本场进行，主要原因是试飞的数据处理问题在外场无法解决，因为数据处理必须等到飞机下来后，才能从飞机上取出记录磁带到地面计算机上去处理。那时，确实需要转到外场飞行的任务，只能是在飞行后派专人乘坐飞机或者软卧（保密需要）将飞机上的记录磁带送回阎良，在试飞院的数据处理中心进行处理后，再由试飞工程师分析决定后续试飞，所以试飞效率很低。

当时的思路是，要解决飞行效率低的问题，必须解决在飞机上就能对机载测试数据进行检查和处理，即建立机载实时数据处理系统。

1989年，运7适航性试飞在试飞院紧张进行。由于适航性试飞中有失速试飞等关键科目，所以实时数据处理要求很高，领导决定在运7飞机上组建机载实时数据处理系统，即“自动化检测系统”。这个系统没有现成的，必须自己研制。

当时还是测试工程师的杨新中参加了研制，他说：

●机载实时数据处理系统

顾名思义就是在飞机上装上以计算机为主要设备的一系列数据处理设备并成为系统，主要由数据采集、传输、转换、保存等设备组成。其中最重要的是数据输出，如果计算机在机上将数据处理后能保存和输出，试飞工程师就可以实时掌握飞机的飞行情况。同时，输出的数据在地面进行再处理时就能由计算机独自处理，不需要再像处理原始数据那样使用各种数据接口设备重新再走一遍，所以能极大地提高效率。

由于研制中许多时间需要在飞机上度过，所以研制人员都先去学会了跳伞。

上机后碰到的第一个难题是选择装机的计算机。说起要装到飞机上的计算机，今天的人们一定不会觉得有什么难，因为小型计算机比比皆是。但是在20世纪80年代，计算机体积都是非常庞大的，甚至大到会装满一个房间，要装上飞机是根本不可能的。还好当时院里刚刚从美国引进了VAX730计算机，这款计算机虽然有一个写字台那么大，但在当时已经算是最小的了。

第二个难题是配套接口问题。为了数据输出，飞机上还安装了显示器、绘图仪等设备。当时显示器是VAX系列计算机标准配置，而八笔绘图仪等设备是另外购置的，而为了检测系统的研制，相关研究室都拿出了与自己专业相关的设备，这些设备由于不是成系统引进的，所以无法由计算机系统直接控制，如何相连接必须尽快解决。为此，我和吴连勇等在最短时间内研制了各种接口，使计算机处理的数据能在八笔绘图仪上绘出、显示，使试飞工程师能及时看到飞机做科研动作的情况。

运7飞机实时显示的问题解决后，我们又碰到了歼8II飞机要到靶场执行打弹任务需要在开飞前快速检查数据的问题。

在飞机起飞前，所有机载测试设备工作是不是正常、数据是不是正确等，必须在飞机开飞前尽快检查确定。但飞机上装有各种各样的传感器，这些传感器和飞机上的武器等各个系统都有交联，数据量很多，而当时引进的达明Ⅲ系统仅有一个检查装置，且检查装置上仅有一个8位的数据显示窗口，要在起飞前的短暂时间内检查完所有数据，非常困难。为解决这个问题，我们成立了一个研制PTS系统的团队，设计思路是：将机载测试系统输出的PCM（脉冲码调制）数据流通过我们自己研制的数据接口输送到微型计算机中，使试飞工程师可以在计算机屏幕上看到机载数据采集系统的工作情况和采集到的各种数据，还可以为每个数据设置告警门限，有问题可及时报警，提示外场测试人员进行排故。

当时研制的难点很多，第一就是微型计算机相关的资料非常少。计算机业内工程师对刚刚进入国内的微型计算机的情况都不掌握，对其具体的技术资料更是鲜为人知。而其硬件方面的资料，不但无人掌握，就连文字资料，在市面上也无法找到。微型计算机虽然也是建立在大规模集成电路的基础上，但因其“微型”而和以往的大型计算机有天壤之别。所以，各设备间接口的问题与以往碰到的系统完全不同，甚至无法借鉴。

当时我跑了包括北京的中科院等很多地方，去找资料，去研讨，去做试验。那段时间，几乎天天在加班中度过。经过反复试验、摸索，终于解决了微型计算机接口研制的大问题。终于，测试数据可以通过我们自己研究制作的接口板进入计算机中了。解决了计算机接口的问题，接下来难题就是数据处理了。领导组织了一批学过计算机的同志和新来的大学生吴春麟、史晓雯等参加了研制团队，为PTS系统研制解决计算机问题增加了力量。

1991年底，“PTS型PCM自动检测系统”研制成功了。它以PC机为平台，研制了接口硬件和自动检测软件，它不仅使机载数据采集器首次实现了外场检查自动化，而且还可以对机载记录的磁带数据在现场进行重放检查和预处理，不但彻底解决了在飞机开飞前快速检查数据的问题，还解决了试飞院长期以来在外场飞行时数据无法处理的难题。再也不用每天把飞行记录磁带派人送回试飞院处理了，外场试飞不再是问题。

1992年，由郭小兵负责，开始研制第一代应变参数调节器，并于1993年研制成功，在歼轰7定型试飞中得到成功使用，首次解决了应变电桥静态零位自动调节的难题，简化了飞行前应变电桥的调整工作。1993年，安都勋负责研制的第二代应变参数采集器于1995年研制成功，在运7飞机上成功试用。

这期间，还进行了GPS技术在试飞测试中的研究和应用。1993年至1994年，由孙健负责，率先开展了利用GPS技术进行试飞测试技术的研究，取得了成功；1995年，文新武、郭小兵作为技术负责人，与院外协作研制了用于机载测试的GPS接收采集器，在利用GPS定位技术上有了突破性的发展。

21世纪初研制的“可移动遥测综合检测系统”首次将无线电遥测接收、PCM信号和视频图像解调、GPS实时差分等系统全部集成在可移动的工程车内，在试飞现场实现了对多个目标的机载测试系统进行快速无接触的自动化检测。大大缩短了在起飞线对机载测试参数的检测时间、提高了机载测试系统外场的准备效率。

多个相互独立的测试系统同时工作时，需采用统一的时间基准，构成完整的测试网。所以，测试系统必须配置标准时间源，这是测试中一个十分重要的环节，被称作“时统”。时统，外行感觉似乎是不太复杂的一件事，试飞测试却从最初的人工设置达到了国际先进水平，用了几十年时间。

20世纪80年代及以前的时统，多由人工设置时间，误差大，只能满足一般要求。20世纪90年代初，由试飞工程师文新武负责，开展了以GPS时间为基准的时统技术研究，将人工设置时间改为自动授时，提高对时准确性，开发改造了具有授时

○光学经纬仪活动站（上）、光学经纬仪固定站（下）

功能的时码发生器；90年代中期建立了以GPS时间为基准的分布式时统系统。研制了用作传递时间的便携式授时器，它从时统站获取基准时间，再为各测试系统授时；21世纪初研制了机载GPS型时间码发生器。该设备接收导航卫星的GPS信号，产生与GPS时间同步的高精度标准时间码直接传输给各测试系统。该技术在试飞中得到普遍使用，提高了时统的精度、简化了机载与地面的时统构架和试飞测试时统的工作模式，达到了国际先进水平。

外部参数测量是不可或缺的试飞测试手段，但外部参数测量系统又是试飞院几十年中建不起来又搁置不下的项目，歼10试飞对该专业的发展带来契机。1994年技术改造立项后，由试飞工程师杨廷梧负责，带领团队人员，在六年时间内先后研制了三套光电经纬仪测量系统和一套精测雷达系统；通过对俄合作，又引进了三套小型光电经纬仪测量系统和一部测量雷达。试飞院自行研制的中心站将这些设备信息综合组成了一套较为先进的航迹测量系统。这套系统在歼10弹射座椅它机试飞、歼10起飞着陆特性测量、激光炸弹投放、模型自由飞和RCS测量雷达引导方面以及后来的新型号试飞和科研试飞中发挥了重要作用。

这套系统的建立和应用，提高了中国试飞的测试水平和综合能力。

●光电测试系统

又称外部参数测量系统。通过各类光学、电磁和卫星测试以及航空摄影等手段，测量飞行器位置、轨迹、几何特性和影像。光电测试属于非接触性测量，测试基站可以在地面，也可能在另外的飞行器或卫星上。

技术人员对专业发展往往具有一种敏锐性、前瞻性。1996年，微机在中国还未广泛普及时，测试专业的王建军就敏锐地感知到微机时代即将到来，为了弥补计算机专业知识的不足，他找来相关技术资料认真研读，并将所学探索性地应用在型号任务中去，随着他开发的运行于微型计算机平台的“通用PCM数据预处理软件”在型号试飞中的成功应用，曾在飞行试验领域沿用了近40年的大型计算机终于退出了试飞数据处理的历史舞台，试飞数据处理方式开启了崭新的时代。

飞行试验的最终产品是试飞报告，支持试飞报告的根基是数据，而数据的获得要靠试飞原始信息的提取和加工，这就是试飞数据的处理。对于三代机来说，试飞数据处理一般包括三方面的内容。首先是地面遥测数据处理站实时数据处理。试飞大量结果和结论的分析和监控都在地面遥测数据处理站。这些结果和结论是可信的，但它不是最终的、精细的，因为缺乏综合分析和精细加工，因此需要进行事后数据处理，即二次数据处理。二次数据处理的关键点在于数据的集合和分发，因此需要进行试飞二次数据处理系统（MFTDPS）的研制和应用。这就是试飞数据处理的第二方面的内容。试飞数据处理的第三方面是各专业用户得到分发的数据后再进行深加工，形成与研制总要求和设计规范所对应的指标数据，这就需要开发相应的应用软件系统。

应用软件对于试飞数据处理极为关键，它的结果直接关系到试飞最终结论。试飞院建院以来，各专业都有一些试飞软件基础，但是要满足歼10试飞数据处理还有很大差距：内容和硬件平台以及专业人才都跟不上技术发展。针对这种情况，90年代初期，试飞院开展了对俄合作，引进一批软件，这些软件对于歼10试飞数据处理软件的开发起到了很好的促进和借鉴作用。

20世纪90年代中期，试飞院从美国引进了一套大型中心计算机系统用于试飞数据处理。面对即将试飞的歼10飞机，是利用这套系统还是另辟新径，这是一个非常难以抉择的问题。由于试飞院承担着歼10试飞的总技术责任，必须统揽全局。如果用大型计算机作为歼10数据处理设备，它只能用在阎良试飞场地，不便于将数据处理技术向其他试飞地转移。

经过反复讨论，歼10试飞总师系统决定：从大局出发，歼10试飞数据处理不用中心计算机，研制二次数据处理系统。MFTDPS平台将所有数据集中管理和分配，各专业客户计算机各取所需。

领衔承担MFTDPS平台研制的是试飞工程师党怀义小组。

事实证明，这个决策是正确的，党怀义小组研制的这套系统使用灵活，价格便宜，便于各试飞基地发挥主动性，不会因个性而影响全局。

1998年，歼10飞机定型试飞需要对1553B（数据传输国际标准）航电总线数据进行分析处理，在没有明确的数据格式、没有可供调试的数据，只能凭借模拟的数据原型进行软件设计、数据库设计以及功能模块划分的情况下，王建军仅用了半年时间，就编写了《基于PC机和Windows操作系统的1553B总线数据处理软件》。这个在国内测试领域首次出现的软件，马上就成为当时试飞数据处理必不可少的核心软件。如今20多年过去了，该软件仅进行过几次局部的改进和升级，目前依然在多项重点型号试飞任务中发挥着重要作用。

随着型号飞机的更新换代，试飞安全的压力越来越突出，对遥测监控技术提出了更高的要求。如何通过形象直观的显示让试飞工程师及指挥员在飞行过程中第一时间拿到最为关心的数据，让试飞的安全系数更高些？

王建军将目光锁定在了"实时处理"关键技术攻关上。在王建军的推动下，"开放式遥测数据处理系统"在20世纪90年代末诞生了，它体积小、维护简便、配置灵活，可安装在固定遥测站、移动遥测车或舰船上，填补了试飞院没有适用于特殊外场条件的实时数据处理系统的空白；经他推动改进的软件，使系统实现了不但能在飞行过程中用数字、表格、图形曲线、报警、仪表盘等方式显示测试数据，同时能以表格打印、绘图及拷贝等形式输出数据处理结果，使试飞工程师和指挥员可以在飞行过程中第一时间拿到最关心的数据；在"实时处理"方面，使处理数据从最初的1000个参数增加到2000个、5000个。在使用过程中，他不断更新和完善，始终保持系统的性能完全满足增长的新需求，使这些拥有自主知识产权的软件成为试飞战线上的主力。

在国际合作方面，试飞测试工程师这种自主研制的传统和对测试技术的钻研精神也备受关注。国际供应商徐涛说起第一次和试飞院试飞测试工程师的接触，感慨良多：

与试飞院的合作让我惊讶，"原来我们国家有这么大这么专业的试飞测试专业队伍啊！"同时也让我豁然开朗，对航空测试专业的认识从局部提升到了系统。

那是在2000年4月底的时候，当时我带着国外的厂家来到试飞院与测试工程师见面，目的是介绍产品和技术交流。记得是在一个会议室，里面黑压压坐满了人，由我做翻译，产品介绍后开始交流。给我很明显的感觉是，这次交流与我以往组织的交流不一样的地方，是试飞测试工程师们提的问题都很深。国外厂家的人惊讶道："这家技术人员非常专业啊！"

让厂家惊讶的还有产品验收。

2002年的时候，测试所副所长孙健带队到国外进行产品验收。由于厂家没有现成的产品，我们购买的系统是按照我们试飞的要求，需要定制多个模块合成才能满足的；同时，厂家原来没有培训和使用验收，只是把使用说明与产品一起交给使用方，验收一般是一两天就结束。他们没有想到会碰上中国试飞测试"这样专业、这样认真、这样有水平"和"深入骨髓了解设计原理、实现方法和使用形式及改进空间"的验收方。他们很不理解："你们不是买产品吗？知道怎么用就行了，为什么要了解这么深呢？"试飞人很清楚，我们虽然不需要修理，但需要知道原理，只有知道模块内部原理，才能在试飞的特殊使用中因为了解而获得调整和满足的方式方法。

用这种验收方法发现了系统许多不够完美的地方，有设计缺陷的问题，有软件的问题，也有我们使用习惯的问题……

验收中的调整也是艰难的。

验收结束后，厂家终于承认这种验收使双方都受益：购买方了解熟悉产品过程中提出新的要求，使产品更实用；厂方避免了设计师的闭门造车，了解熟悉了试飞的更多要求，在模块上做了升级和改进，实现了产品的更多功能。

在制定标准方面，试飞测试人也不甘落后。

经过多年实践，试飞测试工程师们在飞行试验数据处理方面取得了丰硕成果。为了有据可依，提高数据处理的效率和质量，他们编制了飞行试验数据处理的标准。

2007年，在项目技术总负责人郭小兵的组织下，测试工程师们用了两年多的时间，编制了民机飞行试验数据处理标准。他们对试飞院几十年来各专业飞行试验数据处理的方法和经验进行了科学论证和总结归纳，编制了民机的《飞行试验数据处理》标准。使民机飞行试验数据处理有关的参数、程序、方法、数据介质内容和形式等得到了统一、规范，同时还统一了常用的基本参数计算公式等内容。

这是一部以民用飞机为对象的《飞行试验数据处理》标准，是试飞院首次组织编写的第一部试飞数据处理标准，规范了民机试飞数据处理的技术与方法，满足各类型号试飞的技术质量管理要求，特别是适航当局对民机适航试飞的审查要求，对试飞数据处理专业的发展具有非常重要的意义。

●以民用飞机为对象的《飞行试验数据处理》标准将中国试飞几十年积淀下来的成熟的飞行试验数据处理方法、经验、成果总结归纳提升为标准，使试飞数据处理工作做到有章可循，为中国试飞打造世界一流试飞测试打下了基础。

“华山”系统，让人想起美国的“NASA”

“风险大，且风险重复性大”是飞行试验特点之一，所以飞行试验过程中存在的最大隐患是安全问题。试想一下，一架新研制出来的、具有设计缺陷和试制质量等问题的不成熟的飞机，需要通过试飞验证各种战技性能与功能，任何一个分系统、子系统或部件的任何故障都有可能是灾难性的。在试飞中如何在技术上减低风险？除了在地面仔细认真检查，做好试验外，最主要的是要有大型的综合测试系统，做到在试飞中能够对飞机及各部件的状态进行监控。这套系统首先能够采集飞机上各种参数，然后把这些参数通过遥测传输系统传至地面监控大厅的多个显示屏上，供各个专业的试飞工程师监视、分析，若有异常，立即予以报告。

歼10飞机是我国第一型三代机，机上新品超过60%，风险可想而知。据统计，世界上所有研制三代机的国家在试飞中都出过等级事故，而我国在歼10试飞中却创下了没有摔一架飞机的纪录。就这一点，歼10试飞总师周自全曾说：“‘华山’系统让一切都在掌控之中，它的研制成功，为歼10试飞的安全优质做出了巨大贡献。”

周总所说的“华山”系统，就是中国测试人为歼10研制的大型综合试飞测试系统。

○试飞测试系统通常由机载测试和地面监控两大部分组成。
上图为飞行指挥监控大厅；下图为安装在运7飞机上试飞的“华山”机载测试分系统。

试飞测试系统通常由机载测试和地面监控两大部分组成。“华山”系统也是由两部分组成，一部分是机载测试系统，称为ADAS；一部分是地面遥测数据处理站，称为GDAS。

1999年2月28日，国外某航空工业总公司主管试飞的总师在参观GDAS时惊叹：“这是中国的NASA！”他说，看到“华山”系统让他联想到了美国德莱顿飞行研究中心和休斯敦发射中心。

说“‘华山’系统对我国成为世界三代机研制中唯一没有摔过飞机的纪录功不可没”一点都不过分。

在试飞现场，各种不可预知的风险几乎天天都能遇到，而“华山”系统将空中试飞员和地面指挥监控团队凝为一体，让这些故障无处遁形。

由于“华山”系统的单架机载测试参数由300个提高到6000个，新增视频测试6通道，地面实时监控参数由100个提高到2000个，监控画面由几幅增加到几十幅。所以，尽管歼10试飞参数采集记录量大，但试飞却做到了80%的试飞数据实时或准实时处理，事后二次数据处理由几天缩短为几小时，实现了当日完成，真正做到了不因试飞数据处理而耽误当日或次日的飞行。

一个强大的地面监控队伍对于监控系统状态、试飞员操纵准确性和飞机响应正确性具有十分重要的意义。歼10飞机系统复杂，功能多，试飞信息和状态信息特别多，所以，试飞的空地一体化非常重要：只要歼10起飞，就有两个指挥员在工作，第一指挥员在塔台，负责飞机的调度和起降；第二指挥员在“华山”系统的地面监控站指挥，飞机离地后的全部任务由第二指挥员负责。这样，空中试飞员和地面监控指挥员、地面监控科技人员共同组成了一个试飞任务执行团队，再加上飞机机载设备和地面视频捕捉系统，共同组成了试飞的空地一体化——试飞员不是在孤军作战，而是在与试飞科目相关的科技人员共同飞行。

“华山”系统在研制中采取了自行研发、适当利用国外先进技术、牢牢掌握技术主动权的新路子，代表着中国试飞测试完成了从“成套引进”到“自行设计”的巨大转变，其研制成功使我国试飞测试和数据处理能力达到了20世纪90年代中期国际先进水平，是我国航空测试技术和综合测试能力与国际接轨的标志。

“华山”系统全面开启了我国飞行试验新模式，实时监控参数量大幅增加，飞行试验安全跃上了新台阶。如今，“华山”

系统的ADAS和GDAS技术已经扩展到全国许多试飞场地，应用于许多新型号试飞。2003年，与“华山”类似的测试系统已出口埃及，从过去的全盘引进到现在的全套出口，中国试飞测试的转变具有划时代意义。

系统研制副总设计师霍培锋在回忆这段经历时说：

1989年歼10的试飞工作正式启动，领导安排我负责机载测试技术工作，首当其冲的试飞测试前期准备工作就此拉开了序幕。歼10是我国第一款三代机，它的性能比我们试飞过的所有飞机都有很大的提高。由于该机还处于研制阶段，飞机的具体细节和试飞要求都还未确定，给试飞测试工作的准备增加了难度。我们首先针对三代机的特点和与二代机的根本差别初步确定了歼10试飞测试系统的基本要求和总体架构，然后做了大量的准备工作。1994年，研制工作全面铺开，试飞院自行开发研制的机载测试设备达数百台件之多，绝大部分设备都是第一次研制，试飞院投入的技术人员达百人以上。在系统设计中，ADAS研制组同志瞄准了高目标，既要使ADAS系统满足型号的要求，又要通过这个系统使试飞院测试技术上水平、上台阶，最终设计的 ADAS总体方案得到了外方专家的好评：“没想到你们能设计出这么好的系统。”在完成调试时，外方也表示出惊讶和佩服。至1996年，我们仅仅用了三年时间就亲手向祖国交出了一份合格的答卷。1997年春，机载测试系统（ADAS）加装在运7飞机上进行了严酷的飞行试验，测试的各种数据遥测传输到华山遥测地面站（GDAS）顺利地进行了各种监控和处理。结论就两个字：完美！紧接着，机载测试系统的设备被运到了成都歼10首架飞机的总装现场。

●通常情况下，飞机在地面调整阶段是不装试飞测试系统的。歼10测试设备提前装机并配合飞机的试验，缩短了飞机地面调整和试验的周期，为首飞赢得了宝贵的时间。

比如飞机在滑跑阶段时，监控室的大屏幕上就会显示飞机滑跑的全程图像及相关参数，可以为设计师和指挥员提供直观的图像和第一手数据，便于及时发现问题和迅速解决问题。

此时，GDAS的研制已经完成，也已运达成都现场。GDAS是“华山”系统的地面遥测数据处理站，是我国第一个满足第三代飞机试飞需求的综合型通用的地面遥测数据处理站，其研制技术总负责人为白效贤，软件开发负责人为黄振中。

ADAS是“华山”系统的机载测试系统，其中数百台件设备要一一安装到飞机的相关位置上，且不能影响飞机的整体设计要求。当时正是飞机研制的紧要关头，成都现场工作安排得紧张到以分钟计算。时间都已经排得满满的了，怎么办？

“给我们安排到晚上吧。”在随后的半个多月时间里，试飞院的测试技术人员坚持每天晚上工作。在成都炎热的夏天的夜晚，他们顶着蚊虫叮咬，汗流浃背地一直干到第二天黎明才返回招待所休息。接下来，他们利用成飞公司在机上工作的间隙，进行了设备通电调试以及与地面遥测数据处理站的联合调试等

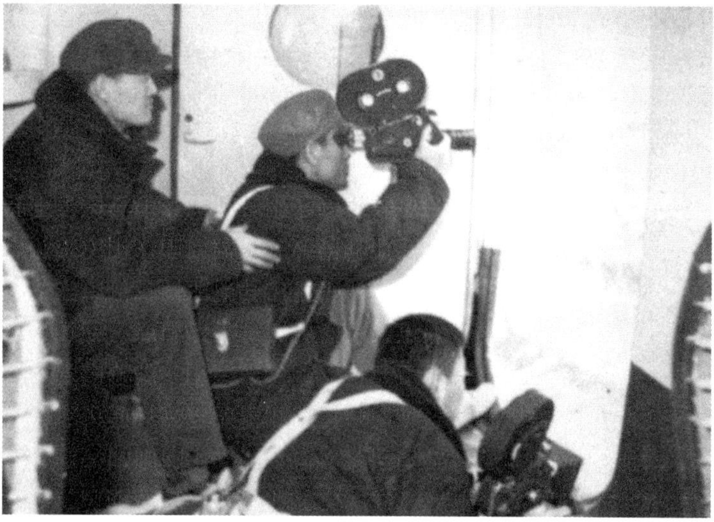

○早期空中机上摄影是由人工进行的，而“华山”系统则全面开启了我国飞行试验新模式，实时监控参数量大幅增加，飞行试验安全跃上了新台阶，该系统可测量数十种各类参数以及各种总线参数、遥测可实时传输测试数据和视频图像信号，遥测作用距离可达 350 千米以上。

工作，ADAS装机后的通电调试和与GDAS的联试十分顺利，均一次成功。

中国试飞国家队“业务水平过硬、技术准备充分、工作一丝不苟”的作风成就了他们。

很快，飞机要进行各种地面试验了，现场指挥部要求“华山”系统参与飞机的地面试验。

地面试验开始前，监控大厅座无虚席，挤满了试飞课题人员、飞机设计人员和相关领导。

此时，“华山”系统总设计师齐连普就在监控现场，见证了试验的监控过程：

“ADAS通电。”

各种显示器、指示灯随即闪烁起来。

“正常！”

“正常！”

“正常！”

试飞工程师相继报告。所有仪器设备都显示出正常的初始数据和曲线，说明机载测试设备工作正常。

飞机的地面试验开始了，飞机设计人员和领导们聚精会神地盯着由ADAS测试、收集并传输到GDAS监控大厅各种屏幕上的数据和曲线的变化，渐渐地由惊讶变成了喜悦，ADAS初战告捷。

成功使ADAS设备成为歼10首架飞机内部的一个系统，随着飞机地面试验的需要而随时开机工作。一天，飞机在试验中出现故障，原因却由于故障部位没有测量点而不好判断。歼10研制指挥部与试飞院商议：“可否增加些测量点？”试飞院随

●空中摄像飞机

试验飞行器进行某些试飞科目时，对其外部近距离拍摄采集数据的配试飞机。在拍摄要求不高时，可由飞行员在座舱内使用摄像机或照相机进行拍摄；在对拍摄的清晰度、稳定性要求较高时，需要研制专门的具备图像跟踪、自稳定云台、高清晰度和大可调焦距的专用摄像设备或摄像吊舱进行拍摄。

即重新确定了测量方案，在原有的测试系统中临时加装了一些测试设备，增加了测试点。在接下来的试验中，根据测试的数据很快查明了原因，故障被排除了。

翘首盼望的首飞终于来到了。1998年 3月 23日上午，歼10首飞测试组的杜明、王军、安晓勇三人对全机加装的测试设备进行了认真细致的检查并与地面遥测数据处理站联试后表示："一切正常。"开飞前，机载测试的技术总负责人霍培锋在和首飞飞机测试主管工程师杜明再次对系统进行了通电确认后向首飞试飞员雷强报告："ADAS 测试设备全部工作正常。"

随着歼10首架机的安全落地，试飞现场和地面遥测监控大厅同时响起了雷鸣般的掌声："首飞成功啦！"ADAS系统工作正常可靠，地面站完整地获取了首飞的全部测试数据，试飞工程师和飞机设计人员以及相关领导在监控大厅全程观看并获得了首飞的重要数据和飞行图像。

"华山"系统的功能达到了国际20世纪90年代的水平。系统参数测量能力可达6000个、可测量数十种各类参数以及各种总线参数、遥测可实时传输测试数据和视频图像信号，遥测作用距离可达350千米以上；系统可对遥测数据进行实时数据处理，在监控大厅的多个工作站上显示（数字、曲线、图形、试飞专用图形等），还具有PC机多媒化、三维飞机姿态、模拟平显、电子地图和航迹显示的功能，以及打印、绘图、条图记录、原始数据存贮和传送功能；事后可对记录的各种数据和图像进行回放处理。还首次将飞机上的视频图像通过遥测无线电信道直接传输到地面遥测站，在试飞的同时，地面监控大厅就可以得到原始数据、经过实时处理的各种数据以及报警信号，还可以实时看到飞机上的图像和视频。此外，根据需要还能看到诸如飞机特定部件的动作、空中加油探头对接等所有地面指挥和试飞工程师感兴趣的景象。

●中国试飞测试多项技术已经达到国际先进水平。其中，在大规模综合化测试系统集成设计技术、大型飞机分布式网络系统骨干架构设计技术、高速总线数据获取与重构技术、高带宽大容量数据存储技术、交直流电源瞬态特性测试技术、旋转件无线供电与数据传输技术、智能化自主着舰辅助决策技术、舰载机自主着陆/着舰试飞验证与评估技术、多空域空地一体化高带宽实时传输技术、实时监控智能预警技术、高速总线多源复杂结构海量数据分析等技术上已经引领行业技术，成为世界一流。

在21世纪第一个十年所进行的各种三代机试飞中，都有这套具有大容量综合测试能力的"华山"系统的功绩。其间，"华山"系统不断进行升级和扩容，功能不断得到增强和提高，同时，为其配套研制的可移动活动遥测数据处理站大大延伸了遥测的作用距离，这一切都完美地支持着井喷式发展的试飞测试工作。

在"华山"系统的自行研制中，科研人员紧紧依靠自己的力量成功地攻破了测试技术碉堡，打破了国外的技术垄断，登上了一个个机载测试的技术高峰，也培养了一批与国际接轨的高水平试飞测试和数据处理技术人才和设备研制人才，使我国真正具备了自行研制第三、第四代飞机试飞测试系统的能力和水平。如今，“华山”系统已有多代产品，陆续列装了军方试验机构。

这一期间，大型航迹测量系统的成功研制，使飞行器轨迹测量的能力大大提升；可见光视频测量、红外测量、激光测量、雷达测量等多种测量手段均得到发展，形成了比较完善的测量体系，再辅之以大地测量、工程测量图像处理与识别、数据融合处理等，极大地发挥了光电测量直观、真实、可见性好的优势。

登顶珠穆朗玛

在歼20鉴定试飞中，针对第四代战斗机试飞测试需求的特点，验证机技术负责人李虎成、歼20技术负责人魏国波、主要参与人员杨绪强和亓盛元等突破了传统的试飞测试系统架构，自主设计了一套以网络骨干架构为核心的数据交换、采集编码、存储记录一体化的试飞测试系统，通过时分复用式多址时钟同步协调方式的千兆以太网连接传感器信号感知系统、前端数据调理采集系统、网络数据核心管理控制系统、机载实时编码遥测系统，采集调理数据通过网络数据核心管理控制系统流量吞吐及带宽预分配方法进行大数据融合与重构，形成一条带宽不小于200Mbps的大负荷全系统综合数据进入机载数据综合记录系统、数据记录与处理分析系统、遥测安全与智能预警监控系统进行实时记录与遥测下传。该试验设施设备于2013年底投入使用，成功保障了6架试验机飞行品质、颤振及气动伺服弹性、结构强度、结构振动、发动机及燃油、环控与生保、武器分离及靶试等试飞科目的顺利进行，高效完成了四代机各项试飞测试任务，在该型号研制进程中发挥出了巨大的作用。

歼15飞机是我国研制的第一型舰载战斗机，舰载机在航母上起降是世界公认的高难度、高风险科目。在“海军舰载机飞机综合试验训练场试飞测试装备”项目研制中，试飞院在国内飞行试验领域首次突破并成功应用诸多测试技术，解决了试飞中的关键测试技术问题，成功保障了支持舰载机定型试飞和试飞员培训以及专项任务等试飞科目的测控任务，确保歼15飞机定型试飞中测试保障成功率100%，取得了良好的应用效果。

中国测试除了在歼10、歼20、航母工程研制过程中做出重要贡献外，在我国大飞机研制中，同样发挥了巨大作用。

由于大型运输机在设计生产过程中广泛使用了新技术、新材料，同时，其试飞具有时间紧、试飞科目多、飞行强度大、测试参数种类多数量大等特点，而且许多参数的测量在国内尚属首次，致使所有研究测试系统在技术上具有很大的挑战性，因为测试人都清楚，先进的技术是买不来的。根据这些特点，试飞院提前启动研究能够满足大型飞机试飞的测试技术，项目团队打破了传统的工作思路和方法，根据测试任务的需要提出了每一个子系统的技术要求，选择厂家共同研制所需要的系统和设备。由于机载网络化测试系统架构属于全新的系统架构，在国际上处于领先水平，还处于探索阶段，没有可直接借鉴的经验。为了论证架构的可行性，团队成员没日没夜地扑在了测试方案的论证上。但方案一经提出，来自各方的压力接踵而来。在项目论证最困难时，型号测试副总师孙健对项目给予了肯定，给团队成员带来了无比的信心与鼓励。项目负责人王建军凭着扎实的理论知识和过人的胆量，给予了团队成员精神与技术上的支持与安慰，他陪着各课题主管一遍一遍去说服持怀疑态度的人们，有理、有据、有节地将可行、成功的信心传递。终于在上层达成了共识：此方案可行，立项报告顺利通过。

核心技术我们拿多少钱也买不来，项目团队的成员憋足了一口气，不管多难，一定要啃下这块“硬骨头”，搭建出我们自己的网络化测试系统。

在借鉴国外同类飞机试飞测试系统成功经验的基础上，用了三年多的时间，研制了适合我国国情的大型飞机试飞测试系统，整体功能及性能均达到了国际先进水平。其技术攻关负责人是测试专家王建军，各专业负责人为田方正、党怀义、贺敬、任朴舟、霍朝晖、彭国金。

在机载设备研制期间，科研人员研究了机载网络化测试系统设计相关技术，如“机载网络化测试系统的架构设计技术”“实时以太网数据传输”“网络化测试系统时间同步技术”等，掌握了机载网络化测试系统架构设计技术，不但大大减少了在飞机上加装的测试电缆数量，提高了系统的测试能力和抗干扰能力，而且实现了测试系统可以和机上其他系统（如颤振激励系统、重心调配系统、座舱显示系统等）进行数据信息交换和共享；该系统能够测量各种缓变、速变、模拟量、数字量、各类航空总线参数等2万个以上参数，能够采集、压缩、传输、记录各类视频信息，同时具有机上实时数据处理和安全监控能力、健康诊断和故障报警能力以及快速自动检查能力、与机上其他系统数据交换和信息共享能力等；攻克了机载网络化测试系统时间同步技术，实现了整个测试系统的高精度时间同步；攻克了多网络数据包同步处理技术，解决了多网络数据包参数的提取和时间同步问题，解决了将毫无规律的数据包进行整理、时间同步和参数处理的难题。同时，科研人员还研究了机载高采样率信号实时监控、总线数据采集处理、管路振动测试、分布式载荷强度参数测试、虚拟化实时监控、操纵舵面现场非接触校准等技术，攻克了多项难关，突破了技术瓶颈，成功开发出具有自主知识产权的核心技术和产品，成功研制出满足技术要求的系统。

测试系统装机前的实验室验证是测试系统可靠性工作的环节之一，如果为整个测试链条搭建一个实验室通电检查、地面仿真、各专业数据交互的人机协同平台，将会把测试系统装机前测试人想做的工作、必须要做的工作、将来可能要做的工作都在实验室平台上“跑”起来。在进行大型运输机试飞测试系统的关键技术研究中，测试人提出“建设一个综合化实验室平台”的设想并成立了项目组。运20测试副总师孙健提出，不仅要把实验室建设成为一个科研型实验平台、一个大型运输机网络化测试系统和新技术的验证平台，同时要使其成为试飞院测试系统的全景展示平台，并为实验室做了规划。

建成后的综合实验室在大型运输机定型试飞中完成了各个阶段的历史使命，并成为各种新机试飞、新技术应用的地面联试平台，可以满足机载测试、光电测试、遥测与监控、数据处理等专业实验室综合联试、系统设计、配套与全系统的演示验证。综合实验室运行后，为“网络化机载测试系统”、型号技术攻关与演示、机载采集自动检测与校准等多个课题的顺利开展起到了不可替代的作用。

针对大型运输机新的测试需求，机载测试突破了一项又一项新技术。从40℃高温高湿的南方到-42℃的北国冰雪，再到4000米的高原，为其试飞提供技术支撑，顺利保障了大型运输机各项科研试飞任务。

C919大型客机试飞测试采用网络化机载测试系统，采集记录网络数据的成功运用是一次攀峰之举。该系统采用了许多新技术，当时的处理算法和处理软件还是空白，也没有跟这些新型总线相近的软件或者算法供参考，在已经开发好的软件上进行修改升级的路子也走不通，必须另起炉灶，从零做起。

为了早日完成数据处理软件的研制，软件开发人员加班已成为家常便饭，夜晚四周一片寂静，这正是他们大脑最活跃的时候，编写软件代码、调试程序、测试、回归、查阅资料、解决技术难题……功夫不负有心人，在成功突破多项关键技术，成功完成软件的研发后，该系统利用地面试验数据进行相互验证，成功运用在C919型号首飞和适航取证试飞中。

○大型活动遥测数据处理站。如今，试飞院新研建的高新测试系统实现了宽带遥测传输，传输数据的速率提高到20兆位/秒，可进行多个图像的数字传输；遥测距离扩大到350千米以上，测量参数数量达到几万个，已具有相当规模并实现与国际接轨。

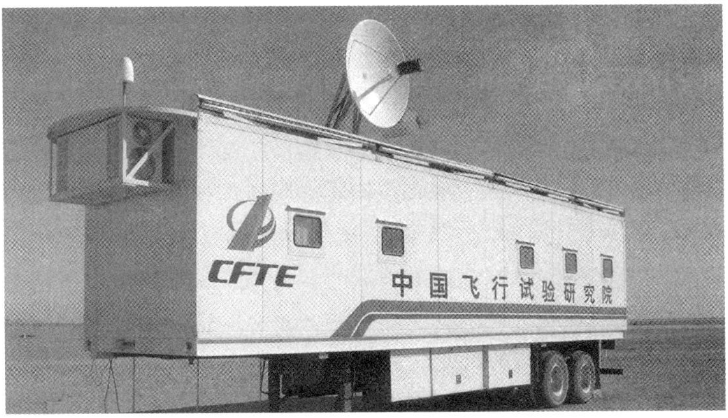

2017年5月5日，C919飞机的成功首飞，是对试飞院测试工程师的最好回报。

进入21世纪后，飞行试验迎来了更大的发展机遇，也面临更严重的技术挑战。试飞对象种类更齐全，技术更先进，飞机上特殊类型参数越来越多，相应的专用数据采集技术和设备在试飞中应用越来越广；机载试飞测试和地面监控能力较以往都有数量级的提高；磁、遥、视结合和空地一体化试飞测试模式已经形成。此外，各类外部参数测量、视频测量、伴飞摄影等手段也得到完善和配套，一种现代试飞的测试体系构架正在全行业形成；大飞机的研制采用市场化运作的方式，飞机主体国内研制、配套的各种设备在国际市场招标采购，其技术要求高、设备新、种类多，一架飞机试飞测试的参数是小型飞机的若干倍，将达到几万个。另外飞机上配置了大量的各类电子和计算机系统，网络数据将占到很大的数量，这些测量要求都是已有的测试系统无法承担的。“为大型飞机试飞建立一套更大容量的网络化的试飞测试系统”，测试人又开始了新的追求。

如今，试飞院新研建的高新测试系统实现了宽带遥测传输，传输数据的速率提高到20兆位/秒，可进行多个图像的数字传输；遥测距离扩大到350千米以上，测量参数数量达到几万个，已具有相当规模并实现与国际接轨。不但适应大型飞机试飞对测试的更高需求，亦可承担世界先进的第四代战机试飞的测试技术任务。单架飞机机载测试参数从最初的2位数发展为48000个，地面实时监控参数为从无到有再到4800个；数据处理效率更是大幅提高，以前每型飞机鉴定/定型试飞架次完成后，拿出鉴定/定型报告大约需要几个月甚至一年，复杂课题数据处理周期按月甚至按年计算，如今在试飞项目和架次大大增加的情况下，每型新机试飞任务完成时试飞报告就基本形成；试飞课题数据处理计算时间按时、按分甚至按秒计算。当年几秒钟的颤振试飞历程曲线需要几天时间完成计算处理，而今仅需几秒或实时处理。

近年来，试飞院立足国内航空飞行试验测试技术，通过先进遥测网络技术研究，所形成的具有自主知识产权的遥测网络系统产品，支持现有技术体系和新一代技术体系的双技术体系同步运行和无缝过渡，实现了飞行试验双向遥测传输，遥测频谱得到了扩展；所构建的增强型遥测网络系统及其技术奠定了“空天地一体化试验与测试网络技术研究”和“大型水陆两栖飞机水上试飞数据处理方法研究”等后续系列技术研究和发展的基础，其研究成果已在飞行试验中得到应用，也在C919型号及民机试验场技改项目中配套建设，有效地激活了遥测系统的效能，提升了飞行试验的效率和质量。为了保障四代机试飞安全和效率，试飞院开展了多项技术研究，突破了智能安全监控技术、试飞任务讲评技术以及多流数据融合分析技术，构建了基于遥测数据的试验安全监控与准实时评估系统，多次以夺“秒”之功确保了多个重点型号重大科研任务的安全顺利的进行和完成：

2012年12月18日上午，歼20型号2001号飞机准备高速滑行，监控软件及时、准确的预警“右液压供油箱油位”开始迅速下降，监控软件的油面指示灯立即变色告警，“预告警”灯点亮，安全监控软件自动从决策数据库中搜索相应信息，并立即形成应急处置方案，以网页的形式呈现给指挥员。指挥员李刚迅速做出“右液压供油箱漏油”的判断，立即通过电台指挥试飞员张嵩中止了高滑试验，确保了本次飞行的安全。

2016年5月17日，歼20型号2015号飞机空中掉电，多个监控软件及时、准确的预警“双直发故障”。指挥员及试飞工程师通过监控系统及时发现了故障，同时，监控系统还给出了相应的处置决策，辅助指挥员指挥飞行员及时做出正确的处置并立即返航，保证了飞行的安全。

如今，中国飞行试验测试技术已跻身国际先进水平行列，在国际技术交流会上多次获得同行们的高度评价。在2014年欧洲遥测年会上，中国测试人介绍了自行研制的基于增强遥测网络标准的机载数据采集网络设备，使国外同行专家学者大为惊讶，因为该标准才刚刚试用，试飞院就完全自行研制成功，并通过飞行试验验证了其准确性和有效性；2016年欧洲遥测年会上，中国测试人提出了“空天地一体化试验测试”新概念，与美国同行专家不谋而合。

2017年5月5日下午，在C919首飞时，不论是在试飞现场还是在家里的电视机前，或者是在世界上任意一个有互联网的地方，您都会同步看到C919首飞的实况，因为，中央电视台正在全程实时展示飞机的内部、外部状态。

在您看着这些画面时，在您欣喜和兴奋的同时，是否会产生一些疑问，“飞机上这些清晰的画面是怎么传到地面，又是怎么实现直播的？”“以前观看的首飞为什么没有这样的画面？”“这些画面的背后涉及了什么新技术？”

这样的疑问不但在国内引发了空前的关注，在国外也同样引发了社交媒体的热议。因为看完C919首飞，外国网友开始让波音、空客学中国了。

C919首飞中破天荒地在全球范围内进行了包括驾驶舱、起落架、驾驶舱显示器等多个画面的现场直播，这是任何飞机制造企业都没有尝试过的，即使波音、空客这样的大企业也未曾有过。

C919在首飞中机上视频的直播，这种新颖而大胆的尝试，该是多大的自信啊！如果首飞过程中出现画面不连续或图像模糊等直接影响直播效果的情况，国内外会引起多大声波？这，是谁做出的决策？又是谁提供的技术支持？

参加研制机载视频测试技术的试飞测试工程师黄莎莎为我们解开了这些疑问——

试飞院光电测试团队是实现这次历史性跨越的技术支持。

C919 01架飞机试飞的光电测试项目主管是侯海啸，他带领团队通过多年的潜心研究、大胆创新，付出了无数艰辛的努力和辛勤的汗水，终于为C919的首飞交出了一份满意的答卷。

早在项目立项前期，侯海啸就与团队成员结合C919飞机的特点和实际需要进行了仔细的研究、评估，多方调研，并开展了大量的试验验证。吴衡、张杰对系统的论证、研究以及对现有技术和技术难度以及测试系统的规划设计等提出了许多见解；项目组通过大量的分析研究，最终确定设计方案，为项目的最终实施奠定了基础。

系统研制过程中，项目团队结合飞行试验的特殊性和视频的特点，将重点放在了系统架构的设计、视频高效压缩算法的提升以及PCM数字化编解码等几个关键点上，这也是需要重点解决的技术难题。

为了使测试系统达到高效和最优化，项目团队专门为C919试飞构建一套具有智能化管理和控制的视频测试系统，确保了监控画面的清晰、流畅。

系统研制完成后，为确保装机后设备的可靠性，韩涛用了

● 国外网友评论C919首飞直播

Jon Ostrower（CNN记者）：提高了首飞透明度的标准，现场直播驾驶舱在任何文化的标准中都是史无前例的。

Guy Norris：中国新闻电视台上超厉害的C919现场直播，包括了驾驶舱和商飞控制中心。

Michael F.：展现了中国的自信心。

Allen Cowgill：机上摄像头提升了商业飞机测试的竞争。

将近三个月的时间在实验室调试和验证，模拟、分析了飞机上可能出现的所有问题，使整个系统达到了最优化状态，为装机后系统的稳定性和可靠性提供了有力的保证。

在系统研制及调试过程中，王仲杰和张虎龙总体部署、全程参与，并组织相关专家详细对测试系统架构、设计测试改装方案等方面进行了逐项梳理，确保了系统建设、试验以及装机的顺利进行；同时，系统架构和建设方案得到了试飞总师周占廷、副总师田宝泉的认可和支持，他们还对设计方案提出了许多建议，并且在项目执行过程中出谋划策，力求完美。

终于，C919试飞中的机载视频测试系统实现了国内自主研制，具有完全自主知识产权，设备国产化率达到95%以上，总体技术指标已远远超越了国内外其他同类设备，达到了世界领先水平。

首飞成功后，始终在现场看着这些清晰视频画面的C919试飞总师周占廷激动地说："通过视觉沟通了天地，也展示了我们试飞人的实力！"副总师曹红旗竖起了大拇指："C919光电测试团队，给力！"

喜悦，在项目团队成员脸上，心中浮现的，却是几年来艰辛努力和辛勤工作的画面。

早在2016年7月底，作为现场主管的韩涛就随试飞队赴上海开始系统的装机改装工作了。一丝不苟、不放弃任意一个细节是韩涛的特点。经过几个月的沟通协调、任务对接、改装设计、设备安装等持续工作，韩涛与岳桂金共同完成了改装技术要求、改装电气原理设计、机上试验大纲，以及全部系统的机上安装、线缆铺设连接和导通检查等，为系统联试做好了准备。

2016年12月24日，测试系统首次通电联试。供电系统检查完毕后，开始了系统上电检查，但是一系列最不希望看到的情况还是出现了：

"设备启动异常。"

"图像无法记录。"

"地面测控方舱收不到信号。"

……

在现场的侯海啸和韩涛顿时被这一系列的问题弄蒙了：地面都做过验证的设备，怎么装机后会突然出现这么多问题？通过仔细检查分析后，终于发现了问题所在，原来设备配置好的参数突然全部归零成默认状态了。这是以前从未遇到过的问题，经仔细回忆和检查，终于找到了问题所在，重新配置参数后，图像记录终于正常了。

再试，来自测控方舱的答复还是“地面没有收到图像”，就是说，问题依然存在。问题出在哪里呢？一直到凌晨3点，依然没有找到问题所在。

躺在床上，侯海啸和韩涛却无法入睡：“后天飞机就要进行第一次试滑行了，问题必须尽快解决。”于是二人干脆不睡了，起来打开了电路图。根据以往的经验，他们仔细对照、逐项排查、认真分析，经过一个通宵的研究，终于初步锁定了故障极有可能的原因：一路反馈信号对编码输出信号造成的干扰，导致编码器输出数据码流异常，使地面无法解码。

问题找到后，排故变得异常轻松。

12月26日夜，系统再次通电联试。当韩涛把那路反馈信号断开后，终于传来了地面测控方舱的信息：“收到4路图像，画面清晰、完整。”问题终于解决了，机载视频测试系统联试取得了成功。12月28日，在C919的第一次滑行中，视频测试系统工作和监控画面均正常。

接下来的重点是与商飞试飞中心监控大厅的对接。

为了保证C919首飞的节点，试飞院此前已经与商飞试飞中心就图像实时监控的问题进行过多次沟通，并提供了详细的视频地面解码方法和有效的技术支持。为了确保地面监控大厅接收到数据后能够顺利实现解码和图像的复原及显示。同时，试飞院在视频编码设计时已经考虑过其通用性，因此，当商飞试飞中心在地面接收到视频数据后，很容易就复原了机上下传的每一路视频画面，并在监控大厅进行了实时显示。

由于研制时对解码后的视频数据采用的是网络数据流的通用格式，所以经过地面解码后的图像与央视直播系统的对接也变得相对容易。当C919凌空腾起的英姿实时传播全世界的那一刻，就是我们向世界的庄严宣布：“中国飞行试验机载视频测试技术已引领行业，成为世界一流。”

达到了国际先进水平、实现了与国际接轨也好，已经引领行业技术、成为世界一流也罢，中国航空测试人都没有骄傲，也没有停下攀登的脚步。如今，新一代网络化通用机载测试系统已投入使用，逐渐形成了一套适合于军工试验未来发展的综合遥测网络标准，为未来我国建立空、天、地、海一体化的遥测网络系统奠定了重要基础。通过新一代网络化通用机载测试系统研制的工程实践，我国已经掌握了基于iNET标准的机载网络化测试系统研制的核心技术，部分核心设备的技术指标优于国外同类产品，关键技术实现了与世界航空强国的并驾齐驱。

第十四章

甘献骨为梯

从最初“红专502”的试飞到具有世界先进水平的第四代歼击机的试飞，中国航空冲破重重技术阻围，站在了世界航空前沿。同时，也铸就了一支勇敢坚韧的航空维修保障队伍。

在航空界，试飞机务就是甘为人梯成就英雄的人。当飞机翱翔云霄之际，当飞机设计师、试飞员、试飞总师站在领奖台上接受欢呼时，身后，是默默做着保障工作的机务人员。然而，他们无怨无悔，他们早已把自己豪放的笑声，融进了飞机的轰鸣……

中国第一机务

长久以来，试飞院机务一直被称作“中国第一机务”。

这支队伍具备全面的人才培养机制，从新入职员工的“师带徒”培训，到成长为一名专业骨干的模块化考核；从各型机的岗位操作合格证考试，到各层级专业人员岗位能力分解模型的建立；从质量安全意识的深入培养，到作风建设的持续传承。如此全面的人才培养机制，使这支队伍的整体素质不断提高，专业技能持续增强；他们不断进行管理创新，使整支队伍的保障水平能够匹配上国家航空武器装备试飞保障需要，并处于国内领先水平。

这支队伍具备很强的技术能力，如今，已经从成立之初的20余人发展到了800多人，其中，本科生占比35%。有研究员2人、高级工程师17人、工程师145人；有高级技师13人、技师85人、高级工85人。他们中有7人是中航工业的技能专家，其中1名是首席，3名是特级；他们中有1人荣获“全国五一劳动奖章”，两人享受政府特殊津贴；他们中有1人是“全国技术能手”，3人是“陕西省技术能手”，2人是“中航工业技术能手”。

这是一支能够承担歼击机、轰炸机、运输机、直升机以及无人机和水陆两栖飞机等各种试验机飞行保障和维修保障的高技能人才队伍，承担着中国所有型号试验机的保障维修和多型发动机、机载武器、机载产品的试飞保障任务。

这支队伍具有在全天候、全方位气候环境范围内对陆海空、军民用的旋翼和固定翼飞机飞行的保障能力，也具备新型国产发动机平台试验和引进发动机的维护保障能力、自主保障老旧试验机、机载成品延寿、恢复飞行等重大工作项目的能力。同时，这支队伍还具有制定标准、规范的能力。比如国军标《新机进场试飞移交验收要求》、航标《科研试飞航空机务工程要求》《飞机试飞地面保障安全要求》以及企业标准《试验机延长日历寿命要求》等，都出自这里。

这支队伍具有培训及传授能力。可以承担部队和飞机大修厂人员的技术培训，内容涵盖外场机务保障、地面设备操作使用、专项技术状态监控、典型故障排除解析、维修风险管控等多方面教程；可以走进公立大学传授航空机务保障维修工程前沿理念，辅助专业教学，扩大提升在校大学生专业知识与行业认知度；可以编制多型机《机务保障用户参考》技术资料，对飞机各系统使用维护形成指导经验，为飞机定型交付部队后的使用维护提供有力的技术支持。其学员包括空军、海军和地方航空院校以及企业飞机大修工程人员。

他们被称为“中国第一机务”的原因，除了他们精湛的业务能力外，还由于他们持续的创新能力。

看到一张“机务部历年来五小创新获奖汇总表”（“五小”是指小革新、小发明、小设计、小改造、小建议，是职工立足本职岗位通过技术革新、发明创造、合理化建议等形成的具有显著实用性、效益性的成果。试飞院1000多个获奖项目中，有近百项获得国家专利），是2006年到2019年14年间的210个获奖项目，其中仅2019年就有42项。

粗粗一看，设计、设备、工装、工具、平台、装置、系统、软件、方法、仪器等熟悉的词语随处可见。但细看，竟然都是很生疏的词语。诸如获一等奖的一些项目：“组合式发电机和涡轮起动机吊装设备”“航空机务外勤机械专业实训台”“地面电源控制转接器”“液冷自封接头拆装工具”“指点信标机与无方向信标机故障声光提醒装置”“导弹发射架开锁测力计”……

看到这些词，是不是感觉很生疏？感觉生疏就对了，因为这些都是试飞机务人员自己研究、研制的产品，在市面上是根本看不到的。但是，这些产品的大部分都已经成为飞机管理、维护、保障的专用工具，有些已经列装，跟随飞机到了部队和民航。

在《中国飞行试验史》中，有一段对试飞院机务的记载：

初期的飞机维修主要靠经验，以目视为主，通过手摸、鼻嗅、耳听等手段检查飞机，靠通电开车验证，因此维护飞机的效果受人的因素影响较大。随着试飞事业的发展，飞机维修的理念和技术不断得到提高，各种检测仪器和设备更加先进。通过微机管理和对试验机开展可靠性研究后，飞机维修逐步由经验型向以可靠性理论指导下的科学型机务工程转变。

1964年至1979年，试飞院组织编写了“飞机修理工艺规程”和“检校规程”“歼8飞机液压附件修理汇编”和“歼7飞机发动机附件修理汇编”等文件。飞行部通过初教6、强5、歼8、歼8Ⅱ、歼轰7等飞机的试飞，总结编写了《飞机维护规程》，他们既为部队和用户进行了培训，传授了经验，又为他们提供了可供长期使用的工具书。后来又分别对歼6、歼7、歼教7等飞机编写了《维护经验》。在此基础上，根据随机鉴定的二、三类航空产品的鉴定过程，对各型飞机的可靠性与维修性进行了系统的分析评估，分别完成了各型号飞机的《可靠性与维修性评估》。

在歼轰7飞机设计定型试飞的过程中，金世民等完成了“歼轰7飞机维护手册”的编写工作。

由轰6飞机改装的86号机是试飞院仅有的一架发动机飞行试验台，到1992年已经飞行了近20年，按文件规定应予以报废。赵万库等人通过调研进行了可行性论证，完成了86号飞机的延寿，延寿3年，继续完成了涡喷11、涡喷14等发动机的试飞任务。

1996年，试飞院组织编写了《科研试飞机务工程条例》，内容系统全面，可操作性强，进一步规范了试飞院的机务维修工作。

在2003年至2007年完成的歼11系列飞机试飞中，试飞院组织编写了《歼-11系列飞机外场维护排故经验汇编》，介绍了288条排故经验，并编辑了《歼-11系列飞机航空维修专业试题库》，约106万字，可用于机务人员培训、考试和工作检查。

机务工程师们还发明了机务维护设备工具11项，其中7项获国防专利。

由试飞院负责，空一所与沈阳所配合，对歼11B飞机进行了维修性核查，提出了142条更改意见，经专家们认可后，在交付部队使用的飞机逐条落实更改意见，使歼11B飞机的维修性得到显著提高。

通过机务工程师们的工作创新，歼11B飞机的再次出动准备时间由原来的40分钟降低为20分钟。

……

面对最新型的飞机，机务们持续开拓创新，不断提升自主保障能力，他们严谨细致的机务作风，不但保障了飞行安全，而且因为他们的发现而改进了设计，使飞机性能更优。同时，他们还善于总结，以指导后续新机飞行试验工作。

在运20飞机试飞维护中，机务维修保障团队就组织编写了《飞参数据自动判读系统》《装载试验机务保障技术》等，并编制了《机务维修保障技术手册》和《机务维修保障用户参考手册》。其中《机务维修保障用户参考手册》900余页、27万余字，详细介绍了飞机维修保障管理与技术、故障案例、维修性问题案例以及特殊试飞环境维修保障技术及对策，提炼了大型军用运输机飞行试验机务维修保障技术和经验；而《机务维修保障技术手册》，则提炼了机务维修保障技术和经验，为以后飞行试验的工程技术人员和管理人员提供了参考，也为以后新机试验任务及日常的维修保障、故障排除等提供了借鉴。

终于明白试飞院机务为什么会被称为“中国第一机务”了。

快乐机务人

在试飞院，机务被称作飞机的“保健医生”。国家于1959年建立中国自己的飞行试验研究机构的时候，机务就是一个重要的岗位。

如今，飞机都有了专用机库，机务们也有了装有空调的休息室。但在试飞院建立后很长一段时间内，甚至到了20世纪80年代末90年代初，机务的工作环境都是非常恶劣的。

那时候，飞机没有厂房，都是放在露天一个三面土包、一面开口的被叫作“机窝”的地方，机务工作也在露天。夏天，百叶窗温度可达40℃，飞机被晒得发烫，机务们的胳膊不小心碰到飞机蒙皮就会烫红起泡；冬天，飞机被冻透了，蒙皮比冰还凉，手一碰上就会被粘掉一块皮；休息时，只能在飞机机身、机翼下乘凉、避风、躲雨。但他们并没有被这些外在的条件吓倒过，他们的快乐来自方方面面。

机务一直都是半军事化管理，由于试飞院院址是空军第十一航空飞行学校的旧址，整体布局和建筑风格、绿化风格都是由苏联设计的。其中小营房驻扎的主要是飞行团、飞行部和外场机务人员，小营房的建设是军事化的，驻扎在那里的机务

○早期，飞机没有厂房，都是放在露天一个三面土包、一面开口的被叫作“机窝”的地方（左图）。如今，飞机都有了专用机库（上图），机务们也有了装有空调的休息室。

人员的工作、生活也是处于半军事化状态，与航空兵部队情况差别不大；机务人员在外场维修工作上依据的是空军的条例、条令和维护规程，这些是指导机务人员工作的灵魂和依据，要贯彻落实到整个工作过程中；那时机务人员的骨干力量虽然是20世纪50年代后期至60年代后期来自沈阳航空工业学校、北京航空工业学校、西安航空工业学校和株洲航空工业学校的中专毕业生；另一部分则是空军地勤机务人员转业到试飞院里的，这些技术上的中坚力量虽然脱掉了军装但干的还是老本行，部队的作风和习惯还时刻在影响着他们，同时也通过他们影响着周围的人。

马继元介绍说：为了补充机务力量，1965年3月，在禹永新和高奎汉的倡导下，由技术处组织和协调，组织了机务第一期训练班，选派了8名大学毕业且有几年工作经历的老师任教，从警卫连新兵中选出了23名中学毕业的战士作为学员，经过3个多月的理论学习，他们都以优异的成绩毕业，被分配到机务大队参加机务工作。后来，他们都成了机务工作的中坚和骨干。

那时的机务基本上都是年轻人，大多数住单身宿舍。机务人员的单身宿舍楼是一个不大的二层楼房，其实，这里不仅仅是住宿的地方，还承载了学习室、娱乐室等更多的功能。外场机务人员需要不断地学习与飞机维护工作有关的知识，而且在遇到更换机型、机种时理论学习和飞机上的实际操作就更为重要。由于没有集中学习的场所，所以闲暇时间大家围成一圈，把结构或原理图纸铺在宿舍地上，由技术骨干讲解大家一起讨论，这成为一种经常性的学习场面。而各分队工作会和政治学习也会在单身宿舍里进行。机务单身宿舍是小营房里最热闹的地方，业余时间一些住在家属区的机务人员也喜欢跑来凑凑热闹，或天南海北地侃大山、打扑克牌、下象棋，非常热闹。

那时的机务有专属机务的工作服，叫“地勤服”，由于是黑色，也被称为“黑皮”，现在的人听起来可能没有什么感觉，但在当时，这“黑皮”非常抢眼。

那时的机务有专属的食堂，叫“地勤灶”。直到如今，1975年调入机务队伍的唐世家说起机务的地勤服、地勤灶等待遇来，依然掩饰不住那种由衷的自豪：

20世纪70年代中期院里来了很多新人，其中有一部分分配到了机务维修队伍。在那个物质相对短缺的时候，阎良还是个没有真正意义上的城区的小地方，人们的穿着基本没多大区别，能穿上款式独特非常抢眼的地勤服被看成一种荣耀：既代表了身份，也体现出了机务人员的待遇优势。那时候，地勤服好像是个优越的标签，连小伙子们找对象都增加了自信。地勤服已不仅仅是工作服，在不太破旧的情况下很多人逢年过节或走亲访友都愿意穿着它，甚至拍结婚照时也要穿着。那时候在大操场上开全院职工大会是经常的事儿，在冬季的时候，机务人员穿上黑色细帆布面罩的皮棉衣、黑色面罩的棉裤、军绿色的军用大头棉皮鞋，集合起来黑压压一片，在排着整齐的队伍迈着矫健的步伐进入会场时，通常会引起人们的格外关注，成为一道风景。那时，若是几个机务人穿着地勤服走到街上都属于挺招摇的事，远比现在穿大品牌服装还自信。

机务人员由于在露天环境和强噪音中工作并且接触一些有害物质，因而在伙食费上国家是有补助的，在粮食、食油和副食品供应上也有特殊照顾。机务人员在专门设立的地勤食堂里就餐，个人只交伙食费的40%多点就可以享受不凭票就餐的待遇。在粮食和副食品及其他日用品定量供应的年代，吃饭穿衣是人们生活中最大的问题，而机务人员个人则没有吃穿问题的困扰。

20世纪70年代后期，上级给外场机务一台从匈牙利进口的18英寸黑白电视机，在绝大多数人还不知道电视机是啥样的时候，这是一件很大的喜事，但把它安放在哪里成为一个头疼的问题，后来大家决定在宿舍楼前面大约30米的地方给电视机建个小房子。机务里面能人多，说干就干，大家分头寻找旧砖旧瓦，一个多礼拜后一个不到4平方米但看起来还像模像样的人字顶房子就建成了：一个很窄的包着铁皮的小门，一个比电视机略大一点的窗口，电视机就放在小小的窗口里面，平时铁皮包裹的盖板放下后上把锁窗口就打不开，看电视的时候打开锁把盖板用支架撑起来，将在轨道上的电视机向外移动一点就可以了。有了电视机使业余生活更丰富了，电视机是晚饭过后一段时间

○ 20 世纪 80 年代机务学校的实习工厂。如今，“机务工作关系到飞机的安全”“机务是飞行试验不可或缺的关键岗位”依然是中国航空业的共识。

才开的，晚饭前楼里的人用凳子、外面的人用砖头占位置是常有的事。在很难看到电影和媒体不发达的当时，大家能通过这个小小的电视机更多地充实自己的文化生活，当时这种特殊待遇的确是一件抹不去的记忆。

试飞院机务有许多好习惯都是老传统，都来自老机务。直到今天，大家说起70年代的老大队长李树森，依旧是敬佩有加：

李大队长为人最忠厚，像个长者：20世纪80年代中期以前地勤机务人员是集中在地勤食堂吃饭的，由于他忙于工作，午餐和晚餐常常是最后一个到，有时候到得不晚他也要等到最后吃，因为他知道最后的时候饭菜难免会缺这少那，他怕大家吃不好。

李大队长学习刻苦：外场机务大队在飞行部机关的平房里只有一间办公室，与单身楼隔一条很窄的马路，晚上楼里的人只要进出就能看到大队办公室的灯光。李大队长晚饭后必定在办公室学习业务或工作，那里的灯光常年都是10点以后才关闭。

李大队长经验最丰富：外场飞机维修有时会发生小工具、小零件掉到飞机里的情况，而飞机是绝对不允许带有多余物（也叫外来物）飞行的，每当大家花了很长时间找不到而焦急万分地告诉他的时候，他总是先了解一下情况后才开始查找，而且经常会在那些大家意想不到的地方把失落的东西找出来。找多余物虽然不是一个技术活儿，但绝对与工作经验有关。大队长的这个本事让人非常佩服，经常成为大家闲暇聊天的话题。

李大队长工作最勤恳：他的出勤率每年都是全大队最高的，因为在飞机上工作的时间比一般人更多，特别是在歼击机那狭小的飞机座舱里工作，工作服极易磨损。大家同时发的工作服在他身上没两年就不像样了，他的皮棉衣总比别人的破旧，曾经发生过在以旧换新的时候物资供应部怀疑不是他自己的衣服而拒绝更换。

如今，“机务工作关系到飞机的安全”“机务是飞行试验不可或缺的关键岗位”依然是中国航空业的共识，“为人忠厚、学习刻苦、工作勤恳、经验丰富”依然是评价试飞院机务常用的词汇。不同的是，当年年轻的地勤机务已经成为大名鼎鼎的“中国第一机务”，但试飞机务们依然会坚持说：“咱机务其实还是那个平凡的岗位。”

机务们说得轻松，但机务的艰辛有目共睹。歼10试飞总师周自全称：

试飞的日子，紧张得叫人透不过气。从转场到2003年12月底完成定型，整整20个月的600天里，试飞队安排的休息日，一共只有13天。

试飞的风险，大得叫人心惊胆战。国外在电传飞机的试飞中，多数都出过等级事故。而我们，则是第一次接触这类飞机。

就是在这样的日子里，就是在这样的极端恶劣环境中，就是在这样的风险压力下，试飞人在这型飞机上创造了试飞架次最多、遗留给用户的问题最少、试飞考核内容最新最全、试飞包线和试飞风险最大、武器实弹投射种类和数量最多、机载测试和地面监控参数最多、试飞效率最高、试飞安全性最好和试飞实力增长最显著等多项纪录。

在这些记录里，有试飞工程师的兢兢业业，有试飞员的胆大心细，也有机务人员的无怨无悔。无论是在阎良还是在外地，要说到歼10试飞的辛苦，人们马上会想到机务人员。歼10机务队是一支平均年龄只有33岁的年轻团队，一支善打硬仗、屡创奇迹的神奇团队。空军装备部、中航一集团、试飞院等各级领导对这支团队的评价是："配合默契，各有所长，领导得力，特别能战斗。"正是这个团队，在型号定型试飞中创造了仅用三天时间就使全新型号的战机处于可飞状态的奇迹和试飞院历史上单机单日飞行最多以及单机单月试飞架次最多等多项纪录。

歼10试飞副总师袁慧馨感慨地说：

这型新机是一种集高新技术与高新产品于一体的飞机，它不仅有着国内最先进的航空电子综合系统，而且表现出高度的综合化、数字化和信息共享的特点。因此，在维护与使用方面和以前的飞机相比有着质的飞跃，基本上没有可比性和延续性，但年轻的机务人员不愧为"特别能战斗"的称号，他们充分利用自身所学专业知识，对新机维护做到了全面的掌握，为歼10定型试飞提供优质的机务保障服务。在飞机长达4年的定型试飞中，准确无误地处理了数十万条飞机及机务维修数据。在机务中队这个小小的团队里，在承担维护型号任务的时间里，有4名同志因工作无法脱身而推迟婚期，有8名同志因为太忙而暂时放弃要孩子的计划，有7名同志因在外场飞行留下了在妻子临产时未尽丈夫职责的遗憾，有8名适龄男儿因长期在外而"输"掉了爱情……然而，他们赢得了胜利的青睐，迎来了人们的赞赏，他们是新时代最称职的男子汉。

机务是个挺苦挺累的活儿，一天工作十多个小时是常态。机务一般要在飞机起飞前提前进场，飞行结束后最后离开机场，因为要做"飞行前"和"飞行后"。就算前一天飞机已经维护好了，起飞前也有一系列工作要做；飞机飞行两个架次之间要做"飞行中"，检查飞机可否马上再起飞；飞机完成全天任务后要做“飞行后”，保障飞机可以完成第二天或接下来的飞行任务。

当进行科研试飞的飞机返回机场后，机务人员迅速对飞机进行维护检查，随时保证飞机可以执行下一个起落。

苦归苦，在试飞院机务这个平凡的岗位上，聚集着一群快乐的机务人，让我们来听听他们是怎样形容自己工作的苦。

机务人刘锐、刘新元曾于2019年6月记录过在外场试飞时机务人的一个普通工作日：

凌晨5点，基地的夜色还未褪去，外场试飞保障的队员们就起床了，5点40分，大巴抵达机场，而此时天边刚刚泛起鱼肚白。所有进场人员来到会议室，大队长组织召开班前会。随后，各机组人员来到试验机旁，进行清点工具、检查试验机外观、检查氮气氧气容量等准备工作。随后，由牵引车将试验机拉到指定位置。

由于出动试验机架次远超平日，电源车、通风车等保障资源有限，在大队领导的指挥下，备份机组的人员迅速协助一架试验机进行飞行前机务准备，使其快速完成准备工作，之后两机组人员立刻协调车辆等资源进行备份机飞行前准备，这有效地提高了保障资源利用率，圆满地解决了资源缺乏的问题。7点50分，伴随着震耳欲聋的轰鸣声，几架战机同时腾空而起，直上云霄。

下午2点30分，最后一架次飞行结束，一天的飞行任务完成了，而飞行的结束并不意味着今天试飞工作的结束，接下来还要进行飞行后检查和相关软件升级工作。此时，保障人员已经连续奋战近10个小时，但他们仍然一丝不苟地工作着。傍晚5点40分，大家圆满完成了当天所有的工作任务，准备返回住宿基地。此时，机组人员的工作时间已超过了12小时，而这，已是这些天的常态。

一天12个小时，这是在飞机没有出现故障的情况下，如果飞机有故障需要排故，连夜加班是家常便饭。

其实，机务凌晨5点出发，在外场是机务工作的正常状态。2019年11月的时候，刘彦龙记录过一次他们的飞行保障，出发时间：凌晨2点半。

11月份的大漠戈壁风沙嘶鸣，目之所及都被一望无际的沙漠和零星的骆驼草所覆盖，而这里也是我们的常驻地。随着时间的推移，西线的气候变得更加干燥，温度也越来越低，为保障某型机靶试任务顺利完成，20多名机务团结协作，为本次靶试任务竭尽全力。大队长张洪伟在班前会上多次强调：此次任务的进场准备均在夜间进行，极易因疲劳而进入错觉导致错、忘、漏的发生，所以，每个人都要按照夜航标准来准备，确保任务圆满完成。

凌晨2点半，虽然城市睡意正浓，但我们赶赴机场的大巴已经上路。3点时，简短的班前会结束，机组人员开始牵引飞机。机务坐在冰冷的牵引车上，忍受着凛冽的寒风，仔细观察着飞机在牵引过程中的状态……飞机的飞行前准备终于完成了。凌晨4点，机组人员在短暂的休息后开始对飞机挂装弹药、通电检查，直到5点多才将这一切准备就绪。8点20分，试飞员登机，机务在对飞机状态再次确认后，战鹰直刺长空。此时，机务又开始检查物资，做好迎接飞机的准备。10点15分，飞机完成任务，机务将飞机拉回机库并开展飞行后检查与地面试验工作，直至下午6点，今天的工作完成。

在张毅眼里，“在灯火中开始一天的工作，在灯火中结束一天的任务”是保障团队的日常：

2019年国庆节后的一天早晨，天还很黑，机场四周被大雾笼罩，但450机库早已灯火通明，直升机今天要进行光瞄校靶任务，他们正在做试飞准备的一个试验。为了不耽误白天的正常飞行，他们必须在上班前完成试验。天空刚泛起亮光，机务人员就已经将飞机拉到了起飞线，通电、检查、试验，一切都在有序进行。太阳升起来了，雾却越来越浓，大家的衣服布满了水汽。

试验顺利完成了，上班的号声刚刚响起。匆匆在机场吃过早饭，机务们就在现场开始了4架参试飞机飞行的准备工作，在雾还没有完全散去的时候，各架直升机就已经被拉到了机场6号道一字排开。检查外观、加油、通电……机务准备工作有序完成。今天参试的4架直升机都有2~3个架次的飞行任务，直到下午下班时，4架直升机才完成了当天的全部飞行任务。但飞行工作完成了，保障工作却没有结束——为了不耽误后续飞行计划，有些排故需要加班完成。

当所有的工作任务都结束时，时间已是深夜。

机务是个累活儿，要是身体不好，还真顶不下来。魏康博、李瑞琦在介绍“运20”保障团队时，就为我们描绘了这样的场景：

“运20”的一架飞机承担着载荷试飞任务。由于载荷试飞对机体结构会有很大的过载，所以每次飞行后都需要对机体进行测量，记录飞机机体的变形量。机体结构测量对时间有限制，须在飞行后24小时内完成，因为时间过长变形量就会消失，所以每次飞行完成后试飞机务保障团队总是一边仔细地进行飞行后检查，一边抽空飞机内的燃油，将飞机拉进机库，顶升飞机，架水平。为保障第二天任务顺利进行，这些工作必须当天完成。在条件具备的情况下，顶升飞机可以采用电动顶升，但在出现设备故障，机库条件不具备时，只能人工顶升：靠人力将100多吨的庞然大物顶起来。要将飞机顶升到要求高度，往往得将千斤顶摇杆摇动几千下，因为顶杆上升1毫米就要摇动五六下千斤顶的摇杆。摇杆在手中上下翻飞，液压油强劲有力地涌向千斤顶，飞机也在吱吱的节奏声中缓缓升起。汗水浸湿的衣衫、疼痛酸胀的手臂、略带疲惫的神情……这些都是机务保障团队人员日常工作的真实写照，也是试飞保障过程中的一个简单缩影。

机务是个又苦又累但让人感到很自豪的活儿。这一点，从王国安和刘鑫智的讲述中可以听出来：

7月下旬，某直升机机组赶赴外场进行靶试任务。靶试那天，大家早早来到机库，在班前会上细化工作重点、明确每个人的职责后，将直升机牵引至起飞点。加填燃油、挂装导弹、载机上电……一连串工作有条不紊地进行着，闷热的座舱，按键都被晒得发烫，人在其中，仿佛在蒸桑拿。

在进行第二发导弹地面应急发射时，突然出现险情：飞行员报告，按下应急发射按钮后导弹未离机，仍然滞留在发射装置上。气氛突然变得紧张，曹飞没有慌，先是用电台通知飞行员“停止一切试验，马上断掉飞机所有电门，在座舱静坐20分钟”，同时迅速调来消防车和救护车待命。导弹在收到“应急发射”指令后，导弹内电池会处于激活状态，在导弹没有离机而滞留发射装置情况下，随时可能激发使导弹发射出去。此时，任何人员进入飞机区域内或试飞员从座舱出来的过程中存在极大的安全隐患风险；所以只能等待20分钟，待电池电量耗尽，激发风险消除后，才能进行下一步工作。

在等待导弹电池回温并释放所有静电的20分钟里，曹飞沉着冷静地让南彪和王国安准备好险情应急处置需要的工具，做好应急处置准备；他一会儿与试飞员交流，缓解试飞员情绪，一会儿对基地指挥、课题组、机务、导弹制造厂的人员明确分工。20分钟时间一到，他带领南彪迅速冲向飞机：插上保险销、断开点火电缆、插上短路帽、将飞行员带至安全区域。

将导弹卸下后，大家对飞机进行了检查并重新操作了几遍应急发射流程，确定载机状态良好。后经导弹制造厂对滞留的导弹进行检测发现，此枚导弹内部存在时有时无的故障现象，经各方协商后，决定换一枚备用弹重新进行一次地面靶试试验。

当4枚靶试计划完成时，我们已持续工作了16个小时。然而，大家都很兴奋，完成任务的喜悦完全冲淡了身体的疲惫。

王伟民、金磊曾说：机务人有一种坚守和骄傲叫“一旦发现问题，即时加班，全力排除，确保飞机处在最佳状态”：

“运20”的自然结冰试验对飞机在特殊天气下的安全性、可靠性验证具有重大意义，其巨大的风险性对机务人员的保障能力提出了更高的要求。飞机机翼、风挡、发动机短舱等部位的防、除冰功能的正常是该试验成功的关键；防冰引气、环控、起落架等部位是特别容易出故障的地方，而且这些故障的定位及排除往往需要大量时间，同时飞行时掉落的冰块可能会对机翼或发动机叶片造成损伤，所以每次飞行后，必须对这些重点部位仔细检查，并对相应系统功能进行多次验证，确保飞机不存在任何潜在危险源。

2020年3月的一天，气象台捕捉到了合适云层，但飞机此时还在排除故障中。为了保证飞机抓住宝贵的气象条件，机务保障团队一直排故至深夜。第二天清晨5点，本应漆黑一片的机场东头起飞线上早已灯火通明，机务们顶着刺骨的寒风，拿着手电，严格持卡操作，进行飞行前最后的检查。看着飞机迎风而起，那种坚守的骄傲再次油然而起。

机务是个挺危险的活儿，所以需要很细心。没有机务们在飞机上细心的工作，一架飞机的实际使用根本无法进行。机务的保障、排故是飞机从技术成熟到定型的必要环节，也是重要内容。

新型飞机在试飞初期都会有很多故障。ARJ21–700飞机于2009年7月15日转场试飞院开始适航取证试飞，在创下多个全国首次的同时，机务发现并排除故障近700项，其中有8次重大故障隐患。2012年1月，飞机在进行发动机进气道短舱防冰地面试验时，驾驶舱正驾驶后部电源中心处突然发出一声巨大的爆响，还有很强的火光，驾驶舱充满烟雾并伴有浓烈的胶皮烧焦味。面对突然而来的危情，机务们没有慌张也没有害怕，先是迅速全机断电，再将飞机上主蓄电瓶和APU蓄电瓶插头断开，并做好防火措施，防止了意外情况的再次出现。

2019年10月，马晨还原了机械师赵涛在飞机突然冒烟的危急时刻不顾自己安危，处置得当，避免飞机险情发展的情形：

那天下午3点10分，某型直升机执行雷达科目试飞，当我们做飞机再次出动机务准备时，机上测试记录设备在直升机全机通电检查过程中突然冒烟。正在机身后部检查直升机外观的赵涛突然间闻到了一股焦糊味，他没有躲开，而是进行更细致的观察，终于发现了机上正在冒烟的测试记录设备："立即全机下电。"赵涛提出要求后让测试人员快速断开测试记录设备与机上的连接。此时烟雾越来越浓，直接威胁着直升机的安全。只见赵涛迅速将手伸进烟雾中将设备拆下来并转移到远离直升机的位置，又将灭火瓶喷口对准测试设备，仔细检查是否有明火。

只有短短的1分钟，赵涛用清晰的思路、准确的判断、得当的处置避免了险情的进一步发展，将问题消灭在了萌芽状态。

瑚泓洁在介绍毕旭亮时说过这样一件事：

毕旭亮是一个技术特别高超但为人特别低调的技能专家，他有个观点是"作为一名机务，最大的责任和使命是确保试飞安全，不让飞机带着一丝疑问上天"。为此，他每接手一个新型号，都要将自己专业有关的各种资料研究透，熟读油路、气路等机上核心部位原理图，并将原理图和逻辑控制关系烂熟于胸，做到全面掌握飞机的整体情况。

有一次，他在驾驶舱对飞机发动机进行试车检查，一切正常，结束后，他按照正常程序停车，却发现当右侧发动机高压转速下降到9%时，排气温度不降反升，达到了512℃。面对危情，毕旭亮没有迟疑，立即将发动机起动开关扳至冷转位，同时密切观察，直到发动机完全停车。在随后的排故中，发现发动机停车机构中的凸轮已经严重磨损，致使停车操作后凸轮未能停到正常区域，无法完全切断供油，导致发动机富油燃烧故障。如果当时没有及时发现，或者发现后稍有迟疑而没有及时纠正，发动机就会被烧毁。

机务的细心是很重要的，有些故障如果没有及时发现，对飞机来说是致命的。

《中国试飞报》记者张文俊在记录ARJ21-700第101架飞机的机务时，讲过机械师王峻的几个关于细心的小故事：

2009年7月18日，飞机转场到院的首次飞行结束了，王峻在飞行后检查工作中，通过对各舵面进行仔细检查，发现了左侧减速板前缘5号整流包皮裂纹约60毫米的重大故障；9月16日，在进行飞行后检查工作时，当他检查到右机翼1号扰流板时，发现有点油迹，便将口盖打开，对扰流板作动器进行进一步检查，最终发现作动器进油导管和出油导管在运动时出现严重干涉（后对ARJ21-700第102架飞机进行检查也发现同类故障隐患）。此故障的及时发现，避免了因导管摩擦导致液压油渗漏，进而影响到1号液压系统正常工作。1号液压系统控制着各个舵面的作动器、1号发动机反推力以及刹车等重要部件，如果1号液压系统失效，后果将是致命的。

细节决定成败。在王峻看来，机务工作不仅仅是体力上的劳累，心理上还负担着强大的压力。因为重大事故发生概率最高的地方是在飞行一线，机务人对飞机的一举一动都牵动着飞机在试飞中的表现。细节上的疏忽很容易酿成大祸，所以机务人在工作中必须高度集中精神，确保飞机始终处于良好状态。

机务是个工作环境很恶劣的活儿，奇热、奇冷、高原、夜航……在这样的环境中保障维护飞机，是常有的事。

魏康博、李瑞琦描写过保障“运20”试飞时遇到的热：

“11号机轮温度过高，飞机紧急制动于跑道上，请机务迅速对机轮降温，并将飞机牵引到指定位置。”对讲机里重复传出塔台指挥员的指令声。接到指令的中队长毕旭亮迅速下达命令：“试飞机务保障团队立刻准备抢险。”随即，机械师郑刚带领保障团队奔赴飞机制动位置。按照班前会分工安排，人员各司其职，快而不乱，井井有条。快速准备完成；空调车就位；空调车吹起软管铺开，两人配合着拿起软管钻入主起落架舱内。

伴随着机轮轮胎灼烧的橡胶味，高温热气扑面而来。夏天机场的高温本就难耐，在这样的热浪中，机务人员的衣服很快就被汗水浸湿，每呼吸一下，胸膛就被热浪充满。温度没有降下来，机务人就不会停止，即使汗水如水般流淌，即使空调车气流发出的噪音难耐，即使随时都有爆胎的危险，但保障人员的双手始终推紧软管，引导冷气吹向过热的机轮。

机轮温度终于被控制住了，飞机脱离险情并被拉到机库。顶起飞机，郑刚钻入起落架舱仔细检查机轮和起落架并测量缓冲支柱气压。“这次气压多少？”张志刚问。“1.0MPa。”“好好好，静置一会再测量。”大家都松了口气。

张洪伟描述过他们在戈壁大漠试飞时遇到的冷：

戈壁大漠的风肆虐地吹着我们，吹到哪里，哪里就如刀割般刺痛。这里的早场飞行很多，我们经常是提前两个半小时进场。天还没亮，我们就已经坐上了前往机场的大巴。到达机库进行简单的工作布置后，机组便开始拉飞机进场，将飞机从机库拉到起飞线。由于是试验机，照明系统功能不全，因此大队制定了牵引应急管控措施，明确“用手电筒照射前轮连接点，并与座舱人员保持灯语联系，关注牵引道两侧状态，时刻保持警惕”。将飞机牵引到位需要半个小时，没有人理会寒风刺骨，因为每个人都要时刻关注着牵引点、飞机翼尖两侧以及座舱状态，以确保飞机牵引过程安全。

戈壁大漠−20℃的环境温度使飞机的油气液管路泄、漏的风险很大，虽然在转场前我们针对低温进行了相关风险识别，制定了控制措施，但随着温度的不断降低，陆续出现许多问题：保障车辆不能正常起动，液压、液冷、氮气等管路渗漏频发，最严重的是，飞机燃油箱口盖出现大面积渗喷……为了彻底解决燃油渗漏问题，我们利用任务间隙进行油箱区口盖的重新密封硫化。由于硫化工作需要20℃的环境温度，低温将使硫化过程大大延长，为了按计划恢复飞机，我们在飞机硫化区域架设油汀电暖器进行加温。这样做油箱区口盖温度是达到了，但同时也增加了风险。为此，机组执行24小时值班，两人一组严格监控加温区域和设备的安全。最终，经过36小时的坚守，硫化达到技术要求，飞机燃油箱口盖渗漏问题得到彻底解决。

李冬提起机务遇到的冷，问道："您知道在-38℃的室外干活不戴手套是什么感觉吗？"

2016年12月，ARJ21-700飞机转场海拉尔，进行高寒试飞任务。这一天，大家早早进场，准备开始一天的工作，但上电检查时却发现APU出现故障无法正常启动。机组成员按照中队长顾仁碗组织制定的排故方案，起早贪黑检查APU的线束导通，对怀疑故障件进行隔离并更换。在更换APU滑油滤时，由于线束与滑油油路密集，必须徒手工作。此时，当地气温低至-38℃，大家咬着牙轮番上阵，每个人都冻得手指僵硬，回到车厢里稍微暖和一会儿再接着继续干。就是在这样的环境下，机组成员完成了APU点火电嘴、ESC（点火控制器）、防喘阀、燃油模块的更换，并最终将故障定位在压气机叶片上，完成了APU本体的更换。

张洪伟还给我们讲述了夜间飞机地面试验的情景：

试验机慢慢牵引出机库，只见牵引车前、机头、左右翼尖下、机尾等位置出现了一个个手拿荧光棒、身穿反光服的信号员。牵引车前的信号员引导着试验机向前，其他位置的信号员则紧紧跟随着试验机，观察其运行状态，随时准备发出停止指令。经过一段时间的牵引，试验机到达三号道试验点，按要求停好试验机后，各岗位人员用信号指引各种保障测试车辆到位。此时的现场虽然人员车辆较多，但却秩序井然，特别是试验机范围内，各专业严格按照夜航要求进行着准备和安全监控。

各警戒点信号员到位后，机械师进座舱再次检查确认各舱位、舵面情况后发出了开车指令。只见飞机起动机排气口喷出了一团红红的火焰，轰鸣瞬间打破机场的宁静；紧接着发动机尾喷口喷出一道蓝色气流，长达10米开外。这场面让我们异常惊喜，在白天是很难看到这样既震撼又唯美的画面的。随着发动机进入试验状态，测试任务全面展开，围绕在试验机几个安全方位的测试点在手电等灯光的辅助下开始采集数据，对讲机里不时传来现场指挥和各点的问答口令。15分钟之后，第一方位相关试验测试数据完成采集，随着停车指令的下达，发动机停止了轰鸣。

要准备下一个方位的试车了。由于进气区域和尾流区域的变化，试验机周围的保障设备必须调整至安全区域，所以地面设备和车辆需要先移出，等待试验机摆放到位后再重新布置。这样的工作在白天做起来都很繁杂，到了夜间难度更大。再一次的试验是15分钟后，发动机的怒吼声又一次让夜晚不再寂静。

就这样，开车、停车、调整，再开车、停车、调整，连续7次试验后，专项试验在高效有序的保障下圆满结束。

“高反”会让许多想去高原旅游的人却步，但薛俊说，机务工作要求机务人不但要去高原，而且还必须在高原做大运动量的工作：

7月24日凌晨3点，机务保障第一批高原小分队7人坐车前往机场。前一天，他们还在超过40℃的阎良机场挥汗如雨，今天就到了只有14℃的稻城亚丁机场，一个世界上海拔最高的民用机场。刚下飞机就感觉到刺骨的寒冷，而后陆续出现头疼头晕等不同程度的高原反应。

高原气候多变，天气一会儿晴空万里，一会儿突降暴雨，寒风与紫外线的交织如同精神分裂，万一感冒在高原反应的加持下更是有着生命危险。运输工具设备的车辆到了，进场卸车的机组人员穿上雨衣、带上防晒帽，坚持工作。在海拔4411米的机场爬到两米多高的集装箱上安装吊挂，让所有的人都气喘吁吁的。

恶心呕吐、头痛失眠、心悸和四肢乏力的高原反应让每个人都是病恹恹的。7月29号凌晨4点多，航电师许嘉高原反应严重，带队领导赵育峰与机械师薛锋发现后送他去医院吸氧。但由于身体实在无法适应高原反应，许嘉只好离队返回阎良。许嘉的离队增加了大家心理压力，但并没有影响大家的工作热情，经过一段时间的适应后，大家渐渐调整好状态，圆满完成了任务。

机务是个需要热爱才能干好的活儿。

在邢鑫眼里，吴志军是个为了自己热爱的机务工作可以倾尽全力的人：

“以前从没有过这样的经历，第一次去外场触碰到飞机的时候心情特别激动，对眼前的大家伙充满了好奇：这可是中国最先进的航空装备啊！从此，打心底里想要完全了解他、全力保护他。”正是因为这份一见钟情，在刚进入大队时吴志军就十分刻苦，一有时间就拿着厚厚的维护资料去飞机上对比着学习，没事的时候总会去研究手册。航电系统全部手册有厚厚的好几本，几千页密密麻麻的数据、名词对一个刚刚加入机务维修保障队伍的初学者来说就像一部天书，但对吴志军却有着强大的吸引力，他一页一页仔细地做好标记，生怕漏过一个细节。每次接到新机型，只要在工作现场，他都会随身携带所有重要的和常用的资料，不间断地学习、对照、分析，直至滚瓜烂熟。“站在系统的角度去学习，总能学到更深层次的知识。”吴志军根据自己的经验总结出了系统的学习模式，精益求精，不断提升自己。

他太熟悉飞机了，飞机的每一个相关部位、这些部位的每一个性能，都被他装进了自己的脑海。面对飞机，他如同一个高明的中医大夫，一搭脉就知道病人哪里出了问题。2016年，吴志军在三亚外场保障飞机高温高湿科目的试飞时，碰到飞机的无线电高度表在飞行中指示跳变故障，根据多年的维护经验和查阅手册资料，吴志军快速判断出了故障原因并迅速排除了故障。从检查出故障到排除故障并完成下一架次放飞，整个过程只用了30分钟，令人惊讶。

张通说他们大队的任侃是个热爱机务工作的年轻人：

任侃说他2008年大学毕业来到试飞院看到飞机时的第一感觉是激动：“当小时候需要仰望才能一睹芳容的飞机真实地展现在自己面前，可以用手触摸，可以通电让他从沉睡中苏醒，可以看着他喷着雄壮的尾流直冲蓝天……心中充满了激动。”很快，任侃将激动化为热爱和动力，他说他要伴着这些轰鸣的巨兽挥洒自己的智慧和汗水，兢兢业业、矢志不渝地为祖国的航空事业奉献终身。

十年过去了，任侃已经成为一个技术骨干、大队的军械副中队长了。十年中，他不但在具体工作中样样都行，而且还注意学习钻研，共申报‘五小’创新成果九项，获得二等奖一次、三等奖两次，申请四项国家实用新型专利。有一次，在一型武装直升机的定型试飞中出现某机枪多次停射的故障，他检查、研究后发现是机枪设计软件中充弹逻辑缺陷所致，就向厂家提出建议。厂家采纳了他的建议，增加机枪框前位信号线，解决了充弹逻辑缺陷。他在承担新机导弹靶试任务时，先后攻克了首次拆装、首次靶试、首次升顶飞机拆装等难题，解决了导弹吊耳与挂弹架挂弹钩不匹配等问题，建立了战略武器靶试保障模式……

机务是个需要创新的活儿。在中国第一机务队伍中，创新创造已经成为每个人的自觉行动，包括新人。

2008年，赵振从南京航空航天大学毕业后进入试飞院飞行部从事改装电气设计专业，短短几年便为大家所熟识：他是大家公认的“技术精湛的科研骨干，以身作则的班组核心，甘于奉献的敬业模范，传学帮带的良师益友”，2017年，他被评为试飞院年度“试飞感动人物”。有人说他“青春似火”，有人说他“追求精准”，有人说他“持恒钻研”，有人说他“迎难而上”……不管大家说什么，看看他短短几年间的成绩就知道他为什么会这样受欢迎了：

他主管完成了某发动机双发配装某直升机数控系统改装，这项任务是国内首次将数控发动机系统匹配到机械式操纵平台的大胆尝试。他在没有国内外主机厂所支持、缺少技术资料以及无相关经验的情况下，圆满完成了任务，对后续该类型的改装项目及相关发动机的试飞具有里程碑意义；

他在主管新一代失速反尾旋伞控制系统设计工作时，通过对原有系统的大胆改进及创新提高，实现了该系统的小型化和通用化，一套系统即可满足后续飞机的需求；

他主管研制的一种过流保护器解决了国内无该类货架产品可选的问题；他主管研制的一种直流稳压电源解决了大容量应急供电时部分设备输入电压过低的问题；

他主管研制的一种新型测试系统专用银锌电池解决了传统电池不耐低温、规格单一、尺寸过大的问题，拓展了应急供电系统的应用范围；

他主管研制了基于超级电容的不间断供电系统；他主管改装了电气产品标准化研究工作；他作为一体化改装电气设计技术应用第一人，先后完成了5型8架机的一体化电气改装任务；

他以第一作者发表中文核心论文三篇；以第一人申报专利一项；以第一人编写院标两份……

而这些，只是他众多创造中的一部分。

过硬的专业技术素养使赵振迅速成长为改装电气设计专业的骨干和领军人物。

彭博和计皓说：“创新是这个科技发展时代的主题，建立创新意识，开拓创新思维，‘创新’这个引领时代潮流的词语在这个30多岁男人身上体现得淋漓尽致。”他们嘴里这个30多岁的男人，指的是王宇，他们说：

2013年，王宇总结出水平安定面操纵机构电磁离合器性能检查的方法，解决了过去只能依靠外厂人员来检查的困境；2014年，他实现了某型飞机电瓶国产化换装，解决了因原装电瓶到寿报废，采购周期长、价格昂贵进而严重影响试飞进度的问题；2016年，他发明的组合式电源拆装平台，不仅解决了某大型运输机电瓶拆装困难的难题，还解决了其他机型电机拆装困难的难题，这个发明在航空维修领域得到了广泛应用，并且获得了实用新型专利。

高涵川和武立朋说起自己的大队长张洪伟，总是满心佩服：

从组员一步步走到大队长岗位，张洪伟靠的是脚踏实地的工作作风、不忘初心的理想坚守和对航空事业纯粹的热爱。在工作中，他总是想得最多、看得最远的那一个。试飞保障工作最大的特点是接机任务多，事项复杂，新问题显著。面对问题，他主持变革接机模式，以接机工作标准化管理为出发点，结合自身多年的一线保障经验，制定了严谨的飞机《接机检查表》，细化了试验机接收检查过程，通过标准化验收做到了新机接收工作高效、新机技术状态清晰可控。他还在充分熟悉放飞保障流程的基础上，策划制定出《新机飞行保障流程》，提高准备工作质量，并将试验机放飞准备工作时间从最初的一小时缩短至30分钟。

一般情况下新机到位后，主机所规定拆装发动机时需拆卸飞机附件机匣。张洪伟通过大量的数据分析和流程设计，制定出周密的保障措施和操作流程，带领保障团队进行了发动机首次不脱附件拆装试验，为试验机维修性鉴定提供了充分依据，最终得到主机所认可，使飞机拆装发动机时间缩短了5小时以上，将维修风险降低了20%，大大提高了飞机的维修保障效率。

南彪说他们的曹飞是个“技术过硬、善于创新”的人：

保障飞行过程中，总能遇到由于工具或设备不给力造成机件难以维护。曹飞遇到这种问题总能拓宽自己的思路，创新地做出更加方便使用的工具。为了使手中的工具能更好地契合日常工作需求，他不分昼夜在一线工作现场展开调研，冒着酷暑严寒进行新型工具的调试。在休息时间里，他常常在办公室画图纸，改设计。一次次的尝试，任何一个细节都力争做到科学合理，契合实际。就是凭着这股“钻研较真，从不服输”的劲，一件件“五小”发明、一个个实用新型专利从他手中诞生，为同事在维修过程中省了不少力气，同时也保护了工作者，使飞行任务能更好更快地完成。

为了更好地培训新员工，他编写了军械专业作业管理教材，制作了多种型号的飞前检查路线、设备安装演示文稿以及各架机风险点和维护注意事项控制表等相关培训资料。

说起谭涛，王兴延和问沛园说：“他是我们天蓝色工装下的基层英雄。”

2005年，一型飞机设计定型试飞期间屡次检查出液压油滤出口漏油，由于飞机上液压油管路复杂，空间狭小，排查工作量大，每次的处理都不能完全终结漏油现象。谭涛经过翻阅诸多原理书籍，并与厂所人员几经交流、研究、查证后，提出漏油原因是管路设计缺陷。主机厂所采纳意见后进行了改进设计，从而一举解决了漏油隐患。

他发明的“航空发动机推力销调整工具”获得了国家实用新型专利证书，这套工具的投入使用完美地解决了发动机在安装过程中遇到的诸多问题，大幅缩短了调整时间，并有效避免了调整时造成推力销损坏的情况；他研制的液压式雷达舱地面开启设备，将原来需要两三个人轮番操作的工作，变成了仅需一人即可轻松完成，该设备已作为实用新型专利得到推广使用；他编撰完成了《创新思维挖掘潜力优化工作流程》，创造性地提出了“潜力优化”的概念，大量精减了流程中的烦冗环节。

在金城、燕中山眼中，李冰是个“技术控”：

李冰是一个爱思考、喜欢创新的人，解决了发动机起动过程中如何使用手调的方法使发动机在不超转、不超温、不喘振的前提下顺利完成起动；成功解决了某型飞机机襟、副翼抖动的情况；实现了在飞机不拆发动机的情况下，能够对发动机的喷口加力泵振动传感器等相关机件进行更换……他先后完成了机轮拆装车、机轮移动吊装装置、发动机滑油管快速脱开工具等八项新型工具设备的发明制作，其中6项已经获得国家技术专利。

在历经了几年的设计和多次的改进之后，李冰完成了飞机起落装置拆装车制造。此车构造简单，造型新颖独特，应用范围广，可用于大型运输机、轰炸机等飞机，也可用于某些民用车辆和设备的拆装。它可上下左右前后随意调整，机轮也可360° 任意转动。它的设计完成改变了机务人员的工作条件，不易损坏昂贵的碳刹车装置，原来五六人完成的工作现在仅两到三人就能完成，同时有效地防止了机件的意外损坏。

飞机登机梯较重，人员上下挪动梯子时极为不方便，李冰多次揣摩和试验，在不改变梯子结构和强度的前提下对其进行了改进，使该种工作梯不但可以由一个人轻松推走，同时还根据该种梯子的结构特点，将小工具箱、堵盖和重量接近25千克的着陆减速伞全部放在登机梯上，极大减轻了工作强度。这一改造使原来需要七八个人完成的工作只由两人就能轻松完成。大家说：“再也不用扛着50斤的大伞包跑将近100米的路了。”

机务是个需要高度责任心的活儿，因为安全事故隐患往往都是一种很隐秘的存在。记得在采访舰载机机务保障时听到的一个故事：一次，陈沛树发现飞机从停机位滑出时排放在道面上的油迹与以往不同，在以往正常油迹不到10厘米的附近有一道浅浅的印迹。陈沛树立即判断：“飞机的不明位置出现了故障。”后经仔细检查，陈沛树终于发现了飞机出现问题的位置并及时排除了故障，避免了安全事故。

王平曾讲过机务著名老人儿薛章彪责任心的故事：

薛章彪20世纪80年代初参加工作当机务，参加工作的第一年就发现了发动机第三级叶片打伤这种极其隐蔽的重大故障，并因此荣立三等功，一时美名显赫，小薛成为机务新兵的榜样。而后，他又参加了“三机定型”、歼轰7定型，多次立功，但他绝不倚“老”卖老。有一次，某架教练机完成飞行任务后，当时地表温度达到50℃，而飞机座舱仅能容纳一人进入，狭窄而憋闷。薛章彪发现飞机前舱脚蹬处有一个小螺钉，像这样的小螺钉在飞机座舱内不计其数，一时很难判断它的来源。为弄清原因，他冒着高温，蹲在座舱里逐个机件检查、逐个螺钉过关。8月的阎良闷热潮湿，如果不是高度的责任心，有谁愿意直面烈日？小飞机的座舱容积只有一两个立方米，空间封闭又没有空调、风扇，不一会儿薛章彪就汗流浃背。有人要换他休息一会儿，他摆摆手说：“再坚持一会儿，这里我比较熟悉。”就这样，他一蹲就是一个半小时，直到找出螺钉位置。

某型机在海南保障期间，由于海洋性气候，时而阳光明媚，时而倾盆大雨。为了防止雨水渗入飞机，对电路造成损坏，他带领机组走遍了县城的几个市场，对比质量，购买了大片结实耐用的塑料布，每次工作结束先为飞机铺上塑料布，再盖上蒙布，相当于为飞机定制了一套“防水内衣”，也给自己增加了工作量。有人说：“飞机不是有蒙布吗，机体进水了也不是咱们的责任。”就此，薛章彪只说了四个字就让大家肃然起敬：“愧为机务。”

关于责任心，解柯瑶讲过机务小赵的一个故事：

2019年11月的一天，机务人员正在503机库内为一架即将执行重点型号发动机试飞任务的飞机做通导系统设备的软件升级和硬件更改工作。由于此次更改的设备安装位置比较狭窄，因此需要先拆除周边其他设备，腾出足够大的空间方便施工。此时，航电员赵昊东在工作梯上对师傅王兴延说：“保险剪了，给我递把扳手拆线缆和固定点。”“好的，这是最后一个该拆的设备了，大家先休息一会儿吧。”王兴延边递给小赵一把扳手边对大家说。

正在大家享受“中场休息”的时候，赵昊东却走到师傅跟前说：“师傅，有个情况你来看看。”王兴延放下水杯径直走向飞机：“师傅您看，雷达罩的固定锁360°都能旋转，不应该是这样的啊。”王兴延拿起工具试了试，确实没有止动位。王兴延边观察该锁的固定点，边向中队领导反映。随后，领导与主机厂所的人员很快赶到现场。经过讨论和验证，决定对其进行更换。

师徒俩和大家一起查看了一下，估计出需要拆卸的设备与飞机结构的关系，认为拆卸的工作量很大：“来吧，结束休息，撸起袖子大干一场。”

为了赶上星期一飞机的飞行节点，大家周末两天都没有休息。只见工作现场一片繁忙，不但货架上堆满了大大小小的设备、线缆和导管，还动用了好几辆设备拖车，更是用到了吊车。可见工作量有多大。

星期一飞行结束后，主机所科研人员说，飞机在飞行时，该固定锁承受的力量是其他位置锁的数倍，若不是及时发现问题，该锁空中松脱造成的后果将不堪设想。

赵昊东的细心、王兴延的果断和机务们的责任心，共同保障了飞机的飞行安全。

说起张雷的责任心来，彭喆张嘴就来：

我国首例运7型飞机的整机延寿，就跟张雷有关。飞机在到达报废年限后，就无法再工作了。当时张雷是运7型飞机机械师，深知飞机即使到达报废年限，还是有价值的。张雷翻阅了所有手头资料后发现运7型飞机整机延寿在国内还是一片空白。他暗下决心要做这个第一。他主动拜访所有相关厂、所，获得了海量的资料及资源。为了早日完成运7型飞机整机延寿的计划，张雷夜以继日地总结归纳手头的资料，结合飞行实际、技术状态等诸多因素，参与延寿方案的评定工作，终于完成了评定延寿任务。

2013年8月，张雷参加科研试飞保障任务，并担任当日该机空中机械师。飞机在完成当日各项试飞科目后，按规定航向返场，一般这个时候是所有人精神最松懈的时刻，而张雷作为此架机的“带队医师”，一直目不转睛地观察着飞机的各项参数。忽然，左侧发动机参数指示出现异常摆动，这微小的异常状况，立即让张雷进入了警觉状态，他通过仪表数值、飞机摆动状态，迅速判断左侧发动机存在故障，并立刻向机长汇报。机长下达左发顺桨停车口令后，张雷沉稳、准确按下左发顺桨停车按钮，左发顺利停车，飞机摆动消失。而失去一侧发动机的动力，对于降落而言是致命的，很有可能导致飞机因单发功率不足而失速。此时张雷加大了右侧发动机油门，最终飞机成功安全降落。从左发动机出现异常到飞机安全着陆短短不足5分钟的时间内，张雷在整个过程中冷静、果断的操作，有效防止飞机摆动的加剧，避免飞机因剧烈摆动而对机体结构造成不可逆损害。张雷处置了左发空中故障，消除了飞机摆动和单发着陆两个险情，有效避免了重大飞行安全事故的发生，确保了飞机和机上7名人员的人身安全。

机务是个讲科学讲技术讲专业素养的活儿。

说到这个话题，姜建辉兴致勃勃地谈起了王峻：

在某型机的试飞保障中，王峻带领大家先后发现并排除了“APU进气道裂纹”“襟缝翼控制器失效”等300多项重大故障；及时发现大气数据系统静压管路进水的重大设计缺陷，得到了设计单位的认可，并在机上进行了更改，解决了飞机雨天飞行空速管堵塞的问题。

王峻是大队长，他在带领团队做好机务保障工作的同时，特别注重技术的沉淀和经验的积累。他作为ARJ首架机的机械师，主持编写了《ARJ缩略语》《ARJ ETCACC信息对照表》《ARJ飞机各专业配合工作流程》等技术汇编；同时针对制约维修保障的问题，创新完成了三项“五小”发明。

针对某型直升机高原试飞，他组织制定了《某型直升机高原试飞保障方案》，制作了外场便携式停放装置，解决了高原试飞外场露天停放系留问题。

闫文辉、倪洪波曾经讲过一个气象技术人员保障大运完成首次自然结冰试飞任务的故事：

2020年3月16日，大运自然结冰试飞监控大厅。

“指挥员，现在翼梢结冰约有1英寸左右。”

“指挥员，短波天线结冰，通信受到明显影响。”

听到间隔仅5分钟的这两句空地通话，参试的指挥员、科研和保障人员都不约而同地站了起来。虽然置身特殊场所，大家不能欢呼、鼓掌，但是，看得出每个人脸上都洋溢着兴奋。

大运结冰试飞谋划已久，相关准备工作都在有序开展，新冠肺炎疫情的蔓延使任务迟滞，但型号节点不等人，尤其是结冰这种受制于特定自然条件的试飞，现在不飞就可能要再等一年。

由于运输类飞机结冰试飞既涉及安全保障又涉及抓取稀缺气象资源；既需要确定在什么地方飞，又需要根据型号工作进度确定“窗口期”；既要研判试飞地区结冰天气的特征，又要构建结冰天气预报预警的技术模式和手段……这是个需要科学规划的工作，不仅仅是选个寒冷的地方等结冰这么简单。

在2019年11月11日召开的大运“胖妞”自然结冰试飞协调会上，气象技术人员做出了科学判断：“在未来6个月内，阎良机场及试飞区域预计有近10次结冰天气过程；气象保障部门将启动结冰天气连续滚动预报模式，每天提供未来3天的结冰天气条件预报，以及未来10天结冰天气展望，为型号决策、计划申报、方案确定提供技术支撑。”都说老天孩儿脸变化无常，气象工程师们却敢如此打包票。

会议确定：建立大运结冰试飞气象研究保障团队，试飞院气象台、上海市气象局和商飞公司气象人员明确分工，由上海市气象局和商飞气象台开展结冰天气数值预报产品制作和发布，由试飞院气象台跟踪结冰天气形势、诊断影响系统、提出试飞建议、承担现场保障。

从2020年2月10日复工到3月16日，气象台共发布结冰天气专项预报40期，远程会商、研讨120多次，终于选定了试飞时间：“3月16日的甘肃庆阳东部、陕西渭南附近有一定的结冰天气条件。建议飞机首先在庆阳东部地区尝试飞行。但由于天气系统配置不理想，飞机需要在空中长时间待机飞行寻找结冰云层。”

机长和试飞总师霍建武考虑到3月16日是未来10天内本场相对最好的一次结冰天气，毅然决定将原定的3小时飞行时间调整为5小时，以增加捕捉结冰的概率。

11时20分，“胖妞”起飞，奔赴既定试验区域。11时40分，机组报告：“飞机飞行高度4000米，空中温度-8℃，云量较少，空中结冰环境和条件不理想。”气象技术人员一边建议空中飞机调整飞行位置继续寻找结冰云层，一边立即与技术协作人员进行远程天气会商。12时，气象技术人员报告：“维持原预报结论，本区域仍有积冰可能性，建议在该区域持续寻找。”

在接下来的两个多小时里，机组报告内容一直让气象技术人员的心处在剧烈起伏中：12时03分，飞机有10秒结冰；13时40分，机翼后缘标尺旁有淞冰；14时40分，右机翼前沿出现积冰；14时41分，结冰约有1英寸；14时46分，短波天线结冰，短波性能受到影响。

“好！”指挥员下令：“脱离结冰区域，执行后续动作。”终于，大家的心回到了原位。

霍建武总师笑得很开心：“今天的预报很准确，你们的保障很好！”

从11时20分起飞到14时46分完成结冰，3个多小时的飞行试验里，饱含着气象保障人员的心血和智慧。他们就是这样，坚持科学严谨的工作态度，为中国新机定型试飞助力。

机务的讲科学讲技术讲专业素养表现在各个岗位，对试飞起保驾护航的场务工作同样适用。王亚君说到场务大队的史文杰时，直夸他是一个“奋战在试飞保障最前沿的先锋战士”：

史文杰肩负着机场道面多余物管控、机场净空管理和机场不停航施工管理的责任，这些与试飞安全息息相关的工作将专注烙印在他的生命里，将严谨融入了他的血液里，也练就了他的“十八般武艺”。

跑道上的一颗螺钉、一块砂石、一束枯枝都可能给试飞安全带来隐患。为了保证飞机起落的万无一失，每天他用双眼扫过跑道数千平方米的土地，道面多余物在他的“火眼金睛”里无处躲避；面对道面的破损，他潜心钻研机场水泥混凝土道面修补技术，查阅技术沉淀资料，借鉴先进的修补方法，总结制定了不同破损种类的修补措施。在2019年5月7日起飞线306机位导引线破损快速抢修中，正是运用他总结出的修补措施，使道面破损短时间内恢复如初；他大胆创新，将机场净空区平面图与电子地形图结合，将障碍物转换至本场坐标系中，编制净空区障碍物计算表，制作净空区电子地图，简化了障碍物限高计算的过程，提高了净空区障碍物的定位精度、测评准确率和效率；他将自己在空军工程大学所学的专业知识与工作实践相结合，将自己总结出的工作经验和方法，倾囊相授给同事，提高了单位的整体场务保障能力。

令人骄傲的你

试飞院机务有自己的《机务人员维修保障誓词》：

“作为一名航空维修人员，我深知个人行为对家庭、组织乃至国家的作用和影响，在此郑重承诺：我已具备岗位技能和岗位资质，能胜任自己的工作，绝不进行任何违反规定的作业，自觉承担个人过失导致的后果。忠诚于祖国，忠诚于事业，忠诚于岗位，做老实人，办老实事，勇敢坚韧，全力以赴，精心保障，言出必行，信守承诺。”

别看誓词只有简简单单的100多个字，但每一个字都是沉甸甸的承诺，每一个词都是一份责任一份担当。比如“忠诚”，比如“老实”，比如“精心”，比如“信守”……

程敦滨自1964年大学毕业工作后就没有离开过机务岗位，在这个岗位上，他从机械员到机务大队长、机务处主任、飞行

○当进行科研试飞的飞机返回机场后，机务人员迅速对飞机进行维护检查。从本场试飞的夜以继日，到外场转战的追风逐冰；从技术研究的披荆斩棘，到专业发展的创新极限……机务人无私、无畏、担当、奉献，以“作风优良、技术领先、质量为本、保障有力”的理念认真完成每一次保障。

部副主任再到中飞公司总经理，一直工作了40年。

他说："是喜欢，试飞这个行业是在探索未来，是勇敢者的事业，充满了挑战，我喜欢挑战！"他认为"地勤这个专业浑身是钩，因为他们的工作对象是整机，是各种专业技术的融合体。所以与设计、制造、海陆空军方、民航、空管、主辅机、国民经济各产业等等方方面面都有挂钩，都有交汇"。所以40年中他一刻都没有放弃过学习，他向书本学，向实践学，向他人学，向问题学。机务问题几乎没有难倒过他。

有天上午，西飞公司在机场进行运7-100飞机的交付验收飞行。程敦滨在办公室突然听到消防车鸣响，救护、抢险车急速进场。他意识到出事了，赶紧骑上自行车飞奔到西塔台。飞行指挥员陶有奎见到他，说："老程，飞机右起落架放不到位，落不了地，在空中盘旋。虽然是西飞公司的飞机，他们处置经验不多，飞行员、指挥都是我们的人。你赶紧想个办法，拿出个处置方案来。能不能单腿蹭跑道？"

程敦滨立即分析了放不到位的三种可能原因，排除了液压和电控系统故障的可能，肯定了机械卡滞的可能原因。然后计算了液压作动筒的上锁压力，提出单腿蹭跑道飞行员操作要领，靠撞击力强制起落架到位。

"好，相信你！"陶有奎按照单腿蹭跑道发出了指令，飞机第一次蹭没蹭到，拉起来复飞，转一圈后又单腿蹭。"嘭"的一声，到位了！安全降落成功，避免了可能的机毁人亡。故障果如他所料，是起落架护板摇臂齿板因调节不当卡滞造成故障，撞击使杯子粗的护板拉杆变形才到位。当时部队歼击机曾有过这样的操作，运输机没做过，这是第一次。

机务大队的小伙子们说起程敦滨来，都佩服极了：起落架在他面前，什么问题都不是问题。

1989年8月，他病愈刚出院在家休息，试飞现场正在做新机新型雷达它机定型试飞的"奖状"飞机，出现起飞后起落架收起时，左上位锁绿灯不亮上不了锁故障。但在地面怎么收放

○程敦滨自 1964 年参加工作后就没有离开过机务岗位，在这个岗位上，他一直工作了 40 年。

怎么好，没有问题。如此反复试验、试飞了三次。飞行员与地勤意见尖锐对立，停飞了一个星期，严重影响了新机试飞进度。大家没办法了，只好把正在休病假的程敦滨叫到现场。他在地面收放试验时仔细检查，找到了舱门护板在收上位置卡框过紧，虽然地面收上到位上锁都正常，但空中加上下翼面气动力反作用，就可能到不了位上不了锁绿灯不亮。于是他将护板连接拉杆调长了1.5毫米，第二天试飞良好，故障排除。此后，这个故障再没出现过。

“三机定型”时，歼7Ⅲ、歼8Ⅱ都出现过起落架在空中单侧收不起来的故障。排故用了一年时间，飞了30多个排故架次，还是没有找到原因。大家严重怀疑液压附件问题。最后在返厂分解所有起落架收放系统液压附件时，发现液压阀等关键附件严重锈蚀。

程敦滨想，系统是密闭的，浸泡在液压油中怎么会锈蚀呢？经过对附件的拆解终于发现系统中有水迹。水是造成锈蚀的原因，因为锈蚀造成附件分油阀卡滞形成故障。那么水是怎么来的呢？油中有水？程敦滨决定首先对手动泵液压油加油车进行淋水试验，经过一夜的淋水，密闭的加油车中竟然进了水，就是这些水进入飞机系统中。进一步检查，发现由于设计缺陷，加油车螺杆轴向键槽通气，破坏了密闭性，下雨天水通过键槽进入油箱。程敦滨向设计所提出了更改设计的建议。随后，这个问题得到解决，两型新机再没出现过起落架收不起的故障。

“民航碰到这类问题一般是换件，但试飞不行。试飞必须要找出原因并改进，绝不能把有问题的飞机交给我们部队的战友。”程敦滨认真地说。

金世民是空军航空维修专业最高学府培养的新中国第一代航空维修专业人员，他毕业于空军工程大学，1976年从部队转业到试飞院飞行部，一直从事机务工作。他从学生到军人再到试飞机务人，从机械师到机务大队长、飞行部副主任、试飞院专业副总工程师再到享誉航空工业、空军、海军的航空维修专业技能专家，他走过了一条机务人从飞机专业维护到机务技术专家的成长道路。

金世民到试飞院后的第一个岗位是歼6的机械师。歼6是当时最难啃的型号，在其定型试飞中，他发现当时的年轻机务基本上都是刚毕业的中学生，他们的专业文化知识和机务技术能力都比较欠缺，于是，他当上大队长后开始抓业务学习、抓作风培养、抓技术比武等工作。他要求技术工人能“快速、准确、熟练”操作，专业人员能默画系统电路图，熟记上百个元器件

○金世民是空军航空维修专业最高学府培养的新中国第一代航空维修专业人员。

编号、技术指标和功用……这些都为提高人员技能水平打下了扎实基础，其中许多要求和比武项目一直延续至今，而“更换轮胎”比赛还成为“机务节”比赛的保留节目，甚至上了央视。

金世民走上管理岗位后，培养了许多机务技术骨干；指导完成了多种机型的科研试飞保障任务；编写了多项机务规程，从规范维修指南到创新维修理念，奠定了机务工程技术行业标准；他提出并成功实施的“延长某型飞机首翻期日历年限”为空军新装备的使用提供了有力的技术支撑；他倡导的“机务维修工作从保障型向研究保障型发展”的思路已经得到业内普遍认可；他作为主要作者研究出的“某型飞机飞行安全研究”“新机四性评估准则”“舰载机飞行安全特情处置”等学术成果，在我国机务维修保障实践工作中有着广泛影响。

从机械员到飞行部主任，从运5到空警2000，张增民在机务岗位上工作的这些年里，同事们对他的评价都是“工作极其认真负责”“是一个很有能力的带头人”“敢于创新”等。

在空警2000的设计定型试飞工作中，经常可以看到这样一个场面：机库的灯光连续几天彻夜不息，一群人在机上、机下往返忙碌。这是机务人员在为首架准预警机的恢复飞行进行攻关。这架由伊尔-76运输机加、改装的具备预警指挥机雏形的飞机，不仅技术资料不齐备，而且任务电子系统需要重新加装恢复。如果该机不能恢复飞行，势必给型号研制带来难以估量的影响，整个预警机工程研制步伐将会减慢。

对此，张增民心里早有打算：“我们虽然没有该型预警机的维护保障基础，但我们有丰富的维修保障经验，我们只要完全摸排清楚机上的每一处，那就一定会成功。”就这样，保障团队下定了自主攻关的决心。在国内没有任何维护预警指挥机经验、没有任何技术支持和培训的情况下，开始进行“超常规不超越程序”、夜以继日的封闭式攻关：对机上每一个器件逐点逐线地测试、摸索，掌握了多个系统的技术状态、交联关系。他们仅用了4天就完成了试车，仅用了10天就使这架飞机具备了放飞条件，节约了大量经费。

飞机飞起来了，但又一难题——拆除“DOME”（预警机雷达天线罩）摆在众人面前。这项工作在全国是第一次尝试，在毫无经验、只能靠摸索的情况下，张增民第一时间组织骨干人员召开会议，商议拆除方案，并做好风险预案，硬是在短短3天内将直径10余米、重将近10吨的“DOME”完全拆下来，并保证了无“DOME构型”的飞机顺利飞起来，并将“DOME”顺利送到厂家，5日后安全返回，创造了又一个奇迹。而后，试飞院相继保障空警2000攻克液冷系统、任务电源系统恢复难题，完成了雷达领先试飞、任务子系统研制改进试飞和空勤机组培训等多项任务。该型预警机2010年荣获国家科学技术进步奖特等奖。

2003年首飞，2007年设计定型，空警2000的飞行强度是历年少有的，最多时达到了日飞行二十余架次，占场时间达到了十几个小时，试飞人面对困难丝毫不惧、连续奋战，形成了后来人们熟知的“2000精神”。有部队首长评价空警2000的试飞：这真是一架“争气机”，为中国预警机事业的后续发展奠定了坚实的基础。

ARJ21–700飞机在试飞初期遇到了机务人才储备欠缺的困难。对此，张增民在该机试飞工作正式开展之前，就对民机试飞保障人员进行严格选拔，以各部门年轻骨干人员为主，对选拔出来的多名骨干组织开展维修基础执照学习，严格按照民机规范化流程要求开展各项工作，这为民机试飞标准化工作奠定了坚实基础。而在解决了民机保障人员欠缺的问题后，张增民又带领团队建立了初始的民航维修保障理念与保障方案，进一步规范了ARJ21–700飞机试飞保障流程，明确了各级人员职责。

ARJ21–700飞机功能与可靠性试飞工作需要模拟民机运营航线功能可靠性试飞开展试飞方案设计，这在民机试飞上当属首次，成功与否直接关系着后续该机试飞工作能否继续进行。张增民不畏困难，带领团队在极短的时间内编制出了试飞任务

○不论是当机械员还是飞行部主任，同事们对张增民（右二）的评价都是“工作极其认真负责”“是一个很有能力的带头人”“不但尊重科学而且善于创新”。

单与详细的保障方案，为该型机功能与可靠性试飞任务的顺利完成奠定了基础。

面对着飞机种类与数量越来越多，尤其是机上成品跨越式增长、维修工作靠纸质记录留证难以管控的情况，张增民组织人员开发了机务维修管理系统，一个以可靠性为中心的维修保障体系。利用网络化技术，通过计算机对大量信息进行分析管理，实现了机务维修管理的监督精细化、维修过程精确化、装备使用控制自动化、排故过程智能化、岗位分工专业化。同时，该系统通过采集外场故障、维护等信息数据，进行可靠性、维修性、测试性、保障性的评估，就可以对维修工作进行持续不断的改善和优化，使维修效能统计分析、维修过程精细化等成为可能，也为后来的维修管控信息化奠定了基础。

机务出身的高峰现在是试飞院引领航空维修与保障专业发展的专业总师。他曾是大名鼎鼎的“歼10独立中队”的队长、“歼10铁军机务”的领头人，他们的业绩是试飞院机务被称为“中国第一机务”的重要因素。

“挺直的身板、黝黑的皮肤、棱角分明的五官显露出刚毅以及言语中带着东北汉子的豪爽”，这是高峰给人的第一印象。而在熟悉他的人眼里，高峰是这样的：

歼10试飞总师周自全说“高峰非常热爱航空机务工作”。

试飞副总师袁慧馨说“交给高峰的事儿，他办得让人特长精神”。

试飞副总师余俊雅说“高峰是用脑子在干工作”。

俄罗斯发动机专家别列贡说“高是爱动脑筋的机务朋友”。

飞行部主任宋义说“歼10有高峰在那儿盯着，没问题”。

高峰成为机务专业总师后，制定了机务代理师制度和机务系统模块化考试制度，组织编制了符合培养机务专业人才的试题库。试题库由130多套基础试卷和17个机型的200多套机型模块3万多道试题的联合形成，为机务各专业师的培养找到了一条科学可靠的捷径；他组织编写了一部《试飞保障指南》，共600多页，有30多万字。由于《试飞保障指南》中既有飞机试飞机务保障技术、特点、方法和经验，又有专业技术人员对试飞机务保障的探索和创新成果以及试飞机务未来发展趋势等丰富内容，因而引起了极大的反响。

机务出身的孙建英被中国航空工业集团公司授予“航空维修研究员”“航空维修技能专家”称号，被国务院评为“中央企业知识型先进职工”。2018年，孙建英被国家人力资源社会保障部聘为第45届世界技能大赛飞机维修项目 “中国技术指导专家”，他主持立项的“飞机扰动状态惯导对准技术研究”课题成果填补了国内惯导扰动对准技术的空白，解决了机务工作与惯导对准不能并行的技术问题；他所建立的扰动模型被其他研究所和空军装备研究院应用；他针对成品给定的日历寿命不合理而影响试飞进度的问题，主管完成了《飞机机载成品延长日历寿命方法研究》，提出了一套“综合分析决策延寿方法”，这种方法，已经在多种机型的200多项产品中得到应用。

他撰写并发表过30多篇论文，多篇获得一、二等奖，其中一篇还被ICAS2012录用，并在第28届世界航空科学技术交流大会上宣读；他翻译的《2101型进场GPS导航仪技术手册》至今还作为专业技术资料在机务维修中广泛应用。

他带领团队完成了歼10B飞机推力矢量地面试验专业设施及系留系统的研制，为歼10B矢量验证飞机开展一系列高风险试飞科目和在2018年珠海航展上表演“眼镜蛇机动”“落叶飘”等高难度动作奠定了基础。

2019年,王成获得试飞院突出贡献奖,其颁奖词为：“2019年在科研试飞机务维修保障工作中，发现并解决多项机务维修保障技术问题，组织排除多起试验机重大疑难故障，积极开展技术研究、技术改进和技术总结工作。在提升大队机务维修保障能力和工作效率方面做出了突出贡献。”

陶一江给我们介绍了王成的2019年。他说在这一年中，王成带领机组远赴寒冷的大漠，圆满完成某型飞机的双目标靶试

○机务出身的高峰（中）现在是试飞院引领航空维修与保障专业发展的专业总师。他曾是大名鼎鼎的“歼10独立中队”的队长、“歼10铁军机务”的领头人。

○机务出身的孙建英（中）被中国航空工业集团公司评为“航空维修研究员”“航空维修技能专家”、国务院“中央企业知识型先进职工”。

任务和多枚激光制导炸弹、多枚电视制导炸弹靶试任务以及某型飞机所有武器科目试飞任务；在某型发动机定型关键阶段，他坚持高标准、严要求，精准控制各项风险源，组织完成了某型发动机阶段性定型试飞的保障，并在实践中总结研究出数字化综合电子调节器标定技术，编制了《数字化综调标定操作规范》和维修操作卡，形成了一套行之有效的电调发动机保障维护方法。王成是机务二大队的副大队长，在管理上，他特别善于以小见大，一旦发现问题立即解决。在一次外场试飞自查中，他发现了一些维修操作方面的不良“小习惯、小问题、小细节”，他没有因其“小”而放弃，而是从规定要求、安全提示、现场督导、工具改善等几方面制定了具体措施，组织完成了外场飞机的各项停放、定检、换季、“四无”、扩大面等方面的工作，为以后的试验机飞行做好了最充足的准备。

了解王成的人都知道他具有特强的把理论转化为实践的能力。有一次，在保障试验机再次出动的准备时，他发现右发动机尾喷口有滑油油迹，然而滑油消耗量却显示符合要求。凭借多年的维修经验，他现场把关，通过静态外观检查未发现滑油外部泄露痕迹后，立即组织机组人员进行多次动态试车，但仍未发现滑油外部泄露痕迹，然而滑油消耗量却呈现逐渐增大趋势。他当机立断，直接对发动机进行孔探检查，结果发现在压气机转子叶片上有滑油痕迹，最终判断故障为发动机滑油内部泄露。随后他又快速组织协调，顺利更换了该试验机的发动机，从而排除了一起重大安全隐患。为改进某型发动机金属屑末传感器检查操作方法和抛放弹电阻测量操作方法及解决飞机全静压受感器改进后维护操作方法，王成组织专业人员研制了专项保障工具、设备，改善了操作方法，提高了工作质量和工作效率。

创新、创造以及研究、研制飞机的各种保障装置甚至试验装置，一直是中国第一机务的传统。

20世纪80年代时担任机务处主任的刘大鑫曾经回忆过自己组织和参与研制飞机防停车装置的一段往事：

1980年，“霹雳”5乙空空导弹研制到了定型试飞阶段，在研制过程中，用歼7飞机发射“霹雳”5乙时，曾造成飞机发动机空中停车的严重事故征候。那年我43岁，担任试飞院机务处主任一职。我想，国家非常需要“霹雳”5乙，不能因为一个防停车装置就让整个计划搁浅啊！于是，当领导问及有关停车问题时，我毫不犹豫地站出来拍胸脯：“我们可以搞。”就这样，我将自己——一个与防停车装置研制毫无关系的人，推到了试飞的“前台”。

随后，我调集机务处、机务四大队和机务三大队中歼7方面的机务人员组成了一个团队，团队中的成员都是各专业骨干。能够参与防停车研究，大家感到很兴奋，真是一呼百应，大家都为“霹雳”5乙尽快进场试飞铆足了劲。通过分析可行性方案，我们很快达成了统一认识，分头进行线路图测绘、零件图设计、采购器材，甚至自己动手加工，大家干得热火朝天，很快便做好了试验件。

紧接着进行地面开车试验，检查模拟发射状态的电路工作状况，发动机转速n1、n2，发动机温度的变化以及补氧、起动燃油的消耗等。经过十多次开车试验，终于确定了进行点火和供油的时机。地面试验证实，装置对防停车有一定效果，并且能够保证导弹发射和飞机自身安全。随后，我们提出了正式的改装技术条件，并起名“FFL-1”，由试飞院改装车间将两架歼7飞机完全改装好，并处于可进场状态。

1981年，部机关在北京召开专题会研究这套防停车装置，与会专家的结论是：这套防停车装置没什么害处，但能否起到防停车作用还说不清。于是，我们在不发射导弹的情况下模拟空中试验进行检飞，检查系统工作情况。在模拟发射时，发动机有关参数的变化以及这套装置的自动起动能力都达到了预期目标。终于，防停车装置获批进场执行“霹雳”5乙定型试飞。

“霹雳”5乙定型试飞采取了对空中相对固定目标“伞靶”、活动目标“靶弹”以及“靶机”进行攻击等若干项目。试飞需

○王成（左一）是机务二大队的副大队长，在管理上，他的工作特点是“雷厉风行”，不管是什么问题，一经发现，马上解决。

○20世纪80年代时担任机务处主任的刘大鑫，一个与防停车装置研制毫无关系的人，却发明了防停车装置。

要证明：只有当导弹发动机的燃气进入飞机时，才会引起飞机发动机停车。

在首次高温燃气进入飞机时，发动机产生大幅度摆动，试飞员形容“像骑野马似的上下颠簸”。飞机着陆后，飞机表面不仅有灰白色的烟迹，而且意外发现进气道防喘放气门被鼓开大约10毫米宽的缝，同时还有烟迹从进气道门内往外流出的痕迹。经分析研究发现，导弹的高温燃气进入飞机进气道引起进气道喘振，继而导致压气机喘振，喘振使气流瞬间中断，从而造成了燃烧室瞬间极度富油而熄火停车。这次没停车说明“FFL-1”在发挥作用，同时说明停车的直接原因是进气道喘振。之后，我们将燃烧室防熄火装置和进气道防喘振装置同时与导弹发射连锁起来，这便是“FFL-2”防停车装置。经改进，高温燃气进入飞机后，剧烈的颠簸基本消失。从其中一次飞行记录来看，发动机参数n_1摆动到106n／分，n_2摆动到89n／分，发动机温度急增60℃，试飞员反映，发动机参数摆动那么大却没出现停车，说明这套防停车装置在发挥作用。

在此后的一年多时间里，70余次的导弹发射均没有出现停车，保证了任务的顺利完成。

经检索，当时世界防停车专利有26项，但没有一项是防喘振方面的，这套装置绝对算得上是发明。

在中国“航空工业首席技能专家”队伍中，有位被称作“范大师”的机务人，他叫范小东。

作为空中试车员，范小东三年间累计飞行了几百个小时。有一次，他随机进行某型发动机空中试飞，突然发动机油门杆在全加力状态下失效。面对突发故障，范小东迅速反应，凭借积累的经验和应急预案，快速使用应急油门将发动机收至巡航状态，避免了发动机烧毁。飞行后的试飞数据表明，整个处置过程仅用时4秒钟。

像这样的应急处置，对范小东来说已经屡见不鲜。他在新机空中及地面试飞保障过程中，先后正确处置、排除了2次“发动机空中停车”、2次“空中发动机振动超限”、1次“发动机油门杆空中失效”等10余项重大故障。

范小东总是说：“工作中最不缺的就是技术创新，就看你有没有用心。”范小东就是个技术创新的有心人：他完成过多项技术攻关，解决过多项重大难题；他提出的“利用资料核查对工作项目进行评价”的新思路是对此类工作的一个开创；他提炼形成和编制了“飞机/发动机使用维护保障技术”、“试车员操作规范要求”、“接机工作卡”、《某型发动机维护保障技术汇编》、《某型发动机维修性问题与建议》，以及3型发动机的《使用维护评述》《试车员评述》《试验机移交验收方案》。在这些成果中，有的填补了国内相应领域的空白，有的有效缩短了设计单位的研制周期，有的为科研试飞节约了大量资金。

在技术攻关方面，范小东可称得上是名副其实的技能能手。一次，机务部接到一型技术状态非常差的飞机——关键系统硬件被拆除，测试等相关线缆断裂。在技术资料不完整，技术状态不明，控制关系、操作程序、维护要求不清，地面维护设备使用不明的状态下，范小东临危受命，和大家一起起早贪黑，通过飞行保障技术攻关，结合飞机上摸底、排查、分段测量、检测等工作一步一步查清了飞机上每个系统的组成、工作原理、工作状态、工作模式、控制关系及操作、维护方法，最终实现了关键系统工作状态的恢复，并总结出一套关键系统的试飞使用操作方法及保障维护要求。随后，通过地面试车检查，成功地实现了该关键系统机上恢复运行工作。此项工作在国内尚属首次，攻关成果得到设计单位采用，有效缩短了设计单位的研制周期。

在繁重的试飞保障工作之余，办公室里总会有范小东笔耕不辍的身影。他埋头于航空试飞保障技术沉淀和经验共享，让更多的人越来越重视保障技术。

2016年，为了更好地培养机务技能专家，“范小东技能大师工作室”正式成立，成为陕西省20个省级技能大师工作室之一，范小东将工作室作用设定在“充分发挥高技能人才在生产一线的积极作用，进一步提高技能领军人才在带徒传技、解决技术难题、优化技术流程、提炼绝技绝活、技术技能创新等方面的作用”。工作室成员由范小东和另外4位技能专家组成：

范小东获得国防科学技术进步二等奖一项，航空工业集团二等功2次、三等功1次，荣获“全国技术能手”“中航工业首席技能专家”荣誉称号；李冰获得航空工业集团二等功1次、三等功1次，国家专利6项，荣获“全国技术能手”“中航工业首

○在中国“航空工业首席技能专家”队伍中，有个被称作“范大师”的机务人，他就是范小东。2016年，“范小东技能大师工作室”正式成立，成为陕西省20个省级技能大师工作室之一。

席技能专家”“陕西省首席技师”等荣誉称号，享受国务院特殊津贴；董巍获得航空工业集团三等功2次、国家专利1项，荣获“中航工业特级技能专家”“中航工业技术能手”“陕航局十大技术能手”等称号；王峻获得航空工业集团二等功1次、三等功2次，国家专利1项，荣获“中航工业特级技能专家”称号；王朝阳能熟练掌握近6种重点型号飞机的维护保障及定检工作，获得航空工业集团三等功1次、荣获“中航工业特级技能专家”称号。

几年中，工作室的技能大师们通过培训和带徒工作，将其工作经验进行推广，已经有多名年轻人成为技术骨干，更有5名徒弟系统掌握了新机的维修和使用，已经由机械员成长为机械师。在传承技能专家的绝活和知识方面，提炼出《某发动机反推力装置安装、拆卸技术方案》《某发动机反推力装置安装、拆卸程序》《某发动机反推力装置拆装前准备工作及注意事项》《某大型军用运输机机务维修保障用户参考》等多份技术文件；完成了某型发动机的《用户技术资料问题汇总》《维修性问题汇总》《工具/设备使用评价》《外场保障技术支持工作总结报告》的编制，形成技术资料问题与建议100多条、发动机维修性问题与建议70多条、工具使用评价与建议60多条，以及多条设备使用评价与建议。这些问题与建议为产品维修性改进提高提供了第一手资料。工作室专家还设计、制作了包括发动机多项专用维护工具、某型飞机雷达罩拆装托架、外场雷达气密检查仪、点火附件检查仪、投放线路通用检查仪等多项使用工具。

“你是航母Style第一人。”每当有人这样说沈意的时候，沈意总是摆着手说：“不不不，舰载机指挥手语是集体智慧的结晶。”

当年，试飞机务保障团队与第一架歼15飞机转场到外场时，这里的建设还尚未完成。这个“尚未完成”说的是机场还在-20℃的情况下进行建设，是连最基础的生活设施都不具备，是工作的各类专用设备、飞机备件都还没有……然而，试飞院派出了由副院长郭平凡担任试飞队队长、科技部党总支书记张惠全担任副队长兼党支部书记的试飞队。

试飞队的管理、建设和任务快速推进；飞行试验开始了；机务团队的训练和保障也开始了……

新机故障率高，为了做到“故障不过夜”，机务人员几乎是天黑出门天黑回来；为了保证进度，飞机和发动机的短时定检基本上利用晚上加班完成，绝不耽误第二天的飞行；一般需要两三个月才能完成的飞机24个月定检，在这里不到一个月就拿下了；因地面挂索拦阻试验事故导致飞机严重受损时，机务保障团队所有能够参与的人员与主机厂所的工人共同修复，用了不到两个月的时间就使这架飞机重返蓝天，其间加班加点甚至24小时连轴转成为常有的事；没有节假日，没有休息天，不放过一个可飞小时……任务最繁重时，1个月飞了156架次，单机单天最多飞到7个架次；光工作指令，一年就发出了300多份……

对于机务人员来说，谁也没有接触过、维修过舰载机，在这个从无到有的过程中，机务人做到了“岗位平凡，业绩不凡”：飞机日常的排除故障、试飞前的加油通电、飞行后的维护检查……每一个环节必须万无一失。

终于，在为我国舰载机试飞的“保驾护航”中，他们创造了“万次起落零起等级事故”的奇迹。

这个奇迹是机务人一丝不苟的态度、不容任何闪失的作风以及精湛技能的体现；是机务人一次次改进技术、排除故障的结果。这支机务团队的工作获得了所有人的赞扬，在航母上，大家亲切地称他们为“战鹰的医疗队”“试飞员的可靠战友”。

对于中国第一机务们来说，除了舰载机的机务保障属于第一次外，还有一个第一次：设计“起降保障流程”中的动作指令。曾经让广大网友竞相模仿的“航母Style”手势，就是整套流程中众多手势的一个。

当歼15在辽宁舰上成功完成首次着舰起降时，在央视播出的画面里，离飞机最近的是身穿背部印有“起飞”字样黄色马甲的两个人在做“下蹲屈身，凌空一指”的动作。这个岗位的正式名称是起飞指挥助理，任务是引导飞机起飞。舰载机起飞助理是世界公认最危险的职业之一，飞机起降时，他们距离飞机只有几米远。此时，起飞指挥助理中左侧的沈意是第一岗位（右侧是舰面部队的跟学人员，正常工作时这个岗位上是一个人），他主要负责与飞行员手势沟通。“下蹲屈身，凌空一指”是“示意放下止动轮挡和偏流板，飞机起飞”，这是放飞的最后一个姿势。

这个自带“走你”的“航母Style”手势被网友热情追捧和广泛模仿，而整个舰载机的保障和起降流程创新的背后，是不为人知的机务保障团队的心血和共同智慧。就是这个看似简单的、放飞的最后一个手势，曾经在起飞前不足1秒的时间里及时中止了飞机带故障飞行，避免了重大事故的发生。

在日常生活中，人们经常会使用一些通俗易懂的手势来传递信息，例如交警指挥交通的手势、比赛时裁判员的手势等。

目的就是为了在不便使用声音进行信息传递时，能够保持及时、有效的信息沟通。

那为什么在航母甲板上要使用“航母Style”手势来放飞飞机呢？主要有以下两个方面的原因：

一是因为“听不见”，喷气式飞机起飞时的噪音大约为140分贝（演唱会现场的音响在1米内震耳欲聋的音量也仅仅约为100分贝），在这样的环境下工作无法靠说话来沟通。航母甲板上的工作人员离飞机很近，不仅要佩戴防噪音耳机，防止对听力造成损伤，还要与其他工作人员和飞行员保持沟通，最简单有效的办法就是使用手势。

那为什么不使用无线电进行沟通呢？其实工作人员佩戴的防噪音耳机具有无线通话功能，在飞机发动机未工作时，无线电通话还是最有效的沟通手段。一旦飞机发动机开始工作，靠说话来沟通必然会被干扰。在情况瞬息万变的航母甲板上，如果不能及时进行有效的沟通，随时可能会发生后果严重的事件。当航母进入战斗状态时，因作战需要，可能会禁止使用无线电通话，此时甲板上的工作人员就无法沟通，各项工作就不能顺利进行。

二是因为“看不见”。航空母舰就像一个漂在海面上的小型机场，虽然体型巨大，但是它的甲板面积与民用机场相比就小得多，环境也要复杂得多。一个大型民用机场占地面积大约有1000个标准足球场。以我国第一艘航母“辽宁号”为例，甲板面积大约仅有3个标准足球场。当航母进行训练或作战时，甲板上不仅有摆放的飞机、设备、工作人员，还要清空跑道、留出飞机发动机尾焰危险区域等，此时甲板就显得异常拥挤，飞机与周围物体的安全距离需要用厘米来计算。

战斗机飞行员在座舱内的可视范围很有限，把握飞机准确位置比较困难。为了精确操纵飞机，防止发生碰撞，飞行员只能依靠引导员的指挥手势。特别是在夜间工作时，飞行员在座舱内几乎看不到座舱外的物体，更需要依靠引导员使用灯棒做出的指挥手势。

为了使我国第一型舰载战斗机在航母上顺利起降，机务人员首创了我国航母舰面起降保障流程。

试飞初期，沈意和他的机务保障团队发现，通用的航空手势并不适应航母的短跑道：“用‘过来’手势表示滑行，试飞员不容易看清楚，后来改成雨刮式的挥手；趴在地上发出‘起飞’指令，不仅胳膊受不了，试飞员看着也不直观，单这一个手势就经历了上百次迭代，才演变成现在这样。”

○为了使我国第一型舰载战斗机在航母上顺利起降，机务人员首创了我国航母舰面起降保障流程。握拳、松拳、挥手、摇手，跪下、起来、屈腿、下蹲，一个个形象的手势和姿势不断产生。

握拳、松拳、挥手、摇手，跪下、起来、屈腿、下蹲，一个个形象的手势和姿势不断产生。从接到试飞任务到成功完成“首秀”，三年多的时间里，沈意带着他的团队自创了上百个手势和姿势。

2013年，这一起降保障流程获得了试飞院科技成果一等奖。

“630系统”

2019年10月1日，全世界的目光聚焦新中国成立70周年的盛大庆典。这一天飞过天安门广场上空的飞机，有12个梯队34个型号。令人骄傲的是，这34型飞机都是在试飞院完成定型试飞后领到通向蓝天的许可证的。而“中国第一机务”，则是这些新型飞机从产品变成装备的第一个见证者——天天为他们服务并为他们的健康提供保障的人。

令人骄傲的是，这些新型飞机的顺利定型并交付部队离不开的一套软件——航空工程机务维修管理系统（简称“630系统”），它是试飞院自主研发的，其研发者就是机务人。

更令人骄傲的是，这款具有完全自主知识产权的被叫作“630系统”的软件从1999年诞生到现在，已经使用了20年，这不能不说是一个奇迹，因为很难找到服役超过20年的管理信息系统原创软件，因此，“630系统”又被大家称为“软件中的AK-47”。

每当符永鹏说起自己在1997年自主研发“630系统”V1.0版时，总是骄傲地说：“还有什么比能够直接为中国国防建设做贡献更令人骄傲的事情呢？”

试飞院早期对飞机、发动机、有寿件、周期性项目的日常控制和管理主要是通过手工来完成的，后期虽然引入了一些通用的表格化管理软件，但距离现代化、信息化管理的要求相差甚远。随着现代化飞机研制速度的加快，落后的飞行控制和管理手段会严重影响飞行安全，试飞院作为代表国家对新研制飞机进行鉴定、定型和民机适航认证的机构，迫切需要一款现代化的质量控制与机务维修管理软件。

1997年，符永鹏大学毕业到试飞院后，分配到飞行部机务三大队，实习期间被告知将要承担一个任务：为歼10飞机开发一款质量控制与机务维修管理软件。

“什么？歼10飞机？”一直是军迷的符永鹏还是第一次听到这个型号，这让他极度兴奋。要知道，来试飞院之前，他听说过国内最好的飞机就是歼8Ⅱ了。到了试飞院后，在实习期间，他见到了传说中的歼轰7等一些新型飞机，但歼10还是第一次听说，这让他更加兴奋。

“这是一种更为先进的战斗机，具有和美国的F-16一样优异的性能，目前正在研制阶段，计划明年首飞，后年转场我院进行定型试飞，你有把握在飞机转来之前完成软件开发任务吗？”机务三大队质控室主任白天军问符永鹏。

“能！保证完成任务！”符永鹏自信地回答。

接到任务的当天，符永鹏就在兴奋中开始了软件开发的准备工作。然而，到了需求分析阶段，小符才逐渐意识到即将开发的软件系统其复杂程度远远超出自己的想象。

软件涉及飞机、发动机及其他有寿件和周期性工作、飞机故障信息、技术文件、机务通报、仪器仪表设备、机务人员等方方面面，特别是飞机有寿件控制模块非常重要，直接关系到飞行安全。此外，光是需要打印的机务指令卡和各种维修报表就有上百种，要将过去人工处理的零零散散、千丝万缕的数万条信息纳入信息化管理，谈何容易。直觉告诉符永鹏不能匆忙下手，要“谋定而后动”。此后的两个月，符永鹏在白天军的帮助下深入机场一线和各大队质控室了解需求、梳理流程，完成了软件的概要设计后转入详细设计阶段。

在20世纪90年代，电脑还是稀缺设备，小符所在的机务三大队只有质控室有一台586电脑，还承担着许多工作。质控室主任白天军和大队长杜春林商量后，“特批”给小符一把质控室机房的钥匙，允许他晚上到质控室使用电脑。

得到“特批”的小符每到晚上就去机房加班编程序，经常一干就是一个通宵。那时候互联网还没有现在这么普及，所以遇到技术困难，符永鹏就去院图书馆查，院图书馆没有就坐车去西安新华书店，后来知道院研究室里的王建军和党怀义是编程高手，于是小符隔三岔五就去“打扰”他俩，而王建军和党怀义总是毫无保留地帮他答疑解惑。

半年后，系统主要模块的开发任务完成了。白天军惊喜地发现，由于软件系统可以实时获取最新的飞机技术状态信息，过去需要两三个人用三到五天时间才能完成的校对飞机发动机履历本、核实装机状态等飞机延寿前的准备工作，现在只需在几秒钟就搞定了。其实，不能怪过去工作效率低，因为那时候需要逐个校对上千项飞机发动机装机状态信息，有时甚至需要爬到飞机上去逐一核实，既耗人又耗时，而现在，只需打开软件，用鼠标选择飞机号，然后点击“确定”按钮即可。这让机务人第一次感受到了信息化带来的便捷。

1998年春节过后，符永鹏被调到质控室，专门进行该系统软件的开发。1998年9月，小符完成了全部功能模块的开发。经过几个月的测试、反馈、修改、完善后，1999年1月，“航空工程机务维修管理系统”（“630系统”）V1.0版诞生了，它的研制成功，使试飞机务保障质量管理水平发生了质的飞跃，试飞院机务维修管理和质量控制进入了崭新的信息化时代。

“没有最好，只有更好！一定要在歼10飞机转场到试飞院之前不断优化，充分暴露软件所有缺陷，决不能让歼10做软件的试验品。”700多个日日夜夜的攻关、研究，26000多条代码，30M的源程序，近百种报表……每一个数字都凝聚着符永鹏和他的软件编制团队的辛苦和机务们的才华、智慧。

1999年12月20日，在澳门回归祖国的这一天，歼10飞机1001架缓缓降落在试飞院机场，“630系统”迎来了她期盼已久的第一位三代机客人。

虽然该软件系统是为歼10飞机而研发的，但由于设计之初充分考虑了软件的扩展性，因此可以对包括歼7、歼8Ⅱ、歼轰7等在内的所有试验机进行控制和管理。

软件包含了飞机、发动机使用控制，飞机成品寿命，故障收集分析，仪器仪表有效期的控制，人员技术状况控制等内容；集合了机务质量控制系统成立20多年中的诸多管理经验、方法和措施，有效地将过去独立存在、分散管理、人工处理的机务保障、控制、管理等工作整合成为人机一体化以及过程、质量同时化的有机整体。

系统极大提高了机务维修管理工作的效率，减轻了机务维修管理人员的劳动强度，使飞机和飞机有寿件的寿命监控更加及时、准确。同时，软件在很大程度上避免了以往机务维修管理工作中频繁发生的人为差错，为确保科研试飞安全提供了坚实的保障。“现在质量控制工作的舒适度和幸福感都直线提升，过去那种‘提心吊胆睡不着觉，不知道下一个处理谁’的日子一去不复返了。”白天军风趣地说。

“630系统”开发完成后，机务人并没有停止创新的脚步，2001年，在院长助理、科技部部长梁相文的倡议下，由飞行部和远方公司研发中心组成了创新产品联合开发团队，由席鸿国任组长、俞坚任副组长，成员由符永鹏、赵宏、李育丽、孟晓滨、杨维娟、石海婷、杨向红、宿春晓、白天军、孙建英等组成。

研发团队用了一年多时间就解决了模块定制技术、一机一卡技术、密码识别及系统的自毁技术、数据库加密等如今看来不难但当时都是卡脖子的技术问题，越过了一个又一个“山头”，把“630系统”中的部分模块由PC端变为掌中宝，成功研制了国内首个嵌入式机务维修移动查询系统——“机务通”掌上电脑。该系统顺利通过了总装备部重型办等单位组织的验收评审，并成功列装空军。从此，不管是地方还是部队的机务人，都有一个“专家”在身边了，只要轻轻一点，“专家”就会“说话”。

该系统的研制成功，不仅填补了国内嵌入式掌上电脑技术在航空机务维修领域应用的空白，而且也是试飞院首次开发出的随机机务工具设备，深受空军部队的欢迎。

在获得一个又一个奖项时，团队成员并没有满足，在成功研制“机务通”的基础上，他们继续向航天领域拓展。2005年初，研发团队的另一项产品——“航天员电子手册”诞生，受到了到试飞院走访的中国首位航天员杨利伟的高度评价。

2005年10月12日，大家在“神舟六号”飞船传回的视频中看到的航天员费俊龙、聂海胜打开的那本掌上电脑，就是这

○航天英雄杨利伟（左三）与试飞院“航天员电子手册”研发团队部分成员合影。

款“航天员电子手册”。

在此后的几年里，不断升级的“航天员电子手册”伴随着“神舟”七号、八号、九号……在太空遨游。

2011年，“630系统”迎来了她的第一位四代机客人：歼20试验机。

20多年来，该软件在1999年正式发布的V1.0版的基础上，经过了600多次的修改和完善，已升级到现在的7.3.3版，功能更为强大。

猛龙铁军

机务工作掌管着飞机的放飞证，它是决定新机能否安全飞行的最后的、最关键的环节。正因为这一点，早在20世纪90年代中期，试飞院就挑选出机务队伍中的精兵强将，为迎接中国第一款三代机——猛龙歼10做机务保障准备。

1996年，这些精兵强将的代表到成都参加俄罗斯留里卡设计局组织的发动机培训；1997年他们参加了611所组织的歼10飞机机务改装培训；1998年至1999年，他们又到成飞公司歼10研制现场跟产学习和培训。1999年12月20日，他们从成飞公司机务人员手中接过1001架飞机的机务维护工作，开始了与歼10飞机一起摸爬滚打的战斗生涯。

为了加强歼10试飞工作，2001年，试飞院飞行部将原三大队中的歼10飞机维护人员分离出来，组成了“歼10独立中队”，具有扎实业务能力的高峰被任命为队长，同样优秀的魏军、王小军为副队长。从此，他们带着这支年轻的团队，怀揣火热的激情，与歼10同呼吸共命运，在考验与磨砺中不断前行。

这是一支敢打敢拼又讲科学的铁军，在整个歼10试飞中转战两个主战场，立下了赫赫战功。2003年，该独立中队编制为机务六大队，专门从事歼10和发展型系列的机务维护保障工作。

说他们是试飞队伍中最辛苦的一支，有太多的例子：2002年5月15日，他们上午送走1001和1006架飞机转场，紧接着将机务设备和工具装上伊尔–76，中午随机转场，经过两个多小时空中颠簸，下飞机卸下空运物资后就开始排除前面转场中4架歼10飞机出现的故障。在4年定型试飞期间，他们有不少人都是每天连续工作15小时以上；加班总数达1万多人次，仅休息日加班就有2300多人次。在西线，最早6点飞行，他们4点半就得起床；最晚9点结束飞行，他们还有1至2小时的“飞行后”工作，如有故障，则会干到次日凌晨。

说他们是最讲科学的一群人，也不乏证据：他们已经完成了机务从飞机维护经验型向飞机维护研究型的转变。一次，一位技术人员向俄罗斯专家咨询发动机有关问题时，该专家竟回答：“这个问题可以问你们的高峰。”他们从不人云亦云、削足适履。他们在开始时将维护分成五个组，后来通过实践取消了一个，形成了四个专业组。这种分法简单、科学，工作量平衡，易于管理。后来，使用歼10的空军部队也接受并使用了这种分工体制；1996年至1998年，在歼10还没有首飞的情况下，他们就根据学习后对歼10的理解编写了近600份飞机维护卡片。这些卡片科学、严谨、实用，可以有效地防止工作中的错、漏、忘；他们研发了机务维修管理系统应用软件，将质量控制等纳入计算机管理，使各项工作有章可循。从文件收发、质量评审到故障统计等，均可以纳入数据库，随发随存，随用随取，井井有条；他们利用歼10飞机的可测试性，熟练掌握、应用MBIT（维护操作自检测）和地面飞参站，随时跟踪飞机的“健康”状况；2000年，他们成立了歼10机务研究课题组，按专业搜集、整理、分析飞机的各类故障，从机理、概率到排除方法等方面将其汇编成册。4年中，他们用歼10维护中总结分析的1400多条故障信息归纳提炼出280项典型的、具有指导意义的维修经验。特设师王海刚在没有现成资料的情况下，凭记忆画出线路图，找出了电源系统的故障；无线电师孙建英钻研机载系统，提出了在动态情况下进行惯导对准的方案，对缩短再次出动准备时间具有重要意义。

说他们在歼10试飞中立下了赫赫战功，绝不言过其实：从1999年12月20日开始，4年时间中他们维护保障了1600多架次的飞机飞行、发现和排除故障1400多次、发出现场问题处理单3800多份……定型试飞4年中所有的飞行事故或事故征候中没有一次是因为机务维护问题造成；他们与厂、所一道，编写了歼10维护卡片和6册《歼10飞机维护规程》，他们提供的条款都是实实在在的实践经验的结晶；他们完成了机上所有成品的使用维护评述报告和随机鉴定报告，完成了所有系统使用维护评述报告……这些报告为歼10各类成品的设计定型提供了可靠的依据；他们编写的“可靠性、维修性、测试性和综合保障评估”材料是歼10设计定型的重要报告之一，他们总结编写的《歼10飞机维修技术》共有178页约17万字……歼10定型时他们都无条件地提供给了空军，作为部队机务培训教材；他们将自己的维修经验形成经验数据库，研发了适用于部队机务人员使用的“机务通”，供部队机务人员现场使用。

歼10试飞锤炼了这支机务队伍，这支机务队伍安全高效地保障了歼10试飞。

中航一集团总经理刘高倬在2003年8月1日于试飞现场评价他们：“特别能吃苦，特别能战斗，特别能奉献。”

歼10总设计师宋文骢说：“以后再进行飞机设计，我一定要请试飞院机务人员参与。”

1999年的一个夏日，成飞公司的一个会议室里，一位年逾古稀的俄罗斯航空专家正在仔细听翻译转述一位中国学员提出的问题。这位供职于俄罗斯留里卡发动机公司的老专家神情很严肃，似乎又有几分不自在。经过几秒钟的思考和沉默后，他告诉翻译：“这个问题我没有做过深入研究，暂时不能做出确切的回答。等我完全搞明白了，一定给你们答复。”

提出问题的，是试飞院机务队长高峰。

高峰对机务工作的热爱，是从骨子里渗出来的。都说试飞机务是“干了三天便后悔，干了一辈子还留恋”的工作，而高峰，则将其变成了自己“无法放弃、无法割舍”的事业。从歼10当时配备的俄罗斯发动机到俄方随机提供的6本中文版发动机技术资料，高峰做到了“完全吃透、彻底消化”。

2001年初，在1001号和1004架飞机试飞中，科目要求发动机起动性要好一些，这就需要牺牲一些加速性。俄方专家来了，调整好了发动机的加速性，起动性也达到了要求，但是飞机却产生了喘振。按照惯例，必须停车检查、排故。然而现有的资料中没有对此问题的说明，俄方也没有办法。

在歼10试飞总师周自全的组织下，包括机务工程人员参加的专题协调会在俄方专家下榻的试飞院宾馆召开。在会上，高峰将拟订的发动机调整、测试、检查的程序和思路做了清晰的通报。俄方代表别列贡听完高峰的陈述，惊疑地睁大了眼睛，而后跷着大拇指敬佩地对周总说：“你们很会用人，高很有思路，知道该干什么，该怎么去干。”

周自全无不风趣地说：“在我们试飞院，像高这样的技术人员还有很多。”

后来，俄方按照高峰他们提出的方案，解决了发动机的喘振问题。

面对歼10飞机的特殊性，面对试飞机务保障5个专业分工界面比较模糊且有许多结合点的实际情况，面对如何将机务工程工作从劳动密集型向技术密集型、知识密集型转化的客观要求，面对如何与兄弟厂所加强密切配合进而提高定型试飞效率的迫切需要，高峰和他的两位搭档进行了深层次的思考和研究，一起确定了现场管理、技能提升、技术发展三个提升方向。他制定了《现场行为规范》《西线试飞机务工作细则》等文件，规范队员行为，把控工作质量。他在自己实现一专多能的同时，要求大队的每个人都做到“在精通本专业的基础上了解并掌握其他专业的基本技术”，使队员抽空“充电”和队友间相互请教、交流、讨论业务成为习惯。

在歼10跟飞厂、所工作人员中流传着这样一句话：“有问题找魏军。”

他们嘴里的魏军，是一名老机务。平常，魏军最明显的特点是两撇别具特色的小胡子和一抹常驻不散的笑容，但一到工作现场，那活力、那精神头、那专注劲儿，瞬间就将他变成了一个“巨人”。

魏军是最早成为歼10定型试飞机务保障人员的，1998年就进入了保障前期技术准备。他完成了飞机的《机务维护规程》《机务工作卡片》等技术文件的编写，参加了611所组织的《歼10飞机机务维修规程》中“机械专业篇”的编写。经多年维护使用证明，魏军编写的规程科学、规范、合理、适用。

在具体的机务工作中，大家叫魏军为“细心的拼命三郎”：1001架飞机涡轮冷却器的故障、1004架飞机发动机滑油压力偏低的故障、1005架飞机液压卸荷阀工作不正常导致液压系统无压力的故障、1006架飞机输油比例器的故障和进气道隐蔽处蒙皮裂纹的故障……这些难以发现的故障都是他发现的。2003年3月，歼10在试车过程中出现油量不减反增的问题，魏军带领专业人员在仔细查阅图表资料后又在飞机上进行试验、检查，最终发现前组油箱中一根油管接口脱开（其连接形式为插接式）。魏军向设计方提出改进意见，并在其他几架飞机上也得以实施。

歼10不仅有着国内最先进的综合航空电子系统，而且表现出高度的综合化、数字化和信息共享的特点。因此，在维护与使用方面较以前有着质的飞跃，基本上没有可比性和延续性。而在歼10飞机定型试飞中，仅为飞机航电系统提供成品和服务的厂家、研究所就有80多家。这个特点使机务维护保障的工作量非常大。

试飞现场机务保障中航电专业的领头人叫孙建英，人称“航电小专家”。

2001年11月1日，歼10在试飞中发动机突然停车，所有座舱显示器均无光栅且电台联络不通，试飞员在万分紧急的情况下无法与指挥员取得联系。孙建英结合故障情况分别对两架飞机进行了航电实验，复现空中停车航电系统状态，获取了相关的实验数据，经反复研究、判断，将问题定位为“航电系统设计有缺陷”。

宝贵的一手资料提供给了设计所，设计人员从惊讶到不相信又到信服并更改了设计，使歼10飞机航电系统更完善，确保了后续空中停车试飞任务的安全优质。歼10设计总师宋文骢说：“这小伙子在电子技术方面的水平不亚于一个高级工程师。”

在歼10型号定型试飞保障的4年中，孙建英先后发现并排除专业故障400多项；结合保障试飞实践编写纪要报告10多篇；写成专业论文4篇，其中《航电的使用与维护总结》受到611所科技部的高度评价，他还多次被邀参加国内和国外学术交流。

其实，“航电小专家”并不名副其实，他就是一位航电专家。

2003年6月5日，歼10试飞现场指挥部收到171厂军品研究所的一封感谢信：

歼10型号现场指挥部：

歼10飞机的设计定型试飞已进入关键阶段，现场保障任务异常艰巨，由于我厂在研型号任务繁重，人员紧张，又与基地相距遥远，为确保配套成品在试飞期间工作正常，保证试飞顺利进行，在现场实际考察的基础上，鉴于试飞院孙建英同志具有多年的电子产品维修经验，工厂特委托其在歼10型号单色/彩色多功能显示器发生故障时，对故障现象进行初步分析并对故障显示器进行维修……

后面是对事件的陈述和对试飞院机务孙建英的感谢。

原来，孙建英根据171厂提供的维修资料和自己多年经验，多次排除过该厂机上产品的故障。鉴于当时“非典”期间，外来人员需要隔离一周的情况，该厂将现场产品的外场维修工作委托给孙建英全权负责，而孙建英用自己的责任和能力完成了171厂的委托。像这种在试飞中为试飞院机务颁发委托书和授权

○说机务人在歼10试飞中立下了赫赫战功，绝不言过其实：从1999年12月20日开始，4年时间中他们维护保障了1500多架次的飞机飞行、发现和排除故障1400多次、发出现场问题处理单3800多份……

书的，一共有8个厂、所。

从这封信和这些故事里，我们确信，说孙建英是“航电专家”绝对是名副其实。

歼10“飞控”是个全新的专业，对从事这个专业的人员来说，需要掌握扎实的英语和计算机知识。接到这一崭新任务的刘杰很快就让自己跨入了新机飞控专业技术能手的行列，成为一个让人佩服的“万事通”。

2003年5月13日，飞行员反映在空中起落架收起的情况下，飞机速度大于500千米/时起落架操纵开关上告警灯闪亮，同时语音告警系统提示飞行员“收起落架”。刘杰认真分析查找后，判断其为系统相关导线断裂导致。经检查，果真如此。

刘杰是飞控室主任，他带出来的兵个个都是好样的。飞控师祁磊在2003年11月13日、14日两天时间内，先后发现并排除了飞机前缘襟翼空中上锁、大气数据传感器无静压信号、左鸭翼伺服作动器电液伺服阀工作线圈短路等三起不同性质的故障。

特设中队主任王海刚是中航集团任命的“航空技术能手”，他从来没有辜负过这个称号。2003年2月下旬，1005架飞机为增加发动机应急放油功能，对飞机相应线路进行了五类更改，但在3月10日对发动机全面试车时，发现应急放油系统不工作。在现场没有符合系统更改状态完整电气原理图的情况下，王海刚带领专业人员查阅了全部更改单，参照606所编写的0批发动机技术说明书画出了排故急需的发动机应急放油系统电气原理图，并对机上有关线路进行了全面检查，发现了问题。经成飞公司进一步检查，排除了故障。

都说机务工作中“最苦最累数机械”。机械中队是个23人的大家庭，“青年标兵”陈俊峰是他们的领头人。陈俊峰有个特点，对飞机各系统的改装，他从设计到具体实施都密切跟踪、参与，甚至所有施工人员各自应该接触的飞机部位，他都要了然于胸，碰到有人超范围作业，他立即严肃制止。对此，有些人很不理解：“这么大的铁家伙，谁能把它怎么样？”可陈俊峰不同意：“飞机从进入改装厂房到完成改装任务后拉出厂房，我们必须清楚掌握这期间飞机的哪些部位、哪些系统分别做了哪些工作，有哪些变化。这既有利于改装前后工作衔接，更能缩短内、外场交接时间，加快试飞进度。”他认为，如果机务保障人员不清楚参试飞机的历史状况、现状和它每时每刻所发生的变化，那么，进行机务维护、维修、检查、排故时无异于“瞎子摸象”。

如此，便不难理解他们为什么能在现场及时发现和排除各种重大故障了："燃油比例器故障""发动机主调节泵故障""过渡段胶圈断裂""环控系统涡轮冷却器抱轴""液压导管裂纹"……所有的故障都无法逃脱。有一架歼10要在外场进行发动机相关工作，原本应由俄罗斯专家来完成，但西线的特殊环境不允许外籍人士进入机库，最终王智等机械专业人员参照着看不太懂的俄文资料，自主完成了加力泵、主泵、尾喷口叶片的更换。而这些，都是第一次自主进行。

在机务保障工作中，集中性、危险性、复杂性最强的，大概要算军械专业了。武器试验、投放、发射等任务的地面保障都由军械中队承担。而这些，都是风险科目，而且故障频繁。

面对反复无常的故障和随时可能出现的险情，唐毅带领军械专业中队的同志们以常人无法想象的状态投入工作。无论是技术性很强的系统维护、检查、排故、维修，还是劳动强度很大的排弹、挂装炸弹、清洗航炮，他们都以自己精通的业务技能和崇高的职业道德赢得了大家的尊重。机载设备有些作业空间狭窄，工作时胳膊经常会被划伤，他们没有埋怨，但成品厂的同志们却流着泪握着他们的手表示："我们回去一定技术攻关，重新设计装机位置，减少外场维护难度。"

在歼10维护中，机务人员写论文已经是常态，比如机械师董巍撰写的《发动机"降转"故障分析》《某型发动机维护经验》，飞控师祁磊撰写的《飞机前缘襟翼驱动系统典型故障的判断、分析与排除》等论文，都得到过专家的好评，也在航空系统进行过技术交流并获奖。而他们对"航空工程机务维修管理系统"软件的开发，更是一种创新。

新机的有寿件控制常常是危及飞行安全的重要因素，国内外曾经有多起重大等级飞行事故都与有寿件的失控有关。在歼10参试的7架新机中，有寿件、周检件有4000多项，若用手工制表控制，根本无法保质保量完成工作。在试飞现场快节奏的工作环境中，在歼10飞机长达4年的定型试飞中，该软件准确无误地处理了数十万条飞机及机务维修数据，显现出了强大的优势，其快捷、准确、实用的性能，在试飞现场名声大震，引起了人们的极大兴趣。

创新在歼10工作现场的机务人员中很普遍，这是他们在专业工作中取得骄人业绩的一个关键因素。

歼10飞机投入定型试飞时，主机厂、所的部分设备和工具未配备，或者虽然配备了但不适用，机务们充分发挥聪明才智，动脑筋、想办法，分别自制、自配、自购工具和设备35件（套）、77件（个）；为了提高工作效率并有效预防人为差错，他们合理规划了一些大型地面工作的操作程序，从总体上提高了歼10定型试飞效率；他们重新整合拆装发动机的工作程序，并进行了人员培训，使拆装发动机的时间由原来的一天缩短到3个多小时，并且工作现场比以前更加整洁有序；他们组织专人就机械、航电、火控、特设、飞控5个专业分别完成了工具的统一化、标准化编制；歼10装机成品大部分是新研制的产品，程序复杂，各系统交联程度高，使日常机务维护工作相当繁杂。孙建英和相关专业的同志们通过探索和积累，自创了一套行之有效的操作方法。在歼10飞机100小时定检中，航电专业的机务们采用一整套自编程序化作业方法开展业务，用比以前更短的时间完成了大量的定期检查工作；2003年6月16日，孙建英针对歼10飞机ASPS系统一级维修时间太长（需6小时）的情况，结合实践经验总结，与厂家研讨协调，向设计单位提出了改进建议书。这份包括4项具体内容的建议书涉及ASPS各部分的固定方法、外形的改进，甚至飞机固定结构更改等内容，还精练而切实地提出了该系统各个部分需改进的关键点，受到了空军和设计所的重视，改进设备和更改设计的工作迅速得到了落实。

如今，猛龙铁军年轻的机务们都已经成了机务各专业的领头人。

第十五章
造星梦工厂

在陕西阎良，有一所独具特色的高等学府——中国试飞员学院，这是我国唯一的并与国际接轨的试飞员培养机构。学员全部都是从航空院校本科毕业经过严格审查、体检招来的，人们称它为“国”字号中规模最小但起点很高的高等学校。

这所最小的学校，却培养出了一批批精英试飞人才，在中国航空科技发展历程中建立了不朽的功勋，而且在国际上一次次赢得声誉。难怪人们赞美它是真正的“造星梦工厂”！

规模小起点高的试飞员学院

长期以来，航空发达国家高度重视高水平试飞员队伍的建设，把试飞员的培养作为一项国家使命。为此，从20世纪40年代开始，英、美、法、俄等国依托试飞机构成立了专门的试飞员培养教育机构，并投入大量的人力、物力和财力，培养了大批高水平的试飞员，在航空工业发展中起到了重要的推动作用。然而，这方面我国的起步却很晚。

20世纪70年代到80年代末，世界航空发达国家处于第三代飞机的发展期并且已经成熟，同时开始了四代机的研制。而中国航空才处于加速发展、努力实现二代机向三代机升级发展的转折点，我国试飞员队伍整体规模和水平与发达国家相比差距悬殊。面对三代机等一系列新机型号试飞任务需求，在加快发展的脚步中，筹建中国试飞员学院并探索培养试飞员方法迫在眉睫。

1989年7月28日，在王昂、严京林等领导的积极努力下，我国开始筹备组建中国试飞员学校，并启动了第一批试飞员培训班。在试飞院内聘请了全昌业、李树有、胡朝德、蔡元久等17名试飞专家为理论教员，并编写试飞理论课的教程；同时聘请了黄炳新、卢军、王东南等试飞员为飞行教员。

1991年9月11日，试飞员培训班14名学员全部通过了论文答辩，圆满毕业，开创了中国试飞员培训的先河。遗憾的是，他们中的大部分人并没有留用在飞行试验战线上，只有张景亭、李中华、邓友明、邹建国、徐勇凌等5人坚持下来，并很快都成为飞行试验的中坚力量。

1994年4月1日，经国家教委批准，

○ 1994年4月1日，经国家教委批准，中国试飞员学院正式成立。学院依托试飞院及西北工业大学的教学资源，开展试飞员招收和培养工作，成为我国唯一培养高层次试飞员的专业学院。

中国试飞员学院正式成立。丁元杰任学院院长兼党委书记，蒋祖国、卢军任副院长。令人痛惜的是，仅仅三天后，优秀试飞员、学院副院长卢军在一次飞行训练中不幸牺牲。

试飞员学院坐落于被誉为“中国西雅图”的陕西阎良飞机城，依托试飞院及西北工业大学的教学资源，开展试飞员招收和培养工作，成为我国唯一培养高层次试飞员的专业学院。由于学员全部都是从航空院校本科毕业经过严格审查、体检招来的，人们说它是“国”字号中规模最小但起点很高的高等学校。

高屋建瓴，中国试飞员学院的从无到有，开启了我国试飞员培养办学之路，使我国成为除美、俄、英、法外，世界上第五个拥有试飞员学校的国家。这件事也成为推动和促进我国航空工业和航空教育高速发展的一个重大举措。

探索进取，提升水平强实力

中国试飞员学院自成立以来，始终以教学培训、型号科研试飞为中心，秉承“探索前沿科技、培育试飞精英”的理念，努力打造试飞教学世界品牌，建设世界一流试飞员培养机构。数十年风雨兼程中，学院对标一流，飞速发展，屡开先河，逐步提升试飞员培养能力水平。

1998年5月，学院首届硕士试飞员毕业，将我国试飞员学历水平提升到更高的层次。

2002年9月，由学院承担的首届军机硕士试飞员培训班开班，学院培养能力再次提升到一个新的水平。

2003年4~7月，学院圆满完成了国外多名军机试飞员和试飞工程师的培养，填补了我国开展国际性试飞员、试飞工程师培养的空白。

2008年3月，学院党委书记赵鹏成为国际试飞员协会（SETP）正式会员，改写了该协会没有中国人的历史。

经过多年探索，试飞员学院建成了科学的教学体系，为培养优秀试飞人才提供了核心保障。此外，学院瞄准世界航空试飞技术前沿，积极开展国际教学交流，先后与美国、俄罗斯、英国、法国、加拿大等国家的试飞员培训机构开展互访，举行专题学术研讨，确保学院教学发展与世界接轨。

学院不断创新管理，采用数字化、信息化、网络化技术，建立了以教学管理为主的试飞员中心信息化管理平台，使学院教学管理水平得到大幅度提升。在长远建设上，学院以国防科工委和教育部将试飞员和试飞工程师两个专业列为国防紧缺学科为契机，为后续发展创造有利条件。

中国试飞员学院已先后培训了140多名试飞员、试飞工程师，其中，40人取得硕士学位，他们是目前我国学历和学术水平最高的试飞员群体；完成了“十一五”“十二五”期间空军多批试飞员的培训，他们已逐渐成为承担我国重点型号试飞任务的中坚力量；开展了航空工业商用试飞员培训工作，陆续毕业的学员已逐步承担民机、直升机试飞任务；完成了百余期的型号试飞员、试飞工程师专项培训，保证了各项重点型号任务的首飞及后续试飞工作；圆满完成了国外试飞员和试飞工程师的培训，得到了国外用户的高度评价。

“英雄试飞员”李中华，试飞院副院长张景亭、赵鹏，空军“十大杰出青年”、试飞院副院长邓友明，空军“试飞专家”汤连刚、李存宝，中国航母首任LSO邹建国……一个个响亮的名字，伴随着一代代飞机的轰鸣震彻长空。

创新办学，教研结合显特色

有开天辟地的愿景就有披荆斩棘的勇气。

中国试飞员学院一直积极探索、寻求办学的新模式、新途径。结合试飞院常年承担国家各类新型航空器的设计定型试飞和适航合格审定试飞等任务优势，试飞员学院最终寻找并步入了教学与科研试飞紧密结合的办学之路，建立起了科学完整的培养体系。

教学和科研相结合，不仅进一步提高了教员的教学能力，借势科研试飞新发展，学员可以在获得深厚的基础理论知识外，亲自参与最新试飞方法实践，能够更加系统全面掌握中国和世界试飞科技的最新知识。通过这一培养模式，在完成国家急需的科研试飞项目的同时，又促进了师资素质的不断提升，确保了教学水平与国际试飞技术接轨，从而使学院的教学研究始终站在试飞学科最前沿。

蓝天试翼，屡建功勋。中国试飞员学院在精心培养试飞员的同时，坚持以承担国家重点型号设计定型试飞、适航合格审定试飞及预研性试飞为生存之道，多次填补中国民机、直升机试飞技术空白，为我国航空事业发展做出了卓越贡献。

学院圆满完成了多型直升机设计定型试飞，攻克了试飞领域诸多技术难题；圆满完成了“小鹰”500飞机适航合格审定试飞，填补了我国民机试飞史上失速试飞、空中停车再起动、空中滑翔比试飞的国内空白；圆满完成了ARJ21-700飞机首飞及

○中国试飞员学院已先后培训了140多名试飞员、试飞工程师，其中，40人取得硕士学位，他们是目前我国学历和学术水平最高的试飞员群体，同时，圆满完成了国外试飞员和试飞工程师的培训，得到了国外用户的高度评价。

合格审定试飞任务，其中完成了失速、抖振边界、最小离地速度等一批世界上仅有几个航空大国能飞的高难风险科目，填补了我国民机产业适航认证试飞多项空白；圆满完成了多型导弹、火箭弹等航空武器的科研定型靶试任务，攻克了靶试领域多项技术难关；圆满完成了多型航空发动机设计定型试飞，创造了国内试飞领域的多项第一。

中国试飞员学院坚持依靠试飞院和航空高校，坚持国际交流和学习，坚持全心全意为型号试飞服务，走出了适合中国国情的试飞员培育正确之路，创造了试飞员培训骄人成绩，打造了中国军机、民机、直升机试飞员和试飞工程师全科培训的能力，在型号科研试飞中硕果累累，填补了我国试飞领域一个又一个空白。

璀璨群星秀

中国试飞员学院具备中国军机、民机、直升机试飞员和试飞工程师全科培训能力，经由学院培养的试飞精英在民机适航合格审定试飞和直升机科研试飞领域均创造了卓著功绩。

作为中国试飞员的“造星梦工厂”，该学院可谓群星璀璨。在民机试飞领域中，学院的赵鹏、陈明、赵生、赵明禹等，都是名副其实的“明星”、当之无愧的领军人物。

国际试飞员——赵鹏

他是我国首批硕士试飞员；他是中国民航总局局方试飞员；他是我国第一个拥有研究员职称的试飞员；他是我国第一个跨出国门审定国外大型运输机的试飞员；他是我国首位被国际权威试飞协会认定的国际试飞员；他是“小鹰”500和

ARJ21-700两型飞机首席试飞员……

他就是曾任试飞员学院党委书记、现任试飞院副院长的赵鹏。

和他同在试飞员学院工作的胡汉哲，给我们讲述了赵鹏的传奇故事：

小时候，赵鹏和其他同龄人一样，也有着自己的梦想。也许因为父亲是东北护林航空的一名空勤人员，赵鹏从小就对翱翔蓝天有着强烈的渴望。就在他高中毕业时，北方航空公司来学校招飞，赵鹏想报名，却被父亲挡住了。父亲语重心长地说，以你现在的知识水平还不具备去学飞行的能力，即使当了飞行员，也成不了一名优秀的飞行员。赵鹏心想，即使当不了飞行员，今后也要当一名飞机设计师或者从事与航空相关的职业。于是在高考时，报考了北京航空航天大学。

○赵鹏是我国首批硕士试飞员、中国民航总局局方试飞员，还是我国第一个拥有研究员职称的试飞员；他是我国第一个跨出国门审定国外大型运输机的试飞员，还是我国首位被国际权威试飞协会认定的国际试飞员。

在大学，他发奋读书，努力学习。就在他大学毕业的那一年，机会来了——中国试飞员学院来他们学校招收试飞员，赵鹏积极报名，并把这个消息告诉了父亲，父亲欣然同意。过五关斩六将，在经过一系列严格的筛选之后，赵鹏最终圆了儿时的梦想，成为一名试飞学员，并被送入中国民航飞行学院学习飞行驾驶专业，后又在中国试飞员学院取得硕士试飞员资格，成为我国首届硕士试飞员。这也是我国试飞员当时的最高学历。

作为试飞员，他极其热爱试飞事业，飞行驾驶技术精湛、试飞理论知识扎实、善于钻研学习，加上一口流利的英语，很快就在同行中出类拔萃。2001年，年仅30岁的赵鹏因其精湛的飞行驾驶技术和扎实的试飞理论知识受到了民航总局适航部门的关注，并被民航总局聘为局方试飞员，成为中国仅有的两名民航局方试飞员之一。

为了完成局方运12E型飞机型号合格

审定试飞，他辗转祖国的大江南北，数月不回家地忘我飞行，完成了在高温、高寒和高原条件下的各种极限试飞，发现并帮助解决了该型机在前轮转弯机构集中供氧系统以及大速度范围内的自发振荡等问题，同时也为该型机顺利取得适航证发挥了重要作用，得到民航总局和飞机制造商的高度评价。

为了迎接美国联邦航空局对国产N–5A型飞机的适航审查，赵鹏在临时受命的情况下对该机展开了全面的试飞，发现该机座舱布局、纵向操纵和配平等方面十余项问题，为该机顺利通过全面审查、走向国际市场做出了重大贡献。

2006年8月，中国民航总局委派赵鹏进行俄罗斯图–204的取证试飞。该机重达110吨，而且是全电传的民用重型运输机。民用飞机的安全性至关重要，该机要想进入中国国门，必须要取得我国的适航证。因此，能否检验出该机的操纵特性及安全性事关人民生命财产，而且也反映出我国试飞员的能力水平。根据俄方提供的资料手册，赵鹏和民航试飞工程师进行了3架次的试飞，制定了该机的试飞大纲。2006年8月中旬，赵鹏在俄罗斯乌里扬诺夫斯克试飞基地又进行了3架次的试飞。通过体验试飞，他向俄方设计师提出一条“强制改进”和两条“强烈建议”，为中国国货航最终成功引进该飞机铺平了道路。同时，这也是我国首次走出国门审检国外大型运输机。

2007年4~8月，赵鹏为ARJ21–700的首飞及适航审定试飞工作专程赴美国进行相关理论学习及实际驾驶培训。在这里，他扎实的理论功底、过硬的驾驶技术以及良好的英语交流能力，得到了培训方的高度评价。在美国试飞员学校学习时，学校要求每一个科目后都要做口头报告，赵鹏每次所作的报告都因独到的见解受到关注。尤其令外方印象深刻的是，通过对波音737的实际航线飞行，他对现代大型民用飞机航电系统有着深刻理解。赵鹏的这一切，引起了美国试飞员学校副校长刘易斯的关注。

后来又在该校培训时，刘易斯推荐赵鹏加入国际试飞员协会，并亲自作为推荐人。刘易斯介绍说，国际试飞员协会是世界范围内影响最大的试验类试飞员专业协会，总部位于美国南加州的兰开斯特，在美国西北、西南、东南、大湖地区以及欧洲都设有分部。目前，该协会拥有会员2000多人，成员全部都是各个国家最优秀的试飞员。中国目前还没有人入会，如果加入协会，会员不但有了选举权和被选举权，而且还可以以国际试飞员的身份进行全球性的试飞交流，了解最新的国际试飞动态，并具有推荐其他试飞员和所在单位加入协会的资格。

在赵鹏提交申请表后，协会开始对赵鹏进行严格的资质审查。2008年3月30日，赵鹏终于收到了来自大洋彼岸国际试飞员协会的信函，他成为该协会的正式会员。原来，赵鹏良好的职业素养，深度的试验技术和良好的语言交流能力使他受到协会的特别“青睐”，越过助理会员，直接成为正式会员。赵鹏因此成为中国首位被国际权威试飞协会认定的国际试飞员。

“小鹰”500飞机是我国首次自主研制的民用轻型飞机，虽然该型机从尺寸、重量上来说相对较小，但试飞科目风险程度并不亚于大飞机。特别是该机要取得适航证，就必须严格按照中国民用航空规章第23部审定试飞，技术难度大，风险科目多，而且有些科目一直靠花重金聘请外籍试飞员来飞。

在预首飞中，飞机刚离地1米，即发生强烈的滚转，赵鹏凭借良好的心理素质和充分的技术准备牢牢地控制住了飞机，安全落地，并提出了该机滚转力矩超限的改进建议，得到厂家的采纳。2003年10月26日，赵鹏和石家庄飞机制造公司飞行员成功完成了“小鹰”500飞机首飞。

2004年，“小鹰”500飞机进入一个新的攻坚阶段——风险科目试飞。这些科目风险性极高，要求试飞员不仅要有高超的试飞驾驶技术，还要有过人的胆识，尤其像“失速速度”“失速特性”“发动机空中停车再起动”“空滑比”等几个Ⅰ类风险科目在国内一直是无人敢闯的“禁区”。

2004年11月15日，中国试飞员学院副院长的赵鹏和石飞公司飞行员驾驶着“小鹰”500飞机执行失速试飞任务。当飞机爬升到高度3000米，赵鹏调整好飞机状态，按照规定开始柔和拉杆，飞机的速度一点一点开始减小……飞机开始飘摆、抖动了，随着速度的不断减小，抖动不断加剧，机头迅速下沉，飞机在一秒钟的时间里左滚超过40°，并伴随着巨大的加速度向地面坠去，显然飞机已到了极限失速状态。赵鹏迅速推杆、蹬舵、加油门，一系列动作准确、干净、利索，飞机又恢复到平飞状态。“小鹰”500飞机失速试飞取得了令设计部门满意的数据，填补了我国首次独立实施民机失速试飞的空白。

2004年11月27日，赵鹏和石飞公司飞行员驾驶着“小鹰”500飞机轻盈地飞向蓝天，高度3000米，改平飞。赵鹏仔细检查完发动机，确信发动机各系统工作正常后，按照规定关掉发动机，失去动力的飞机如喝醉酒的汉子摇摆着向地面坠落，在右座飞行员的配合下，赵鹏迅速将下坠的飞机控制住，并不断地调整飞机姿态，保持最佳下滑角度，双眼不时扫视各种仪表。30秒、40秒……在飞行时钟转了一圈半后，赵鹏终于转动了起动旋钮，飞机又在发动机的轰鸣声中如轻盈的燕子般翱翔在关中平原上空。

赵鹏机组凭借“勇闯蓝天禁区”的试飞精神，出色地完成了这几个Ⅰ类风险科目试飞，填补了中国民机试飞史上三项空白，并在短短9个月的时间，高质量完成了全部试飞科目。

新支线ARJ21-700飞机项目承载着实现国家战略的重要历史使命，是我国航空工业可持续发展的需要，也是发展大型飞机和培育我国民机基础的需要。试飞院高度重视，成立了由试飞院院长为组长的领导小组，制定了严格的试飞员选拔制度，赵鹏当之无愧入选，并成为试飞员大队负责人。

作为负责ARJ21-700飞机试飞员培养组织与管理工作的赵鹏，摆在面前的首要任务就是制定ARJ21-700飞机试飞员培养方案，为了确保试飞员培训的质量和方案的合理性、可实施性，赵鹏针对试飞员的试飞经历、驾驶技术、航空理论知识、机型等不同特点，历时6个月拟定出了《新型涡扇支线飞机试飞员培训总方案》，并一次性通过试飞院及民航总局的评审。

在第一阶段培训中，赵鹏作为ARJ21-700飞机试飞员大队教员，承担了大量的试飞员培训任务。2004年5~7月，他带领试飞员们辗转嘉峪关、敦煌、重庆、昆明、南京等国内十多个民航机场，圆满完成了ARJ21-700飞机试飞员试飞驾驶技术培训任务。

2007年4月，由赵鹏带队的5名试飞员及5名试飞工程师、2名民航科研人员共计12人赴美国国家试飞员学校进行第三阶段ARJ21-700试飞员、试飞工程师国外培训。4月的美国加利福尼亚州风景秀丽，但他们却无心观光和领略异国风情，一踏进异国的土地，就一头扎进紧张而繁重的试飞训练。4个月的时间，他们从加利福尼亚州莫哈维辗转到纽约州，从俄亥俄州克利夫兰市的美国航空航天局（NASA）航空研究中心奔赴堪萨斯州威奇塔市的庞巴迪试飞中心，累计飞行200多小时，出色地完成了变稳飞机相关科目、结冰试飞专项培训和最终试飞报告等试飞工作内容。在短短的4个月中，他们克服了语言、生活、气候等不适，圆满地完成了学习计划。在8月10日最终试飞报告考核（论文答辩）中，面对美国国家试飞员学校校长、副校长、教导主任、资深试飞员等数十位专家，赵鹏以一口流利的英语、渊博的航空理论知识赢得了在场人员的一致赞扬。

从2007年12月开始，他们着手进行工程模拟机、航电综合实验室、“铁鸟”试验台上的各类试验。通过试验，赵鹏共发现诸如升降舵与平尾效率、前重心限制、最小操纵速度、滚转等方面20余项问题，提交总设计师系统，受到了总设计师吴光辉的高度重视和赞扬。

2008年11月28日，我国首架拥有自主知识产权的新型涡扇支线客机ARJ21-700由试飞员赵鹏、陈明、赵生在上海驾驶首飞成功。

在此后数年的取证试飞中，赵鹏勇挑极限，陆续战胜了地面最小操纵速度试飞、减速盘旋试飞、失速试飞、抖振边界试飞等民机试飞中一块块“难啃的硬骨头”。

ARJ21-700要想飞出国门、飞向世界，必须通过美国联邦航空局（FAA）的审查。在ARJ21-700试飞中，赵鹏深厚的航空理论知识、精湛的驾驶技术和独到的见解，得到了FAA专家和项目管理团队的一致认可。他们用“技术高超、事迹精准、数据有效”来评价赵鹏，私下里还给他起了一个美国式的绰号“Maverick”（小牛）。一次，赵鹏问起来，FAA的项目经理笑着解释道，Maverick是美国电影《壮志凌云》（Top Gun）中王牌飞行员的空中呼号。

“双料”试飞员——陈明

陈明，试飞员学院副院长。ARJ21-700首飞机组成员，运20首飞团队成员，是我国为数不多的“双料”（运输机和直升机）硕士试飞员之一。陈明先后飞过20个机型，安全飞行5700多小时，参与完成了“小鹰”500飞机适航合格审定试飞和多型直升机设计定型试飞；参与完成了运7多项横向合同、预研等试飞任务；参与完成了ARJ21-700飞机首飞、第八届珠海航展飞行表演、适航审定试飞任务，填补了我国民机试飞领域多项技术空白，为中国民机试飞技术发展做出了突出贡献。

○陈明，试飞员学院副院长。ARJ21-700首飞机组成员，运20首飞团队成员，是我国为数不多的“双料”（运输机和直升机）硕士试飞员之一。

2008年6月3日，在搜救“5·12”抗震救灾失事直升机任务中，时任学院教务处长的陈明主动请缨为机长，6月4日上午，陈明机组驾驶运7飞机飞赴成都，并在到达成都短短两个小时后，投入搜救飞行。从4日到9日，陈明机组克服了天气多变、地形复杂、飞行强度大等困难，完成搜救飞行8架次/23小时42分，为搜救“5·12”抗震救灾失事直升机提供了可靠依据。

陈明是我国第三批硕士试飞员。作为新时代的试飞员，他极其热爱试飞事业，飞行驾驶技术精湛，试飞理论知识扎实，善于钻研学习。2008年11月28日，陈明作为ARJ21-700首飞机组副驾驶，同赵鹏、赵生一起完美实现了我国首架ARJ21-700飞机首飞。2010年11月，在第八届珠海航展上，陈明和赵鹏驾驶ARJ21-700飞机进行了精彩的飞行表演。在表演中，陈明凭借扎实的功底、精湛的技艺，在9分钟内将水平“8字”盘旋、75°大坡度转弯、低空低速通场、俯冲跃升、短距离起降等精彩动作一气呵成，使该飞机在航展上一鸣惊人。

水陆两栖试飞员——赵生

赵生，我国首批硕士试飞员、国家特级试飞员、ARJ21-700飞机首席试飞机组成员、我国大型灭火/水上救援水陆两栖飞机主力试飞员。在24年的飞行生涯中，赵生先后完成了运7、ARJ21-700等20余个型号的科研试飞任务，安全飞行近8000小时，填补我国民机试飞领域多项技术空白。

○赵生，我国首批硕士试飞员、国家特级试飞员、ARJ21-700飞机首席试飞机组成员、我国大型灭火/水上救援水陆两栖飞机主力试飞员。

2014年，ARJ21-700飞机赴加拿大开展自然结冰试飞。4月8日，赵生和机组驾机冲向蓝天，为保持飞机状态，他必须通过反复加减油门保证两台发动机轮流脱冰，而在结冰云层中，这样的频繁动作往往会导致双发空中停车。接近3个小时的飞行，他胆大心细，在异国天空与死神一次次过招。飞机油量开始告警，然而，赵生并不甘心。返航途中，他与机组降低飞行高度，在最后5分钟再次冒着飞机发动机振动值超标的风险驾机穿云，为历时4年的自然结冰试飞画上了圆满的句号。

在ARJ21-700飞机试飞中，赵生一次次面对严峻的困难挑战，先后驾机完成了失速、最小离地速度、杆力过载梯度等适航审定试飞任务，成功征服噪声、抖振边界等一系列高难度、高风险试飞科目，填补了我国民机试飞领域多项技术空白。

2015年5月，赵生等赴加拿大进行AG600国外试飞驾驶技术培训。培训期间，赵生“死啃”英文资料，反复熟悉试飞内容，提出减少架次、加长飞行时间的策略，在一周内优质完成8架次/20小时的飞行，受到Martin Mars机长及机型师的高度表扬。当地时间5月21日，赵生操纵Twinbee飞机首次在加拿大Lake Erie湖面上着水并连续起飞，真正迈开了我国民用水上飞机试飞技术的发展步伐。8月8日，赵生等人顺利获得加拿大国家试飞员学校（ITPS）水上飞机试飞培训毕业证书，成为我国大型灭火/水上救援水陆两栖飞机试飞员。

“既然我选择了试飞员这个职业，就一定不能辜负祖国和人民的信任。”赵生用这简短的话语道出了所有试飞员“报效祖国，献身航空”的赤诚情怀。

“失速哥”——赵明禹

赵明禹，国家一级试飞员，我国为数不多的“双料”（运输机和直升机）硕士试飞员之一。先后飞过11个机型，曾参与完成了ARJ21-700飞机首飞、珠海航展表演、“小鹰”500飞机适航合格审定试飞和某型直升机设计定型试飞等重大任务，总飞行时间4500多小时，指挥科研试

○赵明禹，国家一级试飞员，我国为数不多的“双料”（运输机和直升机）硕士试飞员之一。

飞300多场次。

作为ARJ21-700飞机失速试飞主力试飞员，赵明禹被大家亲切地称为“失速哥”。在ARJ21-700飞机试飞中，赵明禹参与完成了多项高风险科目试飞，特别是在失速局方审定试飞中，赵明禹担任安全机长，与局方试飞员共同展开试飞，累计进入失速边界6000多次，成为进入失速次数最多的试飞员。

试飞艰险，英雄无畏。赵明禹极其热爱试飞事业，航空理论水平高，试飞驾驶技术精湛，在试飞中多次正确处置空中特情。2012年4月14日，ARJ21-700飞机101架机承担最大可用速率抬前轮风险科目试飞，在执行模拟单发起飞中，出现了飞机右发反推意外打开的重大险情。紧急时刻，赵明禹机组与指挥员密切配合，沉着应对、决断正确、处置得当，成功避免了一起重大飞行事故的发生，赵明禹机组因此获得中航工业集团公司“总经理特别奖”。

2013年7月19日，ARJ21-700飞机101架机执行小重量、后重心过载——杆力梯度局方审定试飞（Ⅰ类风险），在进行襟翼2卡位、1.3VSR、直接模式状态点的试飞时，出现了意外进入深失速的重大空中险情。当时目标的法向过载2.0g，左座局方试飞员采用推拉杆法进入，拉杆后飞机迎角迅速增大，空速急剧减小，推杆器工作后飞机难以改出失速，飞机俯仰角、迎角继续增加，超过了最大值。千钧一发之际，右座安全机长赵明禹果断推杆到底，根据飞机姿态的细微变化谨慎操纵，最终成功改出深失速，安全降落。面对重大险情，赵明禹以过硬的心理素质、扎实的驾驶技术，沉着应对、决断正确、处置得当，又一次成功地避免了可能发生的重大飞行事故，挽救了一个型号，甚至是一代飞机。

铁翼破空来

在中国航空起飞线阎良试飞院，每天都有各型飞机呼啸腾空。万米高空，固定翼飞机穿云而去，畅游苍穹；中低空则是直升机试飞的舞台，旋翼飞转，破空而来，共同演绎着我国航空工业欣欣向荣的大好景象。

就在这里，中国试飞员学院的直升机型号科研试飞工作屡开先河，连创佳绩，撑起了我国直升机试飞的一片天。

一项项丰功伟绩满载直升机试飞员的青春热血和钢铁意志，试飞员学院尹建峰、杨百兴、单龙飞作为直升机试飞领域的佼佼者，在我国直升机试飞历程中做出了突出的贡献，奏响了嘹亮的凯歌。《中国试飞报》记者郭乔乔对他们做了专题采访。

直升机试飞专家——尹建峰

尹建峰，现任试飞员中心副主任，研究员，特级试飞员，我国首批直升机硕士试飞员，能飞直升机和运输机两个机种9个机型，是直升机机长、教员、四种气象飞行指挥员，具有丰富的试飞经验和娴熟的试飞驾驶技术，能够胜任所有直升机试飞科目和部分民机试飞科目，是多个重点型号的专家组成员，在国内直升机领域享有盛名。

尹建峰从事科研试飞26年来，安全飞行3100小时，是多个型号的首席试飞员，2008年11月完成直10优化设计首飞任务，2009年11月完成直10全部国产化状态首飞任务，2010年11月完成直19转试飞院首飞任务；在多型直升机和“小鹰”500等型号的科研试飞工作中完成各种试飞任务50多项，其中Ⅰ、Ⅱ类风险科目12项。尹建峰凭借突出表现，两次荣获航空工业集团公司“总经理特别奖”，连续5年荣获试飞院科技人员突出贡献奖。

在试飞中，尹建峰也曾多次经历生与死的考验，并凭借过硬的心理素质和高超的驾驶技术多次正确处置空中险情，挽救了国家上亿元的财产。

○尹建峰，现任试飞员中心副主任，研究员，特级试飞员，我国首批直升机硕士试飞员，能够胜任所有直升机试飞科目和部分民机试飞科目，是多个重点型号的专家组成员，在国内直升机领域享有盛名。

2010年3月，尹建峰与试飞员高卫东驾驶某型机执行火控系统设计定型试飞任务，在正常完成了16发炮弹射击后脱离靶区，准备再次进入攻击时，突然前后舱的四块综合显示器同时“黑屏”，头显、平显所有指示消失，也就是说飞机的高度、速度、航向等所有参数显示全部消失，试飞员只能凭目视外界参考物和经验来控制飞机。凭借对该型机多年的试飞经验，机长尹建峰果断做出决定，飞向射击位置，尽最大努力打完剩余的4枚弹，减轻带弹着陆的风险，为后续机务排故创造条件。机组把情况报告飞行指挥员，处置决定得到了指挥员同意。机组到达射击区域后进行了各种尝试，都无法恢复机上系统工作，被迫决定带弹着陆。当时靶场风速较大，在高度、速度、下降率等数据全部失去的情况下，尹建峰凭借高超的驾驶技术和良好的心理素质，驾机安全着陆。

“老把式”——杨百兴

杨百兴是特级试飞员，试飞院直升机试飞副总师。他是有30多年飞行经验、安全飞行6000多小时的资深试飞员；是飞过14个型号直升机的特级试飞员；是3型直升机、2型发动机的首席试飞员；是国内屈指可数，掌握了直升机横滚、筋斗等高难技术动作的试飞员；是四种气象机长、教员，昼间、夜间飞行指挥员。

“老把式”原是陆航部队的飞行员，1995年转业到试飞院。那时，院里还没有开展直升机试飞业务，仅有一架米-8直升机。“老把式”带领试飞员学院在民航培训的两批直升机学员，开始了直升机科研试飞的探索、磨砺。

○杨百兴是特级试飞员，试飞院直升机试飞副总师。在某直升机国产化定型试飞中，实现了我国试飞史上8项技术突破，填补了自转着陆、发动机空中起动两项国内直升机领域的试飞空白。

20多年来，“老把式”在其试飞生涯中创造了不朽的功绩。在某直升机国产化定型试飞中，实现了我国试飞史上8项技术突破，填补了自转着陆、发动机空中起动两项国内直升机领域的试飞空白。在一系列直升机和发动机设计定型试飞中，先后完成综合航电、通信导航、头盔夜视、武器发射等数十项重大试飞任务，填补了试飞院直升机试飞领域数项技术空白，创造了国内试飞领域多项第一。在多型导弹、火箭弹等航空武器定型靶试任务中，攻克了靶试领域多项技术难题。在某型直升机飞行演示中，根据自己的飞行经验和对该型机性能的了解，编排了一组演示动作。惊险、刺激、流畅的飞行表演动作，充分展示了该型直升机卓越的低空机动性能；充分展现了人机完美结合的境界；充分展现了其精湛的驾驶技术，为大家提供了一场精彩绝伦的视觉盛宴。

经过更多系列直升机定型试飞及无数次科研试飞的锤炼，如今，试飞员学院已经成功打造出了一支我国唯一、技术能力全面、具有一流水准的直升机试飞员团队。这支团队中，有的已走上领导岗位，有的已成为行业内的专家或我国直升机试飞的中流砥柱。这支队伍的成长，饱含着“老把式”20年的心血；饱含着“老把式”的光荣与使命；饱含着“老把式”航空报国的情怀！

在试飞生涯中，“老把式”也同样多次与死神交手，凭借沉着冷静、精准操作，他一次次化解险情，安全着陆。一次，“老把式”机组驾驶某型直升机在西北某靶场执行夜间靶试任务时，在按压导弹发射按钮后，发现导弹未离梁，“老把式”清楚地知道，导弹随时可能点火或脱落。在这危急时刻，他沉着冷静，依据特情预案，关闭相关电门，操纵直升机飞向排弹区。为了避免接地时造成导弹点火或脱落，他以最轻柔的动作、小心翼翼地操纵直升机，直升机以非常轻盈的姿态降落到排弹区，“老把式”悬着的心也随之落地了。

○单龙飞出生于1985年，哈尔滨工程大学毕业后，通过层层选拔进入试飞院。2013年毕业后，成为首批商用试飞员，也是目前国内为数不多的固定翼、直升机“双料”试飞员。

试飞新星——单龙飞

长期以来，中国试飞员学院不断结合我国航空发展新形势、新需求选拔培养试飞人才，为试飞员队伍补充新血液，增添新活力，一大批年轻试飞员在科研试飞领域崭露头角，单龙飞就是其中一颗冉冉升起的新星。

单龙飞出生于1985年，哈尔滨工程

大学毕业后，通过层层选拔进入试飞院，作为首批商用试飞员的“苗子”进行培训，2008年8月至2011年5月，他先后取得了固定翼飞机商用驾驶员执照、仪表等级执照、直升机商用驾驶员执照，成为一名年轻的飞行员。此后，他又完成了试飞员培训，于2013年12月顺利毕业，成为首批商用试飞员，也是目前国内为数不多的固定翼、直升机“双料”试飞员。

成长的道路不会一帆风顺，更何况“试飞是与死神打交道的职业”。

2014年3月4日，单龙飞在执行某型直升机科研试飞过程中，飞机突然失去平衡，双发停车且液压系统失效，飞行状态急剧变化，情况万分紧急。面对突发险情，他临危不乱、果断处置，机组密切合作，用短短4秒钟的时间操纵直升机改出复杂状态，成功迫降，避免了地面人员伤亡，将损失降到了最低。事后，一名资深试飞员感叹：“这次风险等级如此之高、多种特情同时发生的空中险情在世界上还没有成功处置的记载。”上级领导称这次事件是“直升机史上的奇迹，试飞员的一次壮举”。

单龙飞将试飞事业看得比自己的生命更重要。当驾机试飞突遇险情，在千钧一发的危急时刻，他只有一种想法：无论如何也要保住科研新机！终于以过硬的素质成功处置，紧急迫降成功，但他本人却两节腰椎骨折。手术苏醒后，他第一句话便问：“我还能不能飞？”经过几年治疗和休养，现在他又穿上了飞行服重返蓝天，继续承担着繁重的试飞任务。

她们更耀眼

巾帼不让须眉。

展翅腾飞，凌空翱翔，已经不是男子汉的专利。

在试飞员的队伍里，既有天之骄子，也有天之杰女。

王彬，从T型舞台，到驰骋蓝天

她曾是南京航空航天大学模特大赛冠军，其形象、气质、文化修养等综合素质可想而知。就是这位T型台上的明星，如今成为能够驾驶多种直升机执行重要科研任务的试飞员，也是中国首位直升机女飞行员。

她在新疆石河子长大，以优异成绩考入南京航空航天大学，但直到毕业也不懂飞行试验研究是怎么回事。一位文质彬彬的姑娘，由于错过了招聘单位的宣介活动，对试飞院的情况全然不知，应聘进院只是因为“地址在西安，距离父母近一些”而已。

她在最基层的飞行场务保障部门工作了几个月后，恰逢院内选招试飞员，经报名筛选有6人参加了体检，只有她一人合格。2013年1月，开始到试飞员学院干了一段时间的教学管理工作后，又被派往民航学院正式学习直升机驾驶。

相比较常见的固定翼飞机，直升机原理和构造特殊，驾驶起来还要更难一些，危险性也会更大一些。

有志者事竟成。外表文静而性格坚韧的王彬，很快通过了严格的培训考试，并且取得了美制R-44普及型直升机和贝尔公司BH-206飞机的商用驾驶执照，具备机长的驾驶资格。回到试飞院后，她很快完成多种国产和进口直升机的改装飞行。

如今的王彬，已挑起科研试飞的重担，具备10余型直升机的驾驶员资质，参与完成多型直升机、机载武器的定型和调整试飞任务，在高原、平原、高寒地区以及靶场都留下了她的试飞足迹。随着试飞员的工作渐入佳境，与日俱增的是肩上沉甸甸的使命感和责任感。

王彬说，刚成为试飞员时，尹建峰、杨百兴、单龙飞等教员都曾告诉她："老一辈的试飞员是靠勇气、拿生命把飞机飞出来的，上一代试飞员是技术型的，新一代的试飞员则是专家学者型的。"于是，她珍惜每一次试飞的机会，将教员的话记在本上、刻在心里，钻研理论知识，探索试飞技术，目的就是要练就拿得出手的专业技能，成长为专家型试飞员。

随着接触的试飞任务越来越多，她对航空产品的发展和进步也感受得更加深刻，懂得每一个被试产品在被设计制造时，就被赋予了艰巨的使命：高性能的发动机能使直升机上高原，实现全疆域的使用；电传的控制系统能减轻飞行员的负荷，达

○英姿飒爽、光鲜亮丽，但背后却是洒满汗水与泪水的成长之路。不论男女，试飞员拿到资质需要达到的标准和要求都是一致的，接受的工作负荷和难度也是一样的。王彬说："不把试飞当成使命，就会把试飞当作负担。一旦上了直升机，命运就和这架战机捆绑在了一起。"

到精确操纵；新型导弹发射后能够自己追踪目标；战术性、舰载型等直升机能弥补我国在航空装备领域的缺陷和不足。因此，在航空技术飞速发展的今天，她总是以更宽阔的眼界、更高的标准、更先进的理念来探索科研的高端和前沿，以自己出色的工作圆满完成试飞员的历史使命。

女试飞员人前英姿飒爽、光鲜亮丽，但背后却是洒满汗水与泪水的成长之路。不论男女，试飞员拿到资质需要达到的标准和要求都是一致的，接受的工作负荷和难度也是一样的。王彬说："不把试飞当成使命，就会把试飞当作负担。一旦上了直升机，命运就和这架战机捆绑在了一起。"试飞不仅仅只是工作，对她来说更是一辈子的事业，是至高无上的神圣，她决心永远保持一颗敬畏之心，不断学习，勇于实践，安全优质地完成各项任务，肩负起一名试飞员的责任和担当。

蒋丹丹，从研究生课堂，到C919驾驶舱

正在西北工业大学读研的蒋丹丹，经过严格的考核选拔，十分荣幸地进入了试飞员队伍。完成了数十门专业课程学习和750小时的飞行实践后，于2017年年底正式成为试飞员，逐步参与了ARJ21-700、C919等型号国产客机的试飞工作。

蒋丹丹工作特别细心周到，拥有女性更为敏感的特点。在她看来，只要上了飞机，试飞员就不分男女，担负的职责一样重大。

采访蒋丹丹很难找到机会，因为她执行大型客机的试飞任务，经常在外地长时间奔波。好在她对人很热情，办事很负责，接到约稿的电话，连夜写出了自己当试飞员的体会——

进入试飞这个行业6年了，感到特别充实，就好像是我"精神上的骨节"，每次摸一摸都会发现自己真正地成长了。

我因试飞而自豪！

在和周围人的聊天中，他们听说试飞大客机一次飞行要3个多小时，要忍受着飞机上的各种噪音、振动以及气流引起的颠簸，经常要加班，午饭通常会饿到午后两三点才吃……他们觉得试飞员很辛苦，总是用心疼的目光看着我，仿佛这个时候我会流出感激的眼泪，来呼应这时的气氛……

可是，实际上我并没有觉得自己工作辛酸。首先，因为试飞一旦任务下达，那就是必须完成的使命。试飞，其魅力就在于每次飞行都会让你全身心投入。飞行前预先准备，飞行实施，飞行后讲评和总结，每个过程都是新鲜的、未知的，需要你百分之二百地精心准备。

我理解大多数人的心疼可能都是源于我是女试飞员，会比男试飞员遇到的问题更多。殊不知我进入这个行业的时候，就对自己说了“忘记性别”！所以，我不会觉得飞行箱很重。尽管C919的登机门很沉，但我也可以很轻松关上。ARJ21-700的驾驶杆我可以单手操作。3个小时的空中飞行对我来说真的很快，很惬意。我希望朋友们分享我的快乐。

○蒋丹丹工作特别细心周到，拥有女性更为敏感的特点。在她看来，只要上了飞机，试飞员就不分男女，担负的职责一样重大。

偶尔听到有人说试飞是件简单的事儿，我会很气愤，那是因为他们根本不了解试飞一架飞机背后有多少人在共同协作呕心沥血……

参与C919型号试飞两年了，和老师们一样，也曾不止一次遇到特情，诸如空速不可靠告警、刹车故障、环控系统故障等。我能够正视问题，从中了解试飞，学习试飞，反思试飞。我发现自己被这份事业深深地吸引住了。也可能是长期的理工科思维逻辑缘故，求知欲越来越强，总觉得自己还有好多知识需要学习，还有好多工作需要去经历。当我看到赵鹏、陈明、赵生、赵明禹等资深试飞员处置特情时的镇静自若，就会“渴望年长”，期待自己若干年后面对困难也能够像他们一样坚韧从容。

8年前，我想成为试飞员，是因为一份情怀。但是，仅有一腔热血是不够的。几年来的工作实践，在一次次的升空试飞中，慢慢地体会感悟，认识到了飞行试验研究事业的神奇与神圣。我真切希望自己的工作给这个职业带来点色彩，哪怕小小的成就也好，无愧于“试飞员”带给我的光环。

当这些年轻的女试飞员受到关注和赞扬的时候，她们却说，在我国航空试飞战线，排在最前边的女试飞员叫张玉梅，她才是我国的第一位女试飞员，她把整个一生都献给了飞行事业。

张玉梅，从阎良，到人民大会堂

“我家里很穷，父辈们曾要饭度日。是新中国让我把麻袋片换成了飞行服，把要饭棍换成了驾驶杆。从此，驾驶杆将成为我的生命，我要当个最好的女飞行员！”1965年，刚刚进入空军航校的张玉梅，就为自己的飞行生涯定下了远大的目标。

当试飞员之前，她是一名优秀的飞行员。她先后改装过4种飞机，在各种气象条件下安全飞行2800多小时，从辽宁丹东到新疆和田，从广东、海南到东北兴安岭，从空投空降、森林救火，到抢险救灾、人工降雨，祖国领空几乎到处都有她的航迹，一次次出色完成急、难、险、重飞行任务，真正成长为一名优秀的飞行员。

“中国试飞员队伍中没有女性是遗憾。没有先例，我愿第一个吃螃蟹。”1984年，壮志凌云的张玉梅，打破先例，成为中国第一位女试飞员。从此，和丈夫阎舍元一起，肩负起航空科研试飞的重担。

刚从飞行部队调来阎良时，为了使自己尽快适应试飞工作，为了证明女同志也能当好试飞员，张玉梅翻阅了几十万字的国内外试飞资料，虚心向老试飞员请教。每次飞行，她都要根据试飞任务书，认真分析任务性质、所要达到的具体指标数据，并结合飞机性能，进行必要的计算和论证研究，再制订具体的试飞方案，最后在飞机驾驶舱或地面进行模拟练习及表演，直到熟记试飞任务的内容、要求和实施方法，试飞操纵动作的要领、注意事项、易出现的偏差及其纠正的方法和有关特殊情况处置办法等。

作为一名试飞员，张玉梅深知，自己的工作直接对国家负责，对航空及国防事业负责。每次试飞，她都力求发挥飞机最大潜能，满足试飞数据要求，高标准完成规定的试飞项目。每次飞行结束，她都坚持写试飞日记，不断总结提高。她深知，试飞员飞新机种、飞新科目，每一个试飞动作都必须准确到位，否则，轻则浪费架次，造成国家财产损失，重则数万名科研人员多年的心血毁于一旦。张玉梅的执着努力，使她向成功一步步迈进。

在此期间，她几次患病住院，有时病情很重，甚至还收到病危通知书。面对死神，张玉梅没有胆怯，但听到医生说，即使脱离危险也无法再飞行时，张玉梅却害怕了，“不能飞行不就等于要了我的命吗？”她暗下决心：闯过“鬼门关”，重新上蓝天！

与大病抗争获胜的张玉梅，拿到了同意飞行的体检合格证书，再次踏上试飞征程……

10多年试飞生涯，数千次安全起落，张玉梅先后出色完成了航空电子综合系统、国产运7飞机的出厂试飞及GPS惯导系统的卫星导航等15项大的科研试飞任务，荣立三等功两次、二等功一次，曾受到毛主席、周总理亲切接见，荣获“西安首届巾帼十杰”“三八红旗标兵”和“全军先进妇女”等诸多荣誉。她被空军授予“一级飞行员”的称号，被航空工业部授予“特级飞行员”的称号，并光荣步入人民大会堂，出席中国共产党第十次、第十三次全国代表大会。

○ 1984 年，壮志凌云的张玉梅，打破先例，成为中国第一位女试飞员。从此，和丈夫阎舍元一起，肩负起航空科研试飞的重担。在夫妻俩长期影响下，独生女儿报考了空军工程大学，毕业后在试飞部队工作。女婿则是她亲手带出的优秀试飞员。一家四口三名试飞员，共同的蓝天梦让他们走到了一起。

为祖国航空事业贡献毕生精力，是张玉梅最大的心愿。在她夫妻俩长期影响下，独生女儿阎燕报考了空军工程大学，毕业后在试飞部队工作。女婿则是她亲手带出的优秀试飞员，曾获得试飞院科技突出贡献奖、航空工业集团公司“总经理特别奖”。

一家四口三名试飞员，共同的蓝天梦让他们走到了一起，组建了幸福的家庭。虽然聚少离多，但全家人能够共同为祖国的航空事业赶超世界先进水平做贡献，这是中国第一试飞家庭最大的幸福。

如今，在试飞员培训队伍中，还有一位更年轻的姑娘李茜茜，正在学习直升机的驾驶，不久也将会承担科研试飞任务。搏击长空，后继有人！

第十六章

神奇的故事

原子弹发射现场，有试飞人测试的身影；航天飞船研制中，试飞人在为改装失重试验机忙碌；为保障国庆70周年阅兵式的天气，试飞院的“人影”奇兵在行动……

试飞院是中国试飞的国家队，在这里，你可以看到或听到与中国试飞有关的各种故事。但你不知道的是，这里还发生过许多与试飞没有直接关系的故事。虽鲜为人知，却因神奇而让人难以忘怀。

散不去的蘑菇云

1966年，试飞院接受了空投原子弹模型试验任务。

这是代号为21–512、用轰6飞机投放原子弹试验任务中的一部分。试飞院派出了宋振洲为组长、高士贤为副组长的试验组。为确定试验原子弹的安全投放轨迹，肖印壬主管进行了原子弹模型投放试验，首先用轰5飞机带飞1/4比例的原子弹模型进行投放，确定原子弹的稳定性和出舱轨迹、下落轨迹，目的是保证母机安全和准确命中目标；第二阶段是用轰6飞机带全尺寸的原子弹模型进行验证试飞。任务于1966年8月至1967年4月在陕西武功基地进行，历时8个月， 先后进行了40架次试飞，圆满完成了任务，为我国首次用飞机投放原子弹试验的成功做出了贡献。

此外，在1976年，试飞院还圆满完成了代号为21–712的核爆炸空中取样专项任务，测试工程师白泽林于2009年9月14日在《中国试飞报》撰文回忆了这段难忘的经历：

1976年“五一”过后不久，室领导找我谈话，以非常严肃却充满关爱的口吻通知我正式加入“21–712”任务题目组，当时领导只说这项任务非常重要也非常光荣，却不提具体内容，只是对我宣讲了保密工作的“六不”原则。随后我便在张家榕师傅的带领下投入了紧张的准备工作中：仪器设备的调试、校准，工具、器材以及冬装的领取……准备工作完成后，便赶赴驻陕空军某部进行测试改装。改装完成后，我们于9月5日坐了两天三夜的火车，又坐汽车在异常颠簸的“搓板路”上走了一天，终于到达了目的地。随后大家便进入了各自紧张有序的试验准备工作。

9月26日，新华社发布消息：“在我国西部上空成功地进行了一次核试验……”

10月底，我们二次进场。课题组兵分两路，我与高士贤主任和宋秀珍师傅共同组成的“地测组”，在经过几天试验和准备后，乘一架伊尔–14飞机进入场区。

驻地距爆心30千米。都说关键时刻考验人，这话一点不假。当时，我们那套测试系统设有光敏开关，完全可以不用人操作，但考虑到“万一”，高主任决定派人守在测试点。“谁来守？”虽然测试点距爆心仅十几千米，核爆炸时的冲击波、光辐射、放射性污染等危险显而易见，但我们仨都争着要去，各不相让。最终，我俩被高士贤主任“压服”：他自己出马。

第二天吃完早饭，留下高主任等待去测试点，我们和其他参试人员一同乘卡车离开驻地，前往80多千米外的安全区。

一个多小时后，我们到达了目的地，这是一片似乎多次使用的观测场，地势稍高，不远处还有几栋房子。将近中午12点半时，电线杆上的高音喇叭传出女播音员清脆的声音："现在开始零前报时。""嘀"的一声后，播音员报出"零前30分"……"零前20分"……"零前10分"……随着报时间隔越来越短，人们也越来越紧张，近千人的现场一片寂静。当听到"零前60秒"时，大家陆续戴上了类似电焊工用的深度墨镜，这是为防止核爆时强烈的光辐射造成视网膜受损所必须佩戴的。当听到"零前十秒、九、八、七、六、五、四、三、二、一"，还没等"起爆"二字传进耳朵，大家已经看到了巨大的火球。很快，火球周围形成十分壮观的蘑菇云，全场立刻响起兴奋的掌声。几秒钟后，强烈的火光渐渐变淡，此时，我摘下了墨镜，肉眼直接看到的景象更是五彩斑斓、壮丽无比：一层层蘑菇云上托着巨大的橘红色的火球，好似一颗诱人的仙果安放在一个精美的带把托盘上。这幅画面在天空中持续长达十多分钟，其间，只是其造型和色彩在缓慢变化……

大约两个多小时后，指挥部组织我们前往爆心观测。

当卡车经过我们的测试点时，我望着年近花甲的高主任穿着一身防化服，抱着示波器，略显笨拙地跑向卡车时，心中一阵悸动和感慨。我赶忙从他手里接过仪器，他也被人拉上车，我们一同前往观测。在爆心附近，大家看到许多参加试验的武器、装备等，特别是看到了我国第一颗原子弹爆炸时所用钢铁塔架的残骸……

吃过晚饭，我迫不及待地走进兼作暗室的灶房，将白天记录的纸卷冲洗出来。当在蒙着红布的手电光下看到那一条条清晰的曲线，确信我们圆满地完成了测试任务时，我热泪盈眶，那种满足和喜悦无以言表。

与中国航天的不解之缘

在《中国飞行试验大事记》中，有几段试飞人与载人飞船相关的记录：

2005年10月12日，我国"神舟"六号载人飞船发射成功，由试飞院研制的SZ-6飞船电子手册随"神舟"六号飞船进行了5天太空遨游。这是我国首次为航天员开发的一套集飞行文件查询与休闲娱乐于一体的飞船电子手册便携式PDA产品。

○ 2003 年，试飞院研制的 SZ-6 飞船电子手册在西安通过国家级评审。该手册随“神舟”六号飞船进行了 5 天太空遨游。

2007年8月22日，试飞院远方航空测控技术研究所研制的“神七”飞船电子手册在北京航天员科研训练中心通过产品验收评审。

2008年9月25日，“神七”载人航天飞船发射取得圆满成功。试飞院数字化中心研制的新型航天员专用电子手册（SZ-7）随同航天员一同进入太空。

内行都知道，航空与航天以大气层为界限分属两个领域，而新型飞机的试飞属于航空领域。但在试飞院这个中国试飞的国家队里，却流传着许多为我国航天事业做贡献的故事。

试飞院能改装失重试验机吗

1969年，国防科委507所为宇航飞行训练宇航员，急需失重状态下飞行的试验机，为此先后走访了一些单位，但都没有落实。最后国防科委把失重试验机的改装任务下达给了六院。

1970年初，单凤桐去六院出差时被问道：“试飞院能改装失重试验机吗？”单凤桐愣了一下：“没做过，但原理懂一点，可以试试。”2月，六院将任务下达试飞院，并要求于当年年底完成。

改装失重试验机，谁也没做过，成功，皆大欢喜；失败，责任重大。但试飞人没有考虑过小单位利益和个人荣辱，只有一门心思：国家需要。

由宋振洲、单凤桐牵头，由顾嘉声、许俊、林海、王志英等组成的题目组成立了，主管执行失重试飞任务（当时称“红五号任务”）。其目的是利用飞机创造失重环境，研究宇航员在空中失重状态下的生理反应等问题。很快，他们与507所的同志一起去空军十七厂和六院一所等单位调研，并讨论了可行性方案。

1970年5月初，六院又一次下达紧急任务，要求失重试验机的改装比原计划提前半年，在7月完成。也就是说，在当时试验机的改装原理方案还没有最后确定的情况下，改装试验的器材筹集、原理方案的验证试验、飞机加改装、试飞等工作都要在50天内完成。任务困难大，时间紧。

为了按时完成失重试验机的改装任务，试飞院在5月10日召开了动员大会，会上宣布成立“红五号”三结合任务组，由二室主任单凤桐担任组长，题目组由试车台、燃油滑油系统试验组、工厂、试飞大队、飞行部、修理厂等单位同志参加。

由于一般飞机各油路系统进入失重状态后产生油液漂浮、油气混杂现象，会导致油路气塞，以致发动机停车，所以必须先解决失重状态下安全供油难题。同时先后解决了飞机选型，提供可靠供油的补偿系统、改装（含测试仪器）、飞行轨迹计算及优化、驾驶技术等一系列技术问题，改装后经多次地面开车检查，系统供油可靠，后投入飞行试验。

与此同时，试飞员李玉璞与试飞工程师林海和题目组反复研究了国外失重飞行资料，计算了失重飞行的抛物线动作和驾驶技术，研究了试飞的方案。

1970年6月完成了改装，通过7个架次的摸索失重飞行驾驶技术和试飞，取得试飞结果：三项过载在±0.2g以内失重时间达到41.9秒，相当于当时美国相同等级失重飞机的最高水平；每个起落中可完成5~6次抛物线飞行。整个试飞证明，失重试验机改装是成功的。8月至9月中旬，失重试验机完成了第一批试验任务——挑选宇航训练员的飞行23架次。10月，国防科委下达研制大型失重试验机任务。由单凤桐带队，对空军某师的三叉戟和杜-124飞机改装失重试验机的可能性进行了实地考察，提出了改装方案，并上报了改装失重试验机的报告。后因国家航天飞行计划调整，大飞机改装工作暂停。

歼教5失重试验机改装成功后，承担了大量航天试验任务。例如“失重和低过载飞行试验研究”，解决同步通信卫星工程中火箭运载器的一系列重大课题。从1975年至1983年，七机部和上海市先后5次通过航空部下达试验任务。该课题由肖印壬负责，刘表节和刘兆林参加。全部试验共飞行了近200架次，约2000条飞行抛物线，获得了大量有效数据，其中有的已作为型号设计依据，有的作为型号设计的参考，有的直接用于型号的发射。

失重飞行难度大、风险大。

试飞员李玉璞、单克川在飞行驾驶技术上反复摸索，成功地总结出一套行之有效的飞行方法。

这项任务的完成填补了我国失重飞行技术的空白，为航天工程提供了大量有价值的资料。其后，试飞院又利用这架失重飞机完成了8项课题，271架次1300多条抛物线飞行。通过试飞，选拔宇航员进行失重条件下的生理研究，为火箭运载器提供了各种设计依据。失重试验结果在1982年我国发射多弹头运载火箭上获得了应用。

把低空校飞交给试飞院

1995年9月，因为一项重要任务，中科院和总参谋部项目负责人找到了试飞院。原来，“神舟”系列飞船试验过程中要进行大量的应用技术试验，其中某一项技术要进行低空校飞。这些校飞工作是检验该设备的精度，要通过飞机上的试验考察其可靠性，并使其达到“神舟”系列试飞时的稳妥可靠、万无一失。

经过对试飞院严格的技术考核，项目负责人郑重拍板：“这个项目就放在试飞院。”

9月13日到11月底，由中科院、总参、试飞院和研制方的几个所，连续在北京、阎良召开了4次会议，讨论了校飞的机型和技术方案、改装形式、组织节点等具体问题。

时间进入1996年后，试飞院组织改装、测试人员到有关厂所协商改装和技术问题。并由中科院和总参的项目组织各方专家对试飞技术、测试方案、改装方案、任务节点进行了多次评审，直至达成共识并冻结了技术状态。

这项科目在校飞中有两大难点，一是改装，二是空域。改装非常复杂，在飞机上，甚至机身上要加一定长度的外挂设备，这些外挂设备的封闭性和穿透力都要强；空域要求周围数百公里内都有雷达导航，除了本场外，还要用军方的导航设备，比一般飞行的空域宽，而且时间长。

困难是有的，但困难难不倒身经百战的试飞人。大家心中明白：这项科研是为国家跨世纪的重点工程——“神舟”系列飞船试验而做的，飞天是中国人几千年的愿望。现在国家有了“神舟”计划，试飞人更要全力以赴。

1997年的春天，按照任务节点，改装车间的员工们在航电所的支持下，不分昼夜地搞飞机改装。对每一个系统、每一种设备、每一个螺钉、每一条走线都进行了严肃认真的改装和仔仔细细的检查，不允许有万分之一的差错。

时光可以抹去许多琐碎，但成就永远不会骗人。

为了改装，他们度过了无数个日日夜夜，从晨曦初现的早晨到晚霞如画的黄昏；为了空域，他们超越常规而不超越程序，终于按节点时间就绪。

1997年8月，设备的正式校飞开始了。要求指标精度是2‰，试飞员吕振修、张守国飞得非常漂亮，精度达到了1‰。

8月的关中，出奇的热，几乎每天都是三十七八摄氏度。飞行部主任赵万库，书记宋义，副主任段国林、席鸿国以及机务、场务、航电所的科研人员天天工作在起飞线上。

吕振修、张守国冒着酷热，在飞机上保持了最稳定的姿态，从东向西，从南向北，在横竖几百里的空间一次飞好几个小时；相关厂所的技术人员早就忘掉了炎热，在飞机上认真监控着仪器，一丝不苟地操作、记录。

仅仅10天，试飞人就加班加点地完成了任务。当结果比要求提高了千分之一的数据一出来，中国科学院、总参的项目负责人由衷地为试飞人竖起了大拇指。

飞向南海

2017年6月19日上午，博鳌机场。

跑道上，一架标有“中国海监（现为中国海警）B-5002”字样的“新舟”60飞机已经做好起飞的准备，驾驶舱内，孔祥勤机长正在和副驾驶丁磊、观察员肖津及刘彧希进行起飞前的最后检查。

11时整，中国首架中远程海上监测飞机入列仪式开始，“新舟”60作为中国新一代海洋监测特种飞机入列国家海洋局南海分局，加入中国海监执法队伍，成为维护国家海洋权益的新生力量。在庄严的国歌声中，人们肃穆而立，责任感和使命感在心中升腾。国家海洋局南海分局领导在致辞中对试飞院中飞公司的历史如数家珍：从青藏铁路选址到三峡大坝测绘，从奥运圣火耀珠峰到汶川、玉树抗震救灾，从运8国际调机到保障ARJ21环球飞行……对中飞公司执管该飞机表现出极大的信任

○试飞人欢送中国首架中远程海上监测飞机奔赴南海。“新舟”60作为中国新一代海洋监测特种飞机入列国家海洋局南海分局，加入中国海监执法队伍，成为维护国家海洋权益的新生力量。

与期许。试飞院副院长王凤亭代表飞机执管方发言：“我们将以试飞人敢打硬仗、善打硬仗的决心和气魄，安全优质高效地完成每一次飞行任务，坚决配合完成海洋执法这一光荣而神圣的使命。”

11时30分，海监B-5002飞机腾空而起，目标——南海。

在孔祥勤机组的驾驶下，飞机渐渐飞离人们的视线。但是，包括国家海洋局南海分局、南航航管处、民航海南分管局以及中飞公司相关人员在内的参加入列仪式的人们在机场上烈日的炙烤下久久不愿离去，虽然飞机已经看不见了，但人们还在不停地向空中挥着手。

南海，自古就是中国的海疆，以前不会、今天更不会离开祖国的怀抱。面对维护国家主权的迫切要求，中国最新型的海上监测飞机——中国海监B-5002应运而生。这架飞机搭载了先进的遥感、监测、通信、搜救定位等设备，是目前中国海监飞机序列中体型最大、速度最快、航程最远的飞机，它的入列，将使我国海洋执法能力迈上新的高度。

飞行不易，海上飞行更不易，特种飞机在3000米以下的中低空监测飞行，更是难上加难。复杂的气流、变幻的云层、突发的暴风雷雨，还有其他不可预知的因素，都会随时使机组面临严峻的考验。飞机上，机长孔祥勤与其他机组成员密切配合，使飞机保持平稳状态，按既定航路向南海深处飞去。

在南海上空飞行两小时左右后，飞机开始返航，并于15时30分平稳降落在博鳌机场。最先迎接机组的是中飞公司的机务人员，这群晒得黝黑的机务人员看到自己的飞机安全着陆格外兴奋。

当天晚上，王凤亭在当地一个小馆子里安排了一次小小的庆功会，从公司领导到一线机务，20多个人挤在一桌，大家有说有笑格外开心，因为这是大家到海南以来第一次大团圆。为了初战告捷，大家已奋战了3年多时间。

作为新一代先进的海监飞机，无论是飞机本身的操纵还是各种设备的使用都非常复杂，飞行员和机务人员都经历了从不熟悉到精确操作的过程，大家对这架飞机的感情也越来越深。

中国新一代海监飞机首飞南海，既是一个历史性时刻，也是这项艰巨任务的开始。

南极科考队里的试飞人

2018年11月2日上午10时，随着一声汽笛响起，“雪龙”

号极地科考船缓缓驶出位于上海的中国极地考察基地码头，标志着中国第35次南极科学考察队正式起航。科考队由来自国内80余家单位的351名专家组成，航空工业首次派出人员参与该项任务，试飞院中飞公司是这次科考唯一的国内通航企业，这也是试飞院首次参与南极考察。

2017年11月24日，中国极地研究中心副主任孙波一行到试飞院考察，了解了试飞院科研试飞、技术资源、通航运营以及未来发展战略等情况，并就南极科考固定翼飞机托管运行等具体事宜进行了对接洽谈。

中国南极科考队有自己的飞机，但在南极却没有自己的机场，飞机到南极后一直停在俄罗斯的机场。因此第35次南极科学考察除开展恩克斯堡岛新站建设、泰山站二期工程收尾等工作之外，另一项重要任务是对在南极建设中国首个永久机场进行考察。

机场是南极科学考察的重要基础设施，在南极建造一座永久机场，难度不亚于建造一座考察站。接到任务后，试飞院确定，由副院长、中飞公司董事长王凤亭与中飞公司维修部副经理廖小文参加考察队。其主要任务是了解国外南极航空保障体系基本现状，为我国实施南极洲际航空网络建设提供借鉴经验；熟悉整个南极机场运行体系，包括跑道建设、地面保障、气象导航、机场运行等，为后续工作提出可行性建议，并提前介入相关工作，同时为极地飞机后期执管运行和南极航空网络体系构建提供必要的基础保障。

109天后的2019年2月18日，王凤亭与廖小文在参与完成中国南极科考后回到试飞院，并马上召集了研讨会，试飞院南极空运相关工作正式启动。

奥运圣火耀珠峰

2008年5月8日，在海拔8844.43米（最新高程为8848.86米）的珠穆朗玛峰峰顶，北京奥运圣火登上“地球之巅”，创造了奥运史上史无前例的壮举。实现此壮举拍摄任务的，是试飞院中飞公司。

5月12日，《中国试飞报》刊登了由杜春江、贺丽、付姗、李源以“‘圣火耀珠峰’航拍任务圆满成功”为题的消息：

2008年5月8日，奥运圣火首次登顶世界最高峰珠穆朗玛峰，圣火闪耀，神州欢腾！奥运圣火登顶珠穆朗玛峰，把喜迎奥运的庆贺活动推向高潮。中飞通用航空公司圆满完成了北京奥运

○2008年5月8日，北京奥运圣火登上“地球之巅”，创造了奥运史上史无前例的壮举。实现此壮举拍摄任务的，是试飞院中飞公司。

火炬接力珠峰的空中航拍任务，将这一神圣的历史画卷永远铭刻在百年奥运的伟大征程中。

当“圣火耀珠峰”航拍任务圆满成功后，担任空中航拍现场总指挥的试飞院党委书记白长义即兴做了一副对联：“祥云火炬罩祥云；世纪祥云映珠峰。”

当中飞公司最终确定承担奥运圣火珠峰传递的空中航拍任务时，公司上下激情满怀，迅速投入到相关准备当中，仅仅用了3天时间，对承担任务的“奖状”型飞机进行了全面检测调整，并精心对机身表面进行了喷涂。

4月28日上午9时30分，试飞院机场鲜花灿烂、彩旗夺目，庄严的奥运圣火珠峰传递航拍出征仪式在此举行。一面国旗与珠峰相嵌的巨大幕帐上，“圣火耀珠峰”几个金色大字分外醒目。幕帐下，一架涂有“航空报国、追求第一”字样的“奖状”型飞机机头昂起，如即将出征的战士。院领导、执行航拍任务机组、中飞公司全体人员以及中央电视台、《中国航空报》、《中国试飞报》记者参加了仪式，仪式由试飞院党委副书记李胜超主持。庄严的国歌声后，执行航拍任务机组全体人员面对国旗宣誓：“坚决完成珠峰航拍任务，为奥运加油。”出征仪式结束后，副院长顾益龙发出出征令，飞机在众人的期盼和热烈的掌声中滑出跑道跃上蓝天，直飞西藏。

试飞院为此次任务派出了最强阵容：现场总指挥由院党委书记白长义担任，现场副总指挥、领航员是中飞公司总经理宋庆国，机长是孔祥勤、刘选利，现场调度是曹刚，机务保障是张艳利、姚勇、訾晓华、张军。

飞机到达西藏后，机组人员克服了强烈的高原反应，精心准备航线，仔细维护飞机，制定了应对各种复杂气象的预案，并进行了有针对性的演练。4月30日、5月1日、5月6日，机组先后三次飞临珠峰地区进行试飞，按照登峰指挥部和中央电视台摄制组要求，出色地完成了“圣火耀珠峰”拍摄的各项准备工作，为登峰指挥部决策提供了有力依据。

5月7日晚，机组得到登峰指挥部关于5月8日上午将完成最后登峰的指令。机组全体人员和中央电视台摄制组制订了详细的工作计划。5月8日上午7时，飞机由贡嘎机场起飞，8时，飞临珠峰。当时珠峰峰顶被厚厚的云雾包裹，飞机围绕珠峰峰顶进行了两个半小时的近距离盘旋，虽然没有透过云层拍摄到登山队员登顶和火炬在珠峰传递的画面，却从另一个视角拍摄到了祥云火炬在珠峰点燃的时刻，祥云笼罩珠峰的景色向世人展示了一副壮美画面。

中飞通用航空公司富有青藏地区航空拍摄经验，是我国唯一具有在西藏地区航空飞行2500小时经历的航空公司，曾圆满完成三峡大坝选址、葛洲坝航测、青藏铁路选线等一系列国家大型重点工程的航测及航摄任务。此次圆满完成“圣火耀珠峰”航拍任务，展示了中飞公司过硬的技术、顽强的作风和良好的精神风貌。中央电视台副台长孙玉胜打电话给现场副总指挥宋庆国同志：“向伟大的机组致敬！”

为首条穿越秦岭的高速公路选线

西部大开发的春风给陕西带来了一条纵穿秦岭的高速公路，这是中国第一条穿越崇山峻岭、开凿隧道最多、架设桥梁最长、难度最大的高速公路。设计任务首先要对这条人迹罕至、鸟兽出没的线路进行低空航拍，以查明复杂的地形地貌。陕西省公路勘探设计院把这项艰苦复杂的工作委托给了试飞院，主飞任务由试飞员学院承担。

高速公路从户县（现为西安鄠邑区）至洋县的路段要穿越秦岭山脉，公路沿山谷中的河床蜿蜒而行，遇到横断山脉则开凿隧道。作业要求尽可能低高度航拍，而且要拍好穿越主峰的三个隧道口。这是一条从未飞过的航线，复杂的地形和山区夏日变化莫测的天气，加之米-8飞机机身庞大且机动性差、高气温下发动机功率不足等，预示着这将是一次风险性大、技术难度高的飞行。杨百兴、牛永红踊跃地接受了飞行任务，并对公路沿线进行了实地考察。院相关部门多方协调，为任务的执行铺平道路；试飞员学院院长黄炳新、书记张文元和两位飞行员仔细研究地图、分析山区飞行特点、夏季气象多变和高温对飞行的影响等，共同制定了切实可行的特情处置方案。

那年的7月3日清晨，晴朗无云，牛永红、杨百兴二人驾机升空，载着航拍人员和仪器直奔秦岭而去。从户县涝峪口进山南飞，沿设计的路线在山谷中穿行，摄制组打开舱门拍摄。在狭窄的山谷中飞行，飞行员不敢有丝毫懈怠，仔细观察地形变化，精确操纵飞机。左转，右转，上升、下降……断崖峭壁露着狰狞的面孔不时从飞机两边掠过："看！山梁，上升！"当飞机越过山梁，只见白茫茫的一片雾海，看不见山谷走向。机组当机决定盘旋上升到安全高度。再一看来时路，也已被云雾笼罩。是返航还是继续作业？艺高胆大的机组人员和摄制组根据任务的紧迫性和山区的天气特点研究后，决定继续作业。飞机在3000米的高空一圈又一圈地盘旋着等待机会。升降气流非常强烈，飞机就像在海上漂浮的孤舟，随着气流上下颠簸。杨百兴手握驾驶杆，全神贯注保持飞机状态；牛永红一面注意发动机的工作情况，一面观察天气的变化。终于，白色的浓雾逐渐变成朵朵白云，继而形成大的云团，从云隙间可以看见下面的山头和山谷了。他们找了一个大的云隙盘旋着飞到云下，能清楚地看见山和山谷了，他们相视一笑，才发现各人的衣服都已被汗水湿透。

拍摄工作继续进行，飞机擦着云底、沿着山谷、绕着山头飞行。来到秦岭主峰脚下后，飞机盘旋着爬升，穿破云层，从高处俯瞰到的秦岭主峰，就像大海上的一座孤岛矗立在云海之中。飞机沿着预定的航线继续飞行，飞过秦岭主峰之后又从云隙中穿到云下进行航拍。经过近3个小时的紧张工作到达城固机场，飞行员高度紧张的神经终于可以放松了，再看摄制组成员，已是翻肠倒肚。

第二天进行了回程路线的拍摄，同时补拍第一天漏掉的隧道口。秦岭的南坡坡势较缓，飞机沿着设计的路线顺着地势缓缓爬升。南坡的植被茂密，郁郁葱葱，绿色的山包夹着条条小溪和曲径，拍摄顺利进行。进入山区的纵深地带，只见青峰林立，山谷纵横交错，这对领航带来了很大的困难。在每个岔口同一方向都会出现两个山谷，俯瞰下去，既无道路，又无熟悉的地标，必须反复查看地图甚至盘旋一圈来核对判断，选准正确的航线。

隧道口的拍摄最让人悬心，紧挨秦岭主峰南侧的道口三面环山，飞机从南面飞来，计划经过道口后左转绕过左边的山头而后盘旋上升翻越秦岭山脉。第一次飞过后，摄制组要求下降高度再来一次，第二次飞过后摄制组觉得效果还是不理想。两位飞行员考虑到上午左面的山坡是向阳面，可能只有上升气流，而不会有下降气流，决定下降高度再来一次。两人进行了分工，由杨百兴驾驶飞机，牛永红观察地形和发动机工作。他们操纵飞机尽量靠近右边的山崖，保持着空中允许的最小速度，下降高度至距地50米，接近道口后飞机立即左转，沿着山坡吃力爬升。山脊终于低下了头，从飞机身下滑过，而此时的真高只有10米，全机人员惊呼："真悬呀！"隧道中部的出口在崇山峻岭的包围之中，从飞机上俯视恰似一口井。飞机是从3000米的高空盘旋向道口下降，越往下走，回旋空间越窄。飞机盘旋的坡度越来越大，半径越来越小。山崖、树木距飞机咫尺之遥，稍有气流飞机就得马上修正，稍有差错便会造成灾难性后果。

两个隧道口拍摄成功完成，摄制组对拍摄效果非常满意。

护送"新舟"60"远嫁"非洲

2005年，两架"新舟"60飞机出口津巴布韦，成功打开中国自主品牌客机飞往世界的大门，随后销往多个国家。截至2018年，"新舟"系列飞机累计交付100多架，在四大洲18个国家的近300条航线上平稳运营，累计飞行超过46万小时、43万个起落；累计运送旅客突破1200万人次；培养航空管理人员、机务人员、飞行员等航空专业人才3200余名，有效扩大了中国民机的品牌影响力。

每每提到护送"新舟"60"远嫁"的事情，中飞公司的飞行员徐鹏德都会情不自禁地兴奋起来：

2005年4月23日，首批交付非洲的两架"新舟"60飞机在阎良进行了盛大的交付仪式，同时还进行了斐济购买一架"新舟"60飞机的签订仪式和厄立特里亚、刚果等国的10架购机意向仪式。国产"新舟"60支线客机终于成功地走出国门，迈向了世界。

4月30日，"新舟"60 B-673飞机按合同将由试飞院机场转场到昆明国际机场。上午10时，邓友明和我准时来到起飞线。此时，机务人员的加油、充电和有关检查工作已经基本结束。

○ 2005年，两架"新舟"60飞机出口津巴布韦，成功打开中国自主品牌客机飞往世界的大门，随后销往多个国家。

我们到达后，立即按规定对飞机进行起飞前检查，我们都很清楚，这次转场任务事关重大，来不得半点马虎。10时20分，飞机带着巨大的轰鸣冲上了天空，“新舟”60飞机“远嫁”非洲的历程开始了。很快，飞机到达了3000米的高度，厚厚的云彩被踩在了脚下，金色的阳光洒满飞机，远处，白云如海浪般起伏跌宕。驾驶“新舟”60其实是一件很惬意的事情，飞机的操控性和安全性都很好，在航线上，打开自动驾驶仪，飞行员非常轻松。

12时40分，飞机滑向了昆明机场的跑道。当飞机停稳后，前来迎接机组的厂家负责人按计划接收飞机。国际转场公司的彼特和史蒂芬两位美籍飞行员也赶到了机场。他们一方面是来验收飞机，一方面也是来欢迎我们。我们最早是在驾驶“新舟”60参加新加坡航展时认识的，大家都是飞行员，而且谈得也很投机。从那时起，我们就成了好朋友。我们一下飞机，大家的手就紧紧握在一起，不用翻译我们就热烈地交谈起来。

4月30日，另一架“新舟”60 B-674飞机也飞到了昆明，随机来的还有飞机制造公司的机务人员，他们将和飞机一起前往津巴布韦，帮助津巴布韦航空公司进行为期一年的飞机维护工作。5月1日，两架飞机由昆明出发，跨出国门，直飞非洲大陆。

一路不细表。两架“新舟”60飞机终于抵达了目的地——津巴布韦哈拉雷国际机场。首次“娶到”中国“媳妇”的津巴布韦机场早已准备好了盛大的欢迎仪式。

5月4日的哈拉雷国际机场一派节日气氛。当地人临时搭建了一个巨大的棚子，里面不但设有高档沙发、发言台，还到处贴有“新舟”60的图片，一条红色的地毯从棚口处一直铺到飞机底下。津巴布韦总统穆加贝携夫人以及副总统、交通部长等数十位高级官员一同到场出席“新舟”60飞机的欢迎仪式。在充满非洲情调的歌舞声中，盛大的欢迎仪式正式开始。身着鲜艳、奇特民族服装的津巴布韦土著居民打着兽皮鼓、敲着木琴载歌载舞，并不时地高声发出尖叫。歌舞表演后，津巴布韦总统穆加贝发表热情洋溢的讲话，对此次中、津的成功合作表示了高度的评价，并对“新舟”60飞机在非洲市场的发展充满了希望。

当天上午9时，飞行表演开始了。我驾机从起飞线上加力滑跑，蓝天中的“新舟”60似一只展翅翱翔的巨大彩凤。表演动作是我们精心准备的“360度盘旋”“小速度通场”“单发通场”“大坡度下滑”“反桨倒滑”等高难度动作。天空中，我先操纵飞机调转机头，使观众可以清楚地看到飞机的姿态；飞机开始侧飞，倾斜角不断加大，当到达50°时，飞机机身最大限度地展示于地面观众的视野。紧接着机组收油门开始减速，

"凤凰"跳起了"卡通舞"，庞大的飞机慢慢由观众眼前游过。当"新舟"60关闭一台发动机，只用一台发动机飞过观礼台时，津巴布韦主持人用英语反复介绍："快看，飞机用一台发动机也能飞。"

那天的飞行表演异常成功，中国"媳妇"充分展示了自己的优良性能。

不远万里，接运8回"娘家"

2010年1月2日早晨7时37分，一架运8F-200型飞机经10个国家、11000千米的奔波，披着晨曦稳稳地降落在昆明巫家坝国际机场，并于1月6日安全抵达湖北当阳机场。

2003年，两架国产运8F-200飞机按购机合同，飞越万里来到了位于非洲东部的坦桑尼亚落户。经过6年的使用，两架飞机计划转场到湖北当阳凌云机械厂进行大修。

中国航空技术进出口公司将国际调机任务交给了试飞院中飞公司。

为确保运8飞机安全顺利地回"娘家"，试飞院副院长、中飞公司总经理宋庆国，在得到消息的第一时间，便亲自挂帅立即着手准备，成立了运8国际调机工作小组，购买了杰普森航图，与东航及国航有国际调机经验的机长进行沟通协调，对调机路线进行了精心设计，然后向坦桑尼亚军方和美国转场公司提供了一份完美的调机路线，对方对调机方案极为称赞。

为执行这次调机工作，中飞公司挑选了徐德友、马广新 、王金星、徐长春、邓洪海等飞行员组成空勤机组，他们每个人的飞行经历均超过5000小时，有丰富的飞行经验。此后，运8机组用精湛的飞行技术、完美的航程证明了自己的实力与水平。

此外，中飞公司机务人员与试飞院飞行部机务人员共同组成的维修小组，保障飞机处于良好的飞行状态。调机过程中维修小组与陕飞驻坦服务组一起对飞机进行了精心检查和维护，对试飞过程中出现的故障进行排故，排除了GPS与自动驾驶仪不交联、TCAS报警应答机时好时坏、飞机右侧机翼前缘漏燃油、一发滑油散热自动打开失效、两发滑油散热风门自动打开失效等多种故障。在飞机运回过程中，共经历7个起落，每个起落期间维修小组都与空勤机组密切配合，保障了飞机各项飞行状态。

负责转场保障工作的中飞公司经管部部长李卫华每每回忆起这次国际调机，总会用"万里航程完美飞行"来形容，脸上挂着的，是满满的骄傲和自豪——

这次返程任务的开头并不顺利，经历了“两次返航”，虽然最终“有惊无险”，却也“费尽周折”。

2009年12月18日，坦桑尼亚当地时间13时22分，伴随着螺旋桨发动机的轰鸣声，首架运8飞机从达累斯萨拉姆机场起飞，飞机爬升到25000英尺后保持平飞，14时10分进入肯尼亚境内。14时32分，大家突然从飞机右侧最后两个观察窗发现有漏油，最后一个观察窗已布满燃油，右侧机翼也有几处漏油，其中四发附近漏油较严重，燃油顺着机翼后缘雾状散射。

飞机在空中漏燃油是极为危险的，特别是机翼临近发动机部位漏油，可能会引起机翼着火，一旦起火，后果将不堪设想。机长果断决定返航，着陆前发现右侧机翼后所有观察窗口外都有燃油，飞机于16时21分安全着陆。着陆后，试飞院空勤机组、维修小组、陕飞公司驻坦服务组和坦方人员立即组织排故，检查并紧固了右侧机翼燃油管道夹布胶管及右侧翼根前缘处所有燃油管道，试飞院机务人员排故到22时，对所有可能的漏油点进行了详细检查和地面加压试验，未发现漏油现象。

大家于12月19日当地时间凌晨5时40分进场,7时22分起飞。23分钟后，发现右侧最后一个观察窗又有漏油现象，8时06分机长决定再次返航， 8时56分安全着陆。徐德友机长事后讲，当时他已经在观察地形，寻找合适迫降的海滩。

着陆后发现右侧翼根前缘下部蒙皮有漏油残留痕迹。经排查，终于找到故障原因，排除了安全隐患。

运8飞机交付坦桑尼亚后，很少飞到超过7000米高度，即使飞到高空，停留时间也很短，漏油故障一直未被发现。燃油管路连接处的夹皮胶管在高空低温情况下与热油管道膨胀系数不同，因此在高空低温条件下发生漏油现象。此次故障在地面难以发现,地面加满燃油然后加压也不会出现,增加了排故难度。

两次返航，有惊无险，故障及时彻底地排除，展示了机组人员认真负责的态度和精湛的技术。

运8飞机是当时国产飞机中吨位最大的机型，最大起飞重量为61吨，国产飞机的国际调机任务理应由中国的飞行员来执行。然而在初到坦桑尼亚时，与坦桑尼亚军方的协调会上，坦方的机长态度很傲慢。

试飞院空勤机组并没有过多的言语，在接下来坦桑尼亚本场训练飞行中，徐德友机长带领空勤机组以几次完美的着陆征服了坦方，而后，坦方飞行员只要看到中国飞行员，都会伸出大拇指，交口称赞。通过接触，坦桑尼亚方面也深深被中国机组精湛的技术和中飞公司良好的服务所打动，主动提出由中飞公司负责对该国运输机飞行员进行培训。

由于运8是坦桑尼亚军方的飞机，而国际调机路线走民航航线，民航航线申请一般需要飞机的国籍证、民航注册号、电台执照，原计划航线申请交给坦方人员的，坦方迟迟拿不到所有11个途经国家的批复，机组为此在原地等了一个多月。此后航线申请交由美国的SOUTHEN CROSS公司来做，12月18日、19日两次返航后，前一次的批复已经过期，重新申请又需至少7个工作日。12月29日，美国公司拿到了第二次申请的批复，但在第二天却被告知批复被取消。

为尽早将该架飞机飞回祖国，空勤机组与机长商定，决定改变航路。经过调整，2009 年12月31日10时45分，首架运8飞机终于从达累斯萨拉姆机场起飞飞往国内。

由于条件所限，首架回国大修的飞机离开坦桑尼亚时留有多个使飞行安全存在隐患的问题，比如起落架放下锁滚轮镜面出现裂纹、螺旋桨桨尖部位损伤较严重，另外，坦方未提供飞机履历文件，使控件无法控制，空勤机组无法及时检测各种零件是否到保修期；三发油门指示器摆动，使空勤机组无法确定飞机耗油情况；在飞行几个小时后，这架几年中没有飞过长途的飞机又出现了GPS与自动驾驶仪不交联的故障，这使飞机无法自动驾驶，飞行员只能改为手动操纵。而运8飞机由于体积较大，杆和舵都很沉，飞行员手动操纵时必须使用很大力气，时间一长，飞行员的腿脚就僵硬了。机组就在这种状态下连续驾驶了数小时；随后，TCAS防相撞系统又出现故障，使飞机在飞行过程中不能及时测定与其他飞机的飞行安全距离，只好在此后的十几个小时中一直带着这些故障飞行……在这种既是对飞机的考验又是对机组意志力和自信心的考验中，空勤和维修小组人员共同努力，终于圆满完成了任务。

经过千难万险，运8飞机终于飞抵祖国。飞机在昆明机场刚一停稳，总经理宋庆国就给董事长顾益龙发去“机组凯旋”的消息，顾益龙激动地回复：“这是我收到的最好的新年礼物！”人们走下飞机，深深地吸上一口祖国的空气：“哇！好香啊！”

为了让运8飞机按时回“娘家”，国际调机空勤机组和维修小组已在国外辗转了50多天，他们用自己的实际行动，不但征服了用户，树立了中国试飞人良好的口碑，也实现了通用航空国际化开拓。而后，中飞公司又先后圆满完成过12架次国产运8飞机赴坦桑尼亚、委内瑞拉国际调机，以及通过自有飞行员完成2架“新舟”60飞机赴安哥拉国际调机任务。

蓝天上的“人影”奇兵

2019年10月1日，全世界的目光聚焦中国北京，聚焦新中国成立70周年庆典，聚焦一场见证强国强军风采的盛大阅兵。

“展翅长空，傲视苍穹，空中梯队即将接受检阅……”当蔚蓝的天空中传来轰鸣，当160多架战鹰米秒不差从天安门广场上空呼啸而来，接受祖国和人民的检阅时，人群中爆发出一阵阵欢呼。

此时，天安门广场东北方400多千米外的赤峰机场，有一群试飞人，除了激动自豪，笼罩在他们周围的还有一份重任在肩、随时出动的紧张气氛。他们是试飞院“新中国成立70周年庆祝大会人工影响天气保障”工作团队。为了这一刻天安门上空的丽日晴天，这支蓝天上的“人影”奇兵在时刻准备着。

《中国试飞报》记者郭乔乔记录下了他们连日来忙碌的身影：

尽管10月1日北京天气晴朗，但赤峰市气象局有关人员和“人影”机组丝毫没有松懈，机组按计划进场，来到“玉龙号”（运12 B-3857）前，仔细检查飞机状态，现场待命确保万无一失。

“一旦需要我们上，一定圆满完成任务。”机组成员们表示，他们有能力、有信心完成好这次任务。这自信来自团队高度的使命感、责任感，来自他们长年“追云布雨”的丰富经验、精湛技术，也来自他们为这次任务所做的周密准备。

2019年8月，一个光荣而艰巨的任务由赤峰市气象局交到试飞院中飞公司赤峰人影作业机组手上——参与中华人民共和国成立70周年庆祝大会人工影响天气保障任务。

中飞公司B-3857实施人工消减雨和消减云昼夜作业要确保飞机在保障任务期间的适航，确保机组按国庆70周年庆祝大会人影军地联合指挥调度中心下达的作业指令执行任务。

此次人工影响天气保障任务设三道防线实现人工消减雨和消减云的目的，一是增加云雾中冰晶含量和浓度，实现提前降水；二是通过播撒催化剂抑制降雨云的发展，延缓降雨；三是当第二道防线未能有效拦截降雨云的发展时，过量播撒催化剂消云减雨。参加作业的机组要通过三道防线将阴雨天变晴天。

接到任务，由飞行员赵宝明、刘泽栋、沈海杰和机务保障人员张勇、王腾、苗龙6人组成的机组立刻沸腾了，这群从4月份就来到赤峰开展人工增雨作业的试飞人既兴奋又倍感压力：昼夜作业的要求对从未进行过夜航人影作业的机组来说是全新挑战。

任务重大、时间紧迫，围绕“确保飞机适航状态、确保人员状态”的目标，中飞公司立刻行动起来。9月1日，产业公司杨书生专务、中飞公司总经理张艳利立即赶到赤峰；9月2日，中飞公司B–3857保障小组成立，杨书生、张艳利同机组人员商榷制定夜航训练计划；9月3日，机组开展夜航训练，在常规增雨作业和夜航训练中持续“练兵”。

为确保任务完成，公司决定此次任务采用双机长的技术力量，由运12增雨飞行机长、教员赵宝明和水上飞机伴飞、科研挂飞、增雨作业、地质勘测能手刘泽栋共同担任机长。此后，公司特别增派经验丰富的唐学庆到赤峰组织做好机务保障工作。

9月13日，与中秋佳节一同到来的还有任务书：机组接通知，按联合指挥调度中心的统一部署，B–3857参与9月15日联合保障演练。机组全员立即进入状态，开展各项准备工作。

联合保障演练涉及作业区域广、飞机数量多、协调复杂。按照要求，参与演练的各机场需报预先计划，提供决策依据。机组根据飞机性能，综合各种附加因素，推算飞机航程，立足“充分发挥飞机性能，完成任务，在航程内安全返回”的原则，提出了预先计划，经三次与上级反复沟通，基本明确了飞行计划。

联合保障演练是一个系统工程，执行任务时多架飞机要依次跟进进入作业区作业，因此每架飞机都必须严格按计划执行，对执行人影作业飞机的要求同国庆阅兵空中梯队一样——米秒不差！

为了确保“米秒不差”，机组根据已经确定的作业区进入点，结合气象情况、飞机性能，凭借丰富的人影作业经验倒推起飞时间，确保万无一失。

15日，一切准备就绪，机长赵宝明、刘泽栋整装待发。塔台上报飞行计划，却遇突发状况，飞机需延迟20分钟起飞，重新报计划。赵宝明迅速找到解决问题途径，在5分钟内敲定新计划。在航管员的帮助下，一切又重新转入起飞“正轨”。

新的起飞时间定于20时40分。

时间开始倒流：

开车；

试车；

滑出前最终确认；

提出滑出申请；

滑出。

20时38分，飞机平稳停在起飞线。第一个时间节点稳稳保住。

赵宝明按捺住“加油起飞”的激动心情，开始数秒等待。

20时39分40秒，赵宝明：“申请起飞。”

20时39分50秒，塔台：“可以起飞。”

20时39分55秒，加油起飞……

20时40分，赵宝明、刘泽栋相互配合，驾驶B-3857飞向沉沉夜空，穿入浓浓阴云。

塔台内，气氛异常紧张。赤峰市气象局领导紧盯监控画面，直到“S”形作业路线图上，B-3857米秒不差到达作业点，他悬着的心才稍微放松下来。

作业进入点米秒不差；

第一个拐点米秒不差……

“B-3857到达作业退出点再报。”机组既准又稳的出色表现获得了塔台指挥的信任。

4小时38分后，飞机平稳落地，第一次联合保障演练完成。

凌晨，圆月之下，勇士凯旋。当杨书生激动地与机组人员握手时，却猝不及防地被“冰”了一下。

是的，冷，是机组在首次夜航人影作业中遇到的挑战之一。“想过会冷，但没想到这么冷。”刘泽栋说。机组平时作业飞行高度一般在3600~3900米，而此次任务飞行高度在4200~4500米。进入高空后，气温降至-10℃左右，而一次飞行4个半小时，大家从脚趾一直冻到脖子，但都咬牙坚持着。其实飞机可以开暖风，可是一旦开暖风将增加油耗，为了保障安全，防止出现意外情况，他们坚持再冷也不开暖风。

9月29日，飞行2小时55分，待命至23时许，联合指挥调度中心通知保障任务结束，此次任务顺利完成。

同一时刻，在陕西西安，也有一个机组的一群人，为了保证西安新城广场升旗仪式的晴朗天气而彻夜未眠。他们是试飞院中飞公司人影作业B-3856飞机增雨机组的机长张亮、杜艳亮，机械师王勇，电子师刘航，机械员王小林。

○ B-3856机组保障西安国庆升旗仪式的事情虽然鲜为人知，但鲜艳的国旗见证了他们的忠诚。

9月30日10时，B-3856机组成员正在畅想次日国庆盛大活动，突然接到进场指令：为保障西安市新城广场10月1日升旗仪式顺利进行，陕西省气象局及人影办要求，中飞B-3856增雨机组于10月1日凌晨对西安市周边地区进行消雨作业。

任务重大，时间紧急。为保证此次夜航飞行万无一失。接到进场指令后，大家迅速收拾行装，5分钟之内全员上车集合，奔赴咸阳机场，开始前期准备工作——结合气象情况，初步制定飞行计划。

下午，机务保障人员对飞机做全面检查。进场后，刘航迅速组织王勇和王小林对飞机进行开车检查，对轮胎支柱、起落架等关键部位进行详细目视检查，并按照航前工作单进行航前准备。夜航保障面临检查难度大等挑战，大家一丝不苟、认真仔细，关注细节、确保安全。

20时，机组和人影办全员到场，大家心都系在一起，紧张地做着各项准备。经过共同努力，22时05分，机长张亮、杜艳亮驾驶飞机起飞，在4800米的高空穿梭，经过3小时15分空中飞行，于10月1日1时20分落地，圆满完成对宝鸡陇县一带云层消雨作业，顺利结束第一架次飞行。

然后，大家顾不上歇一口气儿，就又马不停蹄地投入第二架次飞行准备中。夜幕下，他们忙碌的身影格外醒目。机组与机场保障人员通力协作，2时30分，飞机再次起飞，钻进云层。

暗夜里飞行视线不佳，长时间的飞行令人疲惫，张亮、杜艳亮克服这些挑战，精准操纵飞机开展消雨作业。经过3小时30分钟的飞行，周至到麟游一带云层的消雨作业顺利结束，飞机于6时平稳落地。

2019年10月1日，阴云不再，东方露出曙光。清晨7时，当散发着和煦光芒的太阳从地平线跃出地面时，鲜艳的五星红旗在雄壮的国歌声中冉冉升起，5万多名市民庄严肃立观看，为祖国送上美好祝福。看着鲜红的旗帜，看着人们兴奋的脸庞，机组成员一扫疲惫，心中充满了对祖国的赞颂和祝福。

B-3857、B-3856，两个同样优秀的机组保障国庆阅兵和西安国庆升旗仪式的事情虽然鲜为人知，但鲜艳的国旗见证了他们的忠诚。

一个用人名设立的奖项

2020年5月25日，试飞院两年一次的“周自全科技奖”评选工作开始了。评选范围依然是“科研一线直接从事科研技术工作的人员，年龄不超过40周岁”。学术成就条件依然是“在飞行试验科学技术前沿取得重要突破，卓有建树，形成有较大影响的科技报告或软件成果；通过技术创新，解决了试飞工程中的重大技术关键，并形成较高水平的技术总结报告；科研成果处于国内领先，达到或接近同时期国际先进水平”等3条。

这已经是“周自全科技奖”评选的第五届了，每一届都会评出3至5名在个人从事的专业内有较高成就和较卓越贡献的年轻人。

“周自全科技奖”设立于2012年。

2010年，周自全获香港何梁何利基金“科学与技术进步奖”，奖金20万港元。拿到这笔奖金的周自全找到院党委书记白长义：“白书记，我要把这个奖金全部捐给院里，奖励院内在技术上有突出成绩的青年科技人员。你看具体怎么使用？”

白书记将周自全的想法告诉了院长刘选民：“院长，你说怎么办？”

刘选民：“这是周老爷子的心愿，我们答应吧。设个奖，把这个作为奖励基金，定期评选奖励。”

白长义：“好！那就叫‘周自全科技奖’吧，把奖金作为奖励基金，定期评选，坚持下去，一定会促进年轻科研人员的成长成才。不过……”白书记提出了持续奖励奖金不足的问题。

“那还不容易，”刘选民说：“把这20万港币作为奖池，院里再补一些。培养年轻专业骨干是老爷子的心愿，也是院里的责任。”

而后，人力资源部部长张俊民组织起草了《“周自全科技奖”管理办法》，2012年3月17日，试飞院举行了“周自全科技奖”设立仪式。2012年5月15日，作为试飞院青年科技人员最高科技成就荣誉的“周自全科技奖”管理办法出台：成立“周自全科技奖”评委会，周自全作为评委之一；每两年评选一次，每次不超过5名；每位获奖者颁发获奖证书和10000元奖金；同时，在推荐专家等方面优先考虑。

在第四届“周自全科技奖”获奖人员的表彰通报中，可以看到4名获奖人员主要技术创新内容。

第一名，赵敬超，主要创新点有两个：

一是基于某型武装直升机型号试飞工作，形成了一套直升机性能试飞验证技术，建立了系统的直升机性能预测方法，使直升机性能试飞技术上了一个新的台阶。突破了直升机性能气动模型建模技术和直升机性能模型试飞验证方法及性能预测技术，有利于进行风险控制以及试飞任务规划。

二是负责完成了直升机旋翼气动力试飞验证技术的研究，实现了国内在直升机部件级试飞技术方面零的突破，并为后续开展直升机全机部件级试飞技术奠定了坚实的基础。突破了直升机旋翼部件级的建模技术、直升机旋翼气动力获取技术和直升机旋翼部件级的气动导数获取技术。

第二名，潘鹏飞，主要创新点有两个：

一是首次在涡扇发动机实时趋势监控中采用自适应误差带技术，突破了基于试飞数据的发动机全状态趋势监控模型辨识与实时趋势监控技术；有效提升了发动机试飞过程的效率和质量，增强了航空发动机的试飞安全保障能力；该项技术具有通用性，可推广至其他类型发动机的飞行试验中。

二是在基于模型的发动机趋势监控与故障诊断技术上，创新性地构建了与发动机状态无关的残差生成器，实现了基于置信水平的故障检测率和虚警率优化设置，突破了数据驱动的发动机典型气路故障特征提取技术；在基于发动机典型故障的残差特征信息上，建立了发动机故障分类识别模型，实现了发动机故障类别的在线实时检测。该技术对提升试飞过程中的应急处置能力等方面具有重要意义。

第三名，刘超，主要创新点有4个：

一是在运动基大型模拟器设计、集成和调试技术上，建立了实验室级大型模拟器研制规范；突破了多模式运动系统控制技术、操纵负荷系统的多点校准技术。

二是在飞机性能仿真模型试飞验证技术上，掌握了飞机仿真模型验证试飞技术，形成了模型验证和模拟器鉴定科目的试验程序；建立了一整套模型试飞校验技术和工作流程。

三是在某机动模拟、试飞评价和试飞员培训中，开发了某型飞机过失速飞行软件，搭建了杆试验环境；掌握了试飞员培训模拟器培训和培训效果评价技术。

四是在飞行仿真建模技术中，构建了飞机性能仿真模型框架，突破了多体动力学模型、跨平台飞机系统混合建模、垂直起降飞机控制律设计和动力学建模以及品质评价训练的飞机动力学建模等一系列建模技术。

第四名，郑浩，主要创新点有3个：

一是在带动力推力矢量缩比模型研制和试飞技术上，突破了微型发动机选型、矢量作动系统研制、缩比起落架系统研制、全机系统集成和联试等多项关键技术，为全尺寸飞机的控制律设计提供技术支持，降低了试飞风险。

二是在模型自由飞专用控制策略和控制律上，构建了模型自由飞专用控制策略和控制律，突破了模型和载机安全分离、地面操作员辅助控制等关键技术，提高了试飞安全性；首次实现四发螺旋桨飞机的滑流模拟、转速同步控制，达到国内领先水平；成功实现缩比模型的30° 转弯失速试飞，提高了试飞动作精准度。

三是在模型自由飞项目执行过程中，研制了测控一体化系统、高精度空速测量系统、非接触式角位移传感器等模块化设备，并以此为基础构建了一批试验研究机，开展前沿技术的演示验证试飞，扩展了模型自由飞研究领域，实现了与无人机专业的融合。

这些技术现已推广应用到多型模型自由飞试验中，降低了试飞风险，提高了试飞效率，扩展了研究范围，提升了技术水平，促进了专业体系建设和发展，使模型自由飞试验处于国内领先地位。

4个人，一样的年轻，一样的专业，一样的创新精神，一样的卓越贡献……每届评比，周自全一样的欣慰。

试验机身上的“宝马标”

宝马车的标志，相信大家都不陌生，是大圆里面套一个小圆，小圆分成4块，具有很高的辨识度。

有细心人在观看军事类电视新闻的时候会发现我国许多试验机上也有类似的标志，就会好奇地问，为什么试验机上会喷涂有“宝马”车标样式的标志？难道这些飞机跟宝马汽车公司有什么关系吗？还有人说那标识“是辐射警告的标志”，难道飞机某些区域还有辐射危害吗？

试飞工程师李宁宁为我们揭开了天上飞的“宝马标”所隐藏的秘密：

试验机机身上的图标虽形似宝马标，但跟宝马标完全不一样：宝马标是蓝白相间的十字象限，它是黑黄相间的十字象限；宝马标是单个圆环，它不仅有内圆，外围还包围了一层间断的、有一定宽度的圆环；宝马标尺寸固定不变，而它不但在不同的试验机上大小不一，即使在同一架试验机上不同位置的标志大小也不一样。

其实，机身上的那个标志是工业摄影测量用到的测量标，是一个视觉识别基准点，也称之为“四象限标”。试验机在起降过程中光学摄影设备对其进行摄影测量时，这些标志有助于计算机对其中心进行自动检测定位，从而完成对待测位置的精

○试验机机身上的图标虽形似“宝马标”，但跟“宝马标”完全不一样。试验机在起降过程中光学摄影设备对其进行摄影测量时，这些标志有助于计算机对其中心进行自动检测定位，从而完成对待测位置的精确测量。

确测量。用于对试飞的飞机进行高速定位测量，包括飞机起飞着陆过程的飞行轨迹、飞行速度以及飞行姿态（俯仰、偏航和横滚）等。

在20世纪90年代，数字摄影逐渐发展起来，但由于传统的同心圆非编码标志在人工匹配的过程中费时费力、效率低且容易出错，影响了计算精度，于是，试飞工程师们开始创新性地将摄影测量技术应用在试飞测试过程中。他们综合了试飞大背景的特色设计了这款形似“宝马标”的编码测量标志。

为什么选用黑黄相间而不是其他颜色呢？这是为了更好从背景色中分离出编码标志。因为飞机在飞行中，环境光往往较为强烈，而天空也近乎为蓝白色，如果选用蓝白或者其他较浅颜色的标志，计算机很难识别出机身上的测量标志。而采用黑色与黄色两个色差较大的颜色进行相间填充，不仅能够快速的识别角点，而且很容易在飞机背景色中快速分离出编码标志点。

为什么采用十字象限作为内环的匹配基准？这是为了方便工程师们进行手动匹配以及自动匹配，提高了匹配精度。摄影测量是一种高精度测量方法，对测量标志的中心有更高的要求，如果黄黑相间的“十字”中心过粗或者错位，导致识别不够精确，将会对测量结果造成较大影响，因此在设计以及喷涂过程中将四块黑黄区域严格对齐，保证中心没有任何偏差，这不是普通商业标志所能比拟的。

至此，第一代试飞测试用的摄影测量标志——十字象限非编码标志诞生了。这款形似“宝马标”的标志，以其独特的功能和作用，在中国各型新机的试验鉴定中应运而生。

但是在摄影测量的过程中，由于飞机本身是一个庞大的被测物体，在同一任务中为了实现某项参数的解算与获取，需要在飞机上固定区域喷涂多个标志点。试飞工程师们发现，简单地改变不同位置和标志点的大小，在后期的图像序列中很难通过人工或者自动的方式识别与匹配。为此，试飞工程师们在舰载机验证机的试飞过程中，通过研究、设计、反复验证，最终确定了在十字象限圆的外围增加可以快速识别，且具有旋转不变性的Schneider编码环，编码环是一圈黑色的、有一定宽度的、“不完整”的圆环，其编码设计可以确定“身份”的唯一性，让计算机知道“你是谁”“你在哪儿”，并以此精确解算飞行轨迹、飞行速度以及飞行姿态等关键参数。至此，第二代摄影测量标志——编码标诞生，并且沿用至今。

这款飞行中的编码标志，不是随意喷涂出其外貌即可。摄影测量是一种高精度的测量方法，这样对编码标志的设计提出了很高的要求。

在摄影测量过程中，这款空中飞行的“宝马标”被运用在光学测量仪器——摄像机的标定以及事后解算的全流程中。摄像机标定是检查和校正摄像机内外方位元素和光学畸变系数的过程，即基于中心投影的共线方程确定像元与被摄物体表面相应标志点之间的数学关系。获取试飞试验过程中的影像之后，完成标定的摄像机，配合识别图像序列中的“宝马标”，即可精确地解算战机飞行轨迹、飞行速度以及飞行姿态等。

“我国首次飞行探矿出自咱的手”

1974年10月1日，在试飞院“迎国庆文艺晚会”上，由职工自编自演的歌舞剧“飞行探矿在中国”获得了最多的掌声。这个歌舞剧演的就是“我国首次飞行探矿出自咱的手”的故事。剧本主笔费天寿，谱曲王松岑，导演兼主演是付希君。

歌中唱道：“天上有数不清的星星，地下有数不清的宝藏，科学技术展翅膀，上飞机能找矿。嗨！嗨哟嗨哟，嗨！上飞机能找矿。”

人们都会记得，在20世纪70年代之前，我国找矿技术还很落后：找矿人背着工具包，拿着钢钎、铁锤，穿越荒山密林，把找到的矿石标本带回实验室。工作之艰苦效率之低下可想而知。但就是在这种情况下，我国在石油、天然气、稀有金属等方面仍然取得了源源不断的突破，令世人震惊。

1974年，从中国物探研究所传来一个好消息，我国研究发明了一种探矿仪，将其装在飞机上飞行，就能将埋在地底下的金、银、铜、铁矿石找出来。为此，物探所的同志找到了试飞院，要求合作开发此项目。

当时参加改装飞机任务的技术人员费天寿为我们回顾了那

段难忘的历史：

我们所（试飞院当时称630所）领导火速将飞机改装的任务下达到工厂。厂房沸腾了，墙上拉起了大型横幅，大小板报展开了宣传；物资技术部门积极准备资料、采购器材；工人急待任务到手。

那是一个只讲奉献的岁月，加班加点没有报酬，但是大家憋着一股劲地把任务往前赶：中午下班大部分人去吃饭了，还有人留守，操作着机床；晚上加班到11点了，大家还想着能不能再多干一会儿……那种自觉自愿的精神实在让人难忘。

能拿到飞机改装任务的人并不是全部，还有一些人想干也插不上手，听听这些人的议论，就不难明白大伙抢着干活的原因："天上飞的飞机能发现地底下的矿石，用的是啥技术？""谁知道？是磁力吧？""洋人卡我们，听说进口贵重金属，一头大肥猪的钱都买不上一两千克！""这下可好了，飞机能找矿，将来我们的钢铁多了，就造汽车、火车、拖拉机，造飞机、坦克、大炮。"你看，人心所向是发展生产，是国富民强。

在物探所技术人员的积极配合下，在"红专502"飞机的翅膀下开了两个大洞，"千里眼"探矿仪装在了飞机的左右两翼。改装任务提前完成了。改装完毕的"红专502"满载着大家的嘱托，被迅速拉到机场起跑线，飞行部立即开始组织试飞。

没过几天就传来了好消息：飞行探矿的试飞获得成功！中国物探研究所向我们所表示感谢。大家非常高兴，因为飞行探矿在中国是首次，这首次又是在我们所，而这首次又是我们亲手所干。成就感和自豪感油然而生。

空中试车员，你所不知道的职业

因为风险大，试飞员被称为"空中勇士"，然而，在试飞员驾驶新型或改型的飞机首飞前，已经有人将飞机的首次飞行可能出现的最大风险排除掉了，这个人，就是"空中试车员"。

空中试车员是个特殊的鲜为人知的职业，说其特殊，是因为从事这个职业的人特别少——全国只有3个人。

20世纪90年代初，试飞院发动机研究所的张武忠曾就这一职业写过一篇报道，使工作在中国唯一的轰6空台上的3名空中试车员的神秘工作为人所知：

虽然这个工作特殊，但工作的人却一点不特殊。当你见到空中试车员周振钦、杨子龙时，外表可能会和你心目中的飞行员形象吻合，他俩身高差不多，约1.75米，不是军人却有军人的气魄：魁梧，强健，但言谈举止却不失科研人员特有的气质：知性、优雅。他们分别于1964年和1965年从航校毕业，分到试飞院从事地面试车员工作，经过半年跳伞训练后，成为我国第一代空中试车员。比起他俩，1981年从试飞团转业而来的陈文宇显得有些单薄，但他却是飞过歼5、歼6、歼7、歼8等多种飞机的老牌试飞员。就是他们，在空中试车台题目组和轰6机组的精心规划和密切配合下，在空台上出色地完成了10多种涡喷发动机装机试飞前和其他项目的空台试验任务，保证了相对应的各型战机动力装置的可靠性。

有人认为，空台只是轰6飞机的一部分，只要飞机不出事就万无一失。其实这是一种误解。对于被试发动机来说，空台试验手段最先进、结果最真实，但空台试验的难度也最大，而且还具有一定的危险性，同时工作环境也很恶劣。从某种意义上说，空中试车员承担工作的难度和风险并不亚于试飞员。

首先是试验时极差的工作环境：空中试车员座舱是由飞机尾舱改建而成的，面积仅一平方米左右，除去必备的操纵机构和仪表，人就像嵌进去一样，难以自由活动；飞机向前飞，人却只能反向坐。瘦长的轰6飞机尾部振动特别大，以致每次飞行下来，身体训练有素的空中试车员都禁不住呕吐；3台喷气发动机的巨大轰鸣集中传到尾部，其噪音有多大是不难想象的。至于遇到特殊气候，飞行高度上下几十米突变加重了飞机尾部的振动，带给空中试车员的，更是撕心裂肺般的震颤。

其次是试验时的高难度：空中试车台是在轰6飞机机身正下方设计了一个独立的、可上下收放的发动机吊舱，工作时，将需要试验的发动机安装其中，和轰6飞机一起飞上蓝天。在飞机的高速飞行中，空中试车员要根据试验要求将重达1吨多的发动机吊舱从飞机体内放下来，起动产生巨大推力的发动机进行空中试验。试验完成停车后，再同样收回去。有时会根据需要重复几十次。由于飞机在飞行中产生的强烈振动，收放发动机吊舱很容易在接触处产生摩擦，或者由于电气失灵或液压系统漏油而产生收放故障，使飞机失去降落的起码条件，后果是不堪设想的。工作中，他们曾两次遇到空台吊舱收放途中卡住的危险情况，凭着丰富的经验，沉着冷静地采取应急措施化险为夷。

再次是试验时的危险性：发动机喘振是飞行中的禁区，也是世界上飞机研究需攻克的难题之一，它会造成发动机超转、超温继而导致发动机破坏，甚至起火和爆炸。而空台上进行的“逼喘”试验，却是人为地为发动机创造条件逼其喘振；吞烟试验则是发射小火箭，让烟尘进入发动机来考核其吞烟能力。

这种风险大、难度高的特殊试验没有丰富的经验、高超的操纵技能，都是难以胜任的。空中试车员却必须做到每次都出色完成任务。另外，轰6飞机降落重量达50多吨，在国内还没有迫降的先例，对于空中试车员来说，在轰6飞机上工作和在有迫降条件的其他飞机上工作相比，其危险性无疑增大了很多。

如今，承担着众多新型发动机试飞任务的伊尔-76空中试车台，试车员的工作条件已有了很大的改善。试验技术舱吊顶装修得宽敞漂亮，布置有7排工作台，第一排即为发动机操作台，供机械师和电气师使用的是具有自由移动、转动调节功能的救生座椅。机上人员坐在救生伞包上，伞包内有电台、饮用水、食品等，以便空中应急安全离机。座位边上还有应急氧气系统、机上通信系统。操作台面上配有电扇、台灯，便于在地面时机上工作使用。操作台上除开关按钮外，还有发动机定时工作监控显示屏，由试验发动机进气口和喷管位置布置的两个摄像头传播实时视频信号，极大地减轻了试车员的工作压力。

第一次被弹射

1966年，霍培锋从西安军事电信工程学院无线电遥测专业毕业后到试飞院工作，一直从事着机载测试和遥测总体工作，如今已成为中国航空遥测专家，在国内遥测领域颇有声望，具有较高的知名度与权威性。就是这样一位对中国航空遥测事业做出了突出贡献的老专家，曾在20世纪70年代“被弹射”过。2013年，70周岁的霍培锋提笔写下了这段往事：

在试飞院成立初期的规划中，试飞院还承担着飞行员座椅弹射系统的地面试验任务。20世纪60年代，试飞院成功研制了地面立式弹射试验台并投入使用，该弹射试验台导轨高达数十米，可弹射200多千克的重物。建成后相继进行过多个型号和科研项目的地面弹射试验任务，其中突出的一项就是顺利完成了20世纪60年代末上级下达的歼6飞机火箭弹射座椅的试验任务，这是当时我国首次研制的一种新型的带有火箭弹射动力的救生装置，能在零高度和滑跑情况下，保证飞行员弹射安全救生。这个试验分三个阶段，第一阶段是在地面立式弹射试验台上进行零高度、零速度地面弹射试验，第二阶段是进行低速、中速和高速地面火箭滑车弹射试验，第三阶段是进行空中飞行弹射试验。我被选择参加了地面弹射试验。那是20世纪70年代初的一天，我来到试验场坐在了立式弹射试验台的弹射座椅上，科研人员为我绑好了安全带，叮嘱我不要紧张，只需双手用力往下拉头顶上的红色弹射把手就可以了。试验开始后，在指挥员的口令下，我果断地拉下了弹射把手，把手带着保护帘遮住了我的面部，与此同时，只听一声巨响，瞬间我已经随着座椅来到了30多米高的弹射架的上部，然后座椅又缓缓地将我送回地面，科研人员仔细检查了座椅情况和我的坐姿，一切正常，试验成功啦。

试验结束后，科研人员告诉我们参加地面弹射试验的同志，这次试验的主要目的是考核弹射时，新型座椅将飞行员双腿强制收回的功能（避免在空中真实弹射时飞行员出舱造成腿部受伤），而你们没有弹射前自觉收腿的意识和习惯，更能检验座椅弹射在这方面的性能。尽管这件事已过去40多年了，弹射试验台也早已拆除，但这次试验仍给我留下了深深的记忆。

20世纪70年代初试飞院还研制了火箭滑车，并在铁路支线上进行了国内首次滑跑试验。此后不久，按照上级专业调整规划，地面弹射和火箭滑车试验任务转到了其他单位，但试飞院研制和应用地面弹射试验台和火箭滑车的宝贵经验为该专业的发展奠定了技术基础。

第一次“开飞机”

在人的一生中，如果你的职业与飞行员无关，“驾驶飞机”恐怕是难以实现的梦想。然而，你却有可能在加入试飞院的时候就可以实现这个梦想。因为试飞院有个“中飞航空俱乐部”，俱乐部有培养飞行员的业务，有自己的资深教官和资深机长。所以，在这里，你“不是飞行员而开飞机”并不是天方夜谭，也不难实现。

试飞院团委有个直管的青年组织，叫“飞行会”，成立伊始就确立了“试飞工程师飞行经历培训”，期望青年能够通过自驾飞机飞行来体悟试飞工程师的职责和重任，探索助推青年试飞工程师成长的新路径。

参加首次“体验飞行”的是在“飞行会”进行了一年系统理论知识培训、全息模拟座舱实习、大型模拟台体验后，根据飞行教员考评意见选拔出来的14名幸运的学员。比他们更幸运的是，增加了6名当年新分到试飞院工作的大学生。

李延希在《中国试飞报》上刊文，讲述了自己第一次“开飞机”的经历：

8月23日，是一个激动人心的日子。这一天，我终于手握驾驶杆在高空操纵飞机。对，没错，就是开飞机！

一大早，我们一行20余人来到了渭南蒲城内府机场。在崔传营机长的带领下，我们进行了庄严宣誓，并且佩戴上了“钢铁羽翼”飞行徽章，这将是自己铭记一生的荣耀。

在现场工作人员对我们进行基本体检后，我们两人一组，开始了这次备受期待的飞行体验。

我被分在第九组，在等待的过程中，每到前面几组的朋友回来，我总要不厌其烦地询问他们飞行过程是咋样的，总是想听听他们的飞行感受。每当他们说到激动的时候，我心中也是既兴奋又紧张，迫不及待地想坐上飞机体验一番。

终于，轮到我了。怀着激动的心情，我坐上了副驾驶的位子。机长告诉我，在上升、下降的过程中，飞机由他驾驶，等飞机上升到平稳高度后，我就可以自己操纵驾驶杆了。我默默点头，等着那一刻的到来。

发动机开车了，我的心也跟着燃烧起来。随着巨大的轰鸣声，飞机滑出了跑道，加速，加速，不断加速……当飞机离地的那一瞬间，我的嘴角扬起了灿烂的笑，激动的心不再忐忑，对飞行的未知正在被真实的感觉一点一点填满。

我从驾驶舱的窗口望下去，看到地面的风景渐渐远去：房子变成积木了，车子变成蚂蚁了，大树变成小草了，一切都变得那么渺小。从高远的天空俯瞰大地，那些在平时看起来非常平常的房屋和绿色的农田，此时都有种别样的美，如诗如画……在祖国的天空翱翔，心中一股无法言语的感情喷涌而出。

当飞机到达规定高度后，机长说：“你可以驾驶飞机爬升了。”他一再叮嘱我“动作要柔和”，“不要用力过猛”，“仰角不要过大”。我一一记下。手握驾驶杆，我感觉地面的车马喧嚣似乎都与我无关，我的眼中只有远处的天地线和机舱内的各种仪表。我开始后拉，眼睛紧盯仪表盘，时刻注意飞机的仰角。我渐渐能感觉到飞机在我的操纵下慢慢上升，心中无比激动。

机长又让我尝试了飞机的左转和右转后说：“我们来感受一下正过载、负过载、侧滑等，你做好准备。”哇！这感觉，怎一个“爽”字了得！只是在负过载的时候，我感觉已经离开了座位，活生生地被拉向座舱盖，要不是有安全带，我觉得我真的会飘起来，这种强烈的失重感在地面是难以想象的。我用手紧紧抓住座位，想大声喊出来，却发现自己怎么也发不出声音。

经过将近30分钟的飞行，飞机安全降落。这时候，我的心里突然有了一种温暖的感觉，像是期待已久的远方客人来家中做客。回到休息室，我才发现由于刚才手握驾驶杆时太过紧张，此时手臂都已经僵硬了。不过，我的驾驶飞机梦想终于实现了，我对飞行、对所从事的试飞事业有了更深切的体会。我想，飞行体验对我们年轻人提升和强化试飞各个环节的安全意识和责任感是有帮助的，对我们更深入地了解飞机本身的极限能力和自觉地持续提升自己的试飞技术水平是有推动作用的。

总之，第一次“开飞机”让我难忘，也让我更加热爱试飞事业了。

这里有个“驱鸟队”

您能想到高科技的试飞院里有个“驱鸟队”吗？是的，试飞院不但有个“驱鸟队”，还有一个“鸟害防治技术小组”。

“飞机撞鸟”是一个世界性难题，国际航空联合会已把鸟害升级为A类航空灾难。以飞行试验研究为主要任务的试飞院，一直将鸟害防治工作作为试飞安全保障的一项重要内容，严防鸟害发生。

2007年“感动中国”颁奖典礼上，组委会给予一名空军飞行员的颁奖词是：“烟笼大地，声震蓝天。星陨大地，魂归长天，他有22年飞行生涯，可命运只给他16秒！他是一名军人，自然把生命的天平向人民倾斜。飞机无法转弯，他只能让自己的生命改变航向。”短短几十字的颁奖词，记录着一位英雄的壮举：2006年11月14日，原兰空航空兵某团一级飞行员李剑英飞行时遭遇鸽群撞机导致发动机空中停车，为了机翼下百姓的安宁，他3次放弃跳伞逃生的机会，驾机迫降没能成功不幸壮烈牺牲，年仅42岁。

2015年12月17日，我国东海舰队一架飞机在训练中因意外遭遇鸟撞发生飞行事故，飞机坠毁，机组人员及时跳伞，未造成人员伤亡。在此次事件中，失事发动机进气道内壁存在一条长约80厘米、宽约10厘米的喷射状血迹，并在内部叶片上发现多处软组织残留痕迹。经鉴定，所撞击的是一只体重在1~1.3千克左右的成年绿头鸭。

●根据国际航空协会统计，1912年以来，因鸟撞至少导致63架民用航空器失事；军用飞行器速度快，鸟撞危害更为严重，1950年以来文献记载的严重事故超过353起，至少165人遇难。仅1992年到2008年的16年间，我国军用飞机因鸟撞造成20起严重的飞行事故、58起飞行事故征候和210起飞行问题，导致18架飞机坠毁、12名飞行员牺牲。

为什么一只重量至多几公斤、飞行速度相对缓慢的小鸟会对比它庞大得多的飞机造成如此大的伤害？

我们所说的“鸟撞飞机”，实际上是“飞机撞鸟”，问题的根源在于飞行器运行中的高速，而不是鸟类本身的质量。高速运动使鸟的破坏力达到惊人的程度，一只麻雀就足以撞毁降落时的飞机发动机。而鸟类的生物特性，决定了它以距离而非速度作为“是否飞走”的判断基准，但飞机的高速度让它还来不及反应，就变成了“凶手”和牺牲者。

面对频发的鸟撞飞机事故，目前普遍采用的解决办法是驱鸟，常用的有空气炮、录音驱鸟、猎杀、豢养猛禽、仿生航模驱鸟等。虽然主动驱鸟在很大程度上减少了鸟撞飞机事故的发生，但百密一疏，仍不能从根本上解决问题。

在试飞院，试飞安全保障中有一项重要内容：鸟害防治。

在场务部门工作的王亚君对驱鸟和机场鸟情非常熟悉：

试飞院机场常见鸟类约有26种，其中留鸟10种，候鸟16种。鸟类种群丰富，数量繁多，以夏秋季节最多。其中显著影响飞机起降的鸟类有8种，而麻雀，则全年活跃于机场，对科研试飞安全构成巨大威胁。为此，试飞院专门成立了鸟害防治技术小组和专职驱鸟队，配备了多功能驱鸟车、猎枪、拖拉机、割草机、压路机和装载机等。主管部门每月都会召开鸟情分析会，研讨鸟害防治工作，制定防治措施；持续开展以鸟情为主的技术研究工作，加强创新成果在本场的应用。

每年春秋两季，都要对机场土质区低洼、容易积水的地带进行平整碾压，防止雨后积水吸引鸟类活动，减少机场区鸟类生存的水源；在草种植物开花、授粉和草籽成熟前，集中力量大面积割除机场杂草，破坏昆虫及地下生物生存的微生态环境；惊蛰前至11月底，对机场土质区进行农药喷洒，杀死地下昆虫，减少肉食性鸟类来机场觅食的概率。

在飞行期间，采取人工驱赶和辅助性措施相结合的方式进行全方位防范控制。在飞机起飞、着陆容易发生鸟撞的高危地段设岗布人，现场实时驱赶和监控；用强声波驱鸟车和打鸟车进行机动巡回驱赶来回“流窜”的鸟类；设置黏鸟网、飘带、风车、仿真人等辅助工具，对低空穿越飞行区的鸟类进行防范和控制；以猎枪击打、驱鸟车驱赶、雷鸣炮驱赶，重点安排驱鸟车辆加强巡查力度，及时驱赶；对高危鸟燕子的防范，采取氨水不间断喷洒、捣毁燕窝等措施。

针对集群迁徙的燕子、灰头麦鸡、灰椋等鸟类，制定了《阎良机场迁徙鸟保障预案》，以猎枪击打为主，同时尝试使用氨水治理机场田鼠，从根本上解决田鼠灾害，防范大中型猛禽进入本场活动。近些年又尝试了车载语音、薰衣草、多轴飞行器、拓宽应用氨水喷洒装置等驱鸟方法。

王亚君讲述的每年都进行的燕窝清理工作，既感人又生动：

入伏以来，火热的太阳炙烤着大地，持续20天的高温，让烈日炙烤下的阎良变成了一个巨大的蒸笼。7月，上午9时的温度已经达到了34℃，考验着这群驱鸟员的意志。此时他们刚从机场检查完跑道，已经汗流浃背，稍作休息后，又开始了机场周界燕窝的走访、调查工作。

驱鸟员们走村串户、苦口婆心，向周围村民宣讲鸟类对飞行的危害，请他们协助清理自家院落里的鸟窝。遭村民冷眼、狗群威胁也好，热得头晕眼花、几近中暑也罢，他们仍不放弃仍在坚持，因为他们明白，清除了燕窝，才能破坏燕子的生理周期和繁殖，才会减少鸟撞飞机的概率，而杜绝鸟撞飞机是他们的责任。

《冲天飞豹》影片的幕后故事

在20世纪，以反映民族自力更生、不屈不挠研制国产新装备的艺术作品因为各种原因而凤毛麟角。业内人士认为，反映歼轰7研制的电影《冲天飞豹》开创了我国电影史上4项第一：第一部使用我国最先进、公开时间最短的新型战机“飞豹”进行拍摄；第一部全面反映中国新型装备研制过程，表现高科技领域里一幕精神与肉体的较量、生存与死亡的抗衡，以及当代军人挑战尖端军事科技的恢宏诗篇；第一部运用国际流行的大制作手段，实施实景与电脑三维特技制作的“中国大片”；是我国动用多种真实军用战机投入拍摄、机种最多、兵味最足的一部军事影片。

这部片子的实景部分大部分是在阎良试飞院拍摄的。

1998年初，北京青年电影制片厂导演王瑞、编剧曹保平来到陕西，闯入了被誉为“中国飞机城”的阎良，走进了试飞院，他们准备创作一部以中国飞机研制为背景的故事片。

在飞机城里，他们所接触的人中议论最多、故事最多的，就数我国自行研制的新型战机“飞豹”了，虽然当时“飞豹”还没解密，但由于“飞豹”的设计（603所）、生产（西飞公司）、试飞（试飞院）单位都在阎良，所以，似乎阎良人人人都能讲一段“飞豹”的故事。

当神勇的歼击轰炸机“飞豹”出现在导演和编剧面前时，一种特有的“戏缘”爆发了。一个前无古人的大胆设想产生后，剧组选中尚未解密的“飞豹”研制历程作为电影的大背景。经中国电影电视部、青年电影制片厂与原中国航空工业总公司、空军、海军等有关部门交涉，一部反映我国现代战斗机研制历程，展示空军试飞员风采及共和国50周年航空工业最新成就的“国庆献礼片”《与天同在》剧本诞生了。开拍时将名字改为《云顶雄风》，最后定为《冲天飞豹》，意在“飞豹”不鸣则已，一鸣冲天。

提供拍摄场地和群众演员，这在试飞院已经是第三次了。第一次是1977年，西安电影制片厂导演滕文骥、吴天明拍摄《生活的颤音》时，试飞院的一个广场被布置后用来拍摄天安门广场的几场戏。由于剧情是1976年清明节前主角到天安门广场悼念周总理的戏，所以需要众多的群众演员。在拍摄那天，许多研究室的职工被要求放下可以暂时放下的工作，到“天安门广场”来回走动配合拍摄。第二次是1992年由张汉杰、刘惠宁导演的电影《绑架童心》，将试飞院一个机库大门改建成剧中监狱大门，拍摄主角的母亲出狱的镜头。这次群众演员不多，但由于是当时很火的影视歌主持人四栖明星小宫傲担任主角，所以引来很多人观看，记得当时还动用了试飞院公安处干警到现场维持秩序。第三次就是拍摄《冲天飞豹》了。

《冲天飞豹》拍摄时，青影厂只来了几名主演，所有的群众演员都是在试飞院临时选定的。由于试飞的场面很多、时间很长，而且要动用飞机，所以要求配合的职工和群众演员很多，从飞行指挥、试飞员、试飞工程师、机务到首长、领导、工人、工作人员，各类人物都要有。许多正在机场飞行的人员也在不影响工作的情况下临时当了一回演员。

试飞员杨步进以“我当了一回飞行顾问”为名，记下了自己参与这次拍摄的经历：

我是1968年入伍，1969年被选为飞行学员，毕业后成为歼击机飞行员，又选拔为试飞员。先后飞行、试飞国产歼击机、强击机、歼击轰炸机共7种飞机19个型号，多次空中化险为夷和立功受奖，安全飞行2000小时，是一级试飞员。驾机试飞到最高规定飞行年限后光荣退出试飞队伍。但是26年的空中生涯仍使我魂牵梦绕祖国的战机和蓝天。

1999年初，北京青年电影制片厂来到阎良拍摄《冲天飞豹》，现场准备开机时，剧组觉得对试飞员生活很陌生，对试飞程序更是一窍不通，说到飞豹战机和空中经历更是找不到感觉。所以，导演首先向部队请一名经验丰富的老试飞员作该片“飞行顾问”，指导整个影片的拍摄过程。最后部队授命于我，这真是叫我为难。在部队营房这个神秘紧箍的环境中生活了30多年的我，一下子进入了非常陌生的电影拍摄现场，真让我不安。经上级开导和深思熟虑后，我终于明白，电影是艺术地展示中国空军试飞员超常高智商的精神风采，既源于生活，又要高于生活，只有被称得上“老”的试飞员才能担此重任。我有了信心，在拍摄过程中把试飞员和演员、飞机和摄影机渐渐融合了。我与导演一起揣摩，不断地修改剧本，开始了能飞、能说、能做示范的“飞行顾问”角色。

4月2日下午，我刚给飞豹战机座舱的演员做示范动作说完戏下来，就听副导演陈公海对导演说：“明天拍指挥塔台的戏，需要一名飞行副指挥员，这个人非同小可，必须由真正的试飞员来担任，既要有老试飞员勇敢顽强的拼搏精神，又要有飞行指挥员沉着、果断的复杂表情变化，我琢磨好久，认为杨顾问多次处置过空中险情，几次与死神擦肩而过，这些经历足以使他稳坐飞行指挥塔台不用你说戏。”“很好，部队给我们派来一名出色的飞行指挥员，老杨，怎么样？”“演个飞行指挥员绰绰有余。”就这样，我由飞行顾问突然上镜头演起了飞行副指挥员，可以说是“官升三级”。

那天，我作为飞行的指挥员参与电影的拍摄。试飞院机场上空蓝天白云战机翱翔，在一望无际的大型现代化跑道边，有一个非常突出的建筑物，这就是整个飞行现场的心脏——飞行指挥塔台。今天将在这里拍一场飞机在空中进入尾旋的戏，参加拍摄的这个指挥班子由担任飞行指挥员、飞机设计总师和机务保障的演员（大部分是群众演员）组成，此时，“飞豹”已经升空，塔台全体人员神情紧张地聆听着来自万米高空的试飞员报告。空中一架“飞豹”进入尾旋后像断了线的风筝旋转着坠向地面，试飞员采取几套改出方案均未成功，飞机继续旋转下降，接收机中传来试飞员的报告：

“高度9000没改出。”

“高度3000没改出。”

高度只剩下1200了飞机仍在旋转，指挥员大声命令：“021没有高度了，跳伞。”我的心咯噔一下，面部表情一下子全变了，不由自主地突然站起；乔总晕倒了，我和指挥员急忙扶住他。“好，停！”王导演一声令下，这场戏胜利完成。

看录像时，导演拍着我的肩膀说：“老杨有戏，没想到你演得这么好，感情这么真。”导演的话，使我又回到了蓝天，当年我因为飞机进入螺旋跳伞时的感觉又出现在我的脑海，有体会我才能演得真啊。

第十七章

永恒的丰碑

在西安市阎良区黄帝铸鼎的荆山塬上，有一座烈士陵园，十多位航空试飞英烈长眠在这里。墓前的鲜花四季清香，寄托着人们的思念和崇敬；耸立的纪念碑用横平竖直的方式，传颂着英雄壮举。

在中国航空与世界航空强国从望尘莫及到望其项背再到并驾齐驱直至超越领先的过程中，航空人从来没有放弃过。他们数十年如一日的探索、追求甚至是生命的付出，为祖国昌盛构筑了一座永恒的丰碑。

他们有一个共同的名字

2019年10月1日，在中华人民共和国成立70周年的庆典上，160架飞机组成的12个空中梯队浩浩荡荡，以秒米不差的精准度通过天安门广场上空，接受党和国家领导人以及全国人民的检阅，令世人惊叹。

祖国和平安宁的背后，是一个个知名和不知名的、平凡和伟大的英雄无私的奉献，是一代代航空人难以想象的付出与牺牲。而中国试飞人，则是和平年代离死神最近的人。

在中国航空领域，有这样一群人，他们将新研飞机的所有数据在空中一一验证；他们一步步逼近飞机设计极限值，直至找到飞机实际极限，即飞机包线。而包线界定的是飞机的性能，包线越大性能越强，但同时危险性也就越大。为了获得最大包线，他们要人为地将飞机设置到飞行中有可能出现的最危险状态，然后找出脱离危险状态的办法；在此过程中，他们可能会遭遇飞机突然出现的险情，此时，他们要找到将出险飞机恢复到正常的操作方法；他们要将出现这种意外时飞机所有部位的数据测出来，成为修改完善飞机设计的依据。

这群人，就是“中国试飞人”。

试飞，是一个风险很高的职业，但是，试飞线上每一个环节的试飞人都在竭尽全力保证试飞的安全优质。因为他们知道，不懂科学的勇敢、不懂专业的拼搏可以完成任务，但完成任务的质量永远不会是最高的。

试飞工程师们深深懂得这个道理，他们是代表国家对新型飞机进行试验、鉴定和定型，在这里的每一架试验机，都要进行最严苛的考验。

每一个湿度温度高度压力、每一个威胁飞行安全的极端环境、每一项飞机性能的极限……都有很大风险，但都必须去探

○试飞，是一个风险很高的职业。2002年3月，中央电视台在录制关于试飞的专题节目，向公众介绍中国试飞和中国试飞人。左二为节目主持人杜超。

索去触碰去研究。在此过程中，他们不会让试飞员盲目冒险，不会因为要数据而将试飞员放在危险境地。他们会很早，甚至在新机还没有装配好的时候就开始研究，尽早攻克试飞技术难关，化解可能的风险。飞机失速/尾旋、颤振、发动机停车……飞机可能出现的问题，甚至小概率事件，都成为他们主动应对的险情。他们会把安全规划体现在每一个空中动作、每一个科目和每一个架次中，他们将智慧和知识用在所有的试飞环节中，拼力为试飞员和新型飞机架起一座安全屏障。

试飞工程师们采取在飞行前向试飞员“交底”的方式，告诉试飞员“今天飞什么，为什么要飞这个，如何拿到数据，操纵中要注意什么”，同时告诉试飞员“这个科目的危险性在哪里，可能出现的状况有哪些，如何解决，现在离边界还有多远”等问题。此外，试飞工程师们还创造性地在飞“空中停车”科目时为试飞员设计“安全岛”：一旦出现意外，试飞员可以操纵飞机进入“安全岛”状态，以保证人、机安全。在飞失速/尾旋时，试飞工程师们设计了反尾旋伞，帮助试飞员在无法操纵飞机改出尾旋时放出反尾旋伞来保证安全；在飞颤振时坚持在“亚临界”状态，尽量保证不因飞机状况和试飞员操纵失误而使飞机进入颤振；测试工程师站在世界最前沿，把实时监控、实时处理数据技术发展到极致，将飞机在飞行中的各种数据传回地面监控室，使试飞员飞行时的“眼睛”扩展为几十双……

试飞员胡朝德在自传《回望飞行路》中，讲到了如何飞“空中停车”：

第一是学习讨论发动机试飞大纲，充分了解目的要求。听取试飞工程师的介绍，搞清原理，充分熟悉实施方法，做到心中清楚明确；第二，用计算的方法划制了空中起动（迫降）航线，按照起动速度要求，找出起动点距机场的距离，然后外推确定停车点的位置，停车后要保证100秒的冷却时间，这时正好到达开车点，此时也正好达到起动的高度、速度。在这个点上一旦飞机起动不成功，沿航线下降继续起动，若最终起动不成功就能沿航线空滑迫降到机场跑道上；第三，组织参与空中起动的试飞员按已制定的空滑迫降航线进行模拟练习，对已制定的空中起动（迫降）航线的数据进行修正，使所用的航线的数据确实可靠，最终确定确实可行的空中起动航线，积累空中经验，增强信心；第四，在地面进行座舱实习，练习起动时的动作顺序、注意力分配，使得动作非常熟练；第五，准备好特殊情况处置准备方案：一旦起动不成功的迫降、应急放起落架、襟翼、跳伞等。

●民用飞机试飞科目风险等级

分为高风险、中风险、低风险三类。
高风险指在采取了所有预防措施后仍有重大风险的飞行试验，必须在试飞过程中严密监控；
中风险指在采取了所有预防措施后仍有较大风险的飞行试验，必须在试飞过程中认真监控；
低风险指在采取了预防措施后风险较低的飞行试验，在试飞过程中可进行一般监控。

空中起动的实施：像这样风险比较大的科目，会组织专门飞行日。第一，是直接准备阶段。与地面指挥员做好协同，这一阶段就是很快起飞进入空中起动飞行了，再次熟悉执行方法、各种数据，诸如高度、速度、转速、温度及各种标志、起动时间等，根据当天的风向风速修正航线的数据，尤其是停车点和起动点的距离和高度；做好起飞前的飞机检查，按指挥员的要求做好起飞准备。第二，是具体实施。起飞后爬高建立起动航线的方法，按最终确定的起动航线执行；在起动点前调整好停车点的高度、速度，报告指挥员开始动作，得到指挥员的命令后即按地面准备的程序进行动作，接通电门、记下时间、看各种仪表的指示、看发动机的反应确定下一步的动作；若起动成功，可按预先准备的调整航线做再次起动，再次起动停车点和起动点仍然按第一次起动位置。若起动不成功，按照预案进行迫降、应急放起落架和襟翼、跳伞等。在飞行前要准备各种特殊情况的处置方案，准备得越细致越好。

试飞工程师们深知风险却不畏风险。他们曾遭遇过最严重的事件，在一次试验中有6名试飞工程师同机牺牲。之后，他们研究了许多技术办法，来控制需要上机进行试验的人数。然而，当运20新机进行第一次大规模真人空运试验的时候，试飞人仍踊跃报名，在一线的试飞工程师们，除了出差的，几乎全部报了名。

直接研究课题的人们说："我们上机可以从专业角度评价飞机，会为飞机将来的改型、试验、定型提供有价值的意见。"年轻人说："我们身体好，应该让我们上。"老同志说："还是让我们上，一旦有什么意外的话，年轻同志还可以为我们的事业保存一分力量。"

机务人员深深懂得保证试飞安全优质的重要性，他们用"鹰一样的眼睛""医生一样的技能"保障飞机"零故障"，绝不因飞机的问题而影响安全。飞行前的《试飞大纲》讨论会、飞行中的地面实时监控、飞行后的现场分析、飞行始末的飞机维护……他们从各个环节、各个角度、各个细节保证和保障着试飞员和飞机的安全。

新一代的试飞员，也已经脱离了仅仅靠朴素的感情、勇敢的精神去完成任务的层面，他们已不是简单地为完成任务而飞行，而是深入思考为什么飞、怎么飞、如何才能加快试飞周期等深层次的问题，拿他们的话讲，是要做"飞机真正意义上的主人"。

他，她，他们，有一个共同的名字，叫"中国试飞人"。

那一天，你离开了我们

2016年6月的第一个星期六，试飞院副院长赵升泰又一次驱车来到建在荆山塬上的烈士陵园，看望在这里安息的烈士们。

此时还早，陵园很安静。他依次走过“阎良烈士纪念馆”“烈士英名录”，看到“阎良烈士纪念碑”后拾级而上，在“试飞院烈士公墓”那面高大的碑前沉思片刻后走向铭文碑，那熟悉的黑底金字又一次展现眼前：“公元二〇〇六年六月三日，试飞员申长生、雷志强、刘普强，试飞院体卫群、朱晓民、于海峰、裴荣兴、梁卫博、李宁9名同志在执行任务时不幸以身殉国。中共中央总书记、国家主席、中央军委主席胡锦涛同志发唁电给予高度评价，称他们牢记党和人民赋予的神圣使命，不畏艰难，恪尽职守，为国防和军队现代化建设做出了重要贡献。他们的英名和功绩，祖国和人民永远不会忘记。为了缅怀九位烈士的丰功伟绩，由试飞院修建烈士陵园，灵寝位，安置烈士骨灰。”

他微微闭上眼睛，10年前那一幕又回到眼前。

那天是星期六，试飞院领导班子正在西安开会。下午5时25分，院长沙长安接到因出差刚刚回到阎良还没赶到西安的常务副院长刘选民的电话，得知有一架正在外地执行任务的飞机失去联系：“按照飞机所载油量，应已耗尽。”

很快，飞机坠毁的消息被证实：申长生、雷志强、刘普强、体卫群、朱晓民、于海峰、裴荣兴、梁卫博、李宁等9名同志牺牲。

6月3日的阎良下着雨。

很快，应急小组成立并兵分两路，一路叫“现场处置工作组”，由院长沙长安带队，坐晚上8时10分的飞机赶往事发地；一路叫“院内处置工作组”，由书记于以贵带队，坐镇试飞院。

现场处置工作组由院长沙长安任组长，由赵江楠、张景亭、张明生、宋义、张增民等6人组成，他们星夜兼程，赶赴现场。

夜里，现场也下着雨，很大。在现场指挥部的安排下，他们通宵达旦工作，冒着大雨赶赴事故现场调查；他们强忍悲痛，一边细心寻找遗体遗物，一边进行事故现场初步勘察和分析。试飞队对悲痛欲绝的参试人员进行了思想稳定工作，忍痛投入善后工作和事故调查工作中：他们对遗物进行辨认、清理、登记并运送阎良；他们给遇难者亲属无微不至的安慰和陪护，配合家属哀悼活动，组织遗体告别仪式；他们提供失事飞机相关背景资料，协助事故调查组工作。

航空工业系统在现场附近的两个单位的领导不但日夜跟在现场，还派出50多人和足够的车辆在现场做会务、护理、通行等服务，用无微不至、有求必应的工作保障现场指挥部的安排能通畅执行。烈士亲属到达现场后，饭店的餐厅还没有上班，他们想方设法保证大家及时吃上热的饭菜。

离开现场的最后一顿饭是亲属向烈士遗体告别后的第一顿饭，也是他们跟烈士吃的最后一顿“团圆饭”。接待组的同志挨家询问，需要准备哪些东西，有哪些特殊要求，有什么风俗习惯，无论是几个菜、什么菜，无论是放什么酒、摆什么茶，都一一用笔记下来，然后指定专人到餐厅交代清楚，逐个环节检查提醒，一遍遍仔细核对。烈士遗体火化后，护送烈士骨灰后回饭店是原路返回还是按照当地习俗绕道返回，他们逐个征求亲属意见……

青山埋忠魂，翠竹尽哀思。在蓝天坐标系中，有一道绚丽的轨迹，那是中国航空人用激情和力量诠释的航空事业发展的艰辛历程，那是航空试飞人用热血和生命彰显的家国情怀和峭峻风骨。

院内处置小组由党委书记于以贵任组长，由刘选民、顾益龙、田平、赵升泰、邹仲春、梁相文、葛和平、吴刚、黄春雁以及相关单位和职能部门领导、职工医院和公安处的领导组成，当天晚上做出了《关于及时做好牺牲人员家属安抚和稳定工作的应急预案》并于6月4日上午启动，研究了处置方案和一系列处置预案，要求对应9名烈士成立的9个善后处理小组立即赶赴每个家庭，按照统一的口径一对一精心陪护、竭力安抚烈士家属；同时，相继启动“全线停飞，进行质量安全检查工作”“落实9名已牺牲同志的具体情况”“筹备召开中干会议通报情况”“6月4日起工作组成员全天集中集体办公，与空难现场保持密切联系”“筹备成立赴现场家属陪护组，研究路途和现场陪护方案，确保家属安全”等处置预案，密切关注情况变化，随时听从现场的安排。

6月4日上午10时，按照统一安排，院领导分别带队，到9名同志家中向家属通报了一等事故的严峻事实。

6月4日下午，以葛和平为组长的赴现场陪护组成立。葛和平在详细安排了行程路线、安全护理方案和预案后，由遗属、陪护组及勤务人员组成的52人的第一批队伍于6月5日凌晨5时30分乘大巴启程，赶往空难发生地；第二批33人于下午一点整出发。

随后，院内处置小组按照对烈士“树碑”“立传”“厚葬”

○申长生

○雷志强

○刘普强

○体卫群

○朱晓民

○于海峰

○裴荣兴

○梁卫博

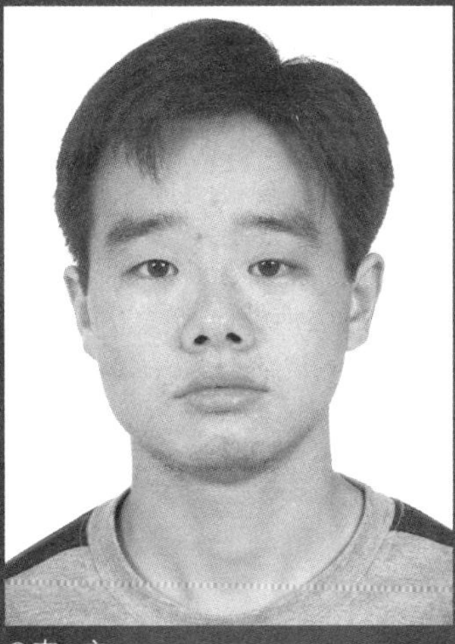
○李　宁

○ 2006 年 6 月 3 日，试飞员申长生、雷志强、刘普强，试飞院体卫群、朱晓民、于海峰、裴荣兴、梁卫博、李宁 9 名同志在执行任务时不幸以身殉国。中共中央总书记、国家主席、中央军委主席胡锦涛同志发唁电给予高度评价，称他们牢记党和人民赋予的神圣使命，不畏艰难，恪尽职守，为国防和军队现代化建设做出了重要贡献。他们的英名和功绩，祖国和人民永远不会忘记。

○2006年6月11日，以身殉国烈士追悼大会召开。上万人怀着万分沉重的心情，走进偌大的露天灵堂，为烈士送行。

的原则，相继做出了5个决定：在局域网上开辟悼念烈士的专题——“永远的英雄”；在科研区整修“报国苑”广场，建立“报国魂”纪念碑；修建烈士公墓；编辑一本纪念文集——《报国魂》；在院内开辟一条英模路，设计烈士照片和生平事迹灯箱。

所有的工作同步进行：即时完成了专题“永远的英雄”的开通；5小时完成了吊唁厅的搭建；48小时完成了“报国苑”广场的修建和“报国魂”纪念碑的选择、搬运、竖立；80个小时完成了烈士公墓的选址和征地手续以及绿化、铺路、雕塑等设施的建设；90个小时完成了200多篇作品、300多页纪念文集的组稿、策划、编辑、校对和印刷。同时，筹备了几千人出席的烈士骨灰迎接仪式和宣誓铭志仪式以及一万多人参加的追悼大会和烈士安葬活动……

6月9日上午，烈士家属带烈士骨灰自事发地返回阎良，试飞院组织了隆重的骨灰迎接仪式。烈士的骨灰分别覆盖着党旗和航空公司司旗，并由武警战士护送，试飞院全体干部职工在灵车经过的路途迎接，队伍长达2000多米。烈士骨灰、遗像安放在布置好的吊唁厅，全体人员向烈士献花环、三鞠躬；随后进行了万人宣誓活动。

6月10日下午6时03分，耸立在“报国苑”广场中的纪念碑揭碑，纪念碑上刻着三个大字——“报国魂”（后来改为“报国苑”）。纪念碑是花岗岩材质，高6.3米，意味着6月3日这个日子；碑体重100吨，意味着百年航空；“报国苑”里长青的松树，象征着烈士的英灵永存。

6月11日，追悼大会召开。上万人怀着万分沉重的心情，走进偌大的露天灵堂，排成一排的九幅遗像，无数的挽幛、低沉的哀乐、布满全场的黄菊花、此起彼伏的啜泣……无一不在讲述着这个日子。

党委书记于以贵代表试飞人表态：试飞事业需要我们不怕牺牲，因为我们试飞的目的是为了减少未来的牺牲，我们要缅怀烈士品德，继承烈士遗志，用自己的生命履行“向国家负责”

的使命。院长沙长安带领全体干部职工庄严宣誓：缅怀烈士品德，继承烈士遗志，恪尽职守，忠诚祖国，认真履行“向国家负责”的神圣使命，为试飞事业努力奋斗。

赵升泰清晰地记得当时自己怎么样连续奔波，与区政府等多方协调，终于完成了“烈士公墓”的选址、办手续、定制纪念碑、安放烈士骨灰以及“报国苑”等的修建事宜。

他走过铭文碑，将视线移向那一排排烈士墓碑。从东向西，他泪眼模糊地顺着墓碑一个个走下去……那一个个曾经十分熟悉的脸庞，此时在青松翠柏庇护中或严肃或微笑地与他对视。

他看到了申长生。申长生热爱试飞事业，航空理论知识扎实，飞行技术好，经验丰富，曾多次正确处置空中特情，曾被兰州军区空军评为“朱伯儒式的干部”，是一位不畏艰险、不怕牺牲的人。申长生还是空中加油工程的首席试飞员，为我国取得空中加油技术立下了汗马功劳。

他想起了胡汉哲给他讲的申长生带领机组成员在空中遇到险情时正确处置，避免了86号这个国家唯一的、用轰6研制改装的空中试车台被摔毁的惊险故事：

1990年4月24日，申长生机组驾驶空中试车台86号执行涡喷11发动机鉴定试飞任务。那天，机组在完成了6000米、8000米、9000米等高度上的试车任务后，于1200米收吊舱时，意外发生了。只见飞机猛然向左滚转，坡度达到了15° 左右，申长生本能地向右压杆，但飞机没任何反应，他又用力蹬右舵，试图制止滚转，仍然没有奏效。

申长生意识到是副翼操纵系统失控了，飞机不能向右修正。“这样的飞机能落地吗？”这种机型在空军飞行史上还没有出现过类似的特情，没有任何经验可以借鉴。“只能靠自己了。”他再次奋力向右压杆，驾驶杆却被迅速弹了回来，飞机向左滚转的坡度还在增大。“先增加高度争取时间。”他迅速将飞机拉升至1500米，再次猛然将右舵蹬到底，左滚趋势基本制止住了。他刚松了口气，却发现飞机向左滚转的坡度又在慢慢增大，已经增至35° ，情况十分危急。

“弃机跳伞？”申长生想都没想。他的思绪飞快运转，一个大胆的落地方案在脑中形成：鉴于飞机一直左滚左偏，向右无法修正，所以干脆向左盘旋一圈，直接反方向着陆。但因为有右侧风，飞机的左偏更厉害，使操纵变得更加困难。在这危急时刻，申长生一边向指挥员报告，一边根据自己的飞行经验，不断重复“蹬右舵、松开、再猛蹬右舵到底”的动作，利用方向操纵产生的横侧力矩制止飞机左坡度的增加。飞机在空中飘摆着下降，当高度降至100米以下时，飞机基本被控制在跑道范围内了。终于，凭借着自己过硬的驾驶本领和不间断的有效处置，申长生与死神搏斗了27分钟后，将飞机安全降落在跑道上，成功化解了空中险情。事后专家组查明，这是一起意外的、罕见的重大机械故障。

○包德军

再往前走，他看到了雷志强。雷志强长期从事空中机械维护工作，有着丰富的实际工作经验，曾多次发现重大故障隐患，4次正确处置空中特情，是“优秀机务人员”称号和空军飞行人员银质荣誉奖章获得者。

赵升泰还记得，2004年底，某重点型号发动机定型试飞紧锣密鼓地展开。在该发动机滑油散热器科目的试飞中，设计单位为了彻底解决滑油温度过高的问题，重新设计了散热器。产品装上飞机后，雷志强和战友们又进行了一次试飞，在试飞中意外地出现了滑油温度过低的情况。在事后的产品论证会上，雷志强提出用原来的滑油散热器再加装喷水装置的设想得到专家的一致认可，最终，使困扰发动机的滑油散热器问题得到圆满解决。2005年11月7日，雷志强和战友执行某飞机雷达试飞任务，飞机起飞上升到3000米后，他到后舱通过观察孔检查飞机的外部情况，结果发现左机翼表面有大量燃油泄漏，他迅速报告机长并密切配合，使飞机及时安全返航。

○卢志永

继续向西走，他看到了刘普强。2002年6月，刘普强受命执行某新机的设计定型试飞任务。为此，他和战友们一起认真研究该机的试飞特点，共同制定突发状况的处置办法，全身心地投入到设计定型试飞中。经过两年多的不懈努力，圆满完成了该机型的设计定型试飞任务。

○温智平

从2004年开始到他牺牲前，他在外场执行科研试飞任务累计长达18个月。他的父亲已经去世多年，他平时只要有时间，就会和妻子、孩子一起回去看望老母亲。每次一回到老家，不管是挑水扫地，还是农忙收种，再苦再累他都抢着干，街坊邻居都在他老母亲面前说：“你真是好福气，养了一个又有出息又孝顺的儿子。”今天，刘普强用生命向人们宣告，自己永远是祖国和人民的好儿子！

在面对事业和家庭的抉择时，他们一次次地选择了所热爱的试飞事业，毫不犹豫。虽然割舍不掉人间亲情，虽然有种种没有实现的愿望成为永久的遗憾，但他们却因为实现了对崇高事业的追求而无怨无悔。

他一一走到体卫群、朱晓民、于海峰、裴荣兴、梁卫博李宁这6位一起离开的科研人员碑前，喃喃自语，细数他们的过往后，停在了李宁面前。看着李宁那张只有26岁的年轻脸庞，赵升泰再一次泪流满面。

走到第二排，赵升泰看到了包德军。

2008年9月8日，试飞员包德军在执行科研试飞任务过程中发生一等飞行事故，飞机坠毁在山西省宁乡县西交口乡黄华村一群山山头。9月11日，空军装备部政治部批准包德军为“革命烈士”。9月12日，航空工业总部授予包德军“航空英烈”称号。

再走，他来到卢志永和温智平碑前。

“公元二〇一四年十二月二十二日，卢志永、温智平在执行科研试飞任务时飞机失事，不幸以身殉国。”默默读着碑文，他想起了那一天，当飞机在空中出现故障时，卢志永和温智平为了躲开机翼下的高铁站、公路和村庄，不但没有选择跳伞，而且毫不犹豫地带着即将爆炸的飞机，硬是坚持飞到空旷地带，用自己的生命保护了这个时候在高铁站、公路上和村庄里活动的人们。

继续往前，他看到了余锦旺：

2011年7月，余锦旺在接受新闻记者采访时被问道：“空中发生特情时你会不会选择跳伞？”他毫不犹豫地说：“不会。我们飞的是科研项目，是新机，飞机摔了，损失的是国家巨额财产，是千万科研人员夜以继日的心血。作为试飞员，只要有一线机会，我都要想办法把飞机飞回去。”

3个月后的10月14日，当38岁的余锦旺面对危险时，没有在最佳时间选择跳伞，而是一直在极力挽救飞机，直至最后与战机一起融入了蓝天。

赵升泰停下脚步，抬头望向远天，他想起了安葬在西安市烈士陵园的3位烈士：

1994年4月4日，38岁的“国产三角翼飞机‘失速/尾旋’试飞第一人”、“‘飞豹’定型一等功臣”、中国试飞员学院副院长卢军在一次训练中牺牲，如今，“飞豹”飞机模型还在西安烈士陵园伴着这位年轻的英灵。

1996年8月12日，辽宁兴城传来噩耗，试飞院在执行歼轰7研制试飞任务时发生一等事故，试飞员杨晓彬、唐纯文为国捐躯。8月23日，两位烈士被安葬在西安市烈士陵园。

回头，他再次看到了纪念碑，蓝天白云下，“试飞院烈士公墓”几个大字刺痛了他的眼睛：中国战鹰如群星璀璨，都是因为有人血洒长空，用生命为一代代新机赋予灵魂和生

○余锦旺

○卢军

○杨晓彬

○唐纯文

命；我们能有安宁的生活，那是因为有人笑傲苍穹，用翅膀守护着我们的天空。没有人生来就是英雄，但总有人用平凡成就伟大。

……

赵升泰清楚地记得，自己走进烈士家中告知实情时家属们撕心裂肺的痛，自己一篇篇审读纪念文集《报国魂》时同事们回忆文章的情，他知道，在战争年代，英雄产生在滚滚烽烟里，产生在连天炮火中，而在和平时期，英雄产生在默默奉献里，产生在平凡岗位中。在新机试飞这个没有硝烟的战场上，试飞人选择了事业，也把自己融化在追求的事业中。

平凡成就伟大

家国情怀不是抽象概念，而是由许多有着共同信仰的人们彼此确认的情感连接；和平时期的英雄，是一些有大爱、有担当、坚守执着、坚韧不拔、在自己岗位上做出骄人成绩的平凡人。2006年6月3日，他们成为英雄，从这个看似偶然的事件中望去，人们看到了必然：水之所以能穿石，是因为永远在坚持。

让我们来看看亲朋好友们心中的烈士：

申长生，1951年6月2日出生，河南省栾川县人，副师职飞行员，空军大校军衔。

试飞员学院的周建新一直叫申长生为“兄长”，他在怀念申长生时说：

兄长老申飞行事业心强，在十几年前，他原来部队的有些战友去民航了，收入待遇高，而他不为所动，安心试飞工作；他虚心请教，刻苦钻研业务理论及试飞技术，无论在外执行任务或在本部试飞，兄长处处以身作则；他理论功底扎实、飞行技术好、指挥水平高、经验丰富，判断准确，多次正确处置空中特情；老申不但在试飞技术上堪称精英，也是一位学者型试飞员，在试飞技术理论研究方面是一把好手。他将自己试飞过的机型及科目认真研究和总结，形成论文，和大家交流并在航空学术会上及专业杂志上发表，得到了各方赞许和好评。我在1996年编写《军机科研试飞驾驶技术》一书时，得到了兄长的多次指教，受益匪浅。

张志刚是一名机务，因为工作与试飞员接触特别多，他回忆说：

作为一名为试飞员们保障过多次飞行任务的普通机务维护人员，此时脑海中不断涌现出申长生、雷志强、刘普强点点滴滴的往事，他们在飞机上一举手、一投足都变得那么清晰，历历在目。没想到三人一起走了，我的心情非常沉重和悲痛。

申长生机长曾经语重心长地对我说：“我和空勤人员是战友，和地勤人员是手足，是兄弟。”他朴实真挚的笑容里，满满的都是对我们机务人员的信任。这句话我一直记在心里，也让我对自己工作的要求有了更高标准。

记得某重点型号飞机在进入设计定型试飞初期时时间相当紧迫，机长申长生、空中机械师雷志强、领航员刘普强为了尽早掌握新飞机的状态和特点，多次主动来上机进行座舱实习。那时正值夏天，飞机座舱内温度高达46℃，像蒸笼一样。他们三个在座舱内拿着资料与实物一一对应，熟悉座舱内开关、电门等的布局，通电检查各系统设备工作情况……

在遇到问题时，申长生每每都能认真、细心地与机务人员探讨和研究，碰到疑难问题总要追根溯源，做到百分之百的掌握。他认真严谨的军人作风和平易近人的生活态度都深深影响着每一位和他交往过的机务人。

2005年10月9日早8点10分，飞机准时滑出，飞行约28分钟后，飞机带故障返航。当飞机缓缓滑回停机位，螺旋桨慢慢停下来时，我忐忑不安的心怦怦地跳个不停。舱门被缓慢地打开，申长生稳健地从登机梯上走了下来，非常平静地把飞机在飞行中出现的故障情况向我们详细地描述和讲解。那平缓、沉稳的语调中，没有丝毫刚刚发生过惊险一幕的迹象。我想象得出，飞机能顺利返航，与申长生37年丰富的飞行经验，过硬的心理素质和崇高的敬业精神以及对祖国对人民财产高度负责的态度密不可分。他这种军人独有的魅力深深地打动着我和我身边的每一位同志，让我深深感受到他们是真正的最可爱的人。

○青山埋忠魂，翠竹寄哀思。在蓝天坐标系中，有一道绚丽的轨迹，那是中国航空人用激情和力量诠释的航空事业发展的艰辛历程，那是航空试飞人用热血和生命彰显的家国情怀和峥嵘风骨。

在基地飞行期间，申长生还担负着对空军飞行员的带飞任务。他言传身教，把自己几十年的、独到的飞行驾驶经验和体会毫无保留地传授给部队飞行员。他还经常放弃休息时间，对飞行员提出的问题随时随地给予解答。当有不同意见时，他耐心、细致地进行讲解，共同探讨和研究。空军飞行员都亲切说：“老申同志带我们飞，心里踏实，放心。”

雷志强，1956年7月6日出生，陕西临潼人，副师职空中机械师，空军大校军衔。

在妻子的心中，雷志强是知冷知热的丈夫，在父母眼里，他是孝顺听话的儿子，在战友们看来，他是情同手足的兄弟。为了全身心投入飞行事业，他无暇关心照顾妻儿。为了弥补对亲人的歉疚，只要有时间回家，他就扎上围裙下厨，弄一桌家乡的饭菜，还把家务都包下来，减轻妻子的负担。在外执行任务期间，每天只要结束飞行，他都会向妻子打电话报平安。因为，他知道妻子虽然嘴上不说，但只要一天接不到他报平安的电话，就会心中慌乱，坐立不安。雷志强常年在外执行任务，但他一直记着父母的生日，不论多忙，不论在何地，他都要为父母祝贺生日。他早就许诺陪妻子拍照一套婚纱照，弥补他们当年结婚时没有拍的遗憾，他也曾一次次地计划等有了时间和妻儿一起陪伴辛劳一生的父母出去玩玩，尽尽做儿子的孝心……

刘普强，1964年12月22日出生，陕西富平人，正团职空中领航员，空军上校军衔，多次立功获奖。

直到今天，周震提起6月4日得知刘普强牺牲后的情形，感觉依然是“后背冰凉”：

我的丈夫也是一名试飞员，刘普强是他的亲密战友，我们是陕西乡党。我和普强的爱人秦是要好的朋友，我们住在一栋楼里。我们离得很近，近到令我无法接受这突然从天而降的噩耗。

那是一个与以往没有任何不同的早晨，我用颤抖的手推开普强家的房门，当秦的哭声在我耳边响起，我的心里依然只有茫然的疑惑、压抑的惊慌。当我走到秦的身旁，她一把将我抱住，大声地在我耳边呼喊：“怎么会这样？！怎么会这样？！”我的泪立刻像决堤的洪水，“哗”的一下就冲出了眼眶。“你说，我是不是再也见不到他了？是不是永远也见不到他了？你说啊！”我无言以对，只能紧紧地、紧紧地抱着她，心如刀割，任泪水在脸上恣意流淌……

“家庭和睦、夫妻恩爱，儿子还有两年高考，家中还有82

岁的老母亲。”不认识他的人看到以上与他有关的文字信息时，也许不会产生太多的感触，然而在这些简单文字的背后，是一个鲜活的生命、一个七尺血肉之躯、一个浓眉大眼、英姿飒爽、有着一脸憨憨笑容的大哥……突然地，他就走了，就再也见不到了。让人怎能接受？

我伤心，我可以大声哭泣。而我的丈夫和他的战友们，却面色凝重、牙关紧咬，血红着眼睛。他们憋着，硬是不哭。都说“男儿有泪不轻弹”，更何况铮铮铁骨的军人。可我，分明看见他们心底奔涌的泪已经汇成了小溪。

我是平凡女人，为人妻、为人母，此时，我不想说“奉献”谈“精神”，我最平凡最深切的感受是：有些事，有的人必须去做；有时候，有的人必须选择牺牲。

逝者已去，生活依旧，探索和前进的脚步永远都不会停止。一个普强走了，但他所从事并为此献身的事业，依然有无数个“普强”坦然而坚韧地行进。

在悼念“6·3”空难烈士的纪念文集《报国魂》一事中，英烈的同事和亲友写下了一篇篇纪念文章——

体卫群，1964年2月15日出生，陕西泾阳人，1985年自西安航空工业学校计算机应用专业毕业后到试飞院工作。

遗像上的你依然是那么沉静，那么深邃，似乎还在思考着科研课题、思考着航电专业的尖端。

出身农家的体卫群，为了减轻家庭负担，初中毕业选择了西安航空工业学校。工作以后，他不断进取，中专学历的他一路走来，进修了本科学业、获得了学士学位，后又到西电读硕士研究生。那时，我也曾到学校找过他，他的同学告诉我他是全班最用功的，从来都是最后关灯休息的人。他同学也为他的身体担心，要我劝劝他学习不要太玩命了。后来，我们都来到航电所工作，我们又成了同事。每次见到他，他总是匆匆忙忙的，我们常常只是打声招呼，想多说几句话的时间也没有，更不要说聊聊其他方面的事了，同时，也因为我看到他是那么的忙，也不忍心多打扰他。他非常敬业，每进行一个课题，他都要翻阅大量的资料，掌握国内外最新科技信息与动态，因此，他往往对自己研究的课题有着清晰与敏锐的思路，并写出很多高水平的学术论文。在工作中，他以身作则，给周围的同事，尤其是新来的年轻人，树立了榜样，影响着一批与他朝夕相处的人。2004年，他以非常高的理论成绩和学术成就晋级为综合航电和指挥专业研究员。离开我们时，他还在攻读西北工业大学综合航电专业的博士研究生。

2003年4月，正是抗击“非典”的关键时刻，为了“山鹰”的研制，体卫群前往贵州航空公司研究架内改装方案。虽然他对飞机振动和航电都颇有研究，但“山鹰”对他来说却是一个新的机种。他不畏险阻，白天干，晚上学，很快拿出了飞机的航电改装方案。方案的一体化、系统化思维，令贵航的领导和参研人员赞叹不已。

在外场试飞队，经常可以看到体卫群忙碌的身影。他常常是白天飞行，晚上研究数据。因为跟的是运输机，每个场次飞行时间都长达几个小时，下飞机时，已十分疲乏，但他总是吃完饭，稍作休息，就又开始研究当天处理完的飞行数据，发现结果不是太满意时，要分析原因，绝不允许一丝缺陷在自己这里出现。

酷爱学习、勤于思考的体卫群在2002年、2004年先后参加了第23届、24届国际航空科学大会及第一届中俄学术交流大会，并在会上宣讲、交流了自己的学术论文，这些论文已经被翻译成英、俄两种语言收录在国际论文集中。就在现在，他仍有准备外发的3篇论文正在审查中。翻开他已经发表的专业学术论文和译文册子，我们仿佛又看到了他孜孜不倦、永不满足的身影。

体卫群和书籍是一个不可分割的整体。多少个深夜，在单位、在外场、在宿舍、在家里他都在看书；进机场的车上，他在看书；飞行中，他在看书，即使是在飞机升降的巨大震动下，他还在看书。出差时，他那大大的旅行包中塞满了书；在收拾遗物中，他给我们留下的，还是那一大堆的书……这次出差前，他还交给情报档案中心一张长长的书目单，让帮他查找，如今，资料已找到，却再也没有机会给他了……

朱晓民，1971年1月14日出生，辽宁省开原人，1993年自试飞院工学院工业电气自动化专业毕业，通信导航试飞工程师。

在噩耗传来的那一刻，我惊呆了。几个小时前还在和我讨论问题的朱师傅，怎么可能会在一瞬间就再也见不到了……

朱师傅，天国中的你，还能听到我的倾诉吗？

2004年刚刚大学毕业的我，分配到试飞院认识了你。你是一个言语不多的人，从给你当徒弟的第一天起，我看到的永远是你忙碌拼搏的身影。这几年型号试飞任务很重，你先后承担了好几个型号的课题……当这些国家重点型号试飞任务超负荷的压到你身上时，我从来没听到过你的一句怨言，没看到过你的一丝犹豫。

2006年春节前，在外场飞行了8个月的你终于可以与家人团聚了，但仅仅只有6天的时间，你又随着战友们离开了温馨的家，离开了深爱的妻子和摇着小手给你说再见的儿子，激情满怀的奔赴试飞外场地。

你曾经很多次的给我讲起你的师傅廖厚权。你说他是一位研究员，在科研试飞战线上奋斗了38载，主管、参与过歼10、歼7Ⅲ、歼8Ⅱ、直9武装直升机等多项国家重点型号的航电通信试飞任务。2002年，本已退休的他放不下歼10，不顾身体的虚弱，放弃了安逸的晚年生活，带着你继续奋战在条件艰苦的西线试飞基地。记得在赶往医院的车上，吐血不止的廖师傅还对身边的同事说："等病好了我还要回来干我的课题，看到十号定型我才放心。"然而，廖师傅这一去再也没回来，61岁的他带着对十号工程的深深眷恋牺牲在科研试飞的最前线。廖师傅走了，作为徒弟的你临危受命，来不及擦干眼中的泪水，就坚强地接过廖厚权师傅未完成的重点型号任务，前赴后继，毅然踏上了他没有走完的科研试飞征程。你很认真地告诉我："咱们搞科研试飞的，就是要耐得住寂寞和枯燥，要敢于承担风险，敢于牺牲。"师傅，你用年轻的生命实践了自己崇高的承诺，我也会毅然接过你的行囊，义无反顾地延续你未竟的事业。

……

睹物思人，看到朱晓民师傅办公桌和电脑仍在眼前，人却已不知魂归何处，心情极为沉痛。他生前爱抽烟，我点上一支，回忆起他生前的点滴。烟雾缭绕之中，似乎看到他渐渐走来……

第一次见到朱师傅，是在2005年深秋的外场。我到达茫茫戈壁中的基地时，天色已经微暗。他大步走来与我握手，个子不高却很精干，年轻英俊，平易健谈。侃侃之下，我们似多年未见的老友一般，让人有如沐春风、如饮醇酒之感。

生活中的朱师傅乐于助人，热爱生活，朋友很多，人缘极好。外场试飞队的人几乎都认识他，喜欢他。作为组里经验丰富的骨干，我和组里的小孔、赵姐在外场经常就工作中遇到的各种问题向他请教，他总是热情帮助，言传身教，毫无保留。生活上，我们也把他当作自己大哥一样的看待。不多的闲暇里，毽球、乒乓球、篮球他都玩得不错，羽毛球更是拿手，我们一起挥洒汗水，一起喝酒聊天，那些快乐的日子总是令人难忘。有时候他会深情地说起自己的父母、妻子、两岁多的儿子，说这几年型号任务重，组里又缺人，自己一直辗转外场，陪他们的时间太少太少，等忙完了这个型号一定要好好在家待待，尽为子之孝，夫父之责。

一直忙碌到过年前，组里相聚，大家的笑容是那么灿烂，那是最后一次和朱师傅喝酒聊天。年没过完他便赶往异地机场继续该型号的试飞，中间曾回来开过两次会，匆匆一晤而已，竟成永别。

于海峰，1972年7月31日出生，西安阎良人，1995年自南京航空航天大学飞行器系飞机设计专业毕业后到试飞院参加工作。

于海峰师傅，你是一个勤于钻研的人，对困难、问题总有股不服输的劲头。为了一个程序，你可以干到凌晨一两点，永不疲倦的样子，常使我们自愧不如。你一个人承担着好几个课题，处理问题总是有条不紊，从容镇定。歼10试飞中发现座舱压力、压力变化率等指标超出设计要求，飞行员多次反映有耳朵疼痛反应。你对试飞数据进行认真分析，反复比较地面试验结果和空中试飞数据，提出了合理可行的改进建议，向设计部门反馈了意见，最终落实更改措施后的环控系统再也没有出现过问题。可你并不满足于此，继续对故障现象、产生的机理、解决的措施、试飞的结果等内容进行系统的总结，完成论文《关于飞行中飞行员"压耳"现象的问题》，得到了总师系统和设计方的一致好评。

你的父亲是一位在试飞战线上奋斗了40年的科研工作者，一直从事飞行试验机载测试技术研究，难以割舍的航空情结和对试飞事业的热爱，使他始终支持、理解儿子选择了科研试飞、选择了一切以完成任务为重。记得在父亲退休前，父子俩曾经同在西线执行任务并同住一室，共同战斗在型号攻坚的前沿阵地，你们在工作中互相帮助，生活上相互关心，在大漠深处的柏油路上，经常能看到你俩并肩前行的身影，那是多美的一幅画呀。

好多人劝海峰："你都30多岁了，快结婚吧。""好。结婚！"2006年4月，海峰与自己相遇相识了近一年的知心人伟红办理了通往婚姻殿堂的通行证，开始利用业余时间筹备新生活。爸爸妈妈妹妹等都为他高兴，计划5月份举办婚礼：伟红已经辞掉了上海的工作；他利用"五一"假期购置了部分生活必需品，两个舅舅也从东北老家来到阎良……一切都在按照5月筹办婚礼的进度进行。

于海峰的妹妹回忆道，5月15日中午，哥哥风风火火地一进家门就跟爸爸说："赶快给我准备个包，我要去外地出差。"爸爸说："你就这么急吗？你给婚房买的冰箱、洗衣机刚送来还没安装呢，能不能缓几天，把事办了再走？”“不能等，爸爸，我必须下午就走。因为计划安排得很紧，飞机很快也要转到外场，我的事回来再说吧。”妈妈想挽留他：“海峰，你就晚走几天把婚事办了吧，总不能让那么多亲友都白来一趟吧。”哥哥跟妈说：“这次任务非常急，不能拖，下午就得走，等飞完这几个起落，过半个月左右我就回来了。婚礼能推后，型号节点不能变啊。”我拿嫂子说事：“伟红能让你走吗？”他却说：“也不差这几天，我已经跟她说好了，回来再抓紧时间办。”嫂子也帮他劝我们大家：“还是以工作为重吧，单位需要他，就让他去吧，我等他。”下午，哥哥带着几件换洗的衣服和简单用品以及他心爱的笔记本电脑就走了。舅舅看他那么忙，等不及参加婚礼，在他出差几天后也回了沈阳。谁知，哥这一走竟是永别。

……

海峰，你就这样离开了还没有完全布置好的新房，撇下了从上海辞去工作来到阎良的妻子和年迈的双亲，火速赶往外场，承担起环控专业两个型号、两架飞机的试飞工作。记得你走时笑呵呵地对我们说：“等飞完这几个起落我就举行婚礼，到时候你们可要来喝喜酒啊。”有谁想到，这个约定竟成为永远的遗憾。

6月4日那天，我们见到了疼爱你胜过自己的父母亲，在他们的悲痛面前，一切的文字都显得那么的苍白无力。年迈的父母早就为你设计好了美好的明天，那套大房子早就准备好了给你结婚用，他们也都已退休，只等着将来帮你照顾宝宝了。然而，这一切看似平常的人生轨迹，对于他们来说，却成了永远都不可能实现的遗憾，你叫他们怎么能不悲伤？你叫他们怎么接受这个残酷的现实？

那天，我们在已经准备好的新房里见到了你热恋中的女友，年轻和美丽无法掩饰她的悲伤和无助，她哭着说：“他说好了要回来举行婚礼的，怎么撇下我一个人就这么走了？他说好了出差回来就休假结婚就一起去旅游的，可现在却……我知道他工作有风险，但万万没想到会有这样的事情发生。3号下午我给他发短信他没回，我担心他，就一直打电话，却始终接不通。我想问问父母是否有他的消息，却害怕两位老人会因此不安，只好一个人忍受着无法跟他联络的煎熬。苦苦等了一夜，却等来这样一个让人无法接受的事实。”看着她的泪眼，那时而憧憬时而迷茫的眼神让我难忘，我实在找不出合适的话去安慰她。

裴荣兴，1998年7月自西安电子科技大学应用电子技术专业毕业，在读硕士，测试工程师。

裴荣兴和我是相交10多年的好朋友，消息传来的时候，我麻木了。

认识小裴是2005年4月，那天，你来我的办公室找我讨论工作，时隔一年多，我仍能清晰地回忆起那天的情形，是你那对工作认真负责的态度和开朗的性格很快打破了我们初次见面的尴尬。你爽朗的笑声让我觉得你平易近人，从那时起，我就开始叫你裴哥。

在西线见你，你说想要一个孩子。我问，喜欢男孩还是女孩。你笑答，我喜欢女孩子……以后的日子里，虽然在一起共事时间不是很长，但是，每一次的合作都能看到你对工作一丝不苟的态度，每一次的谈话都充满着欢笑；每一次的离别都充满着期待，期待着下一次再见的喜悦……

认识小裴，是那年我到试飞队当支部书记。在去基地的列车上，他听说我要了解试飞队情况，就从他的车厢来到我的车厢。小伙子高高的个子圆圆的脸，戴着一副眼镜，健壮的身体透着几分书卷气。虽是初次见面，但我感到他性格开朗，人很健谈，爱好也广泛。他给我介绍了试飞队的情况，从人员到环境，言语中流露出他为人的大气。我问他孩子有多大了，他不好意思地说，这几年光忙别的事了，加上爱人身体也不是太好，就一直都没有要。我说你也有30岁了，还是早点要个孩子吧。他说，是有这个想法，今年以来一直在外场执行飞行任务，等把手头这个型号忙得差不多了，就准备生个孩子。我开玩笑道，看你这么强壮的身体，又喜欢运动，一定会生个漂亮的姑娘。他睁大眼睛一本正经地看着我问：真的吗？为什么？我哈哈大笑说，开玩笑开玩笑，逗你呢。后来听试飞队的同志们说，小裴一直想要个女儿。

下葬那天，小裴的爱人坚持要把一个洋娃娃与骨灰盒放在一起，她悲伤又很认真地说："你一直想要个女孩儿而没有如愿，这是我们的女儿，让她跟你去，一直陪在你身边吧。"

梁卫博，1978年6月出生，2001年毕业于沈阳航空学院电子工程系电子工程专业，航电助理工程师。

梁卫博出生在乾县和武功交界的王村镇，家境较好的他却养成了独立自主、刚正不阿的性格。因为家里只有他一个男孩，所以父母对他倍加宠爱，但他没有因为父母的宠爱而变得娇生惯养，他一直都是一个不怕吃苦、乐于助人的男孩子。

从2001年8月梁卫博到试飞院后，不断学习和探索，迅速成长为青年科技骨干。2005年4月，他开始担任雷达分系统和电子系统设计定型试飞主管，面对复杂的试飞任务，在无经验可循的情况下，他查阅了大量的国外相关技术资料，并认真分析了被试系统的技术特点，总结出了多种试飞新方法，填补了国内试飞技术的多项空白。由于前期技术准备工作充分、扎实，为日后型号试飞任务的顺利开展打下了基础；面对系统在试飞初期暴露出来的多项技术问题，他分析了大量试飞数据，并于研制方积极配合，认真查找故障原因，使雷达分系统顺利转入定型试飞阶段。

为试飞事业默默奉献了5个年头的梁卫博，熟悉他的人并不多，因为在这5年里，他把自己的足迹全都留在了试飞外场地，留在了冷月当空的苍苍大漠，留在了银鹰飞驰的幽幽苍穹。同样，也很少有人知道他那感天动地的爱情故事。那洋洋洒洒写满整整两个记录本的4000多条爱情短信，是他对爱情的无限忠贞和寄托。

梁卫博和他的妻子是中学同学，大学毕业后两人又先后来到试飞院。10年的相知相许，让他们成为对方最忠诚的知己，10年的感情积淀，让他们终于在2003年步入了婚姻殿堂。从2004年开始到他离开我们的两年时间里，他一直在外场执行任务，和妻子聚少离多，在一起的时间加起来连2个月都不到。每当夜深人静之时，外场新机楼4楼走廊的窗口是他们互诉衷肠的见证，说不完的知心话，道不尽的思念情。这份情，也成为他在外场地长期奋战的一份不竭动力。

2005年国庆节假日，他的妻子独自一人来到外场看他，为心爱的人送上了一枝玫瑰花。在场的所有人都被他俩的纯真和浪漫所感动。从2006年春节过后，经过4个月的鼎力鏖战，他圆满地完成了对海试飞任务。当时，早已交付的房子还等着他去装修，妻子物色好的家具只等他回去定夺。但是，新任务来了，怀着对试飞事业的忠诚和热爱，他没有给领导讲条件，甚至拒绝了同事帮他请假的好意，毅然接受了去外地的试飞任务。

长期的分别，并没有阻断两人的思念。妻子博燕将丈夫从2002年3月2日到2006年6月3日早上发给自己的短信记录在本子上，一共有4000多条，写满了整整两个记录本。这是一个妻子对丈夫多么深厚的眷恋啊。翻开记录本，第一条短信是："我希望能做你最好的朋友，能聆听和帮助你去掉一些烦心事，也希望我们能成为工作和生活上最好的搭档。你是我今生的唯一！"但是，这记载着他们忠贞爱情的记录本，在2006年6月3

日上午，以一条“开会，下午飞行”的短短6个字将它永远地合上了。

“他说好等他回来要带父亲去看颈椎病，要接母亲到新房颐养天年。但是……”妻子博燕将空洞的双眸望向天空的尽头。

梁卫博带着他那“愿把青春许银鹰，甘为蓝天做人梯”的报国精神撒手离去了，留下的，是长时间未见到儿子的白发双亲和妻子那无尽的思念和遗憾。

6月4日早，当我们用颤抖的手推开他的家门时，也许是预感，博燕一见我们这么多的人在门前，就急切地问道：“怎么了，是不是卫博出事了？”良久，博燕呆在那里，泪水像决堤的洪水，撕心裂肺的哭喊着：“怎么会这样？！怎么会这样？！”

从那天以后，她天天抱着那记录着他们忠贞爱情的短信本，痛哭不止，整整6天。每当手机铃响，博燕就急忙翻看，总以为卫博还会打给他，结果是一次次的绝望。为什么？难道再也见不到他了吗？当烈士的骨灰回到家乡时，博燕抚摸着爱人的骨灰，紧紧地贴在心口，喃喃地说：“卫博，咱们回家了，回家了……”

李宁，1980年5月8日出生，陕西临潼人。2003年7月毕业于西安电子科技大学计算机科学与技术专业，计算机数据处理助理工程师。

看着李宁这张仍存稚气的脸庞，我们的心，痛得忘记了时空。生命的年轮刚刚划过26圈，突然间就戛然而止。26岁，一个多么令人羡慕的年龄，一个多么风华正茂的年龄啊，事业、爱情……一切都才刚刚开始，太多的事情还等着满怀激情的你去做，不想却英年早逝，叫人怎能不心碎。

李宁，记得你刚到试飞院不久，院里组织足球比赛，科研所以联队形式出战。队友直夸你防守意识强、带球突破好、门前抢点凶，队里就你的表现抢眼，每次一进球，满场都是你连蹦带跳的身影。你留给我们的永远是年轻的朝气，永远是青春的激情。你大学的同学听到这突如其来的噩耗时，一同相约赶来跟你告别，但始终不敢抬头看你那熟悉的面容。

你的父亲，那位老实厚道50岁出头的农家汉子，在办理后事的几天里，白天总是默默地为儿子忙碌着，只有等到深夜两三点钟的时候，才以几近沙哑的痛哭来寄托那肝肠寸断的痛。

2003年渭河发大水，家里的10亩鱼塘一夜间全部被冲毁，本想靠鱼塘赚点钱供弟弟上完大学，可一场洪水毁灭了父母的打算。那年，你刚参加工作，从电话中得知此事后，立即赶回家中，站在被冲毁的鱼塘边对父母说："不要担心，没有了鱼塘，但还有我，只要我在就能渡过难关。"之后，你承担了弟弟上学的所有费用。

有一年，心疼儿子的母亲特意来阎良看你，你接到去执行任务的通知后，带着对老人的愧疚，急忙送走母亲匆匆出发了。在外执行任务期间，你隔三岔五就给家里打电话，关心家中的夏收情况，并告诉父母："我大约到6月20日前后就回去了，到时刚好可以帮家里农忙。"每天扳着指头算着儿子回家日子的母亲，被这突如其来的噩耗彻底击倒了。

在整理遗物时，妈妈抱着还是在上高一时给你织的、已经整整穿了十年的毛衣泣不成声："孩子啊，妈妈委屈你了，长这么大，就没给你买过一件值钱的衣服，妈妈实在对不起你啊。"

在不到三年的工作时间里，你先后参加了多种型号的外地飞行任务。不管在哪里飞行，每次一下飞机，你总是顾不上休息和吃饭，先把数据送到地面站进行处理，并和课题组的同志一起分析问题。有时候数据处理需要的时间比较长，我们催你早点去吃饭，你也是匆匆去吃一点，很快就回来，直到数据处理结果满意，才放心地去准备下一步工作。

每次听到那轻快的脚步声，听到那开心的笑声，大家就知道小李宁又来了。这次出差前，你来办公室和同事告别，他们还开玩笑地说：等你出差回来，一定请大家喝喜酒啊。你很腼腆地说："一定，一定。"而如今，你却一去不回，难道你忘了自己说过的话吗？师傅说，梦里看见你回来了。然后，泪水又一次打湿了眼眶。

我们不相信你真的走了，走得如此匆忙，如此年轻，没有留下只言片语。一阵阵风起，手里的鲜花在烈日里已经有些憔悴，纵然我努力用手、用胸膛替它遮挡着大风和烈日，却仍然阻止不了它的凋零，但我看到，那飘飞在风中的花瓣竟是那样的洒脱，那样的自由……

有人在比喻飞行员和试飞员面对的风险程度时说："如果说飞行员是在高速公路上开一辆定型的好车，试飞员就犹如在悬崖边上开一部新车；飞行员不允许半个车轮悬空，试飞员却要去试验有几个轮子悬空才可能坠落悬崖。"

然而，面对危险的中国试飞员则说，我们心中有祖国，我们敢于在航空事业的最前沿挑战极限，承载梦想。

"祖国选择了我们，我们就不能再选择别的。有的人选择生活，有的人选择利益，我选择去追寻生命的意义。"试飞员李刚说出了试飞员这个英雄群体共同的心声。因为“选择去追寻生命的意义”，李刚在可以调到其他部队或退役进入地方航空公司工作的情况下，毅然选择了“危险如影随形，体力脑力消耗巨大”但“可以飞我国最先进战机”的试飞部队。

试飞员胡朝德、杨步进在驾驶歼教6飞机执行一项变稳机预研科目试飞时，飞机突然进入失速/尾旋状态，在飞机高度急剧下降的危急情况下，两名试飞员相继跳伞，飞机坠毁。在休养期间，领导找他们征求意见：“是继续飞行还是改做其他地面工作？”他俩不约而同地表示：“继续飞行，决不放弃。”他们在“既然选择了飞行，就不能经过风险就退缩”的表态下，很快恢复了飞行生涯。

试飞员单龙飞在驾驶某型新机试飞时突发险情，在这千钧一发的危急时刻，他只有一种想法：无论如何也要保住科研新机。终于以过硬的素质成功处置，紧急迫降成功，但他本人却两节腰椎骨折。手术苏醒后，他说的第一句话是：“我还能不能飞？”经过几年治疗和休养，现在他又穿上了飞行服重返蓝天，继续承担着繁重的试飞任务。

1993年8月28日，试飞员刘刚在试飞时发动机空中停车，这位具有近1800小时飞行经验的老试飞员一边冷静地向地面报告，一边采取措施挽救飞机。就在不久前，他刚刚遭遇了一次发动机空中停车险情，于3000米高度化险为夷，保住了飞机，取得了宝贵的试飞数据。这一次，他依旧做出了相同的选择。然而，飞机在空中解体爆炸，刘刚牺牲了。刘刚的牺牲，说明新型飞机存在解体隐患，谁还敢接着试飞？没有任何迟疑，试飞英雄黄炳新在接到任务后毅然决然跨上新机，连续试飞了10多个架次，摸清了飞机性能。

20世纪八九十年代，三角翼飞机失速/尾旋这个世界公认的“死亡禁区”制约着我国航空工业发展和部队战斗力建设。人类第一位宇航员加加林，就是因飞机进入尾旋而殒命苍穹。试飞员李中华和他的战友们挺身而出，舍生忘死，与试飞工程师共同攻克了这一世界性飞行难题。

试飞员李春华在运8飞机重装空投试飞中，和科研人员一起创新货台定力开锁装置，使空投重量成倍增加；在歼10战机研制过程中，雷强、汤连刚等首席试飞员小组的试飞员们先后提出了几十项改进意见和建议，都被设计部门采纳；在某新机人机界面测试过程中，梁万俊等试飞员们一起严把实战标准，和研究所、工厂人员一起，综合考虑，反复试验，多方征求意见，终于形成了比较完善的方案，使其达到最佳效果；在舰载机滑跃起飞技术攻关中，飞机在发动机最大状态下无法通过刹车保持止动并影响飞机安全的问题曾严重困扰课题组，试飞员李存宝提出了“参照汽车减速带装置”的思路，后经试飞工程师们的研究、攻关、制作，按其思路终于研制出了“增阻轮挡”，解决了舰载机试飞中的这个难题……

“因为你选择了试飞，我作为你的亲人，便也选择了奉献。”这个观念，在试飞人的家人中，早已深入人心。

试飞员李中华的夫人潘冬兰讲过一件事：

1994年，卢军牺牲的时候，中华还在俄罗斯学习。卢军是我们的好朋友，我因为特别难受，就不停地给中华写信。信就一个内容：“你要注意安全，不管飞得多么简单，都要好好准备。”特别啰唆，估计他可能都会有感觉，但我就是控制不住。有一天晚上，因为刮风，窗帘把放在我们家窗台上的飞机模型刮到地上，“啪”的一声就碎了。我当时一下子就坐起来了，一看飞机模型碎了，我的心就开始慌，我就觉得，“怎么回事，飞机模型怎么会摔碎？”然后就特别紧张，一晚上都没办法再睡，越想越害怕，越害怕就越乱想。第二天一上班我就急忙找到主任跟他说：“一定要想办法联系到中华，看看他在那边怎么样了。”那时候打电话特别麻烦，必须到外事办打专线。但主任看我急得眼泪都流下来了，就马上去外事办联系。直到电话那头的他说“没事，挺好的，这两天没飞行，在地面理论学习”，我的心才落地。

刘瑜是试飞院的职工，丈夫杨晓彬是一位试飞员，在1996年执行试飞任务中不幸牺牲。她的第二任丈夫史小锋也是一位飞行员，先后飞过三峡大坝、青藏铁路选址和汶川、玉树地震的航拍，最后在承担对新疆戈壁雪域磁力探矿飞行任务时不幸遇难，与飞机一起掩埋在雪山深谷。遭遇两次丧夫是人生的不

○几十年来，我国先后有30多名试飞员和10多名试飞院职工为了试飞事业献出了宝贵的生命，他们的名字将永远载入中国航空工业和飞行试验事业发展的史册。

幸，但她认为自己也是试飞人，应该具有比普通人更坚强的心理素质。她以超出常人的辛苦，努力工作，努力照料和教育孩子。两个儿子都考上了军事院校，毕业后献身国防建设。刘瑜还是阎良区有名的歌唱家和文学爱好者，担任区文联委员，经常活跃在文艺舞台上。她说：“我也是试飞人，我愿意用青春乃至生命去铺垫自己选择的试飞旅途，一路讴歌壮丽的试飞事业。”

刘普强的妻子说：“2005年，孩子即将参加中考，同时赶上家里忙着装修房子，因为单位安排的搬家时间的后限马上就要到了。刘普强接到赴南京执行任务的通知后，没有向组织说明家里的情况，也没有提出任何要求，抬腿就走了。这一走就是5个多月，等他完成试飞任务回来时，孩子中考已经结束，我不但完成了装修，连家也搬完了。”

于海峰的妻子在准备结婚的新房里接到了丈夫牺牲的消息。她说：“正在准备婚礼的海峰接到试飞任务时，毫不犹豫地以‘婚礼能推，型号节点不能变’为理由，说服了我们大家，留下我继续收拾婚房，离开年迈的双亲，撇下了从遥远的东北赶来参加婚礼的舅舅，火速赶往外场试飞地。谁知十几天后，他就永远地离开了我们。”

裴荣兴牺牲后，曾担任过外场试飞队党支部书记的乐沛文说，试飞的很多人都知道，已经30多岁的小裴早就有要孩子的计划，却总是因为太忙而无法实现，他给我说：“这几年光忙别的事了，这一年多又一直在外场飞行，等把手头这个型号忙得差不多了，就准备要个孩子。”

“咱这些试飞人啊，”乐沛文感慨道：“说起来，一个个都是普普通通的，可你要是翻看他们的简历，一幅幅的，全都是令人感动的画面。”

梁卫博的叔叔是试飞院的职工梁忠选，梁忠选眼里的这个侄儿，似乎一直在忙：梁卫博长期穿梭于各试飞基地，像家里装修这种本该是男人负责的事情，但为了工作，他都抛给了妻子；梁卫博的父母只有他这一个儿子，但当两位老人知道噩耗后，默默流泪的卫博父亲抹着眼泪说：“谁都不愿意发生这样的事，但我的儿子是为了事业，为了国家，我为他自豪。”

横空出世、鹰击长空、远海巡航、翱翔蓝天……是中国试飞人，用生命铺就了中国新机腾飞的闪光航程。

几十年来，我国先后有30多名试飞员和10多名试飞院职工为了试飞事业献出了宝贵的生命，他们的名字将永远载入中国航空工业和飞行试验事业发展的史册。人民不会忘记，是他们，用生命作曲，谱写了一首首英雄壮歌。

中国试飞是一个庄严的事业，试飞院是一个没有硝烟的战场，试飞人是和平时期离死神最近的人。他们是新时期最可爱的人，他们默默奉献的故事可能不被外人知道，但祖国航空发展的史册中，有他们大写的“人”字；他们坚韧不拔的毅力可能暂时不被人理解，但新机的翱翔、战友的安全是他们最大的安慰；浩瀚的蓝天或许还未来得及铭刻英烈们的笑容，然而，他们倒下的高度，却永久撑起了试飞的天空。

亲爱的战友，一路走好！

“向国家负责”已融入血液

在阎良，有一条南北走向的大道，叫公园路，在公园路的最南端，是试飞院。站在公园南路，就可以看到试飞院两个大门之间一座硕大的横向黑色大理石匾，上面分别用中英文镌刻着两行鎏金大字：中国飞行试验研究院（Chinese Flight Test Establishment）。其后，是一座高耸的、被称作“试飞丰碑”的雕塑，上书：试飞铺就通天路。

“试飞丰碑”是试飞文化的一部分，竣工于2002年6月26日。雕塑由一个共同的基座和并列向上的两块碑体组成，形似一本翻开的书。

“试飞丰碑”正面左侧“试飞铺就通天路”的文字创意来自《中国试飞报》总编姜丽丽，她说：其寓意为“用飞行试验为新型飞机铺就蓝天坦途”；正面右侧刻着马克思的名言：“在科学上没有平坦的大道，只有不畏劳苦沿着陡峭山路攀登的人，才有希望达到光辉的顶点。”

“试飞丰碑”背面左侧是空白，寓意为“试飞事业的发展需要一代代新人继往开来、续写新的篇章”；右侧碑体上竖着刻了3列字：

向1959年以来为我院建设和发展做出贡献的人们致敬！

向1949年以来为中国航空事业前赴后继的人们致敬！

向1903年以来为世界航空史写下不朽篇章的人们致敬！

这个创意来自试飞院政治部主任王秦。他说：

当时，院党委书记于以贵要求说，丰碑上的文字一定要站在世界航空史和中国试飞史的高度来设计。我曾经在天安门广场看到过由毛泽东主席起草、周恩来总理题写的人民英雄纪念碑碑文。这个碑文分别用“三年以来”“三十年以来”和“上溯到一千八百四十年”致敬人民英雄，是一部中国近现代历史的浓缩，反映了中国人民争取民族独立和自由幸福的历史，是中国人民和中华民族站起来的真实记录。我就想，作为试飞丰碑，应该能够反映中国试飞从无到有从弱到强的历史，反映后人对中国试飞做出贡献的前辈的崇敬，反映在新的历史时期以飞行试验推动航空科技进步和航空工业发展的信心，这个思路经过集体后讨论成型并实施，得到了人们的认可和赞扬。

2004年，姜丽丽曾在《中国航空报》上刊文《激情揽日月忠诚铸丰碑》”，诠释试飞丰碑的内涵：

试飞丰碑耸立在花丛中，高洁的头颅，挺拔的身姿，默默地歌颂着那些为中国航空工业和试飞事业无私奉献出自己一切甚至宝贵生命的无私无畏的勇士们。

试飞丰碑耸立在阳光下，闪烁着中国试飞人40多年来以航空报国、追求第一的英雄气魄将一架架新机送上蓝天的超常智慧和惊人毅力所折射出来的耀眼光芒。

试飞丰碑耸立在风雨里，记载着几代中国试飞人数十年如一日激情进取、志在超越，用自己的青春智慧和汗水为中国航空工业的腾飞铸造坚实臂膀的高尚情操。

试飞丰碑耸立在起飞线上，一点一滴地见证着中国试飞人的业绩和21世纪迈向新征程跨越新高度的豪迈气概以及为了祖国的安宁自加压力自担风险的博大胸怀。

在和平时期，在没有硝烟的战场，中国试飞人以“向国家负责”为己任，无怨无悔地为祖国航空工业的腾飞无私奉献：攀天，我们献骨为梯；铺路，我们炼身为石。

如今，中国试飞已是羽翼丰满的雄鹰，翱翔在祖国的蓝天；中国航空如同长空中的钢铁长城，坚守着祖国的安康。

“试飞丰碑”东侧是15层的科研大楼，大楼四周是宽阔的“凯飞特广场”。

“凯飞特”命名来自于以贵和副院长顾益龙，其创意和内涵为：第一，“凯飞特”与试飞院英文全称缩写“CFTE”发音相近，便于记忆。第二，“凯”有“凯歌”“凯旋”等词汇，符合试飞院建院后对国家做出重大贡献的事实，取“凯歌高奏”“平安凯旋”之意；“飞”指试飞院工作性质中飞行试验研究、试飞之意；“特”取飞行试验研究和试飞是航空工业的特殊领域之意。第三，发音西式，与欧式园林建筑风格的广场比较协调。

科研大楼北广场上有一座凌空架起的飞机，底座呈半弧形，飞机在弧形顶端，尖锐的箭形机头和潇洒的后掠式机翼组合，恰似飞机离开跑道正在起飞的瞬间。这是一架机舱被掏空的真实的强5飞机。强5飞机是洪都公司（南昌飞机制造公司）在20

世纪60年代初研制的对地攻击机，是我国依靠自己的试飞力量鉴定定型的第一架喷气式强击机。这种弧形架空真实飞机的雕塑在全国仅此一家，以此种方式形成的雕塑不但展现了试飞院以飞机“试飞”为研究对象的工作内容，而且揭示了试飞院是我国“唯一”经国家授权的航空产品国家级鉴定试飞机构的工作性质。

大门、试飞丰碑、强5雕塑、凯飞特广场共同组成了试飞人理念：“航空报国　追求第一”；“向国家负责、为用户服务。”这是试飞人文化素质、行为准则、共同理想的高度概括和规范表述。

在新机飞行试验中，试飞人随时都是“逆行者”，他们将“向国家负责　为用户服务”的理念刻在自己的骨子里，他们用航空报国的精神、精湛专业的知识，甚至是宝贵的生命，为中国新型飞机发放“准生证”和“通行证”。

在为悼念“6·3”烈士而出版的纪念文集《报国魂》的序言中，党委书记于以贵诠释了“向国家负责”理念的内涵：

望着烈士的遗容，望着降落一半的院旗，望着飞机残骸，我在问：“向国家负责”赋予了我们什么样的使命？

试飞院承担着对我国新航空产品进行国家级鉴定试飞和适航审定试飞的重任。可以说，我们是我国所有新研制航空产品的第一个用户，我们的每一个结论报告都代表着国家；我们的每一个鉴定意见都是对新研制航空产品的质量保证；我们是新航空产品进入正式使用前的最后把关人。

新研制航空产品的特殊性决定了我们把关的重要性：把住了关口就把住了进度，把住了关口就保证了质量，把住了关口就保护了使用者的生命，把住了关口就是对用户的最好服务。

因此，“向国家负责”是我们的责任，“向国家负责”是我们的追求，“向国家负责”是我们神圣的使命。

为了“向国家负责”，我们忠诚于党，忠诚于祖国，忠诚于航空事业；为了“向国家负责”，我们“在国家武器装备研制中，拖进度就是犯罪”的观念坚不可摧；为了“向国家负责”，我们勇于探索、勇于创新、勇于牺牲；为了“向国家负责”，我们严格认真、一丝不苟地实施对新机“监考”的职责，无暇顾及被别人误会，不惜带着委屈和泪水埋头工作；为了“向国家负责”，我们始终坚持不管在什么环境下，代表国家鉴定产品的责任绝不丢，为用户把好质量关的原则绝不丢；为了“向国家负责”，我们可以为“不放过一个可飞天气”而连续工作23天不休息，也可以为“不放过一个可飞小时”而一天工作10

多个钟头……

因为我们非常清楚，在“向国家负责”面前，除了奉献，我们别无选择。

试飞院总工程师梁相文这样诠释“向国家负责”：

中国航空是从仿制开始的，从仿制走向自己设计后，试飞的作用尤为重要。但试飞工作很危险，在没有定型的飞机上摸索飞机的边界数据；试飞工作很辛苦，飞机的高温、高湿、高原、最大侧风、最小及最大速度等极限值都要飞出来。世界最高的地方在中国，中国最高的机场在稻城，所以，我们要到稻城去飞高原；世界上最大的侧风在加拿大，于是我们去加拿大飞侧风……为什么？因为只有这样，我们才能拿到飞机在最恶劣环境下的真实性能。

为什么试飞工作有那么大的风险、要付出那么多的牺牲，却还有那么多年轻人如此向往？就是因为在这里最易体现自己对国家的贡献。

试飞员们这样诠释“向国家负责”：

滑俊：我国自行设计制造的高速歼击机，通过试飞使它早日定型生产、装备部队，为保卫我们伟大的社会主义祖国贡献力量，我觉得这是一项光荣而艰巨的任务，我应该带这个头。

王昂：作为一个试飞员，经常面临的是新的机种、新的技术、新的科目，如不努力学习新的东西，就会在一些试飞任务中束手无策，就会延误航空技术现代化的进程。

黄炳新：没有胆魄，就没有创新的成功。壮丽的事业，只会属于那些敢冒风险和勇于开拓创新的强者。

李中华：一个真正的军人，必须把使命看得高于一切，尽自己的最大努力，为国家、为军队的强大而拼搏。

王冠扬：担点风险是难免的，只要能拿到数据。

邹延龄：不把试飞当崇高使命，就会把试飞当负担。

汤连刚：在试飞有生之年，能够为祖国航空事业发展填补上一两个空白，是我最大的心愿。

张景亭：我们多担一份风险，装备就少一份隐患，部队就多一分安全；我们多飞一个数据，飞机就能早一天装备部队。

邓友明：试飞需要勇气，更需要智慧，熟练掌握各种高科技知识。这不仅是技术发展的需要，更因为我们手中掌握的都是祖国航空事业发展的结晶，身为试飞员必须为此负责。

李刚：作为试飞员，不断超越才能创造更大价值 。

梁万俊：我的幸福感，来自对心头使命的担当。

丁三喜：我们始终有一股劲儿，这种精神不光是兴趣和刺激，而是为国家航空工业和建设、空军发展越来越好，尽自己最大努力干好。

王文江：试飞是勇敢者的事业，是献身者的奋斗，是蓝天坦途扫雷排险的“工程兵”。

顺着凯飞特广场继续往南走，可以看到试飞院的立体展厅：“功勋园”。“功勋园”由“功勋飞机园”、“试飞名谱”、浮雕墙、“报国苑”等几部分组成。

“功勋飞机园”内，18架已“退役”但为中国试飞事业做出杰出贡献的试验研究机巍然屹立在各色鲜花和绿色草坪中：中国新机定型第一飞的“红专502”、中国第一架空中弹射救生试验机、中国第一架发动机空中飞行试验台、中国第一架单轴变稳机、中国第一架三轴变稳机，还有加油工程中作为受油机的歼8Ⅱ飞机和为歼10定型立下汗马功劳的运8雷达电子试验机以及完成了我国首次模型自由飞试验并为这一新领域的研究奠定了基础的歼5、引起国际关注的空警2000、为我国武装直升机的发展起到了重要推动作用的武直10……

“功勋飞机园”是中国试飞事业60年的缩影，也是中国航空事业发展和成长的见证。这里的每一架飞机，都见证了试飞人航空报国的赤子之心，每一架飞机都记载着中国航空精彩感人的试飞瞬间，每一架飞机都谱写过令人难忘的传奇。在这里，可以零距离接触在科研试飞中立下卓越功勋的飞机，可以探秘许多鲜为人知的试飞故事，可以感受试飞人勇敢坚韧、砥砺前行的精神。

“功勋飞机园”的西边是“试飞名谱”，由8座巨大的赭红色大理石墙体组成。其中两座的两面分别镌刻着建立“功勋园”的初衷、试飞院成立后的名称变换、历任领导等内容，两

○“功勋飞机园”是中国试飞事业60年的缩影，也是中国航空事业发展和成长的见证。这里的每一架飞机，都见证了试飞人航空报国的赤子之心，每一架飞机都记载着中国航空精彩感人的试飞瞬间，每一架飞机都谱写过令人难忘的传奇。

座墙体之间是一块石头，上面刻着“1959”字样，代表中国具有飞行试验研究能力的时间；另外6座的两面镌刻着从1959年建院到2019年60年间所有试飞人的名字（包括已经调走的和去世的），所以被称作“试飞名谱”。

建立“试飞名谱”的创意人是现任试飞院院长陈怦。谈到动议初衷，陈怦说：

时光的年轮是由昨天、今天、明天构成的，忘怀昨天的人不会珍惜今天。从1959年走来，试飞人风雨兼程一甲子，薪火传承六十载。60年间，中国试飞事业从不知道什么叫试飞到跻身世界试飞领域前沿，一个个技术进步，一项项试飞纪录，一部部发展传奇……都是一代代试飞人所缔造所书写，他们是为中国新机铺就蓝天坦途的英雄，他们是推动中国试飞事业发展的英雄，后人必须永远铭记这些不忘初心、忠诚担当、奉献青春和智慧的试飞先辈。

“功勋园”的最北部是一面浮雕墙，两面用简洁的画面雕刻着中国试飞史：从第一次飞行时的“脸盆加油”到如今试飞各个专业大发展的艰难历程，展示了试飞人把研制新机最大的困难和风险留给自己，把新机最好的状态赠予蓝天的胸襟，诠释了试飞人担当强军重任、建设新时代航空强国的坚定信念。

浮雕墙与功勋飞机之间就是为纪念“6·3”英烈而建立的“报国苑”。

“功勋园”记载着中国试飞史和试飞人奋斗史，映射着那些不能忘却的历史印记。

“功勋园”建成后一直是试飞院党建活动基地，如今，这里已经成为全国爱国主义教育基地，经常会有全国各地的大、中、小学生到这里接受爱党、爱国、爱航空教育，感受中国航空发展，感受中国试飞人的忠诚；试飞人更是经常在这里进行各种活动。2019年4月15日是试飞院成立60周年纪念日，团委组织年轻的试飞人穿上整齐的工装，手持国旗，在这里摆出了“60”字样，表达踏上新的征程的喜悦。2020年5月25日，试飞院党委在这里进行“党委书记和型号总师面对面”活动，党委书记葛和平做了《让党旗飘扬在型号任务第一线，以高质量党建引领高质量发展》的演讲，得到了型号总师们的共识。

葛和平在演讲中回顾了党史，结合试飞院的工作，从抗美援朝到两弹一星，回顾了中国试飞的辉煌成就，总结了党建工作的引领作用。

葛和平说：“对于试飞人而言，航空报国就是我们奋进新时代的伟大使命，践行航空强国战略就是我们任重道远的新长

○“功勋园”已经成为全国爱国主义教育基地，经常会有全国各地的大、中、小学生到这里接受爱党、爱国、爱航空教育，感受中国航空发展，感受中国试飞人的忠诚。

征。试飞人要像红军长征一样，有革命必胜的信念和一往无前的英雄气概。要像打赢抗美援朝战争、开创“两弹一星”壮举那样，有艰苦创业、敢于斗争、自主创新的精神。”

葛和平还和型号总师们共同回顾了党建工作在中国试飞取得辉煌成就过程中的重要性，回忆了在完成型号任务中提炼出来的“八三精神”“飞豹精神”“歼十精神”“改装精神”，回忆了试飞院共产党员“平常时候看得出来，关键时刻站得出来，危急关头豁得出去”的精神风貌，回忆了试飞人“国家利益高于一切”“向国家负责　为用户服务”理念和“航空报国航空强国”价值观。

试飞院党建工作有个好传统，即坚定试飞人“每一项型号都是一方阵地”的决心，保持“逢山开路、遇水架桥”的闯劲，“踏石留印、抓铁有痕”的韧劲，“主动求变、准确应变”的慧劲，才能坚守阵地，逢战必赢。

“功勋园”南端马路的对面，是一栋4层高的办公楼，里面建有“中国试飞院综合展示厅”。展厅展现了中国试飞从1955年筹建到1959年建立再到如今跻身世界航空强国之林的过程，记载了试飞人从学习“什么叫试飞”到研究“怎么样试飞”再到与世界强国的试飞能力水平“并驾齐驱”的全过程。在展厅的出口处有一张宽两米多的飞机照片，飞机由试飞院4000多名职工工作证照片组成，代表着试飞人在新机研制中的作用，其寓意为：每架飞机飞上蓝天，都离不开每一位试飞人的默默奉献！

第十八章
初心是恒心

秉持航空报国之初心，中国飞行试验研究事业从一穷二白起步，点亮一个个梦想，耸起“试飞铺就通天路”的丰碑。

胸怀航空强国之壮志，肩负试飞研究“国家队”的大任，牢记使命，践行担当，向着更高更远的目标迈进，是中国试飞人坚定不移的永恒之心。

传承发展向未来

昔日黄帝铸鼎、商鞅变法之地，如今已是中外驰名的阎良飞机城。飞行试验研究成为国家航空科技创新平台，这是几代试飞人撸起袖子干出来的，是几代奋斗者挥洒汗水拼出来的。

几十年来，试飞人对标世界一流试飞机构，保持战略定力，凝聚发展合力，增强风险抗力，翻过一山又一山，踏破坎坷成大道。

几十年来，试飞人明志向一心为国，破万难矢志不移，在一个个历史关键节点奋力托举起中国航空工业凤凰涅槃式的辉煌崛起，不断铿锵迈步新征程。

放眼新时代，乾坤万象更峥嵘，万水千山只等闲。试飞人牢记习近平总书记“我们都在努力奔跑，我们都是追梦人”的“金句”。这是回顾过去奋斗历程和辉煌成就的豪迈宣言，更是新的征程再出发的奋斗序曲……

2019年4月，在举国欢庆共和国成立70周年又恰逢新中国航空试飞事业迎来60岁华诞之际，中央广播电视总台、新华社、《人民日报》等10家新闻媒体“弘扬航空报国精神，礼赞中国试飞英雄”宣传活动在西安阎良“功勋飞机园”隆重举行，试飞院现任院长陈怦热情洋溢的演讲，拉开了这项活动的序幕。

在央视《面对面》栏目主持人古兵的现场采访中，试飞人将自己的与众不同表现得淋漓尽致。89岁高龄的“科研试飞英雄”滑俊精神矍铄，对航空试飞事业深情依旧；“科研试飞英雄”王昂侃侃而谈，诠释着忠诚祖国、情系航空的精神；“试飞英雄”黄炳新激情洋溢，回首试飞生涯感慨万千；“英雄试飞员”李

○ 2019 年 4 月，在举国欢庆共和国成立70 周年又恰逢新中国航空试飞事业迎来 60 岁华诞之际，“弘扬航空报国精神，礼赞中国试飞英雄”宣传活动在西安阎良“功勋飞机园”隆重举行，试飞院现任院长陈怦发表了热情洋溢的演讲。

○赵鹏、周自全、黄炳新、王昂、滑俊、李中华、沈意接受央视记者古兵采访（从左至右）。在古兵的现场采访中，试飞人将自己的与众不同表现得淋漓尽致。

中华以传承信念、问道空天为题，表达对航空事业的挚爱；试飞专家、航空金奖获得者周自全回首往事展望未来，对事业的执着溢于言表；特级试飞员赵鹏豪情满怀，讲述着“好男儿志在蓝天”的精彩故事；优秀青年代表、航母Style“网红”沈意目光坚定，信心满怀，传递着建功新时代、崇尚真英雄的信念……

抚今追昔，一代代试飞人都十分关心祖国航空试飞事业的持续发展，并提出中肯的建议。

近几个五年计划期间，一直参与主持制定航空试飞发展规划工作的张世杰研究员撰文指出：

飞行试验是科学研究的工具、技术转化的平台、工程验证的手段，贯穿从概念到应用的全过程。飞行试验在大气层、邻近空间和外太空等飞行中依然有许多问题需要认识、需要解决，需要找到从必然王国走向自由王国的钥匙。从这个意义上讲，飞行试验的未来发展依然天地广阔、大有可为。

目前我国飞行试验行业正经历着重大变化，航空制造业的整装性试飞基本趋于稳定，改进改型试飞和任务系统试飞成为主流，校准、验证和确认任务明显碎片化、细致化，这是技术成熟度和工程多样性应用的更新追求。纵观60多年的发展，时至今日我国航空飞行器谱系基本齐备，从有人机到无人机、从固定翼机到旋翼机、从小飞机到大飞机，中国航空研制积微成著走向了辉煌，中国试飞从无到有走向了强大，在军机和民机领域形成了自身独特的知识体系和专业经验，这是弥足珍贵的。面对不断升级的使用和应用需求，中国试飞聚焦能力、精益求精，多点位推动技术突破，多批次迭代优化性能，正是这份坚毅和执着，支撑着中国航空事业蓬勃发展。

航空仿制时代向自主创新时代变迁，研究性试飞、演示验证试飞和使用应用试飞明显增多，数字化试飞悄然兴起，试飞新动向、新模态已然成势。正向设计带来了新装备研发过程规范性提高和验证内容增多，造成从概念到工艺研究的多靶向性和重复验证，以及确保新装备多方面的使用性和适用性试验，试飞量必将成倍翻增。进一步的数字化试飞展现了人类征服世界的高超智慧，需要精准的模型构筑，而可信的模型是基于数学描述和庞大数据支撑，这需要我们不断提炼、不断逼近、不断验证才能达到，飞行试验必将建树多多、创新可期。

作为公用共性平台，飞行试验在航天、电子、船舶、兵器等行业的应用方兴未艾，填补了多项研究试验空白，其高动态、宽频谱、嵌入式服务不可或缺，已成为上述行业产业链、创新链和价值链的重要一环。随着我国飞行空间的进一步拓展，临近空间、外太空等飞行留给飞行试验的发展空间仍然不可小觑，中国试飞要在技术和资源上继续补位，发挥好自己的独特优势。

关于促进民用航空事业发展方面，张世杰还告诉我们了一个好消息，这就是国家民机试飞基地项目的建设：

进入21世纪，国家加快民机发展，并作为国家意志强力推进，继新支线客机后，大型客机、双通道客机等民机项目接踵酝酿和启动。

试飞院作为国家专业试飞机构，多年来受我国民机事业发展大环境的影响，民机科研试飞、合格审定试飞等先天不足，专业发展缺失，行业能力薄弱。尤其是上海商用飞机公司成立后，我国民机发展引入了新机制，全球采购、国际合作、商业成功等等，飞行试验面临着激烈的行业竞争和国际围剿。民机试飞的半壁江山不能丢失，为了衔接国家培育和发展战略性新兴产业的重大部署，加快民机产业化发展布局，促进民机试飞业务的分线作业和快速壮大，满足日益增长的民机科研试飞需求和型号合格审定试飞需求，试飞院加入了国家民机试飞基地建设项目的角力。

上级机关总揽我国航空技术布局、试飞资源统筹利用、空域管控等，在五大竞争方案中，最终选取渭南蒲城内府机场作为国家民机试飞基地项目建设所在地，优势是可利用条件多、重复投资少、项目见效快。事实上该址地处关中东部平原卤泊滩，半径10千米以内无超高建筑物、障碍物，净空条件良好，且毗邻阎良国家试飞基地30千米左右、覆盖着同一块空域，能够收到有效资源充分利用的效果，是分线开展民机试飞的合适场所。

国家民机试飞基地以保持与民用航空工业发展相适应的飞

○渭南蒲城内府机场作为国家民机试飞基地项目建设所在地，优势是可利用条件多、重复投资少、项目见效快。2019年11月16日，试飞院举行了“国家民机试飞基地主跑道试用暨民机科研试验活动”。

行试验资源能力为目标，以满足我国民用航空科研和适航取证试飞需求为中心任务，以提升我国民用航空产业技术创新能力为重点，坚持专业化和集约化发展道路。项目建成后可满足全国民用航空科研试飞、产品研制试飞与适航审定试飞的需求，形成基本配套完整的民用飞行试验主场地，成为民用航空技术研发平台、民用航空产业创新支撑平台和民用航空产品适航验证平台。

该试验基地将与工厂试验一起，形成我国全谱民机飞行试验能力，满足民用飞行器试验、民用发动机试验、机载系统试验、机场设备试验、空管设备试验、系统模拟技术研究、飞行安全技术研究和适航技术研究等的需求，支撑民用航空工业的可持续发展。

对这项国家级的建设项目，试飞院刘选民、白长义、陈怦、葛和平、赵升泰、宋庆国等历届领导都很重视，在主管副院长梁相文和规划发展部张世杰、魏志成、张培田、姜健、白桦、刘静等具体努力下，克服了重重困难，取得了可喜的进展。

据院长助理王向阳介绍，该项目目前先期征地6000亩，围绕4000米长的民机试飞专用跑道，建设完备的飞行起降、指挥监控和场务保障设施，建设基本的地面试验、后勤保障等相关设施，能够满足同场3个型号、年3000架次的飞行任务。2019年11月16日，试飞院成功举行了“国家民机试飞基地主跑道试用暨民机科研试验活动”，基地开始投入使用，前景十分乐观。

曾任航空工业部试飞局局长、试飞院院长的陈启顺就研究性试飞和型号鉴定试飞、适航取证试飞提出了原则性的建议：

飞行试验研究不仅要为航空产品发展中、型号研制中遇到的许多具体技术问题、特别是关键问题进行试飞研究，给予突破，更要针对航空的长远发展，从战略高度进行大量原创性、基础性、前沿性的实验研究，飞在型号飞机研制之前，为航空技术未来发展提供经过试飞考核的实用技术。

要在进一步发展试飞测试技术基础上，积极研究发展网络化、数字化、智能化、虚拟化试飞技术，使试飞能融入型号研制的全过程。在新机研制初期，试飞工作根据长期积累的试飞数据和经验，利用虚拟试飞或仿真试飞技术对新型号飞机的数字模型进行试飞，为其总体方案的确定和优化提供决策建议。在试飞实施过程中，充分发挥地面模拟和空中真飞相配合的优势，每个试飞架次不但能提供准确的试飞数据，若飞机存在缺陷或故障，还可及时找出其原因，并在分析基础上提出改进的建议和措施。在试飞结束后，能及时对该型号新飞机做出全面评价，提供试飞结论和改进、优化建议。当然，亦能及时为使用部门提供各种电子化的使用手册。

关于军机的鉴定策略，根据我们长期实践体会并参考国外的经验，今后一定会朝着基于能力而非性能的一体化试飞演变。由代表政府的鉴定方即试飞院牵头，研制方（承包商）和军方（用户）等相关各方共同组成试飞小组，将型号新飞机全寿命周期的研制试飞、鉴定试飞和作战使用试飞一体规划，共同参与试飞实施，共享结果，同时又要保留各机构的独立性。

在试飞测试领域著有上百万字多部理论专著的杨廷梧研究员，以《构建分布式真实—虚拟—构造的联合试验环境是未来必经之路》为题，阐述了包括飞行试验在内的综合国防试验技术的发展方向：

随着新军事变革的到来，未来复杂武器系统的试验与评估迫切需要开展新的试验评估理论、体系与方法研究。未来试验与评估，必将向空、天、地、海与网电五维空间一体化试验体系发展。

21世纪初，美军提出了“作战即网络”与“试验即作战与训练”的概念，认为必须建立一支基于网络的“天生联合”部队，“从一开始，武器系统就必须在一个联合试验环境中进行试验，而不是过去那种以军种为中心的试验模式”。

由于美国持续加大对国防试验与评估的投资力度，使其在先进武器系统研制能力与水平大大领先于其他国家。我国处于国防武器装备发展的快速发展期，新型武器装备井喷式发展，应加强国防试验与评估理论、体系与方法研究，加大试验与评估投资强度，逐步建立覆盖我国国土范围的空天地一体化试验测试网络基础设施，对于提升我国武器装备作战能力、维护国家安全具有重大的军事意义。

中华人民共和国成立以来，我国武器装备从仿制到自主创新，已取得了巨大进步。在仿制阶段，只需要开展一些主要的试验，从而省去了大量的时间与金钱对武器装备的每一组件、部件、分系统与整机进行大量的试验；而在自主创新阶段，试验将贯穿于从装备概念设计和方案设计阶段（建模与仿真实验）、制造与总装阶段（内场试验）、试验与鉴定（外场真实试验）直至试验与训练（使用试验）的每一个环节，需要花费大量的人力、财力不断修正、不断迭代，从设计到研制试验鉴定，所耗费时间将近2/3，经费近1/2。这是仿制与自主创新的不同之处。目前，我国大力倡导“国家创新战略”，就必须极其重视试验科学、体系与方法的研究。

现代战争是体系与体系的对抗，战争胜利不仅取决于武器装备的数量规模和单件武器的先进性，更取决于武器装备体系整体效能，即功能配套、性能匹配、结构完整的有机整体作战效能。依据我军装备发展特点，应将武器装备战技性能鉴定、作战效能以及装备体系能力评估作为提高装备及装备体系作战能力的核心。因此，从国家层面由军方与工业部门组成联合团队，开展空天地一体化试验理论研究、试验体系研究和核心技术攻关以及公共基础试验设施建设，加大投资力度，统筹规划、分步实施。

试验科学技术，是一切科学技术的基石，任何重大科学发现与技术发明都离不开科学试验活动，在人类进步史中占有不可替代的地位。同样，探索国防试验理论、体系和方法并付诸实践，是推动高新武器装备创新与发展的关键途径。但是，在我国各军工行业普遍存在重设计、轻试验的现象，导致武器装备在使用过程中的问题层出不穷，究其原因无非是武器研制的各个阶段试验不充分。因此，应制定国家中长期发展目标，顶层规划、分步实施，投入专项资金，大力开展试验科学基础性研究。对于未来联合作战体系，尽快开展空天地一体化试验公共体系架构、试验核心技术与试验方法研究。由于航空武器装备是连接天基、地基（或海基）武器装备的枢纽，因此建议以航空武器装备试验为突破点，以点带面，逐步辐射各航天、兵器、船舶等军工行业直至军方的武器装备试验；逐步建立我国国防专用网络，并以覆盖我国国土（包括海洋）的卫星为通信中继，建立全国范围内一体化试验网络，连接军工企业研究院所试验设施、相关高校实验室和军方试验靶场资源，可大大提高武器系统大范围、跨区域试验测试能力；推进试验科学技术与人工智能、虚拟现实、大数据分析等高新技术的融合发展，全面提升国防试验技术水平和综合测试能力，力争在较短时期内，我国试验技术水平达到当时国际先进水平。

坚信，未来不是梦

谈到试飞事业，周自全研究员说过这样一段话：“一个国家飞行试验水平和发展态势基本上反映了这个国家的国力和航空工业发展水平；或者说飞行试验对于航空工业的发展和国力的增强具有非常重要的影响。中华人民共和国成立70年来，我国的航空工业取得了突飞猛进的发展，一个航空工业大国的形象正在国际舞台上崛起；与之相适应，我国的飞行试验研究也取得了令人瞩目的成就，中国的飞行试验研究事业正向着与国际水平接轨的方向迈进。中国试飞事业的发展史，也是试飞科学技术的进步史，更是试飞人的奋斗史和奉献史。”

从历史风雨洗礼中一路走来的试飞人队伍，当今恰是风华正茂的新一代正在具有中国特色社会主义新时期勇立潮头，砥砺前行。他们在脚踏实地刻苦工作中，以科学的态度、开放的思维，憧憬着中国试飞事业的未来。

2016年5月4日，在纪念“五四运动”97周年之际，试飞院航电所举行了“筑梦航空 相约2021”——“十三五”愿景时光囊安置活动。活动中，大家纷纷将自己5年、20年的祝福、心愿、寄语写好，放进精美的梦想信封，投入愿景时光囊。两个愿景时光囊开封日期分别为2021年5月4日、2036年5月4日，届时将会把信返回或寄出给大家，带给大家历经时间磨砺的惊喜。在活动现场，时任院政治部主任李宁深情回顾了自己在试飞院20年来的成长历程，他十分深情地说：“时光荏苒，当年的一些战友虽然已离开了我们，但我们的蓝天誓言还在践行，相约‘十四五’，相约二十年，不仅是对自我人生的一次规划，也是对试飞事业美好未来的一种期待。”航电所所长段亚、书记符永鹏、院团委书记付姗热情洋溢地祝愿大家5年后、20年后梦想成真。

○ 2016年5月4日，在纪念“五四运动”97周年之际，试飞院航电所举行了“筑梦航空 相约2021”——“十三五”愿景时光囊安置活动。

2020年五四青年节前夕，为配合纪实文学《中国试飞》的创作，试飞院政治部与院团委共同组织了“以梦为马　不负韶华——我梦想中的试飞院”主题征文，年轻一代的试飞人踊跃参加了这项活动。

打开政治部主任白桦和团委书记王琨送来的优秀作品汇编，他们满怀激情描绘出的一幅幅宏伟壮丽而又无比美好的蓝图展现在我们面前——

在中华人民共和国100周年诞辰的五四青年节，已经不再年轻的刘涛与他最爱的“天罗”飞机一起享受着首飞成功的喜悦：

2049年5月4日，被视为中国“再现汉唐雄风”标志之一的“天罗”空战系统首飞成功。承担试飞任务的试飞院，面对迥异常规的飞行器平台及作战系统，吸收全新的设计思路，把握未来空中作战的战略思想，以“天罗”首飞为契机，在试验鉴定体系变革的大潮中乘势而上，开创试飞事业的又一个新时代。

“天罗”是由有人机、无人机蜂群及智能弹药组成的集群攻击系统，可在智能决策核心的指挥下，自主执行作战任务。其强大的作战效能在于集合陆海空天的信息资源，实施广域作战，是名副其实的国之重器。

在“云试飞”体系的支撑下，试飞院立足阎良，协调各方资源，成为可对航空航天装备进行综合试验的大基地。在“天罗”首飞中，试飞院协调出动战斗机、预警机等有人机近20架、无人机近百架，试飞指挥枢纽集合大洋指挥舰艇、太空空间站、陆地指挥中心等多源监测信号，模拟了一场中等强度的空中作战。正是这样强大的试飞资源，塑造了试飞院先进的试飞力量，支撑起“天罗”首飞的成功。

但这并不是终点，试飞院继续在通天之路上昂首前行，民用飞机全寿命周期试验基地、空战体系模拟试验基地正在建设之中，未来将形成对几乎所有类型航空器的试验鉴定能力，并汇集世界尖端航空技术，吸引更多优秀人才的到来。

石佳伟的梦想是“智能引领未来，试飞逐梦蓝天”：

数据通信智能化——飞行试验中，基于先进的通信技术，飞行试验数据高速无线传输、试飞地面智能化监控、智能调度、异地试飞信息高速互联、远程控制等功能已全面实现，试飞技术在通信上将进入大数据信息化时代。测试数据不再受采样率低等技术问题的限制，能够更真实、更完善地反映出飞机在每一个时刻的响应与状态；气象台基于大数据库以及智能数据通信，能够准确及时地推算出更久远的天气状况。

科研型号智能化——人工智能领域的高速发展必将引领航空事业的进步，无人歼击机、轰炸机、加油机等相关型号必将出现。可消耗智能化无人机能够自主分析，通过实时感知外界因素，不断迭代优化出最佳的任务执行方式。同时，在不考虑人机功效的前提下，可消耗智能化无人机能够更深层的探索出飞机的性能品质。以往高风险科目试飞将不再是阻碍开发飞机性能的绊脚石。理论计算参数也不再是飞行试验不可逾越的鸿沟。开展超包线飞行试验，能够直面飞机气动布局的弊端，在一定程度上,能够反馈优化设计,更好更快地完成型号定型任务。

试飞模式智能化——传统的试飞模式中，飞行模拟器的研制往往伴随着型号试飞，且仅具备体验飞行的价值。在智能化的未来，基于飞行试验大数据库，结合新型飞机的设计参数，在开展型号试飞前，能够研制出可信度高、逼真度高的智能模拟器。智能模拟器能够迭代并模拟出与真实飞行最接近的模态，可用于试飞员培训，试飞科目培训，并将传统的试飞模式转换为“预测—试飞—校准—预测”的新模式。在新的试飞模式中，飞行员可以通过智能模拟器的飞行训练，预测出真机的大致响应。随后开展飞行试验，并将飞行试验与预测间的误差反馈智能模拟器，智能模拟器再基于误差优化迭代算法，提高逼真度，从而更好地预测飞机响应。这一完整的试飞链，能够减少冗余架次，极大提高飞行试验的效率。

让我们跟随航电所的张爽，见识“天空之城”的空中试验场——

在这里，各类军、民用飞机的飞行试验均可以借助五花八门的空中试验机以及机载吊舱等新型化设备，构建出切近真实使用环境的试验场，包括复杂电磁环境、光学环境以及极端气象环境等方方面面，将目前试飞工作完全贯改到空中真实平台，从设备测试、数据监测到实时飞行策略调整，均可依据实际试飞情况由试飞工程师在机上进行实时决策和动态调整，切实做到专用飞机空天地一体化协同的联合试验。

具有空中试验场的试飞院，已打造成名副其实的“天空之城”。在这里我们可以很科学地进行虚拟试飞。让智慧的光芒点缀“天空之城”的色彩！

陶一江描绘了未来机务工作的一天：

随着某型舰载试验机顺利降落至机场跑道，这也意味着该机经过短暂的改装升级和相关质量留证后，具备后续飞行试验验证的技术状态。此次飞行的成功，同样也标志着试飞院以集成信息化、数字化、智能化为发展核心，助力提升试飞质量，紧紧依托高科技技术继续探索试飞工程前沿领域的研究。

迎着清晨的曙光，机务工作者开始了紧张又忙碌的一天。机务部技术研究室对外单位签发的软件升级单、技术更改协调单以及技术通报进行严格审批，待审核完成后将技术文件放至AGV（自动导引规避障碍运输车）小车，该小车是指装备有电磁或光学等自动导引装置，能够沿规定的导引路线行驶，具有安全保护以及各种移载功能的运输车，其可将相应的技术文件等运输物品按照既定线路送至领导办公室，待机务部领导签字批准后才可发往至各大队质控室。随后，机务部技术研究室工作人员立刻请示试飞院无人机配送部门调派某型无人机，通过其利用无线电遥控设备和自备的程序控制装置，根据特定的航线操纵无人驾驶低空飞行器运载技术文件，将所运输物品自动送达至目的地。在极短的时间里，机务大队质控室人员就可收到技术单，随之在技术单后增加技术文件落实承办笺，并在办公室单机平板电脑里登记留证，后经大队领导审批后才可提供予机组人员进行上机工作。

正午的阳光闪烁着灼灼的光芒，机库里机务工作者挥汗如雨，在闷热的环境中仍然如火如荼地进行着某型舰载试验机地面保障工作。此时该机需要对某一航电机载设备进行离位升级，航电人员迅速在质控室借阅该机的机载设备软件升级单进行执卡工作，他们利用“五小发明”时创作的简易工具，方便快捷的将空间狭窄、操作难度大的机件拆卸下来。外单位相关配合人员则针对该机件进行软件版本的升级，随后机务人员利用机库里专用的地面通风和供电设备进行试验验证，使其达到预期的工作状态。工作期间机组人员严格履行规章制度，每做一个工作都在配备的无纸化操作系统里登记留证，然后陪同外单位工作人员到质控室对升级的机载设备进行核实记录。首先外单位工作人员需要在智能化数据处理库中查找相应机型机号的履历本信息，然后在试验机软件版本系统中增加所升级的软件版本，并经机组人员核实确认软件版本的正确性后，使用电容笔签字记录，机组配合人员则需要对软件升级单进一步审核留证，待完成后交至质控室归档留存。

午后的阳光慵懒而惬意，机务工作者高效地完成了相应的机载设备升级贯改，而让此舰载试验机达到可飞状态，还需进行发动机定检试车。此时机械专业人员使用在“创新创效”项目中设计研发的高压涡轮自动带转设备需要对发动机涡轮叶片进行检查。该设备采用PLC自动控制步进电机，根据每一级涡轮叶片的数量设置最合理的带转速度，使其与孔探仪配套使用，当用孔探仪发现疑似问题时，可控制涡轮叶片停止转动，进一步锁定打伤的问题叶片，以排除发动机的故障险情。定检结束后，需要试车验证发动机性能。随后机组人员利用特定的遥控牵引车，将试验机牵引至试车场，调用无人加油车、无人通风车、无人供电车行驶至特定的工作区域，所有试车前的准备工作按工作卡片严格执行，最后检验该舰载试验机发动机性能工作正常。经过“四无”和“扩大面”检查后就可以参加后续科研试飞任务。

在付超超的梦想里，试飞院已经拥有试飞领域最全、管理精细化的测试资源池，能够全方位提供试飞测试领域资源需求：

测试资源池可以实现光电、遥测、机载三大测试领域测试资源的统一化管理，可以满足各个试飞测试专业所需。测试资源池能够从测试资源的初始阶段、建设阶段、使用阶段和退役阶段实现全过程管理，精确定位每一件测试资源从产生到使用再到退出的全过程，不管任何时候，只要试飞测试任务需要，测试资源池都能够保障其全方位的资源提供。为了满足未来虚拟试飞测试需要，测试资源池拥有最完善的测试虚拟资源管理，可以提供最完整的测试资源使用模型，这里面有健全的测试资源知识库，从数字模型到虚拟系统演示验证，让新一代的试飞测试人能够更快、更准确地掌握试飞测试资源的正确使用姿势。

梦想中的试飞院拥有最先进的大数据分析技术。真正盘活了试飞院多年来的试飞数据，拥有的大数据分析技术，就如同拥有了翱翔于试飞数据海洋的方舟，风雨飘摇，亦自稳如平地。试飞故障模式识别、试飞故障精确定位、试飞数据快速评估……大数据分析带来的是试飞效率大幅度地提升。除此之外，结合未来的数字化试飞和虚拟试飞平台建设，拥有大数据分析的数据支撑能够模拟最接近于真实状况下的试飞状态评估，为真实试飞提供数据支撑，大幅度减少试飞架次，降低试飞成本，提高试飞效率。透过试飞大数据分析，我们可以掌握最细微的因果关系，让我们对试飞的认识更加深刻，或许将来有一天，我们的试飞测试参数将慢慢缩减，结合大数据分析辐射至试飞本身，大道至简的道理或许就在于此。

梦想中的试飞院将高度结合人工智能，智慧试飞院的建设逐步实现。当你进入办公室，坐到电脑前，耳边响起人工语音提示你今天的飞行计划以及进场时间安排。当你准备好下楼后，无人驾驶进场车已经抵达门口接你上车。准点到场后，看到飞机已经由专用无人驾驶车拉至由飞行计划安排系统指定的位置。拿出便携式检查装置，对飞机进行扫描，获取飞机测试系统状

○飞行试验在大气层、邻近空间和外太空等飞行中依然有许多问题需要认识、需要解决，需要找到从必然王国走向自由王国的钥匙。从这个意义上讲，飞行试验的未来发展依然天地广阔、大有可为。

态信息得到测试系统运行模型，接入虚拟通电，检查模型工作状态，完成测试工作状态检查……这只是智慧试飞院运行的冰山一角。智慧试飞院借助人工智能，利用卫星和中继通信，可实现全国试飞外场布局和本场的联动，实现试飞的综合统一化管理。

邱红军记录下了自己的手持终端梦：

清晨，踏着阳光，迎着朝霞进入办公室，第一件事就是进行人脸认证，测试血压、心跳，机器人“小健”告诉你身体健康，状态良好，可以开始工作。

手持终端由“小健”送到你手上。起动飞行任务单，今天需要保障的飞机有1架，负责人、飞行科目、飞行时间，飞机状态、需要做的工作、各专业负责人，保障设备负责人等信息全部列出，并根据上传信息的状态进行有效调整。

8时10分，来到机库，进行飞机通电检查，点击机库地面电源需求，机库内的智能电源拖车机器人自动移动到指定位置，通电检测，所有的设备正常可以将飞机牵引到起飞线；点击起飞任务单地面通电测试完成，其他专业已按照任务单要求全部就位，飞机牵引车就位；10分钟飞机到达起飞线，飞行员就位，保障车辆就位，起飞前测试检查，飞机起飞。点击飞行任务单的飞机起飞，工作任务结束，等待中……

中午手持终端振动提醒飞机即将落地，请做好接机准备。10分钟后各专业均已就位。雄鹰稳稳落地滑向停机位，各专业按照分工，进行航后工作检查。飞行员与机械师进行沟通，通过手持终端记录飞行故障——地平仪有2.5° 坡度请检查。随后牵引车到位，将飞机牵引到1号机库，所有的工作不需要电话、对讲机协调，只需要通过个专业负责人手持终端就能通知到位，同时手持终端具有应急对讲功能，确保任务传达。

飞机进入1号机库，机械师通过手持终端将飞行员反映的故障信息发送到专业负责人进行故障排查。看到排故安排，机务人员进入无人值守资料室，刷卡查找资料，然后进入无人管理工具室进行工具借取，通过专业人员的加班查找故障，最终定位到陀螺传感器故障。通过手持终端查航材数据发现库里有备件，直接发送航材申请，经过审批后，直接去航材领取后更换。完成工作后，专业负责人直接上传更换信息，手持终端将数据信息发送给控制中心该型飞机数据库内供调度人员进行分析和工作安排。最后手持终端语音提醒工作结束，请归还资料和工具。

归还工具资料后，回到办公室将手持终端还给“小健”，再见，祝身体健康工作顺利。一天飞行保障工作结束。

在吴雨哲心中，将来场务保障工作是这样的：

机场跑道将在现有基础上拓宽加长延伸，机场跑道铺筑面材料将进一步升级以承受更大的冲击载荷。未来随着飞行架次的不断增多，机场中将修建更多功能各异的跑道，供不同类型的飞机及试验任务使用。机场跑道道面多余物检测，也将不再依靠人力，而是由多余物检测雷达及多辆微型计算机控制的自动无人车组成的多余物清理系统完成，可高效快捷的检测并自动清理跑道多余物。跑道上散布着功能各异的助航灯光设备，灯光设备搭载单灯检测设备可快速检测故障，灯具摒弃现有的地埋式电缆及故障频发的隔离变压器，采用无线遥控的方式操作，由太阳能等方式直接提供电力，在夜航及低能见度下为飞行指引方向。在跑道土质区域内种植着神秘的杂交植株，植株无须修剪生长高度保持在30厘米左右，符合飞行试验标准，且散发独特香气有效避免各类昆虫及啮齿类动物滋生繁殖，红外感应雷达配合搭载各类驱鸟装置的无人机，有效侦查并控制鸟类对飞机的影响。

在机场东侧有一块特殊的场地，场地中散发着金属的光泽，这是由耐高温的特殊材质打造的歼击机垂直起降试验台。随着我国矢量发动机技术的不断提升，垂直起降将不再是国外的专属技术。因此垂直起降试验台应运而生，充分满足歼击机垂直起降的需求。而机场西侧建有巨大的特殊发动机试车台，在未来飞机不仅追求飞得更快飞得更高，更追求低能耗高效率，发动机是飞机的心脏，未来发动机追求推力更强的同时，能源也将从航空燃油逐渐向混合动力能源及新能源动力转变。特殊发动机试车台一方面可满足发动机在最大转速持续运行，另一方面可试验混合动力或电动力飞机的发动机性能。

在未来人工智能及自动化技术将飞速发展，人工智能技术将逐渐与机库相结合，这使得机库不再只是为飞机遮风挡雨的港湾，更是维修拆卸一体的高科技设施。在机库内部装有先进的自动化机械手臂配合无损检测装置及飞机运行状态检测系统，可辅助机组人员对飞机进行维修和拆卸，操作方便的同时也让机组人员的安全性更有保障。除此之外飞机所需的燃料，电源也不再需要飞行保障车辆的配合，燃料及电源直接通过管道及缆线接入机库内，通过地埋接口实现加油及充电，便于机务人员对飞机的保障。在机场内还建有吸音材料搭建的飞机试车机库，内置倒流墙及噪音吸收装置增强安全性，降低意外发生率，并减少噪声对机务人员的伤害。

在王可心的梦中，中国试飞的未来是这样的：

试飞院将会成为一家拥有自主知识产权和核心竞争力的创新型企业，飞行试验所需的零部件都将自行研制并使用先进的3D打印技术制造生产，有了3D打印，就可以实现从设计到零件的直接转化，完成快速、自由的制造，免去了开模所需的大量成本，极大地缩短了飞机试飞鉴定与研究周期。此外，3D打印可以实现按需制造，无论何时都可以以极快的速度生产，相比于传统制造工艺，生产时间减少了90%以上，效率得到了极大的提升。3D打印技术将成为未来不可或缺的工具，对航空业和国防企业的发展带来源源不断的推动力。

未来，AR（增强现实）技术将成为飞行试验各环节升级的关键技术之一，工人将佩戴AR眼镜，根据全息画面的指导，进行标准化工作，工作步骤、设备信息、飞行数据以及潜在问题都清晰地呈现在眼前。如果遇到问题，佩戴AR眼镜的工人与专家远程连线，专家就能以第一视角观察情况，实时提供高效率的工作指导，降低人为错误，提高工作安全性，保证试飞任务的顺利开展。

未来，模块化设计也会成为飞行试验研究的关键技术之一。飞行所需的各个零件都将使用模块化设计理念，为满足试飞任务的个性化需求，可以通过不同功能模块的快速组合，让其具备多种不同的造型和功能。模块化设计同时满足绿色经济的需求，有利于减少或消除其对环境的污染危害。

对于未来的试飞任务，首先我们会借用仿真平台进行试飞任务的模拟，通过仿真平台计算可以科学有效地制定试飞计划，同时采用无人飞行驾驶技术，设定好参数路线后，飞机将按照设定的航线、高度完成试飞任务，并根据不同的状况切换不同的姿态完成飞行试验，这可以极大地保证试飞人员的安全。除此之外，极端环境靶场可以制造出各种极端气候，我们不再需要舟车劳顿到各类气候外场进行试验，大幅缩短试飞任务周期。

过俊权、王鹏则认为：

将来的飞行试验，太空卫星、空中航天器、地面塔台三者将通过新型信息通信系统连接于一体，构建出一种全新的“机场域联网”体制，实现航空器与地面人员在任意空间的实时信息交流。这种通信一体化，平台多样化，必然实现地域无缝化。

军民融合实现的地域无缝化将使得试飞院成为一个极具航空气息的半开放旅游景点，今日的园区网将凭借彼时成熟的“隔离网”技术实现一网多用甚至接入外网，实现部分非密内容对外开放，今日的四代机将会被更先进的军机所取代，未来先进航空器的外表或将具备自我保护的视觉迷惑功能，即建立在AR、VR等各种高新技术下的“真实”幻影，实现在视觉影像上的视觉欺骗。试飞院将不仅是试飞点，也将成为一座国际意义上的大型机场。未来的试飞院，或将发展成为一座吸引世界航空迷，引领世界航空潮流的圣殿！

最后，让我们在刘雨带领下去感受未来“试飞的一天”之开始：

东方鱼肚白，巨大机库门口，身着反光背心的男子背对滑行道，随着他双手有节奏地挥舞，一只巨兽缓缓驶出阴影。没有了往日忙碌的加油车、电源车穿梭的身影，机组迅速登上这架形似大鹏的飞机。

“穷奇”暖机完毕，请求起飞。

可以起飞，高度一万，固阁方向。

报告队长，伞降队登机完毕，总计100员。99××战车装载完毕，全机载重150吨。

报告指挥，“霸下”准备完毕，请求滑行。

同意滑行，进9号道，确认科目，最小起飞距离，完毕。

“霸下”9号道，最小距离起飞，完毕。

伴随着低沉的轰鸣，庞大的机身在6台三转子大涵道比涡扇发动机的推动下从9号道的一端撞开空气汹涌而来。

一级襟翼下放…

二级襟翼下放…

推力格栅偏转完毕…

助推火箭点火…

飞机猛地抬头，以极大的角度向上腾去，撒在跑道上的阴影像一条巨大的鲸。

“霸下”，课题反馈滑跑距离500米，上8000米，开封方向，完毕。

跑道东头，一架无尾设计的单座战斗机在起飞线前准备完毕，低可视化的灰色涂装让这架机看起来蒙上了一层流动的雾。飞行员在机上做着起飞前的例行检查，差动襟翼灵活地上下偏转，锯齿状的喷口划过一道圆滑的曲线。

“孟极”准备完毕，请求起飞。

可以起飞，高度一万五，芜湖方向，准备接入网络。

高度一万五，芜湖方向，接入网络，完毕。

随着刹车放开，一道灰影掠过，机尾喷出蓝紫色梦幻的马赫环，喷管微微偏动，便是一个旱地拔葱，直冲云霄。

“穷奇”已到达指定空域，请求对抗机升空。

对抗机已经升空，5分钟后到达你左前方，随后发射PL20导弹。

“穷奇”收到。

警告，警告，左前方有导弹！警告，警告，左前方有导弹！

雷达屏幕上闪烁着红色的告警信息，飞行员头盔眼罩上显示左前方有导弹袭来，距离30千米。

自卫武器起动，机背上方形区域翻转，一支漆黑的炮管伸出，炮管根部有蓝色的电弧跳动。

充能完毕，发射。

一束蓝色的光从炮管中射出，炮口的空气瞬间电离，形成紫红色跳动的火焰。

命中目标，威胁接触。

炮管迅速收回，机背上的方盖翻转，恢复如初。

“穷奇”，目标已被摧毁，靶试完成，检查低压芯堆状态，准备返回。

“穷奇”收到，低压芯堆反应正常，放射性指标正常，请求返回。

“大鸟”微微倾斜身子，在空中划过一道弧线，随着节流阀上推，芯堆铀棒缓缓插入反应釜，被热交换器中高温液态金属加热的空气喷涌而出，推动“大鸟”向远方驶去。

“霸下”已到达指定空域，下降至空投高度，可以开始空投。

后舱门缓缓打开，主战坦克在滑索的拉动下一跃而出。左右四舱门打开，装备齐全的空降兵鱼跃而下。引导伞打开、主伞打开，战车开始减速，准备触地，探杆接地，战车底部喷出

火焰，随后平稳落地。空降兵在背负式单兵飞行装甲的帮助下全员集合落地。“霸下”可以返航。

“霸下”，“霸下”，课题监测到2号发动机与地面数字孪生模拟机状态差别较大，轴振动有增大趋势，建议你降低2号发动机状态返场。

“霸下”收到，降低2号发动机状态，准备返场。

“霸下”，可以切五边，机场道面已清空，可以降落。

“霸下”收到。

巨鲸缓缓落地，反推格栅打开，突然2号发动机出现异响。飞机滑行方向左偏，在飞行员的及时修正下稳稳停住。机务检查发现2号发动机整流罩脱落，万幸及时预测到发动机状态异常通知返场，没有造成危害。

“孟极”，“孟极”，你已进入指定区域。检查光子纠缠接收机，准备入网。

“孟极”收到，与“墨子二号”卫星量子纠缠完成，开始量子分发，信息接收完毕，信息重建完毕。

“孟极”已接入芜湖战区“无鸢”无人机群，准备开始远程编队对抗，完毕。

报告，远程试验场，“龙1号”准备完毕，请求起飞。

可以起飞，“龙1”，涡扇模态爬升至15千米，切换至亚然冲压模态，速度8马赫后切换至超然冲压模态，速度达到15马赫后切换至火箭模态。代我向“天宫”8号问好，下次再见！

……

从这些征文中可以看到年轻一代的试飞人，他们以梦为马，不负韶华；他们以梦为帆，乘风破浪；他们以梦为鹄，驰骋蓝天。

年轻的试飞人，自信笃定，坚持初心是恒心；前赴后继，

○试飞人高举“试飞铺就通天路”的英雄旗帜，继承“攀天甘献骨为梯”的奉献精神，脚步铿锵，高歌迈进。

抚今追昔，放眼世界，中国飞行试验研究院党委书记葛和平十分深情地说：回顾历史，是为了续写新的历史篇章；展望未来，就是要创造更加美好的未来！

牢记使命勇担当。他们高举“试飞铺就通天路”的英雄旗帜，继承“攀天甘献骨为梯”的奉献精神，脚步铿锵，高歌迈进！

迈进在航空强国、民族复兴的征程上——

创造中国试飞的新辉煌，拥抱中华腾飞的新时代！

后记

感动与遗憾

陕西省是我国的国防大省、航空大省和文化大省。

2018年5月，陕西人民出版社计划出一部反映中国航空的纪实文学，了解到“飞行试验”是新型飞机研制的重要环节，是对航空新产品摸索和积累使用经验的必由之路，同时，中国唯一的飞行试验研究机构，即“中国试飞国家队”就在西安。便初步确定出版一部反映中国试飞发展的纪实文学作品。

为此，陕西人民出版社总编辑宋亚萍带领编辑室主任韦禾毅、副主任屈奇和编辑王辉，到位于西安市阎良区的中国飞行试验研究院考察。他们观看了试飞院展室和立体展厅——功勋飞机园，了解了中国试飞发展史以及飞行试验在我国航空事业追赶超越世界强国过程中的重要作用后，更坚定了揭开中国航空试飞面纱，多角度、全景式展现中国试飞60多年发展史的决心。于是，将这部书的名字确定为《中国试飞》。又考虑到“试飞”领域过于专业，行业外人士在短期内不易介入，于是邀请在试飞院工作过30多年的我们做主笔。

每天都在感动中

接受任务到完成任务用了两年多的时间。

两年间，我们作为创作者，在态度上，从诚惶诚恐、坐卧不宁到竭诚尽敬、专心致志，再到全力以赴、脚踏实地；在资料搜集上，从采访熟悉人物到努力学习专业知识再到了解后的欣赏和崇拜；在写作上，从无从下笔到文从字顺再到酣畅淋漓……仿佛经历了一番脱胎换骨。

两年间，我们感同身受着试飞人的骄傲：2019年10月1日，在中华人民共和国成立70周年的庆典上，中国航空人自己研制的飞机组成浩浩荡荡的空中梯队通过天安门广场上空接受人民的检阅。这些新机的研制都有试飞人付出的辛勤和汗水，甚至流血和牺牲；“功勋飞机园”里的功勋飞机，默默诉说着中国试飞几十年的发展历程；如今，中国军队的航空装备已从原来的只有数量没有优势的尴尬局面中解脱出来；中国航空工业正在如火如荼地研制各种飞机新型号和与这些新型号相适应的各种新型发动机、导弹和机载配套设备……飞行试验责任重大。

两年间，我们常常能感受到试飞人的担当：未来的新型飞机研制和空天地海一体作战系统等的发展，在为飞行试验的发展提供无限拓展空间的同时，也为飞行试验提出了许多难题和挑战；我国的总体试飞水平与国外先进国家相比还有相当差距……如何缩小差距，满足航空技术和航空工业发展对飞行试验的要求，仍然是个大课题。

两年间，我们看到了很多可以有更多选择却坚定地选择了中国试飞事业的“90后”们，常常能感受到他们对事业的热情和对责任的担当。当我们以“中国飞行试验展望”为题采访试飞院现任院长陈枰时，他说：“中国试飞的未来是年轻人的，听听他们怎么说吧。”于是，就有了一个由团委组织的、“以梦为马 不负韶华——我梦想中的试飞院”为主题的征文活动。征文中，年轻的试飞人立足现状、放眼世界、筹谋未来，描绘出一个引领试飞事业新时代的国际化试飞院。有的竟然憧憬了发生在2049年5月4日的一场以“再现汉唐雄风”的“天罗空战系统”的成功首飞……直抒胸臆，给人耳目一新的震撼。

两年间，我们采访了许多明知试飞是和平时期离死亡最近的职业却毅然决然地坚守在试飞岗位上的第二、第三代试飞人，看着他们从实验室到机场、从停机坪到监控室、从飞机旁到计算机旁、从制订《试飞大纲》到编写《归档报告》的忙碌身影里，我们更坚定了一个信念：在中国航空赶超世界先进水平的征程上，有这样的中国试飞人，航空事业的飞速发展一定会所向披靡。

两年间，我们近距离地接触了那些为了祖国的航空试飞事业默默奋斗了一生的老试飞人。他们不忘初心，忠诚于党、忠诚于国家、忠诚于试飞事业的不计报酬、无忧无怨精神让人动容。他们是第一代试飞人，大多已80多岁，他们将一生都献给了中国试飞事业。遗憾的是，在我们准备采访他们时，有许多却未能如愿：有的我们在通知时才知道已经去世，有的因身体原因已无法接受采访。歼8Ⅱ、歼8Ⅲ试飞总师吴国梁已经同意接受第二次采访，却因病离去而无法实施。多次接受采访并为我们提供资料的试飞院总工程师单凤桐，2021年4月25日病逝，未能等到《中国试飞》的出版发行……

相对中国航空这个行业来说，中国试飞属于一个非常小众的专业，中国试飞人的队伍也不是很庞大。但是，这支队伍的能量很大，这是一群对党对祖国对航空事业忠心耿耿的人；是一群把“向国家负责”融入血液、把“为用户服务”做到极致的人；是一群干着惊天动地事却甘愿默默无闻的人。所以，我们有责任将他们写出来，让更多的人知道他们、认识他们、了解他们。

两年间，我们的心中唯有感动——

接受任务时，我们向试飞院党委做了汇报，得到了大力赞同和支持。党委书记葛和平对我们提出了“实事求是”的要求，并决定将其作为庆祝建党100周年系列活动之一，由院工会主席兼办公室主任耿向军负责管理。院长陈怦真诚地说：有什么要求或者需要我来做的，只管提。

创作工作开始后，葛和平书记为我们提供了许多与航空、与试飞相关的书籍和资料，而且经常到办公室来指导创作：大到讨论全书的结构，小到某个词语的准确性，甚至一个事件、一个细节和一个标题，都要求我们从中国试飞的大背景来把握。

创作的外部条件满足后，耿向军安排了付青娟为本书创作院内联络人，并负责史料收集、采访活动安排、办公用品提供等许多具体工作。随后，他又分别主持召开了《中国试飞》创作“专题研讨会”和“型号总师座谈会”，并于当年11月召开了“北京采访座谈会”。

北京的采访很成功，20多位由试飞院调到北京工作的、航空总部与试飞工作紧密相关的老领导和老专家参加了研讨会并于会后接受了我们的采访。曾经在航空总部试飞局当过局长、已经80多岁的陈宝琦不顾路远，专程在女儿的陪同下来到我们住的宾馆接受了采访，只因怕我们路生不方便；中国航空工业文化中心副主任刘山给了研讨会及后期采访以极大的支持；航空工业科技委专职委员师元光为我们提供了许多素材；在北京的作家刘斌老师向我们传授了他在报告文学、纪实文学创作中的经验……

试飞院内的采访，更是得到了很多人的支持。200多人的采访，涉及方方面面，每个人都十分热情。退休后到外地居住的，只要回阎良就立即与我们联系；在阎良居住的都是随叫随到，平日里看孙子没有时间的老同志利用周六周日接受采访；有文字积累的老专家们翻箱倒柜想方设法为我们提供文字资料；有任务在身的型号总师和各单位领导以及正在做课题的试飞工程师们，尽管工作繁忙，但都尽力配合。

试飞院历届和现任领导更是非常关心这项工作，一直在支持和鼓励我们：

曾任试飞院党委书记的于以贵十分诚恳地说："真实反映中国试飞、中国试飞人，是好事，要做，而且一定要做好。要把长达几十年历史、具有一百多个专业、完成了上百个型号任务的中国试飞写成一部纪实文学作品，确实难为你俩了。但你俩了解、熟悉试飞，又有文字功底，除了你俩，也许很难再找到更合适的人了。所以，你俩要尽心尽力做好这件事。"

曾任试飞院院长的刘选民已经是航空工业总工程师了，他在接受我们的采访时说："要多写老一代试飞人，他们是中国试飞发展的奠基人，我们只是继承者；可以说，创作《中国试飞》对航空事业来说是一件善举，善举就不论大小，所以，你们作者不必有太大的心理负担，不必强求每个人都很满意。有意见说明在意这部书，不足的将来可以再写嘛。"

他们的坦诚和热情既是安慰也是鼓励更是鞭策。

在该书的立项、创作、出版过程中，陕西人民出版社的总编宋亚萍和责任编辑韦禾毅、屈奇及王辉提供的指导和帮助，更是不言而喻。

愧疚和遗憾

完稿了，我们没有想象中的兴奋，却有很多愧疚和遗憾。

新中国试飞事业经过半个多世纪的发展，经历了从1959年至1979年的创业与奠基、1980年至1999年的发展与成熟、2000年至2019年的跨越与创新；从"红专502"的"飞行试验第一飞"到歼10的里程碑试飞，又到歼15的舰基起降试飞再到"20时代"的试飞……中国试飞人用行动写出了一部自力更生艰苦奋斗的创业史。

在这部创业史中，我们可以看到一条自力更生的脉络。

中国试飞进行的第一个飞机型号是"红专502"，也就是初教6飞机。那时候，我们在飞机上改装的记录设备是由复印纸和指针组成的自记器；数据处理是通过人工判读记录纸带上的曲线；计算工具是计算尺。为了改变这种状况，中国试飞人狠抓测试仪器和设备建设，仅20世纪60年代就研制出40种、上千台仪器设备，同时，相继建成了立式弹射试验台、全机推力测量台、操纵系统试验台、轰5弹射试验机等非标准设备和试验机。

到了20世纪70年代，飞机性能、武器火控、动力装置、弹射救生、电子特设、遥控模型自由飞等专业得以发展；遥测技术引入试飞测试，发展了高速摄影技术、空间定位技术、航空摄影技术等外部参数测量；第二代磁记录系统的研制提高了测试精度和测量范围，各种传感器、调节器向数字化、通用化、系列化方向发展；各类计算机相继投入使用，改变了过去靠人工处理的落后面貌；还建设了飞机静电实验室、涡喷和涡扇发动机试车台、发动机飞行试验台等试验设施。

20世纪80年代之后，试飞技术得到进一步发展，达明ⅢB、“骊山”“秦川”三套测试系统的引进，使机载测试技术和数据处理技术产生了飞跃式发展。单架飞机的综合试飞能力得到大幅度提高，使我国的试飞能力达到一个新水平。大型工程飞行模拟器和单轴变稳飞机的研制成功对试飞技术研究提供了有力手段，为培训试飞员提供了有效设施；高速弹射试验机的改装成功，为弹射试飞提供了研究手段；带动力的模型自由飞试飞成功，拓宽了遥控模型自由飞的试验范围，同时在民机适航试飞方面也进行了许多有益的探索。

进入20世纪90年代后，成功研制了三轴综合空中飞行模拟机、具有国际先进水平的“华山”系统；成功突破了三角翼飞机“大迎角/失速/尾旋”试飞的难关；成功掌握了空中加油技术；成功完成了电传飞机操纵系统和飞行品质试飞研究。

进入21世纪后，中国试飞针对第三代和第四代战斗机、大型运输机、舰载机、预警机和无人机、直升机的特点，进行了大量的探索和研究……

而今，中国试飞技术能力呈指数级增长，测试水平也已大幅提高。

但是，作为以新中国航空试飞的发展为背景，以采访个体、使用历史文献的方式创作的这部纪实文学，虽然力求真实记录中国试飞人在中国航空工业中的特殊使命和报国情怀，但由于时间仓促加之作者能力有限，在对这些历史的记叙中难免挂一漏万，谨向当事人和广大读者表示歉意。

同时，要将新中国60多年的试飞发展浓缩到60多万字的《中国试飞》中，困难也是显而易见的，特别是关于“问题”与“未来”的内容，我们谈得很少。而如何做到让中国试飞成为中国飞行试验科学技术的引领者、航空工业的重要支撑者、产品定型与鉴定的执行者、用户使用的支持者，如何进行前沿科学技术研究、为产品设计和研制服务、代表国家对产品质量和性能包括过程控制中的里程碑把关、站在用户的立场评估产品并帮助解决使用中的问题等方面，更是几乎没有涉及……

此外，由于保密和其他的原因，近10多年来正在进行试飞的型号中，除个别之外，基本都没有写，而这些年，正是中国航空发展最快时期，也是中国试飞水平和能力快速提高时期，有许多试飞精英和精彩的试飞故事值得记录。

新竹高于旧竹枝，新一代试飞人的新业绩，只有留待新的作者以新的著作记录了，让我们共同期待。

真诚地欢迎大家提出宝贵意见，谢谢！

韦克家　姜丽丽

2021年5月1日